WIN in GAME

Litigation Skills of Construction Engineering and Essentials of Agency Practice

胜在博弈

建设工程诉讼技巧与代理实务精要

雷彦璋　潘新水　著

法律出版社
LAW PRESS · CHINA

序 言
Preface

自《风险博弈：非诉业务技巧与公司法务精要》《赢在博弈：民商诉讼技巧与代理实务精要》先后与读者见面后，笔者三月雷一直在思考建设工程纠纷诉讼代理的技巧性问题，经与福建联合信实（泉州）事务所潘新水律师进行合作，终于在2020年3月完成了《胜在博弈：建设工程诉讼技巧与代理实务精要》一书的定稿。这样就形成了民商诉讼到建设工程诉讼代理的专业细化。笔者力争做到《胜在博弈：建设工程诉讼技巧与代理实务精要》一书集“实务性、案例性与博弈性”于一体。

建设工程诉讼是一项实践性、专业性很强的法律技能，似乎与深奥的博弈论难以沾边，但代表着一种新概念、新方法论、新思维模式的博弈论确实影响着法律工作者的行为。有时，司法人员与建设工程法务工作者及律师自觉或不自觉地将博弈理念植入到自己的诉讼与非诉活动之中，使其诉讼技能更加精湛，应对疑难案件的能力陡增。笔者就深得其益，深深感受到建设工程诉讼工作的实质就是一种高境界的博弈。无论对手是谁，建设工程诉讼实务每涉及一宗具体的案件处理，如同下一盘棋，都是一场实力、耐力的比拼。这得益于笔者从2007年8月开始从事国家重点投资建设项目的法务工作，在建设工程领域亲身经手或代理了上百宗形形色色的诉讼纠纷案件，感悟颇深。

笔者之所以将博弈理念植入建设工程诉讼活动之中，是因为每一个具体的建设工程案件，由于建设周期长，案件的证据难以完整保存，对于代理律师与当事人来说所接触的客观事实与经法官认定的法律事实是不完全一致的，这需要有力的证据来证明，在证明的过程中还需要原告、被告双方的证据把握技巧、释疑技巧、庭辩技巧和诉讼战略等来支撑整个举证、质证过程，而证据把握技巧、释疑技巧和庭辩技巧又无不包含博弈的思维理念，在整个诉讼中我们还要对每一诉讼程序加以把握，在把握中去研究冲突各方具体情境中的策略选择，如管辖权的选择，时效与除斥期间的利用，拖延战术的实施，第三人主体资格的选择与判断等，无不都与民商诉讼的思维模式有关，而这些都能用博弈理论来解读，律师在起诉或答辩代理过程中如果能够主动应用博弈理念，则能够固化自己成熟的思维模式，代理的水平自然提高，对此笔者感触甚深。

建设工程诉讼本应归于民商诉讼的一类，单就证据的举证责任而言，也自然遵循民商诉讼所应遵循的“谁主张，谁举证”规则。只是建设工程诉讼之中虽然各方代理人的民事权利是平等的，但由于各方在建设工程中所处地位上的差异，因此就存在实质上的不平等，主要是建设工程诉讼各方在建设过程中所处地位是不完全平等的。如发包人与承包商的地位，承包商与分包商的地位，分包商与实际实施人的地位。特别是很多证据往往被相对强势的一方收取而保管起来，一旦涉诉，弱势的一方很难拿到原始的书证，这是建设工程诉讼艰难的一个显著特点。本书通过应用博弈论的思维方法分析甚而解决建设工程诉讼中的复杂问题，无论是从信息的角度看待证据的收集整理，还是从得益的角度看待合同相对性突破的适当性，以及从策略的角度看待争议焦点的归纳与庭审辩技的应用，都能让人思维清晰，代理水平陡上台阶。

本书的内容丰富，很多章节内容翔实，观点新颖。如纳什均衡：博弈论应用到建筑工程纠纷的策略分析；法律关系梳理：建筑工程纠纷不可或缺的重要环节；梳理请求权：弄清建筑工程纠纷的力争点；责任主体：搞清楚建筑工程合同纠纷的博弈对手；联合体：建设工程项目容易引发纠纷的特殊主体；表见代理：建设工程纠纷中行为合法性的认定与排除；合同无效：并不等于没有法律关系；追求得益：围绕争议的工程结算展开诉讼；优先受偿权：建筑工程纠纷不可忽视的胜诉权；合同相对性：正确处理建筑工作合同纠纷的法宝；实际施工人：突破合同相对性的权宜之计等章节都有十分强的针对性，法言法语，令人耳目一新，一读就明，一看就懂，特别是每章都有翔实的案例，对于每一宗精选的案例，笔者都作了较全面的法理分析。在民事责任方面，包括连带责任、按份责任、补充责任、预期可得利益等都通过不同章节作了详细的介绍，每一章节中都通过梳理法律关系明确各方应承担的法律后果。建设工程诉讼具有很强的专业性，专业的事还是交给专业的人去做一章对代理律师的技能提升等问题作了详细的说明。

该书对法律专业学生、法律职业资格考试人员、从事法学教育的教师、法律工作者、建设工程法律事务人员、执业律师以及建设工程诉讼案件当事人在处理建设工程诉讼案件方面都有很好的借鉴作用。

“只要功夫深，铁杵磨成针。”本书融“知识性、趣味性、案例性与博弈性”于一体，教你全新的建设工程诉讼代理思维的制胜方式，一招制胜，招招受益。

受托一案,令人胜诉在握,应是律师的境界。
授人一书,令人终身受益,才是笔者的境界。

雷彦璋
2020 年 3 月 11 日于惠安盛世锦都

目 录
Contents

Chapter 1

第1章

胜券在握：

建设工程诉讼得懂点博弈论

笔者既是执业数十年的律师，又曾是多家央企的法律顾问，曾担任上千亿元国家投资重点项目建设的法律工作负责人，在代理的数百件建设工程的索赔、反索赔、仲裁与诉讼案件中匆匆而过，在归档闭卷的那一刻总有总结与分享的冲动，无论站在建设工程发包方角度，还是站在建设项目总承包方、施工方、分包商以及实际施工人、农民工角度，实质上建设工程诉讼都有点博弈的味道，稍不用心就可能败得很惨，而用心去做总会有预期的结果。

一、适得其所：用博弈论研究建设工程索赔与诉讼的心得

建设工程索赔与诉讼同其他民商诉讼一样，包括实体和程序两个方面的内容，通过程序的规范解决实体问题。既然通过程序解决就意味着需要经过一个个的索赔与诉讼环节，而对各个环节必然要进行法律上的界定，也就是每个阶段做些什么，应该做些什么，有什么样的权利，有什么样的限制，如何行使权利或义务在一定期间的限制，满足法庭提供证据的形式要求，证据三性的认定，而这些也就演绎出了完整、严谨、科学的索赔程序与诉讼法规则。一旦索赔与诉讼的某一环节出了问题，无论当事人对实体法理解得有多深奥，遵循得有多严格，就可能导致建设工程索赔与诉讼的失败。

以我国的民事诉讼程序为例，建设工程维权通过司法途径解决纠纷需要经过“立案、受理、交换证据、开庭审理、宣判、强制执行”等几个重要环节，而其中的开庭审理就有“各方陈述、举证、质证、辩论、最后陈述、审判人员主持调解”，休庭等待判决，执行等诸多环节。对于案情复杂，证据缺失的案件法官可能会要求某一方限期提交可能持有的证据，或要求某一方协助调查证据，甚至启动与工程结算有关的司法鉴定程序。而实体问题则重在规范解决主张权利方受到了什么样的损害，产生了多大的损失，损失当然还包括有多少预期的利润损失，要求解决的方案或赔偿的范围是什么，解决争议的标准是什么，依据是什么，等等，进而确定赔偿数额，要求另一方给予赔偿，以此来实现彼此之间的价值平衡，让当事人达到心理的满足，从而使纷争得以平息，案件得以处理。

那么，如何在建设工程索赔与诉讼代理中让对方或居中裁判的司法人员认同己方的诉求，支持己方的索赔或诉讼主张或抗辩理由呢？简言之，可归结为以下三个方面。

一是阐述清楚与建设工程索赔与诉讼有关的事实与主张，且力争做到客观真实。

二是提供与建设工程权益损害或事实变化有关的具有足够证明力的证据，且提供的证据与诉求之间符合或存在“三性”，即关联性、合法性与真实性。对于证据的提供，切不可无中生有，更不能随意拼接与断章取义。当然，现实生活中，对照“三性”，某些证据可能存在不妥之处，就要以证据链的形式，使证据之间能够相互印证，达到证明某一事实的目的。

三是阐明与建设工程索赔与诉讼有关的诉求相适应的经济往来的书面证据、

合同条款与法律依据。这是很多当事人容易忽视的地方,有些当事人直到开庭都不知道自己与谁发生了经济往来,也不能说明是依照哪一具体的法条、哪一具体的合同条款提出诉求,这是需要引起重视的问题。其关键是要找到最有利于己方的法条、合同条款与经济往来的书面证据。

那么,具体到某一宗建设工程案件要维护当事人的民事权益,也就是准备通过司法途径维权,又需要准备哪些材料呢?

第一,准备起诉状正本一份,并按对方当事人人数提交起诉状副本。这是到法院立案必需的法律文件,法院通过该法律文件能够了解原告的具体诉求。

第二,证明当事人主体资格的材料。当事人为自然人的,应提交如身份证等有效证明材料;当事人为法人或其他组织的,应提交营业执照复印件、资格证书复印件、法定代表人身份证明。对于权利当事人死亡的,一定不能以死亡当事人的名义提起诉讼,应由其生前委托人或以法定继承人名义提起诉讼,否则法院是不会受理的,即使受理,法院也会依法驳回,当然,法院驳回是针对立案人,而不是已死亡人,同时法院一般会退回全额的诉讼费用。道理很简单,法院是不会收已死亡人的诉讼费用的。

第三,证明原告诉讼请求的主要证据。立案时一般向法院提供证据的复印件,而到开庭质证时,要向对方当事人及法官提供证据原件与复印件进行比对核查。有些当事人,特别是实际施工人到涉诉时都提不出像样的书面证据来证明自己的主张,因为很多书面证据被挂靠单位或分包商以管理或结算为由收走了,或者说被相对强势的一方哄骗拿走了。这时候就要想办法收集与相关方的银行往来对账流水单,或进出项目现场发包方留存的证据,如安全培训档案,甚至己方外聘劳务用工方面的证据,发包方对工程量或工程质量验收确认的签收单,项目监理方出具的相关签证意见,甚至发包方或总承包商组织召开的与项目建设有关的会议纪要等。

第四,提供起诉人准确送达地址及对方当事人准确送达地址和联系方式。

第五,根据法院的收费标准向法院缴纳诉讼费用。之后即可等待接收法院的开庭传票。传票一般会告诉诉讼当事人具体的开庭时间、开庭地点及主审法官与书记员的姓名及联系方式。

第六,立案可以由当事人亲自去法院立案庭办理,也可委托律师去办理。对于异地的,很多法院开通了网络立案通道,可以按照要求立案与邮寄相关材料。

从博弈角度来看待诉讼,对于当事人来讲,就是要在提起诉讼到法院立案之前,通过索赔的前置程序,或通过律师函的形式向对方作一次诉前侦测,以了解自己应当关心或关注的问题是否与对方存在理解上的差距,或通过会计师事务所出具的征信函，财务部门出具的对账单，以及律师事务所出具的律师函的形式使一些证据得以固定。如何通过上述函件、单证的形式固定证据，这是一种执业的技巧问题，限于篇幅，这里不作详谈。

通过律师提前介入的索赔程序，一是进一步完善与收集有利于己方的证据；二是试探对方解决争议的诚意；三是通过索赔了解双方之间的差距，对于诉讼标的的确定起到锁定作用；四是通过一些专业上的技巧完善期间、时效、管辖等证据上的瑕疵。因为带有索赔属性的律师函本身就是一种确权程序。如有些建设工程合同本身就约定了双方通过协商解决争议的前置条款，律师函也算是一种较为正规的协商解决争议的方式、方法。

需要说明的是对于建设工程诉讼来讲，诉讼之中所涉及的主体一般称为诉讼当事人，无论原告、被告，还是第三人，都可以自己亲自参加诉讼，也可依法委托律师或其他公民代为参加诉讼。委托代理人代为起诉的，还应提交授权委托书。无论如何最后的判决结果都由诉讼当事人自己来承担，而与代理人无关，除非能够证明代理人未充分尽到代理的职责。代理人因失职失责给当事人造成无法弥补的损失，则属于代理人履职不当的损失赔偿索赔范畴。

建设工程诉讼说来简单，通常是对方拖欠工程款，或对方延期交付工程项目或出现了质量问题，而实际的案情都会有差异，甚至可能由于意料不到的当事人（如借用/挂靠施工资质方、分包商、实际施工人、供货商与承运方等）的介入，使得案情扑朔迷离，最终导致败诉的结果。

一宗建设工程诉讼案件的输赢对于旁人来讲，无关紧要，而对于当事人来讲，则可能使一生的心血付之东流，更有甚者，会倾家荡产遗憾终生。对于标的额较大，案情复杂的建设工程索赔案，找位懂行的专业律师作为自己的代理人十分必要。所谓懂行的专业律师，应当起码有过建设工程法务的履职经历，办理过有影响力的建设工程索赔案，或者不仅有律师执业资格，还有与建设工程有关的相应资格，如造价师、监理工程师等。即使是专业律师，也得有较长时间的建设项目管理背景，懂点经济学、博弈学，懂得建设工程诉讼的博弈技巧，能够从博弈角度看问题，解决问题，这样才能做到不打无准备之仗，尽可能地维护当事人的合法权益，将建设工程诉讼代理做到令当事人满意的结果。

“博弈论”译自英文 game theory。其实 game 的基本意思是游戏。因此，博弈这个外来词是指人们在一定规则下进行对弈或竞赛。博弈论是“研究决策主体的行为在直接相互作用时，人们如何进行决策以及这种决策如何达到均衡的问题”。通俗地说博弈论就是研究不同情境下战略、战术选择的一种理论。

“有人侵犯了我的利益?”这是诉讼争议纠纷发生之后,当事人所面临的一个现实问题。开展诉讼博弈的基本前提是诉讼双方当事人就某一事项发生了争议,引起了纠纷,而纠纷的解决要依赖于仲裁机构或人民法院(以下统称为法院)的公正裁判。

被告当事人自接到法院寄来的起诉文书之后,首先想到的是“我损害他什么利益了?”“他找我合适吗?”“我还想找他事呢。”自然积极应诉,极力脱责,或说出自己的主张,或提出向对方的反诉。当然,一旦纠纷形成,各方当事人及其代理律师总希望仲裁人员或法官(以下统称为法官)偏袒己方,或者希望法官至少应当站在公正的立场,而不会损害己方。

综观诉讼的冲突各方,如原告及其代理人、被告及其代理人、第三人及其代理人,为了让对方的诉或反诉目的破灭,总是要设法与冲突对方进行博弈,在博弈中总是要通过事实的澄清、法理的应用、举证质证来均衡各方的诉益,在失衡中寻找平衡,从而获得最大的诉益。实质上,再公正的法官,他在判决前,也是努力在寻找着一种能够让双方接受的平衡点,或者说通过调解极力缩小双方当事人之间的差距。

在诉讼中,包括两个层次的参与人:一是向法院提起诉的原告、被原告要求承担一定责任的被告和与案件标的有利害关系的第三人,在诉讼审理之前各方的诉讼地位一般已经确立;二是法官、书记员、证人、鉴定人及代理人等。

为便于分析,本书将诉讼双方当事人、第三人及其各方的代理人统称为诉讼博弈者。

用博弈理论来研究建设工程的诉讼适得其所,但有两点值得注意:

其一,博弈是一种人与人之间的对峙状态,但只是一种状态,而不是所有持续的过程。每一宗建设工程案件的案情不可能完全相同,通俗地说,世界上没有完全相同的两块奶酪,其各有具体的情境或状态,用博弈理念来研究建设工程诉讼,尤其是律师代理建设工程诉讼案件,只能根据具体的案情发展审时度势,具体分析,解决具体的问题。

其二,博弈本身包括合作状态下的相互关系,包括人与人之间的互相竞赛,比拼实力的关系。在建设工程诉讼的博弈过程中,各方无论是合作性博弈,还是非合作性博弈,都会选择最有利于自己的战略、战术去执行,以求自己的诉益最大化,而当事人往往不会在寻求自己的战略、战术处于最佳路径时去考虑对方是否也会同样寻求类似的战略,甚至是与自己相反的战略,这可能是当事人处于败局的致命所在。

有些案件中,无论当事人,还是专业律师都认为己方占理,稳操胜券,判决下来,该赢的案件怎么打输了?代理律师有时也觉得官司难打,一到开庭,就会出现证据上的被动。这里抛开司法腐败问题及影响案件胜败的其他因素不谈,以此作为借鉴,寻找代理中的漏洞,减少建设工程诉讼中的不利因素,既保证办案质量,又能够提高自己的业务水平。

通过对众多的案件代理实践和案情进行分析,笔者有三个方面的体会比较深刻。

(一)关于事实的自认

在证据规则释义上,一方当事人对案件事实的陈述,对方不持反对意见的称为自认。自认的案件事实不需要证据证明,法官就可直接认定为法律事实。一方提出的案件事实,对方持反对意见的称为否认,经一方否认的事实,需要主张方提出相关证据来证明或澄清所陈述的案件事实。证据材料经合法程序质证、认定,法官才能以其将案件事实认定为法律事实。一般的证据原则是依照"谁主张,谁举证"的规则,但有些案件适用"举证责任倒置",也有的案件由法官根据证据材料与当事人的远近程度来决定应由哪一方负责举证证明。建设工程诉讼过程中,当事人及其代理人无论是开庭前的询问,还是开庭中当庭质问,法官对各方当事人及其代理律师提供的对事实的澄清或认定都可能形成对证据的自认。2020 年 5 月 1 日起施行的最高人民法院《关于民事诉讼证据的若干规定》(以下简称《民事诉讼证据规定》)第 3 条规定,"在诉讼过程中,一方当事人陈述的于己不利的事实,或者对于己不利的事实明确表示承认的,另一方当事人无需举证证明。在证据交换、询问、调查过程中,或者在起诉状、答辩状、代理词等书面材料中,当事人明确承认于己不利的事实的,适用前款规定。"第 4 条规定,"一方当事人对于另一方当事人主张的于己不利的事实既不承认也不否认,经审判人员说明并询问后,其仍然不明确表示肯定或者否定的,视为对该事实的承认。"第 5 条规定,"当事人委托诉讼代理人参加诉讼的,除授权委托书明确排除的事项外,诉讼代理人的自认视为当事人的自认。"新的证据规则强调了自认的重要性。有很多当事人案件的败诉往往是忽视了自认这一证据规则,在庭审中信口开河,或因为急于解决纠纷,对一些不经意的事项进行了让步,被对方抓到了决定案件方向的有力证据,而被对方抓住把柄或被法官引为自认,输得实在冤枉。所以代理人的一言九鼎不仅在言辞,也体现在向法院提交的各种文书之中,其文字一定要前后一致,与证据内容相一致。

(二)关于事实的认定

案件事实与法律事实是不同的,两者之间总会存在差异。案件事实是基本的事实,也可以说是事情的前因后果。这些事实并不一定都能被双方一致认定。特别是建设工程案件,由于现场与专业的特殊性,隐蔽工程,采用工艺、设备、物料的特殊性,现场条件与设计施工图存在的差异性,地质条件的变化及设计修改的变更等事实,会导致双方会存在认识上的差异。一般来讲,案件事实只有经过双方的一致陈述或经过证据证明才能成为法律事实。法律事实往往与案件事实存在很大的差异。有些法律事实只是法官根据不完整的证据,借助心证原则推断的,所以才会出现一方当事人不服判决的情形。

法务实例1:因隐蔽工程的事实认定引发的纠纷

案情简介:

1997年3月,某市市政管理委员会(以下简称市政管委会)与A建筑安装公司签订了一份建设工程合同。合同规定:由A建筑安装公司承建位于该市西区的供水管线工程,由市政管委会提供该工程的设计图样。合同对工期、质量、验收、拨款、结算等都作了详细规定。1997年6月,供水管线工程进行隐蔽之前,承包方A建筑安装公司通知该市市政管委会派人来进行检查。然而,市政管委会由于种种原因迟迟未派人到施工现场进行检查。由于未经检查,A建筑安装公司只得暂时停工,并顺延工程日期10余天,该公司为此蒙受了近26万元的损失。工程逾期完工后,发包人市政管委会拒绝承担A建筑安装公司因停工所蒙受的损失,反而以承包人逾期完工应承担责任为由,诉至法院。

明法晰理:

本案的纠纷是因隐蔽工程的验收而产生的。

所谓隐蔽工程,是指被建筑物遮掩的工程,包括地基工程、钢筋工程、承重结构工程、防水工程、装修与设备工程,建筑物的地基,供水、供气、供热管线,电气管线等都属于隐蔽工程。隐蔽工程在整体工程竣工后不便于验收,而隐蔽工程的质量又至关重要,因此《合同法》第278条[1]专门规定了隐蔽工程的检查和验收。该条规定:"隐蔽工程在隐蔽以前,承包人应当通知发包人检查。发包人没有及时检查的,承包人可以顺延工程

[1] 参见《民法典》第778条。

日期,并有权要求赔偿停工、窝工等损失。”

根据本条的规定,隐蔽工程在隐蔽以前,承包人应当通知发包人检查。一般是在承包人自检合格以后48小时内通知发包人检查。发包人接到承包人的通知以后,应当在合同约定的时间或合理时间内,开始对隐蔽工程进行检查,检查合格后双方共同签署“隐蔽工程验收签证”及相应记录。发包人没有按期对隐蔽工程实施检查的,承包人应当催告发包人在合理期限内进行检查,并可以顺延工程日期,同时要求发包人赔偿因此造成的停工、窝工、材料和构件积压的损失。

如果承包人未通知发包人检查而自行封闭隐蔽工程的,发包人事后有权要求对已隐蔽的工程进行检查,承包人应当按照要求破坏已覆盖的工程并于检查后修复,检查的费用由承包人承担。如果承包人已经通知发包人检查而发包人未及时检查,事后发包人又要求检查的,检查费用的承担需分两种情况而定:一是对隐蔽工程检查后发现该项工程符合质量标准的,检查费用由发包人承担;二是对隐蔽工程检查后发现该工程不符合质量要求的,检查费用应当由承包人承担。

本案中承包人A建筑安装公司的供水管线工程隐蔽之前通知了发包人市政管委会前来检查,而市政管委会迟迟不去检查,致使承包人被迫停工10余天,造成26万元的经济损失。市政管委会没有及时检查与该工程逾期完工有直接关系,应当对此承担责任。所以,法院驳回了市政管委会的诉讼请求,并责令其承担承包人A建筑安装公司所蒙受的经济损失26万元。

(三)关于行为的合法性问题

建设工程诉讼当事人的诉讼行为既要符合实体法的规定,又要遵循程序法的约束,只有这样,才能称得上严格意义上的合法。一般来讲,败诉的当事人,肯定有行为违反了法律或双方签订合同的约定,但他们不接受败诉的现实,无论是申诉理由,还是要求再审理由,一般都会从对方当事人的行为是否符合法律规定的程序上做文章来进行申辩。

败诉的当事人一般不愿意承认案件是由于自己的不当行为影响了诉讼的结果,也不想听他人指责自己的行为与诉讼结果是否存在什么因果关系,更不会谈论自己的诉讼行为违反了实体法的明文规定。一旦意识到实体法上不占理时,往往便会在时效、期间、管辖、行为方式上寻找对方当事人的某些不妥之处,或称作程序上的瑕疵。甚至有的当事人总是纠结于代理律师接受委托的一句话,如某律师说过:这案件小事一桩。一旦败诉,当事人会认为代理律师没有尽到责任,甚至要求代理律师退还律师费,严重的会要求律师事务所赔偿损失。

一些诉讼程序上的瑕疵会成为一些较为精明代理律师的较为简洁的抗辩思路,事实证明该思路并非一劳永逸。大多数高素质的法官倾向于实体合法,程序违法只要不足以影响判决的公正、公平与正义,往往会行使自由裁量权容忍程序上的瑕疵。这是成文法与判例法对待程序法思维上的差距。因为大陆法系法官的心证往往会倾向于对实体法的遵从,也就是重视践行法律与合同的实质内容而不重视遵法守纪的形式。特别是建设工程履约条件的限制或工艺技术的复杂性,对于一些严格的要求往往难以遵行,或者一味强调某一额外成本支出的技术要求会增加彼此之间的成本支出,得不偿失。

抛开法官办案不公的非正常因素外,建设工程诉讼博弈者的博弈技能在一定程度上会决定案件胜败的走向。诸如案件当事人的选择,举证、质证、辩技与庭审发挥及代理律师的专业水准和道德准则都是不可忽视的因素。很多人都认为决定案件胜败的关键因素是公共关系,而不是代理律师的代理水平。如果有这种认识,那就认输算了,何必去诉求或抗辩呢?我们应当相信代理律师的重要作用,应坚持专业的事让专业的人去做,要相信代理律师的水平能够在一定程度上左右案件的输赢,更要相信专业的代理律师能够让你赢得明白,输得心服。即使败诉了,代理律师一定会给当事人解释原因,关键是还会提醒当事人如何做才会防止类似的问题再次发生。因此,如果是当事人就要放心地让代理律师发挥才智;如果是代理律师就要自觉或不自觉地应用博弈理念,努力寻找致赢的招法,为当事人赢得诉讼而尽职尽责,如果当事人败诉,则要寻找原因或管理上的漏洞,制定防止类似案件发生的风险防范措施。

一句话:建设工程诉讼博弈因博弈而有序地展开。建设工程诉讼属于技术性很强的专业活计,需要有较深专业背景与较多工程项目建设实务经验的律师利用其专业的技能进行。

二、理解博弈:从一宗旷日持久的工程结算纠纷案谈起

笔者曾经到吉林省吉林市代理过一宗储罐建设的诉讼纠纷案件,该案件经历了一审、二审、申请再审,移交异地一审、二审、发回重审,综观整个案件,可以发现

原告、被告与第三人等诉讼当事人的合理选择十分重要。

法务实例2:诉讼主体地位的确定与建设工程管辖权选择

案情简介:

2011年9月1日D单位与A工程设计单位签订了一份《某库区油罐施工总承包工程》合同,其中合同标的额为人民币××万元。同年11月23日A工程设计单位与B建设工程单位签订《建设工程专业施工合同》,其中合同标的额为人民币××万元。同年10月10日B建设工程单位与C建设工程服务单位签订一项《建设工程劳务分包合同》,同年10月12日C建设工程服务单位又将涉案工程以内部责任承包形式交由乙某内部承包,双方签订《内部责任承包书》。2011年12月31日乙某又与甲某签订一份《合作协议》,该协议约定由甲某与乙某作为合伙人共同完成涉案工程的建设施工。后由甲某负责施工机械及人员组织,并以B建设工程单位项目经理的身份参与施工建设,并负责现场管理。主体工程完工后,总包方以质量、施工进度等为由,将甲某及其管理的施工人员强行清场,并将机械设备扣押。随后,甲某以B建设工程单位预算员的名义完成预算编制,并在预算书上加盖B建设工程单位现场项目专用章,将编制好的预算书向总包商提交结算,因各方意见产生较大分歧,没能完成实际结算。因结算不能,甲某以与乙某存在合作协议纠纷为由向吉林某中级人民法院提起诉讼,要求乙某支付所欠工程款,并要求发包方及总包方、专业分包商及劳务分包商共同承担连带支付责任。

甲某代表B建设工程单位完成了1#、6#储罐的部分施工任务。涉案工程的材料(除发包方供料外)、人工工资及实施机械等都由甲某负责办理并承担所有费用。甲某向法院提供了相关资金往来的账户及B建设工程单位的纳税情况,而B建设工程单位及C建设工程服务单位并未提供实际资金往来账户与纳税票据,D单位向法院提交了与A工程设计单位的合同全额支付凭证。法院立案时,涉案工程已验收投产。2012年9月27日竣工,D单位与A工程设计单位已结算,D单位已付清A工程设计单位工程款。

开始,甲某以乙某为被告,向乙某所在地中级人民法院提起诉讼,以乙某、B建设工程单位、C建设工程服务单位为共同被告,要求乙某支付工程款700余万元，后甲某撤诉。不久甲某以乙某为被告，向乙某所在地基层人民法院起诉，要求乙某支付合作工程款500余万元。甲某败诉，不服一审判决，向当地中级人民法院提起上诉，中级人民法院发回重审。基层人民法院重审中，经审理，以该纠纷为建设工程纠纷，应由建设工程项目所在地法院审理为由移送至D单位所在地基层人民法院，后又追加D单位、A工程设计单位为第三人，后又将诉讼标的额变更提高到600多万元。

上述案例中，甲某与乙某合作到外地中标一央企的储罐为建设施工主，面对B建设工程单位、C建设工程服务单位以及北京的A工程设计单位，福建的D单位，涉及被告所在地有吉林、北京与福建三地，同时建设工程所在地为福建。原告为节省诉讼费用，并考虑其在当地人脉广，就选择在吉林立案，但随着案情发展，最后又被法院移交到了建设工程所在地福建某县。自然，北京及福建的当事人接到法院传票后，第一反应就是提起管辖权异议。显然，利益的诉求是博弈的目的，也是形成博弈的基础。

该案历时近8年，在写作该章节时，还在项目建设所在地中级人民法院二审驳回至一审法院再审法官的案前，还未有作出再审的判决，称得上是一宗旷日持久的工程结算纠纷案。

经济学的最基本的假设就是经济主体属经济人或理性人，其行为目的是收益最大化，参与博弈的博弈者正是为了自身收益的最大化而展开互相间的争斗。参与博弈的各方形成相互竞争、相互对抗的关系，以争得利益的多少决定胜负，一定的外部条件又决定了竞争和对抗的具体形式，这就形成了博弈。从经济学角度来看，有一种资源为人们所需要，而资源的总量具有稀缺性或是有限的，这时就会发生竞争。竞争需要有一个具体形式把大家吸引到一起，一旦找到了这种形式就形成了博弈，竞争各方之间就会走到一起开始一场智力、体力或资源比拼的博弈。

《孙子兵法》中说，“知己知彼，百战不殆”。可见，竞争对抗还具有博弈各方拥有信息的特征。该案中，B建设工程单位、C建设工程服务单位以及北京的A工程设计单位与第三人D单位都明白原告甲某的战略。从博弈理论来说，是乙某也明知甲某、B建设工程单位、C建设工程服务单位以及北京的A工程设计单位的战略，反之，B建设工程单位、C建设工程服务单位以及北京的A工程设计单位亦然，这种战法我们可以一直用下去，一直用到得益最大化为止，而这正是博弈双方所掌握的信息起了至关重要的作用。

三、关注重点：弄清建设工程诉讼博弈的几个基本要素

通过分析这一宗旷日持久的工程结算纠纷案，我们了解到，形成一个诉讼博弈起码有5个基本的要素。

（一）博弈要有两个或两个以上的参与者（Player）

在博弈中存在一个必需的因素，那就是并非一个人在一个毫无干扰的真空状态作决策。比如，前例中被告只有乙某，而没有与之对抗的第三人A工程设计单位、D单位，就不存在甲某与乙某善意谋划的精彩博弈。从经济学的角度来看，如果是一个人作决策而不受到他人干扰的话，那就是传统经济学或管理学中最经常研究的最优化问题，也就是一个人或一个企业在一个既定的局面或情况下如何决策或运筹的问题。

仅有单一的行为选择不能称为真正的博弈，博弈者的身边充斥着具有与之相关联的主观能动性的决策者，他们的选择与其他博弈者的选择相互作用、相互影响。这种互动关系自然会对博弈各方的思维和行动产生重要的影响，有时甚至直接影响着其他参与者的决策结果。因此，博弈的构成至少有两个同时参与影响的参与者，或称为博弈主体。在索赔与诉讼中，如果主体选择错误，则会得不偿失，一些缺乏经验的年轻律师不知从法律关系入手，不懂得连带被告与第三人的区别，就会出现选错主体的情况。下面这宗典型案例就足以说明这一问题。

法务实例3：施工人员发生人身伤害后责任主体的正确选择

案情简介：

1997年7月13日，甲建筑公司与乙实业公司签订了《某广场建安零星工程承包协议》，主要施工内容"包括屋顶面砖、通道改造、天井墙面处理、临路桥台整治。具体内容以甲方确认的施工图为准，合同约定工程价款按照工程施工所在地省95土建定额办理结算"。

甲建筑公司进场后，乙实业公司为了配合临路整治，准备对其江边的原公司观察室予以拆除，便口头告知甲建筑公司聘用的现场临时管理人

员杨某,要求甲建筑公司拆除旧房,结算方式为以料抵工。甲建筑公司明确表示不同意搞旧房拆除,而杨某则认为有利可图,私下将该工程以10,000元价款转包给王某,王某又转包给谢某。

同年9月8日,谢某派民工张某前往工地拆房,张某不慎从4米多高的楼上掉下,经重庆市急救中心诊断为“脑干损伤,颅骨骨折”,属重伤。住院期间,张某一直处于昏迷状态,急救中心下达了病危通知书。张某的受伤,给其家庭带来极大的不幸,也使项目施工陷于停顿。

同年9月15日,张某向重庆市渝中区人民法院起诉,状告甲建筑公司、乙实业公司,要求赔偿人身损害等各种费用26万余元。

一审判决结果:由乙实业公司、杨某、王某、谢某分别承担受害人的赔偿责任。甲建筑公司不负任何责任。

明法晰理:

甲建筑公司之所以能够胜诉,一定程度上取决于其代理律师的代理意见具有较强的说服力。

代理意见之一,甲建筑公司工程承包协议内容未含拆房内容。甲乙双方签订承包协议所述承包内容及范围明确了建筑公司应当履行的义务。除一般的建筑安装工程外,关于临路桥台整治的内容,双方特别约定“具体内容以甲方确认的施工图为准”。从法庭调查结果来看,甲方确认的施工图是在现场修建一座停车房的图纸,这份图纸没有拆房的内容,也没有任何一点需要拆房的注明。这份图纸是对主合同的补充,是有关甲建筑公司在临路桥台整治工程中应履行义务的具体内容。

法庭调查已查明,事故现场的拆房工程是实业公司以口头形式与被告杨某达成的协议,结算方式为以料抵工。此协议并未经建筑公司同意,因为无论从施工内容上还是结算方式上,都超越了原施工承包协议的范围。也就是说,拆房协议对建筑公司没有任何法律上的约束力。

因此,从法律上讲,乙实业公司是可以与甲建筑公司以外的其他人达成拆房施工协议的,事实上,乙实业公司也确实与他人达成了拆房协议。乙实业公司声称只认甲建筑公司,不认其他人,既不符合法律规定,也不符合客观事实。

代理意见之二,杨某在承包转包拆房中系个人行为。本案中,被告杨某的身份具有双重性,作为建筑公司与实业公司签订协议的经办人,杨某在协议上签了章,这时他是建筑公司签订协议的代理人,其权限也是明确的,那就是该协议中规定的以甲方确认的施工图为准的范围。杨某只能在该协议中规定的范围为建筑公司协调经办具体事宜,一旦越权,建筑公司是不会承担其法律责任的,除非事后予以追认。杨某在拆房一事上的行为已明显的不符合其身份,超越了建筑公司与实业公司的工程承包范围,其行为责任不言而喻地该由本人负责。

但是,杨某在与实业公司达成口头拆房协议时,他的身份是自然人,其行为当然是个人行为。这一点,实业公司是应当知道的。法庭调查中,实业公司的一张姓工程师的证词中,陈述了拆房工程的要约提起及实业公司与建筑公司就拆房这一新的协议并未达成的事实。当杨某以个人名义与实业公司达成口头拆房协议时,实业公司还正在等待建筑公司的承诺答复,但事实上,建筑公司一直未予答复,张某的陈述更加证实了建筑公司与实业公司之间的拆房协议不成立这一事实。

代理意见之三,甲建筑公司与原告张某无劳务关系。张某作为本案原告,因施工中身体受到伤害,请求伤残赔偿,这是正当行使诉权以维护自身合法权益,无可非议。但原告是接受了谁的指派,与谁产生了事实上的劳动合同关系?本案主要证人与原告在事故现场共同劳动,抬预制板的张甲在法庭上明确指证,是本案被告谢某安排的。谢某是职业拆房承包人,他在法庭上直言不讳地声称,被告王某是他的"丘二"。"丘二"就是自己所雇用的工人。王某经人介绍认识了被告杨某,然后又将杨某手里的拆房工程交给了谢某,由谢某派给张某。

代理意见之四,本案的赔偿责任应由雇工者与受益人承担,谁是雇请原告张某并支付劳动报酬的人,谁就应当承担由此造成原告人身伤残的主要责任,这是事实上的劳动合同关系决定的。雇工者必须给予受雇者以劳动保护,这是法律明确规定的,本案中的雇工者是被告谢某,其是应当承担主要法律责任的,原告因人身伤残损害造成的经济损失,绝大部分应由谢某负责赔偿。最高人民法院《关于贯彻执行〈中华人民共和国民法通则〉若干问题的意见(试行)》(以下简称《民通意见》)第142条规定:"为了维护国家、集体或者他人合法权益而使自己受到损害,在侵害人无力赔偿或者没有侵害人的情况下,如果受害人提出请求的,人民法院可以根据受益人受益的多少及其经济状况,责令受益人给予适当

> 补偿”。[1] 第157条规定:“当事人对造成损害均无过错,但一方是在为对方的利益或者共同的利益进行活动的过程中受到损害的,可以责令对方或者受益人给予一定的经济补偿。”[2]

综观整个案情,建筑公司在本案中与原告无任何法律关系,因原告举不出任何证据足以证明建筑公司与原告有合同上的法律关系,在拆房这一法律事实上,不能够证明建筑公司受益,且不能证明建筑公司存在任何过错。为了解决原告的医疗问题,建筑公司已尽了最大努力,符合情理,对于原告张某的不幸,可以表示了同情和理解,但说不清法律关系,就意味着原告将建筑公司列作共同被告的方向错误。

作为原告代理人,如果立案前预料到建筑公司不应在本宗案件中承担相应的民事法律责任,为了有利于案件审理,在立案时就应从法律关系分析入手,将建筑公司列为第三人,而不是列为共同被告。

(二)博弈要有参与各方争夺的资源或收益(resources 或 payoff)

博弈中的资源不仅是指自然资源,如矿山、石油、土地、水资源等,还包括各种社会资源,如人际、信誉、学历、职位等。如果这些资源是无限供给的,那么我们就不需要在具体的利益冲突中苦思冥想了,因为既然一招就可达到预期目的,何必煞费心血呢。当然,不可否认的是:一方面博弈者之间会发生冲突;另一方面他们当中也可能包含合作的潜力。如在前述的“甲某诉乙某、A工程设计单位、B建设工程单位、C建设工程服务单位与D单位储罐建设纠纷案”中甲某和乙某,作为合作人,有着合作的利益冲突,但也包含一致对抗其他被告的合作,如果反过来事先甲某不与乙某进行协商,直接将乙某列为被告要求其支付合作分成,那么乙某与被告及其第三人合作的可能性就很大,博弈结果就可能与甲某的初衷截然相反了。不可否认乙某选择在与甲某合作的过程中也有选择与被告合作的意向,只是与被告合作的诉讼风险明显要大于与甲某合作的诉讼风险。

笔者在这里还要强调一点的是资源不仅具有客观性,有时也反作用于人的主观能动性。人们之所以会参与博弈是受到利益的吸引或驱动,预期将来所获得利益的大小直接影响到竞争博弈的吸引力、参与者的关注程度和博弈者的预先付出(包括时间成本)。经济学的效用理论可以用来解释这个问题,凡是自己具有强烈占有欲的对象肯定就意味着资源稀缺,反之亦然。如果人人礼让则会使得客观的

---

[1] 参见《民法典》第183条。
[2] 参见《民法典》第332条。

资源变得毫无价值,犹如沙漠的沙子,自然就不会吸引博弈者争抢了,相反,如果沙子在采沙场就不一样了,会引来重多的采沙者,如果引进建筑市场就会有众多的供给者(不一定就是采沙者)与众多的消费者来参与沙子供需谈判,就会产生供给各方对市场分配、占有及控制的竞争与博弈,这就是经济博弈的市场效能在起作用。

在具体的案件中,当事人就是要合理确定诉讼请求,防止因过高的诉讼请求而承担额外的诉讼费用。例如,如果双方就某一工程项目已经进行了结算,就不得再主张遗漏索赔,否则就属于不合理的诉讼请求,就要承担被驳回的诉讼风险,因此而承担额外的诉讼费用。

法务实例4:工程项目已经达成了结算,就不得再主张遗漏索赔

案情简介:

某施工单位与某房产公司就某一建设工程项目已完成工程结算,双方代表对结算资料进行了签字确认。在催要工程款过程中,房产公司告知施工方,双方前期仅是对工程主体造价进行了结算,但因施工方原因造成工期延误,房产公司提出索赔赔偿,该赔偿金额将从结算价款中扣减。对此,施工方认为是房产公司未按合同约定支付工程进度款,造成工期延误,属于房产公司违约在先。双方对延期损失各执一词,僵持不下,甚至提出司法鉴定申请,最终诉诸法律。

明法晰理:

对于已进行结算的建设工程项目,某一方主张遗漏项索赔或另一方主张有重复结算事项的,要慎重行事。一般认为,工程结算是双方工程价款的最终处分依据和凭证,一旦完成工程结算,任何一方都无权就结算时点前的相关事项提出任何索赔,更不得提请司法鉴定。

一是提出工程索赔需遵循双方签订的合同及行业规范的程序约定及要求。工程索赔内容主要涉及工期索赔、质量索赔、窝工索赔、闲置索赔以及变更索赔等几个方面,根据《建设工程工程量清单计价规范》(GB50500—2013)第9.2条有关索赔的规定,一方应在知道或应当知道索赔事件发生后28天内,向对方提交索赔意向通知书,说明发生索赔事件的事由。逾期未发出索赔意向通知书的,丧失索赔的权利。因此,无论对方是否签认,只要提出书面索赔通知,即享有索赔权利,而未按照合同约定或规范要求提出索赔的,将丧失索赔权利。

二是工程结算总价中应包含索赔价款,不应重复主张。财政部、建设部《建设工程价款结算暂行办法》(财建〔2004〕369 号)第 14 条规定:“工程完工后,双方应按照约定的合同价款及合同价款调整内容以及索赔事项,进行工程竣工结算”,以及第 15 条规定:“凡由发、承包双方授权的现场代表签字的现场签证以及发、承包双方协商确定的索赔等费用,应在工程竣工结算中如实办理。”可知,工程结算价款应当包括各种完工、索赔、调差和损失计算等内容,是各方对权责义务进行货币化加减乘除后的最终结果,一旦签认,就不得再重复提出索赔。

同时,住房和城乡建设部《建设工程施工发包与承包计价管理办法》(2013 年住建部第 16 号令)第 19 条第 1 款规定:“工程竣工结算文件经发承包双方签字确认的,应当作为工程决算的依据,未经对方同意,另一方不得就已生效的竣工结算文件委托工程造价咨询企业重复审核。发包方应当按照竣工结算文件及时支付竣工结算款。”因此,工程结算文件作为最终价款的确认依据,应视为双方的真实意思表示,具有法律约束效力,未经一方同意,不得重复审核,更不得提起司法鉴定。

三是工程结算中存在索赔遗漏,视为索赔权利的放弃。《建设工程工程量清单计价规范》第 9.13.6 条规定:“发承包双方在按合同约定办理了竣工结算后,应被认为承包人已无权再提出竣工结算前所发生的任何索赔。”

在我国司法实践中,对于工程结算中的索赔遗漏,一般视为双方对索赔权利的放弃。建筑市场是专业化管理市场,双方作为具有完全民事行为能力的资格主体,知道或应当知道工程结算的作用和意义,因此,双方若以重大误解为由提出补充索赔的,一般得不到司法支持。

再者,建设工程施工合同案件适用“视为认可竣工结算文件”的前提是当事人之间对“以送审价为准”有明确约定,条款中需作出发包人具体的审核期限以及不予答复的后果是“逾期不结算视为认可结算”之约定。最高人民法院在某公司诉某投资有限公司建设工程施工合同纠纷案中明确指出其办案要旨:适用最高人民法院《关于审理建设工程施工合同纠纷案件适用法律问题的解释》(以下简称《建设工程施工合同解释》)第 20 条的前提条件是当事人之间对“以送审价为准”有明确约定,条款中需作出发包人具体的审核期限以及不予答复的后果是“逾期不结算视为认可结算"之约定。同时,必须确定承包人的送审资料已送达给发包人,发包人亦未在约定期限内对承包人出具的结算提出实质性的异议。

综上所述,双方完成工程结算即视为权责两清,不得另行提出遗漏索赔;若有主张,双方应在结算文件中予以备注说明,才可另行主张以维护其合法权益。

同样,已在某一宗案件中得到法院审理终结的事实,不得以同一理由或事实遗漏为由重新提起诉讼,除非已生效的判决中明确表示可在某一条件成熟或某一证据具备时,另案就某一事实提出主张,且该事实不属于在已生效判决中被认定的那部分事实,才可另行主张。

(三)参与者有自己能够选择的战略(strategy)

所谓战略,通俗地说就是计策、谋划,是博弈参与者所能够选择的手段、方法或应用的伎俩。比如前述案例中甲某就采用了说服乙某合作、选择对自己最有利的管辖法院以及其他一系列反制被告的诉讼技巧。

日常生活中,战略选择仅是解决问题的方法,并不牵涉分析关键因素、确定局势特征这些理论化的内容。而博弈论的战略选择,是先对局势和整体状况进行分析,确定局势特征,找出其中关键因素甚至关键路径,然后在最重要的目标上进行战略选择。由此可见,博弈论中的战略是可以纲举目张的,直接对整个局势形成重大影响。

对战略应用得最完美的博弈案例莫过于"田忌赛马"了。

战国时期的齐国,大将军田忌与齐王赛马,依孙膑之计,田忌用自己的下等马对国王的上等马、上等马对国王的中等马、中等马对国王的下等马。结果,田忌以二比一取得胜利。在双方条件相当时,对策得当可以战胜对方,在双方条件相差很远时,对策得当也可将损失降到最低限度。

"田忌赛马"的寓意其实就是运用战略产生的优势,以己之长攻彼之短,以集中攻零散,以错位方式攻对方薄弱环节。这就应了"商场如战场"的老话,运用战术得当就能以弱胜强。

在诉讼博弈的论辩中要学会控制时机,学会转移论题,对自己不利的论题要及时回避,对自己有利的要抓住战机,形成集中优势。当然,在诉讼前,就应弄清楚诉讼主体的责任承担问题,这是基本战略问题。如建设工程中发生的人身伤害,受害人总是要将有支付能力的公司连带作为被告提起诉讼,这样,才具有诉讼的意义,否则,如果是一个没有支付能力的公民,可能赢了官司,也难以执行到位。但连带某一公司加入到诉讼之中,一定要有足够的证据证明原告与该公司有某种法律关系,或者证明该公司对于人身伤害的发生存在过错责任或者过失责任或者管理不到位或者没尽到安全提示义务等。

法务实例5:建设工程中人身伤害索赔应厘清雇佣关系,并确认与施工合同相关联承包商的连带责任

案情简介:

甲建设公司承包了乙公司的住宅楼中的7号、10号楼的建设工程项目。在施工中,被告甲建设公司将该两栋楼分包给不具备建设施工资质的被告吴某。被告吴某又将其中木工部分分包给被告何某。2007年3月,原告张某经何某同意到乙公司住宅楼7号楼工地从事木工工作。同年4月8日,原告在施工中从5楼摔至4楼受伤。原告受伤后被送至某市某骨科医院治疗,原告伤情经诊断为:右股骨转子间骨折,左坐骨支裂纹骨折,原告治疗期间的医疗费用14,387.80元,已全部由被告甲建设公司支付,被告甲建设公司另支付张某生活费用3300元。次年3月4日,原告伤情经鉴定为6级伤残,二次手术费用约需5000元,原告花费鉴定费1000元。后张某诉诸法院,向相关人与单位索赔医疗费用及相应的补偿。

一审法院判决结果:(1)限被告何某于判决生效后10日内赔偿原告各项损失共计68,269.84元。(2)被告吴某、甲建设公司对上述赔偿款项承担连带赔偿责任(含诉讼费)。(3)驳回原告的其他诉讼请求。

一审法院判决后,上诉人吴某、甲建设公司不服,向二审法院提起上诉。二审法院判决意见:二审查明的事实与原审法院判决认定的事实相一致。二审法院判决结果:驳回上诉,维持原判。

明法晰理:

二审法院经审理后认为,上诉人吴某在自身不具备施工资质的情况下,承包了乙公司7号、10号住宅楼工程。吴某多次从甲建设公司借支工程款,并于2007年5月23日与甲建设公司签订了乙公司7号、10号住宅楼主体工程结算清单,说明该工程系吴某承包。上诉人吴某在上诉中称乙公司7号、10号住宅楼实际承包人是费某,该工程与吴某没有任何关系,费某和甲建设公司应当承担赔偿责任,原审判决让吴某承担赔偿责任错误的上诉理由,因为其没有提供费某承包该工程的证据,故该上诉理由不能成立,应不予采纳。关于上诉人提出的原审判决认定张某伤残等级为6级,明显与张某实际伤情不符,原审判决按6级伤残进行赔偿错误的问题。因张某的伤残鉴定是在诉讼过程中由原审法院委托某市某法医临床司法鉴定所所作的司法鉴定,该鉴定程序合法,鉴定人具备相应资质,吴某在诉讼期间亦未申请重新鉴定,原审法院依据该鉴定结论认定张某的伤残等级为6级并无不妥,故其该上诉理由亦不足,应不予支持。关于上诉人甲建设公司提出的吴某系7号、10号楼工程的承包人,吴某与张某之间是一种雇佣关系,何某不是雇主,原审判决让何某直接承担赔偿责任错误的问题。现从一、二审查明的事实上看,何某确实从吴某处分包了该工程中的木工工程,张某到该工地上干活,是经过何某同意的,张某与何某之间形成了一种雇佣关系,吴某与张某之间没有形成雇佣关系,张某身体受到伤害应当由何某直接承担赔偿责任,且何某对原审判决并未提出上诉,说明何某对该判决认可,上诉人该上诉理由不足,应不予支持。

笔者认为,该案中甲建筑公司承担连带责任着实有点冤屈,但甲建筑公司又不能证明张某与其他单位或个人存在劳动关系或劳务关系,而受雇佣人张某又多次从甲建设公司借支工程款,且张某住院期间的费用是由甲建筑公司垫支等证据足以证明张某与甲建设公司存在一定的雇佣关系。

最终一审、二审法院都判决甲建筑公司对张某的伤害承担连带责任,一个重要的原因是吴某向法院提供了甲建筑公司垫支的证据材料。这是司法实践中经常遇到的问题,很多承包商越过分包商直接向实际施工人支付薪酬或劳动报酬,以及代分包商支付货款、运输费用、劳务费用或服务费用等,从而使自己被连带。依照《保障农民工工资支付条例》第26条的规定,施工总承包单位应当按照有关规定开设农民工工资专用账户,专项用于支付该工程建设项目农民工工资。这是施工总承包单位法务人员值得注意的问题,也是发包方法务中值得引起重视的如何规避连带风险的法律专业问题。未来建设工程诉讼纠纷中会出现众多的总承包单位承担连带支付责任的典型案例。

（四）参与者拥有一定量的信息（information）

信息是博弈者必须掌握的要素，博弈的胜败往往取决于各方对信息的掌握程度。有时候博弈双方所掌握的信息是相当的，比如在“甲某诉乙某、A 设计单位、B 建设工程单位、C 建设工程服务单位与 D 单位储罐建设纠纷案”中，甲某、乙某、被告 A 设计单位、B 建设工程单位、C 建设工程服务单位与第三人 D 单位之间所拥有的信息（证据）就是完全的，因为各方向法院提供的证据基本上是各方都已掌握的，主要是储罐建设工程量结算资料。但有些时候，博弈者信息的掌握并不是完全对称的，他们作出决策的信息条件也是不确定的。因此，得益的大小也与博弈者掌握信息的多少有关，但绝不能理解为信息掌握的多，就一定能够得益大。在实际的博弈过程中，不可否认的是博弈者在行动之前总要收集更多的信息以便充分利用，有时却适得其反。

法务实例 6：明确约定了计量标准“按项目部同发包方的结算量为准”，但并未约定被告的自拌混凝土如何处理

案情简介：

2005 年 3 月 9 日，原告与被告的某供电局工程项目部签订《某市建设工程预拌砼供应合同》，约定：由原告为被告承建的某供电局调度生产基地工程提供商品混凝土，供应时间从 2005 年 3 月 9 日至 11 月 30 日，强度等级为 C20 以下为每立方米 245 元、C25 为 260 元每立方米、C30 为 275 元每立方米、C40 为 290 元每立方米、C45 为 305 元每立方米。

协议签订后，原告按照协议的约定为被告提供了商品混凝土，双方于 2006 年 1 月 21 日签订《商品砼供应合同补充协议》，约定：被告在 2006 年 1 月 28 日前支付原告砼款 30 万元，余款按月进度款的相关比例协商支付，尾款待结算后一月内付清；原合同的计算方式改为按项目部同发包方的结算量为准。

2007 年 1 月 18 日，双方又签订《某供电局项目商品混凝土结算及遗留问题协议》，约定：被告于 2006 年 12 月 25 日与某供电局完成了工程结算，审定结算混凝土总方量为 11, 999. 17 立方米，总计货款 3, 121, 817 元；被告已付原告货款 200 万元，对于原告要求支付其余货款 1, 121, 827 元，被告提出总结算方量中有 571 立方米为自拌混凝土，应扣除自拌混凝土货款 139, 895 元，被告同意先支付余款 965, 000 元；原告同意被告先支付余款965,000元,但不认同被告提出的自拌混凝土571立方米,同意待有关部门协调或法院裁决后,履行其协调裁决的义务。协议签订后,被告支付了原告965,000元,余款139,895元未支付。现原告要求被告立即支付所欠的混凝土货款139,895元,并从2006年12月25日起按照同期银行逾期贷款利率计付利息。

被告某建筑安装公司辩称,被告在施工过程中使用了部分自己搅拌的混凝土,而原告供应的是商品混凝土,被告自己搅拌的混凝土的材料也是由被告自行购买,应当从总量中扣除139,895元的自拌混凝土,且被告使用自拌混凝土是得到了发包方和工程监理方的同意的,故被告不同意原告的诉讼请求。

经法院审理后,双方当事人对以上事实无异议。

明法晰理:

法官经审理后归纳双方争议的焦点为:被告提出的139,895元的自拌混凝土是否存在?是否应当在总量中扣除该款项?

依据双方当事人确认的证据和事实以及争议的证据和事实,结合原告的诉讼请求,法院认为:依法成立的合同受法律保护。双方签订的《某市建设工程预拌砼供应合同》及《商品砼供应合同补充协议》系双方的真实意思表示,内容不违反法律法规的禁止性规定,合法有效,双方均应当按照协议约定的内容履行各自的义务。

由于双方在履行供应合同时,对原告提供的混凝土数量发生争议,双方在2006年1月21日签订的补充协议中将原合同的计算方式改为了按“项目部同发包方的结算量为准”,而合同约定原告为被告供应混凝土的时间为2005年3月9日至11月30日,显然双方在签订补充协议时,被告如果存在自拌混凝土就已经存在了,但双方在补充协议中并未对被告的自拌混凝土如何处理进行约定,根据补充协议的约定,结合双方签订补充的情况,应当认定无论被告是否存在自拌混凝土的情况,项目部同发包方的结算量均应作为原告与被告之间的结算量,故对原告要求被告支付混凝土款的诉讼请求,因其理由正当,证据充分,应予支持。对被告要求在项目部同发包方的结算量中扣除自拌混凝土的请求,因其证据不足,依法不予支持。

由于双方在2007年1月18日签订了《某供电局项目商品混凝土结

算及遗留问题协议》,该协议中双方均同意待有关部门协调,或法院裁决后,履行协调裁决的义务。故对原告要求被告支付所欠的混凝土货款利息的诉讼请求,法院不予支持。

该案的争议焦点主要是“自拌混凝土是否存在?是否应当在总量中扣除该款项?”而围绕这一争议,就需要双方举证、质证,这就涉及一个信息的占有与解释问题。这些信息既包括双方持有的证据,又包括法律及行政法规对于自拌混凝土的相关规定,这对于案件的审理至关重要。还有很多建设工程纠纷案件会涉及对结算项的理解,对于这一信息解读必然就涉及税法及相关费用设置的行政法规。如在分包合同纠纷处理中,代扣税问题就常成为纠纷的焦点。而该案中,原告之所以胜诉,在于双方签订合同时对于自拌混凝土没有明确约定,包括如何计量与扣除,而原告以“项目部同发包方的结算量均应作为原告与被告之间的结算量”的主张并无不妥,被告要求扣除所谓自拌混凝土的要求因无具体的约定而理亏。

法务实例7:代扣的税金没有实际缴纳的是否应当退还被代缴人

案情简介:

2002年8月9日,乙某与甲公司签订一份《建设工程内部承包施工协议》,约定甲公司将承建的某高速公路公司C7合同工程由乙某承包施工,乙某采取包工、包料、包工期、包质量、包安全生产,总造价大包干的方式进行承包;乙某在施工中出现的与甲公司关系以外的经济纠纷由乙某自行负责解决,甲公司概不负责;乙某所承包的工程总造价按工程的建设单位审定的总造价上缴3%的管理费给甲公司后进行结算,工程所有税金和办理开工报建手续施工单位应交的费用以及政府对工程应征收的有关收费由乙某负责;工程项目经理的工资由乙某负责等条款。

原告乙某认为:工程税费应由甲方即某高速公路公司代扣代缴,并已提交了某高速公路公司代扣税费的《证明》,甲公司扣除该费用没有法律依据,也无扣除依据,甲公司取得该款构成不当得利,乙某要求甲公司返还该款107,759.16元,法院应予以支持。

法院经审理后,判决如下:甲公司应退还乙某税款107,759.16元(按中国人民银行同期贷款利率,从2003年3月20日起计至判决给付之日)。

明法晰理：

二审法院认为，乙某是以甲公司的名义参加某高速公路附属区房建工程的投标，双方就中标工程签订了《内部承包施工协议》，约定由乙某以大包干的方式承包施工。乙某作为无建筑资质的个人，甲公司将整个工程全部交由乙某施工，违反了《建筑法》第13条、第26条的强制性规定，一审判决认定双方当事人所签的《施工承包合同》及《建设工程内部承包协议》无效，是正确的；鉴于实际中乙某负责施工建设的C7工程已竣工验收合格，参照《建设工程施工合同解释》第2条，对乙某请求参照合同支付工程价款，法院可予以合法支持。甲公司上诉称一审判决违反法定程序，无充分依据，应不予支持。

乙某起诉请求甲公司支付的是工程进度款及相关费用。虽然对该工程的结算，甲公司、乙某与某高速公路公司尚未核算，但不影响乙某依照与甲公司所签的合同及协议，请求甲公司支付相关费用。甲公司于二审期间提交的某高速公路公司出具的相关材料，依照《民事诉讼证据规定》，虽然属于新证据，但这些材料主要涉及甲公司与某高速公路公司之间关于工程的结算问题，与本案处理的工程进度款支付问题无直接关联，故法院对这些新材料不予采信作为本案认定事实的依据。

对投标费用及工程税金问题，双方当事人在2003年3月20日签订的《建设工程内部承包施工补充协议》（以下简称《补充协议》）中已明确约定：双方经协商同意工程投标费用为23万元；工程税金按发包方支付工程款数额计算，如果发包方代扣、代缴时，乙某将完税发票交给甲公司后，甲公司将代扣、代缴部分退给乙某。在同日作为该协议附件的《班组（工人）进度款支付单》中，乙某签字认可：扣除未付工程投标费用（总数为23万元）为：17万元；扣除工程税金107,759.16元。乙某现无充分的反证推翻其以上的意思表示，故其应受双方签订协议的约束。乙某辩称投标费用均是其支付的，但其提供的证据不足以证实其主张，故对其该辩解意见，不予采纳，对其请求退回投标费用17万元，不予支持。对工程税金的缴纳，乙某虽然提供了某高速公路公司的《证明》，证实某高速公路公司已代扣税金169,145元，但乙某未依《补充协议》约定将完税发票交给甲公司，且乙某应该缴纳的工程税金远不止该数，乙某也不能证实某高速公路公司已代扣的税金169,145元中是否包含甲公司代扣的工程税金107,759.16元，故对乙某请求退回税金107,759.16元，不予支持。

广东省人民检察院抗诉认为，终审判决认定甲公司无须向乙某返还2003年3月20日扣除的10.775916万元税金，认定事实的主要证据不足。理由如下：终审法院认定双方当事人签订的《内部承包施工协议》为无效合同，但鉴于实际上工程已经竣工验收合格，故可以参照合同支付工程款，这是正确的。其他款项则应当根据当事人的实际收益和实际损失来确定，因而在处理甲公司应否返还税金问题上，不应当以已被认定为无效的补充协议上的有关条款为依据，而应当是查明甲公司是否因扣税行为而得到不正当的收益从而致使乙某遭受不应有的损失。那么对本争议认定的关键就在于甲公司是否因扣税行为而构成不当得利。

从补充协议中"工程税金按发包方支付工程款数额计算，如果发包方代扣代缴时，乙方将完税发票交给甲方后，甲方将代扣代缴部分退给乙方"（甲方即甲公司，乙方即乙某）的条款可以得出，甲公司是以与某高速公路公司一样的代扣名义扣除10万元税金的。那么如果某高速公路公司在拨付工程款给甲公司时已经代扣税金，该笔工程款就存在被重复扣税的可能。乙某主张甲公司是重复扣税，为此提供了某高速公路公司代扣营业税金16.9145万元的证明作为书面证据，用于证明对于同一笔工程款某高速公路公司和甲公司都扣除了一定的税款，这样乙某已经履行了其对自己主张举证的义务。而在二审中，甲公司认可了某高速公路公司代扣16.9145万元的事实，但主张乙某应当缴纳的税额不只某高速公路公司代扣的部分，其所代扣的10.77万元税金是另外的应缴税款，那么甲公司应当为此负举证责任，即出具扣税缴税的完税凭证，若因工程未结算而未完税，则必须举证证明该工程应缴税金的总额和2003年3月20日支付单以5.4%的比率扣除税金的依据，否则应当承担举证不能的后果即扣税构成不当得利。但终审法院却将该举证责任分配给了乙某，而甲公司并未对其扣税抗辩举证，因而其扣税行为的合法性缺乏充分的证据支持。

双方在2003年11月23日签订的《补充协议》中称为"税金"的107,759.16元只是双方工程款的构成部分，并不是纯粹的税金。双方签订的《内部承包施工协议》《内部承包补充协议》和2003年11月23日签订《补充协议》是因为乙某不具备法定施工资质而违反法律强制性规定被法院确认无效,但双方对工程款结算的确认却是真实意思表示。被告认为,司法解释是规定在工程验收合格的前提下,法院可予以支持按确认的无效合同约定处理工程款。但是,粤检民抗字(2006)466号《民事抗诉书》第7页15行至17行首先肯定"参照合同支付工程款,这是正确的",但在该页18行、19行又称"不应当以已被认定为无效的补充协议的有关条款为依据"等语。可见该抗诉书认定事实的逻辑自相矛盾,并违反司法解释的规定。

终审法院认为,再审争议的问题是甲公司是否应当向乙某退回代扣的税金10.775916万元。

甲公司代扣税金10.775916万元的依据是双方签订的《补充协议》。《补充协议》中关于税金的扣减是双方关于工程款结算的约定,参照《建设工程施工合同解释》第2条的规定,《补充协议》虽然因为乙某不具备法定施工资质而违反法律强制性规定被确认无效,但对甲公司请求参照该《补充协议》支付工程价款,法院可予以支持。作为该协议附件的《班组(工人)进度款支付单》中,乙某签字认可:"扣除未付工程投标费用(总数为23万元)为:17万元;扣除工程税金107,759.16元",亦证明该《补充协议》系双方真实意思表示。故二审判决认定双方应当受该《补充协议》关于代扣税金条款的约束是正确的。《补充协议》中明确约定:工程税金按发包方支付工程款数额计算,如果发包方代扣、代缴时,乙某将完税发票交给甲公司后,甲公司将代扣、代缴部分退给乙某。本案中,乙某未依补充协议约定将完税发票交给甲公司,故甲公司将代扣、代缴部分退给乙某的条件未成就。

关于甲公司是否重复扣税从而获取不当得利的问题。乙某虽然提供了某高速公路公司的《证明》,证实某高速公路公司已代扣税金169,145元,但《证明》并不具有税务部门出具的完税凭证的证明效力,且某高速公路公司系分多笔支付工程款,按我国税法规定的营业税和企业所得税的税率计算,乙某应缴纳的工程税金已不止该数,故乙某未能证实某高速公路公司已代扣的税金169,145元与甲公司代扣的107,759.16元系同一笔工程款的税款,乙某也不能证实某高速公路公司已代扣的税金169,145元中是否包含甲公司代扣的工程税金107,759.16元。

该典型案例就涉及一个证据信息的解读问题，以及按照“谁主张，谁举证”的原则，原告主张甲公司重复扣税的证据不充分，其举证责任并未完成，终审法院二审判决驳回乙某要求退回107,759.16元税金的诉讼请求并无不当。也就是说即使经过结算的工程项目，如果一方认为计算重复，另一方不当得利，又有足够证据能够证明，那么，受损害方是可以向对方提出返还的。

（五）参与者行动的秩序（order）

博弈者拥有了一定的信息，制订了自己的战略，赢得胜利的另一因素就是博弈者行动的先后秩序。如建设工程诉讼中证据出示的先后顺序对于原告、被告及其代理人来说就十分重要。田忌赛马中先出场哪一匹马，接着出场哪一匹，最后出场哪一匹就是秩序的选择问题。

通俗地说，博弈就是个人或组织在一定的环境条件与既定的规则下，同时或先后，仅仅一次或是多次选择战略并付诸行动，从而得到某种结果的过程。当事人在建设工程诉讼中，就不可避免地要与对方打交道，这是一个利益交换的过程，也就无可避免地要面对各种矛盾和冲突。博弈论听似深不可测，但其精髓极易理解。简单说来博弈论就是研究、分析、运筹，反复行动，并不时修正自己偏差，从而寻求最佳效果行为方式的理论，解决人们如何进行行动以及这种行动如何达到均衡的问题。每个博弈者在决定采取何种行动时，不但要根据自身的利益和目的行事，还必须考虑到自身的决策行为对其他人的可能影响，以及其他人的反应行为反过来对自己产生的可能后果，通过选择最佳行动计划，来寻求收益或效用的最大化。

从前面提到的法务实例来看，优先受偿权属于除斥期间，不受中止、中断的影响中可以看出，在建设工程发生诉讼纠纷时，应注意关键的时间节点，这涉及一个博弈的秩序问题，因为秩序中不仅包含法定权利与义务的正确行使，还涉及一个权利与义务的合理行使，否则就可能存在一个权利的放弃或失效问题。也就是说秩序选择不当，就可能丧失权利的保护，哪怕当事人的行为没有违反实体法的规定。

四、对照分析：用博弈论理解建设工程诉讼的要素

笔者之所以将博弈理念植入建设工程诉讼活动，用博弈论来研究建设工程诉讼行为，因为建设工程诉讼双方当事人的利益总是对立的，一方的失必然是另一方的得。双方相互的行为战略会影响法官对案件的裁决，双方在庭内、庭外策划的目的就是说服法官去偏袒己方，或者希望法官公正审判而不损害自己的切身利益。

在实际的诉讼行为中当事人的行为往往表现为前者。一般来讲，在诉讼过程中，双方都不知道对方是否采用了程序法所规定的其他行为，从而会影响法官的公正裁决，即使法官的思想不受任何当事人的左右，也存在各方当事人在法庭上说服方式、方法及专业水平的表现问题，这就使得建设工程诉讼行为具有了博弈的特征。

(一)建设工程诉讼参与人与博弈参加者

在研究建设工程诉讼案例时，一般认为应从主观要素和客观要素两方面入手，这两个要素相互联系、互为因果。主观要素就是作为诉讼主体案件的双方当事人，即因民事权利义务关系发生争议，能够以自己的名义向法院提出权利保护请求的人。人民法院受理一宗民商事案件，必须首先弄清楚纠纷是在谁与谁之间发生的，更主要的是在确定谁与谁之间后，要查清以下几个问题：

第一，该案件的当事人是否具有法定的当事人的行为能力；

第二，该案件的当事人是否具有法定的诉讼行为能力；

第三，该当事人是否是适格的当事人。也就是民事实体权利义务的承受者，或者因法律上规定而成为诉讼上的权利义务的主体，如主审法官在开庭前还要依职权审查代理人形式上是否有合格的授权委托。例如，被授权人是涉诉主体企业上级的法律顾问，如果开庭时，对方代理律师提出了质疑，认为他不适格，法官会当庭裁定他的代理资格无效。这样，建设工程诉讼的主观要素具有博弈论中的参与者特征。

在诉讼博弈中，由于原告与被告的诉讼行为不可能引起无关的第三方来承担诉讼责任和诉讼费用，可以看成一个完全的零和博弈。

一个零和博弈需要设定几个方面：

第一，每一个基本的博弈至少有两方或两方以上的参加者，且各方都必须按一定的规则行事，并且博弈的规则确定以后，各参加方都具有平等的人格，行为的机会均等。在建设工程博弈中经常遇到某一建筑施工单位的项目经理或预算员与单位之间发生工程款结算纠纷，表面上可能是内部承包关系，实质上可能被认定为实际施工人与建设施工单位之间的法律关系，虽然内部承包合同约定了通过劳动仲裁解决争端，但实质上他们不属于劳动争议，而应被裁定要求通过有管辖权的法院解决，他们也就成了平等的民事主体。

第二，博弈方各自可选择执行的战略或行为的集合。战略不仅至关重要，而且具有相互依存性。如前面所说，项目经理或预算员与某一建筑施工单位发生了纠纷，有人认为提起劳动争议，有人认为提起民事争议，这就具有不同的战略作指导，但其解决争端的路径就存在很大的差异了,最终的结果也自然不同。

第三,进行博弈的次序十分重要。在博弈中,一方作出选择后,另一方必须有相应的回应,而且各方不止一次的选择虽有先后之分,还要规定必要的秩序。谈到秩序不得不说在众多当事人涉案的诉讼中,对于原告来讲,在起诉状中将其他当事人列为被告或第三人先后的秩序有时对于举证、质证、陈述意见,对于案件审理的走向都十分关键,不仅影响到庭审的发挥,甚至会制约案件的输赢。

第四,博弈的得益,也就是说博弈最后总有一个结果。得益即收入、利润、损失、量化的效用、社会效用和经济福利等,在具体的建设工程诉讼中被告向原告的赔偿、补偿、返还以及工程结算款等都属于具体的得益。得益可以是正值,也可以是负值。

不难分析,建设工程诉讼当事人就是零和博弈中的参加者,他们各有得益。双方当事人整个建设工程诉讼的过程中,无不充满双方为追求得益最大化的相互指责、相互攻击或少许的让步,从而完成自己的诉讼目的。

在建设工程合同纠纷案件中,从博弈角度首先想到的是诉讼主体资格问题。在建设工程纠纷中,由于承包人受到资质等级的限制,以及建设工程总分包和转包的关系,导致合同主体和法律关系十分复杂,也是案件的诉讼主体呈现出复杂的情形的主要原因。因此,从博弈角度来看,正确列示原告、被告、第三人是处理好建设工程合同纠纷案件的首要问题。

(二)建设工程诉讼标的与博弈的得益

建设工程诉讼程序作为一种解决纠纷的手段,其特点是法院在诉讼程序中始终处于相对被动和消极的中立地位,对当事人之间的民事争议进行审理,公正地作出裁决,并保证其裁决的实现。这种在建设工程诉讼中予以审理和判断的对象就是诉讼标的。诉讼标的是建设工程诉讼的客观要素,也叫诉讼对象、诉讼客体,可以认为是原告在诉状中所明确提出的具体的诉讼请求或权利主张或法律关系的存在与否。诉讼标的实质上是实体法的一种请求权。建设工程诉讼的每一具体的诉讼请求,在零和博弈中也就是博弈双方的各自得益,它是各方在诉讼中所追求的根本目的所在,也是他们行为和判断的参照点,可以具体地体现在原告的诉讼请求之中,也可以体现在被告的反诉请求或原告的追加请求中。无论哪一方都有事先设定的期望值,有的会得到法院的支持或因对方当事人的让步而认同,也可能会因一方当事人获得新信息而增加,也就有和解,达成调解协议,获得胜诉或者败诉的结果,对于不同的诉讼来说,得益情况也会不同,而得益的差异和不同的特征也会影响博弈方的行为方式。

需要指出的是，诉讼当事人追求诉讼标的的最大化行为并不能导致社会利益最大化，也常常不能保证自身诉讼成本的降低或诉讼目的的完全实现。况且诉讼标的的极小化行为也不符合博弈者得益最大化的心理特征。因为在建设工程诉讼中，一方的收益必定是另一方的损失，不管诉讼双方如何举证、质证，最后的社会得益即诉讼双方得益之和为零，但是如果考虑双方诉讼成本的情况下，意味着不同的诉讼战略下各诉讼方的得益一般是不相同的，因此，就可能转化成变和博弈，这样对双方都是不利的，争斗的结果是两败俱伤，这也是任何建设工程诉讼案件都能够假定以调解结案的理由所在。

法务实例8：合同具有相对性，不得将与合同无关的单位或个人列为共同被告

案情简介：

甲公司与乙公司于2001年4月28日签订《建设工程施工合同》，乙公司以单价闭口包干方式将工程发包给甲公司总承包施工。合同约定每平方米造价为1290元，工程竣工验收后，经测绘总建筑面积为74,129.73平方米，故总造价为95,627,351.7元。2003年10月25日，经甲公司与乙公司共同确认，甲公司已完成工程量造价97,214,000元。截至起诉之日，乙公司实际支付工程款84,345,000元，拖欠工程款11,282,351.7元。售楼处工程亦由甲公司承包施工，建筑面积为673.85平方米，按每平方米造价1290元计算，应支付工程款869,266.5元。

丙公司与乙公司系合作开发涉案工程，乙公司属丙公司上海公司设立的项目公司及全资子公司，为更好维护甲公司的合法权益，甲公司请求判令丙公司与丙公司上海公司对乙公司的债务承担连带责任。

法院判决驳回了甲公司判令丙公司与丙公司上海公司对乙公司的债务承担连带责任的请求，判决由乙公司承担相应的支付责任。

甲公司的诉讼请求：(1)乙公司支付甲公司无须工程造价审核的包干工程余款11,282,351.7元；(2)乙公司支付甲公司售楼处工程款869,266.5元；(3)乙公司支付甲公司赶工费240万元；(4)乙公司支付甲公司窝工损失10,014,000元；(5)丙公司与丙公司上海公司对上述还款义务承担连带责任。

被告丙公司与丙公司上海公司辩称，乙公司系独立的企业法人，丙公司及丙公司上海公司与甲公司并无工程合同关系，不应承担连带责任。

明法晰理：

审理过程中，一审法院委托上海某建设工程造价咨询事务所对甲公司承建的“嘉富丽苑”工程项目进行了审价，审价单位于2004年12月29日出具审价报告，审定总造价为90,814,251元，包括1～7号住宅楼、会所及售楼处中由甲公司承包的土建安装部分。售楼处亦按1290元/平方米包干单价计算，双方对此均无异议。上述造价中需要说明的情况有：甲公司完成工程前期施工场地的三通一平所发生的劳务结算费32,692元已计入造价。关于土方外运费，甲公司只提供了其绘制的三通一平场地的标高方格图，反映有24,699立方米的多余土方量存在，未能进一步提供证明发生过土方外运的现场签证、运费凭证或土方外运合同等证据，故土方外运费未计入造价。

在上述案例中，乙公司系独立的企业法人，应独立承担民事责任。涉案工程为乙公司独立开发的房地产项目，工程施工合同由乙公司与甲公司签订，丙公司与丙公司上海公司并非合同当事人，也不是合同的签约方，按照合同的相对性原则，自然不应承担合同责任。甲公司仅凭丙公司网站上的介绍即认定其与乙公司系共同开发涉案项目缺乏事实依据，丙公司不应承担连带责任。而甲公司以丙公司上海公司系乙公司的股东为由要求其承担连带责任亦缺乏法律依据，法院当然不予支持。

（三）建设工程诉讼证据与博弈的信息

在建设工程诉讼程序中，举证、质证是重要的一环，从我国诉讼证据的规范来看，一方面规定了某种事实的存在与否需要确定时（真伪不明的状态），规定应由哪一方当事人承担其不利法律后果的一种负担，即在“谁主张，谁举证”和“举证倒置”两种证据规则中，承担举证责任的人就要承担因举证不能而败诉的结果；另一方面当事人在诉讼的过程中，要按照法律设定的规则（包括举证程序、举证时限、举证责任分配）进行举证，并进行证据释明，否则，也要承担败诉的风险。

由此可见，在建设工程诉讼过程中，掌握证据较多，并不能保证诉讼结果一定令人满意，有时举证过多，给对方透露的信息也较多，更面临被质证或抗辩的不利因素，从而使自己处于不利地位，为了避免不明智的累诉，避免因提供了被对方抓住的反证而败诉的结果，只能采取守势，从而提出较少的诉讼请求，或者作出对另一方的让步。相反，对于证据较少的一方来说，对诉讼风险了解甚少，因用不着顾忌后果而掌握了主动，从而提出较高的诉讼请求（如举证责任较少的一方，往往具有较高的期望值，从而提出较大的诉讼标的）。

一般来说,在各自的博弈过程中,对后行为方是有利的。因为他们可减少决策的盲目性,有针对性地选择合理的行为。不过具有较多信息就一定有较好的结果这个结论却并不总是成立的,从诉讼角度来讲,也即无论原告还是被告,都可能认为自己是最优化的决策,他自己可能认为获得的信息越多肯定收益就越大,这也是为什么都千方百计地收集证据,有时可能忽略了取证成本,更为严重的是可能忘了证据也会被对方利用起到反证的不利作用,这是由于证据是需要质证的,即使是经过司法鉴定的结论,还需要被法官采信,这也说明博弈的异常情况是存在的。事实上,在建设工程诉讼案例中,正是因为能够揭示诸如"信息多反而得益少"等表面上不合常规现象的存在及其根源,才使诉讼过程中引入博弈论具有恰当性。

法务实例9:违约金应从被告答复拒绝付款之日起算,而不是从立案之日起算

案情简介:

原告某建设工程公司与被告某房地产公司签订《施工合同》,约定:原告承包被告的职工宿舍楼工程,承包范围是全部土建工程(不包括铝合金门窗及木门窗工程);工期自2004年3月25日至2006年5月10日竣工验收止;工程进度达到50%以前,按每月完成工程量付(收)进度款,当工程进度累计超过50%时,每次按当月完成工程量的50%付(收)款;延期竣工的,每逾期1天,由原告按工程造价付给被告每日万分之三的罚金;被告不按期支付工程款或逾期组织竣工验收,从逾期次日起,由被告向原告按照拖欠数额每日万分之三支付违约金。

原告的主张:(1)被告即时支付工程余款并按照每日万分之三的标准,向原告支付工程余款自2006年9月10日起至付清工程款日止的违约金;(2)判决被告承担诉讼费用。

为证明己方的主张,原告出示了以下证据:

1.2006年4月30日,涉案工程通过各方竣工验收的验收签字文件。

2.2006年5月20日,原告编制出《工程结算书》,被告于2006年6月20日予以确认。根据《工程结算书》,涉案工程造价为8,945,400.30元。

3.2006年8月7日,原告向被告发函,要求偿还拖欠的工程款100余万元。

4.2006年9月10日,被告向原告复函,称短期之内没法偿还所欠的工程结算款。后原告多次与被告协商付款事宜,被告均以资金紧张为由

予以拒绝。

明法晰理：

该案法院支持了违约金应从工程款结算款双方无争议之日起算，而不是从立案之日起算。本案双方对于欠款的数额争议不大，焦点是工程余款何时支付双方没有明确约定，被告认为不应付违约金。原告作出的付款期限的安排，被告没有理由在该期限内支付工程余款。原告认为在2006年9月10日被告已经明确表示在短期内无法偿还余款，说明双方对工程款结算数额无争议，此时被告已构成违约，从此时间开始计算违约金合理合法，应予以支持。

关于被告对于违约金的抗辩是否成立呢？根据最高人民法院相关司法解释工程款应以工程是否交付为严格的时间节点区分，规定了工程实际交付之日为应付款时间。本案中，涉案工程于2006年4月30日已通过验收并交付于被告。2006年5月20日，原告编制出《工程结算书》，被告于2006年6月20日予以确认，并且原告又给了被告合理的还款时间，被告明确答复无偿还能力，就构成了实质违约，原告的主张从被告答复拒绝付款之日起算，合情合理合法。

上述案件中，原告出示的证据，简单明了。证据所含信息能够较好地锁定诉求，也就自然能够说服法官支持自己的主张。

当然，就建设工程结算款的违约金从何时计算，笔者归纳出了六种典型的判案起点：一是从工程验收之日起计算；二是从工程实际交付使用之日起算；三是从立案之日起算；四是从司法鉴定之日起算；五是从双方在结算单签字确认之日起算；六是从施工方向发包方提交结算单之日起计算。具体以哪一种作为起算点，并不完全依照原告的主张，法院往往根据各方提供的证据，行使司法裁量权，在公平、合理的基础上最终裁决。

法务实例10：违约金应从涉案工程被发包方实际使用该工程时开始计算，而不是从立案之日起算

案情简介：

新世纪学校与一建公司签订了一份《建设工程施工合同》，约定：由一建公司承建新世纪学校校舍工程,工程范围为1#教学楼、1#学生公寓、综合楼的土建、安装、场内排水管道;工期自1995年12月10日至1996年5月31日;质量等级为优良;合同价款暂估350万元,并按四级企业标准取费;调整方式为施工期内如遇预算定额、取费标准、材料价格等政策性调整时,则按有关文件规定执行;工程竣工验收时支付95%工程款,新世纪学校不按时付款,则按银行同期计划外贷款利息加倍计算;保修金按决算造价5%,竣工后一年一次结清,利率按银行同步计划内贷款利息;合同价款在协议条款内约定后,任何一方不得擅自改变,工程造价管理部门公布的价格调整,一建公司应在上述情况发生后10天内,将调整的原因、金额以书面形式通知新世纪学校代表,新世纪学校代表批准后通知经办银行和一建公司,竣工结算按招标文件及有关条款执行。合同签订后,一建公司经新世纪学校同意于1995年12月24日开工承建,新世纪学校将水电安装工程另行发包给了其他施工单位。1996年7月8日,一建公司完成了新世纪学校1#教学楼、1#学生公寓、综合楼,以及围墙、连廊、配电房、室外排水等土建工程的施工,新世纪学校在竣工报告上签章予以同意,但双方未对工程进行验收。同年9月1日,新世纪学校因教学需要使用了上述工程。嗣后,一建公司向新世纪学校递交了分别以84定额及94定额为计算依据编制的工程决算书各一份。

明法晰理:

该案法院支持了违约金应从涉案工程被发包方实际使用该工程时开始计算,而不是从立案之日起算。本案双方对于欠款的数额争议不大,焦点是工程余款何时支付双方没有明确约定,被告认为不应付违约金。原告做出的付款期限的安排,被告没有理由在该期限内支付工程余款。关于被告对于违约金的抗辩是否成立呢?根据最高人民法院相关司法解释工程款应以工程是否交付为区分,规定了工程实际交付之日为应付款时间。本案中,涉案工程于1996年9月1日被告新世纪学校因教学需要实际使用了上述工程。一审法院审理后认为,新世纪学校与一建公司所签的合同,符合法律规定,应属有效。工程未通过验收,新世纪学校提前使用,由此发生的质量或其他问题,应由新世纪学校承担责任,竣工验收时间应从新世纪学校使用该工程时开始计算。新世纪学校未按合同约定支付工程款系违约行为,应承担违约责任。一审法院判决如下:新世纪学校支付一建公司工程欠款63,645元,并从1996年9月1日起计算未按合同约定支付剩余部分的利息,其中保修金按工程鉴定造价的5%,一年内按银行同期贷款利息计算,其他按银行同期贷款利息加倍计算,于判决生效后十日内付清;二审法院认为:新世纪学校与一建公司就该校校舍建设工程,业经建设工程施工招标投标程序,从而签订的建筑工程施工合同,当事人意思表示真实,该合同中除逾期付款违约金的约定与《建筑安装工程承包合同条例》的相关规定不符外,其余内容合法有效,当事人双方的权利义务应从工程招投标文件及合同的约定。新世纪学校未经验收即使用了一建公司承建竣工的工程,原审判令其承担使用工程后逾期付款的违约责任,并无不当,但违约金比例应按《建筑安装工程承包合同条例》的规定计取。二审法院判决:新世纪学校应于本判决送达后十日内支付一建公司工程欠款199,425.04元,并从1996年9月1日起计取逾期付款的违约金(其中工程造价的百分之五一年内按银行同期贷款利息计算,其余均按每日万分之五计算)。

该案的关键因素是建设工程竣工日期的认定。工期条款是建设工程施工合同的主要条款,关系到发包人和承包人的许多权利和义务,其中竣工日期的确定,一般意味着发包人要对承包人履行结算、付款义务,故竣工日期的确定对承包方来说,尤为重要。

《建设工程施工合同解释》第14条就当事人对建设工程实际竣工日期有争议的情况下,对竣工日期的确定作出了规定:

(一)建设工程经竣工验收合格的,以竣工验收合格之日为竣工日期;

(二)承包人已经提交竣工验收报告,发包人拖延验收的,以承包人提交验收报告之日为竣工日期;

(三)建设工程未经竣工验收,发包人擅自使用的,以转移占有建设工程之日为竣工日期。

据此,本案中建设工程竣工日期即为建设工程"转移占有"之日。1996年9月1日,新世纪学校因教学需要使用了上述工程,虽然一审、二审法院审理此案时,最高人民法院的上述解释还未发布、实施,一审、二审法院均认定1996年9月1日为工程竣工日期,并依此判决新世纪学校从1996年9月1日起计取逾期付款的违约金(注:依据《建设工程施工合同解释》第17条规定,"对欠付工程款利息的计付标准有约定的,应按照约定处理"。为此本案利息结算应按合同约定的银行同期贷款利息加倍计算，其中保修金一年内按银行同期贷款利息计算）。

建筑承包商在履行建设工程施工合同时的主要义务是工期和质量，而竣工时间作为工期的重要一个环节，承包商在实践中应给予重视：一是主动收集因发包人原因造成工期拖延的证据，并及时提出工期索赔；二是在工程完工以后应及时向发包人提交竣工验收报告。

（四）建设工程争议焦点与博弈的战略

在建设工程诉讼双方的初始条件完全平等的诉讼中，战略选择就显得十分重要，当然如果说是结果的唯一决定因素就有点夸大了。在诉讼的过程中，无论是举证、质证过程，还是双方的论辩过程，笔者认为各方的战略是有限的，但对于争议焦点的归纳就是博弈战略的线索所在，这一点毋庸置疑。

所谓争议焦点是主审法官通过阅卷、双方陈述后总结出的辩题，也是双方应当围绕其展开举证、质证和法庭论辩的辩题，也可说是双方当事人及其代理律师论证的对象，并将制约着整个建设工程诉讼的进程和发展态势。它又是双方组织论据材料即提供证据，反驳对方证据的红线或尺度，在整个庭审中博弈方的战略都是围绕双方争议焦点展开的。

任何一宗具体的建设工程诉讼纠纷案件，总有其具体的争议焦点所在。在实际的庭审过程中，主审法官归纳争议焦点花费的时间虽少，但它在整个庭审中的作用却不容忽视。因为争议焦点的归纳对于诉讼双方论辩的集中，举证责任的分担，对于胜诉与否都起到了举足轻重的作用。所以，建设工程诉讼中，无论是原告方及其代理律师，还是被告方及其代理律师，在向法庭阐述意见时，总是争取法官归纳出利于己方举证与质证的争议焦点，并能围绕主审法官归纳的争议焦点进行举证、质证和法庭论辩。也就是说争议焦点的归纳，能够引导诉讼博弈者拟定博弈的战略，从而在诉讼庭审中掌握主动。

法务实例11：质量保修义务和工程款支付义务是两种不同的义务关系，不能互相对抗与抵销

案情简介：

1994年下半年，丙公司将丙公司二期工程（国家重点工程）的设计部分承包给丁研究所，工程施工部分承包给甲建设公司。1995年9月4日，甲建设公司下属筑炉公司以甲建设公司名义与乙防腐公司签订了丙公司

冷轧废水处理站玻璃鳞皮防腐材料工程施工合同。合同约定,防腐工程保质期5年,5年内出现质量问题,乙防腐公司免费进行保修。1996年2月13日,乙防腐公司将已竣工的防腐工程交甲建设公司及丙公司验收,同年6月16日,乙防腐公司与甲建设公司就防腐工程办理了结算,工程造价为466,351元。同月19日,甲建设公司致函乙防腐公司,承诺所欠工程款149,758.67元,计划1998年上下半年各付40,000元,余款在1999年内付清。1998年4月22日,丙公司动力厂(丙公司冷轧废水处理站实际管理单位)书面通知甲建设公司筑炉公司,因废水处理站各水池多处鳞皮涂料防腐层破裂,要求速派人协商处理。同年5月19日,甲建设公司筑炉公司电函乙防腐公司,要求一周内来人处理上述质量问题,同月21日,乙防腐公司回电同意来人,同时要求甲建设公司速寄部分工程款作来人差旅费,同月25日,甲建设公司汇1000元给乙防腐公司。同年7月1日,乙防腐公司回电明确1000元只够一个人来丙公司的差旅费,要求速汇30,000元用于购买施工材料。事后,甲建设公司未汇款,乙防腐公司也未派人来丙公司处理质量问题。1998年6月9日,甲建设公司就工程返修质量要求及需丙公司配合的有关细节与丙公司达成协议,同月17日,甲建设公司在乙防腐公司既不派人又不作意思表示情况下,组织人员对上述质量问题进行了返修,于同年12月2日竣工交丙公司验收。丙公司对甲建设公司返修的施工图及返修面积473.2平方米予以确认,丙公司派出的现场质量检查者彭某证实返修工程的辅助工程工程量(包括外排脚手架、钢梯制作、生产废液清洗、废鳞皮涂料清洗、生产废液和废鳞皮涂料的运输、细石砼灌洞)。1998年12月20日,甲建设公司依据施工图、施工方案、丙公司确认的工程量,套用《四川省建设工程计价定额SGD—95及配套费用定额》,按一级一类标准取费,预算返修工程造价为212,186元。1999年8月,甲建设公司向法院起诉,要求判令乙防腐公司支付返修工程款。

明法晰理:

法官经审理后归纳的争议焦点为:一是甲建设公司与乙防腐公司签订的丙公司冷轧废水处理站玻璃鳞皮防腐涂料工程施工合同是否为有效合同;二是甲建设公司在乙防腐公司未派人处理质量问题的情况下,组织施工队伍进行返修,是否属正当行为;三是甲建设公司发生的返修费用应由谁承担责任；四是甲建设公司收取的工程质保金未支付给乙防腐公司，此款能否冲抵返修费用。

经法院重审查明，合同约定，乙防腐公司提供防腐工程所需材料并负责施工。在法院审理期间，经甲建设公司及乙防腐公司指定，法院委托四川省建设工程质量安全监督总站对丙公司冷轧厂废水处理站水池出现的质量问题进行鉴定，鉴定认为质量问题原因有两个方面：一是该工程水池内壁防腐层未按有关规范规定施工，原材料及拌和检验资料不详，施工中对基层表面的处理未见有关隐蔽记录（表面平整度、含水率及除油污、粉尘等杂质的情况），造成防腐层龟裂、脱落，致水池渗漏，不能满足原防腐工程施工单位保用5年的承诺。二是池壁设计不尽合理，结构抗裂不足，构造措施不当，于防腐功能不利。鉴定结论为：丙公司冷轧厂废水处理池原存在的防腐及结构质量问题，影响使用功能。后经甲建设公司筑炉公司返修后，现未发现渗漏现象，可以继续使用。并附说明认为，鉴定报告中原因分析第1条原因为主要原因。另外，防腐工程返修费用，经攀枝花市建设工程造价管理站鉴定为166,369元。

同时查明，甲建设公司系工程施工总承包一级企业，可以从事防腐工程施工。（1999）攀东经初判字第125号民事判决书，认定甲建设公司与乙防腐公司签订的丙公司冷轧废水处理站玻璃鳞皮防腐涂料工程施工合同为有效合同。并且，该判决书还明确甲建设公司1998年5月25日电汇给乙防腐公司的差旅费1000元，折抵了甲建设公司原欠乙防腐公司的工程款。另外，甲建设公司在本案重审中放弃向依法追加的被告丙公司和丁研究院主张权利。乙防腐公司在重审中要求对防腐工程质量重新鉴定，但拒绝缴纳重新鉴定费用。

法院认为，甲建设公司与乙防腐公司签订的防腐工程施工合同有效，乙防腐公司应依约在保质期内履行保修义务。乙防腐公司即承诺免费保修，在甲建设公司通知其派人处理防腐工程质量问题并按其意见汇了差旅费后，一个多月未派人处理，违反了国务院《建设工程质量管理办法》第44条之规定，显属错误。甲建设公司在乙防腐公司未派人处理质量问题的情况下，组织施工队伍进行返修，属正当行为。由此发生的返修费用应由责任方承担。四川省建设工程质量安全监督总站作出的鉴定报告，对丙公司冷轧厂废水处理池原存在的质量问题的原因分析时指出，该工程水池内壁防腐未按有关规范规定施工，原材料及拌和检验资料不详等，造成防腐层龟裂、脱落,致水池渗漏,不能满足原防腐工程施工单位保用5年的承诺,认为此原因为主要原因。该分析是基于查阅有关图纸和资料,现场查勘和调查询问所作出的,具有客观公正性,本院予以采纳。该报告分析的次要原因认为,池壁设计不尽合理,结构抗裂不足,构造措施不当,于防腐功能不利。该分析因鉴定时无丁研究院人员参加,也未收集调取设计有关的技术资料,其分析缺乏科学性,法院不予采纳。但该段分析已直接反映出基础构筑物质量存在瑕疵,对防腐工程质量有一定影响。现甲建设公司放弃对丁研究院及丙公司主张权利,基础构筑物的质量瑕疵的原因法院不宜主动追究,因此而产生的经济责任由甲建设公司自行承担,乙防腐公司只承担其应承担的责任。质量保修义务和工程款支付义务是两种不同的义务关系,不能相互对抗与抵销,乙防腐公司提出甲建设公司不按时支付工程款已先违约,并使其无力返修的主张不能成立。甲建设公司系工程施工总承包一级企业,可以从事防腐工程的施工,乙防腐公司消极推卸返修义务,又不派人到现场,甲建设公司返修工程量有相关证据证明,乙防腐公司无证据推翻甲建设公司所举工程量证据。乙防腐公司提出甲建设公司无防腐工程施工资质且自行返修发生的返修费未经其审核,其不应承担返修费的主张不能成立。甲建设公司现有23,327.55元的工程质保金未付乙防腐公司,此款应冲抵返修费用。依照《民法通则》第106条第1款,[1]《经济合同法》第6条、第9条、第29条第1款,《建设安装工程承包合同条例》第8条第2项及有关规定,判决如下:乙防腐公司于判决生效之日起10日内给付甲建设公司工程返修费126,404.45元。

上述案件中甲建设公司之所以放弃向法院依法追加的被告丙公司和丁研究院主张权利,一定程度上是甲建设公司主张的诉由与本案的诉由不同,一般法院不会支持,往往会在查清事实的基础上判决其可以另案解决纠纷。而涉案工程中的"质量保修义务和工程款支付义务是两种不同的义务关系,其涉及的工程款不能相互对抗与抵销,乙防腐公司提出甲建设公司不按时支付工程款已先违约,并使其无力返修的主张不能成立"。这是值得代理律师引起注意的一种诉讼技巧。

再有,笔者曾经接触过一宗索赔案,施工中发生土方外运的问题,承包商就以

---

〔1〕 参见《民法典》第592条、第593条。

此作为索赔的理由。后来,法院没有支持其主张。法院的认定理由为:

有关土方外运费,甲公司提供的证据是其绘制的标高方格图及土方外运的发票。而甲公司绘制的标高方格图未经乙公司或者监理单位确认,故难以采信。合同专用条款8.1款明确施工场地已具备施工条件,并以现状交由承包人施工,今后发包人不再承担任何场地平整费用。若乙公司实际交付的场地与合同约定不符,甲公司应于当时提出并将绘制的证明有土方量存在的标高方格图提交对方确认,但甲公司未提供这方面的相应证据,而其提供的土方外运发票亦无法证明系属于本工程的前期土方外运费,故本院采信审价单位意见,土方外运费不计入工程造价。

还有一宗工程索赔案,施工方提出窝工损失索赔,发包方认为造成窝工的延期开工事项过了诉讼时效。而法院一般会整体地看待诉讼时效及诉讼期间问题,而不是其中的其一个具体的事项。下面摘录的是法院的一段判词:

关于窝工损失问题。因乙公司未按时办出开工许可证造成工程延期开工当属事实,根据合同约定,发包人应赔偿承包人因延期开工造成的损失,并相应顺延工期。乙公司提出的通用条款13.2款系关于工期顺延的约定,不能作为否定甲公司窝工损失索赔权利的合同依据。甲公司的窝工损失索赔额过高,本院确认审价单位的估算数额作为窝工损失费的认定依据。乙公司抗辩称甲公司关于窝工损失的诉讼请求已超过诉讼时效,法院认为,考虑到工程施工合同结算的整体性原则,在工程款尚未结算之前不应就某一项费用请求单独计算诉讼时效,故对乙公司的时效抗辩不予支持。

(五)建设工程诉讼程序与博弈的次序

建设工程诉讼可被看作一种动态的零和博弈。因为诉讼双方当事人在法官的主持下实施自己的诉讼行为,而且《民事诉讼法》及其司法解释对各个诉讼阶段作了程序性的规定,规定了各方该做什么,不该做什么,规定了谁先做,谁后做,什么时间做,这就是双方当事人在诉讼程序中博弈的次序要求。

在建设工程诉讼博弈过程中,如果一方当事人事先知道了对方的决策选择或者说是和解条件,就可以有针对性地安排自己的行为、战略或相应调整、改变自己的决策选择,从而使自己立于不败之地或获取更多的利益,这就肯定对相对方不公平、不平等,如果是法官事先为一方作了试探,那就是司法理念上的不公正了。为公平合理起见,《民事诉讼法》设计了一套合理的,对双方来说是公平的诉讼程序,诉讼双方当事人在庭审的过程中,同时进行决策选择,同时行动,或者虽然各方作出决策的时间上有先后顺序,但至少在他们各自的诉讼行为发生之前不会知道对方的战略选择，在知道之后，也不可能很快作出战略调整而改变自己所作出的选择。这种无论在哪种意义上都无法被看作同时决策的静态博弈，各方不是同时，而是先后，依次进行选择、行动。而后选择、行动的博弈方在自己选择行动之前一般都能看到此前对方的选择、行动的博弈称为动态的博弈。

由于建设工程诉讼处于动态博弈中，双方的诉讼行为有先有后，因此在博弈方之间肯定是有某种不对称性，后行为博弈方可根据先行为博弈方的行为作出有针对性的选择，而先行为博弈方却是在自己选择决策时非但不能看到后行为博弈方的选择，而且还要顾忌、考虑到后继行为博弈方的反应。按照辩论原则的基本要求，法院在作出判决时，应限于当事人在诉讼请求中主张的范围，没有经过当事人主张的事项，法院不得判决，无论何种案件，一旦纳入诉讼程序，必然存在当事人的诉讼请求是否能够变更的问题。一般来说，庭审中举证、质证程序终结后，原告是不再被许可变更诉讼请求的，否则，就会对被告不公。也就是说，诉讼进行到一定程度后，即使建设工程诉讼发起方以原告身份明知诉讼请求错了，也不能改变，只能任凭法官驳回诉讼。比较开明的法官也会在驳回原告诉求的判决词中对没能解决的纠纷要求当事人另行起诉，这就为博弈的次序维持提供了逻辑上的充分条件。

在民事诉讼程序中，被告事先知道了原告的诉讼请求，可以通过以前的往来推出对方所握有的证据，从而事先也知道了对方的请求选择，就可以有针对性地进行答辩，收集证据，引用法律，合理地安排自己在诉讼中的战略，并且为自己设定和解的极限，从而使自己立于不败之地或获取更多的利益，这好像造成了对原告方的不公平、不公正。但在开庭过程中，为了公平合理起见，在法庭主持调解前，他们各自还是相对独立的，他们的选择也是各方战略的选择，因而我们仍可将原告、被告双方的和解条件可看作同时进行的，不能认为有先后，这种先后基本上是难以让后发牌方改变他预先的战略，也就是所谓的程序上的合法。尽管被告方可能对对方的要求有所思考，但他的条件是必然提前就设计好了的。

法务实例12：约定将工程主体转包的，转包方应承担违约责任，发包方因此享有单方的合同解除权

案情简介：

2003年5月27日，原告、被告签订了某步行街商住两用楼的《建设工程施工合同》及《步行街合同补充条款》各一份。合同价款3500万元。合同第38.1条规定，“承包人按专用条款的约定分包所承包的部分工程，

并与分包单位签订分包合同。非经发包人同意,承包人不得将承包工程的任何部分分包”。合同专用条款中,发包人同意承包人分包的工程约定为“无”,分包施工单位亦为“无”。《步行街合同补充条款》第7条第(2)项违约责任约定,所有主体工程均由承包人亲自依约施工完成,承包人不得有转包、分包或允许第三人挂靠施工行为,一旦发包人发现承包人有上述行为,发包人有权单方解除本合同,由承包人赔偿发包人一切损失,并按工程总预算造价的10%支付违约金。

合同履行过程中,被告严重违反双方的约定,将工程分包给“江苏某建筑公司东营办事处”等队伍,构成严重违约,并为此造成了工程进度拖延,至今无法交工,以致仅因建材市场三大材料涨价一项就给原告造成了巨大的经济损失。依据《合同法》第107条的规定被告应当对其违约行为承担赔偿责任。故原告请求,判令被告按双方签订的《建设工程施工合同》及《步行街合同补充条款》第7条第(2)项赔偿因分包工程应支付的违约金350万元。

明法晰理:

经法院审理认定,原告、被告双方对合同的真实性没有争议,该两份合同的内容合法,系有效的合同,原告、被告均应全面履行。原告依据合同将某步行街商住楼工程发包给了被告,并明确约定不得将工程主体转包,转包为违约行为,应承担违约责任,原告并因此享有单方解除权。在原、被告的合同解除之前的工程是某建筑劳务有限公司、某建设工程有限公司、某建安总公司东营分公司对应由被告亲自施工的工程进行了施工。该三家公司与原告之间没有合同关系,是根据与被告第三工程公司的包工包部分材料工程协议进行了施工,被告主张第三工程公司没有获得授权,没有签订合同的行为能力的辩解不足以推翻原告发包给被告并约定应由被告亲自施工的工程,实际上是由第三人施工的事实,被告第三工程公司的行为产生的后果应由被告承担。被告应当按照合同关于转包违约责任的约定,按工程总预算造价3500万元的10%支付违约金350万元。被告主张不存在违约行为不应当承担违约责任证据不足,不予支持。最终法院判决如下:(1)原、被告签订的某步行街商信楼的《建设工程施工合同》及《步行街合同补充条款》于2004年4月20日解除。(2)被告支付原告违约金350万元人民币,于判决生效之日起10日内履行。

本案原告山东某房地产公司与被告济南市某建设工程总公司在施工合同中明确约定“所有主体工程均由承包人亲自依约施工完成，承包人不得有转包、分包或允许第三人挂靠施工行为，一旦发包人发现承包人有上述行为，发包人有权单方解除本合同”。为此，在被告违约私自转包工程于第三方的情况下，原告依约单方解除合同理所当然，不存在任何异议。

《建设工程施工合同解释》第8条规定：

“承包人具有下列情形之一，发包人请求解除建设工程施工合同的，应予支持：

（一）明确表示或者以行为表明不履行合同主要义务的；

（二）合同约定的期限内没有完工，且在发包人催告的合理期限内仍未完工的；

（三）已经完成的建设工程质量不合格，并拒绝修复的；

（四）将承包的建设工程非法转包、违法分包的。”

本条是最高人民法院关于法定解除合同的规定，当具备本条第1项至第4项情形之一时，即使施工合同中未约定此解除合同的条件，发包人也可向法院或仲裁机构请求解除施工合同。为此，本案原告与被告即使在施工合同中未约定“所有主体工程均由承包人亲自依约施工完成，承包人不得有转包、分包或允许第三人挂靠施工行为，一旦发包人发现承包人有上述行为，发包人有权单方解除本合同”，在承包人将承包的建设工程非法转包、违法分包的的情形下，也可向法院或仲裁机构提出解除合同的请求。

Chapter 2

第2章

纳什均衡：

博弈论应用于建设工程诉讼的模式分析

一谈到博弈,不得不用一定的篇幅来谈谈纳什均衡,因为纳什均衡是博弈的精华所在,也是其理念构建基础的分析模式。纳什均衡是指在博弈中这样的局面,对于每个参与者来说,只要其他人不改变策略,他就无法改善自己的状况。对于建设工程诉讼的博弈者来讲,在力求纳什均衡的博弈思考中必须遵行四个基本前提假设。

一、行为假设：
建设工程诉讼博弈的基本前提

在建设工程诉讼博弈中，笔者认为维权当事人一般遵行四个基本前提，或者说是遵循纳什所提出的四种行为假设。即严格占优、适度谨慎、帕累托效率准则与损失求偿。

(一)严格的占优原则

在建设工程诉讼的动态博弈中，纳什均衡的要义在于：即使在对抗条件下，双方当事人可以通过向对方提出威胁和要求，找到双方能够接受的解决方案而不至于因为各自追求自我利益而无法达到妥协，甚至两败俱伤。稳定的均衡点建立在找到各自的“占优战略”(dominant strategy)，即无论对方当事人作何选择，这一战略优于其他战略。

建设工程诉讼的任何一方当事人都会选取一个严格占优战略，并且总是不会选取任何严格劣战略。这是博弈者的共同心理。在预测对方的行为中，他们还会假设任何一方不仅自己选取严格的占优战略，同时还会预测对方也将选取占优的战略并从而相应地采取对策。被预测的对方也会预测对方也将选取占优的战略，从而相应地选择自认为有利于己的对策。

严格占优原则无论是在举证、质证，还是在法庭辩论中，双方代理律师时刻都会思考到，也总会猜测对方是否会有新的证据，对方是会突然提出诉讼请求变更或提出反诉，是否会切换辩题等。因此，代理律师在改变自己战略时，也同时要假设对方会改变什么战略。

法务实例13：多份施工合同实质性内容不一致，应当以中标合同作为结算依据

案情简介：

2011年12月1日，乙施工单位成为甲单位招标的位于某地“职工住宅楼工程”的中标单位。2011年12月8日，甲单位作为发包人、乙施工单位作为承包人，双方就职工住宅楼工程签订《建设工程施工合同》，该合同主要内容为：工程内容为新建地上18层、地下一层框剪结构住宅楼一幢，总建筑面积8194.51平方米；承包人应按设计施工图及合同约定的工程范围和有关的质量标准，完善本工程的承包内容，包括设计图或报价中未明述但应完善的相关工作内容；开工日期为颁发施工许可证之日，合

同工期为自开工之日起360个日历天;工程价款为15,816,541.39元(中标价)。其中的专用条款中还特别约定:本合同价款采用固定价格方式确定,无论工程是否有变更,工程量是否有增加或减少,工程价款均不得变更;合同约定了工程款支付方式和时间及工程质保金,同时约定办完房产证后支付工程质保金91万元,其余合同价款双方另签订协议。该合同签订后,双方在当地建设主管部门办理了合同备案登记。

《建设工程施工合同》签订当日,甲单位和乙施工单位签订《合作合同书》,主要内容为:甲单位将面积1886.34平方米的用地用于规划建设职工住宅楼,并按甲单位实际得到的建筑面积,以每平方米定单价2280元结算提供建设资金;乙施工单位负责项目的报批报建、施工协调、验收办证等工作;建成的职工住宅楼,双方同意按以下方式分配并办理产权证,第2层至第16层共60套职工宿舍套房分给甲单位,第17层至第18层共6套职工宿舍套房分给乙施工单位,地下室的产权和小区地面停车位等全部属甲单位;乙施工单位负责本工程规划、立项、环评、节能、节水、消防、人防、防雷等报批报建手续的办理,涉及的一切费用由乙施工单位承担(包括政府收费);乙施工单位负责施工场地"三通一平"以及拆除影响施工的北部的建筑物、附属物(拆除前需经甲单位批准);甲单位所得的60套住房按定造价每平方米2280元结算并提供建设资金,60套住房合计建筑面积6000平方米(最终以房产部门测绘报告实际面积为准结算),总造价约为13,800,000元,本工程项目建设所需的其余建设资金由乙施工单位全部承担;乙施工单位提供的建设资金支付进度、比例及金额依照约定的进度款支付。同时约定,如甲单位不能按约定的进度支付建设资金,乙施工单位要求甲单位支付应付未付部分的利息,利息按同期银行贷款利率的2倍计取;如因乙施工单位原因或乙施工单位管理不到位造成逾期竣工交房,乙施工单位除承担拆迁职工因逾期交房增加的房租外、还要付给甲单位每天3000元的逾期竣工违约金,按实际逾期天数计算。

甲单位实际已向乙施工单位支付工程款共计12,689,945元,其中28万元系《补充协议书》中约定另行增加并结算的园林绿化工程的工程款。此外,乙施工单位主张双方签订的《合作合同书》《补充协议书》系有效合同,并据该两份合同提出第1条反诉请求,即甲单位向其支付拖欠的工程款497,174元及逾期支付进度款的利息约21万元。由于经一审法院审查认定《合作合同书》和《补充协议书》系无效合同,一审法院向乙施工单位释明,告知其可变更反诉请求,但乙施工单位认为该两份合同才是双方真实意思表示,明确表示不变更反诉请求。

明法晰理:

值得借鉴的裁判意见:一审法院认为《招标投标法》第 2 条规定:“在中华人民共和国境内进行招标投标活动,适用本法。”据此,只要是在中国境内进行的招投标活动,无论进行招标的建设工程项目是属于《招标投标法》第 3 条规定的强制招标项目,还是属于自愿招标项目,只要采用了招投标方式就应受《招标投标法》的制约,遵循《招标投标法》的一般性规定,这样,才能维护招投标活动的严肃性,保证有序的市场竞争秩序。本案中,甲单位通过招标方式确定了其职工住宅楼工程的中标人为乙施工单位,双方选择了以招投标方式签订《建设工程施工合同》,故该招投标活动就应遵循《招标投标法》的一般性规定。乙施工单位关于案涉项目系甲单位自行招标而不适用《招标投标法》的主张不能成立,不予采纳。

《招标投标法》第 46 条第 1 款规定:“招标人和中标人应当自中标通知书发出之日起三十日内,按照招标文件和中标人的投标文件订立书面合同。招标人和中标人不得再行订立背离合同实质性内容的其他协议。”《建设工程施工合同解释》第 21 条规定:“当事人就同一建设工程另行订立的建设工程施工合同与经过备案的中标合同实质性内容不一致的,应当以备案的中标合同作为结算工程价款的根据。”本案中,甲单位和乙施工单位按照招投标文件签订了《建设工程施工合同》并办理了合同备案,该合同约定:工程价款为 15,816,541.39 元,采用固定价格方式确定,无论工程是否有变更,或工程量是否有增加或减少,工程价款均不得变更。随后双方签订的《合作合同书》却约定:建成的职工住宅楼第 2 层至第 16 层共 60 套职工宿舍套房分给甲单位,第 17 层至第 18 层共 6 套职工宿舍套房分给乙施工单位;甲单位所得的 60 套住房按定造价每平方米 2280 元结算总造价为 13,800,000 元,项目建设所需的其余建设资金由乙施工单位全部承担。此后双方签订的《补充协议书》又约定:地下室由乙施工单位投资建设,底层架空层临路 27 米长的场地使用权归乙施工单位所有;小区道路、园林绿化、围墙工程由乙施工单位施工,工程价款另行结算。可见,《合作合同书》和《补充协议书》对备案的中标合同《建设工程施工合同》中有关工程价款的数额及支付方式进行了重大变更,而工程价款属于合同的实质性内容，因此，《合作合同书》和《补充协议书》依法应当认定为无效，案涉职工住宅楼工程应当以《建设工程施工合同》作为结算工程价款的根据。

关于乙施工单位反诉的工程款及逾期支付工程进度款利息。乙施工单位根据《合作合同书》和《补充协议书》的有关约定反诉甲单位向其支付拖欠的工程款497,174元及逾期支付工程进度款的利息约21万元，由于一审法院认定该两份合同系无效合同、并依法向乙施工单位进行释明，告知其可变更反诉请求、但乙施工单位明确表示不变更反诉请求。因此，对于乙施工单位的该条反诉请求，由于系依据无效的《合作合同书》和《补充协议书》而提出，不予支持。乙施工单位可根据按照招投标文件签订并备案的《建设工程施工合同》另行主张相关权利。

对乙施工单位反诉甲单位赔偿该损失166,290元予以照准。此外，案涉工程相关事项本应由甲单位自行完成，甲单位应进行相应补偿，对此，乙施工单位可另行主张相关权利。

二审法院认为，本案系本诉和反诉合并审理的案件故本案的审理范围和争议焦点为：双方当事人签订的《合作合同书》及其《补充协议书》的效力问题，如无效，是全部无效，还是部分无效；案涉工程款的结算依据问题，是以上述《合作合同书》及《补充协议书》为结算依据，还是以备案的《建设工程施工合同》为结算依据。

关于双方当事人签订的《合作合同书》及其《补充协议书》的效力问题。从双方当事人签订的《合作合同书》及其《补充协议书》的内容来看，既有合作条款，也有施工条款。这些约定均不在《建设工程施工合同》范围内，不属于《建设工程施工合同》条款，应属于合作条款，并未违反法律、法规和司法解释关于合同效力的强制性规定。

上述《合作合同书》第2条第1项，第5条第9项、第10项约定系对备案《建设工程施工合同》相应结算条款作了实质性变更，根据《招标投标法》第46条第1款规定："招标人和中标人应当自中标通知书发出之日起三十日内，按照招标文件和中标人的投标文件订立书面合同。招标人和中标人不得再行订立背离合同实质性内容的其他协议。"故上述《合作合同书》第2条第1项，第5条第9项、第10项之约定，依法应属无效条款。除此之外，双方当事人在该《合作合同书》中约定的其他施工条款，可以作为对双方当事人所签《建设工程施工合同》的补充，只要与备案的

《建设工程施工合同》约定不相抵触,并不当然属于无效条款。

因此,一审判决未对双方当事人签订的《合作合同书》及其《补充协议书》内容的性质加以区分,认定全部无效,属于认定部分事实不清,适用法律错误,乙施工单位关于一审判决上述《合作合同书》及其《补充协议书》全部无效错误的上诉理由部分成立,应予支持。

再审法院认为,根据甲单位的再审事由和乙施工单位的答辩意见,本案的争议焦点为:《建设工程施工合同》《合作合同书》《补充协议书》是否有效以及案涉工程款的结算依据。

再审中,乙施工单位向法院提交的证据不足以证明案涉工程的招标行为存在上述法律规定的情形。此外,乙施工单位在原一、二审中均未主张案涉《建设工程施工合同》无效,也未提交任何证据证明该合同无效。二审认定该合同有效,其亦未向本院申请再审。因此,对乙施工单位的该项主张不予支持。

因此,《合作合同书》和《补充协议书》因违反法律的强制性规定而无效,案涉工程款的结算应以《建设工程施工合同》为依据。

关于乙施工单位主张依据《建设工程施工合同》结算显失公平的问题。《民通意见》第72条规定,"一方当事人利用优势或者利用对方没有经验,致使双方的权利与义务明显违反公平、等价有偿原则的,可以认定为显失公平。"本案中,乙施工单位并未提交证据证明其作为投标人与招标人甲单位依据招投标文件签订《建设工程施工合同》存在一方利用优势地位或对方没有经验的情形,且合同显失公平并非认定合同无效的事由,依据《合同法》第54条[1]的相关规定,合同显失公平是合同予以撤销的法定事由。因此,乙施工单位的该项主张不能成立。

乙施工单位主张,其与甲单位之间系合作建房法律关系。法院认为,《建设工程施工合同》与《合作合同书》、《补充协议书》约定的为同一职工宿舍楼建设工程,其工程量及工程款均为《建设工程施工合同》所确定,乙施工单位主张的6套房产亦包含在《建设工程施工合同》内,乙施工单位主张系合作建房关系与事实不符。另外,《合作合同书》《补充协议书》无效,乙施工单位主张法律性质属合作建房关系没有正当依据,对该项主张法院不予支持。

---

〔1〕 参见《民法典》第151条。

《建设工程施工合同解释》第21条以及《建设工程价款结算暂行办法》第22条规定，只要招标人与投标人在中标的备案合同以外订立任何涉及工程价款、工期、质量的实质性内容的协议，该协议整体都属于无效合同，而不存在部分条款无效、部分条款有效的情形。二审判决认定甲单位与乙施工单位之间存在合作关系，属适用法律错误。《合作合同书》无此约定，尤其是在与施工有关的部分条款被二审法院认定无效的情况下，变成了甲单位出资、出土地建房，乙施工单位负责施工，其除了可收取工程价款外，还可获得约600平方米的房产。

二审判决认定《合作合同书》中约定的将案涉职工宿舍楼第17层至第18层共6套房分给乙施工单位属合作条款，超出了诉讼请求的范围。本案当事人双方均未请求法院确认《合作合同书》中哪些条款属合作合同，二审判决对该部分事实进行认定超出了双方的诉讼请求范围。

通过上述案例分析，所谓的占优，是会随着诉讼的进程发生变化的。因为不同时期，各方对证据的理解及对法律的解读是在发生变化的，同时不同的法官对案件的事实认定也会存在差异。该案中存在承包建房属于施工合同法律关系，而合作建房属于合作合同法律关系，同时单就施工合同而言存在招标确认的实质条款与通过谈判对合同实质条款变更的问题。这两点对于甲建设单位来讲都是严格占优的。

还有对于占优原则中的程序性问题，如果一审中没有就某一程序性问题提出来，上诉审中法官一般会认为双方就程序性问题在一审中达成了一致，因此一般不会支持上诉方的上诉请求。如双方合同约定争端解决的方式为仲裁，但实际解决纠纷的方式是一方向法院提起了诉讼，另一方在一审中如果没有主张通过仲裁解决，也没有提出法院依合同约定无权受理的答辩，因此视同双方没有就仲裁条款达成一致而选择了以法院解决纠纷的争端解决办法。那么上诉审中如果被告提出了合同约定通过仲裁途径解决争端，法院无权管辖，请求驳回原告的起诉，上诉审法院也就会驳回被告不服法院管辖的上诉。

（二）适度谨慎原则

在博弈的过程中，处于第一层次的人总是有着利益最大化的预期。他们都要保持适度谨慎，而不是对诉讼风险预期承担100%。

利益最大化暗示当事人会对激励作出反应，即如果一个人的环境发生变化，而他通过改变其行为就能增加他的满足，那他就会这样去做。在建设工程诉讼中，诉讼成本总是随着诉讼程序的延伸而增加,其不可能返还的风险也在增加,因此,适度的谨慎就是要假设原告、被告双方在诉讼的过程中都是"风险中立"的人。

"风险中立"是相对于"偏好风险"和"回避风险"而言的。虽然现实生活中的大多数人是回避风险的(偏好风险的人只占少数,因此这里不作论述),比如司机会购买第三者责任保险而行人可能选择人身保险。诉讼当事人会选择讨好法官或代理人而相对于诉讼请求来讲愿意接受除缴纳诉讼费用、代理费用外额外支出,这也是当事人有时赢了官司,而得益小于零的主要原因所在。

个人偏好是基于偏离一个相对的参照水平的程度而其变化的,而非取决于一个绝对量。相对于这个参照水平,"得"带来快乐,"失"导致痛苦。这说明,人们对损失的感受性要大于对收益的感受性,即我们平时所说的损失厌恶。因此,人们经常的行为反应就是回避损失。

按照传统经济学理论"经济人"的假设,人们应该是风险的回避者。但事实上,人们往往对收益持风险回避的态度,而对损失持风险偏爱的态度。

在建设工程诉讼实践中,代理律师总是要弄清当事人及对方当事人的实际支付能力如何。如果作为原告的律师明知对方当事人没有支付能力时,是不会高估诉讼标的额的,即使高估也会在和解中作出适当的让步。这也是为什么建设工程纠纷中如果发包方还有新的建设工程需要建设时,实际施工人或分包商往往会降低诉求,选择通过与挂靠单位或总承包商和解来解决双方的争端。

笔者就接触过几宗因合同变更引发的建设工程纠纷,实质上就涉及适度谨慎原则。

法务实例14:经公开招标签订的合同,对实质性条款变更无效

案情简介:

1998年12月,咸宁某公司通过工程招投标,与枣阳某信用社签订综合楼工程承建合同,合同造价为95.2万元,并经枣阳某招标投标办公室审查备案。半个月后,咸宁某公司枣阳经理部又与枣阳某信用社签订该合同补充协议,约定工程价款由招标中标的定价下浮16%,以补充协议价格作为工程结算依据。咸宁某公司获知后,当即向枣阳某信用社、枣阳某监理公司和枣阳某造价管理站提出异议,要求终止履行补充协议,按中标备案合同履行,枣阳某信用社未予答复。

1999年1月,枣阳某信用社综合楼开工建设,枣阳某信用社支付工程款71万元,年底工程全部竣工交付使用,同时被评定为地级市优良等级工程。2000年7月,双方在工程最后决算时,对依据备案合同确定的工程价款进行决算,还是签订的补充协议确定的价款进行结算产生争议。2005年4月,咸宁某公司向枣阳法院提起诉讼。

明法晰理:

法院经审理后认为,根据《招标投标法》规定,招标人和中标人应当自中标通知书发出30日内订立书面合同,招标人和中标人不得再行订立背离合同实质性内容的其他协议。由于综合楼工程是通过公开招投标形式取得,而且按招投标文件签订合同并备案,故该合同合法有效。双方签订的补充协议对备案合同工程价款进行较大变动,对内容作了实质性变更,违反了有关法律法规,故补充协议应属无效。2005年12月27日,枣阳法院一审依法判决枣阳某信用社支付咸宁某公司各项费用22万余元。

这是一起有关建设工程中"黑白合同"以何者为准的典型案例。法院适用《招标投标法》第46条第1款"招标人和中标人应当自中标通知书发出之日起三十日内,按照招标文件和中标人的投标文件订立书面合同。招标人和中标人不得再行订立背离合同实质性内容的其他协议"的规定,判决双方签订的补充协议无效,以备案合同的约定结算工程款。

鉴于"黑白合同"是建设工程领域的一个突出现象,《建设工程施工合同解释》第21条对"黑白合同"效力的认定作出明确规定:"当事人就同一建设工程另行订立的建设工程施工合同与经过备案的中标合同实质性内容不一致的,应当以备案的中标合同作为结算工程价款的根据。"《建设工程施工合同解释》的出台,可以有效地杜绝实践中建设领域"黑合同"的盛行,同时也解决了长期以来实践中对到底是"黑合同"有效还是"白合同"有效的困扰。

在案件代理过程中,笔者发现很多建设工程合同纠纷中,当事人之间签订了两份或两份以上的合同,且都经过了建设主管部门的登记备案。有的多份合同构成"黑白合同",有的不构成"黑白合同",在此情形下如何确定工程总价款,就成了解决纠纷的焦点问题。

关于多份合同情形下工程总价款问题的处理,笔者认为要具体分析。(1)如果当事人之间签订的合同所涉工程属于国家强制招投标的范围,当事人之间也进行了招投标,并且该合同经过了登记备案,其私底下签订的合同与该登记备案的合同在实质性内容上不一致,应当认定该登记备案的合同为"白合同",未登记备案的合同为"黑合同"。根据司法解释的规定,此时,应当按照"白合同"结算工程款。(2)如果当事人之间签订的合同所涉工程非属于国家强制招投标范围,当事人之间进行了招投标,并且在建设主管部门登记备案,私底下签订的合同与备案的合同在实质性内容上不一致,应当认定适用登记备案的合同。虽然,私下签订的合同可能是当事人之间的真实意思表示,但如果认定私下签订的合同,当事人就会认为,其招投标只是走走形式,反正对其不具有约束力,使招投标程序沦为走形式。同时,该行为也损害了其他投标人的利益,扰乱了招投标市场秩序和建筑市场秩序。因此,我们主张认定登记备案合同的价款为工程结算依据。(3)如果当事人之间签订的合同所涉工程不属于强制招投标的范围,当事人之间也没有进行招投标,但按照当地建设主管部门的要求进行了备案,该备案的合同与当事人私下签订的合同内容不一致的,应当认定该两份合同不符合司法解释规定的"黑白合同"认定条件,不构成"黑白合同",当事人之间可能只履行其中的一份合同,也可能是后一份合同对前一份合同进行了变更,主要看当事人实际履行合同的情况,确定工程总价款。

司法实践中,到结算程序,往往会涉及强制招投标的认定问题。如某商品房开发项目竣工验收合格后,施工方为多拿工程款,主动提出其所施工的工程属于国家强制招投标的工程,必须进行招投标,而发包方没有进行招投标,因此,双方之间签订的合同违反《招标投标法》强制性规定,应当认定为无效合同,工程总价款应当按实结算。而发包人则主张涉案工程不属于法律规定的强制招投标的范围,不需要进行招投标,双方之间的合同应当认定为有效,按照合同约定结算工程价款。因此,人民法院在确定工程总价款时,首先要去判断哪些工程属于强制招投标的范围,哪些工程不属于强制招投标的范围,在此基础上再对合同效力和合同价款作出进一步判断。而且司法实践中,各地招投标主管部门要求招投标的标准和范围又不统一,导致各地出现了不同的判例。

笔者认为,根据《招标投标法》的规定,以下项目必须进行招投标:

1. 大型基础设施、公用事业等关系社会公共利益、公众安全的项目;
2. 全部或者部分使用国有资金投资或者国家融资的项目;
3. 使用国际组织或者外国政府贷款、援助资金的项目。

2000年4月，国家发展计划委员会发布的《工程建设项目招标范围和规模标准规定》，将商品房项目界定为社会公共利益的范围，必须进行招投标。承包人据此主张合同无效，工程款按实结算。一般来讲，商品房开发仅涉及特定当事人之间的利益，即开发商和被拆迁人之间的利益，而非不特定的当事人之间的利益即社会公共利益，不属于强制招投标的范围，《国有土地上房屋征收与补偿条例（征求意见稿）》，没有将商品房开发项目界定为社会公共利益，也体现了商品房开发不涉及社会公共利益的立法动向。因此，商品房开发项目不属于强制招投标的范围，发包人没有进行招投标，不影响合同的效力。对于承包人主张商品房涉及社会公共利益，没有进行招投标，合同无效，主张按照定额结算工程款的主张，不应当支持。

显然，上述典型案例中，原告、被告都是适度谨慎的。

再者，适度谨慎说明当事人的请求应当相当于所受到的损害，而自己也尽到了应尽的责任，原告提起诉讼起码认为自己的主张得到法官的支持后被告有支付能力，否则，原告就不会去到法院起诉了。在建设工程诉讼中，谁都不愿冒承担支付诉讼费用、律师代理费及浪费宝贵时间的风险。也就是说谁都不愿意先期支付一笔不小的费用后，所期盼的结果却是一无所获。

（三）帕累托效率准则

在经济学中，帕累托效率准则是经济的效率体现于社会资源配置以改善人们的境况，主要看资源是否已经被充分利用。如果资源已经被充分利用，要想再改善我就必须被损害，或者要想再改善就必须损害另外某个人的利益，相反，如果还可以在不损害别人的情况下改善任何人，就认为经济资源尚未被充分利用，就不能说已经达到帕累托效率。一句话，要想再改善任何人都必须损害别人了，这时候就说一个经济已经实现了帕累托效率。

在建设工程诉讼上，原告、被告及第三人彼此之间面临一个帕累托优势的问题，在相互之间的关系中，从整体上说，各方总是希望自己达到帕累托效率，但是在局部的包括诉讼费用上的让步及诉讼标的物的实现，却存在一个零和博弈，即一方的得必定伴随着另一方的失，这种零和博弈又成为各方当事人及其代理律师彼此争辩的着力点，为双方合理解决问题蒙上了阴影。要从总体上达到帕累托效率，各方必须摒弃自己所持立场，在某些地方作出让步，从解决问题的大局出发，全面审视案件性质，以达到整体的帕累托效率，实现彼此利益的最大化。

也就是说对于某一方的帕累托效率最优，但对于整体来讲，就未毕是利益最大化了，而只有彼此都遵循“和为贵”的做人准则，才能够真正达到整体的帕累托效率最优，这对于财产纠纷，特别是家庭之间的财产纠纷解决更具有现实意义。

法务实例15:致签订合同无效的条件在合同履行中变化至符合法律规定的,应认定为合同有效

案情简介:

甲公司于1998年12月16日起承建乙事务局办公楼装饰工程。1999年2月1日,甲公司与乙事务局签订了一份《建筑安装装饰工程合同》,约定:工程名称为乙事务局办公楼装饰工程;工程地点市府大院内;工程承包方式为包工包料;工程价款及工程结算:(1)工程价款,工程造价,按施工图预算编审后,以包工包料方式核算工程总造价,或以实际尺寸及实际工程量核算的造价;(2)工程付款及核算方式,工程款自合同签订后,开工之日起按预算表工程总造价拨40%,第二次付款视工程进度拨至工程总造价90%,余款待工程竣工验收合格后,按建行依照信息价审定的工程造价及由乙事务局确定的追加工程造价合计所余差价,一次性付清;违约规定,在施工中,如有一方违约,应向对方支付违约金,违约金按工程总造价的1%执行等。1999年5月21日,甲公司与乙事务局又签订了一份《建筑安装装饰工程补充合同》。约定:本合同条款如与原合同不相符的部分,以本合同为准;乙事务局于1999年5月21日即付工程进度款15万元,甲公司确保在15个工作日内完成1999年2月1日签订的合同全部工作装饰内容,并交付验收;工程决算须由有预算决算资质的专门机构负责,决算机构及费用可由甲公司负责;自乙事务局收到甲公司工程验收报告通知单之日起7日内,乙事务局组织有关部门验收,次日起60天内,乙事务局需办理完毕工程验收和结算工作并支付给甲公司所有工程款。若乙事务局不能按时支付工程款,罚金按每天5000元计算;如甲公司原因未能按时交付验收,罚金按每天5000元计算;本楼在未通过验收前,乙事务局自行使用的,按工程已通过验收合格处理等。合同及补充合同签订后,甲公司对乙事务局办公楼装饰工程进行施工,施工期间,合计乙事务局已向甲公司支付工程款70万元。该工程于1999年6月初竣工。甲公司、乙事务局亦于同年6月26日对本案装饰工程进行验收。1999年10月20日,甲公司与乙事务局签订《补充委托书》中"一致同意对决算中有关材料价差及独立费工程造价内容,委托建行预算科根据有关规定进行审结,以预算科最后审定为依据"。甲公司在1999年12月22日以区建五公司的名义委托柳州市某工程造价咨询公司对本案装饰工程

造价进行审核，造价为1,515,577.1元；甲公司以柳州市某工程造价咨询公司对本案装饰工程造价审核结论与乙事务局进行结算，乙事务局不同意该结论。在2000年1月25日甲公司又委托丙造价总站对本案装饰工程造价进行审核，造价为1,449,776.78元。甲公司以丙造价总站审核结论与乙事务局对本案装饰工程造价进行结算，乙事务局再次不同意。由于甲公司与乙事务局对本案装饰工程造价意见分歧大。2000年2月29日，甲公司诉至一审法院，请求判令乙事务局支付尚欠工程款84.98万元及违约金85万元，总计169.98万元。

一审法院判决：乙事务局应于判决生效之日起10日内给付甲公司工程款97,592.37元。

二审法院判决：(1)撤销一审人民法院民事判决；(2)乙事务局向甲公司支付尚欠的工程款749,776.78元及违约金(违约金从2001年6月9日起至本判决规定的履行期限的最后一日止以749,776.78元为计算基数，按中国人民银行同期逾期贷款利率计算)。

明法晰理：

一审法院审理后认为，原告与被告于1999年2月1日签订的《建筑安装装饰工程合同》、1999年5月21日签订的《建筑安装装饰工程补充合同》及1999年10月20日共同签订的补充委托书，系双方当事人真实意思表示，合同及委托书中无违法内容，且已实际履行，故应认定该合同、补充合同及委托书有效，双方当事人应严格按约履行。尽管原告在与被告签订合同时其本身还未经工商管理部门批准成立，但其在与被告实际履行合同时已经取得法人资格，并且具有相应的资质，被告在履行合同时亦未提出异议。现被告认为原告在签订合同时不具有民事权利能力和民事行为能力，因而该合同无效的理由不能成立。原告与被告在1999年10月20日已共同签订的补充委托书一致同意由当地市建行对该装饰工程进行审结，说明此时双方对装饰工程的审结已由1999年5月21日签订的补充合同中约定的“工程决算须由有预算决算资质的专门机构负责，决算机构选择及费用可由乙方(原告)负责”变更为“一致同意由当地市建行对该装饰工程进行审结”，且原告已按约定提交结算资料，只是在当地市建行将“初审结算”交原、被告双方核对时，因原告不予核对且强行要求建行退回其提交的资料才导致建行无法出具正式的结算书，对此，原告应承担不按约履行的责任。由于原告在起诉时所提供的两份结算书(柳州市某工程造价咨询公司对该工程进行审结造价为1,515,577.1元;广西某工程造价管理站对该工程进行审结造价为1,449,776.78元)均为其单方委托有关部门所作,不符合其与被告对工程款最后一次所作的约定,故在经原告同意后依职权委托某工程造价管理站对该工程进行审结算是符合有关法律规定的。但由于原告与某工程造价管理站的原因致该审核结论因程序严重违法而不能采用,对此原告应承担其过错责任。由于原告在法院决定再次送审时,在法院规定的期限内拒绝提供送审材料,导致无法送审,原告应承担由此而造成无法重审的全部责任。故原告主张被告应给付其工程款及违约金169.98万元没有依据,其主张不予支持。由于被告明确表示愿意按当地市建行出具的初审结果即797,592.37元扣减已给付的700,000元的余款97,592.37元给付原告,视为被告认可其尚欠原告的工程款97,592.37元,对此,予以准许。

二审法院审理后认为,虽然甲公司与乙事务局在签订合同时还未经工商管理部门批准成立,但甲公司在履行合同中取得企业法人资格,并且具有相应的资质等级。因此,甲公司与乙事务局签订的《建筑安装装饰工程合同》、《建筑安装装饰工程补充合同》及《补充委托书》,双方主体合格,内容合法,意思表示真实,均应确认合法有效。关于本案乙事务局办公楼装饰工程造价的问题。由于补充委托书中只是约定了对决算中有关材料价差及独立费工程造价内容,委托建行预算科根据有关规定进行审结。因而当地市建行出具的初审结果797,592.37元只是对有关材料价差及独立费工程结算,而不是对本案全部装饰工程的结算,其不能作为本案结算依据。《民事诉讼证据规定》中明确规定了自行鉴定,将自行鉴定作为当事人举证的合法形式。本案中,甲公司在2000年1月25日自行委托丙造价总站对本案装饰工程造价进行审核,造价为1,449,776.78元。乙事务局对此鉴定结论没有证据足以反驳,但其提出异议,要求一审法院委托有资质的单位进行结算,经征得甲公司同意,一审法院委托了丙造价总站对双方讼争的乙事务局业务技术楼装饰工程造价进行鉴定复核,2001年6月8日,该站作出了《造价审定单》分别对本案业务技术楼装饰工程的造价和26栋装饰工程造价进行鉴定复核:(1)业务技术楼装饰工程造价为1,449,776.78元;(2)26栋装饰工程造价为161,955.53元。丙造价总站作为依法成立的机构,具有工程造价鉴定复核资格,其接受一审法院委托对本案装饰工程造价进行鉴定复核，所依据的材料已经双方认可，计算标准于法有据，造价审定单已经双方质证，其在出具造价审定单时所附业务技术楼的安装工程预（结）算书是复印件，但其是在对原甲公司于2000年1月25日委托其本案业务技术楼装饰工程造价进行审核的基础上依照一审法院的委托进行了复核，虽然出具的造价审定单包括26栋装饰工程造价，但该造价审定单是可以把业务技术楼装饰工程造价与26栋装饰工程造价区别开来，鉴定复核程序亦无违法之处，鉴定复核结论应予采信。因本案只审理双方讼争的乙事务局业务技术楼装饰工程造价，故本院只采纳业务技术楼装饰工程造价1,449,776.78元的结论。因此，甲公司上诉主张乙事务局支付尚欠其工程款911,732.3元及自1999年9月10日至今每天5000元的违约金，部分与事实不符，与事实相符部分，法院予以支持。至于甲公司与乙事务局的26栋工程款的问题。由于甲公司在一审中没有提出诉讼请求，一审法院也没有审理此问题。法院对此亦不予审理。对于一审认定事实有误的，法院予以纠正。

该案例中，合同签订一方不具备法律规定资格、资质的，但合同签订后经过努力符合了法律对于资格、资质的规定，一般法院不会判决合同无效，这就涉及一个帕累托效率最优的问题。判决合同无效，如果合同已实际履行的，依法也应遵照合同的结算条款实施结算。而合同实质履行，合同的效力问题并不能实质影响法官对合同价款的价值评价的影响，而认定有效就相对简单得多。

（四）民事损失的求偿原则

在比较疏忽制度的前提下，一般来讲法律追求根据当事人的相应的疏忽过错来划分当事人的责任，而严格制度对麻烦的制造者就要采取一种严厉的惩罚措施，从而减少损失的发生。法律规则只保护受损者的合法权益，同时其保护范围限于其所受的损失。在建设工程诉讼前，受损失的当事人（受害者）总认为法律规则是保护受害者的，在民事行为遇到损失时，总会通过法律途径求得补偿，相反，造成损失或制造麻烦的当事人（受益者）要将获得的收益支出一部分给受害者，以达到均衡。受益者面对诉讼，往往不是自愿履行，而是认为责任没有划清，或者其没有完全的支付能力，或者是在责任的大小分担上出现了与对方的分歧。因此，基于民事损失的求偿性原则，一些本可以很快解决的问题，由于双方的互不让步导致陷入持久的建设工程诉讼博弈中。

法务实例16：监理应对其监理合同签订后的工程质量负责，对其入厂前的工程质量不承担责任

案情简介：

甲教育局与乙建筑安装公司于1997年9月5日、1998年9月2日分别签订两份建设工程施工合同。合同规定，龙源湖小区A组团2号楼于1997年9月6日开工，1998年6月5日竣工，4号楼于1998年9月5日开工，1999年6月6日竣工，每延期竣工一天罚款300元，工程质量由丙监理所监理。1997年10月2日甲教育局与丙监理所签订了一份建设工程监理合同。合同规定监理工程名称：焦作市龙源湖教师住宅小区工程。监理范围：施工阶段监理，监理业务自1997年10月2日开始实施，至2000年10月2日完成。合同签订后，乙建筑安装公司开始施工，甲教育局先后共支付给乙建筑安装公司1,877,073.08元。2号楼竣工后，乙建筑安装公司以甲教育局未支付工程款以及甲教育局违反合同规定将工程分包等理由拒绝将2号楼交工。乙建筑安装公司提出已将2号楼竣工图、竣工报告提交给甲教育局，但乙建筑安装公司未提供相应的证据证明，甲教育局对此予以否认。经法院科学技术鉴定中心鉴定，A组团4号楼放线定位南北偏差1.23米，对此三方均无异议。4号楼一层总造价608,529.08元，拆除费用128,997.77元。4号楼地基验槽记录记载4号楼验槽时间为1998年7月15日。设计单位、建设单位、施工单位分别签字认可。而该楼工程项目开工报告批准日期为1998年8月30日。第一次庭审中，甲教育局增加诉讼请求要求乙建筑安装公司返还多支付的工程款373,027元，对此，甲教育局申请对财务帐目进行鉴定，经法院科学技术鉴定中心鉴定：甲教育局龙源湖小区筹建处共付给市乙建筑安装公司小区西围墙40,000元，2号楼预付款703,500元，4号楼预付款135,000元，尚未注明2号楼和4号楼预付款998,573.08元，共计1,877,073.08元。第二次庭审中对该证据质证后，甲教育局将该诉讼请求撤回。同时第二次庭审中甲教育局又将起诉状中第3条诉讼请求变更为“要求乙建筑安装公司赔偿2号楼延期交工损失345,000元”。将起诉状中第4条诉讼请求变更为“要求丙监理所退还监理费87,960元及相应损失，并要求拆除4号楼”。

明法晰理：

原审法院认为，龙源湖小区4号楼的定位偏差1.23米，甲教育局坚持拆除该楼已建成的一层，双方继续履行合同已不可能，因此，甲教育局要求解除与乙建筑安装公司的施工合同的诉讼请求应予以支持。甲教育局要求丙监理所退还监理费的诉讼请求，因与本案不属于同一法律关系，甲教育局应另案起诉，本案中不予一并审理。甲教育局与乙建筑安装公司于1997年9月5日签订的2号楼施工合同规定：2号楼应于1998年6月5日竣工，乙建筑安装公司无正当理由拒不交工验收应按合同约定承担违约责任，甲教育局要求乙建筑安装公司支付345,000元违约金的理由正当。甲教育局在第一次庭审中要求乙建筑安装公司退还多支付给乙建筑安装公司的工程款373,027元，因在第二次庭审中甲教育局将该诉讼请求撤回，因此，对该诉讼请求不予继续审理。4号楼定位偏差的事实存在，乙建筑安装公司举不出证据证实4号楼定位放线是甲教育局委托他人进行的。同时，也举不出证据证明4号楼定位放线与乙建筑安装公司无关，因此，对4号楼的损失，乙建筑安装公司应承担主要责任即80%责任。甲教育局应当申请规划部门定位放线而未申请对此后果也应负一定责任即10%责任。作为监理单位应当知道4号楼实际定位与图纸不符而未尽到责任，也应承担一定责任即10%责任。原审判决：(1)解除甲教育局与乙建筑安装公司签订的龙源湖小区A组团4号楼建筑施工合同。(2)乙建筑安装公司于判决生效之日起10日内支付甲教育局2号楼延期交工违约金345,000元。(3)乙建筑安装公司于判决生效之日起10日内赔偿甲教育局4号楼损失486,823.26元，拆除费103,198.22元。(4)丙监理所于判决生效之日起10日内赔偿甲教育局4号楼损失60,852.91元，拆除费12,899.78元。(5)乙建筑安装公司于判决生效之日起10日内向甲教育局提供2号楼竣工验收报告、竣工图等交有关部门验收2号楼。(6)驳回甲教育局的其他诉讼请求。

甲教育局不服原审判决向二审法院上诉称，其已按规定向规划局支付了应交费用，履行了施工合同的全部义务，对4号楼放线定位偏差不应承担法律责任，丙监理所应承担连带赔偿责任，请求依法改判。乙建筑安装公司不服原审判决上诉称，其拒绝交付2号楼是因甲教育局未及时支付工程价款，是正确行使抗辩权；定位放线出现错误是甲教育局自身过错所致，请求依法改判其不承担责任。

丙监理所上诉称,申请验线是建设单位的法定义务,其未申请,责任应自行承担,其是在验槽结束后与甲教育局签订的合同,没有义务对该楼重新定位测量,请求驳回甲教育局对其诉讼请求。

二审经审理认为:关于乙建筑安装公司是否延期交付2号楼问题,根据双方合同约定,竣工日期为1998年6月5日,工程价款预算为1,292,221元,甲教育局应按月支付当月完成工程量造价的85%;另经原审查明,2号楼目前已竣工。按约定,甲教育局支付的工程价款应为1,292,221×85%=1,098,387.8元,而在1998年6月5日前,甲教育局仅付2号楼工程款603,000元,总共支付2号楼工程款也仅为703,500元,因此,乙建筑安装公司拒绝交付2号楼应视为正确行使抗辩权,不构成违约。关于4号楼放线定位南北偏差1.23米的责任承担问题,依照《城市规划法》以及我省的相关规定,建设单位应当向城市规划行政主管部门申请验线,由城市规划行政管理部门到现场验线或定线,但以上法律法规中规定的验线是指对建设工程规划设计总图的验线,并非对单项工程的验线。依照建设部有关规定,对具体项目的测量放线是施工单位的职责,乙建筑安装公司应对定位放线偏差承担主要责任。原审判决乙建筑安装公司承担80%的责任正确,乙建筑安装公司上诉主张由甲教育局自行承担责任的理由不予采信。甲教育局于1999年5月19日已发现该偏差存在,但未及时制止乙建筑安装公司的施工,致使损失扩大,原审判决其自担10%责任并无不当,应予维持。丙监理所取得4号楼施工合同是在1998年9月2日之后,在此之前,1998年6月4号楼已动工,7月已验槽,定位放线系施工合同签订前,即监理所进驻前施工方的行为,监理所无法进行监理;又依据监理合同,丙监理所仅对该单项工程的施工阶段进行监理,因此,其没有对其进驻工地前的定位放线进行复验的职责,原审判令其承担10%的责任欠妥,该部分责任应由甲教育局自行承担。关于4号楼定位偏差造成的损失,原审法院委托该院科学技术鉴定中心所作(2000)焦中法技鉴字第37号鉴定书认定为一层总造价608,529.08元、拆除费用128,997.77元。二审中乙建筑安装公司及监理所虽提出异议,但无新的证据足以否认该鉴定结论,本院予以确认。

该案例说明,当事人一定要对自己的诉求找到合理的理由,更主要的是对方的责任要落在合同约定的时间范围内。该案中监理虽然有责任,但质量问题发生时,监理合同并没有签订，丙监理所辩称“申请验线是建设单位的法定义务，其未申请，责任应自行承担，其是在验槽结束后与甲教育局签订的合同，没有义务对该楼重新定位测量”有足够的说服力。这样监理就可免责。

二、纳什均衡：从“夫妻间的私房钱”谈起

一谈到博弈，通常以“囚徒困境”来理解纳什均衡。但笔者喜欢自己设计的“夫妻间私房钱的困境”博弈。为便于理解，在讲“夫妻间私房钱的困境”之前谈个“鹿兔之猎”的小故事：

> 设想在原始社会，人们靠狩猎为生。某一天有两个猎人围住了一头鹿，他们各卡住鹿可能逃跑的两个路口中的一个。只要他们齐心协力，鹿就会成为他们的猎物，不过仅凭一个人的力量是无法猎捕到鹿的。如果此时周围跑过一群兔子，两位猎人中的任何一个只要去抓兔子一定会获得成功，他会抓住4只兔子。从能够填饱肚子的角度来看，4只兔子可以供一个人吃4天，1只鹿如果被抓住将被两个猎人平分，可供每人吃10天。这里不妨假设两个猎人叫A和B。

我们引入一种矩阵式的对两人博弈的描述方法，见表1。

表1 鹿兔之猎纳什均衡矩阵

		猎人B	
		打鹿	打兔子
猎人A	打鹿	(10,10)	(4,0)
	打兔子	(0,4)	(4,4)

显然，对于任何一方来说，与对方合作才能共同达到最佳效益，才是最优选择。

用夫妻间存私房钱这个例子能够很好地说明这一点，下面就谈谈夫妻间存私房钱的博弈行为。

一对夫妻中其中有一方想孝敬自己的父母而另一方持反对意见时，为了维持夫妻间的良好关系，一般来说，尽孝道的一方就会使用自己的私房钱，如果夫妻都存有相当多的私房钱，妻子反对丈夫对婆婆进行补贴，丈夫就可能瞒着妻子去用私

房钱尽孝道或维持与父辈的关系,如果被妻子知道了其将会被处以数倍的处罚,将一部分私房钱拿出来充为夫妻共同管理的财产。同样,妻子也会采取同样战略给自己的娘家进行一定的补贴,这样丈夫知道了,就会同样予以处罚(为分析方便,将隐瞒败露可能损害感情因素都折算成一定的货币)。

那么,接下来夫妻之间就有选择隐瞒和败露的两种可能,这个故事的理性假设是:

1. 隐瞒对于每一方都有弥补或维持感情的收益程度,并且认为其收益远大于补贴的支出,要么彼此都不会隐瞒;

2. 隐瞒可能败露的概率取决于个人或受益者的守密程度(见表2)。

表2 夫妻间私房钱的纳什均衡

		妻子B	
		隐瞒	败露
丈夫A	隐瞒	(x,x)	((k+1)x,(1-k)x)
	败露	((1-k)x,(k+1)x)	(-x,-x)

显然,对于任何一方,最好的选择是与对方默守秘密,二者才能共同达到最佳效益。

在建设工程诉讼博弈中,有很多类似的例子,原告、被告及第三人之间分别利用合作收益大于单独收益的道理。

于是可以得出另一个结论:只有每一方都认为隐瞒的收益程度大于对方的败露程度时才会同时选择隐瞒。

但是这个假设还是太过理性,现实生活中,隐瞒的概率总是大于败露的概率,但也不能说没有败露的时候,因为毕竟每一人不会任何时候都是理性的,如丈夫酒后向妻子故意败露以示忠心,有时一方出于其他目的而故意讨好对方等。面对每一个人的保密程度只是被对方认可才是有效的,但双方都败露就可能意味着从对抗走向合作了,对双方来说就意味着最小损失,最终符合了帕累托效率准则。持续已久的王老吉红罐商标之争案就是最好的例子。

2017年8月18日,最高人民法院终审判决:“广药集团与加多宝公司对涉案‘红罐王老吉凉茶’包装装潢权益的形成均作出了重要贡献,共同享有‘红罐王老吉凉茶’包装装潢的权益。”可以说,红罐凉茶王老吉商标战的博弈如火如荼,最高人民法院的一纸折中判决,才使战火熄灭。广药集团与加多宝公司最终之所以能够接受法院的“共同享有红罐王老吉凉茶包装装潢的权益”,必然是认识到了双方合作收益大于单独收益的道理。同时也认识到了各自利己主义相对于同行业竞争者来讲不是利益最大化的选择,同时也得反思或为对方着想,而意识到彼此都对涉案“红罐王老吉凉茶”包装装潢权益的形成均作出了不可否认的贡献,双方在不损害他人合法利益的前提下,共同享有“红罐王老吉凉茶”包装装潢的权益并不损害国家、集体、社会与对方的利益。法院也算做了一次符合“囚徒困境”的“和事佬”。其判决结果达到了应有的效果,能够有效提升企业知名度的同时,也让彼此获得了巨大的市场利益。

不得不承认在“王老吉”商标许可使用关系终止后,双方所涉知识产权纠纷不断、涉诉金额巨大,引发了社会公众的一些关切与担忧,还有可能损及企业的社会评价。对此,双方应本着相互谅解、合理避让的精神,善意履行判决,秉持企业应有的社会责任,珍视经营成果,尊重消费者信赖,以诚实、守信、规范的市场行为,为民族品牌做大做强,为消费者提供更加优质的产品,这才是双方应秉持的正确态度。这完全符合纳什均衡的帕累托效应最优。

我们已经知道,博弈论的基本前提是某人的行为效果如何,有赖于他人的行为。而人类属于有智慧群居的高级生物,个体很少不依赖于群体中的其他人的行为而独立行事。在依赖过程中,有时相互合作,有时各自独立,有时强调个人利益而发生冲突,处于非合作甚至对抗的博弈的冲突。比如,“零和博弈”就是典型的非合作博弈,它是指博弈各方的所得之和为零,在特殊情况下如两人博弈时,一方所得与另一方所失相等。在博弈过程中,双方都各自有自己的战略,有其分析问题的模式,并假定对方实行什么样的战略,并以此来修订自己原先的战略。

例如,围棋定式就是从战略层来分析问题的,如一方的战略是抢占实地,另一方是获得外势,而发展到中局在棋盘上的表现是棋力相当,互有所得,难分胜负。围棋术语“金角、银边、草皮肚”是对弈者抢占有利点位考虑的现实利益战略,如对弈者想尽快要点实地,就暂时不要建立做活根据地而放弃取外势准备将来发展的着法,那么棋手就要静心研究抢占关键点位,与对手避免激烈的子力胶着,尽量经营自己的一亩三分地,稳着为安;另外,“均衡与失衡”的战略引导可以从具体行棋效果来看,如果一步棋能考虑到对手各种应招而依然成立,对手也运用同样法则找到应手,则可以说双方达成了“均衡”,尤其是行棋快至中局时,有一定棋力的棋手总要对盘面进行粗略判断,看看自己是否在布局上吃亏,实质上就是要分析自己的抢点意图是否达到,自己的棋子布置在盘面上是否失衡,如果失衡,就要在失衡中寻找追回的着手点,尽快达到平衡,并力争向己方有利的方向发展。

在经济学中,均衡(equilibrium)意即相关量处于稳定值。比如在经典的供需分析中,若某一商品的市场价格使得欲购买该商品的人均能买到,同时想卖的人均能将商品卖出去,此时该商品的供求达到了均衡。这个时候该商品的市场价格也就趋于平稳,不会出现较为激烈的波动。这个市场价格可称为均衡价格,产量可称之为均衡产量。均衡分析是经典经济学中的重要方法,建设工程诉讼博弈者在诉讼的过程中也在不断地均衡自己的情势与利益。

博弈的结果并不必然成为均衡。博弈的均衡是稳定的,则必然可以预测。纳什均衡的另一层含义是:在对方战略确定的情况下,每个参与者的战略是最好的,此时没有人愿意先改变或主动改变自己的战略。在上面的"夫妻间私房钱的困境"的博弈中,丈夫和妻子都隐瞒就是一个纳什均衡,这对双方来说都是最优选择。同时在这个博弈中,其均衡对双方来说是全局最优的。当然博弈达到纳什均衡,并不一定是对参与者最有利的结果,更不意味着是对整个社会作为一个整体而言最有利的结果。

围棋与这个博弈的例子是有所不同的。上面的这个例子是丈夫和妻子双方没有信息交换下的博弈,这就是博弈论中的静态博弈概念。围棋则是对弈双方相继按照一先一后次序行动的博弈。对于一人一步的相继行动的博弈,每个参与者都必须向前展望或预期,估计对手的意图,从而逆向推理,决定自己这一步应该怎么走。这是一条线性的推理链,"假如我这么做,他就会那么做——若是那样,我会这么反击",后面的步骤依此类推。也就是说,你怎么走棋,完全取决于对手的上一招。这在博弈论上叫作"逆推法"。在动态博弈中,存在明显的马太效应,也就是说凡是少的,连他仅有的也夺过来;凡是多的,就加给他,让他更多。比如在围棋上,就有"一招不慎,满盘皆输"的说法。当然我们在建设工程诉讼博弈中也要应用动态博弈的马太效应原理,在获得优势的情况下能够保持优势再扩大,直至最后取得绝对的胜利,让对手一败涂地或拱手示和。

为了更好地说明逆推与博弈,下面介绍一个再普通不过的博彩游戏:有趣的"剪刀、石头、布"。

"剪刀、石头、布"并非概率那么简单

相信很多人玩过"剪刀、石头、布",这种游戏实质上是一种概率问题,从理论上讲,当游戏无限次玩下去时,各方出"剪刀"、"石头"与"布"的概率应当说是一致的,即1/3,各方的胜率也应当均等。但由于各方会在出哪一种手形时,或多或少地会因为预先出什么,猜测其他二人会出什么,甚至通过向其他人事先表白自己准备出什么,或预测对方要出什么来

影响其他方的思维,从而获得胜利。也就是说虽然理论上各方制胜的概率是一样的,但对于有限次来说,还是会有胜出方的。这种事先的"预先出什么,猜测对方出什么,甚至通过表白自己要出什么,对方要出什么?"来影响对方的思维是否也隐含着博弈的信息呢?是否有诀窍可寻呢?有人宣称他们已经找到了有限次"剪刀、石头、布"游戏的获胜秘诀。大多数人知道,"石头"能赢"剪刀","剪刀"又能赢"布","布"反过来又能赢"石头",但很少有人知道这个游戏其实存在一种博弈的战略问题,尽管这一战略可能是心理因素占主导,但战略本身不就是一种典型的心理活动吗?

据《新科学家》杂志刊登的一项研究称,若想在游戏中获胜,首先应该出"剪刀"。研究表明,在"剪刀、石头、布"这三种招式中,人们最喜欢出"石头"。这意味着你的对手有可能选择"布",因为他们大多以为你第一招便会出"石头"。而你选择"剪刀"的话,自然就胜了对方。同样,如果你在出什么之前事先告诉对方自己要出什么,或者说对方会出什么来影响对方的思维也会谋略出制胜招法。

"剪刀战略"在过去已有许多成功案例:2005 年,这种战略使得克里斯蒂拍卖行赢得了价值 1000 万英镑的交易。那一年,一名日本艺术收藏家想拍卖一幅印象派大师画作,克里斯蒂和竞争对手苏富比拍卖行都想获得这幅佳作的拍卖权,这让日本收藏家左右为难,最后,他想出了一个妙招——让这两家拍卖行以"剪刀、石头、布"游戏决出胜负。

克里斯蒂拍卖行向员工寻求意见,后来,他们接受了公司一位主管 11 岁女儿的建议,选择出"剪刀"。这位小女孩平素十分喜爱这种游戏,她煞有介事地解释说:"因为每个人都以为你会出石头。"果不出小女孩所料,苏富比果然以为克里斯蒂想要出"石头",结果选择出"布",没想到克里斯蒂棋高一着,出的却是"剪刀",苏富比就这样无奈地退出竞争。研究人员表示,一旦游戏开始,除了先出"剪刀"胜算最大外,还有其他很多不同的战略。《新科学家》建议:"你可以采用'双重诡计'战略,也就是试着连续出同样的招式。你告诉对手你要出的招式,接下来,你真的这样出招。当然,一开始没有人会信你真的这么做,而你真的这么做了。当他们回过味来,准备擒你时,这个时候你要突然变招。"当然,时机的把握非常重要。

你也可以采用下面的战略:如果上个回合你赢了对手,这次还选择同样的招式。这里的战略是,对手会下意识地选择打败自己上一招式的新招。这样,你即使不赢,至少也不会输。

笔者也曾经对“剪刀、石头、布”进行过心理研究,认为游戏者由于受概率相当的习惯思维影响,在开始一局会不加思索(特别在酒场)直接出“石头”招式,因为“石头”招式比其他任何两种招式来得简单,其生理反应成本最低,同时“石头”的拳形让游戏者感到藏有秘密,还有对对手的藐视这一心理定势都或多或少地影响了游戏者的行为。

“剪刀战略”说明在同时行动的静态博弈里,没有一个博弈者可以在自己行动之前得知另一个博弈者的整个计划。在这种情况下,互动推理不是通过观察对方的战略进行,而是必须通过看穿对手的战略才能展开。要想做到这一点,单单假设自己处于对手的位置会怎么做还不够。即便你那样做了,你只会发现,你的对手也在做同样的事情,即他也在假设自己处于你的位置会怎么做。因此,每一个人不得不同时担任两个角色,一个是自己,一个是对手,从而找出双方的最佳行动方式。与一条线性的推理链不同,这是一个循环,即“假如我这样做了,对方会如何做;同时还假设对方那样做了、我如何去做……”多个假设后,必然会产生一个最佳的选择。如工程建筑施工合同一方比较强势,会将实施施工人所留存的证据强行要求收回,承诺的是审核后进行工程结算,但随着时间推移,往往会以更换经办人来推卸责任,甚至说没有收到相关证据。这时,对于实际施工人来讲,就要收集银行流水账,成本支出,发包方办理的相关手续来认定实际施工人地位的存在,也可证明相关法律关系确立。

在建设工程诉讼博弈的过程中,各方都要清醒地认识到证据的“高度盖然性”缺陷所产生的不利因素需要我们努力寻找最有证明力的证据材料来弥补,而绝不要预测可能的胜利,而要立足必然的胜利。这就需要时刻有一种逆推思维,假设对方如何,而己方有什么应招或变招化解不利因素。

一句话,聪明的代理律师绝不打无准备之仗,也不打无谋略之仗。

三、策略构思:建设工程诉讼从博弈角度分析问题的首要任务

建设工程诉讼有时是一个漫长的过程,不是一两天就能解决的问题。这样,对于各方当事人来讲,就要有一个长期参与诉讼的心理准备,并构思与制定好己方的

建设工程诉讼战略。

可以说,博弈战略的制定和构思是建设工程诉讼从博弈角度分析问题的首要任务。无论在立案阶段还是在庭审阶段,战略的本质是一样的。被告一方具有各式各样的应付手段,而原告一方的诉讼请求与诉讼理由也可在许多目标和实现它的道路面前作出有利于己的选择,并从中寻找最佳方案。善于制定战略并坚定不移地使之实现是诉讼满意的可靠保证,这就意味着仅制定战略不够,还要使战略按照预先的目标得以实现。在拟定某一目标时,还必须针对具体的目标可能受到的阻碍进行分析。每位诉讼当事人及其代理律师在实现其目标努力的过程中,或多或少地都会受到对方当事人及其代理律师的干扰。常会有这样的情况:由于对方出示了不利于已方的证据而改变战略或从主张性战略转为让步性战略。尽管情况随时会发生变化,但不制定好战略来指导诉讼行为则不可能达到让当事人满意的效果。

四、战略策划:从建设工程诉讼博弈的计划制订开始

怎样才能制定出一个既切合实际又方案可行的建设工程诉讼战略呢?笔者认为应当从策划一个好的诉讼博弈计划开始。

一般来讲,策划出一个好的诉讼博弈计划,得按照下列的程序思考:

首先,要客观地分析当事人的陈述,针对当事人的心理弄清当事人的诉讼缘由,搞清当事人持有证据对诉讼请求或诉讼理由是否有足够的证明力,并能准确把握双方争议的焦点和诉讼标的额的大概数。

其次,再根据具体案情中诸要素现时的呈现及对方当事人可能持有的证据作出某种假设,粗略地估算出诉讼标的及案由,并能说出几种可能的诉讼方案与相应的代理思路。

最后,选择适合于当事人的诉讼请求及诉讼理由,并选出最有利、最有说服力的证据,也就是用强势证据说话。或找到最有利的法条、法理与对方相抗衡。现时还要针对对方可能提出的相反或不相同的诉讼理由,拟订与对方主张或让步的应诉方案。

建设工程诉讼战略构思就是一个代理律师的诉讼思路。这不仅包含从现实的局势出发去确定一定的目标,也包含方法,特别是后者要进行详细的分析。如果目标选择不正确或者模糊不清,那么这一构思就不够具体,恐怕其诉讼结果注定是要

失败的。

一个好的建设工程诉讼战略构思应包括战略构思分析与诉讼战略的初步形成两个部分。

(一)战略构思分析

一个好的诉讼战略构思一般要从战略的程序上着手,通过战略的阶段划分掌握战略的核心,从而谋划出具体的战略构思。

一般没打过官司的人往往认为,在立案阶段不必确定比较切合实际的行动计划,也不必有什么战略,因为那是非常复杂的,总是按照自己的想法把该说的不该说都表现在诉状中,这样可能起到了发泄的目的,但也事与愿违。这是因为原告一方提出诉讼请求和诉讼理由后,被告方可以提出相应证据或抗辩理由。随着诉讼程序不断完善,对于证据的要求不断严格,诉讼法理不断丰富,我们知道立案时所揭示的信息都只是表面的,暂时的,在庭审阶段随着庭审程序的纵深发展,就可能出现这样或那样的变数,有可能原告会增加诉讼请求,或改变诉讼理由,被告可能提出反诉。一位优秀的代理人他在提交诉状时就拟定了好几种可能的局势,并对各局势确立了相对应的方案。

具体构思可以分为战略构思和战术构思。战略构思是总的计划,战术构思则是实现计划的独立行动。具体的战略构思是在某一阶段的总的任务,它以当时的局面为依据,而产生并据此拟定解决面临任务的办法。代理律师在战略构思策划时就要思考哪些是他立案时所料到的,哪些是他不希望的,而且他所关注的也是他制胜战略的出发点或归属所在。

(二)诉讼战略的初步形成

对于代理律师来讲,战略的构思从接案一开始就已经拉开了序幕。一般要思考以下问题,也是其诉讼战略的初步形成:

代理人要考虑如何解决纠纷才最为有利。包括法院管辖权的选择,诉讼时效的挽救措施,立案前是否需要向对方当事人发份律师函以巩固还不强势的证据,或试探对方对于解决纠纷的态度等。

分析有无足够立案的证据;如被告的选择是否合适,是否还应追加被告,是否存在第三人,第三人是属有直接利害关系,还是属没有直接利益关系的第三人,防止因没有考虑到维护第三人的利益而在判决生效后,因第三人行使撤销权之诉而处于被动地位。分析一下时效,除斥期间与撤销权行使的胜诉权问题。同时与当事人沟通如何确定具体的诉讼标的或标的物等问题。

随着庭审的深入和不断进行,战略的重要性会越发清晰,主张或让步都将有条有理,战略也会随着诉讼阶段的转变而有所修正,但其稳定性是相对的。

五、胸中有数:弄清建设工程诉讼战略的分类

一般来讲,建设工程诉讼战略可分为战略性战略与战术性战略两类。战略性战略是方向,是满足诉讼请求的诉讼行为指导性原则,代理律师一定要做到胸中有数,不能够轻言放弃。战术性战略是围绕诉讼请求根据诉讼环境的变化对诉讼行为所作的不断修正,这些修正对战术实施人来说,其选择总是最优的。

(一)战略性战略分类

诉讼战略按诉讼主体对时间的要求可分为:持久性战略和程序性战略。

诉讼战略按诉讼主体根据自己所处诉讼是否有利地位可分为:让步性战略与主张性战略;让步性战略又叫防御性战略,主张性战略又叫攻击性战略。

(二)战术性战略分类

战术性战略主要可分为求胜性战术、逼和性战术和防御性战术三种。

代理律师在诉讼一开始就要拟定诉讼当事人的最佳诉讼请求,并且预测最坏的诉讼结果及最好的诉讼结果,以及是否存在和解的可能,而这一和解的均衡点在哪一范围会被双方所接收。如果预料最坏的诉讼结果,就要重新组织、认识自己的代理意见,如果预料最好的结果,就要作出适当让步,进行有效防御,将取得的战果保持到让法官写进判决诉讼文书之中。

战术不能脱离战略,但诉讼战略也不能时时束缚战术。代理律师要在战略战术的应用中有所关联,又有所拆分,目的就是要用最合理的方式达到最佳的诉讼效果。

六、具体分析:确保建设工程诉讼战略的方向正确

代理律师在制订诉讼战略时,一般要对其内容进行具体分析,确保建设工程诉讼战略的方向正确。一般包括诉讼证据链分析、诉讼争议焦点分析、诉讼成本和诉讼风险等几个方面的因素。

(一)证据链分析

其实要想打赢官司,当事人必须具备证据优势。当事人的诉讼请求要想得到

人民法院的支持,必须有充足的证据,否则将承担举证不能的后果。这就要求每一个当事人,在建设工程活动发生过程中,保管好一切与此行为有关的材料,特别是证据原件,为将来在法庭上一旦发生纠纷要求当庭提供证据材料做好准备。

通过证据链的分析,初步掌握诉讼纠纷事实形成争议的前因后果。一般按照时间先后顺序对基本事实进行梳理,也可通过证据性质进行分类整理。通过证据链分析确定诉讼请求是否合理,是否有足够的法律条文的支持。

法务实例17:工程结算书的支撑性证据能够证明工程量的增加与减少

案情简介:

甲经过协商,与乙签订工程施工合同一份,合同包括详细报价单。但施工内容与报价单有一定出入,其中部分增加变更内容有施工联系单,部分没有。工程完工后,当时没有进行结算。但根据合同和联系单,双方已经付清了款项确定的部分金额。后来乙方以其施工内容多于合同内容为由,要求甲方支付增加的工程量的工程款。甲方没响应,乙方向法院提起诉讼。

乙方形成的证据链情况:乙方为证明其诉讼成立,出具了合同、竣工报告和增加工程量结算书。

甲方为证实应付的款都已经付清,出具证据竣工报告,证明工程造价情况、乙方以合同要求支付工程款的情况,证明乙方在工程完工后要求付款时自认的工程总金额、发票,工程总造价情况即其他证据。

争议焦点:乙方所主张的工程的增加量如何核实。

乙方认为工程的增加量,除了有合同外增加的部分(联系单的部分),还有合同内增加部分(主要是因为合同报价中有项目,但实际施工比报价的数量多)。乙方要求支付合同内工程量增加部分。

甲方认为工程量的增加不存在合同内合同外的区分。凡是超过合同约定的内容,都属于工程量增加的部分,根据合同,都应该有联系单进行确认,而没有联系单的增加是不能认可的。所以不存在合同内增加部分和合同外增加部分的区别。

关键证据的质证:乙方的增加工程量结算书。乙方认为是工程实际增加量。甲方认为,这个结算书没有交付给甲方;上面甲方人员的签名是虚假的;这个结算书是单方制作的;没有施工联系单,也没有为了决算而测量的基础数据,不真实,不能认可。

明法晰理:

本案中的原告主张的内容,如果从实际情况看,好像是有道理的,代理人也相信原告可能完成了那些工程量。这样结算书就成了是否能够证明工程量增加的关键证据。而法院经审理后认为:原告没有提供合同内项目增加的工程联系单,结算书的真实性不能认定,其理由是没有经过对方的签字认可,这样原告要求被告支付合同内项目增加的工程量的价款证据不足,法院自然判决驳回原告的诉讼请求。

作为代理人,自然觉得较冤,当然源于代理律师提供的证据没有足够的证明力。本案中能够证明原告诉讼主张内容的唯一证据是增加工程量的决算书,在原告提供的该证据中有被告负责施工人员的签字。但该负责人在诉讼时候已经离职了,而且该负责人在其他案件中向法院做过关于该工程价款的陈述,与决算书的内容不一致。重要的是其决算书没有相应的证据给予支持,最终导致其败诉。

笔者认为,如果本案中,原告代理律师能出示制作结算书的相关证据,通过补强证据链来证明增加的工作量为合同内,但不是约定价款内的,或者在最后竣工时,对最终的实际工程测量结果有一个书面的确认,或者就有关增加工程量部分有施工联系单或备忘录,或者在补充合同中,对工程可能增加的内容及结算方式进行约定,则都可能对本案的最后判决产生重要的影响。原告在本案中,实际上是败在证据的证明力不足上。实际上,面对同样的情况,如果在当时没有留下任何证据,本案也不是没有其他可以选择的余地,原告可以申请对工程量进行司法鉴定。如果有超出报价的施工内容,原告的主张还是能够得到支持的。因为关于建设工程报价管理办法等对此有比较清楚的规定,对零星工程,只要实际施工人能证明该工程实际完成了,就应该支付款项。实际上,在案件审理过程中,法官也会向原告提示询问关于施工的其他证据情况,如果原告最终都没有就案件中证据的不足进行补充证明,或提出申请司法鉴定,败诉就是必然的。

笔者认为,在建设施工合同纠纷中,根据证明的内容,要关注以下几种证据。

一是证明施工关系成立及其法律性质的证据,如施工合同、工程量清单、报价单、补充合同、会谈纪要、备忘录等。

二是关于施工内容的实际确认证据,如开工报告、施工记录、施工过程与工程量清单内容核对情况记录、施工工程变更增加、工程期限联系单、材料变化情况记录、隐蔽工程验收记录，以及涉及工程量变更的现场鉴证等。

三是竣工交付证据、竣工报告、决算报告、施工图纸等。

四是证明结算与支付关系的，如发票、申请支付单、银行往来流水单、请款凭证等。

因为建设工程基本上都存在施工过程的变更和施工过程条件发生变化，而造成施工内容超出了工程量清单或报价单中约定的内容，所以在施工中发现出现类似情况，一定要有确定的原始记录，并做好协商事宜。否则在最后的决算或可能的诉讼中，都会出现无法解释清楚的矛盾。同时出现问题不能自做记录，更重要的是得到对方的签证，特别工程量与工程质量得到监理及发包方的签字，有必要的一定要求及时盖上相关印章。

（二）争议焦点分析

在庭审过程中，主审法官总要用三五分钟的时间对诉讼争议焦点进行分析，代理律师就要在庭前弄清诉讼纠纷案件可能的争议焦点：事实认定产生的争议焦点，法律引用可能产生的争议焦点，当事人及证人指认争议产生的争议焦点，相关证据解释和理解上产生的争议焦点等。如有必要，可提前利用与法官沟通的时间探讨争议焦点或法官关注的重点。

法务实例18：合同双方非经第三方书面同意，无权设定第三方权利义务

案情简介：

2005年6月10日，A公司与B公司签订《建设工程施工合同》，合同中约定：由B公司作为施工总承包单位由A公司投资开发的某宾馆工程项目，承包范围是地下二层和地上24层的土建、采暖、给排水等工程项目，其中，玻璃幕墙专业工程由A公司直接发包，工期自2005年6月26日至2006年12月30日，工程款按工程进度支付。同时约定，由B公司履行对玻璃幕墙专业工程项目的施工配合义务，由A公司按玻璃幕墙专业工程项目竣工结算价款的3%向B公司支付总包管理费。玻璃幕墙工程由C公司负责施工。施工过程中，在总包工程已完工的情况下，由于C公司自身原因，导致玻璃幕墙工程不仅迟迟不能完工，且已完工程也存在较多的质量问题。A公司在多次催促B公司履行总包管理义务和C公司履行专业施工合同所约定的要求未果的情况下，以B公司为第一被告、

C公司为第二被告向法院提起诉讼,诉讼请求有三项:(1)请求判令第一被告与第二被告共同连带向原告承担由于工期延误所造成实际损失和预期利润;(2)请求判令第一被告与第二被告共同连带承担质量的返修义务;(3)请求判令二被告承担案件的诉讼费和财产保全费用。

明法晰理:

该案经法官审理后归纳的争议焦点为:因发包人直接发包分包工程导致工程延期和质量问题的总包人B公司是否负有总承包管理责任。

本案的发包人以施工总承包单位B公司收取"总包管理费"却没有履行总包管理职责,而要求与玻璃幕墙专业施工单位C公司共同承担连带责任,而总包单位B公司则以玻璃幕墙专业工程项目的合同当事人并非是B公司为由拒绝承担连带责任,从而产生纠纷。

法院已经查明的事实:(1)业主直接发包玻璃幕墙工程并与C公司签订施工合同;(2)B公司收取了总包管理费;(3)C公司未能履行合同导致工程延期和质量问题。

最终法院的判定如下:(1)裁定C公司承担工期延误所造成的实际损失和预期利润,驳回对B公司的该项诉讼请求;(2)裁定由C公司承担质量返修义务,驳回对B公司的该项诉讼请求。

对于B公司是否负有总承包责任的判定,B公司律师的代理律师从以下几个方面发表了代理意见:

第一,B公司与C公司之间没有合同关系,且总包管理费由A公司支付,从这一点事实可以认定C公司不对B公司负有合同责任,而是直接对A公司负责;

第二,A公司与C公司玻璃幕墙工程施工合同约定了B公司履行施工配合义务,这一点并不合法,因为合同双方非经同意无权设定第三方权利义务;

第三,如B公司按照A公司与C公司签订的施工合同约定收取了总包管理费,应认定其已经认可并同意A公司与C公司为其设定的权利义务,从而以事实履行构成三方之间的特殊合同关系;

第四,值得注意的是,A公司与C公司的施工合同设定B公司义务为:履行对玻璃幕墙专业工程项目的施工配合义务,而是"施工配合义务"与总包管理义务是两个不完全一致的概念,前者只负责配合施工工

作,后者不仅要配合施工还要负责总承包管理,更要承担总承包责任;

第五,A 公司与 C 公司设定 A 公司支付和 B 公司收取的是"总包管理费",与 A 公司与 C 公司之间设定并经 B 公司同意认可的对应义务"施工配合义务"相对应,两者的表述出现差异,应认定"总包管理费"是费用,而"施工配合义务"是 B 公司的合同权利义务和责任。

综上,如非因 B 公司履行"施工配合义务"过错,B 公司不承担总承包管理责任,因该责任于 B 公司同意认可的 A 公司与 C 公司有关其义务的条款没有设定。

同时 B 公司的代理律师还发表了以下代理意见:需要引起注意的是,由于 C 公司作为业主直接发包的施工人工程延期和质量问题,B 公司保留就此向 A 公司提起施工索赔的权利,索赔内容包括:(1)要求其顺延施工工期;(2)要求其承担工期延误造成的各项经济损失;(3)要求其责令 C 公司返工,以符合工程施工和设计标准。

(三)诉讼成本分析

在诉讼战略制定过程中,代理律师应当为当事人做好诉讼成本分析,估算可能需要发生的诉讼费用,以及代理人可能支出的现金量。并且提示各诉讼程序需要的大致时间,这些都要向当事人说清楚。

(四)诉讼风险提示

代理律师不对当事人进行诉讼风险提示是十分有害的,也有违律师职业道德准则。代理人要根据案情的进展情况不时地提醒当事人诉讼风险存在的可能性。这一战略就是要弄清如何向当事人提示诉讼风险,提示哪些诉讼风险,并不是所有风险一发现就要提示,也不是要对诉讼风险和盘托出。代理律师必要时谨慎作出提示,并努力去化解风险。

依照最高人民法院《人民法院民事诉讼风险提示书》的内容,代理律师起码要当心 18 种建设工程诉讼的风险,归纳如下:

1. 起诉不符合法定条件或者列错诉讼当事人;
2. 起诉不符合管辖规定;
3. 诉讼请求不适当或者诉讼标的额明显不当;
4. 没在合理期限变更诉讼请求;
5. 超过诉讼时效或不在除斥期间主张权利;
6. 授权不明,或授权可能不被法院认可,如新的民事诉讼法明确规定集团总部法律人员不得为子公司履行代理权限，一般公民代理需要相应组织的认定资格证明等；

7. 不按时交纳诉讼费用；

8. 申请财产保全不符合规定；

9. 不提供或者不充分提供证据；

10. 超过举证时限提供证据；

11. 不提供原始证据；

12. 证人不出庭；

13. 不按规定申请审计、评估、鉴定；

14. 原告不按时出庭或者中途退庭；

15. 被告不按时出庭或者中途退庭；

16. 不准确提供送达地址；

17. 逾期申请强制执行；

18. 逾期不自动履行判决义务。

此外，对于授权代理律师来讲，还应当注意的执业风险就是：

1. 不按时出庭的风险；

2. 不保管好当事人提供的证据，特别是造成原始证据丢失；

3. 在法庭上不遵守法庭纪律被驱逐出庭；

4. 提供假证、伪证；

5. 不依照程序法的规定时间代理诉讼权利或督促当事人履行诉讼义务；

6. 因明显代理意见错误给当事人造成损失；

7. 超越代理权限或滥用代理权限；

8. 泄露因代理工作所知晓的当事人的商业秘密。

需要说明的是：如果一名代理律师以所谓的坚守正义为理由而大闹法庭，被法官驱逐出庭，甚至指使他人在法院门前扯起横幅，围攻法院，阻扰法官执法，或静坐示威，弄不好被法院以破坏司法秩序为由限制人身自由，这种行为是否能够有效保护当事人的权益，就值得反思。这也称得上代理律师不能按时出庭的最大法律风险。

七、评估检验：确保建设工程诉讼战略的可执行性

建设工程诉讼战略构思完成后，要对战略构思进行评估，即对战略内容实施性

质分析,从而更好地把握战略构思,分析实施过程中的难点所在,从而确保建设工程诉讼战略的可执行性。建设工程诉讼博弈的战略构思是否科学,是否具有可执行性,是否符合诉讼目的的整体计划,我们要不时地从以下几个方面分析。

(一)战略构思的关联性评估

计划的具体构思,不仅要确定目标,而且要确定达到这一目标的道路。诉讼的某一阶段,诉讼请求与诉讼理由是十分重要且不可改变的,它可以表现为支持请求的一个固定证据或一条引用的法条,也可能是对自己十分有利的法理应用,而通向目标的道路,则是由具体构思确定计划的一个关联性因素。

诉讼的关联性表现为经常不断地在诉讼过程中作重要更替,其内在表现则为“以统一的具体计划构思为背景而实现一系列创造性思想”。诉讼的关联性是与思路的具体性密切相关的,正如思路的具体性同样在很大程度上决定于关联性一样。

关联性既不是等同,也不是联接,更不是一一对应,而是要用证据链将引用的法条或法理与认定的事实串接在一起,使之成为不争的事实。

关联性所包含的内容是:寻求达到诉讼请求或支持诉讼理由的途径和最有效的手段。诉讼请求符合归责原则,诉讼的理由包含有能够引起诉讼请求的损害事实或结果,同时损害事实与可能的结果之间存在因果关系。

(二)战略构思的协调性评估

在诉讼博弈中,除了具体性和关联性之外,诉讼主体间相互的协调也是十分重要的。

理解建设工程诉讼“协调”的概念,能有助于我们在战略的构思中创造性地发挥各诉讼参加者的最大效能。但是各方的协调应服从于总的行动战略,服务于特定的作战目的。一旦离开了局面的具体需要,诉讼主体之间的协调也就失去了价值。在证据均衡的局面中,各方主要是在诉讼庭审中的协调上较量,哪一方忽略了这点,即刻就会导致被动,甚至直到最后的结果出来其被动的局面也难以挽回。如在二审庭审中,主审法官都要对双方的争议焦点进行归纳,并指出是否有新的不同看法,作为诉讼当事人及其代理律师就要和主审法官协调,尽量肯定法官归纳且符合自己的主张的焦点为不争的事实,同时要将对自己有利的焦点归纳出来并能被法官所认同,从而有利于下步庭审的展开。

在诉讼博弈中,有关协调性应从诉讼参加人之间的协调与证据的协调两方面加以理解。

(三)诉讼参加人之间的协调评估

诉讼参加人之间的协调就是诉讼参与人之间如何协商与对手的关系及其他诉

讼参与人之间的关系问题。

1. 原告与第三人的协调。原告与第三人之间的协调主要看原告与第三人之间在诉讼利害关系上是否处于同一指向,也就是说是某一预期的诉讼结果是否对双方有利,还是对双方都不利,这就要求在诉讼中双方在举证、质证、论辩过程要考虑协调性,做到相互支持,相互印证。

2. 被告与第三人的协调。如果某一预期的诉讼结果对被告和第三人有利或不利,这就要求在诉讼各阶段两者做到相互的协调,以共同来反诉或抗辩原告的诉讼请求,从而使双方不至于两败俱伤,在诉讼上形成共同体,让对方无懈可击。

3. 当事人与代理人的协调。代理人本身就是代表着被代理人的利益,但是如何在庭审中与被代理人保持相互间的协调也是十分重要的。也就是说当事人在陈述上要与代理意见相协调;当事人所质证与所举证相协调;还有代理人的意见应当与当事人对事实的陈述不相矛盾;在诉讼过程中双方更不能相互指责,从而影响代理的效果。

4. 代理人与法官的协调。代理人与法官的协调主要是指代理人在庭审过程中要服从诉讼程序的需要,积极配合法官开展法庭调查,而不能任意打乱诉讼程序,影响诉讼程序的正常进行。如在对方陈述时,尽量不要发言或打断对方及法官的发言,这样很易造成法官的反感,在辩论阶段,一定要围绕法官归纳的争议焦点展开,在法官提示自己注意发言节奏时,要尽快结束发言,对于确实需要说明又没有来得及说明的问题可以看准机会再行发言。

(四)证据之间的协调

证据之间的协调也叫证据之间的相互印证,就是要分析同种形式证据,不同种形式证据以及它们之间的相互关系。看是否存在相互矛盾或互斥的关系。不时要根据逻辑的同一律、排中律来梳理证据中是否存在违反逻辑或不合理的地方。通过梳理明确下一步还应当补充哪些证据,同时要弄清楚哪些证据应当被剔除,从而使组织起来的证据链整体上更具有说服力,使己方的证据链看起来更加牢固。同样也可通过从对方的证据不具有协调性而取得制胜的把柄。

八、最佳选择:根据制胜战略评估实施路径优化

根据一般建设工程诉讼的战略特点,制胜战略分为诉讼总体战略和阶段性战略两部分:诉讼阶段性战略包括庭前战略、庭中战略和庭后战略。制胜战略路径选

择属于诉讼总体战略层面,它指的是为实现诉讼总体目标而做出的战略调整、战术行为、诉讼成本的投入及诉讼风险的化解等。

对于较大标的额的建设工程诉讼,诉讼总体战略十分重要,必须从更高层面来考虑诉讼制胜战略。制胜战略目标是要最终赢得诉讼。但它绝不仅仅是起诉、应诉、举证、质证、庭辩等简单的诉讼程序问题,也不仅仅是诉讼当事人与代理律师如何配合的问题,更重要的是要以最小的代价,选择最优的战略路径。无论诉讼程序多么繁杂,无论对方当事人采取什么不正当的手段,都无法动摇自己具有明显优势的诉讼地位。要做到这一点,代理律师绝不能仅仅为短期与法官的一次约见,或一次证据的质证有利就妄下断言,而感觉胜诉在握,必须有漫长的诉讼过程的准备,充分认识诉讼多变的重要性,并建立起诉讼战略路径,优化选择最佳的制胜战略组合。

我们认为,制胜的战略路径至少包括“庭前战略、庭中战略、庭后战略”三个环节,每一个环节都有制胜的机会,代理律师要敏锐地捕捉、寻找制胜的机会。

(一)庭前战略

庭前战略是指代理律师从接待当事人开始到开庭审理前所做的策划工作。包括立案要件审查、庭前证据交换、补证、与当事人交换意见等。一般来讲,还包括弄清诉因、确定当事人、提交证据,准备法条等基本工作。在庭前阶段,代理律师最好不要轻易对案件性质进行定性分析,更不能向当事人吹嘘案件一定会如何,只能做一些释疑性咨询工作,因为在没有完全获得案件的全部信息之前,你的任何意见都显得唐突,意料不到的事情随时会给案件增加变数。

1. 确定当事人

从接案开始,代理律师就要确定该案是采取寻求诉讼判决为主线,还是始终贯彻和解为主线的诉讼战略意图。要从战略上把握如何立案才能有利于己方,如合理选择当事人,根据诉讼纠纷是否存在多方当事人的问题,分析连带责任、共同责任,按份责任及同类诉讼标的众多纠纷等选择好共同原告、共同被告;是否能够依据与诉讼标的物有直接利害关系而确定第三人。

法务实例19:不属同一法律关系的反诉应另案,而不能与本案同时审理

案情简介:

1993年5月8日,甲酒店公司筹建处与丙建筑公司签订《建设工程施工合同》。合同约定:丙建筑公司承包建设甲酒店公司的全部建筑安装工程、室外配套设施及附属工程等,1993年5月8日开工,1994年8月1日竣工;合同价款暂定人民币1200万元(以中国建设银行审定价为准),工程款委托建设银行按工程进度贷款支付;工程质量等级达到省优,奖励5万元。工程如期开工后,因在组织验槽钎探中发现地质资料与实际不符、需修改设计,于同年6月1日停工,直至10月下旬恢复施工。工程施工过程中,甲酒店公司未能及时按约定拨付工程款,加之多次变更局部设计造成反复施工,工期受到严重影响。

1995年4月28日,甲酒店公司筹建处与丙建筑公司六分公司签订《建设工程施工合同》,甲酒店公司以一次性包死价456.4万元将客房部分的装潢工程承包给丙建筑公司六分公司,自合同签订之日起开工,同年7月31日竣工,保修期限3个月。同年8月29日,甲酒店公司筹建处与丙建筑公司六分公司签订《装修工程合同书》,甲酒店公司以一次性包死价400万元将客房以外的装修工程承包给丙建筑公司六分公司,工程于同年9月1日开工,1996年1月28日竣工,保修期1年。同年10月10日,甲酒店公司又与丙建筑公司六分公司签订《协议书》,将从原预算中剔除的部分项目以10万元包死价交回丙建筑公司六分公司施工,室外竖向工程按现有的马路、围墙、场地、大门一次性70万元包死。

1996年1月,涉案工程全部完工。甲酒店公司和丙建筑公司根据合同的约定,经甲酒店公司委托,由中国建设银行敦煌市支行于1995年1月18日和1996年8月19日对建筑安装工程造价进行结算,经会同丙建筑公司、甲酒店公司三方工程技术人员现场丈量核实,确认工程造价为31,075,464元,并由三方共同签字盖章。同时甲酒店公司和丙建筑公司双方于1996年1月6日和29日签字确认原预算中剔除部分及室外工程造价为800,095元,装潢工程造价为5,070,139元;装修工程造价按合同约定为400万元。以上合计甲酒店公司工程总造价为40,945,698元。同年4月17日,丙建筑公司与甲酒店公司双方财务人员对已付工程款、欠款进行核对,确认甲酒店公司已付工程款35,144,392.40元(其中包括设备款1,674,553元),尚欠5,801,305.60元,其中丙建筑公司未做工程造价为24,826元。

明法晰理:

一审法院经审理认为,丙建筑公司与甲酒店公司签订的四份合同(协议)均合法有效,双方的合法权益理应受到法律的保护。丙建筑公司请求甲酒店公司偿还工程欠款和赔偿银行利息的诉讼请求,有双方签订的合同(协议)、工程竣工验收单、双方签字盖章认可的由敦煌市建设银行审计核定的工程价款结算书和1996年4月17日双方财务人员核对工程已付款、欠款的材料等证据所证实,依法应予支持。但对未施工项目的工程款应从工程欠款额中予以扣除。甲酒店公司辩称的建设银行审计核定的工程结算款不实,应以其委托审计的工程结算款作为工程款结算的唯一、合法、有效凭据,并以此为由认为超付了工程款,要求丙建筑公司返还,因甲酒店单方委托审计,违背了双方所签订合同的约定条款,理由不能成立,不予采信。丙建筑公司要求甲酒店公司支付省优工程奖的诉讼主张,虽然有合同约定,但因当地省建设委员会已于1999年8月5日撤销了甲酒店公司工程为1995年度省优一级样板工程,因此,这一诉讼请求不予支持。丙建筑公司要求甲酒店公司支付催要欠款人员差旅费的诉讼主张,双方合同中没有约定,不予支持。甲酒店公司反诉要求丙建筑公司对土建工程施工中未按设计图和设计要求施工的四处工程返工重作的主张,质证中未能举出相关的直接证据,而丙建筑公司在质证中提供了与此反诉请求相关的、由甲酒店公司下达的变更施工通知、变更施工会议纪要、设计变更图纸等证据,因此其反诉请求不予支持。甲酒店公司要求丙建筑公司对一楼客房、冷冻机房、厨房等处墙体下沉、倾斜、裂缝等重大质量问题从基础予以彻底排除的反诉主张,根据其申请,为了查明甲酒店公司工程一楼非承重墙墙体产生裂缝的原因和有关当事人的责任,法院依法委托甘肃省工程质量监督总站对甲酒店公司工程质量进行鉴定。依据该站作出的鉴定意见及各方当事人提出的意见和相关证据说明:甲酒店公司工程在建设单位投入使用15个月就发生一楼非承重墙体下沉裂缝,不是施工单位丙建筑公司一方造成的。首先,设计单位乙设计院对该工程的个别部位设计违反了国家颁布实施的规范标准,而且对甘肃省建设委员会1993年1月31日甘建发〔1992〕441号《关于敦煌国际大酒店工程初步设计审查的批复》中第三个问题曾明确指出设计“应考虑不均匀沉降对建筑物的影响”的批复意见,未给予足够的重视,诸如一楼墙体应设计基础梁而未设计,将砌墙体直接座落在回填土薄厚不等的垫层土,一楼地基下直埋管道而不设置检漏地沟等,因而未能有效解决地基的“不均匀沉降对建筑的影响”,为一楼墙体下沉裂缝埋下了无法回避的隐患;因填土务压不实和地表水的渗漏等，只是加速了问题的暴露：因此，设计单位对此质量问题应承担重要的责任。施工单位丙建筑公司在施工过程中，回填土的压实系数未达到设计要求：自购的排水管个别管壁厚度偏薄，加之个别地段管道埋置的设计违反规范标准，导致使用不久出现破裂、跑水等原因，对造成地基不沉，墙体开裂应负直接责任。建设单位甲酒店公司违反国家有关规范标准，在未采取任何防水措施的情况下，在大楼周围6米内种植草坪、花坛，并采用漫灌式浇水，致使大量排水渗入楼体地基下；由于一楼未设计基础地梁，加速了地基下沉，恶化了一楼墙体的裂缝；对此质量问题负有不可推卸的责任。地质勘察单位地质队提供的地质勘探报告虽然存在几处资料不完善的地方，而作为使用该勘探资料的设计单位，并未对勘察报告提出任何异议，反诉原告也未提出赔偿请求，因此地质队对甲酒店公司工程一楼部分墙体下沉裂缝不应承担责任。这一反诉请求根据有关法律规定已超过诉讼时效，但鉴于丙建筑公司已认可，并经有关部门鉴定，要求尽快加固整改，根据实际情况，乙设计院、丙建筑公司、甲酒店公司均应承担相应责任。甲酒店公司要求丙建筑公司对客房装潢质量和两项未完工程完成整改的反诉请求，因丙建筑公司均已作了维修整改，并有甲酒店公司相关人员签验的证据证实，且根据双方合同约定和法律规定的工程质量保修期限均已超过；同时甲酒店公司在工程未经国家职能部门验收的情况下即投入使用，违反了有关法律规定。关于两项未完工程中的发电机房隔音板未施工，是因当初约定由甲酒店公司负责购回材料后通知施工单位施工，但是至今未接到购回材料并进行施工的通知；院内喷水池喷砂未做，是因为甲酒店公司决定喷砂改贴瓷砖，但对贴什么规格和颜色的瓷砖，甲酒店公司领导意见不一致，至今施工单位未接到通知，对这两项未施工的项目有丙建筑公司在庭审中当庭递交的未完工程项目款24,826元的退款结算书所证。甲酒店公司对退款结算书既未举出反证，也未提出异议，该未完工程款应从工程欠款中扣除。甲酒店公司要求丙建筑公司赔偿工程质量未达优良的违约金9万元的反诉请求，因造成一楼墙体工程质量问题的责任不是丙建筑公司一方所为，故这一反诉主张不予支持；甲酒店公司要求丙建筑公司赔偿工期延误违约金7,932,494元的反诉请求，由于其多次修改设计、工程款未按合同约定及时拨付，造成停工，使工程不能按期竣工，责任不在丙建筑公司；且工程已投入使用近三年才提出反诉，已超过法律规定的诉讼时效,该反诉请求不予支持;甲酒店公司要求丙建筑公司赔偿因工程质量造成的损失5,355,640元的反诉请求,因其未提供造成损失的具体构成和相关合法证据,且该工程未经国家职能部门验收就投入使用,根据《经济合同法》第34条第2款第4项和国务院《建筑安装工程承包合同条例》第13条第2款第3项的规定,其责任应由自己承担,该反诉请求不予支持;甲酒店公司要求确认1995年10月10日与丙建筑公司签订的80万元《协议书》为无效合同,因该协议符合1993年5月双方签订的第一份合同的精神范围,是双方自愿基础上达成的,应认定合法有效,对这一反诉请求不予支持:甲酒店公司要求丙建筑公司返还已超付的工程款771,359元及利息231,408元、保修金1,550,815元的反诉请求,因中国建设银行敦煌市支行的结算书由三方共同签字盖章给予认可,而且工程款结算审核单位是大酒店自己委托的,该反诉理由不能成立;甲酒店公司要求丙建筑公司赔偿审计支出682,995元的反诉清求,因甲酒店公司未向法庭提供支出审计费的任何票据,且该项工程价款已由中国建设银行审计核定,甲酒店公司单方再审计,违反双方合同约定的有关条款,其审计费用应自己承担。

一审法院判决:(1)丙建筑公司与甲酒店公司所签订的《建设工程施工合同协议条款》《装修工程施工合同》《建设工程施工合同》《协议书》均为有效。(2)甲酒店在给付丙建筑公司工程款5,776,479.60元及利息(按银行同期同类贷款利率计算至付清之日止),于判决生效10日内付清。(3)丙建筑公司的其他诉讼请求予以驳回。(4)甲酒店公司工程一楼非承重墙体裂缝问题,应增设墙基地梁,进行加固,在判决生效20日内,丙建筑公司做好加固维修施工的准备工作,承担全部加固费用的30%;甲酒店公司做好施工队伍进场前的有关准备工作,承担全部加固费用的30%;第三人乙设计院拿出加固整改设计图,承担全部加固费用的40%。(5)甲酒店公司其他反诉请求予以驳回。

最高人民法院二审判决:(1)维持甘肃省高级人民法院(1998)甘民初字第22号民事判决第一项、第二项、第三项、第五项;(2)变更甘肃省高级人民法院(1998)甘民初字第22号民事判决第四项为:甲酒店公司自行承担一楼非承重墙体裂缝的整改加固,丙建筑公司承担其费用的30%。

最高人民法院审理后认为:丙建筑公司与甲酒店公司签订的四份合同(协议)均是双方真实意思表示,不违反法律,应认定有效;甲酒店公司主张双方于1995年10月10日签订的协议书无效,没有依据。根据双方1993年5月8日签订的《建设工程施工合同》,工程款结算以建设银行审定价为准;中国建设银行敦煌市支行会同丙建筑公司、甲酒店公司对建筑安装工程造价所作的结算符合双方合同的约定,应认定有效;甲酒店公司应按双方合同约定及签字认可的工程款额支付拖欠工程款5,776,479.60元及利息;甲酒店公司以自己单方委托甘肃省审计事务所的审计报告为依据,主张建设银行的工程款结算是虚假的,证据不足,重新委托结算的请求违反双方合同约定,不予支持。丙建筑公司将甲酒店公司工程交付后,甲酒店公司应依法履行其申请验收义务,但由于其不交纳相关费用,致使工程未能验收,对此甲酒店公司应负完全责任。由于甲酒店公司采用框架结构,目前出现的质量问题仅限于一楼,对此甲酒店公司、丙建筑公司、乙设计院均予以认可。甲酒店公司请求丙建筑公司、乙设计院、地质队赔偿因严重工程质量特别是一楼客房部非承重墙裂缝问题造成的损失等,由于甲酒店公司工程未经验收即投入使用至今,根据《经济合同法》"工程未经验收,提前使用,发现质量问题,自己承担责任"和国务院《建筑安装工程承包合同条例》"工程未经验收,发包方提前使用或擅自动用,由此而发生的质量或其他问题,由发包方承担责任"的规定,甲酒店公司工程出现的质量问题应由发包方和使用方甲酒店公司自行承担责任。但鉴于丙建筑公司对于甘肃省工程质量监督总站鉴定结论中属于自己的部分责任予以认可,且对于一审判决其承担甲酒店公司工程一楼非承重墙体裂缝加固费用的30%未予上诉,可准予丙建筑公司对于甲酒店公司一楼的整改工作承担相应的费用。甲酒店公司一审中以丙建筑公司为被告,乙设计院、地质队为第三人提起的反诉,因其与乙设计院、地质队属另外的法律关系,其对乙设计院、地质队的诉讼请求超出本案的反诉范围,一审法院将其作为反诉一并审理不当,甲酒店公司可依据委托设计合同和委托勘探合同另行对乙设计院、地质队提起诉讼。

2. 弄清诉因

当民事权利主体认为自己的民事权利受到侵害或与他人发生争议,向人民法院提起民事诉讼时,必然要有提出诉讼的原因,这就是所谓的诉因。

诉因具有两个基本功能:一是确定法院审判的对象,它被限定在人民法院的案件受理范围;二是明确告知被告方行使抗辩权的范围。同时诉因在一定程度上也限制了第三人的确定及对方当事人提起反诉的范围。

在建设工程诉讼中,诉因是诉讼双方当事人的攻防要点所在,也是主审法官归纳争议焦点所在。诉因一般是由当事人在起诉时自行确定的,原告可以依其对引发争议的事件或行为的认识和判断,决定提出何种诉讼。针对原告所选择的诉因,被告可以提出自己的抗辩意见,来证明原告的诉因与其请求没有因果关系,或者被告认为自己的行为属合法合理,与对方所受损害或侵害没有事实上和法律上的因果关系。

当事人正确选择诉因,可以顺利实现诉讼目的,如果选择诉因不恰当,致使案件审理朝不利于自己的方向发展,最终可能导致败诉。

法务实例20:不属同一法律关系的反诉应另案,而不能与本案同时审理(本案例与法务实例19相同)

案情简介:

1993年5月8日,甲公司筹建处与乙公司签订《建设工程施工合同》,约定:乙公司承包建设甲公司的全部建筑安装工程、室外配套设施及附属工程等,1993年5月8日开工,1994年8月1日竣工;合同价款暂定人民币1200万元(以中国建设银行审定价为准),工程款委托建设银行按工程进度贷款支付;工程质量等级达到省优,奖励5万元。工程如期开工后,因在组织验槽钎探中发现地质资料与实际不符、需修改设计,于同年6月1日停工,直至10月下旬恢复施工。工程施工过程中,甲公司未能及时按约定拨付工程款,加之多次变更局部设计造成反复施工,工期受到严重影响。

1995年4月28日,甲公司筹建处与乙公司六分公司签订《建设工程施工合同》,甲公司以一次性包死价456.4万元将客房部分的装潢工程承包给乙公司六分公司,自合同签订之日起开工,同年7月31日竣工,保修期限3个月。同年8月29日,甲公司筹建处与乙公司六分公司签订《装修工程合同书》,甲公司以一次性包死价400万元将客房以外的装修工程承包给乙公司六分公司,工程于同年9月1日开工,1996年1月28日竣工,保修期1年。同年10月10日,甲公司又与乙公司六分公司签订《协议书》,将从原预算中剔除的部分项目以10万元包死价交回乙公司六分公司施工,室外竖向工程按现有的马路、围墙、场地、大门一次性70万元包死。

1996 年 1 月，上述各项工程全部完工。甲公司和乙公司根据合同的约定，经甲公司委托，由中国建设银行敦煌市支行于 1995 年 1 月 18 日和 1996 年 8 月 19 日对建筑安装工程造价进行结算，经会同乙公司、甲公司三方工程技术人员现场丈量核实，确认工程造价合计甲公司工程总造价为 40,945,698 元。同年 4 月 17 日，乙公司与甲公司双方财务人员对已付工程款、欠款进行核对，确认甲公司已付工程款 35,144,392.40 元（其中包括设备款 1,674,553 元），尚欠 5,801,305.60 元，其中乙公司未做工程造价为 24,826 元。

明法晰理：

一审法院经审理认为，乙公司与甲公司签订的四份合同（协议）均合法有效，双方的合法权益理应受到法律的保护。乙公司请求甲公司偿还工程欠款和赔偿银行利息的诉讼请求，有双方签订的合同（协议）、工程竣工验收单、双方签字盖章认可的由敦煌市建设银行审计核定的工程价款结算书和 1996 年 4 月 17 日双方财务人员核对工程已付款、欠款的材料等证据所证实，依法应予支持。但对未施工项目的工程款应从工程欠款额中予以扣除。

一审法院判决：(1) 乙公司与甲公司所签订的《建设工程施工合同协议条款》《装修工程施工合同》《建设工程施工合同》《协议书》均为有效。(2) 甲公司在给付乙公司工程款 5,776,479.60 元及利息（按银行同期同类贷款利率计算至付清之日止），于判决生效 10 日内付清。(3) 乙公司的其他诉讼请求予以驳回。(4) 甲公司工程一楼非承重墙体裂缝问题，应增设墙基地梁，进行加固，在判决生效 20 日内，乙公司做好加固维修施工的准备工作，承担全部加固费用的 30%；甲公司做好施工队伍进场前的有关准备工作，承担全部加固费用的 30%；第三人西北设计院拿出加固整改设计图，承担全部加固费用的 40%。(5) 甲公司其他反诉请求予以驳回。

最高人民法院审理后认为：乙公司与甲公司签订的四份合同（协议）均是双方真实意思表示，不违反法律，应认定有效；甲公司主张双方于 1995 年 10 月 10 日签订的协议书无效，没有依据。根据双方 1993 年 5 月 8 日签订的《建设工程施工合同》，工程款结算以建设银行审定价为准；中国建设银行敦煌市支行会同乙公司、甲公司对建筑安装工程造价所作的结算符合双方合同的约定,应认定有效;甲公司应按双方合同约定及签字认可的工程款额支付拖欠工程款5,776,479.60元及利息;甲公司以自己单方委托甘肃省审计事务所的审计报告为依据,主张建设银行的工程款结算是虚假的,证据不足,重新委托结算的请求违反双方合同约定,不予支持。乙公司将甲公司工程交付后,甲公司应依法履行其申请验收义务,但由于其不交纳相关费用,致使工程未能验收,对此甲公司应负完全责任。由于甲公司采用框架结构,目前出现的质量问题仅限于一楼,对此甲公司、乙公司、西北设计院均予以认可。甲公司请求乙公司、西北设计院、地质队赔偿因严重工程质量特别是一楼客房部非承重墙裂缝问题造成的损失等,由于甲公司工程未经验收即投入使用至今,根据《经济合同法》"工程未经验收,提前使用,发现质量问题,自己承担责任"和国务院《建筑安装工程承包合同条例》"工程未经验收,发包方提前使用或擅自动用,由此而发生的质量或其他问题,由发包方承担责任"的规定,甲公司工程出现的质量问题应由发包方和使用方甲公司自行承担责任。但鉴于乙公司对于甘肃省工程质量监督总站鉴定结论中属于自己的部分责任予以认可,且对于一审判决其承担甲公司工程一楼非承重墙体裂缝加固费用的30%未予上诉,可准予乙公司对于甲公司一楼的整改工作承担相应的费用。甲公司一审中以乙公司为被告,西北设计院、地质队为第三人提起的反诉,因其与西北设计院、地质队属另外的法律关系,其对西北设计院、地质队的诉讼请求超出本案的反诉范围,一审法院将其作为反诉一并审理不当,甲公司可依据委托设计合同和委托勘探合同另行对西北设计院、地质队提起诉讼。

最高人民法院二审判决:(1)维持甘肃省高级人民法院(1998)甘民初字第22号民事判决第一项、第二项、第三项、第五项;(2)变更甘肃省高级人民法院(1998)甘民初字第22号民事判决第四项为:甲公司自行承担一楼非承重墙体裂缝的整改加固,乙公司承担其费用的30%。

3. 确定责任形态

在确定诉因后,代理律师要用很大精力分析当事人的责任形态,首先确定是违约、侵权、竞合,还是存在其他特殊责任形态。对于已明确责任人的情形下,通过"连带责任(含共同责任)、按份责任(含独立责任)、不真正连带责任和补充责任四种形态”来确定当事人的责任形态。

违约责任是违反合同的责任，侵权责任为侵犯人身权、财产权等所应承担的民事责任。当某一违约行为构成违约方对对方人身和财产权益的损害负有部分或全部责任，即该行为既符合违约要件又符合侵权要件时，则形成民事责任中违约责任与侵权责任之竞合。现实生活中有不少类似事例，比如，酒店就餐交付的啤酒因啤酒瓶爆炸致就餐人受伤；出差途中的员工发生交通事故等。

法务实例21：搭乘顺风船途中身亡，受害人享有工伤待遇，就不能再行索赔吗

案情简介：

1999年11月，甲集团公司因重庆一工程施工需要，与重庆乙轮船公司签订了沙石采挖协议。2000年2月24日下午5时许，该轮船公司一艘驳船装载完沙石料后，甲集团公司职工付某6人因回项目部开会，便搭乘该驳船。

当日下午5时40分许，该驳船倾覆翻沉，付某等12人落水失踪。经多方搜寻，有7人获救，4人死亡，付某失踪。2007年6月28日，某市人民法院作出判决，宣告付某死亡。

事后，付某妻子赵某因未收到付某死亡赔偿款，多次与乙轮船公司进行协商，未果。法院判决宣告付某死亡当年的5月，赵某向某海事法院提起诉讼，索赔25万余元。12月17日，某海事法院作出一审判决，支持受害人家属的索赔请求，依法判决肇事公司给付死亡赔偿金、安葬费20余万元。

明法晰理：

该轮船公司辩称，事发后，该公司已向甲集团公司支付了赔偿款21万元，付某的赔偿金亦包含在内。同时，付某在工作期间死亡，其所在单位应按工亡对其进行赔付，该公司只应承担工亡赔偿后的不足部分。且此前双方曾约定，原则上甲集团公司人员不得搭乘轮船公司运输船舶，如确需工作需要搭乘，其安全及经济责任自负。

某海事法院审理后认为，根据《合同法》，双方关于人身安全责任的约定无效。乙轮船公司作为承运人，应当对其运输过程中付某的死亡承担损害赔偿责任。付某所在单位虽然有义务对其进行工亡赔偿，但并不影响原告向直接责任人请求赔偿。乙轮船公司称支付付某死亡赔偿款7万元,但未能举出证据。因此,某海事法院依法驳回了乙轮船公司的辩解,遂作出上述判决。

4. 其他因素分析

代理律师在立案前还要思考是否有管辖法院交叉的问题,最有利的管辖权法院是哪一个;是否有与诉讼时效及除斥期间有关的胜诉权丧失问题等。

(二)庭前诉讼战略实施

一般来讲,代理律师在庭前做好了充分准备,在开庭时就会表现得游刃有余,能够充分发挥专业水平和实战技能。庭前诉讼战略主要从以下几个方面开展实施工作。

第一,梳理案情,注意一个中心:通过当事人的陈述,了解案件的基本性质和相关当事人。一切事实(包括证据组织)都是围绕诉讼请求这个中心进行准备的;要去粗取精,提炼与诉讼有关的事实,这一事实必须是与基本证据相印证的事实。

第二,要确定一个主线:一般以事件的发展顺序为主线,例如常以时间顺序为主线,把握案件事实的基本脉络。

第三,做好一个链条:通过对基本证据的分析,弄清做牢证据链的关键环节在哪,需要补强的证据是哪方面。

第四,针对案件中的法律关系和可能的争议焦点,及时检索法律、法规及相关行业标准与司法解释,从中抽取适用的法条。

第五,提出疑问:抽出一定时间,细听当事人对案件的认识,适时的向当事人提出和求证,以获得对案件全面的了解。对于细节和背景问题要追根溯源,对于当事人的一些隐私问题,代理律师要静听其说,并给对方以诚信,建立律师与当事人之间的信任,并从中更深层次地了解原告、被告及第三人间的背景关系、纠纷产生的主观、客观原因,以及形成纠纷前后的行为状态和行为差距。这些都是从当事人提供的材料中反映不出来的。这就需要律师敏锐地发现问题。

第六,补充收集证据:在诉讼进行案前准备分析后,代理律师通过对当事人材料的审核及对当事人的进一步询问,就要着手补充收集证据,该过程有代理律师的主观判断,是按照律师专业水平的高低对案件的感性理解,加入了一定的专业技术含量。在这一过程的战略中要注意举证时效与举证成本的限制,并要牵记“细节决定成败”,要有敏锐观察细节的能力。

立案后,法院会进行诉讼风险及证据的举证时限提示。代理律师要从战略上考虑证据的组织、整理、提交。哪些是关键证据，哪些适宜出示原件，哪些证据还需要补充等，同时要分析对手可能持有哪些强势证据，或者估计对手是否会有申请证人出庭作证等，对于证人出庭问题，既要考虑证人是否绝对可靠，是否会临场退堂，是否会被对方说服等，要综合分析，并做好预案分析。

建设工程案件胜诉不仅只是一个“理”的问题，有“理”还得有“据”，当事人不能举证或延迟举证也可能导致有“理”而败诉；有“理”还得守“时”，如果纠纷超过了诉讼时效或请求权超过了除斥期间，即便有理也得不到法律的保护；另外，有“理”还得遵守法律的程序性规定，比如不出庭应诉，有理照样会输官司。当事人选择诉因不当，也是造成有“理”败诉的一个重要原因。

第七，法庭阅卷。法庭阅卷的首要目的是了解对方提交的证据。不能忽略“知己知彼”的重要性，这对形成代理思路很有影响。另外，在阅卷的过程中，既要重视对自己有利的细节，更要重视对自己不利的细节。为了使对方尽量少、尽量晚地了解己方的战略和思路，自己的证据要在阅卷之后提交，尽量晚地提交。

第八，借“他山之石”，优化制胜的战略路径。代理律师要及时与主审法官联系，分析对手提交的证据。重点要分析对手的证据是否形成完成的证据链，是否存在反证，要学会借“他山之石”，拿来优化制胜的战略路径。有时候，可能由于对手的疏忽，让自己找到对手证据中存在的破绽，从而对于优化战略路径十分有利，分析证据时要分析直接证据与间接证据，主证与反证，证据强弱、证据的可靠性等方面引发优化战略路径思维。有时候要通过“外部发掘”思考是否存在相关的第三方加以利用，是否能够从相关第三方获得难以收集的证据，是否有同类型案件的制胜良方可供借鉴。有时候要通过“内部风暴”提供线索，把己方证据做足做强。

(三)庭中战略

庭中战略是指代理律师在庭审过程中，根据庭前掌握的信息，针对庭审情况所采取的一系列临战手段或技巧。

1. 制胜思路

经过庭前战略的实现，代理律师应当结合总体制胜战略路径，确定庭中战略，并勾画出制胜思路，这一制胜思路总体应该从多点出发、多角度把握、多方面分析。这一思路犹如工程设计的蓝图，让法官一听就明，并能够很快与其思路产生共鸣，在审理中或多或少地要受这一清晰思路的影响。

2. 找准切入点

代理律师有了清晰的制胜思路，还要学会恰到好处地掌握案件的切入点。弄清楚所代理案件的薄弱环节、命门、死穴。任何复杂的案件，都有其突破口，即使看似将败的案子,也要不惜动用所有手段和才智,从对手的每一个漏洞中寻找制胜切入点,达到制胜的目的。这就要求律师不遗余力地去寻找案件的切入点。如本书笔者曾经代理过两起通过找准切入点使案件很快得到主审法官认可并当庭结案的案子,很有教益。

一起是在庭审论辩中代理律师提出了“优先受偿权是除斥期间,不受中止、中断的限制”这一法理切入点。

法务实例22:优先受偿权属于除斥期间,不受中止、中断的影响

案情简介:

2001年2月28日,A公司与B公司签订了《建设工程施工合同》,约定A公司承建B公司某项目A栋C型、B栋工程项目(现名C工程)。合同签订后,A公司按B公司的开工指令进场施工。该工程完工后,其工程价款经D公司审核为18,384,224.09元。C裙楼商业用房于2005年12月28日竣工,B公司在2006年1月16日就裙楼、非住宅部分申请新建登记。2007年6月30日,B公司向A公司出具C工程欠款及承诺书,承诺前述工程款总额为18,384,224.09元,截至2007年6月30日B公司已付款金额为9,283,059.29元,尚欠工程款金额为9,101,164.80元,于2008年3月底前付清。

A公司于2006年1月17日向B公司发出催告函件,内容为:(1)B公司应根据工程欠款情况,及时作出付款计划及方案;(2)若两个月内未付款,则从2006年2月起按月息千分之一收取滞纳金;(3)若B公司未在2006年2月前付款或制订有可操作性的付款计划,A公司将依据法律规定行使工程款优先权,以其承建的该项目进行拍卖或协商折价的方式抵偿工程款。B公司曾为E公司向F信用社贷款作了抵押担保,抵押物为G路243号名义层负一层、物理层第四层建筑面积为1348.94平方米的2号商场、名义层负三层、物理层第二层建筑面积为3398.60平方米的车库(1-58、62-80、90-101),并办理了抵押登记,F信用社曾就借款合同纠纷及抵押物优先受偿权诉至第一中级人民法院,该院于2008年3月28日以(2007)一中法民初字第306号民事判决,对F信用社就抵押担保物的优先受偿权予以了确认,该判决已发生法律效力。

本案一审诉讼中,A公司表示其建设工程价款优先权针对的是F信用社抵押权部分的房屋。

2008年4月,A公司以B公司未按承诺书支付工程款为由,向一审法院提起诉讼,请求判令:(1)B公司支付工程款9,101,164.80元;(2)A公司对其承建的C工程享有建设工程价款优先权。

明法晰理:

本案归纳的争议的焦点主要是:A公司是否享有建设工程价款优先权及上诉人是否已于本案开庭前丧失了抵押权。

关于上诉人是否已于本案开庭前丧失了抵押权的问题。A公司的代理律师认为,上诉人于一审宣判后,二审开庭前,向人民法院申请解除对抵押物的抵押,该院于2008年11月3日,根据上诉人的申请,解除了F信用社(上诉人)对C大厦名义层负一层2号商场及负三层89个车位的抵押,故上诉人的抵押权已于上诉前丧失,不能以损害第三人利益为由提出上诉。高级人民法院认为,根据人民法院的相关生效裁判文书,上诉人在C工程相关案件的统一执行中得到C大厦名义层负二层的部分商场,实现债权8,110,949元。而上诉人800余万元的债权之所以能得到实现,正是因为其享有C大厦名义层负一层、负三层的抵押权。现A公司请求对上诉人享有抵押权部分的房屋即C大厦名义层负一层、负三层享有建设工程价款优先权,如得到支持,将影响上诉人已实现的债权,故上诉人可以作为本案的利害关系人。

关于A公司是否享有建设工程价款优先权,根据我国《合同法》第286条[1]和《最高人民法院关于建设工程价款优先受偿权问题的批复》(以下简称《优先受偿权批复》)第4条的规定,承包人行使优先受偿权的除斥期间为6个月,行使优先权有两种方式:一种是与发包人协议将工程折价;另一种是向人民法院提起诉讼。本案所涉工程的竣工日期为2005年12月28日,按照上述司法解释的规定,A公司应在2006年5月28日之前与B公司协议将工程折价或向人民法院提起诉讼,才能表示其在法律规定的期限内行使了建设工程价款优先权。本案中,A公司举证证明其在2006年1月17日向B公司发出《关于要求清算拖欠工程款及主张建设工程款优先受偿权的催告函》,虽然B公司认可A公司曾发出该催

〔1〕 参见《民法典》第807条。

告函,但因利害关系人上诉人提出异议,并请求鉴定,故A公司有义务提交原件。因A公司无法提交催告函原件,故A公司未尽足够的举证义务,其举示的《关于要求清算拖欠工程款及主张建设工程款优先受偿权的催告函》复印件,不能证明其在法律规定的期限内行使了建设工程价款优先权。

一审法院认为,A公司作为具有相应资质的建筑施工企业,其与B公司签订的《建设工程施工合同》系双方的真实意思表示,且符合法律有关规定,属有效协议,对双方当事人具有法律约束力。B公司向A公司承诺下欠工程款9,101,164.80元,于2008年3月底前付清,但至今未付清工程款,其应当承担给付工程欠款的民事责任,故对A公司要求B公司支付下欠工程款9,101,164.80元的诉讼请求予以支持。其次,根据《合同法》第286条的规定,承包人行使优先权有两种方式:一种是与发包人协议将工程折价,另一种是向人民法院提起诉讼。《优先受偿权批复》第4条规定:“建设工程承包人行使优先权的期限为六个月,自建设工程竣工之日或者建设工程合同约定的竣工之日起计算。”本案中,工程竣工最后期限为2005年12月28日,A公司在2006年1月17日向B公司发出《关于要求清算拖欠工程款及主张建设工程款优先受偿权的催告函》,认为其有权以承建的工程拍卖或折价的价款优先受偿,并请求B公司将C工程拍卖或折价后优先偿付工程款900余万元,B公司也认可该事实。由此可见,A公司在法律规定的期限内行使了建设设工程价款优先权,故A公司要求对其承建的C工程享有建设工程价款优先权的诉讼请求亦予以支持。

故一审法院判决:(1)由B公司于判决生效之日起10日内向A公司支付工程款9,101,164.80元。(2)A公司对其承建的C工程(F信用社享有抵押权的房屋部分)享有建设工程价款优先权。

一审宣判后,上诉人不服,向高级人民法院提起上诉请求撤销一审判决第二项。上诉理由:第一,一审法院采信A公司提交的2006年1月17日的催告函缺乏事实和法律依据,损害了上诉人作为抵押权人的合法权益。第二,一审法院错误地解释并适用了《优先受偿权批复》第4条,该条规定的6个月期间是除斥期间,不产生中断、中止等时效利益后果。即使采信前述证据,2006年1月17日的催告函产生的法律后果也仅仅是类似于时效利益中的中断、中止后果。而该解释规定行使优先受偿权的期限的立法目的就是要求建设工程的承包人尽快行使权利，以保护抵押权人的权利，避免建设工程的承包人以优先权存在而怠于行使权利。第三，即使本案优先权成立，A公司在法律规定期的6个月内没有行使优先权，造成损失的扩大也应该自行承担责任。如果A公司在6个月期限内积极行使了权利，B公司还有其他房屋尚未处置，其权利是应该得到保证的。其怠于行使权利，损害了上诉人的合法抵押权，不应受法律保护。

高级人民法院经审理后认为，A公司不能享有建设工程价款优先权。

首先，关于上诉人是否是本案利害关系人的问题。根据人民法院的生效裁判文书，该院是先将C大厦名义负二层的部分商场作价给了上诉人，上诉人才申请解除了C大厦名义层负一层、负三层的抵押。因此，高级人民法院认为，上诉人的债权之所以能在执行中得以实现，正是因为其享有C大厦名义层负一层、负三层的抵押权。虽然在执行中上诉人得到的是负二层的部分商场，但系人民法院对C大厦所涉债务统一执行的结果，因此，上诉人实现的是负一层、负三层的抵押权。现A公司请求对上诉人享有抵押权部分的房屋即C大厦名义层负一层、负三层享有建设工程价款优先权，故上诉人可以作为本案的利害关系人。

其次，根据我国《合同法》第286条[1]的规定，承包人行使优先权有两种方式：一种是与发包人协议将工程折价，另一种是向人民法院提起诉讼。《优先受偿权批复》第4条规定："建设工程承包人行使优先权的期限为六个月，自建设工程竣工之日或者建设工程合同约定的竣工之日起计算。"上述司法解释规定承包人行使优先受偿权的除斥期间为6个月，本案所涉工程的竣工日期为2005年12月28日，按照上述司法解释的规定，A公司应在2006年5月28日之前与B公司协议将工程折价或向人民法院提起诉讼，才能表示其在法律规定的期限内行使了建设工程价款优先权。本案中，A公司举证证明其在2006年1月17日向B公司发出《关于要求清算拖欠工程款及主张建设工程款优先受偿权的催告函》，虽然B公司认可A公司曾发出该催告函，但因利害关系人上诉人提出异议，并请求鉴定，故A公司有义务提交原件。因A公司无法提交催告函原件，高级人民法院认为，A公司未尽足够的举证义务，其举示的《关于要求清算拖欠工程款及主张建设工程款优先受偿权的催告函》系复印件，不

〔1〕 参见《民法典》第807条。

能证明其在法律规定的期限内行使了建设工程价款优先权。

故上诉人请求撤销A公司对其承建的C工程享有建设工程价款优先权的上诉请求应予支持。遂判决:(1)维持第一中级人民法院(2008)一中法民初字第122号民事判决第一项;(2)撤销第一中级人民法院(2008)一中法民初字第122号民事判决第二项。

今后遇此类案件时,如果承包人在除斥期间内向发包人发出了催款函,表示发包人如不按期付款将行使优先权,同时发包人对此无异议,则可认定承包人有权行使优先权。

3. 如何配合法官的工作

庭审是在法官的主持下进行的,代理律师一定要记住自己所做的一切要有利于配合法官的审理工作。开庭时,代理律师要配合举证、质证情况,及时调整自己的庭审辩论战略,分析哪些证据有疑问,哪些证人需要进一步质问,哪些证据需要申请法官协助调取,同时思考该案最容易致胜的因素是什么,能够做到一语制胜,弄清对手最大的漏洞在哪里,通过分析,确定最佳的制胜战略路径。其战略路径的实施一定要明白如何与法官有效沟通。庭审是代理律师诉讼博弈中最具表现张力的部分。庭审是代理律师的角斗场。任何一个代理律师都不会也无法忽视庭审这个阶段。但是,对于该阶段的操作技巧和战略设计,却不是每个律师都能有意识地加以注意的。要注意与法官的沟通,配合法庭调查。

要能够根据法官的审理节奏,及时、恰当地选择发言时机。如在补充陈述时,着重表达在起诉状或答辩状中故意遗漏的事实和观点(起诉状、答辩状往往只表达能够支撑诉讼请求的事实和理由),或者提出新的事实和观点,在现阶段的庭审中,最好避免采取突然袭击的手段,不要让对方措手不及,因为这样也会让法官措手不及,容易造成法官的反感。必要时,要求向对方当事人询问,这是在事实调查阶段最好的狙击手段。

4. 举证质证

代理律师在法庭上不能轻易认可对方的证据。可从以下几点上对实物证据(包括书证)进行质疑:

第一,质疑证据的客观真实性(是否是原件);

第二,质疑证据的证明力(证据与本案的关系)——律师不是关心事实上发生了什么,而是要关心证据能证明什么;

第三,质疑证据的证明内容(时间、地点、人物、事件、各要素间的关系以及事件

发展的过程等);

第四,质疑证据搜集程序是否合法。

要明确证人证言主要询问的目的:

第一,寻找案件疑点的答案,并让法官听清楚。

第二,达到自己要证明的目的。

明确反询问的目的:

第一,暴露对方证人的证词矛盾、错误或不实之处,以降低其证据的价值。

第二,证明这个证人是不可靠的。使对方承认某些有利于本方的事实。要认真听对方对证人的主询问,敏锐地捕捉询问中的破绽。

5. 法庭辩论

如果说之前的工作是搭建高楼的钢筋,法庭辩论就是涂在上面的泥灰。法庭辩论的作用往往是锦上添花。律师在法庭辩论中要善于归纳总结,特别是要善于帮对方归纳总结(其间常常可以偷换概念)。在找不到具体规则时,可以上升到法律原则,以寻求有利地位。当庭辩论要针对双方争议的焦点,一一论证和反驳。要不断强化自己的观点,辩论要设计恰当的语气,并且在考虑法官的个人身份和特点的基础上进行。代理词需要具有感染力。法庭辩论应当展现律师的素质。

6. 局面评估

所谓局面评估,就是代理律师通过当事人陈述、举证、质证、法庭辩论后对案件情况进行判断,以确定是否能够达到诉讼目的,并在最后陈述中完善、补充相关事宜。评估局面的过程大致可以从以下几个方面展开:

第一,考虑证据的对比;

第二,考虑双方制胜的关键因素及庭审对哪方有利;

第三,研究战术组合的动因及是否达到战术目的;

第四,法官运用自由裁量权的可能性。

(四)庭后战略

代理律师一定要记住:"当没有亲眼看到判决书之前,不要轻言案件了结,什么事情都有发生的可能。"

开庭后,一般来讲双方该出示的证据都已出示,该陈述的理由也已明了。但代理律师不能认为开完庭,随后向法官提交代理词就算高枕无忧了,应当从战略上分析庭审是否对己方有利,己方是处于绝对强势,还是绝对弱势,还是不分上下,关键是要考虑如何扩大有利面,如何减少不利面。分析是否需要采取拖延与反拖延战术,是否需要申请调取新的证据,是否需要申请新的证人,如果有必要要求主审法官考虑第二次开庭,或申请延后审理等,还有的代理律师从诉讼参与人的适格问题上做文章,达到预期目的,来弥补第一次开庭的准备不足。如果拿到了判决书,代理律师也要有战略地向当事人交代判决。

在申请执行期间作为代理人也应具备两个意识。

第一,继续举证意识。应当向人民法院提交必要的文件和证件,包括向人民法院提供其了解的被执行人的财产状况或线索。这是民事诉讼中"谁主张,谁举证"责任制度原则的延伸。

第二,市场风险意识。在实践中,并不是所有的裁判文书都能得到执行,司法文书只是对双方的权利义务作出的判断和确定,能否实现还取决于很多因素。如被执行人是公民的,他生活困难无力偿还欠款,无财产,亦无收入来源;被执行人是企业的,该企业可能停产甚至破产。那么,此类案件只能中止执行,待他有执行能力时再恢复执行。像这样的案件执行不了,应该说不是法院的原因,而是当事人应该承担的市场风险。任何人搞经营做买卖,都应有市场风险意识,不可能保证只赚不赔,更不能保证对方永远都能有偿付能力,代理律师一定要向当事人交代清楚。

代理律师收到判决后,一定要认真研究,反复研读,并与自己的诉讼战略相对比。如果是一审胜诉要做好应诉的准备,如果是二审胜诉,要明确下步执行的方案。如果是一审败诉还要向当事人说明判决的不当之处,以及判决的合理之处,让当事人明白案件赢在什么地方,输在什么地方,是否需要上诉,并提醒上诉的合理期间;对于二审判决,代理律师还要预测对方可能采取的强制执行行为,以及对抗强制执行对当事人可能产生后果及应负的责任,包括要向当事人说明有执行能力而抗拒履行生效的判决所应承担刑事责任的法律后果。

Chapter 3

第3章

梳理法律关系：

建设工程诉讼不可或缺的重要环节

在建设工程诉讼中，对于代理律师来讲，开始着手任何一宗建设工程诉讼，一定要采用法理思维来分析并厘清诉讼主体之间的相互法律关系，只有这样才能弄清相关争议的前因后果，才能弄清当事人的法律行为是否恰当，才能最终吃透案情；只有这样才能确定案由性质，从而分析争议当事人的选定是否正确，各方当事人的具体主张是否恰当，以及当事人之间的责任认定或划分是否恰当，也只有这样才能使自己的诉讼战术得到有效提升。

一、梳理案情：应关注法律关系的重点

一般来讲当事人之间的法律关系的梳理主要从以下几点展开。

第一，要分清当事人之间是存在某种法定的法律关系，还是合同的约定的法律关系，并能从当事人对纠纷或所要处理事情的陈述中，认准其中所涉及的法律关系。

第二，确定引起该法律关系产生、变更或消灭的法律事实及已经存在的法律行为（也可以先从此环节入手，找出由其产生、变更或消灭的法律关系）。

第三，确定构成该法律关系的主体、客体和内容；如果涉及当事人较多，法律关系复杂的，还要通过一定的图例形式进行关系明确，从而厘清关系。

第四，运用有关的民法理论、法律规定和当事人之间的合同约定，判定相应的法律事实和法律关系（三要素）是否合法、合理。

第五，对于判定合法的法律事实和法律关系，依法确定民事责任（侵权的民事责任或者违反合同的民事责任）的承担；而对于判定为不合法的，则应当按照民事法律的有关规定予以处理。

需要说明的是，法律关系与当事人之间的社会关系不是等值的概念，他们之间是有严格区别的。一般来讲，当事人之间的法律关系的确立不能离开社会关系的判断，他们之间有某种内在联系，这需要代理人通过法理知识和诉讼实践经验去分析、把握。

代理人接触案情后，首先应当从当事人的法律行为着手，梳理当事人之间的法律关系，即弄清法律关系的主体，是指在具体的法务活动中构成法律关系的一方，享有相应权利并承担相应义务的单位或自然人。

代理人要严格审核当事人是否就是合格的主体，应依据相关法律从以下几点确定：

第一，具备独立法律人格者应有自身的独立性；

第二，赋予主体独立法律人格，必须对第三人有益无害；

第三，赋予主体独立的法律人格，对其内部成员应利多弊少；

第四，是否享受适格的民事权利和有承担民事行为的资格，应依照法律的规定进行梳理。

法律关系作为人与人之间的社会关系，总是要有多方主体参加。在构建法律关系的当事人中，享有权利的一方是权利主体，承担义务的一方是义务主体。在某

些法律关系中(如赠与等),一方只享有权利,另一方只承担义务。而在大多数法律关系中,双方当事人均既享有权利,又承担义务。当事人的这种双重主体身份,是由这些法律关系的双务性决定的。正确理解实体法上的法律关系主体的目的就是对当事人的正确界定。因为着手法律事务的的第一要务就是明确法务主体,并根据国家相关法律、法规正确确定各当事人的称谓,否则就可能闹出笑话。代理人接手案件后,必须首先弄清楚代理工作所涉及的案情是在谁与谁之间发生的。

要弄清在谁与谁之间发生了哪些行为,出现了哪些事务,涉及要弄清以下几个问题:

1. 该当事人是否具有法定的当事人能力;

2. 该当事人是否具有法定责任承担能力;

3. 该当事人是否是合格的当事人。

代理人员在梳理当事人的具体主张时,一般要对当事人的主张进行定性与定量分析,看其主张是否合适。

所谓定性分析就是分析请求权的属性(包括当事人的行为责任担当)。如当事人的请求权是基于确认主张、给付主张、变更主张还是终止或撤销某一法律关系的主张;当事人的行为属侵权还是违约;当事人应当承担什么样的责任,是按份责任,连带责任,还是补充责任;等等。

代理人在梳理请求权时应注意以下几点。

1. 主张必须具体,具体请求哪些项,对于具体的数额要明确,不能可能是多少,大概是多少。

2. 当事人提出的主张既可以是实体权利方面的权益请求,也可以是程序上的权益请求。如当事人拟主张请求法院判令诉讼费用由被告承担就具有程序上的权益请求属性,与实体权利的争议没有直接的关系,却与案件的胜败相关联,因为我国《民事诉讼法》规定败诉方承担相应的诉讼费用。

3. 主张可以随着代理工作的进程发展,由当事人在代理人工作的过程中进行随意处分、变更,但对于严重损害被代理人的行为,代理人要及时提醒,被代理人要主动介入,是否放弃权利,要具体问题具体分析,不能盲目听从其他人员的摆布。

4. 在确定请求权时,还要分析是否存在责任竞合问题。按照要求,代理人从得益最大化考虑,帮助当事人进行选择。

二、确定案由：梳理法律关系的前提条件

一般建设工程诉讼案件，可能只具有单一法律关系，这样案情就显得相对简单。如因买卖合同（有名合同）、房屋租赁合同引起纠纷，它们之中只包含着买卖和租赁的单一的法律关系。而有些案件可能存在两种以上不同的法律关系，如负责运输的买卖合同、负责代理运输的仓储合同就有两种以的法律关系。对于代理律师来讲，就要认真梳理法律关系，理出引起纠纷的案由。如果忽视某一个法律关系的存在，就可能会导致案件的定性错误，有时尽管实体判决结果可能是正确的，但也难保证不出现捉襟见肘的尴尬，难使某一方当事人心服口服。因此，对于代理律师来讲，首先就要准确确定案由，才能正确梳理法律关系，找到对当事人有利的法律关系作为案由的主线，从而有效保障当事人的合法权益。

法务实例23：多法律关系形成的混合合同纠纷的处理技巧

案情简介：

某年12月11日，某甲与某乙及某丙签订了一份《联合经营松木协议》。约定：(1)某甲负责提供100万元资金给某乙交纳税费和某丙操作枕木的产出；某乙负责当年年度木材库存采伐指标和次年年度采伐指标的落实（含采伐作业的设计），并经办销售手续，保证某甲所交税及两金一费的安全；某丙负责依法购买、采伐、加工、运输等一系列工作，产品运到指定地点将所生产的成品木材交货给某甲（规格、质量以厂方验收为准），某甲在指定接货地点验收接货并负责结算。(2) Ⅰ类、Ⅱ类普枕单价为1000元/立方米，3.0～4.0米长的岔枕为1200元/立方米，某丙提供交货数量70%以上的木材出口手续及某乙销售发票，等等。

次年5月，合同部分履行了约150立方米的木材后，由于某乙指派负责履行合同的工作人员未按正常途径办理松木采伐手续，而是用他人办理的当年年度剩余的采伐指标到林业站交纳"两费一金"，并口头告知某丙木材指标已办好，可以组织人力砍伐，尔后乙方工作人员和某丙多次到采伐现场查看均未提出异议。某丙在既不了解某乙所办木材指标规定的采伐范围，又未在协议规定的采伐地点采伐，致使犯滥伐林木罪，被判处有期徒刑3年，缓刑4年，使得合同无法继续履行，而发生纠纷诉至法院。

一审法院认定此案为无效买卖合同,并按无效合同处理原则作出了判决。被告某丙不服,提出上诉。

二审法院认为此案合同不是无效买卖合同,以事实不清为由,发回重审。

一审法院重审后认为:该协议属协作型联营协议。被告某乙的行为,其实质系违规买卖木材指标,违反了有关森林法规,依法应认定无效。被告某丙与原告某甲的关系,存在借贷与买卖两种法律关系且相互依存,买卖关系因某丙和某甲无经营木材资格而无效,相应地与之依存的借贷关系也应认定无效。判决被告某乙向原告某甲返还收取的资金;被告某丙向原告某甲返还占取的资金。被告某丙又不服,提出了上诉。

二审法院认为:该联营合同依法成立,对当事人具有法律约束力。

最后再审判决驳回原审上诉人某丙的再审申请,维持二审实体判决。

明法晰理:

该案代理律师接受甲方委托后,梳理法律关系如下:

一是甲乙联营采购合同(从乙向甲收取办理木材采购的税费);

二是乙丙联营销售木材(从乙向甲开具销售发票);

三是中介服务合同,某乙与某甲、某丙之间存在中介服务合同关系,某乙帮助某丙办理木材采伐行政许可手续,以收取某甲的相关税费及手续费;

四是行政许可审批的法律关系;

五是甲丙之间的借贷关系。

在审理过程中,二审法院认为:某甲与某乙、某丙签订的《联合经营松木协议》应属协作型联营合同。某甲、某乙、某丙为充分发挥各自的优势,在平等互利、自愿、互惠的原则下签订协议,按照协议的约定各自独立经营,各方的权利和义务也是由协议约定的,各自承担民事责任。木材在我国属限制流通物,要对其经营必须依法取得经营权资格。某甲、某丙均无木材的经营资格,而某乙是依法取得木材经营资格的经营企业。在本案中,某乙的主要义务是解决木材经营权资格即"负责当年年度年木材库存采伐指标和次年年度采伐指标的落实(含采伐作业的设计)",该联营合同的当事人均具有相应的缔约能力,意思表示真实,不违反强制性法律规范及社会公序良俗,合同的标的也是确定和可能的,具备了合同一般生效要件。因此,该联营合同依法成立,对当事人具有法律约束力。

被告某丙仍然不服,又以有新的证据为由申请再审。再审合议庭认真分析了此案原由,认为:

1. 某丙在民事再审申请书中提出的"联营合同不能履行的直接原因是外界侵权行为造成,与申请人涉嫌犯罪无直接关系,申请人不应承担违约责任"的理由不能成立。

某丙用犯罪手段获取的赃物木材,不论其所有权是属于谁的都是不能用于交易的,也是不能成为合法合同标的物的。

2. 本案三方签订的《联合经营松木协议》虽冠以"联营"之名,但从其确定的三方权利义务看,其中包含着两个相互关联且应当合并审理的法律关系。

一是商事媒介居间法律关系:某甲要购买木材,某丙要销售木材,由于某丙没有采伐木材指标,且双方都无经营木材主体资格,其权利义务无法实现和履行。某乙是有经营木材的主体,并凭借自己的业务优势,能顺利获得木材采伐指标,应某甲和某丙的双方"委托"而居间,提供实现订立合同的媒介服务。此协议约定了某乙应履行的提供媒介劳务的义务和获得报酬的权利,属于居间协议,合法有效。在居间法律关系中,某乙的行为属于没有履行义务的"故意隐瞒与订立合同有关的重要事实或者提供虚假情况,损害委托人利益"的行为。依照《合同法》第425条第2款的规定,某乙不得要求支付未履行义务的报酬并应承担损害赔偿责任。对已收取某甲办理木材指标的××元中,扣除已实际履行的××立方米,计款×××元(含两金一费100元)外,剩余××元应当返还给某甲。

二是买卖法律关系:某甲以每立方米1000元、1200元的单价从某丙手中购买普枕、岔枕,并要求某丙提供交货数量70%以上的销售发票。由于某丙周转资金不足,约定某甲在某丙理顺好与卖木材的农户关系等前期工作后,某甲按某丙的实际需要开始支付给某丙买山林费、民工工费、人员经办费、索道延伸费,总投资约为50万元。其实质就是约定"某丙将标的物木材的所有权转移给某甲,某甲支付相应的价款",在交付木材之前预付50万元投资(价款)给某丙作为流动资金(某丙开出的收款条上也确认是枕木预付款)。其特征与《合同法》规定的买卖合同的特征完全相符,此协议约定了某甲和某丙买卖双方的权利、义务,协议合法有效。在买卖法律关系中,由于某丙在未明确采伐松木地点情况下违法采伐,构成犯罪,而无法履行合同,构成了违约。对已收取某甲木材款××元中,除已提供木材××立方米,计款××元外,剩余××元未供货的预付款项应当返还给某甲。

3. 某甲与某丙、某乙之间没有共同的联营利益和联营风险,再则某丙只是某乙所属的职工,不是企业、事发包方体,也不是个体工商户、农村承包经营户、个人合伙经济组织,且没有营业执照,按照最高人民法院法(经)发〔1990〕27号《关于审理联营合同纠纷案件若干问题的解答》的解释,其不具有参与联营的主体资格。三方当事人签订的协议不宜认定为联营合同。原审对该合同认定为联营,定性不准,出现应负次要责任的某丙反而承担较重的返还资金责任的错误应予纠正。

该案的关键就在于对案由的确定。第一次一审时,一审法院认定该案是买卖合同,由于定性是买卖合同,合同中涉及的提供采伐木材指标也就构成买卖合同的标的了,买卖木材指标,就必然导致合同无效,当然也就导致最后以无效买卖合同定案。案件上诉后,二审以事实不清为由发回重审。

第二次一审便以联营合同定性,由于仍然涉及木材指标买卖问题,最后以无效联营合同结案。第二次二审认为木材指标都是通过合法手续获得,不存在买卖问题,将定性纠正为有效联营合同。合同是否有效问题解决了,紧跟着来的问题是当事人认为联营体还未清算就判决了;既然是联营合同,那亏损就属于风险,应当由三方共同分担;某丙认为自己承担次要责任,反而要返还多出比承担主要责任的某乙好几倍的款项,违反逻辑;另外某丙在此案中也同时是受害方,他也因某乙的违约存在经济损失,按二审的判决,这些损失就无法追索了;同时还存某丙从融安县公安局确认的行政违法案中获得的国家赔偿的7万多元的木材扣押款是否属联营体的财产,应当怎样处置等问题。

再审合议庭认真分析案件性质,认定此案合同是一个混合合同,巧妙地将一个协议书中包含的两个法律关系分别处理,认定为居间和买卖两个法律关系。认定原审两被告对原审原告的违约行为分别属于居间合同的违约行为和买卖合同的违约行为,不是承担连带责任的共同违约行为。既纠正一审中认定合同无效的错误,又纠正了二审中认定联营,而未清算就判决和承担次要责任者反而负担重的逻辑错误。

三、责任界定：通过梳理法律关系明确各方责任

民事责任,是指涉诉主体违反法定民事义务或合同约定义务而应承担的法律后果。任何一宗法律事务的处理,都会涉及责任承担问题,在具体的事务处理过程中,要对当事人所应承担的责任进行划分及明确各方应分担的比例,以此来确定主张是否合适,是否应当给予支持或部分支持。

民事责任依据其法律主体是否涉及以相关财产来承担可分为财产责任(指让民事违法行为人承担财产上的不利后果,使受害人得到财产上补偿的民事责任)与非财产责任。民事责任依据行为人所控制的财产责任承担限额可分为无限责任(责任人应以自己的全部财产承担的责任)与有限责任(债务人得以一定范围内或限额的财产承担民事责任)。民事责任依据行为人责任承担主体承担方式可分为全部责任(由一个法律主体独立承担的民事责任)、按份责任(指多数当事人按照法律的规定或者合同的约定各自承担一定份额的民事责任,各责任人之间没有连带关系)与共同责任。

民事责任依据行为人的承担方可分为连带责任、补充责任及单一责任。民事责任的承担方式是指依法应负民事责任的行为人承担民事责任的具体形式。连带责任是因违反连带债务或者共同实施侵权行为而产生的责任,各个责任人之间具有连带关系。所谓连带关系是指各个责任人对外都不分份额、不分先后次序地根据权利人的请求承担责任。补充责任,是指在责任人的财产不足以承担其应负的民事责任时,由有关的人对不足部分依法予以补充的责任。单一责任是指某一民事主体独自对其行为负责,不与其他人的责任相关联。

(一)连带责任认定

一般来讲,应当从以下几个方面展开分析,看连带责任是否成立或连带责任的构成是否充分。

1. 通过法律关系来分析连带责任是否成立

第一,分析多个被告之间与原告的法律关系是否为同一法律关系,分析被告之间存在什么样的法律关系。如某甲因公乘坐公交车与违章行驶的某丙驾驶的乙单位所属的货车相撞而受伤,构成三级伤残,如果某甲作为原告,这里就可能产生三种法律关系,一是甲某与单位间的劳动合同关系,二是甲某与公交公司的合同关系,三是甲某与某乙单位的侵权行为形成的民事赔偿关系,如果某乙单位的司机行为构成肇事罪,被告检察机关刑事立案,则某甲还与某丙构成刑事附带民事赔偿

关系。

第二,分析原告与被告及第三人是否具有诉讼参与人的资格,从实体法和程序法的标准判断充当诉讼参与人的资格是否适格。

第三,分析连带责任与主责任之间的承担时间是否一致(包括时效与除斥期间两个重叠性问题)。

第四,分析连带责任是基于约定还是法律规定,如果是约定是否与约定的前置条件相符,如果是法律规定,分析是否存在法律的但书条款,或者根本就不符合法律的前置条件。

2. 通过请求权来分析连带责任是否成立

第一,分析原告对于多个被告之间的请求权是否同一,还是存在请求权竞合问题,再通过是否有法律的规定来判断连带责任是否成立。

第二,分析具体的请求权是否与原告的损失程度相当。

第三,分析原告的损失是否与主债务人的行为有因果关系,是否属于被告应承担连带责任的范围。

3. 通过被告间的责任分担分析连带责任是否成立

第一,分析责任的承担是否在原被告间及被告间彼此事先有约定。

第二,分析被告间或被告与第三人间的约定责任承担原告是否明知;该责任承担是否违反法律的规定,或者其约定的责任承担不具有对第三人(包括原告)的抗辩力。

第三,分析构成连带责任的被告的行为是否符合彼此间约定有免责条款或符合法定的免责事项。

第四,从按份责任、补充责任入手,分析能否推卸一部分责任。

第五,从主债务的成立与否来分析连带责任的成立基础。

4. 通过被告间的行为属性来分析连带责任是否成立

第一,分析共同被告间或被告与第三人间的行为是否存在牵连性,是同一行为引起,还是相继行为引起。

第二,分析共同被告间或被告与第三人的行为引起的对原告的债务是否同一债务,还是不同的两个债务。

第三,分析共同被告间或被告与第三人对原告债务承担连带清偿后,是否还存在没了结的债务,未了结的债务是否构成新的债务。

第四,分析共同被告间或被告与第三人间的行为造成对原告的损害是否具有偶然性,还是具有事先的约定性或事前的共同谋划。

第五,分析共同被告间的单一行为是否足以使原告的损失发生,或者被告间的行为只有相互共同作用才能致原告的损失发生。如果在单一行为与共同行为难以认定的情况下是否可推定为两种可能都存在。例如,某建设工程认定为严重质量不合格,这就可能涉及应对工程质量负责的设计方、监理方与施工方三方的责任归属问题。首先要弄清是设计原理、还是施工原因引起。如果是单一的设计原因,那监理方的连带责任就要看监理合同的约定,而一旦认定为施工原因,则监理方的连带责任不仅要看监理合同的约定,更要看法律规定监理方的职责与责任。

(二)建设工程纠纷承担连带责任的法律依据

第一,共同承包方面的法条。

1.《建筑法》第27条规定:"大型建筑工程或者结构复杂的建筑工程,可以由两个以上的承包单位联合共同承包。共同承包的各方对承包合同的履行承担连带责任。"

2.《合同法》第267条规定:"共同承揽人对定作人承担连带责任,但当事人另有约定的除外。"[1]

3.《招标投标法》第31条规定:"两个以上法人或者其他组织可以组成一个联合体,以一个投标人的身份共同投标。联合体各方均应当具备承担招标项目的相应能力;国家有关规定或者招标文件对投标人资格条件有规定的,联合体各方均应当具备规定的相应资格条件。由同一专业的单位组成的联合体,按照资质等级较低的单位确定资质等级。联合体各方应当签订共同投标协议,明确约定各方拟承担的工作和责任,并将共同投标协议连同投标文件一并提交招标人。联合体中标的,联合体各方应当共同与招标人签订合同,就中标项目向招标人承担连带责任。"

4.交通运输部《经营性公路建设项目投资人招标投标管理规定》第20条规定:"两个以上的国内外经济组织可以组成一个联合体,以一个投标人的身份共同投标。联合体各方均应符合招标人对投标人的资格审查标准。以联合体形式参加投标的,应提交联合体各方签订的共同投标协议。共同投标协议应当明确约定联合体各方的出资比例、相互关系、拟承担的工作和责任。联合体中标的,联合体各方应当共同与招标人签订项目投资协议,并向招标人承担连带责任。"

5.水利部《水利工程建设监理规定》第7条第2款规定:"两个以上具有资质的监理单位,可以组成一个联合体承接监理业务。联合体各方应当签订协议,明确各方拟承担的工作和责任,并将协议提交项目法人。联合体的资质等级,按照同一专

[1] 参见《民法典》第786条。

业内资质等级较低的一方确定。联合体中标的,联合体各方应当共同与项目法人签订监理合同,就中标项目向项目法人承担连带责任。”

6. 建设部《建设工程项目管理试行办法》第 8 条规定:“[联合投标]两个及以上项目管理企业可以组成联合体以一个投标人身份共同投标。联合体中标的,联合体各方应当共同与业主方签定委托项目管理合同,对委托项目管理合同的履行承担连带责任。联合体各方应签订联合体协议,明确各方权利、义务和责任,并确定一方作为联合体的主要责任方,项目经理由主要责任方选派。”

第 9 条规定:“[合作管理]项目管理企业经业主方同意,可以与其他项目管理企业合作,并与合作方签定合作协议,明确各方权利、义务和责任。合作各方对委托项目管理合同的履行承担连带责任。”

7. 交通运输部《水运工程机电设备招标投标管理办法》第 18 条规定:“投标人可以单独投标,也可由两个以上法人或者其他组织组成一个联合体,以一个投标人的身份共同投标。联合体中各制造商均应当具备承担招标项目的相应能力,联合体成员间须签订协议,明确牵头人以及各方的责任、权利和义务,并将协议连同投标文件一并提交招标人。联合体中标的,联合体各方应当共同与招标人签订合同,就中标项目向招标人承担连带责任。招标人不得强制投标人组成联合体共同投标,不得限制投标人之间的竞争。”

8. 铁道部《铁路建设工程质量管理规定》第 29 条规定:“依法分包的专项工程,分包单位应当对分包工程的质量向总承包单位负责,总承包单位对分包工程的质量承担连带责任。联合体中标的,联合体牵头人应对中标工程质量负总责。联合体各方应当共同与招标人签订合同,就中标项目工程质量向招标人承担连带责任。”

第二,合法分包方面的法条。

1.《建筑法》第 29 条规定:“建筑工程总承包单位可以将承包工程中的部分工程发包给具有相应资质条件的分包单位;但是,除总承包合同中约定的分包外,必须经建设单位认可。施工总承包的,建筑工程主体结构的施工必须由总承包单位自行完成。建筑工程总承包单位按照总承包合同的约定对建设单位负责;分包单位按照分包合同的约定对总承包单位负责。总承包单位和分包单位就分包工程对建设单位承担连带责任。禁止总承包单位将工程分包给不具备相应资质条件的单位。禁止分包单位将其承包的工程再分包。”

2. 交通运输部《公路水运工程安全生产监督管理办法》第 32 条第 1 款规定:“建设工程实行施工总承包的,由总承包单位对施工现场的安全生产负总责。总承包单位依法将建设工程分包给其他单位的,分包合同中应当明确各自的安全生产方面的权利、义务。总承包单位对分包工程的安全生产承担连带责任。”

3.《商务部对外援助成套项目安全生产管理办法(试行)》第5条规定:“承担援外工程实施任务的勘察设计企业、设计监理企业、施工企业和施工监理企业(以下统称为援外工程实施企业)必须遵守本办法的各项规定及受援方当地安全生产的法律法规,保证援外工程安全,承担援外工程的安全责任,不得转包和违法分包援外工程。经商务部同意进行分包的,援外工程实施企业和分包企业对分包工程的安全生产承担连带责任。”

4. 交通运输部《铁路建设工程质量管理规定》第29条规定:“依法分包的专项工程,分包单位应当对分包工程的质量向总承包单位负责,总承包单位对分包工程的质量承担连带责任。联合体中标的,联合体牵头人应对中标工程质量负总责。联合体各方应当共同与招标人签订合同,就中标项目工程质量向招标人承担连带责任。”

5. 交通运输部《公路建设市场管理办法》第38条第1款规定:“施工单位可以将非关键性工程或者适合专业化队伍施工的工程分包给具有相应资格条件的单位,并对分包工程负连带责任。允许分包的工程范围应当在招标文件中规定。分包工程不得再次分包,严禁转包。”

6. 建设部《房屋建筑和市政基础设施工程施工分包管理办法》第16条规定:“分包工程承包人应当按照分包合同的约定对其承包的工程向分包工程发包人负责。分包工程发包人和分包工程承包人就分包工程对建设单位承担连带责任。”

7. 国务院《建设工程安全生产管理条例》第24条规定:“建设工程实行施工总承包的,由总承包单位对施工现场的安全生产负总责。总承包单位应当自行完成建设工程主体结构的施工。总承包单位依法将建设工程分包给其他单位的,分包合同中应当明确各自的安全生产方面的权利、义务。总承包单位和分包单位对分包工程的安全生产承担连带责任。分包单位应当服从总承包单位的安全生产管理,分包单位不服从管理导致生产安全事故的,由分包单位承担主要责任。”

8. 国务院《建设工程质量管理条例》第27条规定:“总承包单位依法将建设工程分包给其他单位的,分包单位应当按照分包合同的约定对其分包工程的质量向总承包单位负责,总承包单位与分包单位对分包工程的质量承担连带责任。”

9.《合同法》第272条第2、3款规定:“发包人可以与总承包人订立建设工程合同,也可以分别与勘察人、设计人、施工人订立勘察、设计、施工承包合同。发包人不得将应当由一个承包人完成的建设工程肢解成若干部分发包给几个承包人。总承包人或者勘察、设计、施工承包人经发包人同意,可以将自己承包的部分工作交由第三人完成。第三人就其完成的工作成果与总承包人或者勘察、设计、施工承包人向发包人承担连带责任。承包人不得将其承包的全部建设工程转包给第三人或者将其承包的全部建设工程肢解以后以分包的名义分别转包给第三人。”[1]

第三,违法分包、转包方面的法条。

1.《建筑法》第67条规定:“承包单位将承包的工程转包的,或者违反本法规定进行分包的,责令改正,没收违法所得,并处罚款,可以责令停业整顿,降低资质等级;情节严重的,吊销资质证书。承包单位有前款规定的违法行为的,对因转包工程或者违法分包的工程不符合规定的质量标准造成的损失,与接受转包或者分包的单位承担连带赔偿责任。”

2.建设部、劳动部《建设领域农民工工资支付管理暂行办法》第12条规定:“工程总承包企业不得将工程违反规定发包、分包给不具备用工主体资格的组织或个人,否则应承担清偿拖欠工资连带责任。”

第四,转让、出借资质方面的法条。

1.《建筑法》第66条规定:“建筑施工企业转让、出借资质证书或者以其他方式允许他人以本企业的名义承揽工程的,责令改正,没收违法所得,并处罚款,可以责令停业整顿,降低资质等级;情节严重的,吊销资质证书。对因该项承揽工程不符合规定的质量标准造成的损失,建筑施工企业与使用本企业名义的单位或者个人承担连带赔偿责任。”

2.最高人民法院《关于审理建设工程施工合同纠纷案件适用法律问题的解释(二)》(以下简称《建设工程施工合同解释(二)》第4条规定:“缺乏资质的单位或者个人借用有资质的建筑施工企业名义签订建设工程施工合同,发包人请求出借方与借用方对建设工程质量不合格等因出借资质造成的损失承担连带赔偿责任的,人民法院应予支持。”

法务实例24:被挂靠人系总包方,应当对实际施工人承担连带责任

案情简介:

在芜湖中亿元市政建设工程有限责任公司、唐某建设工程合同纠纷二审民事判决书[案号:(2019)皖11民终1409号]中,安徽省滁州市中

[1] 参见《民法典》第791条。

级人民法院认为该案中徐某与乙公司就案涉工程因借用资质形成挂靠关系。徐某作为没有资质的实际承包人借用乙公司的资质承揽工程施工，该借用资质的行为为国家法律所明确禁止；而乙公司在明知徐某不具备资质的情况下，仍允许徐某借用其公司资质承揽工程，该行为违反了《建筑法》第26条的禁止性规定。实际承包人挂靠建筑施工企业承包工程，在施工过程中对外实施分包工程，权利人同时向实际承包人和被挂靠人主张权利的，由实际承包人承担工程款给付责任，被挂靠人承担连带责任。原审判决乙公司对徐某所欠唐某、穆某龙的工程款承担连带清偿责任正确，法院予以确认。乙公司关于其公司非合同当事人，不应承担责任的上诉主张不能成立，法院不予支持。原审并未以徐某对乙公司构成表见代理，而判决乙公司承担连带责任，故乙公司关于唐某、穆某龙未提供证据证明徐某构成表见代理的上诉主张不能成立，法院不予支持。

明法晰理：

第一种观点认为，被挂靠人向挂靠人出借资质系《建筑法》《合同法》明令禁止的行为。这样，被挂靠人对外系建设工程权利义务的实际承受人，因此应当对挂靠人在工程施工合同履行过程中产生债务承担连带法律责任。

而对于被挂靠人因出具资质获取了管理费等不当利益，但仅以挂靠行为违法为由认为被挂靠人对挂靠人欠付转包、分包实际施工人工程款等合同责任承担连带责任，没有法律依据：

第一，连带责任系一种特殊的责任形式，必须以法律规定为前提。《建筑法》第66条仅对挂靠情形下，挂靠人与被挂靠人就涉案工程质量承担连带责任进行了规定，不能据此推论，被挂靠人对挂靠人的所有民事责任承担连带责任。

第二，在挂靠人以己方名义与转包人、分包人签署合同情形下，实际施工人也不是基于信赖被挂靠人的履约能力、偿还能力而订立合同（构成表见代理的除外），因此被挂靠人对于挂靠人不能履行合同不存在过错，实际施工人要求被挂靠人对挂靠人欠付工程款等合同责任承担连带责任没有法律依据。

第二种观点认为，实际施工人应当依据《建设工程施工合同解释》第

26条规定主张权利,第26条(包括《建设工程施工合同解释(二)》第24条)对于实际施工人突破合同相对性向发包人主张工程价款进行了明确的约定,被挂靠人系工程承包人,亦属于该条规定中的"发包人",因此实际施工人应当依据该条规定向被挂靠人主张权利。

在重庆市捷浩建筑劳务有限公司因与双某忠及周某群建筑施工合同纠纷再审案[案号:(2016)渝民再11号]中,重庆市高级人民法院认为:"关于挂靠方与第三人之间产生的法律关系及责任认定问题,最高人民法院有关司法解释只是明确了如何确定诉讼主体,对于挂靠人和被挂靠人对第三人承担何种责任没有明确规定。本院认为,根据合同的相对性原则,挂靠人没有资质而借用有资质的被挂靠人名义承包工程后以自己名义与第三人签订转包、分包合同的,转包、分包合同的效力虽然可能受到影响,但是合同的主体仍然是挂靠人与第三人,合同主体之间的权利义务关系的相对性不受影响,与被挂靠人无关。转包、分包合同的承包人依据与挂靠人之间的合同进行结算,挂靠人依据与被挂靠人之间的合同进行结算,被挂靠人依据与发包人之间的合同进行结算。转包、分包合同的承包人作为实际施工人可根据《建设工程施工合同解释》第26条之规定主张权利。在法律、行政法规无明确规定的情形下,不能判决由被挂靠人与挂靠人对工程债务承担连带责任。"

对此我们认为:首先,这种观点是基于实务中往往将挂靠与转包、违法分包等情形同等对待而出现的。然而,在挂靠人将工程转包、违法分包情形下,存在两种截然不同的法律关系,挂靠人与被挂靠人合同标的物为"建工资质",双方成立出借资质关系,在这种情形下,被挂靠人并非工程发包方;而在转包、违法分包情形下,转包合同或分包合同的合同标的物系"工程",因此转包方或分包方系工程的发包方。两种法律关系导致的差别,也可以从《建设工程施工合同解释》第26条、《建设工程施工合同解释(二)》第24条的规定看出来,两条司法解释都仅规定了转包、违法分包实际施工人而未规定挂靠情形下实际施工人。

其次,《建设工程施工合同解释》的"发包人"范围应当仅限定于工程建设方或业主方,而不能无限扩张。《2011年全国民事审判工作会议纪要》第28条规定:"人民法院在受理建设工程施工合同纠纷时,不能随意扩大《关于审理建设工程施工合同纠纷案件适用法律问题的解释》第二十六条第二款的适用范围,要严格控制实际施工人向与其没有合同关系的转包人、违法分包人、总承包人、发包人提起的民事诉讼,且发包人只在欠付工程价款范围内对实际施工人承担责任。”

第三种观点认为,被挂靠人是否承担法律责任,应当依据挂靠人是否构成表见代理关系认定。被挂靠人对挂靠人欠付工程款等合同债务是否向实际施工人承担连带责任,应当依据挂靠人与被挂靠人是否构成表见代理确定。

四、争议定性:弄清诉讼标的或标的物

在建设工程诉讼中,作为代理律师了解了基本案情之后,就要给当事人所涉案件定性,弄清诉讼标的或标的物。所谓定性分析就是分析请求权的属性(包括当事人的行为责任担当)。如当事人的请求权是基于确认之诉、给付之诉还是变更之诉;当事人的行为属侵权还是违约;当事人应当承担什么样的责任,是按份,还是连带,还是补充?等等,这就要弄清两个问题。

一是“是什么”,就是给案件定性,对案件的事实作出合乎法理的判断。

对案件的性质作出独立的判断,只能靠法理、法条和经验,而这些是需要一定的专业知识的。一份合同是有效还是无效,是侵权还是违约,或者是侵权与违约责任竞合,都需要代理律师帮助当事人作出客观的判断。

建设工程诉讼涉及具体的请求权,它关系到法官对案由的认定,对于代理律师来讲,应从案由选择的逆向思维出发,确定列举原告的诉讼请求可能涉及的请求权,或者作为被告代理律师确定原告的诉讼请求是否不符合具体的案件事由,或与可能的案由存在冲突。

这样,代理律师就要确定各种请求权的类型。根据请求权的基础关系不同,可将请求权分为如下几类:

1. 债权的请求权,包括合同履行的请求权、违约损害赔偿请求权、缔约过失请求权、无因管理请求权、侵权的请求权、不当得利所产生的返还请求权。其中,赔礼道歉、恢复名誉等责任形式,因本质上不是一种给付关系,不应当包括在债权的请求权中。

2. 物权请求权,具体包括返还原物请求权、停止侵害请求权、排除妨碍请求权、妨碍预防请求权。

3. 占有保护请求权,主要包括在占有受到侵害的情况下而享有的占有返还请

求权、妨碍排除请求权、消除危险请求权。

4. 人格权和身份权上的请求权,人格权上的请求权,主要是指在人格权受到侵害的情况下产生的停止侵害和赔偿损失的请求权。身份权上的请求权主要包括抚养请求权、赡养请求权,以及生育权等。

5. 知识产权上的请求权,主要是指知识产权受到侵害的情况下产生的停止侵害、排除妨碍、消除危险请求权等。

对案件的定性判断有两种方式:一是基本的法理,以法律规定辅之以法理作为判断的依据;二是用相同或类似的案例辅之以丰富的办案经验作出判断。

二是"为什么",要回答当事人质疑为什么的问题,也就是说要回答作出判断的理由是什么。

以保险公司开设酒醉开车保险为例,发生理赔时,如果保险公司主张酒醉开车保险无效,而代理律师主张保险合同有效。有效的理由:第一,反对酒醉开车责任险的第一项理由是不能成立的。如酒后开车是违法的,违法的行为不能投保,那么清醒的人开车肇事也是违法的,这违法行为却可以投保(如第三者责任险)存在矛盾,这也是法理类推。第二,酒醉开车肇事,属过失行为或民事行为,属轻度违法,(如出现重大交通事故触犯刑律由公法制裁,保险也不保犯罪问题)杀人放火属故意犯罪,两者没有可比性。这是从法的基本原理作为评判标准的。第三,认为设此项保险,将造成事故增多也是不能成立的。从"社会生活经验"看,比如相当多的车已投了第三者责任险,但人们在开车时还是小心翼翼,唯恐出事。保险只是经济上的补偿,替代不了刑事责任。由此可见,设第三者责任险,并未造成交通事故增多,恰恰相反是使受害人能够及时得到救济。保险公司其他险种或者为事故,或者为盗窃,或者为人寿而设立的(都是为违法和意外事故设立的),酒醉不能驾车并不等于没有酒醉驾车的人,如果酒醉驾车出现事故后无力赔偿怎么办?不能认为设立事故保险就是鼓励出事故,设立财产保险就是鼓励盗窃或纵火,设立医疗保险就是鼓励生病。关键是要分析保险法的立法目的是什么?它就是募集社会资金去救济少数投保人发生的经济困难,并不存在鼓励违法行为问题。

通过以上分析,就可以作出较为客观的判断,即几位被告的共同侵权行为是成立的。由此,对案件的正确判断源于正确的分析,正确的分析源于对民法基本原理娴熟的掌握和对社会生活经验的积累。

代理律师在梳理当事人的具体诉讼请求时,一般要对当事人的诉讼请求进行定性与定量分析,看其诉讼请求是否合适。

五、争议定量：弄清具体的诉讼请求

可以这样说，诉讼请求是指原告获得实体法上的具体法律效果或具体法律效果的诉讼主张。我国《民事诉讼法》规定，起诉必须有具体的诉讼请求和事实理由，一般认为诉讼请求即诉求，指的是当事人所欲达到的具体法律上的效果。在具体案件中，当事人的诉讼请求将作为主线贯穿于诉讼始终，法院可据此确定当事人争执的法律关系，当事人则围绕诉讼请求举证、质证，围绕诉讼请求就其法律依据层层辩论，当事人无论对于事实的分歧陈述，还是对法律关系的不同认识，归根结底，都体现在诉讼请求上。法官对案件的评议、判决书的制作以及判决主文均围绕当事人的诉讼请求展开，判决书的内容是评议内容的缩写，判决主文就是对当事人诉讼请求的针对性回答。原告所提出的诉讼请求一定要具体明确，具体明确的诉讼请求应满足以下条件：

1. 必须具体明确请求法院确认什么或请求被告做什么，并以怎么样的方式去实现具体的诉讼请求。

2. 必须具体明确请求多少，确保请求计量单位与计量数量的科学与准确。比如应明确请求给付金钱的币种或特定币种的具体数量。具体请求不能借助不确定的公式，或含混的表述方式。

这样，代理律师在梳理建设工程诉讼请求权时应注意以下几点：

第一，诉讼请求必须具体，具体请求哪些项，对于具体的数额，不能可能是多少，大概是多少。就建设工程纠纷请求权而言，就要落实具体的工程量清单的合理性与合法性。

第二，当事人提出的诉讼请求既可以是实体权利方面的权益请求，也可以是程序上的权益请求。如请求法院判令诉讼费用由被告承担的诉讼请求就具有程序上的权益请求属性，与实体权利的争议没有直接的关系，却与案件的胜败相关联，因为我国《民事诉讼法》规定败诉方承担相应的诉讼费用。所以一般的法院立案时就要求原告将写有请求被告承担诉讼费用的请求项删除，因为这一项无须原告请求，而由法院依程序法规定裁判。

第三，诉讼请求可以随着案件的进程发展，由当事人在诉讼过程中进行随意处分、变更。当民事争议发生以后，当事人以某一诉讼标的向法院起诉，可以依法主张若干实体权益请求。对于这些权益请求，当事人可以基于处分权全部主张，也可以只主张一部分，在诉讼过程中可以随意变更、放弃或者增加这种权益请求。而诉讼标的已经提出不能随意变更、放弃和追加。

例如，甲单位以乙承包商侵犯其公司商号为由单方通知与其解除某一工程施工承包合同关系，乙某不服提起诉讼，要求判令甲单位赔偿损失及工程设备待移出项目场地的运杂费用。在诉讼过程中，原告提出要求被告额外支付 45 万元的退场运输费用。由于设备没有被运输出场，自然没有运输费用的有力证据。虽然乙承包商向法庭提交了运输到施工现场的运杂费用为 45 万元，主张退场费用与施工设备拉到现场的运杂费用相一致等额计算。但是，法院在判决中支持了进场的运杂费用，却驳回了原告设备退场运杂费用的请求，同时告之当事人待退场费实际发生时另案处理。

第四，如果当事人所争议的民事法律关系纠纷只有一个，则可以以当事人所争议的实体法律关系的性质确定具体的诉讼请求。如存在多个法律关系，要将有逻辑关系的法律关系进行梳理，然后依照逻辑顺序确定诉讼请求，同时要防止各诉讼请求存在重叠或不周延的情形。

第五，在确定请求权时，还要分析是否存在责任竞合问题。按照要求，代理律师从得益最大化考虑，帮助当事人进行选择。

第六，当事人所提出的诉讼请求不仅应具有特定性、具体化的特点，还应当就具有可执行的特点。也就是说，不是可以任意提出诉讼请求，而是根据特定的案由和民事法律规定，提出特定的诉讼请求。如果当事人超出法定的请求范围，提出的诉求不具有可执行性，也就失去诉讼的意义和作用了。因为诉讼是当事人维护自身权益的司法救济途径，除了行政的、经济的手段以外，司法解决争议往往是最后的防线。诉讼的功能是达到当事人对自身权益进行保护的目的。所以，当事人提请司法保护措施的可操作性是至关重要的。

Chapter 4

第4章

梳理请求权：

弄清工程建筑纠纷的争议焦点

提起建设工程诉讼的当事人必然有自己的主张,诉请法院判决要求被告做什么或不做什么。这是一种诉讼法上的请求权,意指法律关系的一方主张请求另一方主体为或不为一定行为的权利。权利人不能对权利标的进行有效地直接支配,而只能请求义务人配合。

一、请求权基础：
涉诉标的或涉诉标的物的合法性分析

债权是典型的请求权，债权人自己无法实现债权，只能请求债务人履行一定的给付义务才能实现债权。

请求权又可以分为债权性请求权和物权性请求权。而相对于原告的请求权，就是被告的抗辩权。抗辩权是指否认请求权、阻止请求权效力的权利。在当事人没有提出、客观上又可以成立的抗辩权，特别是权利人的诉讼能力存在明显缺陷、不知道如何行使抗辩权时，法官应当行使释明权，告知被告可以行使的权利，且帮助指明如何去行使。

请求权作为独立的实体权利，连接了实体法与程序法的权利，民商诉讼看似简单，也隐藏着很多法理问题。其通过诉讼解决建设工程诉讼纠纷的途径可以分为三种，即确认、给付、变更之诉。这三种诉讼中给付之诉是开展建设工程诉讼的核心，而请求权就成了给付之诉的基础。

债权上的请求权主要包括赔偿损失请求权，涵盖基于合同、不当得利、无因管理的三种请求权；物权上的请求权包括确认所有权，排除妨碍请求权，返还原物请求权及恢复原状请求权四种。物权的请求权具有相对性、非公示性与实体权利等的三个特点。

通过对请求权的分析，作为建设工程纠纷的代理律师应该注意以下几点：

一是与案件事实不相符合的请求权，应该依法提前排除。

二是对原告不利的请求权，应依法释明，并告知当事人如何变更，如果当事人坚持不变更的，要向其说明可能败诉的后果。

三是诉讼请求的内容含混不清的，应告知当事人如何描述明确、具体与量化。一定要注意标的可执行性。

四是诉讼请求事项之间相互矛盾，应告知当事人，协助其排除相互矛盾的请求事项。

五是请求权竞合与聚合。如果在请求权分析中，确定案件涉及多项请求权，则需要进一步确定采取责任聚合还是竞合的方法。其基本思路就是“不能使某一当事人因一项违法行为而遭受两次惩罚，也不能使某一当事人因一次损害而得到两次赔偿”。但赔偿方式又不只拘泥于一种。

六是对请求权基础变动状态的分析。请求权确定后，如果请求权的基础已经发生了变动，例如合同已经发生了变更或终止，其诉求可能就要增加、减少或终止，则其请求权也要随之发生变化。总之要固定请求权,并根据具体情况随时提出请求权的变更。

请求权基础既可以是法律规范,也可以是像施工合同、现场签证等具有法律效力的其他法律依据。请求权基础主要是法律规范,但又不局限于法律规范。此种可供支持一方当事人得向他方当事人有所主张的法律规范,即为请求权基础。

代理律师运用法律的解释方法,结合具体的诉讼请求,针对举证、质证情况对法律规范进行准确的把握。而一般的当事人往往自以为是,并因此而输了官司。

需要指出的是,程序性规范和某些裁判规范不能单独地作为请求权的基础。程序性规范只能作为当事人解决实体性问题而需遵守的行为准则,其遵守或违反由法定机构裁定,而不对相关当事人发生请求权的约束力,也不会导致增加或减少其实体法上的额外权利义务。虽然某些当事人可能因为违反程序性规范而被相关司法部门处罚,但那不会在当事人之间产生新的权利义务或改变原有的权利义务。

二、行为归属:弄懂当事人诉由的关键所在

弄懂当事人的诉由,主要指弄清楚当事人的行为属于违约、侵权、不当得利还是无因管理。

代理律师接受委托后,应重点分析请求权的逻辑顺序,并判断适格的请求权。

民法上的请求权是由一系列请求权所组成的体系。这些请求权包括合同上的请求权、缔约过失请求权、无因管理请求权、物权请求权、不当得利和侵权的请求权。各种请求权在同一案件中同时并存或发生冲突时,应该确定各项请求权在行使上的先后顺序,以形成一种体系的观念。考察任何一个民事案件,请求权的体系在原则上应当按照如下顺序来确定。

第一,考察请求权的先后顺序应将合同上的请求权作为第一顺序的请求权加以考虑,合同作为特定人之间的事先约定的关系,确定了当事人之间的权利义务,只有首先从合同关系着手,才能向其他关系展开,即合同上的请求权与其他的请求权发生密切联系时,应首先考虑适用合同上的请求权。这充分体现"契约至上"的理念。

第二,缔约过失请求权。按照合同法的相关条款,缔约过失的请求权与合同的请求权是不可分割的,甚至可以包含在合同的请求权之中,因为无论是在合同的缔结过程中,还是在合同终止以后,都会涉及缔约过失的请求权。这两项请求权是严

格分开的。缔约过失的请求权适用于涉案当事人无合同关系的情况,而基于合同的请求权乃是以有效合同的存在为前提的。如果当事人之间存在合同关系,则属于合同责任;若不存在合同关系,则可以考虑缔约过失责任。

第三,无因管理请求权。合同上的请求权应优先于无因管理上的请求权,因为无因管理之所谓无因,是指无法律上的原因,包括无法定的义务或约定的义务为他人管理事务。合同请求权与缔约过失请求权优先于无因管理请求权,但由于无因管理本质上是一种合法行为,则无因管理请求权应当优先于除合同请求权与缔约过失请求权之外的其他请求权。

第四,物权请求权。物权请求权是指当物权人在其物被侵害或有可能遭受侵害时,有权请求恢复物权的圆满状态或防止侵害,它是基于物权而产生的请求权。在物权受到侵害的情况下,首先应当采用物权的请求权进行保护。这是因为物权的请求权具有优先于债权的效力。再者,物权请求权较之于侵权请求权更有利于保护受害人,因此原则上物权请求权应当优先于侵权请求权。此外,所有物返还请求权一般不受诉讼时效的限制。需要说明的是物权请求权优先于债权,是说物权是绝对权,债权是相对权。这是根据两种权利的法律效力所进行的区分,与诉讼请求上优先考虑合同的请求权是两个不同范畴的表述,容易形成混淆。

第五,不当得利和侵权的请求权。因为不当得利和侵权行为都是法律禁止和限制的行为,广义上都属于不合法的行为。按照合法行为成立则排除非法的逻辑,所以首先应当考虑是否有其他以合法行为为基础的请求权存在,如果其他请求权不能适用,则才能适用不当得利和侵权的请求权。因此,不当得利和侵权的请求权应当置于较后的顺序考虑。

如果在请求权检索中,确定案件涉及多项请求权,则需要进一步确定采取责任聚合还是竞合的方法。关于责任聚合与竞合的区分,首先依据法律规范,如果合同有约定,则依据约定。如果都没有,则主要是依据公平、正义的理念确定。

三、梳理案由:弄清建设工程诉讼纠纷形成的真正原因

代理律师帮助当事人梳理好法律关系后,就要着手梳理案由,弄清建设工程诉讼纠纷形成的真正原因所在。

(一)案由合理:找到纠纷形成的真正原因

根据2011年2月18日最高人民法院《关于修改〈民事案件案由规定〉的决定》

对2007年10月29日最高人民法院审判委员会第1438次会议讨论通过《民事案件案由规定》第一次修正。尽管案由确定的责任在法院，但一审立案时，立案法官一般会要求代理律师为其所代理的案件选择合理的案由，即要对照最高人民法院制定的《民事案件案由规定》（法〔2011〕41号）遵行执行。《民事案件案由规定》将民事案件案由分为一级案由10大类，如人格权、物权、债权、知识产权纠纷等；在第一级案由项下细分了43类案由，作为第二级案由，如婚姻家庭、所有权、合同、劳动争议、与公司有关的纠纷等；在第二级案由项下，又列出了424种案由，作为第三级案由，第三级案由是实务中最常见、最广泛使用的案由；在部分第三级案由项下，又列出了一些案由，作为第四级案由。

也就是说，当事人确定授权代理律师处理纠纷后，代理律师代理立案时与法院正面接触的可能就是结合具体的案情分析确定属于哪一种案由，分析找到纠纷形成的真正原因。虽然理论上当事人有独立的立案权，但由于法律的专业性较强，现在一般的立案庭工作人员都会要求或建议当事人聘请专业的代理律师，以避免当事人因弄不清案由而导致败诉。

从案由的定义上可以看出，确定案由的依据应当是包含在案件之中的、决定案件本质的民事法律关系。代理律师应当知晓现行的民事案由是以《民法通则》《民法总则》《婚姻法》《继承法》等民事法律为实体依据建立的，经济案由则是以《合同法》《商标法》《专利法》《企业破产法》等经济法律为实体依据建立的。但由于我国实行统一的《民事诉讼法》，经济案件同民事案件一样都适用该法。而且在实体法上，一般认为公民个人之间的事项为民事，公司或企业之间的经济事项为商事，而公司或企业与公民个人之间所发生的事项到底属于民事，还是属于商事，要依具体事项的性质而确定属于民事还是商事。实质上，民事、经济的界限是相对的，民事与商事的界限也是相对的。

当然，有些律师认为案由的确定是法官的职责，律师是无能为力的，也不应当先入为主，干扰法官的判案思路，而是由法官结合原被告的诉求与证据材料自行确定。其实，存有这种办案思路的想法是极其错误的，原告的代理律师在法官对案由的确定上具有先入为主的优势，在诉讼阶段通过合理选择诉讼请求，在一定程度上左右法官对案由的确定与对原告诉求的理解，从而可以影响诉讼方向的发展，进而在较大程度上影响案件的成败。

（二）梳理案由：弄清案件审理的方向

对于代理律师来讲，在立案阶段，就一定要弄清案由，通过明确的案由，梳理法律关系这条主线，搞清楚以下几个影响案件程序和法律适用的问题，从而正确把握案件审理的方向。

民事案件案由是民事案件名称的核心,反映案件所涉及的民事法律关系的性质,是将诉讼争议所包含的民事法律关系进行的概括。其对于人民法院进行民事案件的公正审判和高效管理的意义不言而喻,有利于对受理的案件进行正确审理,有利于对受理的案件进行分类管理,有利于确定各民事审判业务庭的管辖分工,有利于提高民事案件司法统计的准确性和科学性。但是,其对于律师办案的重要性却遭到忽视,致使在律师行业普遍存在这样的误区,即案由的确定是法官的职责,律师是无能为力的。其实,原告律师在法官对案由的确定上是可以大有作为的,在诉讼阶段通过合理选择诉讼请求,可以左右法官对案由的确定,可以影响诉讼方向的走向,甚至可以直接决定案件的成败。

不同的案由也呈现出不同的举证责任。对于代理律师来讲,一定要弄清案由,以明确各方的举证责任。

法务实例25:承揽关系与雇佣关系的举证责任存在差异

案情简介:

2012年10月,某煤矿经营者李某,在煤矿的开采过程中通过他人介绍请来了张某为其搬运煤矿,双方约定张某自行提供运输车辆和其他搬运工具,李某按照搬运的煤矿数量支付报酬。一天,张某在矿区搬运煤矿时,其身后的一堵旧墙突然倒塌将其砸伤,张某为此花去住院费、医疗费、护理费等近2万元。后张某主张其与李某之间系雇佣关系,以2011年《民事案件案由规定》中的第三级案由"提供劳务者受害责任纠纷"为由向法院提起诉讼,请求李某赔偿损失;而李某则抗辩称双方系承揽关系。一审法院审理认为,从现有证据来看,李某和张某之间系承揽关系而不是雇佣关系,故依法驳回张某的诉讼请求,后二审法院认定为侵权责任。

明法晰理:

跳出本案中双方系何种合同纠纷来看,由于张某所受的损害系李某矿区的构筑物倒塌所致,根据《侵权责任法》第86条第1款[1]的规定"建筑物、构筑物或者其他设施倒塌造成他人损害的,由建设单位与施工单位

---

〔1〕 参见《民法典》第1252条。

承担连带责任。建设单位、施工单位赔偿后,有其他责任人的,有权向其他责任人追偿",如果张某选择以《民事案件案由规定》中的第四级案由"构筑物倒塌损害责任纠纷"为由向法院提起诉讼,则必定能够得到法院的支持。

本案中,代理律师假设法院会认定为承揽关系,则张某要对李某在定作、指示、选任上存在的过错承担举证责任;而假设法院认定为构筑物倒塌损害责任纠纷,则李某承担的是无过错责任,张某无须承担李某存在过错的举证责任。而法官在根据法庭调查认定的事实可以将案由确定为构筑物倒塌损害责任纠纷或者承揽合同纠纷的情况下,不能主动变更案由,而只能根据张某的诉讼请求和主张来确定案由,否则就会加重李某的举证责任,侵害其诉讼权利。本案一、二审判决结果在责任主体和赔偿数额上出现极大差异,显然是由于张某提起的诉讼请求和主张出现严重错误,提出精神损害赔偿和以人身损害为由申请诉讼财产保全的诉讼主张,致使二审法院最终将案由认定为侵权责任纠纷。

不同的案由决定不同法院的管辖权。案件的不同案由选择可能决定着案件的管辖范围,尤其是在侵权责任与违约责任竞合的情况下,如果提起侵权之诉,则一般由被告所在地或侵权行为地管辖;如果提起违约之诉,则一般由被告所在地或合同履行地管辖。对于工程项目建设合同可能还涉及工程项目建设所在地法院管辖。管辖法院的不同在方便当事人诉讼,减少诉讼成本方面是有重大影响的。例如笔者曾经接触一宗合资承揽工程案,如果按照合资协议应由被告所在地法院立案,如果按照工程承揽,就应由工程项目建设所在地法院管辖,所以不同的案由会影响原告对立案法院的选择,也会影响被告对法院管辖的异议。

不同的案由决定着案件的诉讼时效。案件的不同案由选择可能决定着案件的诉讼时效,尤其是在侵权责任与违约责任竞合的情况下。特别需要注意的是工程结算案件的纠纷,不能以某一具体的事项为诉讼时效的计算事项,也不能误将除斥期间作为诉讼时效。这是一些年轻律师易犯的错误。

法务实例26:同一案由中的不同事实诉讼时效的确定

案情简介:

某施工单位甲公司诉某建设单位乙公司"嘉富丽苑"小区结算纠纷

案中,工程审定总造价90,814,251元,审理中双方一致确认暂扣保修金120万元,故乙公司应支付甲公司的工程余款为5,655,821元。虽然合同约定了单价包干的计价原则,但工程造价的结算应整体进行,需要对增减项目进行调整后最终确定造价,甲公司机械地将1290元/平方米乘以实际建筑面积作为双方无争议的工程造价要求认定,又将争议项目予以列明并要求另行支付工程款的计算方式,既自相矛盾又重复计算,其中的诉讼请求应归总为工程余款结算一项。甲公司于2003年10月27日提交工程结算报告后,乙公司向甲公司提出存在减账漏项问题,并要求重新提交完整的结算资料,此后双方于2004年3月16日对工程结算中存在的分歧项目又签署备忘录予以列明,由此可见并非乙公司怠于对工程进行审价,而是双方对结算问题一直存在争议,故甲公司要求乙公司从2004年1月27日起承担逾期付款利息本院不予支持,工程余款利息从甲公司起诉之日即2004年4月21日起算。由于乙公司的原因导致工程延期开工,造成了甲公司的损失,乙公司对此应承担赔偿责任,支付甲公司窝工损失费682,868元。乙公司抗辩称甲公司关于窝工损失的诉讼请求已超过诉讼时效,法院判决中认为,考虑到工程施工合同结算的整体性原则,在工程款尚未结算之前不应就某一项费用请求单独计算诉讼时效,故对乙公司的超过诉讼时效的抗辩不予支持。

从上述案件中可以分析出,对于同一建设工程合同中的结算,不同的事由其发生的时间不一致,就不能单独作为诉讼时效的计算起点,而应以整体的结算时间为诉讼时效起点。也就是说不同案由存在不同的诉讼时效的计算,而同一案由的不同事实不存在时效的不同计算,一般应以最后发生的事实作为时效的计算起点,其他发生的事实,虽然可能超过了时效,但只要其中有关系的事实没过时效,就认为整体的事实在诉讼时效范围之内。

不同的案由决定各方举证责任的分配。除了上述案例之外,又如,张某在某施工现场不幸从工作平台摔下造成多处骨折,并形成脑震荡,前后花去医药费近20万元,后续还需要高额的医疗费用。如果张某事先了解到请他来从事施工的余某(一个现场工作班组的承包人)有赔偿能力,就直接以劳务纠纷为案由提起诉讼,则由李某承担无过错推定及工伤保险责任,给予赔偿;如果张某事先了解到李某没有赔偿能力,以工作平台不符合安全规范或不牢固等理由为案由提起诉讼,则按照确保工作环境不符合要求致人损害赔偿处理，可以向包括李某在内的施工方、总承包商，以及发包方所有可能对安全工作平台负有责任的有关的相关方主张承担过错责任，给予赔偿。但举证责任就存在显著差别，如果以李某为索赔对象，则要举证劳务合同关系及现场致伤情况，如果以现在工作平台不符合安全规范为由索赔，则要负责举证工作平台的质量，及导致摔伤的现场情况，甚至包括相关的平台的设计规范与安全防护要求，现场有否警示提示等。

再如，陈某在某建设工程施工过程，突然另一作业段面的脚手架紧固件从平台上坠落砸到头部，造成人身伤害，前后花去医药费近10万元。如果陈某能够证明属上层作业段面施工人所为，事先了解到致害责任人有赔偿能力，以施工物件脱落、坠落损害责任纠纷为案由提起诉讼，则由致害责任人承担过错推定责任，给予赔偿；如果陈某不能证明确定的致害责任人，就不能确定赔偿义务人，就要以不明抛掷物、坠落物损害责任单位纠纷为案由提起诉讼，则按照危险物的来源可能导致的危险行为致人损害赔偿处理，向包括对整体工作作业面有协调义务的总承包商与发包方主张索赔，合理推定共同属于有可能加害的建筑物构件使用人或单位对陈某的受害承担无过错责任，给予合理的经济补偿。当然，这一诉讼主张并不排除陈某依法向用人单位提起工伤索赔的另一请求主张。

不同的案由决定不同的法律适用。案件的不同案由选择最直接的后果是导致法律适用的不同，进而影响案件的实体权利主张与义务的履行。比如同一侵权纠纷，如果认定为一般侵权案件，则适用过错责任归责原则，由原、被告双方按各自的过错程度分担损失；如果认定为产品责任、机动车交通事故责任、环境污染责任、高度危险责任、饲养动物损害责任、物件损害责任等特殊侵权责任，则一般适用无过错责任或过错推定责任归责原则，被告无法定减免责任事由的，往往承担全部责任，即使原告有过错，也只是适用过错相抵原则对被告适当予以减轻。

法务实例27：侵权责任与违约责任不能在同一案件中审理

案情简介：

2014年6月，李某报名参加组团社深圳某旅行社组织的潮汕一日游，深圳某旅行社因报名参加的人数过少，未经李某同意擅自将其转团给地接社汕尾某旅行社，汕尾某旅行社雇用汕尾某运输公司的车辆提供交通服务。后在旅行途中，发生交通事故，致使李某严重残疾，交管部门认定汕尾某运输公司驾驶员张某承担交通事故全部责任。李某以深圳某旅行社、汕尾某旅行社和汕尾某运输公司为共同被告提出人身损害赔偿包括精神损害赔偿,并以人身损害为由向法院申请诉讼财产保全。

明法晰理:

一审法院认为李某提出的是违约之诉,根据最高人民法院《关于审理旅游纠纷案件适用法律若干问题的规定》第10条第2款"旅游经营者擅自将其旅游业务转让给其他旅游经营者,旅游者在旅游过程中遭受损害,请求与其签订旅游合同的旅游经营者和实际提供旅游服务的旅游经营者承担连带责任的,人民法院应予支持"的规定,判令合同当事人深圳某旅行社承担违约责任,汕尾某旅行社承担连带责任,二者共赔偿李某150多万元;李某请求汕尾某运输公司承担赔偿责任的诉讼请求不属于本案审理范围,应当另案处理。二审法院则认为,根据李某的诉讼请求和主张,李某提出的是侵权之诉,判令汕尾某旅行社和汕尾某运输公司作为侵权人共同赔偿李某各项损失合计60多万元;李某请求深圳某运输公司承担赔偿责任的诉讼请求不属于本案审理范围,应当另案处理。

四、关注重点:梳理案由应结合诉讼主张展开

案由的确定不是孤立的问题,代理律师一定要结合案件的性质及当事人的诉讼主张来确定,同时需要关注以下几点。

第一,在确定案件案由之前,先要固定原告的诉讼请求。由于诉讼请求要求具体明确,所以当原告主张的诉讼请求笼统模糊、游移不定甚至前后矛盾时,作为原告的代理律师就应当及时予以释明,分析采取不同案由的利弊,让原告自己选择诉由。但是,原告在诉讼过程中增加或者变更诉讼请求导致当事人诉争的法律关系发生变更的,原告代理律师也应当相应变更案件的案由。

第二,同一诉讼中涉及两个以上的法律关系的,应当依当事人诉争的法律关系的性质确定案由,均为诉争法律关系的,则按诉争的两个以上法律关系确定并列的两个案由。比如,涉及商品房的房屋买卖合同纠纷包括商品房预约合同纠纷、商品房预售合同纠纷、商品房销售合同纠纷、商品房委托代理销售合同纠纷,有些案件经过预约、预售、销售、委托代理各个环节,但如果仅在预售环节发生争议,则应确定为商品房预售合同纠纷;如果在预售和销售环节都发生争议,则应确定为并列案

由商品房预售合同纠纷、商品房销售合同纠纷，注意过程与结果的一致性。

第三，案由的确定应当适用由低到高的顺序原则。一审立案时应当根据当事人诉争法律关系的性质，首先应适用第四级案由；第四级案由没有规定的，适用相应的第三级案由；第三级案由没有规定的，适用相应的第二级案由；第二级案由没有规定的，适用相应的第一级案由。比如，二级案由劳动争议项下有三个三级案由（劳动合同纠纷、社会保险纠纷和福利待遇纠纷），三级案由劳动合同纠纷项下有七个四级案由（确认劳动关系纠纷、集体合同纠纷、劳务派遣合同纠纷、非全日制用工纠纷、追索劳动报酬纠纷、经济补偿金纠纷、竞业限制纠纷），三级案由社会保险纠纷项下有五个案由（养老保险待遇纠纷、工伤保险待遇纠纷、医疗保险待遇纠纷、生育保险待遇纠纷、失业保险待遇纠纷）。如果劳动者既起诉用人单位支付拖欠的劳动报酬，又起诉用人单位支付未为其缴交医保而应赔偿的医药费用，则应适用并列的两个四级案由追索劳动报酬纠纷和医疗保险待遇纠纷，不应直接适用共同的二级案由劳动争议，或所属的两个三级案由。

Chapter 5

第5章

责任主体：

搞清楚建设工程合同纠纷的博弈对手

建设工程纠纷解决，无论是一般的索赔与反索赔，还是通过司法途径解决争议，首先就得弄清责任主体，也就是搞清楚博弈的对手是谁。这确定并关系到原告与被告、第三人的诉讼地位，也关系到谁该对纠纷事项承担民商责任的问题。一旦当事人关系搞错，也就是法律关系不梳理清楚，那就可能导致没有人来承担责任，或者造成诉讼成本增加，甚至耽误了自己权利依法受到保护。

在建设工程合同纠纷案件中，由于承包人受到资质等级的限制，以及建设工程总分包和转包的关系，导致合同主体和法律关系十分复杂，也是案件的诉讼主体呈现出复杂的情形主要原因。因此，正确确定建设工程合同纠纷的诉讼主体是处理好建设工程合同纠纷案件的关键。

在诉讼过程中，我们代理的案件，费了很大精力，最终结果出来还是败诉了，静下心来分析，发现很多问题本可在立案前就弄清楚的：

一是建设工程诉讼当事人一定是与建筑施工合同有关的当事人，或者说合同关系往往决定了诉讼当事人的诉讼地位。与建筑施工合同无关的当事人，就不能凭想象列入进来。

二是不同的合同关系可能形成两个不同的诉，不能自认为省事，而将不同的争议非要拿到一个案子里来解决。如工程价款结算纠纷可能涉及设计方或监理方的责任追究，就不能放在一个案件里同时解决。如果非要列入其中，就会被法院判决与本案诉由无关，应另案处理。

三是不同性质的争议虽然只与一个合同有关，但根据一事一案的基本法理，你也不能硬将它们扯到一个诉讼中来。

四是建筑施工合同的补充协议、变更协议不必然与初次达成的建筑施工合同的实质性内容相一致，这就可能导致合同的效力问题，也可能牵涉进来的第三人不是合法的当事人。

五是因建筑施工合同的履行，可能还会牵涉之前或之后或同时签订的一些合作协议、中介合同、采购合同、运输合同、监理合理、分包合同，依照法理并不能并案审理。但总有当事人认为是同一码事，如果不扯到一起，就可能会吃亏，就可能使某些利益得不到保障。他就不会想到一码归一码。

一定要记住法律关系不具有合同关系的传递性，各个合同具有相互独立的法律关系。即使相关当事人因某项事实（如不同合同的标的物相同）被牵涉到一起，也一定是因为法定或约定的连带关系，而不是理所当然地合同权利义务的传替。

人民法院具体确定的建设工程合同纠纷案件中的当事人，通常为发包人和承包人，对于诉讼主体身份的确定，主要归纳为以下几种：

第一,因拖欠工程款引起的纠纷,承包人将承包的建设工程合同转包而由实际施工人起诉承包人的,可不将发包人列为案件的当事人;承包人提出将发包人列为第三人,并对其主张权利而发包人对承包人又负有义务的,可将发包人列为第三人,当事人根据不同的法律关系承担相应的法律责任;如转包经发包人同意,即属合同转让,应直接列发包人为被告。

第二,因工程质量引起的纠纷,发包人只起诉承包人,在审理中查明有转包的,应追加实际施工人为共同被告,实际施工人与承包人对工程质量承担连带责任。

第三,施工人挂靠其他建筑施工企业,并以被挂靠建筑施工企业名义签订建设工程合同,而被挂靠建筑施工企业怠于起诉发包人的,施工人可作为原告起诉,也不必将被挂靠建筑施工企业列为共同原告。

挂靠经营者向劳务分包单位作出的支付工程款的承诺构成债务加入,应当在其承诺范围内向劳务分包单位承担支付欠付工程款的连带责任。

例如,重庆市渝万建设集团有限公司与重庆康城建筑劳务有限公司、徐某贵建设工程施工合同纠纷案中,法院判决"建设施工合同纠纷中,被挂靠经营者作为合同相对方应当依据劳务分包合同向劳务分包单位承担支付欠付工程款的责任,而挂靠经营者向劳务分包单位作出的支付工程款的承诺构成债务加入,应当在其承诺范围内向劳务分包单位承担支付欠付工程款的连带责任"。

第四,施工人挂靠其他建筑施工企业,并以被挂靠建筑施工企业的名义签订建设工程合同而被起诉的,应将施工人和被挂靠建筑施工企业列为共同被告;被挂靠建筑施工企业对施工人因承揽的工程不符合质量标准造成发包人损失的,应承担连带责任。

第五,两个以上的承包人联合承包工程,由其中一方与发包人签订建设工程合同而发生纠纷的,其他联合承包工程的施工人应列为共同的原、被告。

第六,两个以上的法人、其他经济组织或个人合作建设工程,并对合作建设工程享有共同权益的,其中合作一方因与工程的承包人签订建设工程合同而发生纠纷的,其他合作建设方应列为共同原、被告。

第七,以项目管理为目的所用"某某工程项目章"的诉讼主体问题也值得关注。不难分析,以某某工程项目章加盖的合同、债权文书引起的诉讼,应以该使用章所显示抬头的公司为当事人。加盖用章的行为视为一种公司的授权行为。

第八,在诉讼主体地位确定过程中,一定要结合相应的司法解释,确定合同效力以及实际施工人的法律地位。

《建设工程施工合同解释》第 1 条规定,建设工程施工合同具有下列情形之一的，应当根据《合同法》第52条第5项的规定，认定无效：(1)承包人未取得建筑施工企业资质或者超越资质等级的；(2)没有资质的实际施工人借用有资质的建筑施工企业名义的；(3)建设工程必须进行招标而未招标或者中标无效的。第26条第2款规定，实际施工人以发包人为被告主张权利的，人民法院可以追加转包人或者违法分包人为本案第三人，在查明发包人欠付转包人或者违法分包人建设工程价款的数额后，判决发包人在欠付建设工程价款范围内对实际施工人承担责任。

《建设工程施工合同解释(二)》第25条规定，实际施工人根据《合同法》第73条规定，以转包人或者违法分包人怠于向发包人行使到期债权，对其造成损害为由，提起代位权诉讼的，人民法院应予支持。

根据司法实践，一般建设工程合同的主体问题有下列几种情况，值得关注。

一、因借用资质证书和营业执照签订合同引发的纠纷

勘察设计和建筑施工企业资质证书是建筑行政主管部门和工商行政管理部门根据企业的技术力量、资金以及固定资产等情况对勘察设计和建筑施工企业综合考评后依法核定的资格证书,是一个建筑企业民事行为能力的主要体现之一。许多发包方在招标中会对承包商与施工单位的资质有特别的要求,因此,就会出现借用和出借资质证书和营业执照的行为,从而使得建设工程合同纠纷主体资格认定具有复杂性。

一般来讲,不具有相应资质条件的第三人借用具有相应资质条件的建筑施工企业名义与发包人签订的建设工程合同无效,因此造成质量缺陷或者其他损失的,应列不具有相应资质条件的第三人和具有相应资质条件的出借人为共同诉讼主体,并对发包人承担连带责任。

法务实例 28:挂靠公司应对被挂靠单位或个人的行为承担连带责任

案情简介:

2002 年冬,被告杨某辉挂靠被告甲公司承包了兴国工程项目。2002 年 11 月 1 日,杨某辉以甲公司的名义与原告签订合同,将兴国工程项目以包工包料的形式承包给原告,价格为每平方米 370 元,竣工日期为 2003 年 5 月 30 日,2003 年 1 月 15 日,杨某辉以甲公司兴国项目部的名义与原告签订合同及补充协议,将兴国工程项目以包工包料的形式承包给原告,价格为每平方米 320 元,竣工时间为 2003 年年底。2004 年年初,杨某辉口头与原告约定将工业园食堂建设工程承包给原告,该工程于 2004 年年底竣工,总工程款为 175,246.76 元。原告于 2004 年年底将食堂工程结算单送呈杨某辉及管委会,两者均未提出异议。兴国工程项目结束后,经兴国县审计局审计,外商服务中心大楼工程款为 2,639,021.16 元,素艺玩具厂厂房工程款为 3,056,334.03 元,原告所承建的以上三个工程均已交付使用。原告与杨某辉经结算,杨某辉共应支付原告工程款 4,505,000 元,双方口头约定欠款按 2% 月利率计息。杨某辉已分期支付部分工程款,至 2008 年 5 月,杨某辉尚欠工程款本金 1,615,246.76 元、利息 1,550,636.88 元,合计人民币 3,165,883.64 元,经原告多次催收未予支付。请求判令两被告共同支付原告工程款及利息 3,165,883.64 元,并互负连带清偿责

任,诉讼费用及其他费用由被告承担。

一审判决结果:(1)由被告杨某辉支付原告丁某发兴国工业园办公楼及素艺玩具厂厂房工程款1,440,000元及其利息,利息从2004年5月1日起按中国人民银行发布的同期同类贷款利率计算至付清款时止,利随本清。被告江西某路桥公司对上述应付款项承担连带清偿责任;(2)由被告杨某辉支付原告丁某发洪门工业园食堂工程款175,246.76元及其利息,利息从2004年11月1日起按中国人民银行发布的同期同类贷款利率计算至付清款时止,利随本清。

明法晰理:

法官归纳本案的争议焦点为:(1)被告杨某辉应支付给原告丁某发多少工程款;(2)工程款的利息应如何计算;(3)被告甲公司是否应承担连带清偿责任。

法院对查明的事实予以确认:2002年10月30日,被告杨某辉借用被告甲公司的名义与兴国县工业园区管理委员会(以下简称兴国管委会)签订了一份《建设工程施工合同》,约定由被告甲公司承包兴国县工业园区办公大楼的施工。同年12月5日,被告杨某辉借用被告甲公司的名义与兴国管委会签订了一份《建设工程施工合同》,约定由被告甲公司承包兴国县工业园区素艺玩具厂厂房的施工。上述两份合同均加盖了被告甲公司的公章。2003年12月3日,被告杨某辉与兴国管委会签订了一份《工程承包协议》,由其承包兴国县工业园区办公大楼水电工程的施工。后被告杨某辉以被告甲公司的名义与原告丁某发签订了《承包建设工程协议》及《承包工程协议书》两份,将上述工程转包给原告丁某发施工,这两份合同均未加盖被告甲公司的公章。素艺玩具厂厂房于2003年年底竣工交付使用,兴国县工业园区办公大楼工程于2004年4月底交付使用。2007年8月20日,原告丁某发与被告杨某辉对上述工程款进行了结算,结算单上载明:"由江西某路桥公司承包于丁某发的兴国工业园办公楼及素艺玩具厂房税后总结价计人民币4,505,000元,现已付3,065,000元整,还差1,440,000元整,税已扣除。"原告丁某发与被告杨某辉分别在结算单上签名,被告杨某辉另在结算单上注明:"本工程款与公司无关,由我本人负责。"2008年1月25日,被告甲公司向兴国管委会出具了一份函,内容为:"我公司此前承做的贵单位的所有工程项目由我公司项目负责人杨某辉同志全权负责结算及结(借)工程款,并将以后结(借)的工程款直接转入杨某辉同志的个人账户。对以前发至贵单位的函件声明作废。"2008年3月25日,原告应被告甲公司的要求,向被告甲公司出具了一份书面《承诺书》,内容为:"由公司中标的兴国工业园办公楼及素艺玩具厂房,本人作为该工程的项目负责人,现特向公司作出承诺:该项目的盈亏与公司无关,由本人享有和承担;并承担该项目的一切债权债务(含农民工工资和工程应付款),同时承担该项目的质量和安全问题所造成的一切责任。"

另查明,被告杨某辉承包洪门工业园食堂工程后,将该工程转包给了原告丁某发施工,该工程于2004年10月交付使用,工程款为175,246.76元。

法院认为,被告杨某辉将工程非法转包给原告丁某发,其与原告丁某发签订的《承包建设工程协议》及《承包工程协议书》为无效合同。依照《建设工程施工合同解释》第2条规定:"建设工程施工合同无效,但建设工程经竣工验收合格,承包人请求参照合同约定支付工程价款的,应予支持。"因原告丁某发承建的工程已交付给发包方使用,故原告与被告杨某辉对工程款的结算,应受法律的保护。依据原告丁某发与被告杨某辉之间的结算单,被告杨某辉仍欠原告丁某发兴国工业园办公楼及素艺玩具厂厂房的工程款1,440,000元,被告杨某辉应向原告清偿此款及支付利息。

在本案中,第一,原告丁某发与被告杨某辉签订的两份建设工程施工合同,代理人即被告杨某辉实施了无权代理行为。第二,被告杨某辉有被授权的表象。被告杨某辉作为兴国工业园办公楼及素艺玩具厂厂房工程的项目经理,原告根据表象可自然推断出被告杨某辉具有代理权。第三,原告丁某发善意且无过失。从原告当时所处的客观条件来看,其主观上有条件、有理由相信被告杨某辉具有代理权,基于此种信赖,原告向被告甲公司提交了《承诺书》,被告甲公司知道原告是上述两项工程的实际施工人。因此,被告杨某辉的代理行为应构成表见代理。虽然被告杨某辉在结算单中注明工程款与被告甲公司无关,由其个人负责,因被告杨某辉至今未能履行工程余款的支付义务,故被告甲公司应对上述工程款及利息承担连带清偿责任。洪门工业园食堂工程系由被告杨某辉个人承包并非法转包给原告施工,该工程款及利息应由被告杨某辉个人承担,原告要求此款由被告甲公司承担连带清偿责任没有事实依据,法院不予支持。

二、因法人单位内部职能部门、分支机构及临时性机构签订合同引发的纠纷

按照民法总则的规定,建设单位内部的职能部门或者分支机构不具有独立的财产,不能独立承担民事责任,因此,也就不能对外签订建设工程合同。但实践中,不少建设工程合同是有某单位职能部门负责签定的,加盖的印章也是以职能部门落款的行政章或合同专用章。按照《合同法》的规定,此类合同属于效力待定合同,如果得到印章抬头名单位的追认或者同意,则为有效合同,否则,则为无效合同。但从诉讼主体上看,职能部门毕竟不能是建设工程合同法律关系的主体,不能独立承担相应的民事责任,因此,这类案件应当由印章抬头名单位作为当事人并承担相应的民事责任。

当然,印章抬头单位内部不具有法人资格的职能部门也包括其中设立的筹建处、指挥部、项目部等临时性机构。由于临时性机构虽然有一定的组织形式,但没有自己独立的财产,仅是一个印章抬头名单位的分支机构或者只是代行印章抬头名单位的临时职责,当建设工程竣工后,该机构随之撤销。审判实践中,对于该类纠纷主体的确定,应考虑所涉及工程的投资单位和竣工工程的最后资产接收单位,遵循权利义务相一致的原则,列该工程的资产接收单位或者组织为当事人参加诉讼;如果资产接收单位不明确的,可以列投资单位、项目报批、报审单位或者工程主管部门为当事人。

法务实例29:施工单位项目部印章的效力认定

案情简介:

李某与某建设公司员工蒋某签订材料买卖合同,并加盖某建设公司项目部印章,后发生纠纷诉诸法律,李某认定蒋某为实际施工人,要求某建设公司承担支付义务。

明法晰理:

法院认为,本案争议焦点在于合同相对方的认定。原告主张合同相对方为被告某建设公司,理由有二:(1)蒋某系履行职务行为,代表被告签订合同;(2)如蒋某的行为不是代表行为则构成表见代理。被告抗辩其未曾与原告签订过合同,蒋某也并非被告公司员工,其不是合同相

对方。

出卖方与行为人签订购销合同时,虽然其在合同上加盖的是施工单位项目部印章,但该印章已注明“不得用于任何经济来往和经济合同”,出卖方又未提供行为人具有代理权表象的其他证据,故其签约、履约行为不构成表见代理。

法院认为,根据现有证据尚不足以认定某建设公司为案涉合同相对方,理由如下:

第一,合同签订主体非本案被告。

从原告提供的《产品买卖合同》看,买受人处虽手写为“某建设公司”,但在买受人处加盖的印章为某建设公司项目部印章,而且该项目部印章中注明“不得用于任何经济来往和经济合同”。

第二,原告无证据证明合同签订人蒋某系工程实际施工人或者为被告员工。

在被告否认蒋某为案涉工程实际施工人,亦否认其系被告公司员工并提供了《工程施工承包协议》以证明实际承包方为案外人李某的前提下,应由原告进一步举证证明蒋某的身份情况。在原告未提供证据证明蒋某及李某等人的身份情况的前提下,法院无法认定蒋某系被告员工或者案涉工地实际施工人。关于原告为证明蒋某等人的身份情况向法院提出的调查取证申请。法院认为,依据法律规定,当事人及其诉讼代理人申请人民法院调查收集证据,应当提交书面申请。申请书中应当载明被调查人的姓名或者单位名称、住所地等基本情况、所要调查收集的证据的内容、需要人民法院调查收集证据的原因及其要证明的事实。本案中,原告在向法院提交的调查取证申请书中仅记载“某学院基建负责人和财务”,未明确被调查人的姓名或者单位住所地等基本信息,亦未明确所要法院调查收集的证据名称,故法院无从调取,仍应由原告承担举证不能的不利法律后果。

第三,原告在签订合同时主观上存在过失。根据原告陈述,涉案合同签订在先,货物发送在后。但从所签合同中甲方加盖的印章可以看出该项目部印章已明确不能用于经济来往或者经济合同,表明被告对该印章用于经济往来不予认可。在蒋某仅持有该印章与原告签订合同,而未有其他足以让原告相信其有权代表或者代理被告签订合同的客观表象的情况下,蒋某的行为不构成表见代理。

综上,原告主张的蒋某系代表被告或者构成表见代理的理由均不能成立。因原告提供的证据尚不足以证明涉案合同相对方为被告,故其要求被告支付货款,法院不予支持。至于原告主张的货物已运至被告承建的案涉工地且已用于案涉工程中,与合同相对方的认定并无直接因果关系。如原告能进一步提供证据证明其主张成立,亦可另行提起诉讼。

虽然实际施工人对外采购钢材的行为不构成职务行为、有权代理和表见代理,但由于原告出具的对账单上加盖了施工单位的项目部专用章,且施工单位曾在与案涉工程相关的施工联系单上使用过同一枚印章,因此施工单位应当承担付款义务。

法院认为,根据庭审调查,被告乙公司在中标承建梅盛·阳光苑工程后与被告何某签订《内部承包合同》,将该工程以内部承包的方式交付给被告何某负责施工,被告何某系该工程的项目承包人也即实际施工人。后何某因工程建设需要向甲公司购买钢材,并与原告协商签订《钢材购销合同》,合同上加盖了甲公司和被告乙公司的印章。被告乙公司认为合同上加盖的乙公司印章虚假且原告对此明知并要求原告提供合同原件,原告表示合同原件由甲公司持有故无法提供。

法院认为,原告与甲公司关系密切,且案涉债权又受让于甲公司,原告取得该份合同证据较为容易,在被告乙公司主张合同上印章虚假并要求原告提供原件的情况下原告未向法院提供,根据《民事诉讼证据规定》(2008 年)第 75 条"有证据证明一方当事人持有证据无正当理由拒不提供,如果对方当事人主张该证据的内容不利于证据持有人,可以推定该主张成立"的规定,同时结合被告何某在公安机关所作的讯问笔录其承认该印章系其私刻加盖的陈述,法院认定购销合同上加盖的被告乙公司的印章虚假。但即使该印章虚假,并不能当然推定原告在签订合同当时对被告何某私刻印章并加盖的事实明知,被告乙公司未举证证明,被告何某在讯问笔录中亦表示原告开始并不知情,是在原告准备提起诉讼之前才告知原告印章虚假的事实。综合以上事实,法院认定原告签订合同时对被告何某私刻乙公司印章并加盖的事实不知情。

本案的争议焦点为:(1)被告何某以被告乙公司名义与甲公司之间发生交易行为的性质;(2)该行为对被告乙公司是否具有约束力。

对此法院分析如下:关于焦点一。第一,被告何某并非被告乙公司的员工,根据《民法通则》第43条[1]"企业法人对它的法定代表人和其他工作人员的经营活动,承担民事责任"的规定可知,被告何某因不具有特定的岗位职工身份,故其以被告乙公司名义与甲公司发生交易并非职务行为。第二,本案不构成有权代理。有权代理是基于代理权限所发生的代理,包括法定、指定和委托代理,本案中不存在法定和指定代理的情形,而委托代理则应有委托人本人的书面或者口头授权,但本案中没有证据证明被告乙公司对被告何某购买钢材有书面或者口头的授权,故被告何某购买钢材的行为不属于有权代理行为。第三,本案亦不构成表见代理。根据《最高人民法院关于当前形势下审理民商事合同纠纷案件若干问题的指导意见》(以下简称《最高院民商事指导意见》)第4条规定可知,表见代理的成立必须基于两点:一是相对人相信行为人有代理权须具有足够的客观表象,二是相对人须为善意无过失。合同相对人主张构成表见代理的,应当承担举证责任。本案中,原告在被告何某未提交任何证明材料的情况下,仅凭送货的工地系被告乙公司承建和被告何某自称为项目负责人,即认为被告何某可代被告乙公司对外发生交易、签收货物,且原告在庭审中承认其与被告何某发生交易之前曾看到过两被告签订的《内部承包合同》,该事实已经庭审录音录像记录,法院予以认定。原告称其看到过内部承包合同,按常理应指看了合同的全部内容,且从善意无过失的角度来讲,原告也应当仔细查看合同的全部内容,故原告应当知道合同中约定的被告何某作为承包人在承包期间对工程对外所负债务由被告何某自身承担的事实,故本案也不构成表见代理。

关于焦点二。被告何某的行为虽不属于上述情形,但原告持有加盖了"浙江某建设有限公司梅盛大厦工程项目部专用章"的三份对账单主张权利,虽被告乙公司对对账单上项目部印章的真实性提出异议,但其并未提供相应证据予以反驳对账单上加盖的被告乙公司项目部专用章的真实性,同时根据原告提供的两份施工联系单,可以证明被告乙公司确实使用该项目部印章对外从事相关事务的处理。因该印章系可以对外使用的印章,且结合原告提供的送货单和被告何某关于原告提供的钢材确已全部用于梅盛·阳光苑工程的陈述,法院认定甲公司向梅盛·阳光苑工程供应钢材且剩余未付钢材款为3,237,000元属实。加之被告乙公司陈述

---

〔1〕 参见《民法典》第60条、第62条。

其与被告何某之间尚未结算,故被告乙公司具有付款义务。现甲公司已将债权转让于原告,原告可向被告乙公司提出主张,故法院对原告要求被告乙公司支付剩余钢材款3,237,000元的诉请依法予以支持。原告主张违约金按银行同期同类贷款基准利率150%计算无证据证明,法院调整为按银行同期同类贷款基准利率计付。

所以,对账单上加盖了施工单位的项目部专用章,且施工单位曾在与案涉工程相关的施工联系单上使用过同一枚印章,因此施工单位应当承担付款义务。

三、因建设工程合同总包合同转包、分包等事项引发的纠纷

《建筑法》明确禁止承包人将承包的工程转包他人。对在转包工程和非法分包的工程纠纷中,违法转包工程所签订的合同都是无效的。因此造成的工程质量缺陷应由承包人和转包人作为共同诉讼主体,向发包人承担连带责任。

建设工程经转包的,工程价款应归属实际施工人。如南京绿洲设备安装工程有限公司管理人诉南京集能建筑安装工程有限公司建设工程施工合同纠纷案中,法院判决建设工程经转包的,工程价款应归属实际施工人。转包人进入破产程序,破产管理人主张工程价款系破产财产,要求实际施工人返还的,不予支持。

按照我国《建筑法》有关规定,总包企业可以将主体以外的其他分部工程分包给其他建筑企业,但须对整个建设工程的质量负责。如果分包人与发包人在合同履行过程中发生纠纷,应区别不同情形确定诉讼当事人:分包人是总包人的下属企业,或与总包人存在隶属关系的,虽然下属企业也具有独立法人资格,但仍应以总包人作为当事人;分包人与总包人没有隶属关系,但分包人因承建工程发生纠纷的,应以总包人为当事人,分包人为第三人参加诉讼;发包人、总包人和分包人三方协商,由总包人将自己承包的建设项目转让给分包人的,则属于合同权利义务的转让,与总包人无关,发生纠纷,应以发包人和受让人为当事人参加诉讼。

法务实例30:合同双方非经第三方书面同意,无权设定第三方权利义务

案情简介:

2005年6月10日,A公司与B公司签订《建设工程施工合同》,合同中约定:由B公司作为施工总承包单位由A公司投资开发的某宾馆工程

项目，承包范围是地下二层和地上24层的土建、采暖、给排水等工程项目，其中，玻璃幕墙专业工程由A公司直接发包，工期自2005年6月26日至2006年12月30日，工程款按工程进度支付。同时约定，由B公司履行对玻璃幕墙专业工程项目的施工配合义务，由A公司按玻璃幕墙专业工程项目竣工结算价款的3%向B公司支付总包管理费。

玻璃幕墙工程由C公司负责施工。施工过程中，在总包工程已完工的情况下，由于C公司自身原因，导致玻璃幕墙工程不仅迟迟不能完工，且已完工程也存在较多的质量问题。A公司在多次催促B公司履行总包管理义务和C公司履行专业施工合同所约定的要求未果的情况下，以B公司为第一被告、C公司为第二被告向法院提起诉讼，诉讼请求有三项：(1)请求判令第一被告与第二被告共同连带向原告承担由于工期延误所造成实际损失和预期利润；(2)请求判令第一被告与第二被告共同连带承担质量的返修义务；(3)请求判令二被告承担案件的诉讼费和财产保全费用。

法院的判决如下：(1)C公司承担工期延误所造成的实际损失和预期利润，驳回对B公司的该项诉讼请求；(2)由C公司承担质量返修义务，驳回对B公司的该项诉讼请求。

明法晰理：

这是一个典型的因发包方直接发包工程导致工程延期和质量问题的案例。发包人以施工总承包单位B公司收取“总包管理费”却没有履行总包管理职责，而要求与玻璃幕墙专业施工单位C公司共同承担连带责任，而总包单位B公司则以玻璃幕墙专业工程项目的合同当事人并非是B公司与C公司所签为由而拒绝承担连带责任，从而产生纠纷。

本案经法官归纳的争议的焦点在于B公司是否负有总承包管理责任。

已经明确的事实：(1)发包方直接发包玻璃幕墙工程并与C公司签订施工合同；(2)B公司收取了总包管理费；(3)C公司未能履行合同导致工程延期和质量问题。

对于B公司是否负有总承包责任的判定，B公司律师的代理意见如下：

1. B公司、C公司之间没有合同关系，且总包管理费由A公司支付，从这一点事实可以认定C公司不对B公司负有合同责任，而是直接对A公司负责；

2. A公司、C公司玻璃幕墙工程施工合同约定了B公司履行施工配合义务，这一点并不合法，因为合同双方非经同意无权设定第三方权利义务；

3. 如B公司按照A公司、C公司的施工合同约定收取了总包管理费，应认定其已经认可并同意A公司、C公司为其设定的权利义务，从而以事实履行构成三方之间的特殊合同关系；

4. 值得注意的是，A公司、C公司的施工合同设定B公司义务为：履行对玻璃幕墙专业工程项目的施工配合义务，而是“施工配合义务”与总包管理义务是两个不完全一致的概念，前者只负责配合施工工作，后者不仅要配合施工还要负责总承包管理，更要承担总承包责任；

5. A公司、C公司设定A公司支付和B公司收取的是“总包管理费”，与A公司、C公司设定并经B公司同意认可的对应义务“施工配合义务”相对应，两者的表述出现差异，应认定“总包管理费”是费用，而“施工配合义务”是B公司的合同权利义务和责任。

综上，如非因B公司履行“施工配合义务”过错，B公司不承担总承包管理责任，因该责任于B公司同意认可的A公司、C公司有关其义务的条款没有设定。

同时B公司的代理律师还发表了以下代理意见：需要注意的是，由于C公司作为发包方直接发包的施工人工程延期和质量问题，B公司保留就此向A公司提起施工索赔的权利，索赔内容包括：(1)要求其顺延施工工期；(2)要求其承担工期延误造成的各项经济损失；(3)要求其责令C公司返工，以符合工程施工和设计标准。

四、因建设施工合同引起人身伤害索赔引发的纠纷

在建设施工合同的履行过程中，难免会出现人身伤亡事故，这就涉及受害人权益的保护问题。由于绝大多数建筑施工单位为了减少用工成本，很少自主用工，往往通过劳务合同与劳务分包的形式来规避风险，这样引起的纠纷就出现了很多复杂的问题需要代理人用智慧去化解。

法务实例31:将工程发包给没有资质的施工单位,发包人、实际施工人都要对施工人员的人身伤害承担连带赔偿责任

案情简介:

2007年1月10日,水某代表甲建筑公司(甲方)、李某代表乙劳务公司(乙方),双方签订两份协议,该两份协议中,水某春代表甲方,李某代表乙方签名,其中一份协议上加盖了甲建筑公司、乙劳务公司的公章。以上两份协议的内容基本一致,均约定:经双方协商,乙方(李某)承担湖滨花园3号楼住宅楼主体工程(包工程质量、工期及设计图纸范围内基础及主体工程,不含屋面、散水、挖土方工程、外架的搭设、回填土及地下室外墙抹灰)。还约定承包范围及承包价格。甲方(金光建筑公司)的原材料和设备及时供应,并配备专业电工,机修工一名。其后,李某、水某与陈某签订一份协议书,该协议书系打印,且没有落款时间;2007年5月,水某峰、李某与陈某签订一份协议,以上两份协议内容一致,均约定,为了维护甲方(李某)和乙方(陈某)的利益,保证湖滨家园3号楼外架工程保质、保量、安全地完成搭拆任务,特签订如下协议:计算办法与价格,以外架展开面积计算及相应的计价模式。工作范围及工期。该协议上盖有甲建筑公司的资料专用章。

其后,陈某介绍并带领张某和高某在金光建筑公司承建湖滨家园3号楼实施外架搭拆工作。2007年8月26日上午,张某和高某利用甲建筑公司安装的升降梯运送搭建外架的扣件材料时,升降机的钢丝绳突然断裂,张某和高某摔至地面。张某被送往黄河三门峡医院治疗,同年10月19日出院,共住院55天。共花去医疗费16,181.50元。张某诉至法院要求被告赔偿其各项损失共计215,414元。

另查明,张某申请委托相关鉴定机构对其伤残进行鉴定,鉴定结论为伤残8级。

一审法院判决结果:乙劳务公司、李某、陈某共同赔偿张某的医疗费、被扶养人生活费等各种费用共计100,237.84元。

二审法院判决结果:驳回上诉,维持原判。

明法晰理:

原审法院认为,2007年1月10日所签订的两份协议内容基本一致,

这两份协议签订中,水某是以甲建筑公司的名义,李某是以乙劳务公司的名义签订的,而且其中一份加盖有两个公司的公章。以上协议可以认定,李某以乙劳务公司的名义从甲建筑公司承揽工程。该协议签订后,李某又分别参与与陈某签订二份协议,将以乙劳务公司名义承担的劳务转包给陈某。陈某雇佣张某和高某等人从事该外架工程工作,工作期间发生本案事故致张某受伤。根据《建筑法》的相关规定,工程发包时不得向不具有建筑资质的单位发包,发包人和承包人均应该对因不具有建筑承包资质而造成人身损失承担赔偿责任。金光建筑公司承揽湖滨家园3号楼工程后,将工程劳务部分分包给乙劳务公司,乙劳务公司是有资质的,故甲建筑公司不承担伤害赔偿责任,而乙劳务公司将甲建筑公司的劳务工程承包后,在发包给不具有资质的个人,违反了上述法律规定,应当承担相应的法律责任。故对张某在甲建筑公司承包的湖滨花园工程工作中所受的伤害而造成的损失,应该由乙劳务公司、李某、陈某共同承担损害赔偿责任。三门峡市峭山法医临床司法鉴定所的三医峭鉴字(2008)004号司法鉴定书,程序合法,予以采信。根据张某受伤的事实,根据最高人民法院《关于审理人身损害赔偿案件适用法律若干问题的解释》(以下简称《人身损害赔偿司法解释》)的规定,对张某所受伤害,确认相应的赔偿损失包括医疗费、误工费与伤残补偿金等。

宣判后,张某不服,向法院提起上诉称:一审法院认定事实有误,本案中出现两份协议,一方所持的协议多出部分必然是没有经过对方认可,不是双方的意思表示。李某当庭表示就不是个人承包,根本不知乙劳务公司的存在。李某与甲建筑公司才是协议的双方当事人。判决赔偿误工费、被扶养人生活费计算有误,应予纠正。请求二审法院公正判决。

二审法院认为,2007年1月10日甲建筑公司与乙劳务公司所签订的湖滨花园3号住宅楼主体工程合同,由公司代表人签名并加盖有公司的公章。该合同签订后,李某又将以乙劳务公司名义承揽的劳务转包给陈某,双方并签订了湖滨家园3号住宅楼外架工程保质、保量、安全地完成搭拆协议。后陈某雇用张某和高某等人从事该外架工程工作,期间发生事故,致张某受伤。关于甲建筑公司是否承担责任问题,根据《人身损害赔偿司法解释》第11条第2款"雇员在从事雇佣活动中因安全生产事故遭受人身损害,发包人、分包人知道或者应当知道接受发包或者分包业务的雇主没有相应资质或者安全生产条件的,应当与雇主承担连带赔偿责任”之规定，本案中，甲建筑公司承揽湖滨家园3号楼工程后，将工程劳务部分分包给乙劳务公司，乙劳务公司是有资质的，因此，甲建筑公司不应承担赔偿责任。张某上诉要求甲建筑公司承担连带责任理由不能成立，法院不予采纳。关于误工费、被扶养人生活费一事，因张某没有固定的经济收入，其收入状况不确定，原审法院依据河南省上年度城镇居民人均可支配收入13,231元/年计算并无不当，应予维持，据此，原判认定事实清楚，处理正确，张某的上诉理由不能成立。

五、因其他原因引发的建设工程合同纠纷案

联合体投标、中标签订合同的诉讼纠纷案

根据《招标投标法》的规定，联合体共同投标的，联合体应对发包方承担连带责任，但联合体之间发生纠纷时，以发包方为被告的，另一方则一般以第三人的身份参加诉讼，或者列另一方为单独被告的，则以发包方为第三人。

(一)因施工合同涉及的运输、物资采购等纠纷事项

这种案件主要发生在承包商或分包商因建筑合同履行中出现运输、物资采购及质量检测等采购与服务事项而需要将发包方、总承包商与分包商连带进诉讼纠纷之中，以更好地维护权益。

法务实例32：仅有实际施工人出具的欠条而无其他证据，不能认定其行为构成表见代理

案情简介：

李某根据赵某的请求，向某单位提供材料，李某将材料送到某单位施工现场后，就要求赵某提供欠条两份，后李某要求某单位支付货款，某单位以不存在买卖合同关系为由拒绝支付，后李某向法院提起诉讼。

法院经审理后认为，当事人对自己提出的主张，有责任提供证据。原告主张与被告存在材料买卖合同关系，要求被告支付货款，故原告应就该事实提供证据加以证明。但原告仅提供欠款人署名为“赵某”的欠条两份，欠条无法证明买卖合同的相对人为被告。即使原告提供的欠条是真实的，也只能证明其与赵某之间存在材料买卖关系，原告既不能举证证明赵某的行为系代表被告履行的职务行为，也不能证明赵某的行为已构成

表见代理。故法院对原告主张的原、被告存在买卖合同关系的事实不予认定。原告要求被告支付货款,缺乏事实和法律依据,法院依法不予支持。

法务实例33:以个人名义在货款汇总清单上签字是否构成单位的表见代理行为

案情简介:

李某经常给甲公司提供货物,一段时间后,将汇总单由张某签字确认,后甲单位予以否认,并否认有张某其人,因此拒绝支付货款,无奈李某请求法院判决。

法院认为,出卖方主张行为人向其购买材料并予以对账的行为系代表施工单位的职务行为或有权代理时,应当承担相应的举证责任。出卖方在庭审中方得知行为人曾代表施工单位对外签订合同,并不能证明其在订立买卖合同时便善意且无过失地相信行为人具备代理权,因此行为人之行为不构成表见代理。

经审理,法官归纳本案的争议焦点为:原告主张的买卖相对方是否为本案被告?

原告主张被告甲公司向其购买材料,张某代表被告公司对所欠货款进行确认,并提供了张某出具的书面证明及由张某签字的汇总清单欲加以证实。但被告否认张某为其公司的工作人员或有权代理人,张某在出庭作证时对此也进行了否认,对书面证明中载明的"分包单位"解释为胡某、薛某领的专业分包队伍,并同时否认其在汇总清单上确认货款金额的签字行为是代表被告公司。故原告对于张某系受被告甲公司的委托或系履行甲公司职务行为的主张,未有证据加以证实。

而本案中唯一能够显示被告甲公司与张某有关系的,就是被告向法院提交而未在庭审时出示的补充协议。该补充协议是被告与案外人签订的,与本案不具有关联性,退一步讲,即使签订该协议时,张某系代表被告,并不表示其在本案的买卖合同关系中也有权代表被告。原告是在本案诉讼过程中才知道该补充协议的存在,在买卖行为发生时,并不存在能够让原告有理由相信张某有代理权的表象,故张某在汇总清单上签字的行为并不构成表见代理。从付款情况来说,原告自认买受方已支付货款

1,662,600 元，但并不能证实该付款人为被告甲公司，甲公司对于付款行为也予以了否认。综上，原、被告之间未签订任何形式的买卖合同，也没有发生收货、结算、付款等履行买卖合同的行为，即原告未能举证证实原、被告之间存在买卖合同关系，现其要求被告支付所欠货款 418,036 元，缺乏事实和法律依据，法院不予支持。

(二)因建设工程施工合同、设计合同与监理合同不属同一法律关系涉及的纠纷

在诉讼过程中，无论本诉、还是反诉以及抗辩，有时候当事人喜欢把相关问题在同一诉讼中一并解决，但法院一般会以不属同一法律关系为由驳回诉讼或通过释明权要求当事人变更诉讼请求，有的法官为保障诉讼当事人不因判决丧失诉权，还会在判决中以不属同一法律关系为由，要求当事人另案。

法务实例 34：建设施工合同与监理合同是两个不同的法律关系，其合同的履行纠纷不应并在一个案件中审理

案情简介：

甲教育局与乙建筑公司于某年 9 月 5 日、次年 9 月 2 日分别签订两份建设工程施工合同。合同规定了具体的开工、竣工时间，并且规定每延期竣工一天罚款 300 元，工程质量由丙监理公司监理。同时在第一份合同签订的当年 10 月 2 日甲教育局与丙监理公司签订了一份工程建设监理合同。合同规定监理工程名称：某市教师住宅小区工程(见工程明细表)。监理范围：施工阶段监理，监理合同约定了监理业务的开始实施时间与具体完成时间。合同签订后，乙建筑公司开始施工，甲教育局先后共支付给乙建筑公司 1,877,073.08 元。2 号楼竣工后，乙建筑公司以甲教育局未支付工程款以及甲教育局违反合同规定将工程分包等理由拒绝将 2 号楼交工。乙建筑公司提出已将 2 号楼竣工图、竣工报告提交给甲教育局，但乙建筑公司未提供相应的证据证明，甲教育局对此予以否认。经法院科学技术鉴定中心鉴定，A 组团 4 号楼放线定位南北偏差 1.23 米，对此三方均无异议。4 号楼一层总造价 608,529.08 元，拆除费用 128,997.77 元。4 号楼地基验槽记录记载 4 号楼验槽时间为次年 7 月 15 日。设计单位、建设单位、施工单位分别签字认可。而该楼工程项目开工报告批准日期为次年 8 月 30 日。第一次庭审中，甲教育局增加诉讼请求

要求乙建筑公司返还多支付的工程款373,027元。

甲教育局不服原审判决向法院上诉称,其已按规定向规划局支付了应交费用,履行了施工合同的全部义务,对4号楼放线定位偏差不应承担法律责任,丙监理公司应承担连带赔偿责任,请求依法改判。乙建筑公司不服原审判决上诉称,其拒绝交付2号楼是因甲教育局未及时支付工程价款,是正确行使抗辩权;定位放线出现错误是甲教育局自身过错所致,请求依法改判其不承担责任。

丙监理公司上诉称,申请验线是建设单位的法定义务,其未申请,责任应自行承担,其是在验槽结束后与甲教育局签订的合同,没有义务对该楼重新定位测量,请求驳回甲教育局对其诉讼请求。

一审判决结果:(1)解除甲教育局与乙建筑公司签订的某小区A组团4号楼建筑施工合同。(2)乙建筑公司于判决生效之日起10日内支付甲教育局2号楼延期交工违约金345,000元。(3)乙建筑公司于判决生效之日起10日内赔偿甲教育局4号楼损失486,823.26元,拆除费103,198.22元。(4)丙监理公司于判决生效之日起10日内赔偿甲教育局4号楼损失60,852.91元,拆除费12,899.78元。(5)乙建筑公司于判决生效之日起10日内向甲教育局提供2号楼竣工验收报告,竣工图等交有关部门验收2号楼。(6)驳回甲教育局的其他诉讼请求。

二审判决结果:(1)撤销某市中级人民法院(2000)焦经二初字第4号民事判决第二、四项;(2)维持某市中级人民法院(2000)焦经二初字第4号民事判决第一、三、五、六项。本判决为终审判决。

一审法院裁判意见:原审法院认为,市某小区4号楼的定位偏差1.23米,甲教育局坚持拆除该楼已建成的一层,双方继续履行合同已不可能,因此,甲教育局要求解除与乙建筑公司的施工合同的诉讼请求应予以支持。甲教育局要求丙监理公司退还监理费的诉讼请求,因与本案不属于同一法律关系,甲教育局应另案起诉,本案中不予一并审理。甲教育局与乙建筑公司于当年9月5日签订的2号楼施工合同规定:2号楼应于次年6月5日竣工,乙建筑公司无正当理由拒不交工验收应按合同约定承担违约责任,甲教育局要求乙建筑公司支付345,000元违约金的理由正当。4号楼定位偏差的事实存在,乙建筑公司举不出证据证实4号楼定位放线是甲教育局委托他人进行的。同时,也举不出证据证明4号楼定位放线与乙建筑公司无关,因此,对4号楼的损失,乙建筑公司应承担主要责任即80%责任。甲教育局应当申请规划部门定位放线而未申请对此后果也应负一定责任即10%责任。作为监理单位应当知道4号楼实际定位与图纸不符而未尽到责任,也应承担一定责任即10%责任。

二审法院裁判意见:法院认为,关于4号楼放线定位南北偏差1.23米的责任承担问题,依照《城市规划法》以及我省的相关规定,建设单位应当向城市规划行政主管部门申请验线,由城市规划行政管理部门到现场验线或定线,但以上法律法规中规定的验线是指对建设工程规划设计总图的验线,并非对单项工程的验线。依照建设部有关规定,对具体项目的测量放线是施工单位的职责,乙建筑公司应对定位放线偏差承担主要责任。原判乙建筑公司承担80%的责任正确,乙建筑公司上诉主张由甲教育局自行承担责任的理由不予采信。甲教育局于第3年5月19日已发现该偏差存在,但未及时制止乙建筑公司的施工,致使损失扩大,原审判其自担10%责任并无不当,应予维持。丙监理公司取得4号楼施工合同是在次年9月2日之后,在此之前,次年6月4号楼已动工,7月已验槽,定位放线系施工合同签订前,即监理所进驻前施工方的行为,监理所无法进行监理;又依据监理合同,丙监理公司仅对该单项工程的施工阶段进行监理,因此,其没有对其进驻工地前的定位放线进行复验的职责,原审判令其承担10%的责任欠妥,该部分责任应由甲教育局自行承担。关于4号楼定位偏差造成的损失,原审法院委托该院科学技术鉴定中心所作(2000)焦中法技鉴字第37号鉴定书认定为一层总造价608,529.08元、拆除费用128,997.77元。二审中乙建筑公司及监理所虽提出异议,但无新的证据足以否认该鉴定结论,法院予以确认。综上所述,甲教育局的上诉理由无充分证据予以支持,不予支持;乙建筑公司上诉理由部分成立,予以部分支持;丙监理公司上诉理由有充分证据,予以支持;原审判决认定事实基本清楚,但各方承担责任原因的分析不当,责任分担比例划分欠妥,予以纠正。

Chapter 6

第6章

联合体：

建设工程项目容易引发纠纷的特殊主体

《建筑法》《招标投标法》《招标投标法实施条例》等法律法规均对联合体承包的组成形式、资质要求、责任划分原则和协议签订形式作出了相应规定。

联合体投标在一定程度上可以满足工程建设项目复杂、规模巨大的工程总承包项目，但在实施过程中因法律特征及法律性质未予以明确，在合同的实际履行中总会出现联合体之间的矛盾，同时也会出现发包方与联合体承包商之间的纠纷，甚至因无法调解的矛盾，进入到诉讼程序，导致实践中存在较多亟须解决的问题，特别是在联合体收款一方破产清算或账户资金被冻结的情形下，发包方如何保护另一联合体现场实际施工一方的权益，从而化解给施工或后期服务带来的法律风险，确保联合体之间的权利义务得到有效落实等方面需要深入的探讨。本章节通过一宗典型案例的分析，说明当联合体指定收款方面临破产清算、收款账户被冻结时，发包方如何保护另一联合体现场施工方的合法权益，就相关法理问题进行明晰。

一、联合体的定义以及可能形成的纠纷情形

所谓联合体是指两个或两个以上的承包单位或其他组织,组成一个合同总包的签订一方,通过联合体之间的协议(以下简称辅合同)结成相对发包方的联营组织,并通过协议明确内部分工或共同经营的方式,对外作为一个整体与发包方签订一份合同(以下统称主合同),依据主合同向发包方承揽特定的工程,履行一方的权利,承担一方的义务。

在建设工程领域大力推行工程总承包的背景下,为了提高竞争力,降低成本,实现强强联合,许多企业在参与工程总承包项目的投标时往往选择联合体的方式参与,以提高竞争力,降低企业经营风险。其特点可从以下三个方面加以理解:(1)需由两个以上承包单位共同组成,组成的联合体不具备法人资格,是个临时性的合同签订与履行组织;(2)联合体各方应签订共同投标协议,明确约定各方承担的工作和责任;(3)中标后,各方以联合体名义与招标人共同签订合同。

从联合体定义及特点来分析,联合体之间因辅合同的履行而发生纠纷似乎与发包方关系不大,但当因辅合同纠纷而受损害一方为非向发包方收款的一方,而又是实际施工方或质量保证或后期维护服务方时,就可能因此而影响工程质量及后期服务等得不到保障,所以面对这些问题,基于不安抗辩权,发包方就会打破合同的相对性,站出来维护利益遭受损失的联合体另一方,帮助抗辩,将联合体的应收款项打到实际服务的一方,而非主合同约定的账户。

二、工程总承包联合体的法律特征与可能形成的纠纷情形

通过对相关法律法规条款中关于联合体的规定进行分析,不难看出,联合体主要具有以下四方面的特征:

第一,主体资质条件的限制性。《招标投标法》第 31 条第 2 款规定,联合体各方均应具备承担招标项目的相应能力,国家有关规定或者招标文件中对投标人资格条件有规定的,联合体各方均应具备规定的相应资格条件。《建筑法》第 27 条第 2 款规定,两个以上不同资质等级的单位实行联合共同承包的,应当按照资质等级低的单位的业务许可范围承揽工程。这是联合体的特别规定,因此,联合体的成立必须满足一定条件。而不同资质的联合体成员就可能导致进入施工现场为发包方服务的时间存在差异,也就可能因收付款形成矛盾或纠纷,这样就可能影响项目建设的进度或工程质量。

第二,联合体成员组成的自主性。联合体成员应根据自主的原则组成,必须由两个或两个以上的承包单位通过签订联合体协议组成联合体,其行为属于各方自愿的、共同的法律行为,法律仅赋予投标人组建联合体参与项目投标的权利。这里的承包单位,可以是设计、采购、施工等单位。

根据合同相对性,显然辅合同只对联合体各方有约束力,似乎对发包方没有约束力,但无可辩驳的理由是辅合同属于主合同的附件内容,其目的是保障主合同的履行。为避免因联合体协议履行的纠纷而影响主合同中发包方的权益受到实质损害,因此,发包方完全可以依据主合同及辅合同以不安抗辩权为由,主张发包方与联合体各方的债权债务拆分,从而巧妙化解因联合体之间的纠纷,影响主合同的履行,确保工程项目的顺利实施。

第三,联合体组织的临时性。联合体一般采取强强联合、资质互补的原则,对大型建设项目和结构复杂的建设项目进行联合投标,其性质属于临时性的组织,不具有法人资格,如果联合体中标,则联合体通过联合体协议约束各自的工作范围和职责,如果联合体未中标,则联合体解散。关键问题是辅合同约定收款一方因破产清算或因涉诉被司法机关强制执行冻结账户时,将另一方的债权列为破产清算资产或被全数冻结合同金额就会给主合同的正常履行带来难以消除的影响。

第四,联合体对外的一致性。联合体虽然不是一个法人组织,但是对外投标应以所有组成联合体各方共同的名义进行,对外作为一个整体共同投标、共同签订承包合同、共同履行合同,对发包人承担连带责任。值得思考的是发包人也可能与联合体中的一方形成利益相关方,而一致与联合体的另一方不依照辅合同履行义务而形成对主合同支付条款的变通,从而消除主合同的履行障碍。

这样,对于主合同约定的联合体收款方代表面临破产清算或被法院通知冻结账户的情况下,发包方是否可以不安抗辩权为由,打破合同的相对性,主张不向破产清算组或冻结账户的人民法院,支付剩余工程款或质量保证金,而直接向实际履行合同的另一方支付剩余工程款或质量保证金,以确保另一联合体一方合法权益的保障。

三、发包方对联合体纠纷的化解与保障措施

笔者认为,为确保工程建设的顺利实施,发包人完全可以打破合同的相对性,基于不安抗辩权,为联合体的实际施工方主张权益,将应付款项变通为直接向实际

履行合同的一方支付应付款项,这样就尽可能地保障发包方工程不因联合体一方的破产或涉诉纠纷而受到影响。

第一,联合体之间必须签订联合体协议,明确各方的权利和义务,以规范和约束各方行为,避免或减少法律纠纷。另外需要特别注意的是,联合体尽量不要与其中的各成员另行签订承包协议。因为另行签订承包协议易被认定为违法分包关系或转包关系,从而导致主合同效力存在不确定性的风险。

第二,联合体各方均须与发包人签订联合承包合同,如果联合体各方推荐牵头人或联合体代表人签订合同的,应当出具委托书,明确委托权限、委托事项、承担连带责任声明。需要注意的是发包方不要单独与联合体某一方就主合同所涉及的工程达成额外的协议,包括分包合同、材料供应合同、后续服务合同、质量维保合同等,从而减少合同履行的责任主体混乱的不利因素。

第三,组建联合体投标须符合法定的资质条件,由同一专业的单位组成联合体,不同资质等级的单位组成联合体的,应按资质等级较低的单位确定该联合体的资质,避免低资质等级的承包人借用或挂靠高资质等级的承包人组成联合体承包工程,从而降低承包人的管理能力以致影响工程质量,并影响合同的效力。对于主牵头方不应以资质等级高为依据,而应以主合同中所承包工作量或关键技术问题为主要衡量依据。

第四,联合体收款方应尽量交由后期执行合同的一方负责,如果让先行履行部分义务一方收款,就存在先行一方可能因破产清算或因涉诉而被冻结银行账户,使得后期履行的一方难以保障资金安全的问题,从而影响实际的施工进度或质量。

第五,应在合同中约定,联合体收款一方面临破产或违约的可能时,基于另一方的请求或发包方基于不安抗辩权,可以将剩余的工程款按照各方承担责任或实际施工工作量所对应的应付款项,直接打给履行施工的一方,从而保障主合同的正常履行。

四、联合体债权转让纠纷处理思路实例分析

下面以笔者处理的一宗典型案例为例,详细讲解联合体一方面临破产清算,银行账户被法院冻结的前提下,作为发包方如何保护另一联合体成员的合法权益的所作所为,值得借鉴。

法务实例35:联合体之间的应得合同款是否可作为一方的债权转让标的

案情简介:

20××年3月福建某公司与湖南某公司及中石化某建筑安装公司签订了两份加热炉的制造、安装、施工总承包的三方合同。其中湖南某公司负责加热炉的制造与加工,中石化某建筑安装公司负责现场安装与施工。湖南某公司与中石化某建筑安装公司签订了一份联合体合作协议,双方约定了联合中标福建某公司加热炉项目的权利义务,其中约定福建某公司与湖南某公司负责结算,其中约定了湖南某公司应向中石化某建筑安装公司收到工程款后,10天内支付给中石化某建筑安装公司。至案发时,湖南某公司欠付中石化某建筑安装公司工程款共计150.5万元,其中一份合同欠付60.5万元,另一份欠付90万元。湖南省岳阳市岳阳楼区人民法院(以下简称岳阳楼区法院)向福建某公司发出了(2015)楼执字第674-2号协助执行通知书及(2015)楼执字第674-3号协助执行通知书。后湖南某公司因破产清算,将福建某公司的工程应付款作为债权全部转让给了湖南某公司的股东姜某,姜某向湖南某公司所在地法院提起诉讼,要求福建某公司确认债权转移有效,并向其支付全部剩余工程款项。

明法晰理:

笔者作为福建某公司的法律顾问,组织相关办案人员对案件进行了讨论,大家一致认为作为福建某公司,应在不损害本公司利益的情况下,全力协助现场实际施工方中石化某安装公司实行债权,以保证安装质量的后续维护与保证,最终形成了以下处理意见:

第一,湖南某公司的债权转让行为侵害了联合体中石化某建筑安装公司的合同利益。

福建某公司庭审中主张:原告和第三人湖南某公司,根据三方合同关于“所有款项买方直接支付给卖方,由卖方按照合同要求开具各项票据给买方;买方不得支付款项给中石化某建筑安装公司”之规定,认定湖南某公司是三方合同项下唯一的债权人,并认为被告协助法院执行湖南某公司债权260万元冻结款一事,进一步印证了湖南某公司是三方合同唯一的债权人是错误的。

事实上,三方合同在作出上述规定之前,已明确规定“本合同约定的全部工作由湖南某公司和中石化某建筑安装公司的联合体完成,联合体双方的各项权利和义务详见联合体协议。湖南某公司作为联合体的主体单位,承担现场对中石化某建筑安装公司的施工管理工作;为便于区别,以下对湖南某公司简称卖方,对中石化某建筑安装公司简称施工方”。因此,根据三方合同上下文全部内容,以及中石化某建筑安装公司既是联合体一方当事人,又是三方合同一方主体,与湖南某公司共同参与三方合同签订、履行并实际完成了三方合同项下全部工程施工任务,同时三方合同的货款和施工款也是按照采购和施工进度分别列支的等事实(详见被告证据9、10第4页第4条:支付条款),所谓所有款项买方直接支付给卖方,只是为了便于卖方湖南某公司对中石化某建筑安装公司实施有效管理,以确保项目建设顺利完成。根据权利义务对等原则,湖南某公司不是实际施工人,当然对施工费不享有权利。因此,仅凭“所有款项买方直接支付给卖方……”就认定湖南某公司是三方合同项下唯一的债权人,显然是曲解合同,也与事实不符。

三方合同项下质保金债权共计433.7万元,分别由两个三方合同组成,其中编号257(注1)的合同总价3723万元(含施工费670万元),质保金为合同总价的5%,计186.15万元;编号258的合同总价4951万元(含施工费980万元),质保金为合同总价的5%,计247.55万元。

由于上述质保金是由包括施工费在内的合同总价5%的款项构成,因此上述质保金债权是三方合同联合体各方按份共有的债权。湖南某公司作为联合体的主体单位负责三方合同价款的结算,因此湖南某公司负有向两中石化某建筑安装公司按份支付工程款的责任。湖南某公司实际欠付中石化某建筑安装公司工程款共计150.5万元,该欠款是三方合同项下的施工费,也是三方合同总价的组成部分,具有特定属性,依法应从上述质保金债权中支付给中石化某建筑安装公司。因此,只有在扣除应支付给中石化某建筑安装公司的工程款份额和质量问题处理所需费用9.2万元后,湖南某公司才对除安装施工质保金外的剩余份额拥有权利,即湖南某公司在433.7万元质保金债权中,实际享有的份额为274万元(433.7万元-150.5万元-9.221397万元≈274万元)。

因此,在岳阳楼区法院对260万元冻结款执行中,法院作为发包方以第三人的身份主张,协助法院按照湖南某公司在两份三方合同项下债权的份额，在预留了欠付中石化某建筑安装公司工程款份额后，分别对两份三方合同项下湖南某公司的债权份额进行执行的。

在岳阳楼区法院对湖南某公司的债权以260万元为限冻结后，湖南某公司在三方合同项下的债权数额实际只有14万元(433.7万元－260万元－150.5万元－9.221397万元≈14万元)，湖南某公司却将质保金余款共计173.7万元全部转让给了原告，该债权转让显然超出了湖南某公司在三方合同项下的债权份额，侵害了中石化某建筑安装公司的工程款。

第二，原告故意混淆协助执行案件与本案的性质，其行为不构成善意取得。

原告与湖南某公司于2015年7月2日签订《执行和解协议》，2015年7月7日岳阳楼区法院就原告与湖南某公司民间借贷纠纷一案向被告送达协助执行通知书，该案件法院要求协助执行的款项为165万元，此时尽管《执行和解协议》和《债权转让通知书》均已实际存在，但原告和湖南某公司均未通知被告。当被告在协助执行通知书的送达回证备考栏中备注"待核实并具备付款条件后再按法院协助执行通知书执行"后，湖南某公司于2015年7月9日向被告送达了《债权转让通知书》(通知书的落款时间为7月5日)，原告于2015年7月30日向被告送达了《执行和解协议》，并要求被告支付债权转让款。

从上述事项的时间安排以及原告在起诉状和庭审中的举证、质证、答辩等情况可以看出，原告显然事先就知道三方合同的内容，并知道转让债权应取得被告的书面同意，且估计到被告不可能同意。于是，先是刻意隐瞒债权转让一事，以协助执行案件诱使被告作出同意协助执行的意思表示，然后故意混淆协助执行案件与本案，在起诉状中以协助执行案件款项相同的数额即165万元主张债权，而不是《执行和解协议》和《债权转让通知书》中明确的173.7万元，并以被告在备考栏已作出同意对165万元予以协助执行的意思表示，来制造被告已经同意支付债权转让款165万元的假象。由此可知，原告在起诉状中将173.7万元写成165万元的真正原因，并非如原告当庭主动解释的那样简单，即"因没有认真核对而导致的笔误"。原告的真实目的，就是以放弃173.7万元与165万元的差额为代价，实现其受让的债权。由此也说明，原告对其受让的债权依法不可转让，且最终可能无法实现是明知的。

此外,庭审中原告和湖南某公司开始表示不知道有三方合同,后又表示只知道有一份三方合同,再后又表示不知道有两份三方合同等,说明原告和湖南某公司都在极力否认原告应当知道三方合同的内容,但由此也使原告凭什么同意与湖南某公司签订《执行和解协议》,《执行和解协议》认定湖南某公司对被告有173.7万元到期债权的依据是什么等本没有疑问的问题成为疑问。究其原因,只能是为了掩盖原告明知三方合同项下债权按照当事人约定属于依法不可转让的事实。因为只有这样,原告才能给自己套上不知情的善意受让人身份继续主张并实现其受让的债权。但事实上,两份三方合同的内容相同。因此,即便如原告所说,其只知道有一份三方合同,原告也应当知道三方合同项下债权转让应取得合同各方的书面同意。

实质上,原告在债权转让中既非不知情,也无任何善意,且具有明显的为实现自己的利益,不惜侵害中石化某建筑安装公司合法权益的主观故意。

第三,联合体一方与湖南某公司之间的转让协议,不具有债权转让的法律效力。

庭审中,原告和湖南某公司均未提供被告和三方合同各方同意其债权转让的书面证明,只是一再表示已向被告送达了《债权转让通知》,并认为债权转让自被告收到通知之日起即发生法律效力。但《合同法》第79条明确规定,“按照当事人约定不得转让”的债权,依法不得转让。因此,按照三方合同第11.5条的约定,湖南某公司送达债权转让通知书不代表其有权转让债权,被告收到债权转让通知书不等于认可了湖南某公司的债权转让,“在未获得相应书面同意之前”,《债权转让通知》对被告和三方合同各方不产生任何法律效力。

第四,联合体一方破产清算时,发包方为保障另一联合体断续履行合同,是否有权对破产方的债权进行拆分,认为另一联合体应得的工程款不属于破产一方的破产债权,而发包人可基于不安抗辩权将工程款直接支付给非破产联合体的另一方。

综上所述,原告与湖南某公司的债权转让行为,因缺乏法律规定的生效条件,对被告和三方合同各方均无法律效力,可以恳请岳阳楼区人民法院依法驳回原告的诉讼请求。

案件的最终结果如笔者所预料那样,福建某公司向法院主张涉案的债权不应包括中石化某施工单位的应收工程款项,这样就简化了处理问题的复杂程度。也就是说作为发包方在向清算组或人民法院申报债务时,完全可以扣除应支付给实际施工人应得的债权。这样并不违反相关法律。因为协助债权以财务账面已经形成的金额为准,债务人有权以没形成应付账款为由拒绝全额支付,而保留应向实际施工方支付的部分,后期要求实际施工人或实际的债权人通过法院另案主张权利,形成法庭和解从而了结未了结的债权债务。也就是说清算组将应支付给其他联合体的工程款列为破产资产是错误的,发包方与联合体相对方完全可主张不属于破产资产而另行主张,一般是权利方为原告,发包方为被告,另一联合(一般为破产清算组)为第三人,通过法院以和解形式或裁定确定实际的债权债务关系。

Chapter 7

第7章

表见代理：

建设工程纠纷中行为合法性的认定与排除

在建设工程施工过程中存在大量的项目经理或实际施工人以承包人名义对外缔结合同的情况，但建设工程项目中普遍存在的非法转包、违法分包、借用资质的市场乱象，就具体案件能否构成表见代理因涉及各方利益的分割与平衡，以及针对表见代理制度法律规定的原则性的解读角度不同，往往会引发较大争议，而表见代理的合法性的认定往往成了解决纠纷的关键。

一、表见代理的法理分析

所谓代理,系指代理人以被代理人的名义为法律行为,且法律效果归属于被代理人的法律行为。

表见代理从广义的角度理解,是指行为人无代理权、超越代理权或代理权终止后仍以被代理人名义缔结合同,由于行为人具备被授予代理权的权利外观,从而使相对人有理由足以相信行为人有代理权并与之实施法律行为,为保护交易安全及善意相对人的信赖利益,故而认定该代理行为有效,由被代理人承担相应法律后果的一项法律规定。

表见代理与有权代理存在本质区别,在行为人是否具备代理权存疑时,应先行审查是否为有权代理,而不应越过该程序直接去套用表见代理的构成要件。若根据现有之证据可认定行为人确为有权代理,则针对该代理问题的举证程序即应终结,无须再去审查相对人是否"善意且无过失"等。因此,被代理人应首先对行为人确系无权代理的事实进行举证,如行为人超出授权范围、行为人非本单位工作人员、缔约所用之公章或合同章系私刻或盗用、授权材料为伪造文件、行为人的授权已然终止等,若被代理人举证不能的,则需承担不利的法律后果。

最高人民法院在审理徐州中铁物资有限公司与龙成建设工程有限公司、江苏耀华特种玻璃有限公司等买卖合同纠纷案件中,即体现了该种裁判思路。最高人民法院认定,行为人徐某峰等对外签订和履行涉案合同,属职务行为,故龙成建设工程有限公司申请再审,称二审判决未能认定徐某峰等人的行为属于无权代理,未能从是否构成表见代理的角度确认当事人应负责任,属于适用法律错误的理由不能成立。最高人民法院在审理杨某与云南九州建设集团有限公司、曹某清民间借贷纠纷案件中,亦明确阐明其审查思路,是否应由九州公司承担清偿债务的责任,就要审查曹某清的借款行为是职务行为还是个人行为,曹某清是否构成有权代理,是否构成表见代理。最高人民法院在审理天长市远东钢材贸易有限公司与天长市腾达建筑安装工程有限公司买卖合同纠纷案件中,最高人民法院即认定,案涉合同是唐某来以项目名义签订,且结合案件证据综合判断,远东钢材公司是将唐某来等作为还款主体,而非腾达建筑公司,故其并非因相信唐某来有权代理腾达建筑公司而与其签订合同,故不应认定为表见代理。实践中存在的另一相反情况是,行为人虽以自己名义与相对人缔结合同,但相对人是出于对行为人权利表象的信赖而与之缔约,在相对人举证充分的情况下,仍应有适用表见代理之可能。

表见代理和职务行为有明显区别：第一，前者系无权代理，后者是有权代理；第二，后者一般是法人或非法人组织的工作人员履行相关职责的行为，无须法人和其他组织的特别授权，但其行为后果由法人或其他组织承担，而前者则不仅限于法人或非法人组织的工作人员，还包括法人或其他组织之外人员的行为；第三，后者认定相对简单，只要是法人或其他非法人组织的员工实施的履行职责的行为，一般即可认定为职务行为，表见代理制度由于其实质上为无权代理，为了保护善意第三人利益，依据法律规定产生有权代理的后果，为了保护被代理人的权益，法律赋予被代理人追偿权。

因此，如果对外从事相关行为人的身份为项目经理或企业职员，则对其行为的判断当归属于职务行为或表见代理；如果对外从事相关行为人的身份为实际施工人，因为隶属关系的缺乏，则只能从认定是否构成表见代理的思路出发去解决问题。

二、表见代理的法律渊源与构成要件分析

表见代理的规定最初体现于《合同法》第 49 条[1]。作为对被代理人的救济措施，最高人民法院《关于适用〈中华人民共和国合同法〉若干问题的解释（二）》（以下简称《合同法解释（二）》）第 13 条明确了被代理人承担责任后对无权代理人的追偿权。但由于合同法对表见代理的规定过于原则，《最高院民商事指导意见》第四部分“正确把握法律构成要件，稳妥认定表见代理行为”，进一步阐明了表见代理的认定规则及构成要件，促进了司法实践中表见代理制度适用的规范性。鉴于《民法总则》（2017 年 3 月 15 日第十二届全国人民代表大会第五次会议通过）第 172 条仍然延续了《合同法》第 49 条中关于表见代理的原则性规定，《最高院民商事指导意见》仍是司法实务中认定表见代理的重要依据。

当然，法律也规定利害关系人对表见代理的成立负有举证责任，其提供的证据要求足以证明“善意且无过失地相信行为人具有代理权”。《最高院民商事指导意见》第 13 条规定相对人不仅应举证证明存在有权代理的客观表象，还应证明其善意且无过失地相信行为人具有代理权。表见代理构成要件之一即“相对人有理由相信行为人有代理权”，其要求行为人在客观上形成具有代理权的表象以致相对人产生合理信赖。在被代理人已举证证明行为人系无权代理且未能证明其不具有可

---

〔1〕 参见《民法典》第 171 条。

归责性的前提下，举证责任应转移至相对人，由相对人举证说明行为人虽系无权代理但具备授权的权利外观，其因有理由信赖行为人具有代理权而与之为法律行为，在举证不能的情况下，相对人则需承担不利的法律后果。

不难分析，表见代理的构成要件主要有以下几点：第一，须行为人无代理权。即行为人对所实施的代理行为没有代理权。第二，须有使相对人相信行为人具有代理权的事实或理由。这是成立表见代理的客观要件，以行为人与被代理人之间存在某种事实上或者法律上的联系为基础。通常情况下，行为人持有被代理人发出的证明文件，如被代理人的介绍信、盖有合同专用章或者盖有公章的空白合同书，或者有授予代理权的通知或者公告，当然包括曾经有代理权，而事实上并不知晓其代理权已经失效。第三，须相对人为善意且无过失。这是表见代理成立的主观要件，即相对人不知行为人所为的行为系无权代理行为。第四，须行为人与相对人之间的民事行为具备民事行为的有效要件。表见代理发生有权代理的法律效力，因此，表见代理应具备民事行为成立的有效要件，即不得违反法律或者社会公共利益等。

三、建设工程中表见代理效力的认定与排除

表见代理效力的认定，应遵循从“有权代理到无权代理再到表见代理”的认定路径，即被代理人应首先举证以排除有权代理的可能，在此基础上，方可适用表见代理。

由于建设工程的复杂性，仅仅适用表见代理的一般要件并不能解决实质问题，对于建设工程中的表见代理，合同是否加盖项目部或施工人印章就成了判断表见代理的关键要素。

除一般构成要件外，表见代理行为的认定，仍应认真分析以下几种情形。

（一）相对人主观上应认定行为人系代理人

相对人主观行为效力的认定主要包括项目经理与项目部职员对外行为的效力认定。

1. 项目经理或项目部职员对外行为的认定

根据《建设工程项目管理规范》（GB/T 50326—2006）规定，项目经理，系公司法定代表人在建设工程项目上的授权委托代理人。项目经理应由法定代表人任命，并根据法定代表人授权的范围、期限和内容，履行管理职责，并对项目实施全过程、全面管理。就项目经理为工程建设的正常推进而对外以承包人名义订立的合

同,债权人要求承包人承担法律行为的,一般情况下应予支持,除非承包人有充分证据可证实债权人明知或应知项目经理无相应权限。

2. 项目经理对外收取工程款、借款、担保行为的效力认定

就项目经理以承包人名义对外收款(主要指以项目经理个人账户收款的行为)、借款或对外担保的行为,能否构成表见代理,司法实务则有不同认定。一般来讲,项目经理无明确授权而对外收取工程款、借款或担保的行为不应认定为表见代理。项目经理在履行项目建设过程中的职权一般为:组织工程项目部,调配并管理进入工程项目的人力、资金、物资、机械设备等生产要素,指挥工程项目建设的生产经营活动,参与工程竣工验收,参与工程价款的结算等。因此,项目经理对外收取工程款、借款或担保的行为已明显超出其职权范围,属于项目经理在建设工程项目管理中的违规行为,相对人仅凭项目经理的身份即主张其具备权利表象的,不应构成表见代理。当然如果合同明确约定,项目经理具有这一权利那就另当别论。

3. 项目部成员签字行为的效力认定

关于项目部成员的行为性质,应区别对待项目部成员签订合同、确认债务、工程量、进行结算等行为系盖章还是签字。

首先,审查行为人身份。根据企业出具给项目经理的聘书或授权委托书、建筑工地上悬挂的人员结构图、与其签订合同、出具欠款字据的人曾经以项目部成员的特定身份参加有关会议的会议记录;有该人以项目部成员的特定身份签字的与建设工程有关的一些资料等审查签字人的身份是否为该项目部成员。

其次,根据签字人的职责范围或授权范围,确定是否具有代理权限。若签字人的行为系在其作为项目部成员的职责范围内,或者签字人有明确的书面授权,或者公司以付款等方式表示对签字人行为的追认,此时构成有权代理;若无,则为无权代理。

再次,从相对人角度审查。审查的核心在于该行为是否具有公司代理权的外表或假象。这些外表或假象包括但不限于:项目部成员尤其是项目经理所用的私人印章在公司有备案,或者其曾用私章进行过结算并得到公司的认可;曾经代表企业与债权人进行过交易且企业以付款方式予以认可等。同时需审查债权人是否为善意无过失,即债权人不知道也不应当知道项目部成员实际上不具有对外订立合同的代理权。若满足以上要件,则构成表现代理,公司应当承担责任;若不构成表现代理,则由个人自行承担责任。

最后,对于相对人而言,其尚需善意且无过失的相信行为人有代理权。如何认定善意且无过失,《最高院民商事指导意见》在第 14 条作出了指引,即“人民法院

在判断合同相对人主观上是否属于善意且无过失时，应当结合合同缔结与履行过程中的各种因素综合判断合同相对人是否尽到合理注意义务，此外还要考虑合同的缔结时间、以谁的名义签字、是否盖有相关印章及印章真伪、标的物的交付方式与地点、购买的材料、租赁的器材、所借款项的用途、建筑单位是否知道项目经理的行为、是否参与合同履行等各种因素，作出综合分析判断。”

表见代理中善意无过失问题。所谓善意无过失，是指相对人不知道且不应当知道无权代理人实际上没有代理权。所谓无过失，是指相对人不知道行为人没有代理权并非因疏忽大意或懈怠。除前一部分探讨的内容外，在表见代理的认定中还要注意以下问题。

合同的缔结时间。例如，原告供货的时间系在工程竣工之后，其在工程已不需要建筑材料的情形下向被告供货，且既不能证明所供货物实际交付于工地，也不能证明所供货物实际用于工地，可以推定其主观上非善意。实践中，有些实际施工人在工程结束后甚至为躲避债务时，还出具欠条或收条，让持有欠据的债权人向建筑单位主张权利，属于恶意串通损害建筑单位利益。

建筑单位是否知道、是否参与合同履行。建筑单位对实际施工人的缔约或结算行为进行追认的，无权代理毫无疑问转化为有权代理。如果建筑单位明知实际施工人以其名义，而不予阻止或不作否认表示的，该沉默构成默示方式的追认。即使认为默示不是一种追认的意思表示，只是使无权代理具有了权利外观而变成表见代理，只要相对人能够证明你曾经有过该默示行为，则应认定其已尽到善意无过失的注意义务，就可以发生由建筑单位承担责任的法律后果。如何证明呢？实践中向被代理人发出要求确认代理人是否具有代理权的催告函或律师函较为常见。此外，在合同履行的过程中，如果建筑单位曾有代付行为的，还应当对付款原因综合判断是否成立追认。在没有追认意思表示的情形下，如果建筑单位不愿意继续支付余款的，还是应由行为人付款。

相对人非善意的情形。一般而言，代理权的表象能经合理推论成立，可认定相对人是为善意无过失的。但也不能一概而论，但相对人知道或者应当知道无权代理人没有代理权时，也不能认为相对人是善意的。相对人在发生业务时，如果已经看到内部承包合同，知道或者应当知道存在挂靠、转包、违法分包、私刻、伪造、盗用公章等情形，但仍同意行为人以建筑单位名义与之发生法律关系的，不应认定为表见代理。

（二）与建设工程有关印章的效力认定

在建设工程诉讼纠纷处理中，有很多纠纷来自项目部各种印章的管理，主要有项目部印章、技术专用章、资料专用章及质量验收章等,不同的印章应区别不同的情况,结合案情进行具体分析。

1. 技术专用章、质量验收章或资料专用章等的效力认定

在建设工程项目施工中存在大量的项目经理或实际施工人以技术专用章、质量验收章或资料专用章签订合同的情况,就该等印章的效力问题,要结合相关证据全面理解。一般情况下,技术专用章等不具备对外缔约的法律效力,除非有被代理人授权或综合当事人的交易习惯、交易先例、交易历史等可以认定该印章具有订立合同的效力。但印章虽具有证明效力,且在一般情形下印章持有人有理由被视为具备权限之代理人,但在使用技术专用章、质量验收章、资料专用章的情况,盖印章已然通过其刻制的名称明确限定其使用范围及其权力边界,此时相对人仅凭该等限权印章即与行为人缔结合同,很难理解达到"合理信赖"之程度,故不应构成表见代理。同理,该种认定规则也应适用于已明确注明"签订经济合同无效""不得对外订立合同"等信息的印章。

例如,在段某连与重庆市渝万建设集团有限公司、重庆凯安建筑劳务有限公司等租赁合同纠纷案件中,最高人民法院即认为,资料专用章应专用于与公司资料有关的活动,其不具备签订合同的效力,段某连也未举证证明该资料专用章曾用于签订合同,从而具备签订合同的效力,合同相对方段某连对此未尽必要的注意义务,其关于表见代理的主张不能成立。在陈某兵与国本建设有限公司、中太建设集团股份有限公司民间借贷纠纷案件,江苏九鼎环球建设科技集团有限公司与上海闽绪物资经营部买卖合同纠纷等案件中,最高人民法院皆持此观点。

如果相对人可举证证明存在特别授权或根据双方交易习惯、经济往来或被代理人在其他经济活动中曾使用该等印章缔结、履行合同的情况等,达到相对人"有理由信赖行为人有代理权"之程度的,亦应可构成表见代理。在王某与青海省建设工程总承包有限公司建设工程施工合同纠纷案件中,最高人民法院即认定,技术资料专用章系总承包公司项目部内部施工用章,一般不作为对外公章使用。但根据法院查明的事实,总承包公司在与多个主体的经济往来中均使用过该技术资料专用章,其他施工各方对加盖该技术资料专用章即能够代表总承包公司行为均已产生信赖。

法务实例36:现场施工人员以技术资料专用章签订合同的效力认定

案情简介:

张某是甲公司的现场实际施工人员,李某因向甲公司某施工现场提供材料,张某用甲公司技术资料专用章加盖在合同中,后形成纠纷,李某将张某及甲公司诉诸法律主张实际施工人持技术资料专用章与出卖方签订合同的行为构成表见代理,出卖方无须尽到善意无过失的谨慎注意义务。

法院经审理归纳本案的争议焦点是:原、被告之间是否存在买卖关系?对此,原告负有举证责任。

法院认为,第一,原告提供的由张某签订的《某商务中心综合楼装修工程供货合同》加盖"甲公司技术资料专用章",该印章表明"仅限技术资料,用作其他无效",在张某未提供介绍信、委托书等其他材料让原告李某有理由相信其有权代表或有权代理被告的情况下,原告应尽到充分注意义务来判断张某的行为是否对被告具有约束力,而张某仅出示技术专用章,该章表明"仅限技术资料,用作其他无效",一般常人都能判断该印章不能作为合同章,原告理应注意到张某持该章与原告签订合同的行为不构成表见代理,对被告不具有约束力;第二,原告提供了《销售出库单》来证明事实上原告向被告供应了货物,法院认为,原告未能举证《销售出库单》上的签收人员的身份,被告亦不予认可这些人员系被告员工,且《销售出库单》上加盖的是技术专用章,故签收人员签收货物的行为对被告不具有约束力;第三,原告提供《上海增值税普通发票》来证明原、被告之间存在买卖关系,但不能以此证明被告收到了发票上所列明的货物。

2. 使用项目部章行为的效力认定

诉讼实践中,若合同签订或债务确认等行为系使用项目部印章,多数意见认为可以构成表见代理行为,由公司承担责任。当然还要注意以下几种情况:

第一,无授权、有项目部印章,构成表见代理。在(2015)民申字第1620号案和(2013)粤高法民二申字第900号案中,实际施工人均以项目部名义与合同相对人签订钢材买卖合同,约定送货地点为施工工地,并加盖项目印章。最高人民法院和广东省高级人民法院分别在两起案例中认定构成表见代理。

第二，无授权、无项目部或名义施工人印章，不构成表见代理。在(2014)粤高法审监民提字第62号案中，实际施工人以承包人名义与合同相对人签订钢材买卖合同，约定送货地点为施工工地，未加盖名义施工人或项目部印章，虽然名义施工人向合同相对人支付了部分货款，广东省高级人民法院仍认定不构成表见代理。

第三，合同所盖印章无论真假，不影响表见代理的认定。对于使用私刻印章情况，如果公司事后对印章使用予以认可，则是有权代理行为；如果项目部成员使用私刻印章从事授权范围和法律规定外的事项，严重损害公司和第三人合法权益时，将构成刑事犯罪。

在(2015)民申字第1620号案中，最高人民法院认为合同相对人"到工商管理部门核实签章的真实性并非签订合同的必要环节"。在(2015)民申字第3341号案中，最高人民法院认为要求供货人证明合同所盖印章系经授权合法刻制，增加了供货人的证明责任。从上述判例中最高人民法院的观点来分析推定，在没有证据证明合同相对人明确知道印章系伪造的情况下，推定合同相对人有理由相信合同所盖印章为真，即印章真假不影响表见代理的认定。

法务实例37：现场施工人以单位项目部印章签订《产品买卖合同》的行为不构成表见代理

案情简介：

某年甲某将一批货物运至被告承建的案涉工地，并签订一份《产品买卖合同》，由现场管理人员蒋某新加盖其施工单位的项目部印章，并负责收货。后甲某多次到现场主张要求项目部支付货款，没能如愿。随后诉诸法院。法院认定，出卖方与行为人签订购销合同时，虽然其在合同上加盖的是施工单位项目部印章，但该印章已注明"不得用于任何经济来往和经济合同"，出卖方又未提供行为人具有代理权表象的其他证据，故其签约、履约行为不构成表见代理。

明法晰理：

法院归纳本案的争议焦点在于合同相对方的认定。原告主张合同相对方为印章抬头方浙江翔宇市政园林建设有限公司，理由如下：(1)蒋某新系履行职务行为，代表被告签订合同；(2)如蒋某新的行为不是代表行为则构成表见代理。被告抗辩其未曾与原告签订过合同,蒋某新也并非被告公司员工,其不是合同相对方。

法院经审理后认为,根据现有证据尚不足以认定浙江翔宇市政园林建设有限公司为案涉合同相对方,理由如下:

1. 合同签订主体非本案被告。从原告提供的《产品买卖合同》看,买受人处虽手写为“浙江翔宇市政园林建设有限公司”,但在买受人处加盖的印章为浙江翔宇市政园林建设有限公司项目部印章,而且该项目部印章中注明“不得用于任何经济来往和经济合同”。

2. 原告无证据证明合同签订人蒋某新系工程实际施工人或者为被告员工。在被告否认蒋某新为案涉工程实际施工人,亦否认其系被告公司员工并提供了《工程施工承包协议》以证明实际承包方为案外人李某平的前提下,应由原告进一步举证证明蒋某新的身份情况。在原告未提供证据证明蒋某新及李某平等人的身份情况的前提下,本院无法认定蒋某新系被告员工或者案涉工地实际施工人。关于原告为证明蒋某新等人的身份情况向本院提出的调查取证申请。本院认为,依据法律规定,当事人及其诉讼代理人申请人民法院调查收集证据,应当提交书面申请。申请书中应当载明被调查人的姓名或者单位名称、住所地等基本情况、所要调查收集的证据的内容、需要人民法院调查收集证据的原因及其要证明的事实。本案中,原告在向本院提交的调查取证申请书中仅记载“文理学院基建负责人和财务”,未明确被调查人的姓名或者单位住所地等基本信息,亦未明确所要法院调查收集的证据名称,故本院无从调取,仍应由原告承担举证不能的不利法律后果。

3. 原告在签订合同时主观上存在过失。根据原告陈述,案涉合同签订在先,货物发送在后。但从所签合同中甲方加盖的印章可以看出该项目部印章已明确不能用于经济来往或者经济合同,表明被告对该印章用于经济往来不予认可。在蒋某新仅持有该印章与原告签订合同,而未有其他足以让原告相信其有权代表或者代理被告签订合同的客观表象的情况下,蒋某新的行为不构成表见代理。

综上,原告主张的蒋某新系代表被告或者构成表见代理的理由均不能成立。因原告提供的证据尚不足以证明案涉合同相对方为被告,故其要求被告支付货款,本院不予支持。至于原告主张的货物已运至被告承建的案涉工地且已用于案涉工程中,与合同相对方的认定并无直接因果关系。如原告能进一步提供证据证明其主张成立,亦可另行提起诉讼。

(三)实际施工人的行为认定

在建设工程纠纷中,实际施工人行为的认定往往成为诉讼的焦点问题,因此应谨慎对待,认真分析。

1. 实际施工人签订合同的行为认定。关于实际施工人对外从事的合同行为能否认定为表见代理,依据常规的判断规则,需要考察代理权存在的客观因素和相对人的主观因素,对此,可综合考虑以下因素。

首先,书面文件。其又可细分为授权性文件和身份性文件。所谓授权性文件是指表明被挂靠企业授权给实际施工人权限的书面文件,如项目经理任命书、委托书;所谓身份性文件,是指能够表明被挂靠企业身份的文件,在缺乏授权性文件时,如果实际施工人持有能够表明被挂靠企业身份的文件,则相当于实际施工人以行为表现了其与企业之间所具有的亲密关系和权限外观,同样具有使人相信其有代理权,如笔者曾经代理过实际施工人将坑基支护项目分包给个人施工,而该施工人并无合同,也无相关资料能够证明其合法性,最后通过其由实际施工人为分包施工人发放的进驻项目的出入厂证得以证明实际施工人的代理行为。此类文件还包括以下证据形式:被挂靠企业的营业执照、盖有公章的建设工程施工合同、接受工程款的被挂靠企业的真实账户、银行转账流水、进出厂证或培训档案等。

其次,对外公示资料。建设工程领域中,被挂靠企业时常在施工过程中存在大量的对外公示的资料。如建设工地的标语、项目公示牌,其中往往表明工程承包方和项目经理的名字。如果实际施工人与第三人在上述工地签订材料供应类的合同,且送货地亦是建设工地时,某种程度上就可作为判断具有授权表象存在的依据。

再次,履行方式。就表见代理的认定而言,其法律要件判断集中在签订合同之时,而非后续的履行过程中。然由于建设工程领域情况复杂,且不乏口头协议存在的情形,故此,履行方式从某种程度上成为一个用来帮助解决争议的辅助考察因素,也即一种受益人标准,具体可包括供货的签收人、货物的目的地、使用地。

最后,有理由相信。实际施工人的代理权还要从相对方是否有理由相信其代理权存在。如王某华与湖北省工业建筑总承包集团第三建设工程公司等买卖合同纠纷案件中,最高人民法院即认定,实际施工人张某义虽以自己的名义与王某华签订了《钢材供应合同》,但结合张某义在该工程中全面负责施工以及以委托代理人名义签订施工合同等事实,相对人有理由相信张某义有代理权。

2. 合同相对人与实际施工人存在亲属关系的效力认定。影响表见代理的认定在(2015)民申字第1895号案中,实际施工人以项目部名义与其亲戚签订借款合同,并加盖项目部印章,借款直接汇入个人银行账户,最高人民法院认为,虽然具备一定有权代理表象,但实际施工人与合同相对人系表兄弟关系,合同相对人应当知晓实际施工人的身份和借款用途,加之借款未直接汇入名义施工人账户,存在形式瑕疵,不构成表见代理。

在实际施工人对外借款的情况下,借款一般不会汇入名义施工人账户,而是直接进入实际施工人或其指定人的账户,因此,一般必然存在形式上的瑕疵,法院会否仅凭该瑕疵即认定不构成表见代理,目前尚不能得出结论性意见。但最高人民法院将当事人之间的亲密关系作为判断合同相对人主观态度的依据这一裁判思路值得参考。

3. 合同相对人签字确认名义施工人的免责声明,不构成表见代理。在(2015)粤高法民二申字376号案中,实际施工人以名义施工人分公司名义签订钢材买卖合同,并加盖分公司公章,名义施工人在合同上盖章并备注仅协助支付货款,相关合同义务由实际施工人承担,实际施工人和合同相对人签字确认,最高人民法院认为钢材买卖合同关系发生在实际施工人与合同相对人之间,名义施工人支付货款只是代付行为,不构成表见代理。

4. 名义施工人使用项目部资料专用章的效力认定。合同上加盖项目部资料专用章超出该公章使用范围,影响表见代理的认定。在(2014)民申字第1号案中,实际施工人以项目部名义签订借款合同,并加盖项目部资料专用章,最高人民法院认为借款合同不属于工程项目资料,故在借款合同上加盖项目部资料专用章超越了该公章的使用范围,在未经追认的情况下,不能认定借款合同是名义施工人的意思表示。从上述判例中可以分析推定,项目部资料专用章并不能产生代理权表象,在没有其他证据支持的情况下不构成表见代理,即施工企业无须承担与之对应的法律责任。

法务实例38:以技术资料专用章签订的合同不构成表见代理

案情简介:

某年某月某日,张某华到李某所在仓库提货,李某草拟一份《世和商务中心综合楼裙楼装修工程一期工程供货合同》要求张某华加盖公司印章后发货,张某华没有加盖公司印章,也不是合同专用章,而是一枚“浙江亚厦装饰股份有限公司技术资料专用章”,且印章标明“仅限技术资料,用作其他无效”。由于张某华说用料较急,就在《销售出库单》作了签收,李某要求张某华支付货款,一直未如愿,无奈起诉到法院,主张要求印章的抬头名单位支付货款。法院经审理后认为,实际施工人持技术资料专用章与出卖方签订合同的行为不构成表见代理,出卖方显然未尽到善意无过失的谨慎注意义务。

明法晰理:

法院归纳本案的争议焦点为:原、被告之间是否存在买卖关系?对此,原告负有举证责任。

法院认为,第一,原告提供的由张某华签订的《世和商务中心综合楼裙楼装修工程一期工程供货合同》加盖“浙江亚厦装饰股份有限公司技术资料专用章”,该印章表明“仅限技术资料,用作其他无效”,在张某华未提供介绍信、委托书等其他材料让原告有理由相信其有权代表或有权代理被告的情况下,原告应尽到充分注意义务来判断张某华的行为是否对被告具有约束力,而张某华仅出示技术专用章,该章表明“仅限技术资料,用作其他无效”,一般常人都能判断该印章不能作为合同章,原告理应注意到张某华持该章与原告签订合同的行为不构成表见代理,对被告不具有约束力;第二,原告提供了《销售出库单》来证明事实上原告向被告供应了货物,因原告未能举证《销售出库单》上的签收人员的身份,被告亦不予认可这些人员系被告员工,且《销售出库单》上加盖的是技术专用章,故签收人员签收货物的行为对被告不具有约束力;第三,原告提供《上海增值税普通发票》来证明原、被告之间存在买卖关系,但不能以此证明被告收到了发票上所列明的货物。

法务实例39:建设工程合同纠纷中表见代理的认定

案情简介:

甲建筑公司承建某工程需要混凝土供应,与乙公司签订混凝土供应合同,为建设需要约定由乙公司在施工处建立自拌站,并由乙公司负责人丙某作为自拌站的负责人,丙某为完成合同与丁某订立混凝土原料砂石供应的口头协议,丁某完成砂石供应后,未收到货款,及时向丙某催要,遂丙某以个人名义向丁某出具欠条,后仍未及时付款,丁某为追回货款,诉至法院。要求法院认定乙公司与甲建筑公司之间构成表见代理,要求甲建筑公司对乙公司所欠货款承担连带责任。

法院经审理后认定,根据丁某的当庭陈述、提交的证据材料,以及被告甲建筑公司代理人的辩解意见,可以认定被告乙公司是欠原告丁某货款主体。虽然甲建筑公司中标承建了工程,并设立了该工程项目部,但无证据证明自拌站系被告甲建筑公司依法设立,或是该公司内设机构,以及丙某是该公司员工。同时从丙某已给付的货款及向丁某出具欠条的事实,也该认定该纠纷与被告甲建筑公司无关。甲建筑公司不是被代理人,不承担赔偿责任。

明法晰理:

法院认定丁某与丙某及戊公司(其法定代表人系丙某)之间构成买卖合同关系,与乙公司之间不构成买卖合同关系;乙公司与丙某及戊某之间不构成表见代理关系。

在本案中,丁某与戊某达成买卖合同,约定由丁某提供混凝土所用砂石,直接运输到乙公司 S343 项目部施工现场的自拌站。丙某、戊某提供混凝土给乙公司。后部分砂石款未支付,为此戊某出具欠条给丁某,丙某系担保人。后因项目部未支付丙某与戊某货款,而丙某、戊某对丁某称因乙公司没有及时给钱,因此其也没有钱支付货款。后丁某起诉至法院,要求法院认定戊某与乙公司之间构成表见代理,要求乙公司对戊某所欠货款承担连带责任。

重要证据:(1)证明欠条一份(丙某以个人名义出具,实质上是替戊某出具的);(2)委托付款函(戊某委托巳公司代为付砂石款)、原告与田某东短信的截屏(项目部经理丁某某多次表态要偿还丁某的石料款)。

庭审中丁某辩称,自己是将砂石送到乙公司项目部自拌站,并指出自拌站系乙公司自己建立的,且自己是基于对于中建五局的信任,以为丙某和戊某是代表乙公司,才愿意送砂石去自拌站。因此乙公司应承担赔偿责任。

法院认为,根据丁某的当庭陈述、提交的证据材料,以及被告乙公司代理人的辩解意见,可以认定被告乙公司是欠原告丁某货款主体。虽然乙公司中标承建了 S343 工程,并设立了该工程项目部。但无证据证明自拌站系被告乙公司依法设立,或是该公司内设机构,以及丙某是该公司员工。同时从丙某已给付的货款及向丁某出具欠条的事实,也该认定该纠纷与被告乙公司无关。乙公司不是被代理人,不承担赔偿责任。

代理律师的庭审意见认为:本案不构成表见代理,主要理由如下:

1. 未尽合理审查义务。丙某与戊某并没有向丁某出具任何可以证明其是乙公司的代理人的信息,也没有告知其是乙公司的代理人。原告在庭审中称,因为知道丙某与戊某是给乙公司供应混凝土,混凝土供应都是由戊某负责,基于此,相信戊某有代理的资格。并由此认定构成表见代理。代理律师认为在商业活动中,当事人为了自己融资或等方面的考虑会夸大自身的能力,此案中的丙某与戊某也同样如此。作为一名久经商场的混凝土供应商,仅凭丙某与戊某的空口无凭,就"单纯地"相信其存在代理权,明显是不合乎常理的。此外,仅凭此点就讲货物供给丙某与戊某,丁某没有尽到合理的审查义务,具有严重过失,基于此,也不应该认定构成表见代理。

2. 满足偿债目的。在这一案件之后,又有几起关于起诉丙某与戊某原料款拖欠的案件。而且根据乙公司庭审陈述也可以看出,丙某与戊某已经资不抵债。丁某之所以要起诉乙公司是因为,丁某知道丙某与戊某没有偿债能力,将乙公司一起起诉,是希望能够实现最后的执行目标。

3. 丁某提供的证据"欠条"中也明确显示只有戊某与丙某,并没有乙公司项目部或者是乙公司的公章。如果此时丁某仍然坚信丙某与戊某是乙公司的代理人,那丁某为何会接受这样一张欠条,这也从侧面反映出丁某实际上是清楚,其合同相对人系丙某与戊某,而非乙公司。此外,原告与田某东短信的截屏、委托付款函,也从侧面表明,中建五局只是代戊某将其在乙公司的货款转付给丁某。

4. "自拌站"这个称谓是任何人办搅拌站都可以使用的,并不能证明是乙公司自己建立的,不存在让丁某相信丙某与戊某产生合理信任的外观。根据日常名称使用习惯,即使这是乙公司自己设立的,也不能保证丙某能够对外代表巳公司。这更大的可能性是两个合同关系。即乙公司与丙某、戊某签订混凝土买卖合同;丙某、戊某与丁某签订混凝土原料买卖合同。然后戊某用购买的原料加工处理后卖给巳公司。之所以建立自拌站与原料送到自拌站是为了节约成本,并不存在表见代理。

Chapter 8

第8章

责任形式:

建设工程诉讼如何认定各方责任的承担

权益受到损害，在责任认定的过程中，根据债的主体双方人数是单一的，还是多数的，债可分为单一之债与多数人之债。因单一之债的主体双方都只有一人，当事人之间的权利、义务比较简单明了，不发生一方主体之间的权利、义务关系；而多数人之债，当事人之间的关系比较复杂，不仅有债权人和债务人之间的权利、义务关系，还发生多数债权人或多数债务人之间的权利、义务关系，同时发生多数债权人或多数债务人之间的权利、义务关系。多数人之债在法律上简单地可分为按份之债和连带之债。在债务人违反法定义务或约定义务并导致民事责任的承担时，与按份之债和连带之债相对应地就形成了按份责任和连带责任这两种民事责任承担方式，这也是依责任人内部的关系所作出的划分。

一、明晰案由：责任形式的识别与分析

对于代理律师来讲，要弄清案由，首先面对的问题就是责任形式的识别与分析。

法理上认为一般责任形态主要有连带责任与按份责任两种形态。

所谓连带责任，是指具有行为或利益上的牵连关系的多数责任主体中的任何一人或多人依照法律规定或者当事人约定，对外均应负强制性全部给付义务而对内具有求偿权的一种民事责任。所谓按份责任，是指多数当事人按照法律的规定或者合同的约定各自承担一定份额的民事责任，又称分割责任。按份责任的最明显的特征是当有数个责任人对债权人承担民事责任时，该数个责任人均是按照自己所应负担的份额向债权人承担责任，某一责任人的承担与否与其他责任人无关。当然如果物权的所有者也存在一定责任时，其他责任人相应地减少其应承担的责任。物权的所有者或持有者与其他人可形成按份责任，但绝不会形成连带责任。

连带责任与按份责任作为多数人责任中两个相对应的民事责任承担方式，两者之间存在较明显的区别。

在同一案件中，某一责任人如对债权人承担的是连带责任，则其不可能又承担按份责任，反之亦然，不可能同时适用。而在法务实践中，对有些案件法官在判定共同责任人承担按份责任后，还会要求共同承担连带支付责任。连带支付与连带责任具有本质的差别。因为连带支付后，可以依法按份对其他人行使追偿权。连带责任中，在数个责任人内部，还是存在责任人之间的责任份额，但这与按份责任是两回事。连带责任虽然在有效保护债权人的利益、维护交易安全和社会经济秩序方面有着很大的作用。连带责任，是严格的法律责任，只能依法成立，也就是说对于代理律师业讲，当主张对方当事人共同承担连带责任时，应识别连带责任的具体的法律规定，否则就可能其主张没有法律依据而被法院驳回。如保证人的连带责任、物上保证人的连带责任、共同侵权人的连带责任、合伙人的连带责任等。

按份责任是指多数当事人按照法律的规定或者合同的约定各自承担一定份额的民事责任。至于按份责任中各个责任人之间责任份额的大小与多少，应由法律规定或者通过当事人自行约定。法律没有规定或当事人没有约定的，推定各责任人承担相同的份额。

连带责任是因违反连带债务或者共同实施侵权行为而产生的责任，各个责任人之间具有连带关系。所谓连带关系是指各个责任人对外都不分份额、不分先后

次序地根据权利人的请求承担责任。

补充责任,是指在责任人的财产不足以承担其应负的民事责任时,由有关的人对不足部分依法予以补充的责任。

二、违约责任:分析建设工程诉讼维权是否存在违反合同的约定的责任追究

违约责任有两大归责原则,即过错责任原则和严格责任原则。

1.过错责任原则。过错责任原则是指当事人一方不履行合同义务或履行合同义务不符合约定时,应当以过错作为确定责任的要件和确定责任范围的依据。此原则将过错视为违约责任的构成要件,体现了强烈的道德价值取向,即有过错即有责任,无过错则无责任。这有利于贯彻诚实守信、遵守诺言、尊重他人劳动和财产的社会主义道德规范。依该原则,只要合同当事人尽到了适当的注意,即使因不可抗力或意外事故造成合同不能履行或不能完全履行,也可以依法不承担责任。同时,每个主体对自己的过错行为负责,也有利于强化人们对自己行为负责的意识。从而有利于正当地实施交易行为,鼓励正当交易和竞争。此外,适用过错责任原则可惩罚有过错的当事人,并可对其起到教育和警示的作用。

过错责任原则虽具有上述优点,但其弊端也显而易见,即当事人在违约时可获得较多免责的机会。而由于当事人在订约时很难预知未来可能出现的导致合同不能履行的情况,当这些情况又不可归责于违约方时,就使合同的履行难以保障;并且有时当事人有无过错很难判断,这就可能会使有过错的当事人却得到了无过错的认可,从而逃脱违约责任,放纵了违约行为。

2.严格责任原则。严格责任原则是指不论违约方主观是否有过错,只要不履行合同义务或者履行合同义务不合约定,就必须承担违约责任。其一,严格责任原则是以实际损害结果为要件的一种归责原则,它不注重于对过错的惩罚,而注重于补偿债权人的损失。这样即使在另一方当事人无过错(自己也没有违约)的情况下也可得到合理补偿,从而避免了因过错责任原则的适用而产生的弊端。相比过错责任,实行严格责任原则,免去了当事人证明有无过错的困难,利于诉讼和仲裁。其二,当事人的违约行为,即不履行或不适当履行合同的行为与违约责任直接联系,互为因果,有利于增强当事人责任心和法律意识。其三,严格责任原则更符合违约责任的本质。从某种意义上讲,合同中双方约定的义务,就是双方当事人为自己制定的法律,当事人违反合同义务,并无法定的免责事由,就应当承担违约责任。

其四,严格责任原则是现代法中合同法发展的趋势。如《联合国国际货物销售合同公约》等许多重要的合同方面的国际公约,也都采取的是严格责任原则。

但是严格责任原则在立法上缺乏弹性条款,也欠缺传统民(商)法上的公平理念。合同法采用双重归责原则,在过错责任原则的基础上,适用严格责任原则就便于合同履行以及合同纠纷的及时解决,也有利于促使当事人严肃对待合同,避免在过错责任原则之下违约方总是企图寻求无过错的理由以逃脱责任的现象,增强当事人责任心和法律意识,有效减少不必要合同纠纷的产生。不同主体的归责原则也不同。如《产品质量法》第 41 条第 1 款“因产品存在缺陷造成人身、缺陷产品以外的其他财产(以下简称他人财产)损害的,生产者应当承担赔偿责任”规定的即为无过错责任。《产品质量法》第 42 条“由于销售者的过错使产品存在缺陷,造成人身、他人财产损害的,销售者应当承担赔偿责任。销售者不能指明缺陷产品的生产者也不能指明缺陷产品的供货者的,销售者应当承担赔偿责任”规定的即为过错推定责任。

在法律责任的认定和承担方面,有以下四个原则可兹遵守。

第一,责任法定原则。其含义包括:(1)违法行为发生后应当按照法律事先规定的性质、范围、程度、期限、方式追究违法者的责任;作为一种否定性法律后果,它应当由法律规范预先规定。(2)排除无法律依据的责任,即责任擅断和“非法责罚”。(3)在一般情况下要排除对行为人有害的既往追溯。

第二,因果联系原则。其含义包括:(1)在认定行为人违法责任之前,应当首先确认行为与危害或损害结果之间的因果联系,这是认定法律责任的重要事实依据。(2)在认定行为人违法责任之前,应当首先确认意志、思想等主观方面因素与外部行为之间的因果联系,有时这也是区分有责任与无责任的重要因素。(3)在认定行为人违法责任之前,应当区分这种因果联系是必然的还是偶然的,直接的还是间接的。

第三,责任自负原则。其含义包括:(1)违法行为人应当对自己的违法行为负责。(2)不能让没有违法行为的人承担法律责任,即反对株连或变相株连。(3)要保证责任人受到法律追究,也要保证无责任者不受法律追究,做到不枉不纵。

第四,责任相称原则。其含义包括:(1)法律责任的性质与违法行为性质相适应。(2)法律责任的轻重和种类应当与违法行为的危害或者损害相适应。(3)法律责任的轻重和种类还应当与行为人主观恶性相适应。

当然不同的案情,在不同的法系依照相同的法律可以判决出截然相反的判决结果。例如,某农场主将自己的一块土地出租给某一生产型公司制造某种产品,租期为 15 年，合同履行到第 4 年时，国家强制性征收了其中的 75% 建设高速公路，承租方以土地承租时的条件发生了改变，不能满足合同签订时的目的为由，向农场主提出终止合同的请求，农场主断然拒绝，无奈之下，承租户向法院提起诉讼，主张终止合同。按照中国法律的规定，这属情势变迁，中国的法官也会认为签订合同时的条件发生了改变，承租方已不能利用剩下的土地达到经营的目的，显然符合合同终止的条件，才能最大限度地保障承租户减少损失，一旦条件成立就可以充分利用法律赋予的权利。而按照英美法，显然这是不可能的，因为根据契约至上原则，签订的合同不可随意终止，国家在高速公路对土地进行征收会考虑对土地主的补偿，也会考虑对佃农的补偿。这就是价值观念与法律文化取向的差异。

三、责任竞合：建设工程诉讼之请求权限制

依据我国《民法总则》和《合同法》等相关法律规定，民事责任依据其行为所涉及民事内容性质可分为合同责任（因违反合同约定的义务或违反合同法规定的义务而产生的责任）、侵权责任（因侵犯他人的财产权益与人身权益产生的责任）与其他责任。一般来讲，如果某一行为既有合同产生的违约责任，又有因民事产生的侵权责任时，一般只能“二选一”进行取舍，并与当事人一同协商作出责任竞合性选择。

（一）权利主张：弄清诉讼当事人的权益所在

民事责任依据行为是否存在过错可以分为过错责任（指行为人主观上有过错而给他人造成了损害而应承担的责任）、无过错责任（指行为人只要给他人造成损失，不问其主观上是否有过错，都应当承担的责任）、公平责任（指当事人对造成的损害都无过错，不能适用无过错责任要求加害人承担赔偿责任，但如果不赔偿受害人遭受的损失又显失公平的情况下，由人民法院根据实际情况，依公平原则判双方或多方分担损失的一种责任方式）等。

在合同纠纷中，会有因违反诚信原则而需要承担侵权补充责任的竞合事项，这也是需要认真对待的事由。

（二）竞合例外：责任追究赔偿也可重复主张

按照一般的观念，一案不两理，存在民事责任竞合的情况下，当事人只能选择其中之一申明请求权。但责任竞合也有例外情况。例如，工伤员工能否重复享受工伤赔偿与民事赔偿就值得思考。

工伤事故损坏赔偿实际上是工伤保险赔偿,用人单位应当为其职工建立工伤保险关系,一旦发生工伤事故,则保险机构对受害人予以赔偿,用人单位不承担工伤事故的民事赔偿责任,职工享受的工伤保险待遇是社会保险的一种,从工伤保险基金予以支付;这与"损害赔偿"的项目、标准、性质并不相同。《工伤保险条例》第2条规定,中华人民共和国境内的企业、事业单位、社会团体、民办非企业单位、基金会、律师事务所、会计师事务所等组织和有雇工的个体工商户(以下称用人单位)应当依照本条例规定参加工伤保险,为本单位全部职工或者雇工(以下称职工)缴纳工伤保险费。中华人民共和国境内的企业、事业单位、社会团体、民办非企业单位、基金会、律师事务所、会计师事务所等组织的职工和个体工商户的雇工,均有依照本条例的规定享受工伤保险待遇的权利。

《人身损害赔偿司法解释》第12条规定,依法应当参加工伤保险统筹的用人单位的劳动者,因工伤事故遭受人身损害,劳动者或者其近亲属向人民法院起诉请求用人单位承担民事赔偿责任的,告知其按《工伤保险条例》的规定处理。因用人单位以外的第三人侵权造成劳动者人身损害,赔偿权利人请求第三人承担民事赔偿责任的,人民法院应予支持。

四、连带责任承担与推卸的制胜战术

连带责任是按份责任的对称。它是指两个以上的债务人,共同负责履行清偿同一债务的行为。债是按照合同的约定或者依照法律的规定,在当事人之间产生的特定权利与义务关系。债权人有权要求负连带债务的人中的全体、部分或任何一个人清偿全部或部分债务。负有连带责任的每一个债务人,都负有清偿全部责任的义务。履行了义务的人,有权要求其他负有连带责任的人偿负他应承担的份额。债务人的连带责任,使债权人的权益得到保障,它是保证债务履行的一种手段。

在民商诉讼中,连带责任是一种较为严重的责任,代理律师对于当事人连带责任的承担是持十分谨慎态度的,对于原告代理律师来讲,总是想办法为没有执行能力的被告寻求一个或几个连带被告,而连带被告的代理律师则总是通过各种抗辩理由来帮助被代理人推卸连带责任。这其中的诉讼技能很能反映代理律师的执业水平。代理律师在诉讼代理过程中不得不就有关连带责任的承担与推卸苦费心血。

(一)承担连带责任的注意事项

在民商诉讼实践中,代理律师要通过对诉讼案由中连带责任的承担进行分析,以此来确定诉讼参与人的诉讼地位是否正确。主要是将相对方应列为共同被告却错列为第三人,应列为第三人却错列为共同被告,或者有其他漏列连带责任被告的情形。

对于连带责任的承担,代理律师一定要注意以下事项,这对于正确理解连带责任的承担或推卸十分有益。即区分约定式连带责任,还是法定式连带责任;区分真正连带责任,还是不真正连带责任;区分补充责任与连带责任;区分按份责任与连带责任;区分请求权竞合与连带责任。

作为原告代理律师来讲,应会应用相关法理,注意共同被告连带责任的承担。一是通过法律的规定或彼此间的事先约定来认定诉讼参与人的连带责任地位;二是通过诉讼参与人的民事行为来认定连带责任。

作为被告代理律师来讲,要学会应用相关法理,注意共同被告连带责任的推卸。一是通过法律的规定或彼此间的约定来识别诉讼参与人的非连带责任地位,或者证明其根本就不具有诉讼主体资格。二是通过诉讼参与人的民事行为与诉讼请求所主张的损害结果根本就没有因果关系,来对诉讼案由中连带责任进行推卸。

(二)分析连带责任成立的依据

代理律师在接案后,为了使案件当事人的权益更好地得到保护,往往在连带责任上作文章,但无论是原告代理律师,还是被告代理律师,必然要通过各种方式、方法来分析连带责任是否成立,以此来达到诉讼制胜的目的。对于原告方的代理律师来讲,如果连带责任成立就应当从连带责任的承担上去组织起诉材料,如果不成立看是否能够通过第三人方式恰当地引入诉讼参与人之中,以此来维护当事人的合法权益;对于被告方代理律师来讲,如果连带责任成立,就要从连带责任的承担上去组织抗辩材料,或者通过与其他被告的联合来共同抗辩,或者通过分析是否能够让单一的被告承担责任,让其他被告不承担责任,如果连带责任不成立,就要从推卸上去组织材料进行抗辩,或者找出第三人来进行抗辩或责任担当。

一般来讲,应当从以下几个方面展开分析,考察连带责任是否成立或连带责任的构成是否充分。

(三)通过法律关系来分析连带责任是否成立

第一,分析多个被告之间与原告的法律关系是否为同一法律关系,分析被告之间存在什么样的法律关系。如某甲因公乘坐公交车与违章行驶的某丙驾驶的某乙单位所属的货车相撞而受伤,构成三级伤残,如果某甲作为原告,这里就可能产生三种法律关系,一是某甲与单位间的劳动合同关系,二是甲某与公交公司的合同关系,三是甲某与某乙单位的侵权行为形成的民事赔偿关系,如果某乙单位的司机行为构成肇事罪,被告检察机关刑事立案,则某甲还与某丙构成刑事附带民事赔偿关系。

第二,分析原告与被告及第三人是否具有诉讼参与人的资格,从实体法和程序法的标准判断充当诉讼参与人的资格是否适格。

第三,分析连带责任与主责任之间的承担时间是否一致(包括时效与除斥期间两个重叠性问题)。

第四,分析连带责任是基于约定还是法律规定,如果是约定是否与约定的前置条件相符,如果是法律规定,分析是否存在法律的但书条款,或者根本就不符合法律的前置条件。

(四)通过请求权来分析连带责任是否成立

第一,分析原告对于多个被告之间的请求权是否同一,还是存在请求权竞合问题,再通过是否有法律的规定来判断连带责任是否成立。

第二,分析具体的请求权是否与原告的损失程度相当。

第三,分析原告的损失是否与主债务人的行为有因果关系,是否属于被告应承担连带责任的范围。

(五)通过被告间的责任分担分析连带责任是否成立

第一,分析责任的承担是否在原、被告间及被告间彼此事先有约定。

第二,分析被告间或被告与第三人间的约定责任承担原告是否明知;该责任承担是否违反法律的规定,或者其约定的责任承担不具有对第三人(包括原告)的抗辩力。

第三,分析构成连带责任的被告的行为是否符合彼此间约定有免责条款或符合法定的免责事项。

第四,从按份责任、补充责任入手,分析能否推卸一部分责任。

第五,从主债务的成立与否来分析连带责任的成立基础。

(六)通过被告间的行为属性来分析连带责任是否成立

第一,分析共同被告间或被告与第三人间的行为是否存在牵连性,是同一行为引起,还是相继行为引起。

第二,分析共同被告间或被告与第三人的行为引起的对原告的债务是否同一债务,还是不同的两个债务。

第三,分析共同被告间或被告与第三人对原告债务承担连带清偿后,是否还存在没了结的债务,未了结的债务是否构成新的债务。

第四,分析共同被告间或被告与第三人间的行为造成对原告的损害是否具有偶然性，还是具有事先的约定性或事前的共同谋划。

第五，分析共同被告间的单一行为是否足以使原告的损失发生，或者被告间的行为只有相互共同作用才能致原告的损失发生。如果在单一行为与共同行为难以认定的情况下是否可推定为两种可能都存在。如两家工厂向同一河道排污，造成养鱼户的鱼死亡，此时两家工厂对排污损害的发生既可认定为单一行为都可造成原告的损失，也可认定为两家工厂共同的行为造成了原告的损失。

（七）相关法律对连带责任的规定

随着我国民商法和民事诉讼法的不断完善，国家法律开始关注连带责任问题，对一些社会比较关注的问题都以不同的法律形式规定了连带责任的承担，也就是说不真正连带责任有加重的立法趋势，如劳动合同法对于用工式连带责任的承担，人身损害赔偿司法解释对于侵权式连带责任的承担，等等。因此代理律师应当通晓国家对连带责任的一些强制性规定。

下面摘录一些国家相关法律对于连带责任的法律规定：

1. 侵权式连带责任

按照《民法总则》的规定，只有共同侵权行为才由共同加害人承担侵权连带责任。但是，在《人身损害赔偿司法解释》中，规定了以下 7 种侵权行为适用连带责任，即：

《人身损害赔偿司法解释》第 3 条第 1 款规定，典型的共同侵权行为，即数人基于共同故意或者共同过失实施的侵权行为，由共同加害人承担连带责任。

《人身损害赔偿司法解释》第 3 条第 2 款规定，视为共同侵权行为，即数人既没有共同故意也没有共同过失，其实施的行为直接结合，造成一个共同的损害结果的，视为共同侵权行为，由共同加害人承担连带责任。

《人身损害赔偿司法解释》第 4 条规定，共同危险行为，由全体共同危险行为人承担连带责任。

《人身损害赔偿司法解释》第 9 条规定，在雇主责任中，雇工在执行职务中造成他人损害，具有故意或者重大过失的，由雇主和雇工承担连带责任。

《人身损害赔偿司法解释》第 11 条第 2 款规定，在雇工工伤事故中，雇员因从事雇佣活动由于安全生产事故遭受人身损害，发包人、分包人知道或者应当知道接受发包或者分包业务的雇主没有相应资质或者安全生产条件的，由发包人、分包人与雇主承担连带责任。

《人身损害赔偿司法解释》第 13 条规定，在帮工责任中，帮工人执行帮工活动造成他人损害，具有故意或者重大过失的，由帮工人和被帮工人承担连带责任。

《人身损害赔偿司法解释》第16条第2款规定,在人工构筑物致害责任中,因人工构筑物的设置缺陷造成他人损害的,由人工构筑物的所有人、管理人与设计人、施工人承担连带责任。

与《民法通则》规定的侵权连带责任的范围相比较,在上述7种侵权连带责任中,就有6种侵权连带责任是在《人身损害赔偿司法解释》中增加的。这就是视为共同侵权行为、共同危险行为、雇主责任、雇工受到损害的责任、帮工致害责任和人工构筑物设置缺陷责任。

2. 代理式连带责任

《民法通则》第65条[1]规定,民事法律行为的委托代理,可以用书面形式,也可以用口头形式。法律规定用书面形式的,应当用书面形式。书面委托代理的授权委托书应当载明代理人的姓名或者名称、代理事项、权限和期间,并由委托人签名或盖章。委托书授权不明的,被代理人应当向第三人承担民事责任,代理人负连带责任。

《民法通则》第66条[2]规定,没有代理权、超越代理权或者代理权终止后的行为,只有经过被代理人的追认,被代理人才承担民事责任。未经追认的行为,由行为人承担民事责任。本人知道他人以本人名义实施民事行为而不作否认表示的,视为同意。代理人不履行职责而给被代理人造成损害的,应当承担民事责任。代理人和第三人串通、损害被代理人的利益的,由代理人和第三人负连带责任。第三人知道行为人没有代理权、超越代理权或者代理权已终止还与行为人实施民事行为给他人造成损害的,由第三人和行为人负连带责任。

《民法通则》第67条[3]规定,代理人知道被委托代理的事项违法仍然进行代理活动的,或者被代理人知道代理人的代理行为违法不表示反对的,由被代理人和代理人负连带责任。

3. 监护式连带责任

监护人可以将监护职责部分或者全部委托给他人。因被监护人的侵权行为需要承担民事责任的,应当由监护人承担,但另有约定的除外,被委托人确有过错的,负连带责任。

委托代理人转托他人代理的,应当比照《民法通则》第65条规定的条件办理转托手续。因委托代理人转托不明,给第三人造成损失的,第三人可以直接要求被代

---

〔1〕 参见《民法典》第165条。

〔2〕 参见《民法典》第171条。

〔3〕 参见《民法典》第167条。

理人赔偿损失;被代理人承担民事责任后,可以要求委托代理人赔偿损失,转托代理人有过错的,应当负连带责任。

《合同法》第409条[1]规定,两个以上的受托人共同处理委托事务的,对委托人承担连带责任。

4. 合伙式连带责任

《民法通则》第35条规定,合伙的债务,由合伙人按照出资比例或者协议的约定,以各自的财产承担清偿责任。合伙人对合伙的债务承担连带责任,法律另有规定的除外。偿还合伙债务超过自己应当承担数额的合伙人,有权向其他合伙人追偿。

《民法通则》第52条规定,企业之间或者企业、事业单位之间联营,共同经营、不具备法人条件的,由联营各方按照出资比例或者协议的约定,以各自所有的或者经营管理的财产承担民事责任。依照法律的规定或者协议的约定负连带责任的,承担连带责任。

《民通意见》第47条规定,全体合伙人对合伙经营的亏损额,对外应当负连带责任;对内则应按照协议约定的债务承担比例或者出资比例分担;协议未规定债务承担比例或者出资比例的,可以按照约定的或者实际的盈余分配比例承担。但是对造成合伙经营亏损有过错的合伙人,应当根据其过错程度相应的多承担责任。

《民通意见》第48条规定,只提供技术性劳务,不提供资金、实物的合伙人,对于合伙经营的亏损额,对外也应当承担连带责任;对内则应按照协议约定的债务承担比例或者技术性劳务折抵的出资比例承担;协议未规定债务承担比例或者出资比例的,可以按照约定的或者合伙人实际的盈余分配比例承担;没有盈余分配比例的,按照其余合伙人平均投资比例承担。

《民通意见》第53条规定,合伙经营期间发生亏损,合伙人退出合伙时未按约定分担或者未合理分担合伙债务的,退伙人对原合伙的债务,应当承担清偿责任;退伙人已分担合伙债务的,对其参加合伙期间的全部债务仍负连带责任。

《合伙企业法》第2条规定,本法所称合伙企业,是指自然人、法人和其他组织依照本法在中国境内设立的普通合伙企业和有限合伙企业。

普通合伙企业由普通合伙人组成,合伙人对合伙企业债务承担无限连带责任。本法对普通合伙人承担责任的形式有特别规定的,从其规定。

有限合伙企业由普通合伙人和有限合伙人组成,普通合伙人对合伙企业债务

---

〔1〕 参见《民法典》第932条。

承担无限连带责任,有限合伙人以其认缴的出资额为限对合伙企业债务承担责任。

《合伙企业法》第 39 条规定,合伙企业不能清偿到期债务的,合伙人承担无限连带责任。

《合伙企业法》第 40 条规定,合伙人由于承担无限连带责任,清偿数额超过本法第 33 条第 1 款规定的其亏损分担比例的,有权向其他合伙人追偿。

《合伙企业法》第 44 条规定,入伙的新合伙人与原合伙人享有同等权利,承担同等责任。入伙协议另有约定的,从其约定。

新合伙人对入伙前合伙企业的债务承担无限连带责任。

《合伙企业法》第 53 条规定,退伙人对基于其退伙前的原因发生的合伙企业债务,承担无限连带责任。

《合伙企业法》第 57 条规定,一个合伙人或者数个合伙人在执业活动中因故意或者重大过失造成合伙企业债务的,应当承担无限责任或者无限连带责任,其他合伙人以其在合伙企业中的财产份额为限承担责任。合伙人在执业活动中非因故意或者重大过失造成的合伙企业债务以及合伙企业的其他债务,由全体合伙人承担无限连带责任。

《合伙企业法》第 53 条规定,有限合伙人转变为普通合伙人的,对其作为有限合伙人期间有限合伙企业发生的债务承担无限连带责任。

《合伙企业法》第 84 条规定,普通合伙人转变为有限合伙人的,对其作为普通合伙人期间合伙企业发生的债务承担无限连带责任。

《合伙企业法》第 91 条规定,合伙企业注销后,原普通合伙人对合伙企业存续期间的债务仍应承担无限连带责任。

《合伙企业法》第 92 条规定,合伙企业不能清偿到期债务的,债权人可以依法向人民法院提出破产清算申请,也可以要求普通合伙人清偿。合伙企业依法被宣告破产的,普通合伙人对合伙企业债务仍应承担无限连带责任。

《律师法》第 16 条规定,设立个人律师事务所,除应当符合本法第 14 条规定的条件外,设立人还应当是具有五年以上执业经历的律师。设立人对律师事务所的债务承担无限责任。

5. 担保式连带责任

《民法通则》第 89 条第 1 项规定,依照法律的规定或者按照当事人的约定,可以采用下列方式担保债务的履行:保证人向债权人保证债务人履行债务,债务人不履行债务的,按照约定由保证人履行或者承担连带责任;保证人履行债务后,有权向债务人追偿。

《民通意见》第 111 条规定，被担保的经济合同确认无效后，如果被保证人应当返还财产或者赔偿损失的，除有特殊约定外，保证人仍应承担连带责任。

《担保法》第 12 条规定，同一债务有两个以上保证人的，保证人应当按照保证合同约定的保证份额，承担保证责任。没有约定保证份额的，保证人承担连带责任，债权人可以要求任何一个保证人承担全部保证责任，保证人都负有担保全部债权实现的义务。已经承担保证责任的保证人，有权向债务人追偿，或者要求承担连带责任的其他保证人清偿其应当承担的份额。

《担保法》第 18 条规定，当事人在保证合同中约定保证人与债务人对债务承担连带责任的，为连带责任保证。连带责任保证的债务人在主合同规定的债务履行期届满没有履行债务的，债权人可以要求债务人履行债务，也可以要求保证人在其保证范围内承担保证责任。

《担保法》第 19 条规定，当事人对保证方式没有约定或者约定不明确的，按照连带责任保证承担保证责任。

《票据法》第 50 条规定，被保证的汇票，保证人应当与被保证人对持票人承担连带责任。汇票到期后得不到付款的，持票人有权向保证人请求付款，保证人应当足额付款。

《票据法》第 51 条规定，保证人为二人以上的，保证人之间承担连带责任。

《票据法》第 68 条第 1 款规定，汇票的出票人、背书人、承兑人和保证人对持票人承担连带责任。

6. 用工式连带责任

《劳动法》第 99 条规定，用人单位招用尚未解除劳动合同的劳动者，对原用人单位造成经济损失的，该用人单位应当依法承担连带赔偿责任。

《劳动合同法》第 91 条规定，用人单位招用与其他用人单位尚未解除或者终止劳动合同的劳动者，给其他用人单位造成损失的，应当承担连带赔偿责任。

《劳动合同法》第 92 条第 2 款规定，劳务派遣单位违反本法规定，给被派遣劳动者造成损害的，劳务派遣单位与用工单位承担连带赔偿责任。

《劳动合同法》第 94 条规定，个人承包经营违反本法规定招用劳动者，给劳动者造成损害的，发包的组织与个人承包经营者承担连带赔偿责任。

7. 其他形式的连带责任

最高人民法院《关于审理票据纠纷案件若干问题的规定》（以下简称《审理票据纠纷规定》）第 75 条规定，依照《票据法》第 105 条的规定，由于金融机构工作人员在票据业务中玩忽职守，对违反《票据法》规定的票据予以承兑、付款、贴现或者保证，给当事人造成损失的，由该金融机构与直接责任人员依法承担连带责任。

《证券法》第163条规定，证券服务机构为证券的发行、上市、交易等证券业务活动制作、出具审计报告及其他鉴证报告、资产评估报告、财务顾问报告、资信评级报告或者法律意见书等文件，应当勤勉尽责，对所依据的文件资料内容的真实性、准确性、完整性进行核查和验证。其制作、出具的文件有虚假记载、误导性陈述或者重大遗漏，给他人造成损失的，应当与委托人承担连带赔偿责任，但是能够证明自己没有过错的除外。

《招标投标法》第31条规定，两个以上法人或者其他组织可以组成一个联合体，以一个投标人的身份共同投标。联合体各方均应当具备承担招标项目的相应能力；国家有关规定或者招标文件对投标人资格条件有规定的，联合体各方均应当具备规定的相应资格条件。由同一专业的单位组成的联合体，按照资质等级较低的单位确定资质等级。联合体各方应当签订共同投标协议，明确约定各方拟承担的工作和责任，并将共同投标协议连同投标文件一并提交招标人。联合体中标的，联合体各方应当共同与招标人签订合同，就中标项目向招标人承担连带责任。招标人不得强制投标人组成联合体共同投标，不得限制投标人之间的竞争。

《中华人民共和国税收征收管理法实施细则》（以下简称《税收实施细则》）第49条规定，承包人或者承租人有独立的生产经营权，在财务上独立核算，并定期向发包人或者出租人上缴承包费或者租金的，承包人或者承租人应当就其生产、经营收入和所得纳税，并接受税务管理；但是，法律、行政法规另有规定的除外。发包人或者出租人应当自发包或者出租之日起30日内将承包人或者承租人的有关情况向主管税务机关报告。发包人或者出租人不报告的，发包人或者出租人与承包人或者承租人承担纳税连带责任。

《合同法》第90条[1]规定，当事人订立合同后合并的，由合并后的法人或者其他组织行使合同权利，履行合同义务。当事人订立合同后分立的，除债权人和债务人另有约定的以外，由分立的法人或者其他组织对合同的权利和义务享有连带债权，承担连带债务。

下面摘录一宗有关连带责任的诉讼纠纷案件：

---

〔1〕 参见《民法典》第67条。

法务实例40：有限责任公司注销后股东是否应相互对外承担无限连带责任

案情简介：

199×年×月甲国有公司与乙村委共同投资组建丙矿业公司，注册资金为100万元。双方投资比例为6.5∶3.5，主要开采、销售铅锌矿。199×年5月4日丙矿业公司总经理黄某向××工程队（没依法注册，由B某、C某、D某三人合伙）借人民币20万元，双方签订借款协议书一份。内容为：丙矿业公司向B某、C某、D某三人借款20万元，时间自199×年5月4日起至同年7月4日止两个月，到期后若不能归还愿将矿山开采权包括设备按法律规定程序转到××工程队名下，若如期归还，收回开采证、矿山许可证。借款协议上有总经理黄某的签名，并加盖了丙矿业公司印章。同时，协议上注明以丙矿业公司采矿证作为抵押。随后，B某、C某、D某三人以××工程队名义将32万元一次给付丙矿业公司，××工程队取得丙矿业公司开采权。199×年5月10日丙矿业公司总经理黄某又与××工程队签订一份联营承包补充协议，规定待投资方收回32万元投资后，可按5.5∶4.5分红。承包期满矿山自主权仍旧归丙矿业公司所有。随之××工程队等实际占有矿山，并负责矿山开采。199×年10月26日，B某、C某、D某三人作为原告以丙矿业公司为被告要求返还20万元借款，通过一审、二审开庭，法院判决认定由丙矿业公司偿还（另案已了结）。199×年8月31日，丙矿业公司的股东召开董事会，认为矿山已被××工程队实际占有开采，采矿证已到期难以续展，加之资金周转困难，决定成立清算组向当地工商部门申请注销丙矿业公司。丙矿业公司被注销后，清算报告显示剩余资产14万元。丙矿业公司开办的采矿许可证因到期未续展而失效。之后乙村委单独将同一区块采矿许可证申请办到自己名下。200×年1月24日B某、C某、D某三原告因采矿许可证到期而无法继续开采为由，以甲国有公司与乙村委为共同被告，要求两被告继续履行协议约定，将矿山开采权转移到原告名下。开庭后，原告变更诉讼请求为：

1. 两股东返还投资32万元；
2. 两股东赔偿因丙矿业公司违约给其造成的80万元的经济损失；
3. 诉讼费用由两被告承担。

双方诉讼理由摘要

在一审中原告称双方签订联合承包开采合同后,原告继续投资生产,当合同履行到199×年4月时,因丙矿业公司不依法办理采矿证到期续展手续,使其被矿管部门通知停止开采,造成损失,使合同无法履行。后作为丙矿业公司的开办部门两股东为达到自己开采矿区的目的,废除双方联营协议,解散丙矿业公司,并将采矿证办到被告乙村委名下,侵害了原告利益,请求法院判令被告继续履行合同,并赔偿三原告经济损失80万元。

被告甲国有公司辩称:××工程队没有经过注册登记,三原告作为自然人也不具备联营、承包开采矿山的主体资格。丙矿业公司已经合法注销,三原告不能以二股东为被告。作为股东之一的甲国有公司已足额投入注册资金,且无抽逃行为,依法应已收回的资产为限承担有限责任。原告与丙矿业公司之间的补充协议一直没有按照约定经过公证,也未经主管部门批准,该协议不产生法律效力。三原告实际占有矿口,采矿许可证也在其手中,到期没办理续展采矿许可证,应该自行承担责任。

被告乙村委辩称:本案所涉及的《联合承包的补充协议》未依矿管法规办理审批,协议依法不生效。丙矿业公司具备法人资格,依法应对外承担民事责任。原告依没生效的补充协议强占矿区和采矿权应对自己实施的不法行为承担全部责任。

两股东作为上诉人,其上诉的理由可概括为:

第一,原审法院适用法律错误。本案应适用《公司法》《有限责任公司条例》及最高人民法院法复〔1994〕4号批复,不应适用《民法通则》第130条。本案中上诉人在丙矿业公司已投入资金100多万元,到解散时,分文未收回。这些资金都投入矿山的开采之中,上诉人作为股东没有得到任何投资回报。因此,上诉人不应承担任何责任。

第二,原审法院判决的认定理由有以下几点不合法。一是丙矿业公司的成立、解散是丙矿业公司自己的公司行为,是否批准是工商部门的职权,而不是上诉人的行为;二是办理采矿许可证是乙村委单方的民事行为,采矿许可证该颁发给谁属政府行为,作为股东之一的上诉人甲国有公司没有权利能将许可证办到村委名下。

第三,原审法院认为被上诉人与丙矿业公司签订的《联合承包补充协议》不违犯法律规定,但事实上已由执法主管部门认定为违法。且××县人民法院也在其他文书中对此违法性加以确认。

第四，上诉人作为丙矿业公司的股东，在丙矿业公司解散后，只能以出资额为限对外承担责任。

第五，丙矿业公司总经理黄某私自将矿山对外承包及将采矿许可证抵押给他人，没有董事会的授权，属个人行为，且以采矿许可证作为抵押借款的20万元没有在丙矿业公司财务中显示。因此，其对外承包、采矿许可证抵押都属无效行为。

原告作为被上诉人提出如下答辩理由：

第一，上诉人认为被上诉人与丙矿业公司合伙联营开采矿山违犯行政法规对开采矿山的规定，是对该行政法规的误解。

第二，原丙矿业公司总经理黄某是经授权全面负责该公司经营的总经理，其行为系职务行为，且未超越权限。

第三，自己没有收回投资，遭受了重大损失。

第四，双方纠纷的产生是由于上诉人违约所造成的，因此上诉人应承担赔偿责任。

两级法院认定事实及判决结果

×××县人民法院认定：199×年5月10日三原告与丙矿业公司签订的《联合承包的补充协议》是在不转移采矿权基础上原告单方投资，另一方提供技术资料，双方按5.5∶4.5分红的合伙联营合同，故不属于《矿产资源法》第6条，河南省《实施〈矿业资源法〉办法》第36条和《探矿权采矿权转让管理办法》第3条规定的必须办理采矿转让批准手续的情况。三原告为联系方便合伙以××工程队名义与丙矿业公司签订合伙协议联合开采，法无明文禁止规定，并无不妥。双方的《补充协议》虽未经公证但已实际履行近一年时间，在此期间，二被告及丙矿业公司均未表示异议，视为合同双方同意撤销该公证条款。丙矿业公司在该协议履行期间，在采矿证到期时不积极申请办理续展登记，怠于履行义务，属有过错的违约行为。二被告后来单方认定补充协议无效，解散丙矿业公司，继而将原采区采矿许可证办到被告乙村委名下，主观上存在相互串通损害三原告利益的故意，客观上造成合同无法履行，应承担相应的民事责任。现丙矿业公司已被工商部门注销，作为本案合同一方法人已经死亡，原告要求其开办股东、被告乙村委继续履行合同无法律依据，故原告要求被告乙村委继续履行补充协议的请求本院不予支持。但二被告对原告的合理损失应承担连带赔偿责任。原告请求的80万元损失赔偿额,除证明其中的32万元系一次性投资外,其他未在本院指定期间举出有力证据,故对其他损失本院不予认定。

两股东不服一审判决提起上诉,×××市中级人民法院依法开庭审理。

二审法院经审理后认为:

丙矿业公司与三被上诉人的法律关系应为合伙型联营关系。在双方联营过程中,丙矿业公司的采矿权并未转移,双方所签订的联营合同《关于××矿业联营承包的补充协议》未报有关地质矿产部门申请批准并无不妥,又上述合同虽未按约定进行公证,但双方已实际履行,该合同应为有效合同。甲国有公司上诉称双方联营合同为无效合同的上诉理由,本院不予支持。合同中双方约定,联营期限截至200×年5月10日止。丙矿业公司于199×年4月未办理采矿证到期续展手续,同年6月被有关部门下令停止采矿,致使双方联营合同无法履行。丙矿业公司因其违约应承担对三被上诉人经济损失的赔偿责任。

联营过程中,丙矿业公司依据《公司法》第190条第1款第2项规定,经股东会决议解散并无不当。但其在清算过程中,二上诉人作为清算主体,应依据《公司法》第193条规定,及时清结与丙矿业公司的权利义务关系。二上诉人未履行上述程序,便向工商行政部门申请注销,存在过错。二上诉人在申请注销时向工商部门出具的《清算报告》中,承诺丙矿业公司与其他单位的权利义务关系已清理完毕。现三被上诉人对丙矿业公司提起诉讼,依其承诺,二清算主应当承担丙矿业公司与三被上诉人权利义务关系的清理责任。而丙矿业公司依法对三被上诉人承担违约责任的事实清楚。所以,二上诉人依法对三被上诉人的经济损失应承担赔偿责任,但考虑到三被上诉人能认定的投资款为32万元,且开采了一段时间,其账目又不正规,可适当减少赔偿数额。

河南省×××县人民法院(200×)×经初字第21号民事判决书判决:

1. 原告A某等三人要求被告继续履行合同的诉讼请求不予支持;

2. 被告甲国有公司、乙村委互负连带责任赔偿三原告经济损失32万元,并在判决生效后10日内清偿完毕。

×××市中级人民法院(200×)×经终字第12号民事判决书判决:

1. 维持×××县人民法院(200×)×经初字第21号民事判决第一条。

2. 变更×××县人民法院(200×)×经初字第21号民事判决第二条为:在本判决生效后10日内甲国有公司、乙村委各赔偿三被上诉人12.5万元,双方互负连带责任。

代理律师意见及简短评析

从合同签订上来看,被上诉人主观上存在过错,其对自己的损失应承担主要责任。理由是:

1. 三被上诉人明知丙矿业公司的采矿许可证到199×年5月到期,但仍然与之签订了长达8年的采矿承包协议。因此,可以认定被上诉人主观上存在过错,应对其损失承担主要责任。

2. 根据河南省《实施人〈矿产资源法〉办法》第38条规定,采用承包经营方式开采矿产资源的,应当在采矿许可证的有效期限内。同时,采矿许可证由三被上诉人实际占有,在协议中也没约定由丙矿业公司负责续展,被上诉人主观上存在过错,其损失应由自己负责。

从合同的履行来看,被上诉人违约在先,且构成根本违约,致使丙矿业公司不能实现与其签订的合同的目的,加之丙矿业公司资不抵债,两股东决定成立清算组对其开办的丙矿业公司进行清算后予以解散符合法律规定。一是丙矿业公司与被上诉人签订联合开采矿山补充协议后,被上诉人是单方采矿,单方受益,并没按合同约定比例分成,实质上造成了对丙矿业公司的违约;二是没有证据显示被上诉人在开采中没有收回投资,因为被上诉人没按约定进行账务管理,也提供不出开采矿山的收入证据。

作为丙矿业公司的股东,不应对被上诉人的债务承担连带赔偿责任。

一是丙矿业公司为有限责任公司,《公司法》及以前的《有限责任公司规范意见》既属程序法,又属实体法,还是特别法,股东的权益应当依此相关法律得到保护。丙矿业公司作为企业法人应对外独立承担民事责任,其股东不应对其损失承担连带责任。

二是丙矿业公司在清算后,其剩余资产已全部移交给乙村委名下,而大部分资产实际一直由三被上诉人在管理。丙矿业公司对外的债务只能以其清算后的剩余财产承担,作为开办股东不应对其债务承担连带责任。

三是最高人民法院《关于企业开办的其他企业被撤销或者歇业后民事责任承担问题的批复》中第1条第1项规定:"企业开办的其他企业领取了企业法人营业执照并在实际上具备企业法人条件的,根据《中华人民共和国民法通则》第四十八条的规定,应当以其经营管理或所有的财产独立承担民事责任"。

从本案的案情来分析,涉及多种法律关系,如借款关系、抵押关系、联营关系、代理关系、合伙关系还有股东与设立公司的产权关系,以及公司解散后,股东与解散公司的债权债务及清偿的关系,而这诸多法律关系中,对本案的结果的评判,应当搞清责任的划分及责任的定性,并弄清以下三个问题。

第一,有限责任公司依法清算时,谁是清算主体,是开办股东,原企业法人,还是由董事会成立决定解散公司而成立的清算组。

第二,应当明确本案是属违约责任还是属侵权责任;在同一判决中,不能既引用违约责任,又引用侵权责任。

第三,如定性为违约,是双方违约,还是单方违约;如果定性上诉方违约,是丙矿业公司违约,还是其清算组违约;如果定性上诉方侵权,是丙矿业公司侵权,还是其清算组侵权;认定股东违约或侵权的法律依据是什么。

第四,作为股东,对于清算组的清算行为对外是应当负有限责任还是应当承担无限连带责任,如果股东应当承担责任,是应当以其清算回收的资产为限,还是不以清算回收的资产为限。

从本案的判决结果来看,法院认定丙矿业公司应负违约责任,但同时认定两股东作为清算主体应承担侵权责任。同时不依照有限责任公司的开办股东只能以其投资为限承担有限责任,而是让两股东承担无限责任赔偿三被上诉人的损失有悖法理。同时,股东不是清算主体,清算主体是依法成立的清算组。

再者,×××市中级人民法院(200×)×经终字第12号民事判决书滥用民事连带责任。判决认定,两股东申请注销丙矿业公司,向工商部门出具了《清算报告》,作为清算主体应当承担丙矿业公司与三被上诉人的权利关系的清理责任,所以股东依法应对三被上诉人的经济损失承担赔偿责任。这显然是对清算主体的混淆,因为清算主体是依法成立的清算组,而不是股东。我国法律规定有关有限责任公司注销后其股东应当以清算组分回剩余资产限额内承担责任,而不是承担无限责任,对于股东更不应当互负连带责任。

Chapter 9

第9章

合同无效

并不等于没有法律关系

建设工程实务中普遍存在承包方不具备相应资质承包工程施工、承包工程后进行转包或没有经过发包人同意进行分包、应招标未招投标或围标串标等现象。上述行为违反了建筑行业相关法律、法规的规定,所以,签订的建筑施工合同可能会被视为无效或效力待定。

建设工程施工合同无效所产生的法律后果包括要依法承担返还财产、赔偿损失和追缴财产等民事责任。而合同被确认无效后,从合同成立时起就没有法律效力,对施工合同签订的双方不具有法律约束力。但合同无效并不影响合同中的纠纷解决条款的独立适用,也不能否定相应法律关系的存在。

一、建设工程施工合同无效的法定情形

建设施工合同被认定为无效的法定情形主要有以下几种：

1. 因承包方不具备主体资质而无效。承包人未取得建筑施工企业资质或超越资质等级进行承包工程的，施工合同无效。但如果在建设工程竣工前取得相应资质等级的，应当按照有效合同处理；没有资质的实际施工人借用有资质的建筑施工企业名义的认定无效。

2. 因违反法律规定的法定程序而无效。《建设工程施工合同解释》第 1 条第 3 项规定“建设工程必须进行招标而未招标或中标无效的，认定合同无效”。

3. 因违反法律规定进行分包和转包而无效。根据《合同法》的规定[1]，发包人不得将应当由一个承包人完成的建设工程肢解成若干部分给几个承包人。承包人不得将其承包的全部建设工程转包给第三人，或将其承包的全部建设工程肢解后以分包的名义分别转包给第三人。

4. 因违反合同意思自治原则而无效。招标人泄露标底的；投标人串标，致使定标困难或无法定标；招标人与个别投标人恶意串通，内定投标人等行为。这类导致建设工程施工合同无效的行为属于合同法所规定的：一方以欺诈、胁迫的手段订立合同，损害国家利益；恶意串通，损害国家、集体或者第三人利益；以合法形式掩盖非法目的；损害社会公共利益；违反法律、行政法规的强制性规定。这些情形下所签订的建设工程施工合同无效。

5. 因违反合同法分则的规定而无效。建设工程施工合同为要式合同，《合同法》第 270 条[2]规定“建设工程合同应当采用书面形式”，书面合同中包括了对双方主体的资质约定等内容。虽然合同无效，但只要双方实际履行了部分工程内容，且承包人具备相应的资质，其权益也应当得到维护。

在我国，对建筑企业实行严格的资质管理，只有依法核准拥有从事建筑施工经营资格的企业法人，才有权在其资质范围内从事承包经营活动。建设部颁布的《建筑业企业资质管理规定》和《建筑业企业资质等级标准》对建筑企业的资质分类和分级标准进行了科学的设置。

《建筑业企业资质管理规定》第 3 条规定，企业应当按照其拥有的资产、主要人员、已完成的工程业绩和技术装备等条件申请建筑业企业资质，经审查合格，取得建筑业企业资质证书后，方可在资质许可的范围内从事建筑施工活动。

---

〔1〕 参见《民法典》第 791 条。

〔2〕 参见《民法典》第 348 条、第 354 条、第 789 条。

《建筑业企业资质管理规定》第5条规定：建筑业企业资质分为施工总承包资质、专业承包资质、施工劳务资质三个序列。施工总承包资质、专业承包资质按照工程性质和技术特点分别划分为若干资质类别，各资质类别按照规定的条件划分为若干资质等级。施工劳务资质不分类别与等级。

《建筑业企业资质标准》分三部分：施工总承包企业资质等级标准包括12个类别，一般分为四个等级（特级、一级、二级、三级）；专业承包企业资质等级标准包括36个类别，一般分为三个等级（一级、二级、三级）、劳务分包企业资质不分类别与等级。

所谓挂靠行为，是指建筑施工企业或个人以其他建筑施工企业的名义承包工程的行为。挂靠企业和个人本身不具备施工工程的相应施工资质，极易造成工程质量低劣和安全事故隐患，造成社会财产损失和引起社会纠纷，历来为我国法律、法规所禁止。《建筑法》第26条第2款规定："禁止建筑施工企业以任何形式允许其他单位或者个人使用本企业的资质证书、营业执照，以本企业的名义承揽工程。"

法务实例41：甲实业公司与乙建筑公司建设工程施工合同纠纷案

入选理由：

假联营真挂靠而签订的建筑施工合同无效。

案情简介：

2004年5月6日，甲实业公司与乙建筑公司签订了建设工程施工合同。由乙建筑公司承建甲实业公司名下的多功能酒店式公寓。为确保工程质量优良，甲实业公司与丙监理公司签订了建设工程监理合同。合同签订后，乙建筑公司如期开工。但开工仅几天，丙监理公司监理工程师就发现施工现场管理混乱，遂当即要求乙建筑公司改正。一个多月后，丙监理公司监理工程师和甲实业公司派驻工地代表又发现工程质量存在严重问题。丙监理公司监理工程师当即要求乙建筑公司停工。经过认真、细致地调查，甲实业公司和丙监理公司终于弄清了事实真相。原来，甲实业公司虽然是与乙建筑公司签订的建设工程合同，但实际施工人是当地的一支没有资质的农民施工队（以下简称施工队）。施工队为了承揽建设工程，挂靠于有资质的乙建筑公司。为了规避相关法律、法规关于禁止挂靠的规定，该施工队与乙建筑公司签订了所谓的联营协议。协议约定，施工队可以借用乙建筑公司的营业执照和公章，以乙建筑公司的名义对外签订建设工程合同;合同签订后,由施工队负责施工,乙建筑公司对工程不进行任何管理,不承担任何责任,只提取工程价款5%的管理费。甲实业公司签施工合同时,见对方(实际是施工队的负责人)持有乙建筑公司的营业执照和公章,便深信不疑,因而导致了上述结果。甲实业公司认为乙建筑公司的行为严重违反了诚实信用原则和相关法律规定,双方所签订的建设工程合同应为无效,要求终止履行合同。但乙建筑公司则认为虽然是施工队实际施工,但合同是甲实业公司与乙建筑公司签订的,是双方真实意思的表示,合法有效,双方均应继续履行合同;而且,继续由施工队施工,本公司加强对施工队的管理。对此,甲实业公司坚持认为乙建筑公司的行为已导致合同无效,而且本公司已失去了对其的信任,所以坚决要求终止合同的履行。双方未能达成一致意见,甲实业公司遂诉至法院。

明法晰理:

被告乙建筑公司与没有资质的施工队假联营真挂靠,并出借营业执照、公章给施工队与原告签订合同的行为违反了我国《建筑法》《合同法》等相关法律规定,原告甲实业公司与被告乙建筑公司签订的建设工程合同应当认定无效。

建设工程施工合同被认定为无效的基本依据是《合同法》第52条第5项的规定[1],即“违反法律、行政法规的强制性规定”的合同无效。

合同明确规定“行为人具有相应的民事行为能力;意思表示真实;不违反法律和社会公共利益”是合同生效的一般要件,同样也是衡量建设工程施工合同是否生效的基本标准。基于建设工程施工合同的复杂性以及对社会的重要性,依照法律、行政法规,建设工程施工合同的生效对合同主体要求有具体规定,其中建设工程施工合同的承包人应具有承包工程的施工资质。

《建筑法》第26条第2款规定:“禁止建筑施工企业超越本企业资质等级许可的业务范围或者以任何形式用其他建筑施工企业的名义承揽工程。禁止建筑施工企业以任何形式允许其他单位或者个人使用本企业的资质证书、营业执照,以本企业的名义承揽工程。”

《建设工程施工合同解释》第1条第1、2项规定:“承包人未取得建筑

〔1〕 参见《民法典》第143条、第153条。

施工企业资质或者超越资质等级的;没有资质的实际施工人借用有资质的建筑施工企业名义的,建设工程施工合同无效。”

最高人民法院《关于适用〈中华人民共和国合同法〉若干问题的解释(一)》(以下简称《合同法解释一》)第4条规定,合同法实施以后,人民法院应当以全国人大及其常委会制定的法律和国务院制定的行政法规为依据确认合同效力。根据《建筑法》的相关规定,建筑企业应当按其资质能力从事承建的经营活动,超越本企业资质或没有资质借用有资质建筑企业名义的合同无效。

最终法院判决上述案件中的建筑施工合同无效。

根据《建筑法》的规定以及现实中的挂靠行为,挂靠行为具有以下特征:

第一,挂靠单位或个人本身没有从事建筑活动的主体资格,或者挂靠单位虽有从事建筑活动的主体资格,但不具备施工项目相适应的资质等级。

第二,挂靠单位或个人向被挂靠企业缴纳一定数额的“管理费”。

第三,被挂靠的企业对挂靠单位和个人不实施管理,或仅停留在形式上,双方整体上不存在人事关系,彼此人员独立。

第四,挂靠单位或个人以被挂靠企业的名义承接工程,签订、履行合同。

二、建设工程施工合同被认定为无效的法律后果

合同一经认定为无效,就会产生相应的法律后果。

1. 建设工程施工合同签订后尚未履行被确认无效的建设工程施工合同,双方不得再继续履行。合同无效的处理由有过错的一方赔偿无过错方因合同无效而造成的损失,双方均有过错的,依照过错大小承担相应的责任。

2. 建设工程施工合同尚未履行完毕。已完成的工程存在质量不合格,无法补救等情况的按照一般无效合同的处理原则,已经完工的部分工程应拆除,已支付的工程款应返还;已经完成的部分工程质量合格,发包人应当按照约定支付相应的工程价款,剩余工程内容不得继续完成。

法务实例42:建设工程施工合同无效,但建设工程经竣工验收合格,承包人请求参照合同约定支付工程价款的,应予支持

案情简介:

1997年12月3日,上虞至三门公路七合同段工程施工经浙江省高速公路指挥部(以下简称指挥部)公开招标,台州公司为中标单位,同年12月14日,指挥部与台州公司签订上虞至三门一级公路第七合同段协议书一份,同年12月18日,台州公司将第七合同段总工程量的50%(北面段)转包给嵊州公司施工,台州公司收取嵊州公司建设工程总造价3%管理费。1998年1月8日,嵊州公司将上三线七合同段北段隧道开挖分包给上虞公司(无建筑资质证书),并订立《工程内部承包协议书》一份,约定:七标段北段洞内开挖土石方运输到路基或甲方(嵊州公司)指定点63元/立方米综合价。施工期限:同年3工程在毛洞开挖的基础上再将部分工程承包给上虞公司,双方签订合同书一份。施工范围为北段洞内至衬砌前(包括衬砌)的所有工程内容,工程期限为洞内前40米3个月完工,其他工程8个月内完成;工程造价为按嵊州公司中标价下浮30%乘工程量为上虞公司工程造价。嗣后,上虞公司依约施工,后因施工进度及拖欠工程款等原因,双方于1998年7月24日签订《退场协议书》一份,上虞公司于同年8月4日正式退场。同年10月12日嵊州公司第四分公司代表陈某寿、叶某建与上虞公司代表严某峰签订《工程决算单》一份。双方确认乙方(上虞公司)完成工程量1,535,882元(其中未扣除工程税金及工程管理费);乙方向甲方(嵊州公司)总领料折合人民币1,061,621元;乙方退还给甲方全部材料及设备残值、临时设施等折合人民币845,709元;1998年12月10日乙方向甲方现金领款463,897元。后因嵊州公司未履行此决算单,为此,双方发生纠纷。上虞公司于1999年1月26日,向一审法院起诉,请求判令嵊州公司清偿工程款731,861元;赔偿经济损失461,835.50元;台州公司对上述款项承担连带清偿责任;本案诉讼费用由嵊州公司、台州公司负担。一审期间,一审法院委托绍兴市审计事务所对工程造价进行审计,经审计,该部分工程的决算款为373,656元。即:(1)临时设施费用:845,709元;(2)领用工程款:-704,061.80元;(3)水电费:-19,480元;(4)领材料款:-1,043,431.92元;(5)收材料款

77,547.03元;(6)无缝钢管价差:31,319元;(7)经双方确认部分的工程造价:1,078,389元;(8)双方对工程量有异议,经审计确认部分的工程造价:107,666元;(9)合计:373,656元。审计报告还载明:原告上虞公司另提出879,551元的工程量,由于无签证单等工程结算资料,故无法审计。

一审法院判决:(1)嵊州公司支付给上虞公司工程款373,656元,于本判决生效之日起10日内付清,台州公司对上述款负连带清偿责任;(2)驳回上虞公司的其他诉讼请求。案件受理费15,978元,审计鉴定费7810元,合计23,788元,由上虞公司负担16,342元,嵊州公司负担7446元。

上虞公司不服判决,上诉认为,双方讼争的879,551元工程量系上虞公司完成,有上虞公司与嵊州公司签订的《工程内部承包协议书》《退场协议书》《工程决算单》等证据证实;对停工、窝工损失和抢险赔偿费用,上虞公司已多次提供了有关证据,原审未予审查,违反程序;3万元抢险费不应计入工程款。

嵊州公司不服判决,上诉认为,原审认定该公司与台州公司签订的工程施工合同依法无效,与法不符;绍兴市审计事务所,对工程量审计结果已超过上虞公司所完成的实际工程量,原审判决嵊州公司再付工程款373,656元,与事实不符;原审未判令上虞公司承担法定税收和应支付给3%工程管理费及10%的保修金,与法不符。

二审法院最终判决如下:(1)撤销一审法院第9号民事判决。(2)嵊州市建设工程公司在本判决送达之日起10日内支付给上虞市城乡路桥工程公司工程款769,038.79元(已扣除税金、管理费),台州市交通工程公司对上述款项清偿负连带责任。

明法晰理:

第一,关于合同效力问题。台州公司系建设工程总承包单位,未经工程建设单位指挥部同意,擅自将部分工程分包给嵊州公司,嵊州公司又将部分工程分包给上虞公司(无资质)承建,违反了有关法律规定,上虞公司与嵊州公司、嵊州公司与台州公司所签订的承包合同无效。

该案件涉及有关非法转包、违法分包的主要争议问题有两个:一是案件所涉当事人之间的施工合同的效力;二是在认定案件所涉工程合同无效情况下的工程价款结算方式。

上述案例中非法转包、违法分包施工合同不具备法律效力。

《建筑法》第28条规定:“禁止承包单位将其承包的全部建筑工程转包给他人,禁止承包单位将其承包的全部建筑工程肢解以后以分包的名义分别转包给他人。”

《建筑法》第29条第3款规定:“禁止总承包单位将工程分包给不具备相应资质条件的单位。禁止分包单位将其承包的工程再分包。”

《建设工程施工合同解释》第4条规定:“承包人非法转包、违法分包建设工程或者没有资质的实际施工人借用有资质的建筑施工企业名义与他人签订建设工程施工合同的行为无效。人民法院可以根据民法通则第一百三十四条规定,收缴当事人已经取得的非法所得。”

根据以上法律规定,上述两案例中非法转包、违法分包施工合同依法应当认定无效。

第二,在认定转包合同无效情形下的工程价款结算的问题。《建设工程施工合同解释》第2条规定:“建设工程施工合同无效,但建设工程经竣工验收合格,承包人请求参照合同约定支付工程价款的,应予支持。”可见,即使工程合同无效但建设工程质量合格的,也可参照合同约定结算工程价款。对此条款,可借鉴最高人民法院副院长黄松有就《建设工程施工合同解释》答记者问时的讲话,“《合同法》第58条[1]规定:‘合同无效或者被撤销后,因该合同取得的财产,应当予以返还;不能返还或者没有必要返还的,应当折价补偿。’建设工程施工合同具有特殊性,合同履行的过程,即是将劳动和建筑材料物化在建筑产品的过程。合同被确认无效后,已经履行的内容不能适用返还的方式使合同恢复到签约前的状态,而只能按照折价补偿的方式处理。从建设工程施工合同的实际履行情况看,当合同被确认无效后,有两种折价补偿方式,一是以工程定额为标准,通过鉴定确定建设工程价值,考虑到目前我国建筑市场的实际情况,有的发包人签订合同时往往把工程价款压得很低,如果合同被确认无效还按照此方案折价补偿,将会造成无效合同比有效合同的工程价款还高,这超出了当事人签订合同的预期。二是参照合同约定结算工程价款。这种折价补偿的方式不仅符合双方当事人在订立合同时的真实意思,而且还可以节省鉴定费用,提高诉讼效率”。

---

〔1〕 参见《民法典》第157条。

第三,关于有争议审计报告的效力问题。上虞公司主张的879,551元工程量为其公司完成,但不能提供有关证据,故该条上诉请求不能支持。嵊州公司主张争议的工程量为其所做,但也未能提供相关证据,该条上诉理由不予支持。因双方对原审审计报告均有异议,且该报告对讼争的879,551元工程量未予审计,故该审计报告所审计的工程量不作定案依据,本案应以双方当事人签订的决算单为准,工程款为856,073元。(未扣税金、管理费)。

第四,关于工程扣款证据问题。上虞公司请求嵊州公司赔偿其公司停工、窝工损失及抢险理赔款应全额归其公司,但未能提供相应证据,故该上诉理由不予支持。上虞公司称其领取的抢险费3万元,不能作为工程款扣除,嵊州公司表示同意,应予准许。嵊州公司上诉称,应从工程款中留出税金70,957.75元,此项请求属法定事由,应予支持。嵊州公司要求从工程款中扣除工程管理费(经计算为46,076.46元),考虑到嵊州公司已向台州公司交纳管理费及上虞公司半途退场的实际情况,应予允许。嵊州公司主张留10%的保修金,因该工程退场时间久,保修金不予保留。上虞公司、嵊州公司的上诉理由,部分成立。

3. 建设工程施工合同已经完全履行,建设工程经竣工验收不合格但经过维修可以使建设工程竣工验收合格的,建设方仍应参照合同约定支付承包方工程款。维修后建设工程竣工验收不合格,建设方不支付施工方工程款,对此损失由承包方自行承担;建设工程施工合同已经完全履行,建设工程经竣工验收合格的,建设方应该参照合同约定支付承包方工程价款。

法务实例43:合同被判无效的,依过错承担合同的履约损失

案情简介:

2005年1月28日,原、被告签订《建设工程施工合同》。合同约定,由原告承建被告创丰大厦图示土建项目(基础管桩除外),开工时间为2005年3月6日,竣工时间为同年12月31日,同时约定桩基础由被告提供验收资料。合同签订后,原告即投入资金做好施工准备。但被告却迟迟不提供基础管桩验收资料并办理交接手续,致使原告无法履行施工合同。2005年8月3日,原告收到被告发来的通知,称“建筑合同已发生法律效力,可你公司长期以来迟迟未开工,已严重违约,并由你公司承担违约经济损失”。而实际上,原告为施工已做了大量准备工作,投入了大量的资金,被告不按约定提供基础管桩验收资料并办理交接手续才是不能开工的根本原因。被告的行为给原告带来极大的经济损失。为维护原告的合法权益,特提起诉讼,请求依法判令被告赔偿原告因终止合同造成的经济损失844,870元,并承担诉讼费用。

明法晰理:

本案法官归纳的争议焦点为:(1)原、被告之间签订的《建设工程施工合同》和原、被告及第三人签订的协议是否有效?(2)造成工程停工后的损失应当如何计算?

一是合同的效力问题。依据查明的事实认定,2005年1月26日原、被告及第三人签订的协议书、同月28日原、被告签订的补充协议书及《建设工程施工合同》,因该工程项目的实际发包方(建设方)为第三人,而第三人所使用的资金属国有资金,依照《招标投标法》的相关规定,该工程项目必须进行招标。第三人在该工程项目发包时,以被告名义办理相关报建手续,该行为是一种规避法律的行为,其实质是以合法形式掩盖非法目的,违反了国家法律的禁止性规定,故上述协议、合同无效。

二是关于损失计算的证据不足问题。原、被告及第三人明知上述协议、合同违反国家法律规定,但为了各自的目的,仍然签订上述无效协议及合同,所以原、被告及第三人均有过错,各自应承担相应的责任。因原告在举证期限内提供的损失计算依据不足以证明原告的事实主张,故原告应承担举证不能的法律后果。判决驳回原告的诉讼请求。

4. 建设工程施工合同中独立适用的纠纷解决条款、违约条款。因建设工程施工合同无效而产生的各种纠纷与合同的其他部分相对独立,实际上相当于当事人另行订立的一个合同,此类条款不会由于合同无效的原因无效。但其前提在于双方没有约定排斥司法或者仲裁的管辖权,其约定没有违反法律的强制性规定。违约条款由于合同无效也自始无效,一方提交的定金等担保合同履行的款项也应当予以退还。

5. 双方为损害国家、集体或第三人利益,进行串通故意订立的合同。建设工程施工合同被确认无效后,当该合同属于损害国家利益时,所获得的利益应收缴国家，当损害集体、或者第三人利益时，所获得的利益应返还集体和个人。

建设工程施工合同被确认无效后，除了一方或双方需要承担相应的民事法律责任外，还要承担相应的行政责任或被追究相应的刑事责任。

法务实例44：因违反了法律、行政法规的强制性规定而确认合同无效的，应按照实际结算款进行结算

案情简介：

吕某杰（系于某的丈夫，吕某昕、吕某麒、吕甲、冯某、吕乙的父亲，于2002年5月8日病故）与被告所属的沈阳市大东区建民小区联建办公室于1994年3月订立一份口头协议，约定由吕某杰承建某小区综合办公楼工程，包括住宅、网点及办公楼三部分，总面积为15,090平方米，按二级取费标准计算。按约定吕某杰组织人员进行了施工，至1996年年末工程完工。按沈阳市建设工程预算审查中心对双方争议的工程造价进行鉴定，工程总造价为11,191,823元，建民小区联建办公室实际拨付工程款为7,815,100元，尚欠工程款3,376,823元至今未付。因建民小区联建办公室是被告于1992年4月12日以沈大东政办发（1992）22号文件批准成立的，又于1995年9月22日以沈大东政办发（1995）45号文件撤销，因而该欠款应由被告承担，故请求判令被告支付尚欠的工程款并赔偿利息损失。

明法晰理：

通过一审法院审理后判决，法院主要支持了以下意见。

第一，关于诉讼主体问题：因原建民小区联建办系被告开办并已撤销的不具备法人资格的临时机构，故对该笔债务应由被告承担。吕某杰因病死亡后，应由其第一顺序法定继承人即六原告继承。

第二，关于合同的效力问题：吕某杰为原建民小区联建办承建综合楼的事实存在，但吕某杰作为无建设工程施工的企业法人营业执照及相应资质的自然人，承建该项工程，双方行为违反了法律、行政法规的强制性规定，应确认为无效。

第三，关于如何结算的问题：通过事实查明，造成本案纠纷，双方均有责任。鉴于该工程已实际建成，双方业已对工程造价经核算确定为

9,635,988 元,应按此金额结算。对于建民小区联建办已付工程款、材料款,原告已自认无争议部分为 7,815,249.60 元。

第四,关于税金、水、电及实物折款问题。对建民小区联建办已经支付的税金 32,400 元,水费 2 万元,电费 415,437.28 元,以房屋及车折款 50 万元,原告虽不予认可,但税金、水、电费系属实际发生,理应由原告承担的款项,而以房屋及车折款 50 万元原告已承认系折抵其先行垫付的工程款,应视为建民小区联建办的投入,故以上款项合计为 8,783,086.88 元应为建民小区联建办已付工程款的金额。

综上,原建民小区联建办尚欠原告工程款 852,901.12 元应给付原告,并赔偿原告利息损失。

三、关于违反招标投标法，导致合同无效的相关法律规定

诉讼实践中,较多的建设工程施工合同因违反《招标投标法》的强制性规定,即"全部或部分使用国有资金投资或者国家融资的项目"必须进行招标而导致签订的工程施工合同自然无效。

规定强制招标的项目,往往涉及国家利益、公共利益,为此国家依法强制实行招标,引入公平竞争的招标交易程序。其中,把使用国有资金进行投资建设的项目纳入强制招标范围,是切实保护国有资产的有效措施。《建设工程施工合同解释》第 1 条第 3 项规定"建设工程必须进行招标而未招标或者中标无效的,建设工程施工合同无效"。

根据《招标投标法》第 3 条的规定,强制招标的项目界定为以下三项:

(1)大型基础设施、公用事业等关系社会公共利益、公众安全的项目;

(2)全部或者部分使用国有资金投资或者国家融资的项目;

(3)使用国际组织或者外国政府贷款、援助资金的项目。

中华人民共和国国家发展和改革委员会令第 16 号《必须招标的工程项目规定》已经国务院批准,自 2018 年 6 月 1 日起施行。具体条款如下:

第 1 条　为了确定必须招标的工程项目,规范招标投标活动,提高工作效率、降低企业成本、预防腐败,根据《中华人民共和国招标投标法》第三条的规定,制定本规定。

第 2 条　全部或者部分使用国有资金投资或者国家融资的项目包括:(一)使用预算资金 200 万元人民币以上,并且该资金占投资额 10% 以上的项目;(二)使

用国有企业事业单位资金,并且该资金占控股或者主导地位的项目。

第3条　使用国际组织或者外国政府贷款、援助资金的项目包括:(一)使用世界银行、亚洲开发银行等国际组织贷款、援助资金的项目;(二)使用外国政府及其机构贷款、援助资金的项目。

第4条　不属于本规定第二条、第三条规定情形的大型基础设施、公用事业等关系社会公共利益、公众安全的项目,必须招标的具体范围由国务院发展改革部门会同国务院有关部门按照确有必要、严格限定的原则制订,报国务院批准。

第5条　本规定第二条至第四条规定范围内的项目,其勘察、设计、施工、监理以及与工程建设有关的重要设备、材料等的采购达到下列标准之一的,必须招标:(一)施工单项合同估算价在400万元人民币以上;(二)重要设备、材料等货物的采购,单项合同估算价在200万元人民币以上;(三)勘察、设计、监理等服务的采购,单项合同估算价在100万元人民币以上。同一项目中可以合并进行的勘察、设计、施工、监理以及与工程建设有关的重要设备、材料等的采购,合同估算价合计达到前款规定标准的,必须招标。

《工程建设项目招标范围和规模标准规定》第3条规定:"关系社会公共利益、公众安全的公用事业项目的范围包括:

(一)供水、供电、供气、供热等市政工程项目;

(二)科技、教育、文化等项目;

(三)体育、旅游等项目;

(四)卫生、社会福利等项目;

(五)商品住宅,包括经济适用住房;

(六)其他公用事业项目。"

《工程建设项目招标范围和规模标准规定》第4条规定:"使用国有资金投资项目的范围包括:

(一)使用各级财政预算资金的项目;

(二)使用纳入财政管理的各种政府性专项建设基金的项目;

(三)使用国有企业事业单位自有资金,并且国有资产投资者实际拥有控制权的项目。"

《工程建设项目招标范围和规模标准规定》第5条规定:"国家融资项目的范围包括:

(一)使用国家发行债券所筹资金的项目;

(二)使用国家对外借款或者担保所筹资金的项目;

（三）使用国家政策性贷款的项目；

（四）国家授权投资主体融资的项目；

（五）国家特许的融资项目。”

《工程建设项目招标范围和规模标准规定》第6条规定：“使用国际组织或者外国政府资金的项目的范围包括：

（一）使用世界银行、亚洲开发银行等国际组织贷款资金的项目；

（二）使用外国政府及其机构贷款资金的项目；

（三）使用国际组织或者外国政府援助资金的项目。”

《工程建设项目招标范围和规模标准规定》第7条规定：“本规定第二条至第六条规定范围内的各类工程建设项目，包括项目的勘察、设计、施工、监理以及与工程建设有关的重要设备、材料等的采购，达到下列标准之一的，必须进行招标：

（一）施工单项合同估算价在200万元人民币以上的；

（二）重要设备、材料等货物的采购，单项合同估算价在100万元人民币以上的；

（三）勘察、设计、监理等服务的采购，单项合同估算价在50万元人民币以上的；

（四）单项合同估算价低于第（一）、（二）、（三）项规定的标准，但项目总投资额在3000万元人民币以上的。”

《招标投标法》中所指的“中标无效”是指招标人作出的中标决定没有法律约束力，依据中标决定签订的合同无效。中标无效的情形主要有以下几种情形：

一是中标通知发出后，招标人改变中标结果。主要法律依据：《招标投标法》第45条规定：“中标人确定后，招标人应当向中标人发出中标通知书，并同时将中标结果通知所有未中标的投标人。中标通知书对招标人和中标人具有法律效力。中标通知书发出后，招标人改变中标结果的，或者中标人放弃中标项目的，应当依法承担法律责任。”

二是招标代理机构泄密或与招标人、投标人串通损害国家利益、社会公益或他人合法权益，并影响中标结果的。主要法律依据：《招标投标法》第50条规定：“招标代理机构违反本法规定，泄露应当保密的与招标投标活动有关的情况和资料的，或者与招标人、投标人串通损害国家利益、社会公共利益或者他人合法权益的，处五万元以上二十五万元以下的罚款；对单位直接负责的主管人员和其他直接责任人员处单位罚款数额百分之五以上百分之十以下的罚款；有违法所得的，并处没收违法所得；情节严重的，禁止其一年至二年内代理依法必须进行招标的项目并予以公告，直至由工商行政管理机关吊销营业执照；构成犯罪的，依法追究刑事责任。给他人造成损失的，依法承担赔偿责任。前款所列行为影响中标结果的，中标无效。”

三是招标人泄露应当保密的情况，可能影响公平竞争；或者泄露标底，影响中标结果的。主要法律依据：《招标投标法》第52条规定：“依法必须进行招标的项目的招标人向他人透露已获取招标文件的潜在投标人的名称、数量或者可能影响公平竞争的有关招标投标的其他情况的，或者泄露标底的，给予警告，可以并处一万元以上十万元以下的罚款；对单位直接负责的主管人员和其他直接责任人员依法给予处分；构成犯罪的，依法追究刑事责任。前款所列行为影响中标结果的，中标无效。”

四是投标人相互串通投标或者与招标人串通投标；投标人行贿的。主要法律依据：《招标投标法》第53条规定：“投标人相互串通投标或者与招标人串通投标的，投标人以向招标人或者评标委员会成员行贿的手段谋取中标的，中标无效，处中标项目金额千分之五以上千分之十以下的罚款，对单位直接负责的主管人员和其他直接责任人员处单位罚款数额百分之五以上百分之十以下的罚款；有违法所得的，并处没收违法所得；情节严重的，取消其一年至二年内参加依法必须进行招标的项目的投标资格并予以公告，直至由工商行政管理机关吊销营业执照；构成犯罪的，依法追究刑事责任。给他人造成损失的，依法承担赔偿责任。”

五是投标人弄虚作假，骗取中标的。主要法律依据：《招标投标法》第54条第1款规定：“投标人以他人名义投标或者以其他方式弄虚作假，骗取中标的，中标无效，给招标人造成损失的，依法承担赔偿责任；构成犯罪的，依法追究刑事责任。”

六是招投标人违法就实质性内容进行谈判，影响中标结果的。主要法律依据：《招标投标法》第55条规定：“依法必须进行招标的项目，招标人违反本法规定，与投标人就投标价格、投标方案等实质性内容进行谈判的，给予警告，对单位直接负责的主管人员和其他直接责任人员依法给予处分。前款所列行为影响中标结果的，中标无效。”

七是投标人在中标候选人之外确定中标人的，强制招标项目在所有投标被评标委员会否决后自行确定中标人的。主要法律依据：《招标投标法》第57条规定：“招标人在评标委员会依法推荐的中标候选人以外确定中标人的，依法必须进行招标的项目在所有投标被评标委员会否决后自行确定中标人的，中标无效，责令改正，可以处中标项目金额千分之五以上千分之十以下的罚款；对单位直接负责的主管人员和其他直接责任人员依法给予处分。”

法务实例45:建筑合同无效的,行政主管部门不应承担连带责任

案情简介:

2003年6月17日,杰力高科将某工程的改造沥青路面部分发包给原告施工,双方签订了一份《合作协议书》,其中约定了工程价款、材料供应、竣工结算及违约责任等如下:工程价款为发包方审定的工程结算书的工程量乘以合同单价,合同单价为72元/平方米;主要材料由杰力高科采购,材料款从原告完成的工程款中扣回,杰力高科出资采购的材料数量按原告实际签收并使用的数量计;工程竣工验收合格后,杰力高科从收到原告竣工结算报告和结算材料后15日内核实,一个月内付清,拖延付款的,则支付滞纳金(违约金)为每天千分之五,工程于2003年8月1日交付使用。2003年7月26日原告如约递交结算书、结算资料。2004年11月30日,由中国建设银行广西分行审核,北海建委以及北海市财政局确认,该工程造价为20,191,257元,其中材料款为14,988,997元。据此并按合同约定,本工程价款=工程量×单价=16,353,578元。施工中,由杰力高科采购的材料价值只有9,575,037元,不足的材料价值约5,277,666元(发包方审定的材料款减去杰力高科直接购买的材料款)则由原告直接出资购买。因此,被告拖欠的工程款=工程总价+原告出资购买的材料款-杰力高科出资购买的材料款-已付工程款=16,353,578元+5,277,666元-9,575,037元-4,600,000元=7,456,207元。由于杰力高科以种种理由拖欠款,而北海建委又是工程发包方,两被告依法应当承担连带清偿责任。请求法院判定两被告连带清偿工程欠款7,456,207元及延期付款违约金约1,900,000元,并承担案件诉讼费用。

明法晰理:

第一,关于合同效力问题。法院根据查明事实依法认定,原告广西路桥与被告杰力高科签订的《合作协议书》虽然是双方真实意思表示,但违反了法律强制性规定。《招标投标法》第3条规定:在中华人民共和国境内进行下列工程建设项目包括项目的勘察、设计、施工、监理以及与工程建设有关的重要设备、材料等的采购,必须进行招标:(1)大型基础设施、公用事业等关系社会公共利益、公众安全的项目;(2)全部或者部分使用

国有资金投资或者国家融资的项目。被告北海建委北建监行决字(2004)012号建设行政处罚决定书,以杰力高科对北海大道改建工程项目未经招标就动工建设违反《招标投标法》的上述规定为由,依法对杰力高科作出罚款的行政处罚。《合同法》第52条第5项规定:违反法律强制性规定的合同无效。《建设工程施工合同解释》第1条第3项规定:建设工程必须进行招标而未招标的建设工程施工合同无效。故广西路桥与杰力高科签订的《合作协议书》为无效合同。

第二,关于责任问题。北海建委是讼争北海大道改建工程项目的行政主管部门,并非建设单位,与广西路桥无合同关系,故广西路桥起诉北海建委要求其对杰力高科所欠工程款承担连带责任无法律依据,理应不予支持。

第三,关于价款结算问题。本案的焦点在于合同无效后,工程价款如何结算?《建设工程施工合同解释》第2条规定:"建设工程施工合同无效,但建设工程经竣工验收合格,承包人请求参照合同约定支付工程价款的,应予支持。"上述《合作协议书》虽无效,但北海大道改建工程已竣工验收并交付使用,且承包人广西路桥请求参照合同约定支付工程价款,法院应予支持。

广西路桥根据北海建委、杰力高科和北海市财政局共同确认的《工程造价咨询定案单》所附《工程结算表》和《合作协议书》的约定,计算出杰力高科应付给其的工程款总额为:16,353,578元;但杰力高科根据上述《工程造价咨询定案单》所附《工程结算表》和《合作协议书》的约定计算出其应付的工程款总额则为:16,182,258元。对上述计算差异,双方均不愿申请专业机构鉴定确定。

法院依据《建设工程施工合同解释》第2条的规定,"建设工程施工合同无效,但建设工程经竣工验收合格,承包人请求参照合同约定支付工程价款的,应予支持",对承包人广西路桥提出参照合同约定支付工程价款的请求给予了支持。

法务实例46:因为协议无效,谁承担违约责任或责任分配的问题

案情简介:

A公司与B公司1994年签订协议,约定由A公司提供建设资金,B

公司提供土地,双方合建一处房地产,建成后的房地产产权按约定的比例分割。协议还约定,B公司应负责办理工程立项和建筑指标的报批手续,以及办理建设、开工许可等手续。协议签订后,B公司提供了其有使用权的一块土地,但开工许可手续延期近一年方办理完毕。该工程计划分二期完成,一期原计划1996年完成,但一直延续到2001年才完成主体结构。A公司陆续提供的资金也远远超过了计划投资。此后A公司中止了资金供给,B公司遂以其违约为由提起诉讼。经查证,B公司提供的土地是行政划拨土地,自始至终未办理土地出让手续。

明法晰理:

本案经法院归纳的争议焦点为:双方在诉讼中的主要争执点是哪方违约,但均未提出对协议无效的主张。B公司认为,A公司单方中止提供建设资金是违约行为,应承担违约责任,并承担B公司损失赔偿责任;A公司辩称,其停止提供建设资金是出于对资金安全的风险防范,是防止自身损失扩大的合法行为,且B公司在协议履行中违约在先,其要求的损害赔偿缺乏事实依据。

本案需要进行分析探讨的关键问题主要是以下两个方面:

第一,协议的效力认定。根据本案双方协议签订的时间,解决该纠纷的法律依据主要是《民法通则》、国务院和国土资源部(原国家土地管理局)在《城市房地产管理法》(1995年1月1日起实施)施行前为整顿房地产交易市场所颁布的行政法规和规章,以及最高人民法院的相关司法解释。

对本案中B公司所提供土地的使用权性质的认识是判断该协议效力的"钥匙"。《划拨土地使用权管理暂行办法》(1992年3月8日颁布实施,已失效)第40条规定,以土地使用权作为条件,与他人进行联建房屋、举办联营企业的,视为土地使用权转让行为。《城镇国有土地使用权出让和转让暂行条例》(1990年5月19日颁布施行)第44条和第45条规定,划拨土地使用权的转让,必须办理土地出让手续和变更登记。1995年12月27日公布实施的最高人民法院《关于审理房地产管理法施行前房地产开发经营案件若干问题的解答》(已失效)第18条第1句规定,"享有土地使用权的一方以土地使用权作为投资与他人合作建房,签订的合建合同是土地使用权有偿转让的一种特殊形式,除办理合建审批手续外,还应依法办理土地使用权变更登记手续”；第21条规定，在《城镇国有土地使用权出让和转让暂行条例》施行后，“以划拨方式取得国有土地使用权的一方未办理使用权出让手续，以其土地使用权作为投资与他人合作建房的，应认定合建合同无效”。可见，本案中双方协议约定B公司提供土地，但是因为其所拥有的是划拨土地使用权，且未办理土地出让手续，由此导致了双方签订的这份协议是无效的。

在本案中，诉讼双方并未提出对协议无效的主张，法院是否可以径直裁判呢？根据我国的实体法和程序法规范，宣告合同无效是法院依职权所为的审判行为，是法院行使司法审判权对无效合同进行的价值否认，因而，法院无须当事人作出意思表示，也不管当事人是否提出要求，就应该依职权将双方当事人的地位恢复到合同签订时的初始状态，这是无效合同得到法律评价的方式。

第二，协议无效下的责任分配。因为协议无效，必然涉及由谁承担责任或承担更大责任的问题。这里首先应明确协议无效下责任的分配和对违约责任的承担是有本质的区别的。

关于无效协议的责任分配，有观点认为，根据《民法通则》第60条之规定，民事行为部分无效，不影响其他部分的效力，其他部分仍然有效。并且《合同法》第56条规定，合同部分无效，不影响其他部分效力的，其他部分仍然有效。如果合同被认定为无效的，合同中约定的违约责任条款是体现双方真实意思的内容，应根据诚实信用原则予以适用。这种观点貌似正确合理，但是在根本上却是与法律对无效合同的态度背道而驰的。因为民事行为被认定无效的，自然应是从根本上予以否定，《民法通则》和《合同法》对无效民事行为的列举式定义体现了法律对该类行为禁止的严厉态度。因此，对于无效民事行为（包含无效合同）的认定是整体的，约既不存，自然也无违约问题，否则在逻辑上是自相矛盾的。这也是因为关于违约责任的约定是对双方实体权利义务的分配，其不同于《合同法》第57条“合同无效、被撤销或者终止的，不影响合同中独立存在的有关解决争议方法的条款的效力”的规定。所以，认定协议无效就不必再谈是谁违约了，应查证是谁导致了无效，这关系到损害赔偿的责任承担。

本案中的协议签订于《合同法》适用前，协议无效则应当适用《民法通则》第58条和第61条之规定，双方互相返还依该无效行为取得的财产，并按实际过错分配责任。根据协议约定，B公司负责提供建设用地，但是因为其没有办理土地出让手续，最终导致A公司投入大量资金后产权却无法实现，故B公司对协议的无效负有主要责任是毋庸置疑的。而A公司在产权实现未得到合理的解决前中止提供建设资金，是保护自身合法权益的恰当手段，其在主观上并无过错。

根据《最高人民法院关于审理房地产管理法施行前房地产开发经营案件若干问题的解答》第46条之规定，合作建房合同被确认无效的，以土地使用权作为投资的一方，应向资金提供方返还对该项目的所有投资，并支付同期同类银行贷款的利息；或在返还投资款的同时，给予相应比例的经济赔偿。考虑到双方目前已经无继续合作的可能，B公司应全额返还A公司实际投入的建设资金，并支付相应的利息或者给予经济赔偿。

法务实例47：合同效力及违约时间的计算

案情简介：

1995年12月1日，新世纪学校与金华市建设工程招标投标管理办公室就该校的校舍建设工程邀请议标，向一建公司等五家建筑单位发出《关于金华市新世纪小学校舍施工招标的通知》，通知载明工程议标范围为新世纪学校1#教学楼、1#学生公寓和综合楼三个项目的土建、水电安装，投标企业均按四级企业标准计取综合费率，工程结算按1984年《浙江省建设工程预算定额》、《浙江省建筑安装工程费用定额》（以下简称84定额），以及1988年《金华市单位估价表》、《金华市建筑材料预算价格》和市区建设工程造价调整文件的有关规定编制；在中标施工期内如遇建筑预算定额、物价政策变动，予以调整。并规定该通知是签订施工承包合同的基本依据。同年12月7日，新世纪学校与金华市建设工程招标投标管理办公室向一建公司发出金建招字（1995）45号《金华市建设工程中标通知书》，确定一建公司为新世纪学校校舍建设工程的中标单位，通知还载明工程总造价下浮1.5%。同日，新世纪学校与一建公司签订了一份《建设工程施工合同》，约定：由一建公司承建新世纪学校校舍工程，工程范围为1#教学楼、1#学生公寓、综合楼的土建、安装、场内排水管道；工期自1995年12月10日至1996年5月31日；质量等级为优良；合同价款暂估350万元，并按四级企业标准取费；调整方式为施工期内如遇预算定额、取费标准、材料价格等政策性调整时，则按有关文件规定执行；工程竣工验收时支付95%工程款，新世纪学校不按时付款，则按银行同期计划外贷款利息加倍计算；保修金按决算造价5%，竣工后一年一次结清，利率按银行同步计划内贷款利息；合同价款在协议条款内约定后，任何一方不得擅自改变，工程造价管理部门公布的价格调整，一建公司应在上述情况发生后10日内，将调整的原因、金额以书面形式通知新世纪学校代表，新世纪学校代表批准后通知经办银行和一建公司，竣工结算按招标文件及有关条款执行。合同签订后，一建公司经新世纪学校同意于1995年12月24日开工承建，新世纪学校将水电安装工程另行发包给了其他施工单位。1996年7月8日，一建公司完成了新世纪学校1#教学楼、1#学生公寓、综合楼，以及围墙、连廊、配电房、室外排水等土建工程的施工，新世纪学校在竣工报告上签章予以同意，但双方未对工程进行验收。同年9月1日，新世纪学校因教学需要使用了上述工程。嗣后，一建公司向新世纪学校递交了分别以84定额及94定额为计算依据编制的工程决算书各一份。1995年4月30日至7月16日，一建公司先后收取新世纪学校提供的铝合金建材，共计10,702公斤。1996年4月22日至1999年2月2日，新世纪学校支付一建公司工程款共计280万元。因双方对工程价款及支付期限等发生争议，一建公司于1999年3月23日向一审法院起诉，要求新世纪学校支付工程欠款1,552,530元，偿付违约金80万元。

一审法院审理后认为，新世纪学校与一建公司所签的合同，符合法律规定，应属有效。工程未通过验收，新世纪学校提前使用，由此发生的质量或其他问题，应由新世纪学校承担责任，竣工验收时间应从新世纪学校使用该工程时开始计算。新世纪学校未按合同约定支付工程款系违约行为，应承担违约责任。工程总造价应按建行鉴定为准，超出鉴定部分的工程款数额，不予支持。对于电器安装部分，新世纪学校已另行安排施工，且一建公司未提出诉讼请求，新世纪学校也未提起反诉，故该部分不予审理。

一审法院判决如下：(1)新世纪学校支付一建公司工程欠款63,645元，并从1996年9月1日起计算未按合同约定付款部分的利息，其中保修金按工程鉴定造价的5%，一年内按银行同期贷款利息计算，其他按银行同期贷款利息加倍计算，于判决生效后10日内付清；(2)驳回一建公司其他诉讼请求。宣判后，一建公司不服，以“新世纪学校应从工程竣工后

10日起支付逾期付款违约金；中国建设银行金华市分行的工程造价鉴定中认定工程项目与实际不符，采用的计价标准错误”等为理由，提起上诉，请求撤销原判，依法改判。新世纪学校辩称，原判认定事实清楚，订立合同时双方明知94定额已出台，故约定的遇定额变动调整的本意，系指94定额以后，如再发生变动即予以调整，且一建公司亦未按约定在94定额下发后将调整的意见在10日内报我方批准，要求维持原判。

二审法院院认为：新世纪学校与一建公司就该校校舍建设工程，业经建设工程施工招标投标程序，从而签订的建设工程施工合同，当事人意思表示真实，该合同中除逾期付款违约金的约定与《建筑安装工程承包合同条例》的相关规定不符外，其余内容合法有效，当事人双方的权利义务应从工程招投标文件及合同的约定。新世纪学校未经验收即使用了一建公司承建竣工的工程，原审判令其承担使用工程后逾期付款的违约责任，并无不当，但违约金比例应按《建筑安装工程承包合同条例》的规定计取。对于本案所涉建设工程造价的计价标准，双方当事人争执不一，工程建设施工招标单位新世纪学校在当地政府招投标办事机构的协助下，发出的施工招标通知书中规定了编制投标书工程造价结算按84定额，投标单位一建公司按该招标文件要求，编制了投标书，经招标单位新世纪学校及招投标办事机构审定中标，双方即按上述招投标过程的要约、承诺内容订立了施工合同。依《合同法》第125条规定的精神，当事人双方订立施工合同的真实意思系以84定额为工程造价计价标准，从而实现工程承发包双方以84定额计取工程价款所期望的合同目的。现一建公司提出工程造价以94定额为计价标准的主张，与双方当事人订立合同所追求的合同结果不符，且使当事人间的利益重大失衡，违背了合同法规定当事人应遵循的诚实信用原则，本院依法不予支持。据此，浙江省价格事务所就本案所涉建设工程以84定额为计价依据所作出的工程造价鉴定结论，法院予以确认，新世纪学校应按该结论支付积欠的工程价款，其已提供一建公司使用的铝合金材料，可按鉴定结论中每公斤19.48元作价抵偿工程款。依法判决如下：(1)维持金华市中级人民法院(1999)金中民初字第20号民事判决第二项，即驳回一建公司其他诉讼请求；(2)撤销金华市中级人民法院(1999)金中民初字第20号民事判决第一项及诉讼费负担部分；(3)新世纪学校应于判决送达后10日内支付一建公司工程欠款199,425.04元，并从1996年9月1日起计取逾期付款的违约金(其中工程造价的5%一年内按银行同期贷款利息计算,其余均按每日万分之五计算)。

四、解除权行使:消除合同无效的影响因素

合同无效会导致合同自始不存在,也会导致一方单方解除合同,或导致双方通过协商消除导致合同无效的条款而会使合同无效的影响因素解除,达到合同有效的目的。

法务实例48:合同约定不得将工程主体转包的,转包方应承担违约责任,发包方因此享有单方的合同解除权

案情简介:

2003年5月27日,原、被告签订了步行街北1、北2、南1、南2、南3楼《建设工程施工合同》及《步行街合同补充条款》一份,标的额为3500万元,工期天数298天,竣工时间为3月30日。依据《步行街合同补充条款》第7条第2项约定:"所有主体工程均由承包人(被告)亲自依约施工完成,承包人不得有转包、分包或允许第三人挂靠施工行为,一旦发包人(原告)发现承包人有上述行为,发包人有权单方解除本合同,由承包人赔偿原告一切损失,并按工程总预算造价的10%支付违约金。"被告严重违反双方的约定,将工程分包给"江苏盐城市建筑安装总公司东营办事处"等队伍,构成严重违约,并为此造成了工程进度拖延,至今无法交工,以致仅因建材市场三大材料涨价一项就给原告造成了巨大的经济损失。依据《合同法》第107条的规定被告应当对其违约行为承担赔偿责任。故请求,判令被告按双方签订的《建设工程施工合同》及《步行街合同补充条款》第7条第2项赔偿因分包工程应支付的违约金350万元;由被告承担全部诉讼费用和实支费。

经法院审理认定,2003年5月27日,原、被告签订了建设工程施工协议,被告承揽了原告位于清风湖公园的步行街北1、北2、南1、南2、南3工程。合同价款35,000,000元。合同第38.1条规定,"承包人按专用条款的约定分包所承包的部分工程,并与分包单位签订分包合同。非经发

包人同意,承包人不得将承包工程的任何部分分包”。合同专用条款中,发包人同意承包人分包的工程约定为“无”,分包施工单位亦为“无”。《步行街合同补充条款》第7条第2项关于违约责任约定,所有主体工程均由承包人亲自依约施工完成,承包人不得有转包、分包或允许第三人挂靠施工行为,一旦发包人发现承包人有上述行为,发包人有权单方解除本合同,由承包人赔偿发包人一切损失,并按工程总预算造价的10%支付违约金。原、被告对合同的真实性没有争议,该合同的内容应当予以认定。

法院认为,原、被告签订的建设工程施工合同系双方真实意思表示,内容合法,系有效的合同,原、被告应全面履行。原告依据合同将清风湖公园的步行街北1、北2、南1、南2、南3工程发包给了被告,并明确约定不得将工程主体转包,转包为违约行为,应承担违约责任,原告并因此享有单方解除权。在原、被告的合同解除之前的工程是由济南同益建筑劳务有限公司、江苏兴淮建设工程有限公司、江苏盐城建安总公司东营分公司对应由被告亲自施工的工程进行了施工。该三家公司与原告之间没有合同关系,是根据与被告第三工程公司的包工包部分材料工程协议进行了施工,被告主张第三工程公司没有获得授权,没有签订合同的行为能力的辩解不足以推翻原告发包给被告并约定应由被告亲自施工的工程实际上是由第三人施工的事实,被告第三工程公司的行为产生的后果应由被告承担。被告应当按照合同关于转包违约责任的约定,按工程总预算造价35,000,000元的10%支付违约金350万元。被告主张不存在违约行为不应当承担违约责任证据不足,不予支持。最终法院判决如下:(1)原、被告签订的步行街北1、北2、南1、南2、南3楼《建设工程施工合同》及《步行街合同补充条款》于2004年4月20日解除。(2)被告支付原告违约金3,500,000元人民币,于判决生效之日起10日内履行。

明法晰理:

这是一起典型的承包人违法分包,发包人单方解除合同的案例。《合同法》第93条[1]规定:“当事人协商一致,可以解除合同。当事人可以约定一方解除合同的条件。解除合同的条件成就时,解除权人可以解除

〔1〕 参见《民法典》第562条。

合同。”

本案原告山东金瀚房地产开发有限公司与被告济南市第二建设工程总公司在施工合同中明确约定“所有主体工程均由承包人亲自依约施工完成,承包人不得有转包、分包或允许第三人挂靠施工行为,一旦发包人发现承包人有上述行为,发包人有权单方解除本合同”。为此,在被告违约私自转包工程于第三方的情况下,原告依约单方解除合同理所当然,不存在任何异议。

《建设工程施工合同解释》第8条规定:“承包人具有下列情形之一,发包人请求解除建设工程施工合同的,应予支持:(一)明确表示或者以行为表明不履行合同主要义务的;(二)合同约定的期限内没有完工,且在发包人催告的合理期限内仍未完工的;(三)已经完成的建设工程质量不合格,并拒绝修复的;(四)将承包的建设工程非法转包、违法分包的。”

本条是最高人民法院关于法定解除合同的规定,当具备本条(一)至(四)项情形之一时,即使施工合同中未约定此解除合同的条件,发包人也可向法院或仲裁机构请求解除施工合同。为此,本案原告与被告即使在施工合同中未约定“所有主体工程均由承包人亲自依约施工完成,承包人不得有转包、分包或允许第三人挂靠施工行为,一旦发包人发现承包人有上述行为,发包人有权单方解除本合同”,在承包人将承包的建设工程非法转包、违法分包的情形下,也可向法院或仲裁机构提出解除合同的请求。

法务实例49:发包人未按合同约定支付工程款,在承包人催告的合理期限内仍未履行付款义务,可依法解除合同

案情简介:

原、被告于1999年6月16日和2000年11月1日先后签订了《住宅楼委托建设合同书》及补充规定之一、之二。被告未按合同规定履行付款义务,原告于2001年5月31日、6月4日、6月21日三次通知被告履行义务,并提出解除合同,被告既不付款,也不接受解除合同通知。为此,原告诉请法院依法解除委托建设合同及补充协议之一、之二;并判令被告承担赔偿金623,200元。法院最终判决如下:

1. 解除原告东营市东建房地产综合开发有限公司与被告东营市中奥重胶沥青有限责任公司签订的《住宅楼委托建设合同书》及相关的补充

协议。

2. 原告东营市东建房地产综合开发有限公司在本判决生效后7日内，退还被告东营市中奥重胶沥青有限责任公司已支付的款项54万元。

明法晰理：

这是一起典型的发包人未按合同约定支付工程款，在承包人催告的合理期限内仍未履行付款义务，依法解除合同的案例。

法院审理后认为，原、被告双方当事人的《住宅楼委托建设合同书》及补充规定之一、之二和"关于明月小区二组团15号、16号、17号楼建设的补充协议"都是在自愿、合法的基础上签订的，三份补充协议都是对《住宅楼委托建设合同书》的修订，均应当认定为有效合同。当事人订立和履行合同，应当遵循诚实信用原则，本案双方当事人在合同订立后，又先后三次对付款日期和工期进行修订，被告均未按照约定履行义务，已构成迟延履行主要债务，在原告发函催告其履行债务后，被告在2个月的时间内仍未履行其付款的义务，原告诉请解除合同，经调解无效，应当准予解除。原告主张被告支付赔偿金，但并未提供任何证据证明其由于被告违约而产生的经济损失数额，该项请求不予支持。

《建设工程施工合同解释》第9条规定："发包人具有下列情形之一，致使承包人无法施工，且在催告的合理期限内仍未履行相应义务，承包人请求解除建设工程施工合同的，应予支持：(一)未按约定支付工程价款的；(二)提供的主要建筑材料、建筑构配件和设备不符合强制性标准的；(三)不履行合同约定的协助义务的。"

最高人民法院的本条规定，对承包人解除建设工程施工合同提出了严格的前提条件：(1)发包人的行为致使承包人无法施工；(2)承包人催告发包人后，在合理期内，发包人仍未履行义务。虽然在实践中，承包人行使合同解除权的并不多，但承包人在履行合同的过程中一定要注意收集发包人的违约证据，并妥善保管，一旦合同的履行对其没有任何意义时，可依法提出解除合同的请求，防患于未然。

《合同法》第97条[1]规定："合同解除后，尚未履行的，终止履行；已经履行的，根据履行情况和合同性质，当事人可以要求恢复原状、采取其

---

[1] 参见《民法典》第566条。

他补救措施，并有权要求赔偿损失。”基于建设工程施工合同标的物的特殊性，一般不能产生恢复原状的结果，通常解除合同的效力不溯及既往。对于双方解除合同前的履行行为，应当如何结算，《建设工程施工合同解释》第10条作出了明确规定：“建设工程施工合同解除后，已经完成的建设工程质量合格的，发包人应当按照约定支付相应的工程价款；已经完成的建设工程质量不合格的，参照本解释第三条规定处理。因一方违约导致合同解除的，违约方应当赔偿因此而给对方造成的损失。”建设工程施工合同解除后，已经完成的建设工程质量合格的，应当按照合同约定的结算方式进行结算；已经完成的建设工程质量不合格的，修复后的建设工程经验收合格的，按照合同约定的结算方式进行结算，修复后的建设工程经验收不合格的，承包人请求支付工程价款的，不予支持。因一方违约导致合同解除的，违约方应当赔偿因此而给对方造成的损失。

法务实例50：合同解除的理由与条件

案情简介：

2004年11月6日，乙公司与甲公司签订施工合同，约定：乙公司将其湖南银港小区一期工程A、B区静压管桩工程交甲公司承包施工。合同价款暂估人民币500万元（最终造价按结算审定后造价为准）。合同双方约定发包方（乙公司）发出正式进场通知后（合同）生效，是否进场的通知必须在合同签订后10日内发出。合同还约定任何一方不得无故违反、中止合同，如一方违约应赔偿另一方的直接经济损失，同时承担合同总造价5%的违约责任。乙公司在与甲公司签订上述施工合同后，于同年11月16日向甲公司发出《关于进场时间延期的函》，该函称“近来长沙地区持续大雨，我公司投资建设的‘银港花苑’一期工程A、B区场地平整工作延迟，贵公司进场时间相应受到影响。具体进场时间的通知，甲公司将在五日内（2004年11月17日至2004年11月21日）发出”。甲公司收函并同意乙公司延期进场要求。此后，乙公司未按其承诺时间向甲公司发出进场通知。11月26日，乙公司向甲公司发出《进场通知》称“根据《湖南银港小区一期静压管桩工程建设工程施工合同》，通知贵公司进场试桩，请贵公司务必按合同要求，在接通知后5日（12月2日）内进场，并请贵公司负责湖南银港小区一期静压管桩工程的主要负责人和技术负责人，于

11月29日到我公司商讨湖南银港小区一期静压管桩工程事宜”。11月28日，甲公司向乙公司发出《关于进场时间等问题的致函》称“接到贵司进场施工通知，由于贵司从11月6日合同签订后，一直没有明确告知进场具体时间，一再拖延了进场时间，甲公司也不可能贸然提前起运，或转移到其他地方来规避修路之阻。依上述客观原因，甲公司拟定了以下时间安排：1.12月3日至5日桩机设备等全部运至现场；2.12月6日至7日组装、调试；3.12月8日起试压桩……”。发函后，甲公司即组织有关人员和设备，启动进场工作。12月2日下午，乙公司电话告之甲公司“中止合同，停止进场”，并于次日向甲公司发出《关于贵司未能按时进场的意见函》称“根据施工合同，甲公司已通知贵公司进场试桩，但贵公司不能按时进场。为认真履行合同，现甲公司将按合同的第3部分专用条款之6(合同价款与支付)的(5)第①款执行”。自2004年12月2日至2005年1月4日，甲公司分别向乙公司出具《关于贵公司单方面中止合同的致函》《关于桩机继续进场的致函》《律师函》《关于贵司单方面解除合同的最后致函》，要求继续履行施工合同、由乙公司承担违约责任。双方协商未果，此后，乙公司将该工程另行发包给其他施工单位承包施工。

甲公司认为乙公司未按合同约定期限通知甲公司进场施工，且将该工程另行发包给其他单位施工，已违约。甲公司为履行施工合同，前期开支了费用，乙公司的违约行为已造成甲公司经济损失，现诉至法院，要求判令解除上述施工合同，由乙公司赔偿甲公司经济损失23万元和违约金25万元，共计48万元。

明法晰理：

经本院审理查明：以上事实，有施工合同、双方往来函件、当事人陈述等为证，当事人双方对上述事实亦无异议。

法院判定：2004年11月6日乙公司与甲公司签订的施工合同，内容和形式未违反法律、行政法规禁止性的规定，合同双方均未抗辩上述合同不是其真实意思表示，根据《合同法解释一》第3条所确定的认定合同效力的原则以及《合同法》第52条的规定，本院确认涉诉施工合同有效，于签约双方有拘束力，应严格按合同约定诚实履行。

五、撤销权行使：理性经济人应当知晓的诉权

就建设工程诉讼的撤销权而言，主要有债权人的撤销权行使、民事行为撤销权行为或与第三人的撤销权之诉三种情形。

（一）撤销权的行使

《合同法》第54条[1]除规定了和《民法总则》相同的对"因重大误解订立的"及"在订立合同时显失公平的"，合同可以撤销外，还将"一方以欺诈、胁迫的手段或者乘人之危，使对方在违背真实意思的情况下订立的合同"纳入撤销权行使的范围，"受损害方有权请求人民法院或者仲裁机构变更或撤销"。

《民法总则》和《合同法》中规定的这些撤销权是指可撤销的民事行为和当事人不具备完全民事行为能力时当事人请求法院对这些民事行为所作出的撤销。申请撤销的对象是对方当事人。而我们本节中所称的撤销权是指本人即债权人要求撤销的是债务人与第三人的法律行为。在这种撤销权案件中，存在第三方当事人。

第一，受害方的撤销权，是指权利人即受欺诈、胁迫方以及被重大误解、显失公平、乘人之危方的撤销权。第二，善意相对人的撤销权，是指效力待定合同的权利人即善意相对人的撤销权利。第三，赠与人的撤销权，是指在赠与法律关系中权利人即赠与人的撤销权利。第四，破产撤销权，是指在破产程序开始后，权利人即清算组请求人民法院对破产债务人在破产程序开始前，法律规定的期限内实施的，有害于债权人整体利益的行为予以撤销，并将该行为产生的财产利益回归到破产财产的权利。第五，婚姻受胁迫方的撤销权，是指在人身关系的法律范畴内权利人即婚姻受胁迫方的撤销权利。

民商事行为撤销权最典型的是公司决议撤销之诉的相关规定。就是在什么情况下股东有权申请法院撤销股东或董事会作出的相关决议，以保护相关股东或董事的合法权益。

（二）债权人撤销权的行使

所谓债权人撤销权，是指债权人在债务人与他人实施处分其财产或权利的行为危害债权的实现时，得申请法院予以撤销的权利。行使撤销权必须由债权人向法院起诉，由法院作出撤销债务人行为的判决才能发生撤销的效果。

---

〔1〕 参见《民法典》第147条、第148～152条。

在案件代理中,对于以无偿方式转让财产引发的撤销权案件处理起来较为轻松,因为受让人并未支付相应的对价,即使撤销债务人的无偿行为,也不会使受让人遭受到积极的损害,充其量损失的只是其无偿所得的利益。而在无偿转让的撤销权诉讼中法律关系相对简单,法官会依据自由裁量权,尽可将裁量的天平向债权人倾斜。但是,在处理以有偿方式转让财产引发的撤销权案件时,法官却时常陷于多种权利、多项原则及较为复杂的法律关系的冲突之中,陷入两难境地。究其原因,就在于法律不能将受让人通过支付一定对价而获得的权利置于不顾,也就是还要考虑善意第三人是否存在善意取得的情形,在多种权利并存且相互冲突的情形下,法律得对此作出衡平较量,不能随意厚此薄彼,否则债权人平等原则即无法贯彻,交易安全亦无法维系。因此,在代理以有偿方式转让财产引发的撤销权案件中,如何说服法官在现有法律框架内对债权人和受让人利益进行适度平衡而维护当事人利益是实践中的难点。

债权人的撤销权行使主要基于以下四点:

第一,债务人实施了处分财产的行为,即债务人的财产因该行为而受到直接影响,减少了责任财产。债务人所实施的处分财产的行为,是债权人撤销权行使的对象。但并非债务人所实施的处分财产的所有行为,都可以成为债权人撤销权的标的。

第二,债权人对债务人享有合法有效的债权。债权人对债务人享有合法有效的债权是撤销权行使的前提要件,这一方面要求债权必须在债务人处分财产的行为发生之前已经有效存在,另一方面要求当债权人行使撤销权时,债权人的债权仍然有效存在。无效的债权、已被消灭的债权、超过诉讼时效的债权,自然不能发生撤销权。但债权人对债务人的债权是否已到清偿期,不影响债权人撤销权的行使。撤销权不同于代位权,债权人行使撤销权的目的在于保全将来的债务履行,并非请求履行。

第三,债务人的行为于债权发生后有效成立且继续存在。债权人对债务人的债权须于债务人的法律行为前发生,因为债权人撤销权的目的在于防止债权人对于债务人所预期的担保的一般削减,而在债务人行为后发生的债权,则不会因此受到损害。

也就是说,如果债务人的行为并没有成立和生效,或者属于法律上当然无效的行为(如债务人与第三人恶意串通隐匿财产),或该行为已被宣告无效等,都不必由债权人行使撤销权。

第四,债务人的行为须有害于债权人的债权。债权人的撤销权行使显然是对合同相对性原则的突破，其效力涉及合同债务之外的第三人，不仅对交易安全构成威胁，而且构成了对债务人活动自由或私法自治精神的威胁，所以法律必须在强化债权人权益和债务人自治以及交易安全两者之间达成一个平衡，该平衡点即为“债务人的行为是否有害于债权的行使”，以此为界限划分债务人的自由空间与债权人对债务人行为干涉的范围。

在撤销权行使过程中，代理律师一定要注意受让人恶意取得的证据收集。其证明标准无外三点：一是受让人明显知道债务人是以明显不合理的低价转让。从现行司法解释来看，如果成交价达到政府的指导价或者市场交易价 70% 的，一般可以视为明显不合理的低价。二是受让人不仅知道债务人以明显不合理的低价转让，而且不明知此种行为会对债权人造成损害。三是撤销的财产或利益归属于全体债权人，债权人不能在同一诉讼中既行使撤销权又对被撤销的财产或利益直接受偿。也就是说一般债权撤销权人不具有优先受偿权。

（三）债权人撤销权之诉判决的效力

债权人的撤销权行使的效力判决的确定而产生，对债权人、债务人、第三人产生效力。

在没有抵销的场合，应该由行使撤销权的债权人与其他债权人平等受偿。

债权人行使撤销权的必要费用，由债务人负担(《合同法》第 74 条[1]第 2 款后段)。另依《合同法解释一》第 26 条，债权人行使撤销权所支付的律师代理费、差旅费等必要费用，由债务人负担；第三人有过错的，应当适当分担。自债权人行使撤销权属于对全体债权人的共同担保进行保全而言，此种费用可以作为公益费用，使之在债务人的总财产上具有优先受偿效力；在行使撤销权的债权人受领标的物并因保管而支出费用的场合，对于该费用的偿还请求权，还可以在标的物上发生留置权。而在债权人事实上优先受偿的场合，其行使撤销权的必要费用则不再构成公益费用，因而不应当再发生上述优先受偿权。

撤销权的行使范围以债权人的债权为限。债权人行使撤销权的必要费用，由债务人负担。《合同法》第 75 条[2]规定，撤销权自债权人知道或者应当知道撤销事由之日起 1 年内行使。自债务人的行为发生之日起 5 年内没有行使撤销权的，该撤销权消灭。

超过 1 年的除斥期间，撤销权消灭，撤销权人不得再行使该权利。

撤销权人放弃撤销权，撤销权属于撤销权人享有的民事权利，是否行使该权利

---

〔1〕 参见《民法典》第 538 ~ 540 条。

〔2〕 参见《民法典》第 541 ~ 542 条。

是撤销权人的自由，撤销权人放弃撤销权的，法律不予干涉。因而我国《合同法》第 55 条第 2 项将“具有撤销权的当事人知道撤销事由后明确表示或者以自己的行为放弃撤销权”作为撤销权消灭的事由之一。撤销权人明确表示放弃撤销权的，应当向相对人表示；以行为放弃撤销权的，自行为完成之日起产生放弃的效力。

（四）第三人撤销之诉的行使

第三人撤销之诉制度是通过撤销错误裁判来弥补权利损失的救济制度。

诉讼当事人通过恶意、虚假诉讼方式取得“生效裁判文书”，案外第三人受该裁判文书效力的影响，合法权益被恶意侵害，却苦于没有司法救济途径，新修改的《民事诉讼法》规定了第三人撤销之诉制度，即通过撤销错误裁判来弥补权利损失的救济制度。第三人撤销之诉，使第三人能够通过该制度撤销他人通过诉讼所形成的错误生效裁判文书，实现权利救济。

提起第三人撤销之诉必须符合以下几个条件：提起第三人撤销之诉的主体是有独立请求权的第三人或者无独立请求权的第三人；第三人是因不能归责于自己的事由未参加诉讼；有证据证明已经发生法律效力的判决、裁定、调解书部分或全部内容错误损害其民事权益；自知道或应当知道其民事权益受到损害之日起 6 个月内提起诉讼。提起第三人撤销之诉必须注意此处的“六个月”不适用延长、中止、中断的规定，个人维权应当正确行使权利，保护自身合法权益。未办理股权变更工商登记不影响股权变动效力，从支付股权转让款到办理股权变更登记有时间性，当事人在股权转让协议生效后，及时办理工商变更登记，产生公示公信力，有利于权利人权益保护。

关于第三人撤销其他当事人的合同行为、诉讼认定事实的案件中，需要平衡第三人利益和交易安全或司法稳定之间的冲突。关于该类诉讼的启动和第三人损害事实的过程中存在一定的严苛性。

第三人申请撤销之诉需提供证据证明原生效判决确有错误，不能提供的，法院应驳回其诉讼请求。

第三人撤销之诉中，该损害事实的认定，不以已然造成第三人实际受偿金额的减少为必要条件。第三人只需证明存在此种不当损害的客观危险性即可。

法务实例 51：建设工程项目优先受偿权不应包含工程款的利息部分

案情简介：

甲公司因承建乙公司的丙花园项目，认为乙公司拖欠其工程款，诉至法院要求其给付工程款及利息，并要求对所涉工程拍卖所得价款享有优先受偿权。最终法院支持其诉请。另查明，丁银行诉乙公司抵押借款合同纠纷一案，法院判决：丁银行对乙公司提供抵押的名下丙花园建筑物享有优先受偿权，并已进入执行阶段。丁银行向法院提起第三人撤销之诉，认为原审判决甲公司就该工程款的利息部分就拍卖的价款有优先受偿权损害了其民事权益。某省高级人民法院（一审）认为：甲公司就该工程款的利息部分就拍卖的价款不享有优先受偿权，但丁银行未能进一步举证证明其合法权利实际受到损害，其请求法院撤销原判决，法院不予支持。最高人民法院（二审）认为：丁银行在第三人撤销之诉的诉请成立，撤销原判决。

明法晰理：

庭审法官归纳的争议焦点为：在第三人撤销之诉中，丁银行诉请法院撤销的判决中是否存在损害丁银行民事权益的问题？

撤销之诉庭审法院认为，甲公司依法对乙公司拖欠的工程款享有优先受偿权，对属于违约金性质的利息，甲公司不享有优先受偿权。

原审判决判令甲公司对不属于优先受偿范围的利息也享有优先受偿权，从而改变了涉案工程款优先受偿权、抵押权及普通债权的受偿顺序。而这一受偿顺序的改变，客观上减损了丁银行实现抵押权的责任财产，对将来丁银行实现抵押权构成不利益，使得丁银行的抵押权陷入不能充分实现之虞，亦即损害了丁银行的民事权益，该损害事实的认定，不以已然造成丁银行实际受偿金额的减少为必要条件，只需存在此种不当损害的客观危险性即为已足。

原审判决以丁银行、甲公司的债权实现情况尚未明晰，丁银行不能证明其实际受偿的金额减少为由，否定丁银行合法权利实际受到损害，系对《民事诉讼法》第56条中“损害其民事权益”理解错误，法院予以纠正。

第三人因不能归责于本人的事由未参加诉讼，但有证据证明发生法律效力的判决、裁定、调解书的部分或者全部内容错误，损害其民事权益的，可以自知道或者应当知道其民事权益受到损害之日起6个月内，向作出该判决、裁定、调解书的人民法院提起诉讼。人民法院经审理，诉讼请求成立的，应当改变或者撤销原判决、裁定、调解书；诉讼请求不成立的，驳回诉讼请求。

当事人如认为义务人存在虚假转让、虚假诉讼等行为存在侵犯其自身权益的，可以通过第三人撤销的方式予以救济。但是，无论是《合同法》还是《民事诉讼法》的规定对于“损害事实”的认定均没有明确，实务中部分法官主观认为该损害事实应当是已然事实。特别是在第三人通过诉讼法撤销之诉途径撤销已经生效的法院文书，法院在启动审查环节对第三人权益受损的事实认定更是严苛。上述最高人民法院对某省高级人民法院判决的纠正有力地保护了第三人的实体权益。

第三人撤销之诉的提起往往是因为当事人在某一起诉讼中忽视第三人的利益，私自处理财产。在某一纠纷中没有被通知列入纠纷的第三人，知道案件判决生效后，可以采取第三人撤销之诉作为一种补救措施。这是新民事诉讼法一个适应时代要求的特色。

六、对合同效力的法律规定及相关判例的指导

我国相关法律对合同的效力都有规定，也有不少值得借鉴的判例，下面分别讲解。

（一）相关法律对合同效力的规定

根据《民法通则》第 58 条、《合同法》第 52 条[1]的规定，一般从以下四个方面对合同效力予以审查：(1) 审查合同主体是否合格；(2) 审查合同内容是否合法；(3) 审查当事人的意思表示是否真实；(4) 审查合同是否履行了法定的审批手续。

与所有的合同一样，意思表示不真实将导致建设工程承包合同的无效、部分无效或可撤销。

（二）建设工程承包合同效力的确认

1. 审查发包方与承包方是否具备建设与承包施工资格。

对发包方的资格审查：法人、依法成立的其他组织、个体工商户、农村承包经营户、公民、个人合伙、联营体均可对外发包工程。主要审查以上主体是否具备发包条件：(1) 发包人发包的工程是否立项；是否取得施工许可证或开工报告（一般民用建筑除外）；(2) 发包人是否属于招标人；(3) 发包人是否取得建设工程规划许可证。

---

〔1〕 参见《民法典》第 144 条、第 146 条、第 153 条、第 388 条、第 497 条、第 505 条、第 506 条。

几种特殊主体对外发包工程的合同效力：

(1)建设单位的内部机构对外发包工程的合同效力。包括两种情况：①以法人名义签订合同，法人明知而不反对的，若无其他违法情节，可认定合同有效；内部机构既无事先授权又无事后追认的，合同以主体不合格归于无效。②以内部机构名义签订合同，法人明知而不表示反对并准备履行或已开始履行合同的，可认定合同有效；其他情况（法人不知道、反对、不准备履行）认定合同无效；当事人对合同效力不提异议的，可按有效合同处理。

(2)临时机构对外发包工程的合同效力。审查临时机构是否是行政机关正式行文成立，有一定的机构、办公地点、职责的组织，并在授权的范围内签订合同，具备以上条件并符合其他条件的，认定合同有效。

(3)筹建单位对外发包工程的合同效力。审查筹建单位是否依法经过核准登记，依法登记的，认定其对外发包有效，未经依法登记或工商登记正在申请之中可以根据实际情况确认。

对承包方的资格审查：主要审查承包人有无企业法人营业执照、是否具有与所承包工程相适应的资质证书（允许低于资质等级承揽工程）、是否办理了施工许可证。施工单位的资格主要从营业执照、资质证书两个方面审查，施工单位必须具备企业法人资格且营业执照经过年检，施工单位要在资质等级许可的范围内对外承揽工程。跨省、自治区、直辖市承包工程的还要经过施工所在地建筑行政主管部门办理施工许可手续，行政管理规定不影响民事主体的民事权利能力，未办跨省施工许可手续的不影响合同有效。

几种特殊主体承包工程的合同效力：

(1)施工单位无证、无照承包工程，所签订的合同无效（一般农建工程除外）。

(2)施工单位借用、冒用、盗用营业执照、资质证书承包工程，所签订的合同无效。

(3)施工单位超越经营范围、资质等级承包工程所签订的合同无效。

(4)无资质的建筑队挂靠建筑公司，成为建筑公司的一个工区对外承包工程。有两种情况：①以挂靠单位的名义签订合同的，合同无效。②以被挂靠单位的名义签订合同，有两种情况：A：建筑公司承包工程，将工程交给建筑队施工，所签订的合同有效。B：建筑队自己承包工程，以建筑公司的名义签订合同，合同无效。

(5)建筑公司的分支机构对外承包工程，所签订的合同无效。

(6)个体建筑队、个人合伙建筑队承建的一般农用建筑，符合有关规定的，认定有效。

(7)两个施工单位联合共同承包工程的,应按资质等级低的单位的业务许可范围承包,否则合同无效。

2. 审查合同内容是否符合法律规定和产业政策以及是否违反国家利益和社会公共利益。

实践中因合同内容导致合同无效的较少。(1)审查合同规定的工程项目是否符合政府批文,不符合的无效;(2)审查合同规定的项目是否符合国家产业政策,不符合的无效;(3)合同内容约定带、垫资施工条款可导致合同的部分无效或无效(对带、垫资施工的效力问题下文还要详述);(4)合同主要条款不完善或欠缺,合同双方又不能补正的,合同不成立,合同不成立的不涉及合同效力;(5)合同内容违反地方性、专门性规定的合同效力确认,应具体审查地方性、专门性规定的效力,主要看该地方性、专门性规定是否与法律法规的禁止性或义务性规定相一致,一致的合同无效,否则,不影响合同的效力。

3. 审查合同当事人的意思表示是否真实。

意思表示不真实的是无效民事行为或是可变更可撤销的效力待定行为。

4. 审查合同是否经过了必要的程序。

如依照《招标投标法》第 3 条的规定,在我国境内进行下列工程建设项目包括项目的勘察、设计、施工、监理以及与工程建设有关的重要设备、材料等的采购,必须进行招标:①大型基础设施、公用事业等关系社会公共利益、公众安全的项目;②全部或者部分使用国有资金投资或者国家融资的项目;③使用国际组织或者外国政府贷款、援助资金的项目。这些项目的具体范围和规模标准,由国务院发展计划部门会同国务院有关部门制定,报国务院批准。任何单位和个人不得将依法必须进行招标的项目化整为零或者以其他任何方式规避招标。对依法应当招标而未招标的合同无效。需注意的是同一建设工程签订有两份以上的合同,如其中一份是通过招标投标方式签订的,其他合同也应视为有效,如设计变更合同、施工变动合同、附加协议等。又如国务院 1988 年 9 月 26 日《楼堂馆所建设管理暂行条例》(已失效)规定:建设总投资 2 亿元以上的项目,由国家计委提出审查意见报经国务院审批;楼堂馆所项目实行"先审计,后建设"的原则。1990 年 1 月 5 日城乡建设与环境保护部城建字〔1990〕4 号文"签订建筑安装工程承包合同必须遵守国家的法律、法规,必须符合国家规定和计划的要求。签订计划外工程项目建设承包合同无效"。

5. 审查总分包是否合法。

应对合法总分包、非法分包、倒卖合同、合同转让与转包作出正确的界定。

合法总分包的条件:(1)总包合法;(2)分包单位具备与分包工程相适应的资质等级;(3)对外分包须有合同约定或经过发包人(建设单位)许可;(4)对于施工总分包的,建设工程的主体结构必须由总承包单位来完成;(5)分包单位不得将工程再分包(分包人再次分包就变成了变相转包)。

转包行为是指在工程建设中,承包单位不履行承包合同规定的职责,将所承包的工程一并转包给其他单位,对工程不承担任何经济、技术、管理责任的行为。转包合同一律认定无效。在审判实践中要注意区分合同转包、倒卖合同与合同转让的界限。

倒卖合同主要是承包人无履约能力,高价转卖。与转包的区别主要是当事人的主观恶意程度。倒卖合同当事人主观上有牟取暴利目的,转包除获取一定利益外不存在牟取暴利问题;转包的合同价款一般等于或低于合同价款,倒卖的合同价款一般高于合同价款;倒卖主观恶性较大,承揽民事责任后还可予以一定的刑事处罚。

合同权利义务的转让是允许的,《合同法》第 88 条[1]规定:“当事人一方经对方同意,可以将自己在合同中的权利和义务一并转让给第三人。”该条是关于合同概括转让的规定。合同当事人将合同中的权利和义务一并转让给第三人的,称为合同转让。合同转让是合同当事人的彻底变更,原有当事人退出合同关系,新的第三人进入合同关系之中。在计划经济时期不允许转让合同以牟利,因此转让合同被视为倒卖行为,受到法律的禁止。但在社会主义市场经济中,合同转让成为市场经济运行中的重要现象,当事人不仅会因获取利润的需要转让合同,而且会因经济因素以外的其他需要转让合同,合同转让不再受到法律的禁止。值得注意的是,单独转让合同权利不需要对方当事人的同意,但转让合同义务应以对方当事人的同意为要件,仅对转让合同中的义务取得对方当事人的同意,并不能发生整体转让合同的效果。依该条的规定,合同转让为一单独的法律行为,不能分解为转让合同权利加转让合同义务,应以全面取得对方当事人的同意为前提要件。合同的权利义务一并转移,包括法定和约定两种情形。约定的概括转让涉及合同权利与合同义务两方面转让,因而应分别适用合同权利转让及合同义务转移的规定。如对前者,仅需通知债务人即可;对后者则需经合同债权人同意。另外,需注意的是,约定的概括转让适用的前提是合同为双务合同。《合同法》第 90 条[2]规定了法定合同概括继受。据该条规定,当事人合并的,合并后的法人或组织就完全继受了前当事人

---

〔1〕 参见《民法典》第 555 条。

〔2〕 参见《民法典》第 67 条。

的合同权利。这种情况属于当事人主体的聚合。当事人分立,则属于当事人主体的分化,原则上合同当事人的分立不影响合同权利义务,分立后的各方当事人具有连带债权债务人的地位,共享权利,共担义务。债权人可针对一当事人或针对各当事人之全体主张权利,其主张受法律的支持和保护。例外的是,债权人与债务人如就债务的分担达成一致意见,分立后的各当事人则可摆脱连带债务人的地位,按双方协商的分担数额,按份承担义务。同样,债权人分立后,各债权人为连带债权人,任一债权人可向债务人主张全部债权,除非债权人与债务人就债权的分享达成一致。

(三)建设工程合同的效力分述

1. 有下列情形之一的,所签订的建设工程施工合同无效:

(1)不具有经营建筑活动主体资格的企业或个人;

(2)未按国家规定的程序和批准的投资计划;

(3)承包人将其承包的全部建设工程转包给第三人;

(4)承包人将其承包的全部建设工程肢解后,以分包名义转包给第三人;

(5)建设工程总承包人未经建设单位同意,将承包工程中的部分工程分包;

(6)分包单位将其承包的工程再分包或转包。

2. 有下列情形之一,并以被挂靠企业名义签订的建设工程合同无效:

(1)不具有从事建筑活动主体资格的个人、合伙组织或企业以具备从事建筑活动资格的建筑企业的名义承揽工程。

(2)资质等级低的建筑企业以资质等级高的建筑企业的名义承揽工程;如其本身具备施工能力,工程已施工完毕且经验收合格的,一般不宜认定合同无效。

(3)不具有工程总包资格的建筑企业以具有总包资格的建筑企业的名义承揽工程。

3. 发包人与承包人签订无取得土地使用权证、无取得建设工程规划许可证、办理报建手续的"三无"工程建设施工合同,应确认无效;但在合同履行中经有关主管部门审批已不存在"三无"情形或在起诉前已补办手续的,应确认合同有效。

4. 违反《建设工程规划许可证》的规定,超规模建设所签订的建设工程合同经批准可补办手续,且无违反其他法律规定的,应确认合同有效。

5. 对承包人超越建筑资质等级签订的建设工程合同,如承包人具备与建设项目的要求相符的等级条件,工程质量符合设计要求并验收合格的,可按有效合同处理,并以合同约定的建筑资质等级结算工程款。但严重超越本企业建筑资质等级订立的建设工程合同无效。对此应从严把握,建设部原《建筑业企业资质管理规定》(指1995年10月15日起施行的,该规定已被2001年7月1日起施行的新规定取代)第29条规定,企业应当按照《建筑业企业资质管理规定》所核定的承包工程范围进行工程承包活动,少数市场信誉好、素质较高的企业,经征得发包方同意和工程所在地省、自治区、直辖市人民政府建设行政主管部门批准后,可适度超出该核定的承包工程范围承揽工程。

6. 承包人跨省区或跨市承揽建设工程但未办理外来施工企业承包工程许可手续而订立的建设工程施工合同,应责令承包人补办有关手续,并由有关行政部门按规定处理,而不应据此认定合同无效。

7. 对必须实行公开招标的建设工程,未实行招标的,合同无效;对不是必须实行公开招标的建设工程,发包人直接发包后,具备相应资质的承包人已开始履行合同的,不宜以建设工程未实行公开招标为由,认定所签订的建设工程施工合同无效。

8. 建设工程合同中带资、垫资和垫款承包工程的条款应确认无效,对承包人已带资、垫资和垫款承建的工程,发包人应支付该款相应的利息。外商投资建筑企业依据国家有关规定,在我国境内带资承包工程,合同中的带资条款应认定有效。

9. 建设工程合同对工程款结算没有约定或虽有约定,但发包人与承包人自行结算达成的结算协议有效。属国家投资建设的重大工程,并由国家对工程款结算依法进行管理的除外(需要进行国家审计监督)。

10. 具备法人资格的承包人的内部分支机构,具备一定的技术能力,对外具备一定的责任承揽能力,且在其营业执照的范围内对外签订的建设工程合同,应视为承包人对其行为已授权,其签订的合同有效,并应以该承包人的建筑资质等级结算工程款;无营业执照的建筑施工队以承包人的名义对外签订合同,合同无效。承包人的内部职能部门对外签订的建设工程合同,属于效力待定合同,一般情况下不能否定合同的效力。

(四)与合同无效有关的判例的示范

1. 多份施工合同均无效,且无法确定实际履行合同的,工程价款可根据争议合同之间的差价,结合工程质量、当事人过错、诚实信用原则等结算——江苏省第一建筑安装集团股份有限公司诉唐山市昌隆房地产开发有限公司建设工程施工合同纠纷案。

本案要旨:《建设工程施工合同解释》第21条规定,当事人就同一建设工程另行订立的建设工程施工合同与经过备案的中标合同实质性内容不一致的,应当以备案的中标合同作为结算工程价款的依据。其适用前提应为备案的中标合同合法有效，无效的备案合同并非当然具有比其他无效合同更优先参照适用的效力。在当事人存在多份施工合同且均无效的情况下，一般应参照符合当事人真实意思表示并实际履行的合同作为工程价款结算依据；在无法确定实际履行合同时，可以根据两份争议合同之间的差价，结合工程质量、当事人过错、诚实信用原则等予以合理分配。

［案号：(2013)冀民一初字第17号；(2017)最高法民终175号］

2. 施工人因修建违法建筑请求给付工程款，不适用《建设工程施工合同解释》第2条的规定——四川恒升钢构公司诉四川国际标榜学院建设工程施工合同纠纷案。

本案要旨：当事人之间约定修建未取得建设工程规划许可的建筑属于无效合同，因该建筑在法律层面不具有可利用性，不能适用《建设工程施工合同解释》第2条所确立的折价补偿规则，应适用缔约过失规则对施工人的利益予以赔偿。

［案号：(2014)成民终字第5178号］

3. 建设工程施工合同被确认无效后，已履行的合同内容无法直接返还，应折价补偿——四川红源建设工程有限公司诉重庆中环建设有限公司、贵州省毕节中城能源有限责任公司建设工程施工合同纠纷案。

本案要旨：建设工程施工合同被确认无效后，已履行的合同内容无法直接返还，应折价补偿。建设工程经竣工验收合格，实际施工人可参照合同约定主张工程款；发包人实际参与了管理，亦可参照合同约定主张管理费。

［案号：(2017)最高法民申4383号］

4. 不得随意扩大认定建设工程合同无效的三类工程建设项目的范围——宏润建设集团股份有限公司与中山市华联实业开发有限公司建设工程施工合同纠纷案。

本案要旨：《招标投标法》第3条关于三类工程建设项目必须进行招标的规定属于效力性规范，违反该规定签订的建设工程施工合同应当认定无效，但具体在界定三类工程建设项目时不得随意扩大其范围，对于纯民营资本且不涉及社会公共利益、公众安全的建设工程应排除在外，依法认定有效。

5. 备案后的建设工程合同转让后，新的合同当事人可对权利义务重新约定，但需经备案监管且涉及工程质量、安全等方面的内容仍以备案合同为准——大庆建筑安装集团有限责任公司诉朱某熊、海南凯骏房地产开发有限公司建设工程施工合同纠纷案。

本案要旨：因法律无禁止性规定，备案后的建设工程合同仍然可以转让；根据当事人意思自治原则,在合同转让后,新的合同当事人可以对权利义务重新进行约定,但是需经备案监管且涉及工程质量、安全等方面的内容仍要以备案合同为准;合同转让后的责任承担,应当根据合同转让时的工程进度确定。内容相似的一系列证据,其中部分证据造假,其余证据不宜根据证据规则,以没有证据推翻为由直接采信,而应当审查其是否属实。

[案号:(2016)琼民终171号]

6. 建设工程合同被判定为无效的,应以实际的造价为依据,并结合合同的结算条款作为参照,实施结算。

案情简介:2001年5月9日烟台市A有限公司与山东B建工集团有限公司签订了建筑安装工程承包合同,合同约定由B公司负责承建A公司的2号车间等5个单位工程以及水、电、暖的安装工程,建筑面积为4629平方米,承包工程总造价2,336,249元,施工期为2001年5月10日至10月30日。B公司在施工期间,A公司陆续付给B公司工程款,截至2002年2月5日,A公司共付给B公司工程款共计1,951,090.00元,余下工程款至今未付,为此B公司向山东市蓬莱市人民法院起诉,要求判定A公司立即付清拖欠的工程款615,916.52元。

判决结果:A公司付给B公司工程款1,548,195.75元。判决后,A公司不服提起上诉。2005年6月18日,山东省烟台市中级人民法院以(200×)烟民一终字第×××号民事判决书判决驳回上诉,维持原判。2005年5月30日,山东省烟台市中级人民法院以(200×)烟审民监字第×号驳回申诉通知书驳回A公司的申诉请求。2007年1月24日,山东省高级人民法院以(200×)鲁民监字第××号驳回申诉通知书驳回A公司的申诉请求。

裁判主旨:据法院查明,A公司在对外发包工程时以及工程施工后,未办理施工许可证。法院认为:《建筑法》规定,签订合同时发包方必须具有施工许可证或开工报告,承包方必须具备法人资格和资质证书,B公司虽然具备法人资格和资质证书,但A公司至发包时至今未办理施工许可证,故A公司和B公司双方签订建筑安装工程承包合同属无效合同。根据山东省高级人民法院关于无效建设工程承包合同的处理,对建设工程已完工且质量合格,建筑单位应当按照已完工的实际造价支付给施工企业相应价款的规定,故支持B公司要求A公司按实际造价支付余额的工程的请求。

法务实例52:导致签订合同无效的条件在合同履行中变化至符合法律规定的,应认定为合同有效

案情简介:

甲公司于1998年12月16日起承建乙事务局办公楼装饰工程。1999年2月1日,甲公司与乙事务局签订了一份《建筑安装装饰工程合同》,约定:工程名称为乙事务局办公楼装饰工程;工程地点市府大院内;工程承包方式为包工包料;工程价款及工程结算:(1)工程价款,工程造价,按施工图预算编审后,以包工包料方式核算工程总造价,或以实际尺寸及实际工程量核算的造价。(2)工程付款及核算方式,工程款自合同签订后,开工之日起按预算表工程总造价拨40%,第二次付款视工程进度拨至工程总造价90%,余款待工程竣工验收合格后,按建行依照信息价审定的工程造价及由乙事务局确定的追加工程造价合计所余差价,一次性付清。(3)违约规定,在施工中,如有一方违约,应向对方支付违约金,违约金按工程总造价的1%执行等。1999年5月21日,甲公司与乙事务局又签订了一份《建筑安装装饰工程补充合同》。约定:本合同条款如与原合同不相符的部分,以本合同为准;乙事务局于1999年5月21日即付工程进度款15万元,甲公司确保在15个工作日内完成1999年2月1日签订的合同全部工作装饰内容,并交付验收;工程决算须由有预算决算资质的专门机构负责,决算机构及费用可由甲公司负责;自乙事务局收到甲公司工程验收报告通知单之日起7日内,乙事务局组织有关部门验收,次日起60天内,乙事务局需办理完毕工程验收和结算工作并支付给甲公司所有工程款。若乙事务局不能按时支付工程款,罚金按每天5000元计算;如甲公司原因未能按时交付验收,罚金按每天5000元计算;本楼在未通过验收前,乙事务局自行使用的,按工程已通过验收合格处理等。合同及补充合同签订后,甲公司对乙事务局办公楼装饰工程进行施工,施工期间,乙事务局于1999年1月2日付款30万元、3月16日付款15万元、4月22日付款10万元、5月20日付款15万元,合计乙事务局已向甲公司支付工程款70万元。该工程于1999年6月初竣工。甲公司、乙事务局亦于同年6月26日对本案装饰工程进行验收。1999年10月20日,甲公司与乙事务局签订《补充委托书》中"一致同意对决算中有关材料价

差及独立费工程造价内容，委托建行预算科根据有关规定进行审结，以预算科最后审定为依据”。甲公司在1999年12月22日以区建五公司的名义委托柳州市金信来工程造价咨询公司对本案装饰工程造价进行审核，造价为1,515,577.1元；甲公司以柳州市金信来工程造价咨询公司对本案装饰工程造价审核结论与乙事务局进行结算，乙事务局不同意该结论。在2000年1月25日甲公司又委托丙造价总站对本案装饰工程造价进行审核，造价为1,449,776.78元。甲公司以丙造价总站审核结论与乙事务局对本案装饰工程造价进行结算，乙事务局再次不同意。由于甲公司与乙事务局对对本案装饰工程造价意见分歧大。2000年2月29日，甲公司诉至一审法院，请求判令乙事务局支付尚欠工程款84.98万元及违约金85万元，总计169.98万元。

明法晰理：

一审法院审理后认为，原告与被告于1999年2月1日签订的《建筑安装装饰工程合同》、1999年5月21日签订的《建筑安装装饰工程补充合同》及1999年10月20日共同签订的《补充委托书》，系双方当事人真实意思表示，合同及委托书中无违法内容，且已实际履行，故应认定该合同、补充合同及委托书有效，双方当事人应严格按约履行。尽管原告在与被告签订合同时其本身还未经工商管理部门批准成立，但其在与被告实际履行合同时已经取得法人资格，并且具有相应的资质，被告在履行合同时亦未提出异议。现被告认为原告在签订合同时不具有民事权利能力和民事行为能力，因而该合同无效的理由不能成立。原告与被告在1999年10月20日已共同签订的补充委托书一致同意由柳州市建行对该装饰工程进行审结，说明此时双方对装饰工程的审结已由1999年5月21日签订的《建筑安装装饰工程补充合同》中约定的“工程决算须由有预算决算资质的专门机构负责，决算机构选择及费用可由乙方（即原告）负责”变更为“一致同意由柳州市建行对该装饰工程进行审结”，且原告已按约定提交结算资料，只是在柳州市建行将“初审结算”交原、被告双方核对时，因原告不予核对且强行要求建行退回其提交的资料才导致建行无法出具正式的结算书，对此，原告应承担不按约履行的责任。由于原告在起诉时所提供的两份结算书（柳州市金信来工程造价咨询公司对该工程进行审结造价为1,515,577.1元；广西壮族自治区建设工程造价管理站对该工程进行审结造价为1,449,776.78元)均为其单方委托有关部门所作,不符合其与被告对工程款最后一次所做的约定,故在经原告同意后依职权委托广西壮族自治区建设工程造价管理站对该工程进行审结算是符合有关法律规定的。但由于原告与广西壮族自治区建设工程造价管理站的原因致该审核结论因程序严重违法而不能采用,对此原告应承担其过错责任。由于原告在法院决定再次送审时,在法院规定的期限内拒绝提供送审材料,导致无法送审,原告应承担由此而造成无法重审的全部责任。故原告主张被告应给付其工程款及违约金169.98万元没有依据,其主张不予支持。由于被告明确表示愿意按柳州市建行出具的初审结果即797,592.37元扣减已给付的700,000元的余款97,592.37元给付原告,视为被告认可其尚欠原告的工程款97,592.37元,对此,予以准许。

一审法院判决:乙事务局应于本判决生效之日起10日内给付甲公司工程款97,592.37元。

二审法院审理后认为,虽然甲公司与乙事务局在签订合同时还未经工商管理部门批准成立,但甲公司在履行合同中取得企业法人资格,并且具有相应的资质等级。因此,甲公司与乙事务局签订的《建筑安装装饰工程合同》、《建筑安装装饰工程补充合同》及《补充委托书》,双方主体适格,内容合法,意思表示真实,均应确认合法有效。关于本案乙事务局办公楼装饰工程造价的问题。由于补充委托书中只是约定了对决算中有关材料价差及独立费工程造价内容,委托建行预算科根据有关规定进行审结。因而柳州市建行出具的初审结果797,592.37元只是对有关材料价差及独立费工程结算,而不是对本案全部装饰工程的结算,其不能作为本案结算依据。《民事诉讼证据规定》中明确规定了自行鉴定,将自行鉴定作为当事人举证的合法形式。本案中,甲公司在2000年1月25日自行委托丙造价总站对本案装饰工程造价进行审核,造价为1,449,776.78元。乙事务局对此鉴定结论没有证据足以反驳,但其提出异议,要求一审法院委托有资质的单位进行结算,经征得甲公司同意,一审法院委托了丙造价总站对双方讼争的乙事务局业务技术楼装饰工程造价进行鉴定复核,2001年6月8日,该站作出了《造价审定单》分别对本案业务技术楼装饰工程的造价和26栋装饰工程造价进行鉴定复核:(1)业务技术楼装饰工程造价为1,449,776.78元;(2)26栋装饰工程造价为161,955.53元。丙造价总站作为依法成立的机构,具有工程造价鉴定复核资格,其接受一审法院委托对本案装饰工程造价进行鉴定复核,所依据的材料已经双方认可,计算标准于法有据,造价审定单已经双方质证,其在出具造价审定单时所附业务技术楼的安装工程预(结)算书是复印件,但其是在对原甲公司于2000年1月25日委托其本案业务技术楼装饰工程造价进行审核的基础上依照一审法院的委托进行了复核,虽然出具的造价审定单包括26栋装饰工程造价,但该造价审定单是可以把业务技术楼装饰工程造价与26栋装饰工程造价区别开来,鉴定复核程序亦无违法之处,鉴定复核结论应予采信。因本案只审理双方讼争的乙事务局业务技术楼装饰工程造价,故本院只采纳业务技术楼装饰工程造价1,449,776.78元的结论。因此,甲公司上诉主张乙事务局支付尚欠其工程款911,732.3元及自1999年9月10日至今每天5000元的违约金,部分与事实不符,与事实相符部分,法院予以支持。至于甲公司与乙事务局的26栋工程款的问题。由于甲公司在一审中没有提出诉讼请求,一审法院也没有审理此问题。法院对此亦不予审理。一审认定事实有误,法院予以纠正。并经法院审判委员会讨论决定,判决如下:(1)撤销一审人民法院民事判决;(2)柳州市乙事务局向柳州泰昌装饰工程有限公司支付尚欠的工程款749,776.78元及违约金(违约金从2001年6月9日起至本判决规定的履行期限的最后一日止以749,776.78元为计算基数,按中国人民银行同期逾期贷款利率计算)。

《建设工程施工合同解释》第5条规定:"承包人超越资质等级许可的业务范围签订建设工程施工合同,在建设工程竣工前取得相应资质等级,当事人请求按照无效合同处理的,不予支持。"

本案审理时,《建设工程施工合同解释》尚未发布、施行,法院根据《合同法》鼓励合同交易精神认定甲公司在履行合同中取得企业法人资格,并且具有相应的资质等级的条件下,施工合同有效。最高人民法院以司法解释进一步明确了承包人在建设工程竣工前取得相应资质等级,工程施工合同按有效处理,为此类纠纷的解决一锤定音。

施工合同被判定无效后可参照双方约定方式结算。最高人民法院的典型案例"重庆两江新区水土高新技术产业园建设投资有限公司诉河南万绿园林股份有限公司建设工程施工合同纠纷案"具有较好的借鉴意义。该案的判案要旨说明:必须进行招投标而未进行招投标的建设施工合同因违反法律强制性规定而无效,若双方当事人在合同中明确约定以审计机关的审计结论作为结算依据,即便合同无效,仍应尊重双方当事人的真实意思表示,按照审计机关依法作出的审计结论进行结算。

关于窝工损失审价报告中反映:工程迟延开工175天。甲公司以合同通用条款第11.2款为依据,索赔窝工损失费10,014,000元,并提供了工资表、内部的设备和周转材料租赁费结算单等资料作为依据。乙公司提出,在2001年12月23日正式开工之前,甲公司一直在从事售楼处的施工。从2001年12月6日的施工例会记录中反映,整个工程的打桩机械直到正式开工前10日内才进场,施工方的劳务分包还未报价,不存在窝工情况。且根据合同通用条款第13.2款,若发生窝工损失,应在14天内将实际发生的窝工费用清单报送乙公司确认后方可作为依据,而乙公司从未收到过甲公司窝工情况的报告。审价单位认为,工程项目存在延迟开工的事实,故酌情估算窝工损失费682,868元。

法院认为,甲公司与乙公司签订的建设工程施工合同及补充协议是双方的真实意思表示,亦不违反法律法规,应为有效。在"嘉富丽苑"工程项目竣工验收后,双方当事人应按照合同约定的结算原则确认工程造价并结清工程余款。

Chapter 10

第10章

追求得益：

围绕争议的工程结算价格展开诉讼

建设工程诉讼程序作为一种解决纠纷的手段,其特点是法院在诉讼程序中始终处于相对被动和消极的中立地位,对当事人之间的民事争议进行审理,公正地做出裁决,并保证其裁决文书的依法履行。在建设工程诉讼中予以审理和判断的对象就是诉讼标的。诉讼标的是建设工程诉讼的客观要素,也叫诉讼对象、诉讼客体,可以认为是原告在诉状中所明确提出的具体的诉讼请求或权利主张或法律关系的存在与否。

诉讼标的实质上是实体法的一种请求权。建设工程诉讼的每一具体的诉讼请求,从博弈角度来分析,也就是博弈双方的各自得益,它是各方在诉讼中所追求的根本目的所在,也是他们行为和判断的参照点,双方利益具体地体现在原告的诉讼请求、被告的反诉请求或原告的追加与变更请求中。无论哪一方都有事先设定的期望值,有的会得到法院的支持或因对方当事人的让步而得到认同,也可能会因一方当事人获得新信息而增加,也就有和解,达成调解协议,获得胜诉或者败诉的结果,对于不同的诉讼来说,得益情况也会不同,而得益的差异和不同的特征也会影响博弈方的行为方式。

需要指出的是诉讼当事人追求诉讼标的的最大化行为并不能导致社会利益最大化,也常常不能保证自身诉讼成本的降低或诉讼目的的完全实现。况且诉讼标的的极小化行为也不符合博弈者得益最大化的心理特征。因为在建设工程诉讼中,一方的收益必定是另一方的损失,不管诉讼双方如何举证、质证,最后的社会得益即诉讼双方得益之和为零,但是如果考虑双方诉讼成本的情况下,意味着不同的诉讼战略下各诉讼方的得益和一般是不相同的,因此,就可能转化成变和博弈,这样对双方都是不利的,争斗的结果是两败俱伤,这也是任何建设工程诉讼案件都能够假定以调解结案的最大理由所在。

一、建设工程合同价格形成的常见形式

建设工程纠纷从狭义的角度来看，实质上工程结算价格的争议所在，因此，应从合同价格进行分析，以便更好地化解风险。

建设工程合同往往由发包方起草或提供格式合同，为避免价格的不可控风险，一般要求价格固定。而由于工期的不确定性，承包商就可面临物价的上涨风险与压力。同时由于工期的要求较紧，往往在建设施工合同招标时，一些工程量清单并不确定，或者由于总体设计、基础设计与详细设计及施工现场存在较大差异，加之建设工程一般的建设周期较长，会随着市场的变化而使得建设成本发生变化，因此建设工程合同价格完全固定其难度也是可想而知的，这样，即使发包方规定合同价格固定，也难免会因合同变更或补充协议而产生纠纷。

从多年的建设工程诉讼纠纷的案例来看，固定总价往往有以下几种形式：

1. 全部闭口价。合同一般约定在施工中不管工程量及材料市场价格的变化，工程结算总价不变，市场风险由承包人自行承担。而在合同的实际履行中，由于设计变更，或现场情形与设计不符，施工方就会要求发包方提出变更，或通过签证的形式改变工程量，从而导致固定总价不能固定。

2. 工程造价暂定，合同一般约定在出现约定的具体情形时可以按照约定进行调整，如因设计变更造成工程量增加及其他材料价格上涨超过一定幅度范围等。这种合同对发包方来讲相对风险大点，甚至会出现预算包不住的情形。

3. 单价固定，即合同约定单价固定，但工程量据实核算，因此合同总价是暂定的，随工程量的变化而给予调整。该价格条款的最大缺点是由于合同履行中，发包方要求工程质量提高，对材料或设备的要求或工艺要求提升而使得固定单价难以保证，或者由于设计变更其中固定的单价不能涵盖所有工程量清单项的施工项目，即会有一部分施工量因事先没有确定的单价而形成纠纷。

对于承包人来讲，在实践中的常用的操作方式如下：

1. 签订固定总价合同需要慎重对待，如发包人要求签订固定总价合同，最好在合同中约定工程量超过一定范围或者市场价格变化超过一定幅度，则对超过部分应据实调整。特别是工期预计较长或因各种原因项目延期开工的建筑项目，一定要考虑物价与人员成本上涨的风险。

2. 采用工程量清单报价的，承包人要结合施工经验认真核对施工图中的工程量和工程量清单中的工程量是否相符，如果相差较大，应当列出，可与发包人核实，作为报价的依据。

对于固定总价合同,精明的承包商往往会采取不平衡报价,如果发包方不能及时发现,就会在项目建设后期出现纠纷,而按照合同,一些价值高的项目或单元承包商早已完成,一些价值低而施工难度大的项目就会被甩尾形成丢项,从而在项目施工后期要求由发包商解决问题,签订补充协议等索赔为要挟。

3. 采用单价合同的,承包人会对一些特殊规格的设备材料以合同约定不清为由提出索赔,要求提高单价,特别是型号、材质约定不清的合同,或者串通设计方对设计进行变更,以符合质量、安全规范为由要求新增一些价格高的材料或设备,承包人会借此抬升价格,从而形成纠纷。

4. 无论固定总价,还是固定单价,承包商都会以不可抗力、政策变化为由向发包人提出索赔,这就要求合同中对此类问题进行约定。特别是对税率变化、海关政策等的调整作出详细说明与约定。

5. 在合同执行过程中,承包人往往会以提高工效、工具特殊为由提出索赔。例如,笔者曾接触过一宗承包商的索赔,就是油罐的防腐工程,其中有一道吹砂除蚀工序,承包商说报价是以普通砂进行砍扫,由于锈蚀较深,不利于提高工效,需要改用石英砂,这样就可大幅提高工效,而造价也显著提升。

6. 由于合同对于关键设备、材料供应或施工工艺约定不清,造成承包商的索赔。例如,笔者曾经办理过一宗因发包人采购问题发生的索赔。合同约定转子流量计由承包商采购,但发包方要求变更为进口的,招标投标施工方的报价是每台200元,而实际进口每台需要6000元,最后变更为由发包人自主采购。

法务实例53:签订固定总价的建设工程施工合同的价款,除发包方增减工程量和设计变更外,一律不得调整

案情简介:

中鼎开发公司与荣江建筑公司签订一份施工合同,中鼎开发公司称,荣江建筑公司拒不按照图纸施工,致使工程面积超出图纸面积700多平方米,荣江公司要求按照实际施工面积进行结算,中鼎开发公司要求按照合同约定结算。

明法晰理:

最高人民法院裁判指导意见认为“中鼎开发公司是否应当支付一标段超面积施工部分工程款的问题。案涉工程一标段的中标面积和备案合同面积为24,289.77平方米,而实际施工面积为25,062.77平方米,超出中标面积773平方米。原审中,中鼎开发公司既没有提供证据,证明超出图纸的面积属荣江建筑公司擅自更改图纸或增加工程量所致,又无法明确超图纸施工的具体位置。为平衡各方当事人利益,原审根据中标合同的固定总价,计算一标段工程每平方米单价,进而确定超面积施工部分的工程款,并无不当”。

固定总价合同,俗称“闭口合同”“包死合同”。所谓“固定”,是指这种价款一经约定,除发包方增减工程量和设计变更外,一律不调整。所谓“总价”,是指完成合同约定范围内工程量以及为完成该工程量而实施的全部工作的总价款。《建设工程施工合同解释》第22条规定,当事人约定按照固定价结算工程价款,一方当事人请求对建设工程造价进行鉴定的,不予支持。根据此规定,签订固定总价的建设工程施工合同的价款,除发包方增减工程量和设计变更外,一律不调整。本案的特殊性在于无法查明合同与实际施工面积的差异在何处,法院为平衡各方当事人利益,原审根据中标合同的固定总价,计算一标段工程每平方米单价,进而确定超面积施工部分的工程款。在实践中,人民法院还是坚持公平原则的。

二、不平衡报价在投标中的一般表现形式

不平衡报价法是相对通常的平衡报价(正常报价)而言的,是在工程项目的投标总价确定后,根据招标文件的付款条件,合理地调整投标文件中子项目的报价,在不抬高总价以免影响中标(商务得分)的前提下,实施项目时能够尽早、更多地结算工程款,并能够赢得更多利润的一种投标报价方法。

由于建筑市场信息的不对称,有经验的承包商可能比发包方更清楚工程实际会发生的数量,当发现有缺项、漏项或两者之间有较大差别时,在大多数情况下,就会采用不平衡报价法。

不平衡报价在投标中常有以下表现形式:

1. 设计图纸不明确或有明显错误的,估计今后会修正的项目,其单价则会相对报得高些,以利于变更估价时采用。如临时工程、土石方工程等。或工程内容说明不清楚,价格可降低,待今后索赔时提高价格。

2. 预测到以后工程量会增加的项目,其单价则会高些,反之,如感觉发包方会调整减少的项目,其单价则会报得相对低些。

3. 对难以计算准确工程量的项目。如土石方工程,其单价可报得相对高些。虽然总报价影响不大,但一旦实际发生工程量比投标时工程量增加,承包人就可获得较大的利润。当承包人凭行业经验,认为发包人所列工程量清单中某项目的工程数量不准确时,承包人可充分利用此缺陷,进行不平衡报价。如果此项目工程数量明显偏低时,可将此项目单价适当报高一些。这样在合同执行时因工程量增加,承包人可获得额外收益;如果项目工程数量明显偏高时,可将此项目单价适当报少一些,可使投标总价降低,增加中标的机会。由此减少的报价,可均衡到到其他项目中去,而不会造成损失;发包人抑制这种不平衡报价的最好措施,是将工程量清单中的所有工程数量核定准确。

4. 发包方提供暂定价格的项目。如便道(桥)及明确分包的项目。由于发包方暂定,因此项目不明确,可适当将价格报低些,而一当发包方显著提高工程量时,可提出索赔,要求提高单价。

5. 对先期施工可以早收钱款的项目,其单价会定得高一些,可增加早期收入,加快资金周转。如开办费、土方、基础等。相反对后期施工的项目,其单价会定得低一些。如粉刷、油漆、电气等。如基础石方开挖综合单价(包括间接费、风险和利润)为 30 元/立方米,报价时报 35 元/立方米。合同实施后期项目单价适当报少一些,如混凝土项目,而投标总价不变。多报 5 元的累计额,作为承包人的流动资金,从而避免向银行贷款,节省了应交的利息。这种报价技巧对招标人是不利的,等于招标人提前向银行贷款,承包人省的利息,要由招标人交纳。因此招标人在评标时可把此增加的费用加到投标人的报价上,作为经评审的投标价格(计算因素要在招标文件载明)。如果投标人报价过分不平衡,经评审的投标价格就高,因此很可能影响中标。

6. 计日工和零星施工机械台班小时单价,可稍高于工程单价中的相应单价。因为这些单价不包括在投标价格中,发生时按实计算,结算时可多获收入。

7. 无工程量而只报单价的项目。如工程中挖湿土或岩石以及便道(桥)等备用单价。这些项目单价宜高些,这样,既不影响投标总价,以后发生此种施工项目时也可多获收入。

8. 寻找工程项目划分的缺陷,如部分使用现场搅拌砼部分使用商品砼的工程项目,只报一个平均价,施工时就可通过减少商品砼用量来实现收益。再如工程量清单中项目划分不细而形成的不平衡报价。例如某一土方填筑项目有两个土料场,一个料场运距近和高程低,另一个料场运距远和高程高。如果在工程量清单中不分料场只列一项土方填筑时,投标人只能报一个平均价。当合同前期先用运距近和低料场时,合同执行前期就会从发包人处多结算工程价款。当然后期会少支付工程价款,这对投标人也有利。因此有经验的招标人会在工程量清单中把此项目,按不同取料场分成两个项目,让投标人分别报价,依此抑制不平衡报价。

9. 对于一些进口设备、严重影响工期的设备采用低价,最后以种种理由协商将总包材料转交由发包方采购。

还有在结算中经常会碰到两种情形即:一是单价与合价不符;二是"一揽子"总包的几个子项,将其中的一项或几项又拿出来单独结算,形成重复结算。

当然对于有经验的发包方来讲,这些问题只能在合同履行中发现,因为招标时往往聘请外部专家评标,对于上述问题并不关注,而关注的往往是业绩、总价及行业评价。

法务实例 54:质量保修与支付结算不能相互抗辩的问题

案情简介:

1994 年下半年,丙公司将丙公司二期工程(国家重点工程)的设计部分承包给丁设计院,工程施工部分承包给甲公司。1995 年 9 月 4 日,甲公司下属筑炉公司以甲公司名义与乙公司签订了丙公司冷轧废水处理站玻璃鳞皮防腐材料工程施工合同。合同约定,乙公司提供防腐工程所需材料并负责施工。同时约定,防腐工程保质期 5 年,5 年内出现质量问题,乙公司免费进行保修。1996 年 2 月 13 日,乙公司将已竣工的防腐工程交甲公司及丙公司验收,同年 6 月 16 日,乙公司与甲公司就防腐工程办理了结算,工程造价为 466,351 元。同月 19 日,丙公司致函甲公司,承诺所欠工程款 149,758.67 元,计划 1998 年上下半年各付 40,000 元,余款在 1999 年内付清。1998 年 4 月 22 日,丙公司动力厂(丙公司冷轧废水处理站实际管理单位)书面通知甲公司筑炉公司,因废水处理站各水池多处鳞皮涂料防腐层破裂,要求速派人协商处理。同年 5 月 19 日,甲公司筑炉公司电函乙公司,要求一周内来人处理上述质量问题,当月 21 日,乙公司回电同意来人,同时要求甲公司速寄部分工程款作为来人差旅费,当月 25 日,甲公司汇 1000 元给乙公司。同年 7 月 1 日,乙公司回电明确 1000 元只够一个人来攀差旅费,要求速汇 30,000 元用于购买施工材料。事后,甲公司未汇款,乙公司也未派人来攀处理质量问题。1998 年 6 月 9 日,甲公司就工程返修质量要求及需丙公司配合的有关细节与丙公司达成协议，同月17日，甲公司在乙公司既不派人又不作意思表示情况下，组织人员对上述质量问题进行了返修，于同年12月2日竣工交丙公司验收。丙公司对甲公司返修的施工图及返修面积473.2平方米予以确认，丙公司派出的现场质量检查者彭某东证实返修工程的辅助工程工程量（包括外排脚手架、钢梯制作、生产废液清洗、废鳞皮涂料清洗、生产废液和废鳞皮涂料的运输、细石砼灌洞）。1998年12月20日，甲公司依据施工图、施工方案、丙公司确认的工程量，套用《四川省建设工程计价定额SGD—95及配套费用定额》，按一级一类标准取费，预算返修工程造价为212,186元。1999年8月，甲公司向本院起诉，要求判令乙公司支付返修工程款。

明法晰理：

第一，关于工程质量的鉴定问题。经甲公司及乙公司指定，审理法院委托四川省建设工程质量安全监督总站对丙公司冷轧厂废水处理站水池出现的质量问题进行鉴定，鉴定认为质量问题原因有两个方面：(1)该工程水池内壁防腐层未按有关规范规定施工，原材料及拌和检验资料不详，施工中对基层表面的处理未见有关隐蔽记录（表面平整度、含水率及除油污、粉尘等杂质的情况），造成防腐层龟裂、脱落，致水池渗漏，不能满足原防腐工程施工单位保用5年的承诺。(2)池壁设计不尽合理，结构抗裂不足，构造措施不当，于防腐功能不利。鉴定结论为：丙公司冷轧厂废水处理池原存在的防腐及结构质量问题，影响使用功能。后经甲公司筑炉公司返修后，现未发现渗漏现象，可以继续使用。并附说明认为，鉴定报告中原因分析第1条原因为主要原因。另外，防腐工程返修费用，经攀枝花市建设工程造价管理站鉴定为166,369元。

第二，关于合同效力问题。甲公司系工程施工总承包一级企业，可以从事防腐工程施工。审理法院(1999)攀东经初判字第125号民事判决书，认定甲公司与乙公司签订的丙公司冷轧废水处理站玻璃鳞皮防腐涂料工程施工合同为有效合同。并且，该判决书还明确甲公司1998年5月25日电汇给乙公司的差旅费1000元，折抵了甲公司原欠乙公司的工程款。另外，甲公司在本案重审中放弃向本院依法追加的被告丙公司和丁设计院主张权利。乙公司在重审中要求对防腐工程质量重新鉴定，但拒绝交纳重新鉴定费用。

第三,关于保修责任问题。甲公司与乙公司签订的防腐工程施工合同有效,乙公司应依约在保质期内履行保修义务。乙公司既承诺免费保修,在甲公司通知其派人处理防腐工程质量问题并按其意见汇了差旅费后,一个多月未派人处理,违反了中华人民共和国建设部《建设工程质量管理办法》第44条之规定,显属错误。甲公司在乙公司未派人处理质量问题的情况下,组织施工队伍进行返修,属正当行为。由此发生的返修费用应由责任方承担。

四川省建设工程质量安全监督总站作出的鉴定报告,对丙公司冷轧厂废水处理池原存在的质量问题的原因分析时指出,该工程水池内壁防腐未按有关规范规定施工,原材料及拌和检验资料不详等,造成防腐层龟裂、脱落,致水池渗漏,不能满足原防腐工程施工单位保用5年的承诺,认为此原因为主要原因。该分析是基于查阅有关图纸和资料,现场查勘和调查询问所作出的,具有客观公正性,法院予以采纳。

该报告分析的次要原因认为,池壁设计不尽合理,结构抗裂不足,构造措施不当,于防腐功能不利。该分析因鉴定时无丁设计院人员参加,也未收集调取设计有关的技术资料,其分析缺乏科学性,法院不予采纳。但该段分析已直接反映出基础构筑物质量存在瑕疵,对防腐工程质量有一定影响。

第四,关于发包方放弃诉讼权利的问题。现甲公司放弃对丁设计院及丙公司主张权利,基础构筑物的质量瑕疵的原因本院不宜主动追究,因此而产生的经济责任由甲公司自行承担,乙公司只承担其应承担的责任。

第五,关于质量保修抗辩的理由问题。质量保修义务和工程款支付义务是两种不同的义务关系,不能相互对抗,乙公司提出甲公司不按时支付工程款已先违约,并使其无力返修的主张不能成立。甲公司系工程施工总承包一级企业,可以从事防腐工程的施工,乙公司消极推卸返修义务,又不派人到现场,甲公司返修工程量有相关证据证明,乙公司无证据推翻甲公司所举工程量证据。乙公司提出甲公司无防腐工程施工资质且自行返修发生的返修费未经其审核,其不应承担返修费的主张不能成立。甲公司现有23,327.55元的工程质保金未付乙公司,此款应冲抵返修费用。

投标人不平衡报价常采用的技巧,主要有以下几种:

1. 合同实施前期项目的单价适当报高一些。

以上投标人不平衡报价技巧，只能在遵守《招标投标法》的前提下使用，该法规定不能改变投标人的投标方案和投标报价，也就是说，投标人报价高的不能减，报少的不能加，漏项的费用也不补。合同执行期完全按中标人的投标价格结算。如果招标人违反这条规定，在授标前通过“竞争性谈判”要求改变投标方案和投标报价，这种方法就不适用了。

对于工程项目不平衡报价法的前提是工程量清单报价，它强调量价分离，即工程量和单价分开，投标时承包商报的是单价而不是总价，总价等于单价乘以招标文件中的工程量（估算量，仅仅用于招标），最终结算量以实际发生量为准。

而这个总价是理念上的东西，或者说只是评标委员会在比较各家标价的高低时提供了一个总的大致参考值，实际上承包商拿回的总收入等于在履约过程中通过验收的工程量与相应单价的乘积。

2. 能够早日收回资金、专业性强的适当报高，其他通用性强的可适当调低。

如某消防设施招标中，气体自动消防及其他专业性强的工程等可以报得较高，以利资金周转，其他工程项目如喷淋、消火栓系统等通用性强的报价可适当降低。

尽早收回工程款项，减少企业自有资金的占用仍然是当前每一个承包人十分关注的问题。工程开工以后，除预付款外，完成每一个单项程都要争取超前拿钱。由于工程款项的结算一般都是按照工程施工的进度进行的，在投标时报价时就可以将工程量清单里先完成的工程量适当报高。

3. 先开工的单价调高，后施工的工作内容的单价调低。

尽管后边的单价可能会赔钱，但由于在履行合同的前期早已收回了成本，减少了内部管理的资金占用，有利于施工流动资金的周转，财务应变能力得到提高或改善，因此只要保证整个项目最终能够盈利就达到了目的。

采用这样的报价办法不仅能平衡和减缓承包人资金压力的问题，还能使承包人在工程发生争议时处于有利地位，因此就有发包人与承包的索赔和反索赔的博弈。

对于发包人来讲，不平衡报价存在较大法律风险，如果承包人至始处于收入多于支出的状态下，在出现对方违约或不可控制因素的情况下，主动权就掌握在承包人手中，减轻了承包人的现场工作人员压力，对日后的施工也有利，能够形成一种良性循环。

4. 根据《建设工程工程量清单计价规范》（GB50500—2013）第 9. 3. 2、9. 4. 2 条的规定，不论由于工程量清单措施费有误或漏项，还是由于设计变更引起新的工程量清单项目或清单项目工程数量的增减，均应按照实际情况调整。

因此如果投标人在报价过程中判断出招标书工程数量明显不合理，就可以获得多收钱的机会。

如果工程量清单的工程数量比实际的工程数量要少，那么就可以把单价报得高一些，如果工程量清单的工程数量比实际的工程数量要多，实际施工时少于报价时的预估工程量，那么就可以把单价报得低一些。这样投标时好像是有损失，但由于实际上并没完成那么多工作量，就会赔很少的一部分。

同样，通过对施工图纸的审核，如果发现工程设计有不明确、不合理的地方，估计今后会有修改的，那么对很有可能发生变更的项目的价就应该做适当的降低，待澄清后再要求提高价格，以便取得更好的效益。

5. 在其他项目费中要报工日单价和机械台班单价，可以高些，以便在日后招标人用工或使用机械时可多盈利。

对于其他项目中的工程量要具体分析，是否报高价，高多少有一个限度，不然会抬高总报价。

6. 采用不平衡报价法应注意分析工程量情况，防止重大损失或废标，不平衡报价一定要建立在对工程量清单中工程量仔细核对分析的基础上，特别是对报低单价的项目，如工程量执行时增多将造成承包商的重大损失，同时一定要控制在合理幅度内（一般可在 10% 左右），价格水平高低不能太明显夸张，否则可能会引起评标人的注意，认为报价不合理，甚至对专家评标产生负面影响，造成废标。如果不注意这一点，有时发包人会挑出报价过高的项目，要求投标者进行单价分析，进而围绕单价分析中过高的内容压价，以致承包商得不偿失。

采用不平衡报价法时也应该注意单价的不平衡要有适当的尺度。当报价清单中大部分单价成倍或数倍地偏离了市场价格时，或者是不平衡的比例分配得过分悬殊，使得早期工作内容的单价明显不合理，发包人就可能要求承包人就此提供单价分析及计算依据，甚至会判为废标，承包人反倒会弄巧成拙。

综上所述，施工单位投标竞争是企业之间综合素质的竞争，它的胜负不仅决定于投标者的技术、设备和资金等实力的大小，更决定于投标策略和方法的正确性、预见性，同时也非常讲究技巧，只有在投标工作中认真总结这方面的经验和教训，才能以合理的价格中际。

投标人采用不平衡报价法时常遵循的规律：

1. 单价在合理范围内可提高的子项目有：能够早日结算的项目，如开办费、营地设施、土方、基础工程等；通过现场勘察或设计不合理、清单项目错误，预计今后实际工程量大于清单工程量的项目;支付条件良好的政府项目或银行项目。

2. 单价在合理范围内可以降低的子项目有:后期的工程项目,如粉刷、外墙装饰、电气、零散清理和附属工程等;预计今后实际工程量小于清单工程量的项目。

3. 图纸不明确或有错误,估计今后会有修改的,或工程内容说明不清楚的,价格可降低,待澄清后可再要求提高价格。

4. 计日工资和零星施工机械台班小时单价报价时,可稍高于工程单价中的相应单价。因为这些单价不包括在投标价格中,发生时按实计算,利润增加。

5. 无工程量而只报单价的项目。如土木工程中挖湿土或岩石等备用单价,单价宜高些。这样不影响投标总价,而一旦项目实施就可多得利润。

6. 暂定工程或暂定数额的报价。这类项目要具体分析,如果预计今后肯定要做的工程,价格可定得高一些,反之价格可低一些。

7. 如项目发包方要求投标报价一次报定不予调整时,则宜适度抬高标价,因为其中风险难以预料。

作为承包商,工程开工以后,除预付款外,做每件事情都要争取提前拿钱,由于工程款项的结算一般都是按照工程施工的进度进行的,不平衡报价法把工程量清单中先做的工作内容的单价调高,后干的活单价调低。这样由于先收回了资金或工程款,有利于施工流动资金的周转,提高了财务应变能力,还有适量的利息收入,如果一直保持收入比支出多,当出现对方违约或不可控制因素时,主动权就掌握在承包商手中,使承包商在工程发生争议时处于有利地位,缩小投资风验。在投标过程中承包商根据以往的经验判断标书中的工程量是否合理或是否存在缺陷,承包商的报价水平尤其重要,要认真分析,把标书中工程量比实际工程量少的项目单价定得稍高一些,把标书中工程量比实际工程量要多的项目单价定得稍低一些。

单价的不平衡要有适当的尺度,要在合理的范畴内进行调整,不能太畸高或畸低。评标委员会有可能要求投标人对那些被认为是明显偏高或明显偏低的项目单价提交单价分析。如果投标人能够对此作出令人信服的解释,比如说有闲置的设备、有现成的临时设施或可供利用的库存材料、或拥有特别优惠的采购渠道、拟采用的施工工艺可使相关的单项工程的成本大幅度降低,等等,发包方一般不会在此类问题上过分计较。但如果个别单项工程的成本在整个工程项目中所占比重较大,其投标价严重背离市场价格,而投标人又无法自圆其说时,不排除评标委员会判定投标书"未做出实质性响应"或"单价分析不合理"。

三、关于固定总价情形下要求工程价款鉴定的处理

在司法实践中,约有80%的纠纷或争议,当事人之间约定的是固定总价。承包人之所以大多采用固定总价的方式,是由于目前我国建筑市场管理不到位,导致承包人尤其是实际施工人通过主材的偷工减料、以次充好,混凝土降低标号、配比,桩基深度不够等各种方式偷工减料,降低施工成本,从而获得最大利润。当事人在合同中约定的固定总价表述一般为固定价、固定总价、包死价、总价包死,一次性包死不作调整等。但由于工程建设中往往存在设计变更、工程量增加等因素,对于工程价款,当事人之间对工程总价款往往包不死。工程竣工验收后,实际施工人为多拿工程款,往往找出各种理由,如工程设计变更、工程量增加等,要求人民法院对工程总价款进行鉴定,发包人则主张双方之间的工程总价款要严格按照合同约定,即包死价结算工程价款。

如果当事人之间约定的是固定总价、包死价等方式,则对承包人或实际施工人的造价鉴定申请不应予以支持。理由是,在工程招投标阶段,承包人为能够拿到工程项目,往往采用低于定额的标准进行投标,发包人往往会选择较低价格的投标者并与之签订合同,因此,当事人之间的合同价一般是低于国家定额标准。

工程造价鉴定一般是按照国家定额,即国家强制标准计算工程价款,如果同意承包人、实际施工人的鉴定申请,则鉴定结论的价款肯定高于当事人之间约定的合同价款,这样对发包人明显不公,也会使承包人、实际施工人用较低价格签订合同拿工程,按照国家定额结算工程款多拿钱。如此,承包人、实际施工人就会视合同为儿戏,扰乱建筑市场的正常秩序。因此,对于当事人在合同中约定了工程总价款,事后又申请造价鉴定的,不应予以支持。对于设计变更部分和工程量增减部分,如果当事人之间在合同中没有约定该部分工程价款的结算方式,发生纠纷后,可以由当事人之间再行协商,协商不成,人民法院可以参照合同约定的价款结算方法计算该部分工程价款,也可以通过工程造价鉴定,对该部分工程的价款进行鉴定。

关于建材价格上涨要求情势变更的处理,建设工程施工合同涉及的项目建设周期一般都比较长,其间建筑材料价格会发生变化。工程竣工结算时,承包人尤其是实际施工人会主张,由于建筑材料价格上涨,导致建筑成本增加,依据情势变更原则和各地建设主管部门的指导意见,要求增加该部分工程款。发包人则主张,建筑材料价格上涨属于正常的商业风险,不应当由发包人承担,不同意对建筑材料价

格上涨部分,增加工程价款。各地由于掌握的标准不同,也出现了不同的判例。

当事人在合同中对建筑材料价格上涨的风险有约定,按照约定处理;没有约定,协商不成的,由人民法院依法判决。按照最高人民法院最新的指导意见和相关会议精神,对情势变更的原则,应当从严掌握,并报高级人民法院审查。在判断某种重大客观变化是否属于情势变更时,应当注意衡量风险类型是否属于社会一般观念上的事先无法预见、风险程度是否远远超出正常人的合理预期、风险是否可以防范和控制、交易性质是否属于通常的"高风险高收益"范围等因素,并结合市场的具体情况,在个案中识别情势变更和商业风险。因此,对于建筑材料价格上涨部分,原则上应当属于商业风险,不作调整,除非是个案显失公平。即使调整也要掌握严格的标准,对于建筑材料价格上涨要区分主材和非主材部分,对于非主材部分,由于占建筑成本的比例不大,不予调整。对于主材部分,区分一类主材和二类主材,对于一类主材的调整标准,可以考虑掌握在50%~100%,对于二类主材,可以掌握在30%~50%。这样调整既可以防止承包人、实际施工人借情势变更转嫁商业风险,也可以防止情势变更不予调整对承包人、施工人的个案不公。各地在个案处理中,有的依据省建设主管部门的指导意见,如湖北、江苏等,对建筑材料价格进行了调整。笔者认为,上述建设厅的指导性文件,是从指导当事人签约的角度,对情势变更与商业风险进行区分,与人民法院的司法判断标准存在差异,因此,笔者主张上述指导意见仅供个案裁判参考,不宜作为裁判依据。

四、合同结算:建设工程纠纷产生的主要因素

一般来说,当事人在建设工程合同中对工程价款有两种约定方式:

一是约定固定价(闭口价),即对合同约定范围内的工程量确定固定价格,在约定的风险范围内合同价款不做调整;从严格意见来讲,只有单价确定,工程量确定的固定价才叫固定总价,而工程量不确定的称为固定单价。也就是说,若发生工程量的增、减的情况,则对增、减部分进行相应调整或者按实结算的叫固定单价。二是约定工程价款按实结算或者通过审计确定(开口价),即对合同约定范围内的工程量不约定固定价格,而是约定暂定价或者最终通过审计确定工程造价。

在固定价的方式中,如何正确认定工程价款,应当特别注意以下问题:

一是双方当事人约定固定价结算的,一方当事人请求对工程造价进行鉴定的,不予支持。

二是对工程量增、减部分,应当按照合同约定的结算方式和结算标准进行造价鉴定;没有约定或者约定不明的,可以参照签订合同时当地建设行政主管部门发布的计价方法或者计价标准结算工程价款。

三是双方当事人一定要在合同中明确约定"固定价"、"不变价"或者"不做调整"等内容;若仅约定"暂定价"、"按实结算"或者"通过审计确定"等内容,则不能认定为"固定价",而认定是"开口价"。

四是合同约定的固定价,但是工程进行价款结算时与合同签订时发生了重大变化,如建筑材料的价格的上涨、人员工资成本的调整等因素,如果仍然按照固定价进行结算将可能产生不公平的结果,一方当事人要求按实结算或者调整工程价款。由于我国《合同法》中对"情势变更"的原则没有最终规定,故对于上述情况一般不予调整。司法实践中,一般按照"公平原则"对当事人之间的利益作适当调整。

五是在合同总价约定中一定要说明总价、单价是否包含相应的税费。要明确价内税与价外税。按照价税理论,所谓含税是指价内税,而合同需要说明的是价外税,即增值税。因此,一定要在合同中约定所适用的增值税率。

在开口价的方式中,双方当事人一般通过协商或者审计鉴定来最终确认工程价款。在这种方式结算工程款,应当特别注意以下问题:

一是合同范围内的工程量的确认问题。如果双方在合同和施工图中约定了工程内容且实际竣工验收,应当认定承包人完成了工程量,按此结算工程款;但是,发包人有证据证明(如施工合同、付款凭证、施工资料等)该工程量系自行完成或者委托他人完成,则承包人无权取得该工程款。

二是合同范围外的工程量的确认问题。如果双方在合同和施工图中没有约定此项工程内容,但是承包人主张其实际施工,并有签证单、会议记录、往来信函以及其他技术资料等,则应认定承包人的实际施工量并以此结算工程价款;如果发包人有相反证据证明该项工程量是其自行或者委托他人完成的,则承包人无权取得该工程价款。

三是对合同履行中往来文书的效力认定。在合同履行过程中双方往来的文书一般包括工程签证单、技术核定书、会议记录、往来信函等。一方当事人往往用这些文件并非其工作人员签署或者没有得到相应的授权等理由而否定其效力。在司法实践中,对上述文书的法律效力的认定一般都比较宽泛,只要一方当事人有证据证明该文件是另一方当事人的施工负责人、工程监理、现场代表、项目经理、项目负责人等的签字,就可以认定其法律效力。

四是对合同履行中相关法律文书的效力次序的认定。

合同文件应当能相互解释,相互说明。除合同的专用条款另有约定外,应当按照下列顺序确认其效力:(1)合同协议书;(2)中标通知书;(3)投标书及其附件;(4)合同专用条款;(5)合同通用条款;(6)标准、规范及有关技术文件;(7)图纸;(8)工程量清单;(9)工程报价单或预算书。

五是工程结算文件和资料的认定。在建设工程施工合同纠纷中,承包人要求发包人支付工程价款的案件占很大比例。特别是工程完成后,承包人向发包人提交工程结算文件和资料,发包人为了拖延工程款的支付,往往对此迟迟不予答复,也不支付工程款。那么,承包人单方面提交的工程结算文件,能否作为工程决算的依据,对此,有不同规定。

建设部《建筑工程施工发包与承包计价管理办法》第16条规定:"发包方应当在收到竣工结算文件后的约定期限内予以答复。逾期未答复的,竣工结算文件视为已被认可。……发承包双方在合同中对上述事项的期限没有明确约定的,可认为其约定期限均为28日。"

《建设工程施工合同解释》第20条规定:"当事人约定,发包人收到竣工结算文件后,在约定的期限内不予答复,视为认可竣工结算文件的,按照约定处理。承包人请求按照竣工结算文件结算工程价款的,应予支持。"

应当注意的是,上述司法解释与建设部的管理办法存在一定的区别:

第一,司法解释强调,双方当事人对工程价款的结算期限要有明确的约定;如果没有约定,则不能适用第20条的规定;第二,司法解释否定了建设部的管理办法作为部门规章可以成为人民法院判案的依据;第三,司法解释认为建设部的管理办法过分地保护了承包人的利益,没有均衡双方当事人的利益;第四,司法解释认为,建设部和国家工商局制定的施工合同文本中"通用条款"第33条第3款"发包人收到竣工结算报告及结算资料后28天内无正当理由不支付工程竣工结算价款的,从29天起按承包人同期向银行贷款利率支付拖欠工程价款利息,并承担违约责任",并不等同发包人认可承包人提交的竣工结算资料和价款。

因此,在施工合同的"专用条款"中,双方当事人应当明确约定,发包人在收到承包人竣工结算价款后应当在一定期限内给予答复;如在约定的期限内不予答复,则视为发包人认可承包人所提交的竣工结算价款。

(一)包死价情形下要求工程价款鉴定的处理

当事人对工程总价款的约定有三种方式,即固定价、可调价和成本加利润。固定价又可分为固定总价和固定单价。在司法实践中,有80%以上的案件,当事人之间约定的是固定总价。承包人之所以大多采用固定总价的方式,是由于目前我国建筑市场管理不到位，导致承包人尤其是实际施工人通过钢筋拉大间距、以次充好；混凝土降低标号、配比；桩基深度不够等各种方式偷工减料，降低施工成本，从而获得最大利润。当事人在合同中约定的固定总价表述一般为固定价、固定总价、包死价、总价包死，一次性包死不作调整等。但由于工程建设中往往存在设计变更、工程量增加等因素，对于工程价款，当事人之间对工程总价款往往包不死。工程竣工、合格后，实际施工人为多拿工程款，往往找出各种理由，如工程设计变更、工程量增加等，要求人民法院对工程总价款进行鉴定，发包人则主张双方之间的工程总价款要严格按照合同约定，即包死价结算工程价款。

如果当事人之间约定的是固定总价、包死价等方式，则对承包人或实际施工人的造价鉴定申请不予支持。理由是，在工程招投标阶段，承包人为能够拿到工程项目，往往采用低于定额的标准进行投标，发包人往往会选择较低价格的投标者并与之签订合同，因此，当事人之间的合同价一般是低于国家定额标准。工程造价鉴定一般是按照国家定额，即国家强制标准计算工程价款，如果同意承包人、实际施工人的鉴定申请，则鉴定结论的价款肯定高于当事人之间约定的合同价款，这样对发包人明显不公，也会使承包人、实际施工人用较低价格签订合同拿工程，按照国家定额结算工程款多拿钱。如此，承包人、实际施工人就会视合同为儿戏，扰乱建筑市场的正常秩序。因此，对于当事人在合同中约定了工程总价款，事后又申请造价鉴定的，不应予以支持。对于设计变更部分和工程量增减部分，如果当事人之间在合同中没有约定该部分工程价款的结算方式，发生纠纷后，可以由当事人之间再行协商，协商不成，人民法院可以参照合同约定的价款结算方法计算该部分工程价款，也可以通过工程造价鉴定，对该部分工程的价款进行鉴定。

（二）多份合同情形下工程总价款问题的处理

在案件审理过程中，笔者发现很多情况下，当事人之间签订了两份或两份以上的合同，且都经过了建设主管部门的登记备案。有的多份合同构成“黑白合同”，有的不构成“黑白合同”，在此情形下如何确定工程总价款。

对此，笔者认为要具体分析。（1）如果当事人之间签订的合同所涉工程属于国家强制招投标的范围，当事人之间也进行了招投标，并且该合同经过了登记备案，其私底下签订的合同与该登记备案的合同在实质性内容上不一致，应当认定该登记备案的合同为“白合同”，未登记备案的合同为“黑合同”。根据司法解释的规定，此时，应当按照“白合同”结算工程款。（2）如果当事人之间签订的合同所涉工程非属于国家强制招投标范围，当事人之间进行了招投标，并且在建设主管部门登记备案，私底下签订的合同与备案的合同在实质性内容上不一致，应当认定该登记备案的合同。虽然，私下签订的合同可能是当事人之间的真实意思表示，但如果认定私下签订的合同，当事人就会认为，其招投标只是走走形式，反正对其不具有约束力，使招投标程序沦为走形式。同时，该行为也损害了其他投标人的利益，扰乱了招投标市场秩序和建筑市场秩序。因此，我们主张认定登记备案合同的价款为工程结算依据。(3)如果当事人之间签订的合同所涉工程不属于强制招投标的范围，当事人之间也没有进行招投标，但按照当地建设主管部门的要求进行了备案，该备案的合同与当事人私下签订的合同内容不一致的，应当认定该两份合同不符合司法解释规定的“黑白合同”认定条件，不构成“黑白合同”，当事人之间可能只履行其中的一份合同，也可能是后一份合同对前一份合同进行了变更，主要看当事人实际履行合同的情况，确定工程总价款。

(三)工程价款结算中涉及强制招投标的认定

司法实践中，商品房开发项目竣工验收合格后，施工方为多拿工程款，主动提出其所施工的工程属于国家强制招投标的工程，必须进行招投标，而发包方没有进行招投标，因此，双方之间签订的合同违反《招标投标法》强制性规定，应当认定为无效合同，工程总价款应当按实结算。而发包人则主张涉案工程不属于法律规定的强制招投标的范围，不需要进行招投标，双方之间的合同应当认定为有效，按照合同约定结算工程价款。因此，人民法院在确定工程总价款时，首先要去判断哪些工程属于强制招投标的范围，哪些工程不属于强制招投标的范围，在此基础上再对合同效力和合同价款作出进一步判断。而且司法实践中，各地招投标主管部门要求招投标的标准和范围又不统一，导致各地出现了不同的判例。

对此，笔者认为，根据《招标投标法》的规定，以下项目必须进行招投标：(1)大型基础设施、公用事业等关系社会公共利益、公众安全的项目；(2)全部或者部分使用国有资金投资或者国家融资的项目；(3)使用国际组织或者外国政府贷款、援助资金的项目。2000 年 4 月，国家发展计划委员会发布的《工程建设项目招标范围和规模标准规定》，将商品房项目界定为社会公共利益的范围，必须进行招投标。承包人据此主张合同无效，工程款按实结算。对此，笔者认为，商品房开发仅涉及特定当事人之间的利益，即开发商和被拆迁人之间的利益，而非不特定的当事人之间的利益即社会公共利益，不属于强制招投标的范围，《国有土地上房屋征收与补偿条例(征求意见稿)》，没有将商品房开发项目界定为社会公共利益，也体现了商品房开发不涉及社会公共利益的立法动向。因此，商品房开发项目不属于强制招投标的范围，发包人没有进行招投标，不影响合同的效力。对于承包人主张商品房涉及社会公共利益，没有进行招投标，合同无效，主张按照定额结算工程款的主张，不应当支持。

(四)建材价格上涨要求情势变更的处理

建设工程施工合同涉及的项目建设周期一般都比较长,其间建筑材料价格会发生变化。工程竣工结算时,承包人尤其是实际施工人会主张,由于建筑材料价格上涨,导致建筑成本增加,依据情势变更原则和各地建设主管部门的指导意见,要求增加该部分工程款。发包人则主张,建筑材料价格上涨属于正常的商业风险,不应当由发包人承担,不同意对建筑材料价格上涨部分,增加工程价款。各地由于掌握的标准不同,也出现了不同的判例。

笔者认为,当事人在合同中对建筑材料价格上涨的风险有约定,按照约定处理;没有约定,协商不成的,由人民法院依法判决。按照最高人民法院最新的指导意见和相关会议精神,对情势变更的原则,应当从严掌握,并报高级人民法院审查。在判断某种重大客观变化是否属于情势变更时,应当注意衡量风险类型是否属于社会一般观念上的事先无法预见、风险程度是否远远超出正常人的合理预期、风险是否可以防范和控制、交易性质是否属于通常的"高风险高收益"范围等因素,并结合市场的具体情况,在个案中识别情势变更和商业风险。因此,对于建筑材料价格上涨部分,原则上应当属于商业风险,不作调整,除非是个案显失公平。即使调整也要掌握严格的标准,对于建筑材料价格上涨要区分主材和非主材部分,对于非主材部分,由于占建筑成本的比例不大,不予调整。对于主材部分,区分一类主材和二类主材,对于一类主材的调整标准,可以考虑掌握在50% ~100%,对于二类主材,可以掌握在30% ~50%。这样调整既可以防止承包人、实际施工人借情势变更转嫁商业风险,也可以防止情势变更不予调整对承包人、施工人的个案不公。各地在个案处理中,有的依据省建设主管部门的指导意见,如湖北、江苏等,对建筑材料价格进行了调整。笔者认为,上述建设厅的指导性文件,是从指导当事人签约的角度,并且对情势变更与商业风险的区分与人民法院的司法判断标准存在差异,因此,笔者主张上述指导意见仅供个案裁判参考,不宜作为裁判依据。

(五)工程价款有效支付问题的处理

在司法实践中,经常会遇到承包人依据司法解释的规定,突破合同相对性,向发包人主张欠付工程价款;发包人主张其已经向实际施工人支付完工程价款,或主张已经超付工程款,要求承包人予以返还超付工程款部分。而承包人则主张发包人向实际施工人的工程款支付,不符合合同约定,不构成有效支付。如此,人民法院如果认定发包人对实际施工人的付款不符合发包人与承包人之间的约定,不构成有效支付,则发包人可能面临重复付款的风险。如果认定发包人对实际施工人的付款构成有效支付,则承包人与发包人之间的合同约定则对发包人没有任何约束力。

对此,笔者认为,依据最高人民法院司法解释的本意,合同相对性原则的突破是有条件的,即在实际施工人的上一手非法分包人或转包人破产、下落不明,实际施工人不提起以发包人、总承包人为被告的诉讼就难以保障权利实现的情形下,才允许实际施工人突破合同相对性。依据合同相对性原则,涉案工程款的结算,原则上应当在合同相对人之间进行,并符合合同双方的约定,如果当事人之间的付款方式不符合合同约定,则发包人对实际施工人之间的付款不构成有效支付,如果查明,发包人对实际施工人之间的付款符合表见代理的条件,同样构成有效支付,否则构成无效支付。由实际施工人返还发包人工程款,再由发包人支付承包人。之所以如此选择,是为了预防司法实践中出现的以下两种违法情形:一种情形是由于承包人、非法分包人管理不到位,只收取管理费,在施工过程中,没有派遣相关的技术、财务、管理人员到施工现场。实际施工人为及时领取工程款,发包人要求其出具的收款收据大于其实际领取的工程价款。如实际施工人领取的工程款 100 万元,而发包人要求其出具 120 万元的收据,而发包人最终依据该 120 万元的收据与承包人进行结算,实际施工人迫于压力不出庭参加诉讼,这就造成了发包人与实际施工人串通损害承包人的情形。另一种情形是,承包人与实际施工人之间相互串通虚报工程量,虚增工程价款,在发包人已经付清工程价款的情形下,实际施工人向发包人主张虚增工程价款,损害发包人的利益。

在建设工程施工合同案件中,当事人之间最主要的争议是关于工程价款的争议。人民法院在案件审理过程中,首先要确定双方当事人间的工程总价款。

(六)工程结算款的利息与垫资产生的纠纷问题

发包人欠付工程款,承包人除要求发包人支付外,还可以要求支付工程款的利息。对于工程款的利息,到底是发包人承担的违约责任,还是法定的孳息,实践中一直存在争议。

一种意见认为,向承包人支付工程款是发包人的法定义务,拖欠工程款的行为就是违约行为,应承担相应的违约责任,包括支付工程款的利息。另一种意见认为,工程款存在承发包双方共同结算的问题,在双方结算确认一致之前,很难确认发包方到底欠付多少工程款,也就很难确认发包方到底是否违约。而发包方自工程验收合格并实际使用后,就接受并占有了承包方的劳动成果,这时,工程款就有了一定的借款性质,利息就是一种孳息。同时,有些工程款的结算时间很长,发包方也往往拖延支付,并以工程款没有最后确认作为其不付款抗辩的理由。而将工程款的利息作为法定的孳息，则可以更好地保护承包方，制裁发包方的拖延行为。

对于工程款利息标准，《建设工程施工合同解释》第17条规定：“当事人对欠付工程款利息计付标准有约定的，按照约定处理；没有约定的，按照中国人民银行发布的同期同类贷款利率计息。”对于双方当事人约定利息计付标准的限制，《建设工程施工合同解释》没有相应的规定。一般理解，双方当事人的约定应当在国家法定利率上下限范围内，否则，不予保护。

利息应当从何时计付？《建设工程施工合同解释》第18条规定，利息从应付工程价款之日计付。而对应付工程款的时间，双方有约定，按约定；没有约定或者约定不明的，下列时间视为应付款时间：工程已交付的，为交付之日；工程没有交付的，为提交竣工结算文件之日；工程没有交付也没有结算，为当事人起诉之日。

所谓垫资，是指建设工程施工合同签订后，承包人不要求发包人先支付工程款或部分工程款，而是先利用自有资金进场施工，待工程施工到一定阶段或者全部完成后，再由发包人支付承包人垫付的工程款。由于建筑市场竞争激烈，承包人处于劣势地位，往往为了承揽到工程，不惜为发包方垫资并在合同中约定垫资条款。

在《建设工程施工合同解释》颁布之前，一般认为承包人的垫资属于企业之间拆借资金的行为，该行为因违反国家金融法律法规，被认定为无效行为。但是，在我国的建筑市场中，垫资现象普遍存在，如果一律认定垫资行为无效，则不利于保护承包人的利益。同时，在国际建筑市场中，垫资施工已成为一种普遍现象。因此，《建设工程施工合同解释》第6条对垫资及垫资利息作了明确规定：当事人对垫资和垫资利息有约定的，按约定处理；但约定的利息不得高于中国人民银行同期同类贷款利率。当事人对垫资没有约定的，按工程欠款处理。当事人对垫资利息没有约定的，承包人请求支付利息的，不予支持。

价款纠纷实际上就是结算纠纷。在工地上经常会发生洽商、技术变更，但是有了洽商、变更不一定就会导致合同价款的改变。工程价款的结算必须要有证据的支持，证据的搜集要求工程双方在工地现场特别注意将技术签证转化为经济签证。在工程签证工作中应注意以下几方面的问题：

1. 凡是发生工程设计变更，均必须由发包方书面告知施工方，方可组织实施。施工方无权擅自对原工程设计方案进行变更，否则发包方有权对设计变更调整的工作量不予认可并追究施工方的违约责任。

2. 施工方必须按照施工合同约定的时间，向发包方或监理单位提交已完工程量的报告并要求其签收。若发包方未能按期定支付工程进度款，双方又未达成延期付款协议，导致施工无法进行，则施工方可以停止施工，并由发包方承担违约责任。在因发包方原因造成停工时,施工方一定要在合同约定的时间内向发包方书面发函并说明停工理由。

3. 所有工期顺延均必须由施工方向发包方书面提出具体要求顺延的天数。施工方应在顺延工期情形发生后 14 天内,就延误的工期以书面形式向工程师提出报告。如果施工方仅仅是在函件中指出上述事实并提出要顺延工期,但并未明确提出顺延的天数,则工期仍无法顺延。在现实中,不少施工方确实曾经针对设计变更、甲方供材不及时、甲方支付工程进度款不到位等情形向发包方或者监理单位提出了工期顺延的请求,但是并没有明确提出顺延的天数,这往往导致日后在诉讼过程中法院认定工期不应当顺延而判罚施工方承担高额逾期竣工违约金,致使施工方付出了沉重的代价,教训尤为深刻。

4. 发生合同价款调整的情形施工方应及时向发包方发函。施工方应在设计变更、政策性价款调整、工程造价管理机构的价格调整等发生后 14 天内,将调整原因、金额以书面形式通知发包方。如果施工方没有在规定时间内书面通知发包方,则发包方有权不进行调整。

5. 工程完工后施工方应及时向发包方提交竣工验收报告并要求发包方签收。施工方应注意竣工验收备案表上载明的竣工时间应与实际竣工时间保持一致,以免在日后的诉讼中发生竣工时间约定不明的问题而对施工方不利。在工程竣工验收报告经发包方认可后 28 天(或者合同约定的其他时间)内,施工方应及时向发包方提交竣工结算报告,发包方拒绝签收竣工结算报告的,施工方可以采取公证送达的方式提交。施工方如果未能在约定时间内向发包方提交完整的竣工结算报告,经发包方催促后 14 天内仍未能提供,则发包方有权根据已有资料自行进行审查,责任由施工方自负。

6. 慎重签订补充协议或会议纪要。补充协议或会议纪要是施工合同的组成部分,个别协议或纪要甚至对工期、质量标准、付款方式、结算方式、违约条款等合同条款进行了重大修订,有时候往往就是凭一份关键的补充协议或会议纪要而导致案件胜诉或败诉,十分重要。如果在施工过程中需要与发包方达成补充协议、会议纪要或者应发包方要求出具书面承诺函时,应严格按照施工方内部的合同评审程序进行合同审核,及时将有关函件在签字盖章前送交施工方总部各部门进行审查,并报施工方高层领导同意,从而最大限度地规避公司经营风险。

7. 特别需要说明的是,对于经过招投标程序签订的合同,一定要注意补充协议及随后的会议纪要,不要造成对合同实质性内容的变更,否则就可能因违法而被法院判定为无效。

8. 注重法律文件的有效送达,注重法律文件签署人的授权与合同约定权力。很多纠纷出现后,一方会对签署人的身份与代理权限产生疑义。

一旦合作的双方发生纠纷,任何一个细节都可能成为主张权利的障碍。看一家企业的管理水平,首先要看企业在履行合同过程中的签证意识,尤其是送达的管理。可能一些施工企业提交了很多工程量报告、停工通知等,但只是交给了发包方,自己手上没有留存提交了这些法律文件的证据,一旦对方不承认收到,施工方束手无策。

为了防范风险,一般应采取以下措施:(1)所有提交给发包方、监理方的法律文书均一式两份,一份交送达对方,另一份要求对方的有权签认人签字后留己方保存;(2)如果对方不愿意签字,可以采用 EMS 邮寄送达的方式,在备注中写清楚邮寄资料的包含主要内容的文件摘要;(3)邮寄不能送达时或者比较重要的文件可以采用公证送达的方式。没有有效的送达就没有充分的权利,有效送达法律文书应当成为施工管理的重要内容。

9. 特别是以工程量清单为计价基础的合同,一定要在合同中约定具体建设工程的计价标准或者计价方法,如果没有约定具体建设工程的计价标准或者计价方法,而双方又对该部分工程价款不能协商一致,只能参照签订建设工程施工合同时当地建设行政主管部门发布的计价方法或者计价标准结算工程价款。尤其因设计变更导致建设工程的工程量或者质量标准发生变化的时,一定要及时明确工程质量与质量标准的依据。双方一定要明确约定,最好是建设行政主管部门发布的计价方法或者计价标准,其效力往往高于行业惯例。

(七)约定工程结算后支付工程余款(保证金除外)的情形

工程未经结算,工程造价不能确定,如果约定于结算前支付施工方全部工程款(保证金除外),建设方将处在两难境地,如果支付不足,建设方将承担利息损失,如果过分支付,款项无端被施工方使用,还要承担追款的费用,而且款项并非都能追回。

如果双方约定,建设方收到竣工结算文件后,应当在一定的期内回复,那么,建设方一定要按约定回复,否则,会产生施工方提交的竣工结算文件被认可的情况,而施工方结算文件一般都高估冒算,建设方可能要为此支付更多的款项(比合理结算)。

虽然有些建设工程施工合同未约定答复施工方结算文件的情况,但并非没有风险,《建筑工程施工发包与承包计价管理办法》第 16 条规定,工程竣工验收合格,应当按照下列规定进行竣工结算:(1)承包方应当在工程竣工验收合格后的约定期限内提交竣工结算文件。(2)发包方应当在收到竣工结算文件后的约定期限内予以答复。逾期未答复的,竣工结算文件视为已被认可。(3)发包方对竣工结算文件有异议的,应当在答复期内向承包方提出,并可以在提出之日起的约定期限内与承包方协商。(4)发包方在协商期内未与承包方协商或者经协商未能与承包方达成协议的,应当委托工程造价咨询单位进行竣工结算审核。(5)发包方应当在协商期满后的约定期限内向承包方提出工程造价咨询单位出具的竣工结算审核意见。发承包双方在合同中对上述事项的期限没有明确约定的,可认为其约定期限均为 28 日。

由此可知,法律规定的答复期是 28 日,所以,在有约定的情况下,建设方应按约定答复施工方,在没有约定的情况下,建设方应在 28 日内答复施工方。

法务实例 55:主张违约支付的应提供相应的证据与理由

案情简介:

2006 年 3 月 3 日,原、被告双方签订了《建设施工合同》,由原告承包被告所属教学楼工程的施工。合同约定工程总造价为 3,622,752 元,工程于 2007 年 11 月 2 日通过工程竣工验收,11 月 21 日将验收文件备案并交付工程。2008 年 1 月,该工程结算经县财政局审核,核定造价为 4,033,426 元(包括变更增加项目)。但被告未能按合同约定支付剩余 953,491 元工程款。为此诉请法院依法判决被告支付拖欠的工程款 953,491 元,并承担违约责任从 2008 年 1 月 25 日起按银行同期贷款利率计算违约金。

法院经审理后认定:2006 年 3 月 3 日,原、被告双方签订了《建设施工合同》,由原告承包被告所属教学楼工程的施工。合同约定工程总造价为 3,622,752 元。在履行合同过程中,原、被告对部分工程项目进行了变更增加,2007 年 8 月 10 日,原、被告补充签订了工程质量保修书,约定工程质量保修金在工程竣工一年后 14 天内返还。2007 年 11 月 2 日通过工程竣工验收,11 月 21 日将验收文件备案并交付工程。2008 年 1 月,该工程结算经县财政局审核,核定造价为 4,033,426 元(包括变更增加项目),并由双方签署同意审核意见。另被告已支付给原告工程款 3,079,935 元。

法院归纳本案的争议焦点:(1)原告要求被告按照结算审核核定的

总造价4,033,426元而非合同约定工程造价3,622,752元支付,是否合法有据?(2)原告是否存在逾期交付情形?(3)被告要求扣除工程质量保证金是否有依据?

明法晰理:

第一,关于合同造价问题。原、被告协商一致签订的建设工程施工合同及成立的变更、补充协议并无违反相关法律法规,合法有效,双方应按合同约定履行。现被告虽对工程造价提出异议,但也并无相反的证据或者足以推翻其结论的理由说明该结算审核有与事实不符之处,故工程结算款应以该结算审核核定的总造价4,033,426元办理,原告要求被告支付结欠工程款953,491元,并承担违约责任,理由正当,应予支持。本案工程合同约定为固定价格合同方式确定,同时约定涉及工程造价变动的,必须经发包方及其行政主管部门签证认可后方能生效,或按"通用条款"31.5项执行,即工程师确认增加的工程变更价款作为追加合同价款。本案承包人即原告提供的施工联系单中有关于要求发包人确认工程量变更的内容,发包人都予签字确认,可以视为对工程价款的协议增加,该变更是基于发包人要求更改设计图纸、工程量增加等原因导致,且在县财政局出具的审核核定的工程价款结算通知书中,发包人签字确认同意按总价款4,033,426元结算。根据《建设工程价款结算暂行办法》第18条规定,工程造价咨询机构接受发包人或承包人委托,编审工程竣工结算,出具的竣工结算报告经发、承包双方签字后生效。应可以认定最终的工程结算价款。至于发包人认为工程款变更需要县教育局初审,直接交由县财政局审核,环节缺失,而要求重新鉴定工程价款,是没有合同依据和法律依据的,且发包人并无相反证据和足以推翻其结论的理由说明结算审核有与事实不符之处。因此,法院认定被告按结算审核核定总价4,033,426元支付给原告是合法有据的。

第二,关于工期延误问题。至于被告认为原告延期交付工程已构成违约,应承担违约责任,及原告应给付被告的工程质量保修金17万元应在工程款中扣除;因该工程在施工该过程中存在项目设计变更、工程量增加及台风等造成工期延误,工期应相应顺延,且工期延期已经原、被告双方确认,被告也无提出具体的证据和请求,故被告的辩解理由不成立;本案中原告方存在逾期情形。根据双方合同约定,工程工期为180日历天,该工程的开工日期为2006年4月29日,竣工日期为2007年10月24日,计算实际工期应为535天。当然,关于合理的延期行为,双方在合同中也有相关的约定,即基于不可抗力、设计变更、工程量增加等原因可以延期,但根据经双方签字确认的工期延误的证明报告中统计的延误工期天数应为285天。结合合同约定的工期天数及双方签字确认的延误工期天数,共计465天,而实际工期为535天,因此原告存在延期交付70天的事实,根据双方的合同约定,被告可以要求原告支付延期违约金。但本案,由于被告未提出具体证据和具体诉请,而导致辩解理由未能得到法院支持。

第三,关于工程质量保修金返还问题。工程质量保修金按约定应于工程竣工一年后14天内返还,现已超过该期限,故被告要求在工程款中扣除工程质量保修金17万元,也无依据,不予支持。建设构成质量保证金是指发包人与承包人在建设工程承包合同中约定,从应付的工程款中预留,用于保证承包人在缺陷责任期内对建设工程出现的缺陷进行维修的资金。

本案双方当事人在工程质量保修书中约定了保证金数额及保修期限,但对于保修保证金的支付方式和支付期限约定并不明确,根据合同法的相关规定,合同生效后,当事人就履行期限没有约定或约定不明确的,可以协议补充,不能达成补充协议的按照合同有关条款或交易习惯确定。而根据《建设工程价款结算暂行办法》规定,发包人根据确认的竣工结算报告向承包人支付工程竣工结算价款,保留5%左右的质量保证金,待工程交付使用一年质保期到期后清算(合同另有约定的,从其约定)质保期内如有返修,发生费用应在质量保证金内扣除。本案根据原告的诉求,被告已支付大部分工程结算款,并非未支付工程结算款,鉴于原告存在延期交付行为应支付违约金、未交付质量维修保证金及工程款过高等原因,而在工程款中扣除该相关费用。

第四,关于延期支付的利息计算问题。关于迟延支付拖欠工程款的违约责任,法律规定很明确,双方的合同约定也很明确,按合同约定,发包人收到结算资料即2008年1月30日后第29天起,按同期银行贷款利率计算支付拖欠工程款利息。

根据合同法的规定,当事人一方不履行合同义务或履行合同义务不符合规定的,应承担相应违约责任。工程竣工结算以合同工期为准,实际工期比合同工期提前或延后,发、承包人双方应按合同约定的奖惩办法执行。

法务实例56:对合同款支付条件是否成就的判断

案情简介:

2002年6月6日,某县政府与圳昌公司签订《某县政府大院开发及新区建设合同书》。2002年6月8日,圳昌公司向某县政府出具授权委托书,委托乙公司全权负责该项目的开发、经营和建设。2002年6月12日,乙公司申请设立"某建设指挥部",并经进贤县工商行政管理局依法核准。某建设指挥部分别于2002年9月1日、2003年2月25日、2003年3月10日与甲公司签订了三份《建设工程施工合同》及其《补充协议书》,建设工程项目分别为进贤县行政中心建设工程县政府大楼、档案馆、食堂及宾馆。合同约定的承包范围为土建工程(基础、主体、屋面、砌筑、塑钢窗、抹灰楼地面、水电安装等),三份合同的工程总价款为人民币1424万元。工程项目采用可调价格,合同价款调整方法、范围为:按施工图、变更通知书、签证单进行调整,调整范围不得超过乙公司与进贤县政府决算价格,最终价格以进贤县政府审定认可的造价为基础。合同约定甲公司承建的工程项目全面竣工结算后,乙公司半年内需向甲公司支付90%工程款,土建保修期满付7%,余款3%作为工程质保金。甲公司同意在工程总造价上让利8%。结算依据为2001年《全国统一建筑(安装)工程定额》(江西省单位估价表),按三类取费。工程质量标准:政府大楼及档案馆为市级优良工程,如达不到市优将扣除工程总造价3%作为违约金;宾馆、食堂为合格工程。合同关于工程竣工结算约定:发包人(乙公司)收到承包人(甲公司)递交的竣工结算报告及结算资料后28天内进行核实,给予确认或者提出修改意见。发包人收到竣工结算报告及结算资料后28天内无正当理由不支付工程竣工结算价款,从第29天起按承包人同期向银行贷款利率支付拖欠工程价款的利息,并承担违约责任。在施工过程中,乙公司将合同约定的屋面、水电安装工程发包给他人施工。乙公司分别于2004年9月23日、2004年11月8日和2004年12月30日收到甲公司递交的进贤县行政中心建设工程——档案馆、政府大楼、食堂、宾馆楼的工程决算书。工程决算书反映的工程总造价为24,742,895.8元。2004年8月25日,甲公司承建的县政府大楼、档案馆、食堂、宾馆通过竣工验收并投入使用。食堂、宾馆楼经验收评定为合格工程;政府大楼、资料楼经南昌市建设工程质量监督站评为市级优质结构工程;政府大楼经南昌市城乡建设委员会评定为市级优良工程。2005 年 4 月 1 日,某建设指挥部向各施工单位发出通知,要求各施工单位尽快提供齐全有效的决算资料进入决算程序。至本案起诉之日止,乙公司共向甲公司支付工程款人民币 1264 万元。甲公司单方提供的工程决算显示,乙公司尚欠甲公司工程款 12,102,895.8 元。

明法晰理:

第一,关于合同的效力问题。乙公司与甲公司签订的三份《建设工程施工合同》及其《补充协议书》,是双方当事人的真实意思表示,其内容不违反法律法规的规定,应认定合法有效。上述合同对双方当事人均具有约束力。

第二,关于支付工程款的条件是否已经成就的问题。甲公司已经履行了合同义务,且涉案工程已通过验收并交付使用,乙公司对工程质量不持异议。此后,甲公司依约将竣工结算文件提交给乙公司。乙公司在收到竣工资料后的 28 日内,既不表示认可也未提出修改意见,违反了双方当事人选择适用的建设部制定的《建设工程施工合同》格式文本中第 33 条第 3 款的规定,从第 29 天起,支付工程款的条件成就。乙公司的违约行为不能阻却支付工程款条件的成就。

关于 2005 年 1 月 8 日《会议纪要》对工程款支付时间的影响。乙公司以该《会议纪要》及 2005 年 1 月 18 日甲公司向其递交的《工程款正常支付申报表》和其分四次通过工商银行向甲公司支付工程款的九张凭证作为证据,主张该《会议纪要》对双方当事人具有约束力。根据该《会议纪要》,甲公司已经领取了部分工程款,在有关工程总结算完成前,不得再索要工程款。甲公司则认为,乙公司提出的《工程款正常支付申请表》及付款凭证举证不属于新证据,对这些在举证期限届满后提交的证据不予认可。甲公司还主张,《会议纪要》上虽有其项目经理熊某平的签字,但其并不负责甲公司财务和工程结算。未经公司授权,熊某平在该纪要上签字无效。上诉人支付全部工程款的条件已经成就。

法院经审理后认为:该《会议纪要》列明的与会方并不包括乙公司,作为与会的工程款付款义务人在该纪要上盖章的是圳昌公司。该纪要与乙公司没有直接关系,即使乙公司举出的相关付款凭证证明甲公司已经领取了部分工程款,也并不能证明其通过该《会议纪要》承诺不向乙公司索要工程款。由于圳昌公司、乙公司均为独立的法人,是不同的民事主体,乙公司关于"圳昌公司就是乙公司"的主张不能成立,其关于《会议纪要》形成后至某县政府有关工程总结算完成前,甲公司不得要求乙公司支付工程款的主张亦不能成立。因此,对于乙公司关于支付工程款条件未成就的主张,法院不予支持。

第三,关于签证签字的效力问题。鉴于本案合同约定工程采用可调价格,双方当事人在价格调整问题上存在争议。乙公司认为,一审判决将甲公司提交的六张工程变更单全部予以确认是错误的,其中两份没有建设单位代表签字、一份没有设计单位代表签字。这三张工程变更单是无效的。甲公司则坚持认为六张变更单有效。经审查,这六份工程变更单中虽有两份没有建设单位代表签字,但均系乙公司提出变更,并由其和甲公司、监理单位的代表签字后经双方当事人盖章确认。由于涉案合同是在双方当事人之间履行的,作为发包方的乙公司有义务将工程变更单提交建设单位、设计单位代表签字,即使工程变更单存在未提交有关代表签字的瑕疵,也不能成为其否认工程变更单效力的理由。因此,一审法院认定六份工程变更单有效并无不当。对乙公司关于部分工程变更单未经建设单位等签字确认,应认定无效的主张,本院不予支持。

乙公司虽主张已付清全部工程款,但不能提出有效证据加以证明。因此,一审法院只能以甲公司提供的证据作为计算工程款的依据。尽管乙公司提出了通过鉴定确定工程款数额的请求,且这一请求因其未按期交纳鉴定费而未能得到支持,但在确定工程款数额问题上,乙公司仍享有抗辩权。对于其抗辩,本院仍应进行审查。乙公司提出因甲公司计算工程款有误,致使一审判决认定的工程款数额多了1,879,343.98元。法院二审期间,甲公司对误算工程款一事予以确认并明确表示放弃向乙公司主张1,879,343.98元工程款的诉讼请求,法院对此依法予以确认。乙公司关于一审判决多算上述工程款的抗辩有理,法院予以支持。

第四,关于对竣工结算文件不予答复的问题。《建设工程施工合同解释》第20条规定适用的前提条件是,当事人之间约定了发包人收到竣工结算文件后,在约定的期限内不予答复,则视为认可竣工结算文件。本案当事人只是选择适用了建设部制定的建设工程施工合同格式文本,并没有对发生上述情况下是否以承包人报送的竣工结算文件作为工程款结算依据一事作出特别约定。因此，不能以该格式合同文本中的通用条款第33条第3款之规定为据，简单地推定出发包人认可以承包人报送的竣工结算文件为确定工程款数额的依据。乙公司关于本案不应适用《建设工程施工合同解释》第20条的上诉理由成立，法院予以支持。

本案不适用《建设工程施工合同解释》第20条之规定，以承包人单方提交的竣工结算文件作为确认工程款数额的依据，并不意味着《建设工程施工合同》中通用条款第33条第3款的内容，对双方当事人没有约束力，违反这一规定，仍应承担违约责任。之所以维持一审判决以甲公司向乙公司报送的竣工结算文件作为确认工程款数额基础的结论，是因为在一审诉讼中，甲公司将该竣工结算文件作为确定工程款数额的证据提交后，乙公司没有在一审法院指定的举证期限内提出相反的证据，亦未在这一期限内申请鉴定。在一审法院同意就与工程款有关的问题进行鉴定后，乙公司以不同意一审法院确定的鉴定范围为由，未在一审法院负责对外委托鉴定工作的部门指定的期限内交纳鉴定费，致使鉴定工作未能进行，应承担举证不能的后果。在此情况下，人民法院只能以一方当事人提供的证据作为确认工程款的依据。

第五，关于一审程序是否违法的问题。一审法院根据甲公司提出的财产保全申请和江西联友房地产开发有限公司出具的担保，依法裁定冻结、查封、扣押乙公司的财产。之后，该院又根据甲公司提交的《先予执行申请书》和江西联友房地产开发有限公司另行出具的担保，依法裁定从冻结款中向甲公司支付200万元，用以支付为甲公司所拖欠的民工工资等，乙公司声称甲公司没有提供担保与事实不符，一审法院的先予执行措施符合法定条件。本案一审中工程造价的鉴定未能进行，是由于乙公司放弃鉴定权利的行为造成的。甲公司未将涉案工程的建设单位某县政府、开发商圳昌公司列为第三人，后两者也未申请参加诉讼，且二者均非涉案合同义务的承担者，故一审法院未将后两者追加为第三人并无不当。乙公司关于一审程序违法的上诉理由不能成立，法院不予采信。

第六，关于工程款利息的计算问题。乙公司上诉请求驳回甲公司的全部诉讼请求，应当包括驳回甲公司关于工程款利息的诉讼请求。法院二审期间，甲公司以《确认函》的方式表示放弃60万元工程款利息。甲公司的上述意思表示真实，不违反法律规定，法院对此予以认可。根据双方当事人所签合同约定,工程款的利息应当从甲公司向乙公司提交竣工结算报告第29天起算。由于甲公司起诉时主张的利息总额为90万元,扣除其自愿放弃的60万元,甲公司主张的工程款利息应当以30万元为限。因以中国人民银行同期同类贷款利率计息,所得利息总数已经超过30万元,故甲公司所得工程款利息应为30万元。

法务实例57:合同相对性原则应得到体现,但不能滥用

案情简介:

1999年6月26日乙公司与甲建筑公司签订一份建设工程施工合同,于7月19日经工商部门"鉴证"。合同约定:由甲建筑公司承建乙公司的综合大楼。签订合同当日,甲建筑公司与胡某签订了一份关于"乙公司综合大楼工程内部经营承包施工协议"。协议约定:甲建筑公司将"综合大楼"工程转由胡某承包施工,胡某必须完全承担甲建筑公司与乙公司签订的施工合同及补充协议中应负的责任;甲建筑公司纯收取胡某的该工程决算总造价1%的管理费,税金和其他一切费用全部由胡某承担。1999年6月28日,甲建筑公司出具法人授权委托书,全权委托胡某等2人办理乙公司综合大楼工程基建业务有关方面的事宜。胡某因资金困难相邀许某、江某(彭某前夫,一审诉讼中死亡,由彭某为本案诉讼继承人)入伙,于1999年12月6日,以胡某、许某为甲方,江某为乙方签订了一份协议书,约定:"甲、乙双方自愿合伙承建综合大楼,乙方须添资建造综合大楼第一层(含基础),甲方原接此项工程前期所花费4万元由乙方负担一半,以后各层由综合大楼有限公司付工程款,基建工程款由甲、乙双方控制使用。"签订协议后,按约垫资建造了综合大楼的地下室部分。2000年6月由于在工程款决算方面出现纠纷,甲建筑公司向同一法院起诉乙公司。2002年1月20日,甲建筑公司与乙公司签订一份协议,协议约定:"经双方核算整个工程造价确认为人民币30万元整,并在一星期内付清,以前所签订的一切协议一律作废。"胡某在此协议上签字认可。甲建筑公司于2002年1月26日以双方已和解为由撤回了起诉,第三人出具证据即甲建筑公司收款收据1份,时间为2002年2月9日,金额为25万元及胡某的收条、借条7份,金额合计为4.92万元,证明共付工程款29.92万元。但之后甲建筑公司称:此款收据开出,但收据上的款尚未收到一分

钱。根据乙公司提供的收款收据证实,胡某收取4.92万元的时间分别为:2000年5月30日之前为2.52万元,之后为2.4万元。

2002年10月23日,彭某诉甲建筑公司、胡某、林某、第三人乙公司建设工程承包合同追索工程投资款案,经某县人民法院于2004年3月4日作出判决,判决认定:甲建筑公司与乙公司签订建筑施工合同后,即与被告胡某签订内部承包施工协议,全权委托胡某等二人办理与乙公司有关的工程事宜,应视为甲建筑公司的行为。胡某、林某与江某之间签订的《合伙建楼协议》无效。合同无效取得财产应返还,甲建筑公司与乙公司明知工程实际承包人是江某,未征得江某同意的情况下,签订协议30万元了解工程款,实属损害他人利益的行为,该协议无效。故判决第三人乙公司连带返还工程款29.92万元,另第三人支付工程款119,397.92元,并承担5970元诉讼费。

判决后,乙公司不服一审判决,上诉至景德镇市中级人民法院。甲建筑公司于乙公司签订和解协议,并撤销是属恶意串通损害第三人利益的无效民事法律行为,依法应确认为无效,判决乙公司支付给原告彭某工程款119,397.92元,江西甲建筑公司支付彭某工程款394,597.92元,乙公司对其中的369,397.92元承担连带清偿责任,乙公司负担一、二审诉讼费11,940元。乙公司不服向检察机关申请抗诉。

抗诉机关抗诉提出,二审判决乙公司承担连带清偿责任,适用法律错误。根据乙公司与甲建筑公司签订的《建设工程施工合同》,乙公司与甲建筑公司形成建设工程施工合同法律关系。甲建筑公司与胡某签订的《关于乙公司综合大楼工程内部承包施工协议》,是甲建筑公司的内部承包协议,是胡某与甲建筑公司形成内部经济责任承包合同关系。胡某、许某为甲方,江某为乙方签订的由江某垫资建造综合大楼第一层(含基础)的“合伙承建综合大楼”的协议书,由于其内容违法,应为无效协议,但江某依约履行了义务,合伙事实已经发生,因此三人之间形成无效合伙关系.从当事人之间形成的法律关系可知,乙公司负有向甲建筑公司支付工程款的义务。乙公司已付出的共计29.92万元工程款应由甲建筑公司和胡某返还给彭某。二审认定了乙公司与胡某无合同关系,却对江某同样与乙公司无合同关系的事实未予认定,反而判令乙公司对甲建筑公司返还彭某工程款部分承担连带清偿责任,适用法律明显不当。

再审终审判决如下:(1)维持本院(2004)景民四终字第37号民事判

决第一项、第二项和第四项，即驳回原告彭某的其他诉讼请求和撤销浮梁县人民法院(2002)浮民二初字第30号民事判决第一、第二和第三项，胡某支付彭某垫付工程款24,000元；(2)变更本院(2004)景民四终字第37号民事判决第三项为：甲建筑公司支付彭某工程款394,597.92元，乙公司对其中的119,397.92元承担连带清偿责任。

本案再审查明的事实，除原审查明的外，另查明：乙公司与甲建筑公司2002年元月20日签订的和解协议书上，胡某作为甲建筑公司的代表在协议书上签名，甲建筑公司盖了公章。2002年2月9日，甲建筑公司向乙公司开具的“收交来综合楼工程款”25万元收款收据的当日，向胡某收取了3000元的工程管理费，并开具了“收交来管理费”3000元的收款收据。同年3月15日，甲建筑公司在25万元工程款收据下面空白处写出“此款收据开出，但收据上的款尚未收到一分钱”。再审庭审中，彭某称该证据是甲建筑公司起诉乙公司时，江某提交给案件承办人的，乙公司称这张证据他们没有看到过。

明法晰理：

第一，关于本案的诉讼主体问题。乙公司与甲建筑公司是基于合法有效的《建设工程施工合同》产生的权利义务关系，乙公司享有该合同的权利并承担义务。而本案是因江某、胡某、林某之间的无效合伙协议产生的返还财产之诉，乙公司不是该无效协议的参与人，亦未从中获得利益，基于一份有效合同要去承担他人因合同无效的财产返还责任，没有法律依据，更没有道理，原一、二审判决混淆了各方当事人之间的权利义务关系，在法律关系尚未厘清的情况下，将乙公司列为第三人强令其承担不应由其承担的责任，是极其错误的。退一万步讲，如乙公司要承担责任也是基于与甲建筑公司之间的合同关系承担责任，而绝不可能承担他人因合同无效的返还财产责任；二者是性质完全不同的两个法律关系，二者请求权基础不同、适用法律不同、产生产法律后果不同；根据民事诉讼法的规定是两个不同的诉，不能合并审理，更何况乙公司与甲建筑公司的工程款早已结清。因此，乙公司非本案的诉讼当事人。

第二，甲建筑公司与其他人签订的《合伙协议》对乙公司是否产生的效力问题。我们认为该协议是合法有效的。其一，建设工程合同的主体是乙公司与甲建筑公司，根据权利义务对等原则，若该工程出现质量问题，乙公司只能向甲建筑公司主张权利，而不能向江某、胡某、林某对此负责，自然，乙公司也只能将工程款支付给甲建筑公司，因此，乙公司和甲建筑公司根据互谅互让的原则达成以30万元了结工程款的和解协议并不违反法律规定，完全是合法有效的。其二，2002年1月26日甲建筑公司以该协议为由，向法院申请撤诉，法院裁定准许，而江某当时就是以第三人身份参与诉讼的，如果该申请撤诉行为会损害第三人江某的利益，那么，法院自无准许甲建筑公司撤诉的道理，因为根据法律规定只有不损害国家、集体、他人利益的情况下人民法院才能准予撤诉。由此可见，法院也是认可该协议是合法有效的。其三，该协议并不存在损害江某的合法权利的问题，不影响其因合同无效向林某、胡某等人主张返还财产而实现其权利。其四，裁定一经作出就具有法律效力，同一法院，对已裁定为有效的民事法律行为在后诉的判决中又对同一行为做无效认定，自相矛盾。

第三，未经法庭质证的证据不能作为定案的依据。在法庭调查中得知由被申诉人彭某向原审法庭提供的一份由甲建筑公司出具的收据上注有未收到分文工程款的证据，但遗憾的是该证据乙公司直到现在也没有见过，根据法律规定，证据必须经法庭质证、出证人出庭接受法庭询问等法定程序，但原一、二审法院对该份证据未经质证就以此作为认定乙公司未支付25万元工程款的依据违反了法律规定。

根据甲建筑公司与胡某签订的内部工程承包合同约定，甲建筑公司收取工程款1%的管理费，甲建筑公司向胡某出具的收到管理费3000元正好与其乙公司达和解协议30万元了结工程款是吻合的，甲建筑公司当然不可能得到其在出具给乙公司的收款收据上的25万元的工程款。甲建筑公司只得到30万元工程款的3000元，是其与胡某之间的内部工程承包合同对该笔工程款进行了分配、处分的结果，并不能以此认为乙公司未支付25万元工程款或改变了该工程款的所有权。

Chapter 11

第11章

优先受偿权：

建设工程诉讼不可忽视的胜诉权

优先受偿权即非担保物权之优先受偿权，是法律规定的特定债权人优先于其他债权人甚至优先于其他物权人受偿的权利。它是一种不表现为抵押权、质权、留置权等物权权能的优先受偿权，故称“狭义的优先受偿权”。优先受偿权是法定受偿权的一种，是法律规定的某种权利人优先于其他权利人实现其权利的权利。

一、优先受偿权的法律依据

《合同法》对建设工程价款优先受偿权的规定在中国立法史上是崭新的,也是具有鲜明中国特色的法律规定。法律关于优先受偿权的规定集中在《担保法》和《海商法》等法律中。根据《担保法》第 33 条、第 63 条和第 82 条的规定,债权人有权以拍卖、变卖抵押物、质物和留置物的价款优先受偿。此外,中国法律中还规定了船舶优先权和民用航空器优先权等优先权,这些优先权均是特定的,与建设工程价款的优先受偿权无关。建设工程价款的优先受偿权能否归入上述任何一类担保物权中呢?

根据《担保法》的相关规定,抵押权主要是针对不动产(如土地使用权、房屋和其他地上定着物等)而设定,质押权则针对动产和相关财产权而设定,前者不转移抵押物的占有,后者则由债权人占有质物;而留置权是基于保管合同、运输合同和加工承揽合同而产生的针对动产的担保物权。抵押权和质押权均是意定权利,即权利来源于双方当事人的约定,而留置权则是法定权利,即权利来源于法律规定,只要发生了法律规定的事实(上述特定合同的债务人不履行债务),债权人即有留置权。

根据以上简要分析,可得出结论:建设工程价款的优先受偿权与抵押权最相接近。留置权系因法律规定的特定合同而产生,且针对动产而言,显然与建设工程价款的优先受偿权不同,因为建设工程是正在建造中的房屋或其他建筑物,应属不动产。质权也不适用于不动产,只有抵押权是主要针对不动产而设定。建设工程价款的优先受偿权与抵押权不同之处在于,前者是法定权利,而后者是意定权利。从这个意义上讲,建设工程价款的优先受偿权应是法定抵押权。从《合同法》的起草过程看,有关专家也是按照法定抵押权这个思路来起草该条规定的。梁慧星先生亦曾专文介绍本条的立法本意。

但是,如果换一角度对这一规定进行仔细分析,就会发现它其实与留置权十分相似。试看这一规定的内涵:债务人的债务履行期限已届满,债权人催告其付款,债务人若逾期不付,债权人可以将其合法占有的债务人的财产折价、拍卖,并从折价或拍卖的价款中优先受偿。然而,正如前文所述,《担保法》第 82 条明文限定留置权标的物仅以“债务人动产”为限,而《合同法》第 286 条规定中的标的物是建设工程,应属不动产。不动产能否作为留置权标的物呢?

1986 年颁布的《民法通则》第 89 条第 4 项规定:“按照合同约定一方占有对方的财产,对方不按照合同给付应付款项超过约定期限的,占有人有权留置该财产,依照法律的规定以留置财产折价或者以变卖该财产的价款优先得到偿还。"该条规定始终使用"财产"一词,且没有限定财产范围或财产种类,因而可以认为并没有排除不动产。英国、美国、日本等国在立法上也没有限制留置权标的物的范围。

而1995年颁布的《担保法》则将留置权标的物限定为"债务人的动产"。该法第84条进一步将债权人享有留置权的情况限定为"因保管合同、运输合同、加工承揽合同发生的债权",这样,就明确将不动产排除在留置权标的物之外。这与瑞士及中国台湾地区等规定一脉相承。立法上作如此规定,主要是考虑到因不动产发生的债权请求权,其价值一般比该不动产的价值低得多,如果准许债权人对其占有的不动产享有留置权,则与不动产的所有人对不动产的使用、收益发生冲突,也妨碍对不动产经济价值的充分利用。

这种观点在一般意义上是有一定道理的,但是对于建设工程的承包人而言,则有失偏颇。在实务中,承包人往往在建设工程中垫付了大量资金,不赋予承包人留置权,对承包人显然不公允。而且《担保法》第84条第2款同时亦规定:"法律规定可以留置的其他合同,适用前款规定。"虽然并无法律规定建设工程合同可以适用留置的规定,《合同法》第286条亦没有明确,但可以将建设工程合同视为特殊的承揽合同,那么,承包人的优先受偿权就是特殊的留置权,与美国的建筑师留置权颇为相似。这种解释就《担保法》而言似乎稍显牵强,但若就《民法通则》而言则顺理成章了。而且2001年颁布的《信托法》赋予受托人在信托终止后留置信托财产的权利,而该法并没有限定信托财产只能是动产,也就是说留置的对象也可以包括不动产。但是,工程价款的优先受偿权不以占有工程为前提条件,而留置权则以占有物为条件,这才是两者的最大区别。

无论建设工程价款的优先受偿权是作为法定抵押权还是作为特殊的留置权,有一点是共同的,即它是法定的优先权,优先于任何其他担保物权。优先受偿权是法律规定的特定债权人优先于其他债权人甚至优先于其他物权人受偿的权利。它是一种不表现为抵押权、质权、留置权等物权权能的优先受偿权,故称"狭义的优先受偿权"。

最高人民法院《关于适用〈中华人民共和国担保法〉若干问题的解释》(以下简称《担保法司法解释》第79条规定,同一财产法定登记的抵押权与质权并存时,抵押权人优先于质权人受偿。同一财产抵押权与留置权并存时,留置权人优先于抵押权人受偿。

《房地产抵押估价指导意见》第4条第3款规定,法定优先受偿款是指假定在估价时点实现抵押权时,法律规定优先于本次抵押贷款受偿的款额,包括发包人拖欠承包人的建设工程价款,已抵押担保的债权数额,以及其他法定优先受偿款。一般情况下,金融机构作为房地产抵押权人,已经享有法定优先受偿权利,但是这种权利受到一些限制,就其范围来说仅限于抵押物,就其优先的层次来说也仅仅相对于其他普通债权人。尚有一些物权和债权优先于抵押权人所享有的优先受偿权利,这就是我们要研究的对房地产抵押价值有不利影响的法定优先受偿权利。

二、担保物权优先受偿权的案例分析

根据《担保法》的相关规定,抵押权主要是针对不动产(如土地使用权、房屋和其他地上定着物等)而设定,质押权则针对动产和相关财产权而设定,前者不转移抵押物的占有,后者则由债权人占有质物;而留置权是基于保管合同、运输合同和加工承揽合同而产生的针对动产的担保物权。抵押权和质押权均是意定权利,即权利来源于双方当事人的约定,而留置权则是法定权利,即权利来源于法律规定,只要发生了法律规定的事实(上述特定合同的债务人不履行债务),债权人即有留置权。

(一)担保物权的特征

1. 担保物权是以确保债权人的债权得到完全清偿为目的

这是担保物权与其他物权的最大区别。代理律师在办理担保物权案件时,一定要掌握物权的相关证件材料,如房产证、土地使用权证,必须两证相符,同时要求到物权登记部门进行查询,看是否有其他抵押事项,并要求权威机构做好市场评估,并根据合同期限作适当减值处理,确保债务人违约时通过担保物的拍卖能够完全实现债权。

2. 担保物权具有优先受偿的效力

所谓优先受偿是指担保物权最主要效力,指在债务人到期不清偿债务或者出现当事人约定的实现担保的物权的情形时,债权人可以对担保人财产进行折价或者拍卖、变卖财产,以所得的价款优先实现自己的债权。优先受偿权是相对于债权。如甲向乙、丙、丁同时借款100万元,如果甲用其所有的一栋价值200万元的厂房作为向乙借款的抵押物,并签订了抵押合同,一旦甲难以偿还债务,则乙可以通过申请法院拍卖甲所抵押的厂房得到优先受偿,如果拍卖了140万元,则乙可以优先受偿100万元,而丙与丁则只能各受偿20万元。

3. 担保物权是在债务人或者第三人的财产成立上的权利

根据《物权法》的规定,用于担保的财产既包括现在的财产,也包括将来的财产(如期权、收益权等);既包括不动产,也包括动产,特殊情况下还可用权利进行担保,如权利质权。

4. 担保物权具有物上代位性

债权人并不以占有或利用担保物来实现债权,而是以支配担保物的交换价值为目的。不占有或利用说明担保物的保管责任仍在物主,而非债权人。物上代位性还说明即使担保物受损或灭失,其保险价值或残值或因此而得到的补偿价值债权人都有优先权。

(二)建设工程价款的优先受偿权

不论建设工程价款的优先受偿权是作为一种特殊的留置权,还是作为法定抵押权这样的理论争论,下面着重分析在实务中应如何适用建设工程价款的优先受偿权。

1. 发包人未按照约定支付建设工程价款是前提条件之一

适用《合同法》第286条[1]的前提条件之一是发包人未按照约定支付建设工程价款。具体而言,首先,发包人未付价款是特定的建设工程价款,不包括承包人承建的发包人的其他建设工程价款,更不包括发包人因其他原因形成的对承包人的未付款。其次,该建设工程价款是确定的。如果工程已经竣工,该价款应是合同约定的闭口价或者依照合同约定经竣工决算确定的价款扣除发包人已付部分;如果工程尚未竣工,该价款应是根据合同可以确定的进度款或备料款。最后,该建设工程价款应是已届清偿期的。合同应当明确约定建设工程价款的支付期限,特别应当明确备料款、进度款以及尾款的支付期限;如果合同约定不明确,则承包人可以按照《民法通则》第88条和《合同法》第62条[2]的规定向发包人确定履行期限。值得注意的是,如果发包人因失去清偿能力而被宣告破产,那么即使未到期的建设工程价款也应视为已届清偿期。

2. 承包人是否须因建设工程合同而合法占有发包人的建设工程

如果将工程价款的优先受偿权定性为特殊的留置权,适用时需满足留置权的一般条件,即承包人只有因建设工程合同而合法占有发包人的建设工程,方可享有优先受偿权。承包人从根据建设工程合同的约定进场施工起,即合法占有了发包人的建设工程,直至承包人将竣工工程移交给发包人或承包人中途退场。承包人移交了建设工程或中途退场后,即不能主张优先受偿权。如果工程价款的优先受偿权是一种法定抵押权,抵押权的特征之一即为不转移抵押物的占有,因而不以合

---

〔1〕 参见《民法典》第642条、第807条。

〔2〕 参见《民法典》第511条。

法占有建设工程为前置条件,承包人即使在移交了建设工程或中途退场之后仍有优先受偿权。显然,不同的法律定性对适用条件的要求就不相同,但是从《合同法》第286条条文字面看,并无承包人合法占有建设工程的要求。

3. 承包人应当催告发包人在合理期限内支付价款,并在合理期限内行使其优先受偿权

《合同法》第286条[1]规定,承包人应当催告发包人在合理期限内支付工程价款,若发包人逾期仍不支付,承包人方有权与发包人协议将建设工程折价或申请人民法院依法拍卖。

那么,承包人给予发包人多长的履行期限方为合理呢?最高人民法院《关于建设工程价款优先受偿权问题的批复》(以下简称《批复》)第4条规定,建设工程承包人行使优先权的期限为6个月,自建设工程竣工之日或者建设工程合同约定的竣工之日起算。该规定限定的是承包人行使优先权的期限,即承包人与发包人协议折价或申请人民法院依法拍卖的期限。那么,在此之前尚需给予发包人支付价款的期限就只能在6个月内。如果参考《担保法》第86条的规定,2个月应是一个相对合理的期限,延迟2个月不会对承包人产生实质性不利影响,也不会影响承包人行使其优先权,发包人支付该建设工程价款也需要必要的准备时间。2个月的期限届满后,若发包人仍未履行支付义务,承包人可以与发包人协议将该工程折价或申请依法拍卖该建设工程。当然,2个月的期限尚待最高人民法院以司法解释确定之。最高人民法院对于优先权行使期限的规定,即使承包人的债权能够尽早实现,也能使该建设工程尽早投入使用,实现其自身的使用价值和经济价值。

《批复》具体内容如下:(1)人民法院在审理房地产纠纷案件和办理执行案件中,应当依照《合同法》第286条的规定,认定建设工程的承包人的优先受偿权优于抵押权和其他债权。(2)消费者交付购买商品房的全部或者大部分款项后,承包人就该商品房享有的工程价款优先受偿权不得对抗买受人。(3)建设工程价款包括承包人为建设工程应当支付的工作人员报酬、材料款等实际支出的费用,不包括承包人因发包人违约所造成的损失。(4)建设工程承包人行使优先权的期限为6个月,自建设工程竣工之日或者建设工程合同约定的竣工之日起计算。(5)本批复第1条至第3条自公布之日起施行,第4条自公布之日起6个月后施行。

---

〔1〕 参见《民法典》第642条、第807条。

法务实例58:建设工程价款优先受偿权与涉诉标的物抵押权之冲突的解决

案情简介:

发包方甲公司在案涉工程完工后,拒不向承包方乙公司支付工程款。乙公司向某高级人民法院提起诉讼,后双方达成调解,某高级人民法院以调解书的方式认可乙公司债权及建设工程价款优先受偿权。丙公司作为案涉商场的抵押权人,认为调解书侵害其合法权益,诉请撤销。判决结果:一审法院认为丙公司对乙公司与甲公司之间所争议的诉讼标的即建设工程施工合同关系没有独立请求权,丙公司亦不负有返还或者赔偿义务,不具备第三人身份,裁定驳回起诉。

二审法院认为:建设工程价款优先受偿权是法定优先权,该权利一旦确定,当然优先于银行的抵押权,在建设工程价款优先受偿权与抵押权指向同一标的物,且该标的物拍卖、变卖所得价款不足以清偿工程欠款和抵押权所担保的主债权时,抵押权人的权益必然会因为建设工程价款优先受偿权的有无以及范围的大小而受到影响。从现有的证据材料看,涉案调解书的执行标的物有三套房屋,其中,在两套房屋上丙公司设有抵押权,该三套房屋在涉案调解书执行过程中三次流拍,后丙公司设有抵押权的两套房屋一套被变卖,一套直接作价抵偿给乙公司,而从剩余抵押物的评估价来看,尚不足以清偿丙公司的全部债权,因此,丙公司对于涉诉案件的处理结果,有法律上的利害关系。如果涉诉调解书存在错误,通过当事人约定的方式随意扩大法定优先受偿权的范围,将直接损害丙公司的抵押权。

明法晰理:

大部分涉及第三人是否有法律上的利害关系的撤诉申请案例均采取了以下路径进行判断:识别无独立请求权第三人的关键在于判断前诉处理结果与第三人是否“有法律上的利害关系”,而对于“有法律上的利害关系”的判断取决于前诉争议的法律关系与第三人主张的法律关系是否存在牵连性,前诉是否会导致第三人承担义务或者责任,若无,则不属于有法律上的利害关系。在具体判断是否属于“无独立请求权第三人”时,法院有时简单以前诉不会导致第三人承担义务或责任为依据,进而认定原告不属于“无独立请求权第三人”,驳回起诉;抑或对于“法律上利害关系”的解释相对限缩,如不能证明有直接利害关系,则一概否认原告“无独立请求权第三人”地位。可见,对于“事后”第三人的审查标准相较“事前”第三人的审查标准更为严格。实体判断更为谨慎系应有之义。此种做法的合理性的确有待商榷。在不同案件中,对“无独立请求权第三人”的认定标准保持一致,将主体条件认定要件与实体要件(有证据证明生效判决、裁定、调解书部分或全部内容错误)、结果要件(错误的裁判内容损害原告的民事权益)、程序要件(原告因不能归责于本人的事由未参加原案诉讼)、时间要件(自知道或应当知道其民事权益受到损害之日起6个月内起诉)、管辖要件(向作出生效判决、裁定、调解书的法院起诉)相结合,似乎更为妥当。

值得注意的是,有些法院审理的第三人撤销之诉的案例中,原告与前诉争议的法律关系并不存在牵连性,前诉的判决结果亦未使其承担任何义务,但是最高人民法院基于个案案情,对于“有法律上的利害关系”作了更细致的论证,极具参考价值。

本案中,一审法院仅以“无牵连性”及“未承担责任”为由简单否认第三人资格,二审法院对抵押人在建设工程纠纷中的利益做了更深入、精细的论证,认为因前诉确定的建设工程价款优先受偿权范围,将影响抵押权人最终可变现的抵押价值,对抵押人最终可实现的债权范围有影响,简单否认第三人资格并不合适。其他二审法院也有在审理类似案件时亦肯定了抵押权人具有提起第三人撤销之诉的主体资格。

由此可知,在其他具有优先顺位权利的案件中,尽管在后顺位的权利人对该案件诉讼标的并无独立请求权,其也未承担任何责任,但是具有优先顺位的权利一旦确立,必然会影响在后顺位的权利人的权利实现,因此在后顺位的权利人属于对前诉处理结果有利害关系的第三人。

法务实例59:劳务分包费及保证金是否适用涉案工程的优先受偿权

案情简介:

2009年3月,甲建设公司与乙预制品公司签订了位于某工业园区的C制品公司主厂房、综合厂房A区的建设项目的建设工程合同。为管理该工程,甲建设公司随即在项目所在地成立了甲建设公司安徽分公司,由其负责安徽地区的项目，并在工程所在地成立甲建设公司××工程项目部。同年3月30日，甲建设公司××工程项目部与杨某某签订了《安全生产目标管理责任书》。《安全生产目标管理责任书》中对劳务分包范围、内容及款项支付等内容进行了约定。另外，杨某某向甲建设公司支付了20万元人民币的保证金，约定在2009年6月6日前归还杨某某。此后，杨某某即开始组织工人按照约定进行施工。但由于甲建设公司与乙预制品公司的合作中断，乙预制品公司收回工地另行安排人员施工，杨某某已经无法继续完成责任书中约定的施工内容，故双方按责任书约定进行了结算，甲建设公司应支付杨某某工程款1,021,650元，另外，还有合同工作范围以外的点工费用29,180元。但甲建设公司只支付了300,000元的工程款，其余工程款和保证金却一拖再拖，没有如期支付。

诉讼请求：

1. 请求法院依法判令被告支付拖欠工程款750,830元及自2009年9月11日起直至被告实际清偿之日的利息；

2. 请求法院依法判令被告退回原告保证金200,000元，并按照月2%的利率支付从2009年6月7日起直至被告实际清偿之日之间的利息；

3. 请求确认原告对××工程的拍卖或折价价款享有优先受偿权；

4. 本案诉讼费用由被告承担。

判决结果：

1. 被告甲建设公司于本判决生效之日起10日内支付被告杨某某工程款750,830元（扣除诉讼期间被告已支付的80,000元，被告实际应给付670,830元）及利息（自2009年9月11日计算，按本金750,830元计，按照银行同期同类贷款利率计算至款项实际清偿之日止）。

2. 被告甲建设公司于本判决生效之日起10日内退还原告杨某某保证金120,000元及利息（按照月2%的利率，自2009年6月7日起算至被告实际清偿之日止）。

3. 驳回原告的其他诉讼请求。

显然该案法院没有支持杨某某主张的对××工程的拍卖或折价价款享有优先受偿权。法院虽没有在判决中说明，只是以驳回原告的其他诉讼请求而婉拒。理由很简单，劳务分包费用及保证金不适用涉案工程拍卖或折价价款享有优先受偿权的规定。

法务实例60:涉案工程欠款优于抵押权和其他债权的优先受偿权

案情简介:

申请人与被申请人就承建S物流中心工程一事,于2005年6月25日签订了《建设工程施工合同》。工程款支付约定为竣工验收后支付至总工程款的95%,结算完成后付至97%。合同约定,被申请人未按时支付工程款,则按所拖欠工程款总额的每日万分之三向申请人支付利息,工期相应顺延。申请人按照合同约定履行了自己的义务,但被申请人却一直未按合同要求支付工程进度款,并因资金问题停工及设计变更导致工程量增加等原因,造成工程延期。双方2008年3月5日签署工程延期协议书。协议约定:工程延期至2008年8月15日;因延期属被申请人责任所致,申请人不承担任何责任。2008年4月18日,被申请人因资金紧张导致工程停工,并向申请人发出"关于工程停工情况的说明",申请人要求解除双方的合同并结算。申请人提交结算报告显示已完成工程部分工程款为7,206,000元人民币。被申请人收到结算报告后一直未答复。申请人遂向深圳仲裁委员会提出仲裁申请,请求裁决:(1)解除申请人与被申请人之间的《建设工程施工合同》;(2)被申请人支付申请人工程款7,206,000元及违约金;(3)申请人就本项债权,对S物流中心工程享有优于抵押权和其他债权的优先受偿权;(4)被申请人承担全部仲裁费。

被申请人在庭审中答辩称:(1)确实存在拖欠工程款问题,我方对申请人解除合同的主张不反对;(2)申请人一期工程基本做完,但收尾工作还没有完成,如果解除合同,我方必须另找其他公司做剩余收尾工作,希望申请人能配合我方验收;(3)对于已完成的工程款部分有争议。

仲裁结果:仲裁庭裁决解除《建设工程施工合同》、被申请人向申请人支付工程欠款6,546,000元人民币及违约金及被申请人承担本案的仲裁费用。申请人依本裁决享有对S物流中心工程的优先受偿权。

明法晰理:

仲裁庭经审理后归纳的主要问题和双方的分歧:本案中涉及建筑施工合同的解除、建设工程的结算与鉴定、工程款的优先受偿权等问题。双方并不存在法律上的认识分歧。仲裁庭认为本案适用的仲裁程序和相关法律:本案的审理程序适用2008年1月1日起施行的《深圳仲裁委员会仲裁规则》,根据该仲裁规则第25条、第26条、第27条的规定,本案适用普通程序,由三名仲裁员成立仲裁庭进行审理。

根据本案事实、合同约定和《合同法》及其他相关法律法规规定,仲裁庭意见如下:

1. 关于本案合同的法律效力。本案合同为双方当事人的真实意思表示,且不违背法律法规规定,为有效合同,对双方当事人均有约束力。

2. 关于本案合同的解除。因被申请人拖欠工程款,导致工程停工,合同不能实际履行,申请人请求解除合同。被申请人对此亦予以认可。仲裁庭经审查,支持申请人的此项请求。

3. 关于被申请人所欠工程款的金额。双方当事人对已经完成的工程造价金额有异议,为查明案件事实,经申请人申请,仲裁庭于2009年1月委托B司法鉴定所对涉案工程造价进行司法鉴定,经鉴定该工程造价为6,546,000元人民币。

4. 关于本案工程欠款优于抵押权和其他债权的优先受偿权。仲裁庭注意到,申请人的此项请求不仅要对抗其他债权,而且还要求对抗不特定的抵押权。对此,仲裁庭认为,本案工程欠款是因为建造该项工程所致,该债权与该物权虽然属于不同的法律关系,但从财富的渊源上分析,属于资金物化形式的直接转换。申请人请求以此偿债,并请求优先权,符合情理,仲裁庭予以支持。

5. 关于被申请人答辩中要求的配合竣工验收符合合同约定,也是申请人按照合同约定应尽的义务,且由于被申请人没有就其主张提出反请求,仲裁庭对此不予裁决。

仲裁庭对案件的分析与评论。本案是一个很普通的建设工程纠纷案件,但涉及建设工程合同的效力、合同的解除、建设工程的结算与鉴定、工程款的优先受偿权等多个问题,分析此案便于读者对中国的仲裁机构(仲裁庭)裁决此类案件有比较直观的了解和认识。本案中主要适用《合同法》中"第16章　建设工程合同"中的相关规定,另外2005年1月1日起施行的《建设工程施工合同解释》对于《合同法》第16章的规定作了细化,在仲裁裁决中可以参照适用。

第一,建设工程合同的效力问题。

首先,在我国1999年的《合同法》颁布后,法律原则上要求尽量维护合同的效力。建设工程合同受到众多法律、行政法规和规章的调整，特制是法律、法规、规章中的强制性规范较多，如果违反这些规范都以违反法律强制性规定为由认定合同无效，不符合《合同法》的立法精神，不利于维护交易的稳定性，也不利于保护各方当事人的合法权益。根据《建设工程施工合同解释》第1条和第4条的规定，除《民法通则》第58条、《合同法》第52条、第53条等基本法律规定的合同无效情形应当适用于建设工程合同外，建设工程合同存在以下5种情形也应认定无效，“一是承包人未取得建筑施工资质或者超越资质等级的；二是没有资质等级的实际施工人借用有资质的建筑施工企业名义的；三是建设工程必须进行招标而未招标或中标无效的；四是承包人非法转包建设工程的；五是承包人违法分包建设工程的”。除此之外，就应当尽量认定合同有效。其次，对垫资条款不作无效处理。本案中并不存在以上几类情形，据此仲裁庭认为合同为有效合同。

第二，建设工程合同的解除问题。

合同的解除，一般包括约定解除和法定解除两种形式。法定解除主要适用于当事人不履行合同的主要义务，致使合同目的无法实现的情形。《建设工程施工合同解释》第8条、第9条分别规定了发包人和承包人的解除权。其中第9条规定，“发包人具有下列情形之一，致使承包人无法施工，且在催告的合理期限内仍未履行相应义务，承包人请求解除建设工程施工合同的，应予支持：(一)未按约定支付工程价款的……”第10条规定了建设工程施工合同解除后的处理规则，即“建设工程施工合同解除后，已经完成的建设工程质量合格的，发包人应当按照约定支付相应的工程价款……”本案中属于一方未按约定支付工程价款导致的合同解除，且双方当事人对合同解除无异议，因此仲裁庭支持申请人的请求。

第三，建设工程结算和鉴定问题。

首先，建设工程结算应当充分尊重当事人的约定。当事人对建设工程的计价标准或者计价有约定的，按照约定结算工程款。一般情况下，建设工程经竣工验收合格后，双方就应当结算。结算中，一般是由承包人提交竣工结算报告，由发包人审核。实践中有的发包人收到承包人提交的工程结算文件后迟迟不予答复或根本不予答复，以达到拖欠或不支付工程款的目的，严重损害了承包人的合法权益。为制止这种行为，《建设工程施工合同解释》第20条明确规定，“当事人约定，发包人收到竣工结算文件后,在约定期限内不予答复,视为认可竣工结算文件的,按照约定处理"。第23条规定,"当事人对部分案件事实有争议的,仅对有争议的事实进行鉴定"。本案中当事人未对结算文件答复期限作出约定且双方有争议,经申请人的申请,仲裁庭委托B司法鉴定所进行鉴定。被申请人对司法鉴定机构的鉴定程序和鉴定结论先后提出了若干异议。仲裁庭采纳了其合理意见。仲裁庭认为,鉴定过程是公正和透明的,充分保证了当事双方的举证、质证和发表意见的权利,符合相关法规的规定。当事人尽管对鉴定结论不予认同,但并未依法向有关主管部门申请复议。鉴于此,仲裁庭认为,鉴定机构关于涉案工程造价的鉴定结论可以作为认定本案依据。

第四,关于本案工程欠款优于抵押权和其他债权的优先受偿权的问题。

最高人民法院于2002年6月27日施行的《关于建设工程价款优先受偿权问题的批复》,对承包人优先受偿权与抵押权和其他债权的关系,与作为消费者的买受人的关系以及对建设工程价款的范围、权利行使的期限均作了规定。"一、……在审理房地产纠纷案件和办理执行案件中,应当依照《中华人民共和国合同法》第二百八十六条的规定,认定建筑工程的承包人的优先受偿权优于抵押权和其他债权。……"本案申请人的工程款优先权的请求于法有据,应该得到支持。

三、建设工程中出现的停工、窝工损失索赔时的优先受偿权的问题

我国法律将建设工程价款优先受偿权规定在《合同法》第286条[1]:"建设工程的价款就该工程折价或者拍卖的价款优先受偿。"其立法初衷在于通过保障承包人享有的工程价款债权间接保障建筑工人应当享有的合法权益。该受偿权在法理上被界定为法定优先权,区别于其他一众与其相似的担保物权。

2019年2月1日实施的《建设工程施工合同解释(二)》第21条第1款中明确"承包人建设工程价款优先受偿的范围依照国务院有关行政主管部门关于建设工程价款范围的规定确定",该准用性条款回避了目前争议较大的范围认定问题,为法院裁判留下了一定裁量空间。依据《建设工程施工合同解释(二)》的规定,工程价款范围的认定可以参照《建筑安装工程费用项目组成》第1条第1款,即人工费、

---

〔1〕 参见《民法典》第642条、第807条。

材料费、施工机具使用费、企业管理费、利润、规费和税金；同样《建设工程施工发包与承包价格管理暂行规定》第5条规定工程价款由直接成本、间接成本、利润和税金构成。《优先受偿权批复》第3条指出建设工程价款包括承包人为建设工程应当支付的工作人员报酬、材料款等实际支出的费用，不包括承包人因发包人违约而造成的损失。这一规定在《建设工程施工合同解释（二）》第21条第2款中得到了印证，即"承包人就逾期支付建设工程价款的利息、违约金、损害赔偿金等主张优先受偿的，人民法院不予支持"。不难看出，最高人民法院在工程价款优先受偿的范围认定问题上的态度非常明确，即承包人实际支出的，切实物化进入工程实体的所有工程价款费用均可以主张优先受偿，但逾期支付工程价款的利息、违约金、因发包人违约引起的损害赔偿金不在此列。

（一）停工、窝工损失的本质

结合相关案例以及实践经验，我们将停工、窝工损失定义为在建设工程施工过程中因相关阻碍事由导致工程进度停滞，承包人为管理工程现场以及保证阻碍事由消除后工程能继续顺利进行而支出的费用和损失的预期可得利益。例如工程因故停滞后置留在工程现场的工程脚手架、施工用机械、模板摊销及内支撑租赁费用、停工人工费用、停工期间现场经营管理费用等。停工、窝工损失虽然名为损失，但其本质乃承包人在发生突发阻碍事由致使建设工程不得不作出停工处理的情况下不得已而支出的用于维持施工现场秩序以及建筑材料正常维修使用的费用，其实质为实际支出的风险管控成本费用，而并非《建设工程施工合同解释（二）》中所规定的逾期支付建设工程价款的利息、违约金、损害赔偿金，更非《优先受偿权批复》中所述因发包人违约而造成的损失。在诉讼实务中，因停工、窝工而支出的费用并没有超出工程价款直接成本的内涵，不宜认定为因第三人违约而损失的合同预期可得利益。

结合前文所述工程价款优先受偿权的相关法律规定，笔者认为停工、窝工损失可以作为工程价款的组成部分主张优先受偿。

（二）相关案例释法引证

无锡市高新技术产业开发区人民法院（2014）新硕民初字第0248号判决中记载"该16,142,371元中的1,121,000元系发包人原因导致的停窝工期间产生的工人工资、设备租赁等费用，亦应纳入建设工程价款优先受偿权范围"。重庆市第五中级人民法院（2014）渝五中法民终字第00189号判决中记载"停工窝工损失394,762.03元、排除干扰和停工损失300,000元并非违约损失，是基于停工而产生的费用，该损失是宏耀公司因停工而已实际支出的机械材料费用、人工工资等，属于法律规定的优先受偿权范围”。该案同样支持将停工费用认定为工程价款的一部分,可主张优先受偿权。值得注意的是,2014 年最高人民法院曾有一份公报案例,即(2014)民一终字第 56 号判决,该案记载“因瑞讯公司违约给其造成的停窝工损失和材料价差损失两项,均不属于建设工程价款优先受偿权的权利行使范围,故一审法院未予支持中铁公司主张对案涉工程项目享有优先受偿权的请求,并无不当”,其明确了最高人民法院法官对于停工窝工损失性质的认定,对停工、窝工费用优先受偿权问题下了定论。司法实践中,法律认定与主张承包人享有建设工程价款优先受偿权是考虑到承包人对建设工程投入了大量的人力、物力,为防止其投入大量资金、劳动力后一无所获,故让其享有建设工程价款优先受偿权以消除其后顾之忧,而认定停工、窝工费用可以主张优先受偿权的判决思路的法理意义也在于此。

法务实例 61:主张建设工程价款优先受偿权的条件以双方就工程结算款达成一致为诉讼时效的计算起点

案情简介:

2011 年 6 月 1 日,发包人甲地产公司与承包人乙建设公司签订《建设工程施工合同》,约定由乙建设公司施工甲地产公司开发的位于包头市青山区“银河游泳馆改造项目(恒源时代中心)”工程,工程内容:五星级酒店、写字楼、商业、地下停车场及附属设备用房,总建筑面积暂定为 14.28万平方米。合同价款执行预决算,合同价款最终以双方审定的结算价为准。该合同第 33.2 条约定发包人收到承包人递交的竣工结算报告及结算资料后 28 天内进行核实,给予确认或者提出修改意见。发包人确认竣工结算报告后通知经办银行向承包人支付工程竣工结算价款。承包人收到竣工结算价款后 14 天内将竣工工程交付发包人。第 33.3 条约定发包人收到竣工结算报告及结算资料后 28 天内无正当理由不支付工程竣工结算价款,从第 29 天起按承包人同期向银行贷款利率支付拖欠工程价款的利息,并承担违约责任。合同专用条款第 5.3 条约定发包人派驻的工程师梁某光,职务副总经理,职权为工程设计变更及现场签证审核、现场联系单签发、施工措施方案、进度审定、工程款支付的签认,各施工、监理单位总协调指挥及其他发包方指令下达。合同第四部分双方承认的附加条款:第 2.2.7 条约定在发包方和承包方双方确认竣工结算价款后

28个工作日内支付结算阶段进度款至工程总价的95%;第5.1.2条约定承包人向发包人提交预算书后,发包人在30个工作日通知承包人,经双方在60个工作日内核审后的合同价款,作为工程最终造价,如发包人原因不能在约定时间内审计完毕,视为认同承包人送审造价。

合同签订后,乙建设公司依照合同约定开始施工,竣工验收合格并投入使用。2015年9月29日,甲地产公司梁某光签收了乙建设公司银河游泳馆改造项目(恒源银座)工程竣工报审资料(结算书)一套。2016年10月11日,双方签订《苏中建设恒源银座项目部抵顶恒源银座公寓协议》,约定工程暂定结算造价230,269,932.85元,截至2016年10月10日已付211,441,449.2元。2017年9月20日,双方形成的《银河游泳馆改造项目(恒源时代中心)工程造价结(决)算汇总表》,最终结算总造价283,995,124元。乙建设公司认可甲地产公司已付工程款213,061,449.2元,尚欠工程款70,933,674.8元。

乙建设公司向一审法院起诉请求:甲地产公司应付给乙建设公司工程款(拖欠)70,933,674.8元,并要求甲地产公司按照月息2%支付欠款期间利息,还应确认乙建设公司对该工程款享有工程优先受偿权。而一审法院认为,该工程项目属于应该招标而未招标,根据《建设工程施工合同解释》第1条的规定,合同无效,合同既然无效,合同约定的违约责任条款也无效,工程验收合格,可以参照合同约定支付工程款,甲地产公司最多额外承担按照中国人民银行发布的同期同类贷款利率计算的欠付工程款利息。至于乙建设公司主张的优先受偿权。

明法晰理:

一审法院认为,从工程竣工验收之日起到乙建设公司起诉已经过了6个月的法定行使期限,不予支持。

至于优先受偿权6个月的行使期限问题,最高人民法院指出,根据2019年新发布的《建设工程施工合同解释(二)》第26条第1款规定:"本解释自2019年2月1日起施行。"第2款规定:"本解释施行后尚未审结的一审、二审案件,适用本解释。"第22条规定:"承包人行使建设工程价款优先受偿权的期限为六个月,自发包人应当给付建设工程价款之日起算。"根据甲、乙双方的结算资料,可以确认,发包人应当给付建设工程价款之日为2017年9月21日,乙建设公司正式起诉之日为2017年11月

17 日,未超过优先受偿权行使期限。

此外,建设工程必须进行招标而未招标,发包人和承包人签订的建设工程施工合同无效。因此,在认定合同效力中,首先要解决的问题是案件所涉工程是否属于法律法规规定的必须招标投标的范围。本案例中的案涉工程项目并不属于《招标投标法》第 3 条规定的必须招标的工程范围。

一审法院认为,双方签订《建设工程施工合同》系真实意思表示,依据《招标投标法》第 3 条"在中华人民共和国境内进行下列工程建设项目包括项目的勘察、设计、施工、监理以及与工程建设有关的重要设备、材料等的采购,必须进行招标:(一)大型基础设施、公用事业等关系社会公共利益、公众安全的项目"之规定,案涉合同未经过招投标程序而签订,违反法律强制性规定无效。但合同无效不影响结算条款的效力。因案涉工程已经验收合格并投入使用,甲地产公司对欠付工程款数额无异议,乙建设公司主张甲地产公司给付工程款 70,933,674.8 元依法应予支持。

甲地产公司于 2015 年 9 月 29 日收到乙建设公司报送的竣工报审资料(结算书),未按约在 60 天内核审合同价款,并自 28 天内未付款。故应从 2015 年 12 月 26 日(60 天 +28 天 =88 天)起支付拖欠工程款的利息。因双方签订的《建设工程施工合同》无效,故逾期付款违约责任的约定无效,乙建设公司主张按月利率 2% 计算利息没有事实依据,依据《建设工程施工合同解释》第 17 条规定,甲地产公司应按照中国人民银行发布的同期同类贷款利率支付欠付工程款利息。

根据最高人民法院《关于建设工程价款优先受偿权问题的批复》的精神,建设工程承包人行使优先权的期限为 6 个月,自建设工程竣工之日或者建设工程合同约定的竣工之日起算。乙建设公司提交单位(子单位)工程质量竣工验收记录显示竣工日期为 2015 年 2 月 31 日。乙建设公司于 2017 年 11 月 17 日提起诉讼,其主张建设工程优先受偿权已经超过 6 个月法定期限,故乙建设公司主张建设工程优先受偿权依法不予支持。

综上,一审法院依照《合同法》《招标投标法》《建设工程施工合同解释》的相关规定,判决如下:(1)甲地产公司于判决生效后 10 日内给付乙建设公司工程款 70,933,674.8 元及利息(以 70,933,674.8 元为基数,从

2015年12月26日起按中国人民银行同期同类贷款利率计算至付清之日止);(2)驳回乙建设公司的其他诉讼请求。

本院归纳二审争议焦点为:案涉《建设工程施工合同》的效力;欠付工程款利息应如何计算;乙建设公司对案涉工程行使建设工程价款优先受偿权是否超过法定期间。

第一,案涉《建设工程施工合同》效力的问题。

案涉工程项目并不属于《招标投标法》第3条规定的必须招标的工程范围,是否经过招投标并不影响案涉《建设工程施工合同》的效力。因此,本院认为,案涉《建设工程施工合同》系当事人真实意思表示,并不违反法律、行政法规的强制性规定,应为有效;一审判决认定案涉《建设工程施工合同》无效,是错误的,应当予以纠正。

第二,乙建设公司对案涉工程行使建设工程价款优先受偿权是否超过法定期间的问题。

《建设工程施工合同解释(二)》第26条第1款规定:"本解释自2019年2月1日起施行。"第2款规定:"本解释施行后尚未审结的一审、二审案件,适用本解释。"第22条规定:"承包人行使建设工程价款优先受偿权的期限为六个月,自发包人应当给付建设工程价款之日起算。"故本案应适用该司法解释第22条的规定,对乙建设公司是否享有建设工程价款优先受偿权加以认定。对于该条规定的"发包人应当给付建设工程价款之日",因建设工程施工合同履行过程的复杂性特点,故应当根据具体案件中的具体情况加以确定。

《合同法》第286条规定:"发包人未按照约定支付价款的,承包人可以催告发包人在合理期限内支付价款。发包人逾期不支付的,除按照建设工程的性质不宜折价、拍卖的以外,承包人可以与发包人协议将该工程折价,也可以申请人民法院将该工程依法拍卖。建设工程的价款就该工程折价或者拍卖的价款优先受偿。"从该条规定看,承包人就未付工程款对所承建工程享有优先受偿权,系为保护承包人对工程价款的实际受偿,因此,在认定该优先受偿权的行使期限时,应当尊重当事人之间关于支付工程价款期限的约定。

本案中,甲地产公司于2015年9月29日收到乙建设公司报送的竣工报审资料(结算书),但其未按约在60天内核审合同价款,并自28天内未付款。此时,虽然《建设工程施工合同解释》第20条规定:"当事人约定,发包人收到竣工结算文件后,在约定期限内不予答复,视为认可竣工结算文件的,按照约定处理。承包人请求按照竣工结算文件结算工程价款的,应予支持。”而案涉《建设工程施工合同》第5.1.2条约定:“承包人向发包人提交预算书后,发包人在30个工作日通知承包人,经双方在60个工作日内核审后的合同价款,作为工程最终造价,如发包人原因不能在约定时间内审计完毕,视为认同承包人送审造价。”但如前所述,此后,因对结算价款存在争议,双方仍一直在就此事宜进行协商,直至2017年9月21日,双方才形成了《银河游泳馆改造项目(恒源时代中心)工程造价结(决)算汇总表》,对最终结算总造价及欠付工程款的数额达成了一致。虽然当事人在合同中对发包人收到竣工结算文件后在约定期限内不予答复的后果进行了约定,但当事人此后的行为表明其对该约定实际上进行了变更。此时,虽然甲地产公司对乙建设公司存在工程欠款,但具体数额却并未确定,而直至2017年9月21日,欠付工程款的数额才确定,甲地产公司应付乙建设公司工程款的具体数额才最终确定,故在此时,乙建设公司才具备了根据最终确定的工程欠款数额主张建设工程价款优先受偿权的条件。因此,从本案的上述事实看,本案中作为建设工程价款优先受偿权起算点的“发包人应当给付建设工程价款之日”,应当确定为工程款数额确定的次日即2017年9月22日,较为公平合理。乙建设公司于2017年11月17日向一审法院提起诉讼并主张就该建设工程拍卖、变卖的价款优先受偿,并未超过优先受偿权保护期限。一审判决认定乙建设公司主张建设工程价款优先受偿权超过了6个月的保护期限,属于适用法律错误,本院予以纠正。

此外,根据《建设工程施工合同解释(二)》第21条第2款的规定,承包人就逾期支付工程价款的利息、违约金、损害赔偿金等主张优先受偿的,人民法院不予支持。乙建设公司对案涉建设工程价款的优先受偿权并不及于双方约定的逾期支付工程价款的利息。

综上所述,乙建设公司的上诉请求成立,予以支持。依照《建设工程施工合同解释(二)》第21条第2款、第22条、第26条,《民事诉讼法》第170条第1款第2项规定,判决如下:(1)变更内蒙古自治区高级人民法院(2017)内民初95号民事判决第一项为“包头市恒源房地产开发有限责任公司于本判决生效后10日内给付江苏省苏中建设集团股份有限公司工程款70,933,674.80元及利息(以70,933,674.80元为基数,自2017

年9月22日起按月利率2%计算至实际付清之日止)";(2)江苏省苏中建设集团股份有限公司对其施工的案涉工程部分折价或者拍卖的价款在70,933,674.80元就其承建工程部分范围内享有优先受偿权。

Chapter 12

第12章

合同相对性：

正确处理合同纠纷的法宝

"合同相对性"是指合同主要在特定的合同当事人之间发生法律拘束力,只有合同当事人一方能基于合同向对方提出请求或提起诉讼,而不能向与其无合同关系的第三人提出合同上的请求,合同当事人也不能擅自为第三人设定合同上的义务,合同债权也主要受合同法的保护。

在大陆法系中,合同相对性源于罗马法的"债的相对性"理论。可以说合同相对性原则是合同制度和规则的奠基石。我国《合同法》第8条第1款规定:"依法成立的合同,对当事人具有法律约束力。当事人应当按照约定履行自己的义务,不得擅自变更或者解除合同。"该条文可以视为合同相对性规则在我国法律中的规定。

一、合同相对性的基本法理原则

合同相对性原则反映了合同自由原则的要求,但是,随着社会经济的发展和交易的日趋频繁,固守这一原则并不一定符合当事人的意愿,而且在很大程度上已难以满足平衡社会利益,实现公平正义的需要。

突破理论实质上是对相对性原则在某些特定情况下,由于违反了正义、衡平的理念,而作出的例外规定和补充,是在承认相对性原则存在的前提下,就特定事实否认相对性原则,而不是对该制度的存在予以全面否定,相对性原则仍是合同法不可或缺的根本原则。两者都是从不同角度对债权人或弱者权利的保护。

突破理论的精髓在于它维护了相对性原则的宗旨,并使其获得有益补充和完善。

第一,只有合同当事人可以就合同起诉和被诉。由于合同通常被界定为"对同一权利或财产有合法利益的人之间的关系"。

第二,合同当事人可以为第三人设定权利,但第三人不能请求合同当事人履行合同义务。

第三,如果订立合同的允诺是向多人作出的承诺,则受允诺人或其中的任何一人都可以就许诺提起诉讼。允诺人与两个或两个以上的受允诺人订立合约,则任何一个受允诺人都可提起诉讼。

第四,合同中的免责条款只能免除合同当事人的责任,而并不保护非合同当事人,换言之,非合同当事人不能援引免责条款对合同当事人的请求提出抗辩。

我国立法在承认合同的相对性的同时,也逐渐设立了合同相对性原则的若干例外规则,并在法律条文中予以体现。例如《合同法》第 64 条关于第三人受益合同,第 65 条关于第三人义务合同,第 73 条关于代位权的规定,第 74 条、第 75 条关于撤销权的规定,第 229 条关于"买卖不破租赁"规则的规定,都是对合同相对性原则的例外性规定。而法律对合同相对性的突破的实质是对处于弱势地位一方的保护。

合同相对性原则包含了非常丰富和复杂的内容,并且广泛体现于合同中的各项制度之中,法学界一般都将其概括为以下三个方面:

1. 主体的相对性,即指合同关系只能发生在特定的主体之间,只有合同当事人一方能够向合同的另一方当事人基于合同提出请求或提起诉讼。自然不得随意将第三方列入共同被告,或者要求第三方为此承担连带责任。

具体地说,由于合同关系是仅在特定人之间发生的法律关系,权利义务关系仅在缔约方之间展开。因此,发生纠纷与索赔时,只有合同关系当事人之间才能相互提出请求，非合同关系当事人，没有发生合同上的权利义务关系的第三人不能依据合同向合同当事人提出请求或提出诉讼。另外，合同一方当事人只能向另一方当事人提出合同上的请求和提起诉讼，而不能向与合同无关的第三人提出合同上的请求及诉讼。

法务实例62：劳务纠纷方以合同相对性原则为由追加合作经营合伙人能否对抗原告的诉讼主张

案情简介：

林某添与陈某德签订一份石料加工的承揽合同，由林某添向陈某德经营的上乌公司配送石料，依照合同完成石料配送后，陈某德一直拖欠石料尾款，而随后以自己的名义向林某添出具一张欠条。经多次催要无果，林某添以没收到劳务费用为由向某县人民法院起诉，一审陈某德败诉，二审陈某德要求追加其上乌公司的合伙人陈某章追加为共同被告，后二审法院列为共同被告。经审理后，维持一审判决，要求陈某德个人向林某添支付欠款。

明法晰理：

笔者接受陈某章的委托，代理参加了二审的庭审，并出具了代理意见。

因陈某德不服林某添诉陈某德、陈某章承揽纠纷一案的一审判决，向贵院提起上诉，代理陈某章参加了法庭调查。为了维护被代理人陈某章的合法权益，本代理人，现依据相关法律与事实，提出如下代理意见，供法庭判决时参考。

本代理人接受委托后，认真查看了一审判决及相关证据，结合中级人民法院的法庭调查，代理人认为一审法院判决合法、合理，有凭有据。二审法院应依法驳回陈某德的上诉请求。

第一，在一审中，原告林某添并没有将被代理人陈某章列入被告，因为林某添没有证据能够证明其与上诉人陈某德的债权债务或劳务纠纷与陈某章有关。而陈某德认为自己与陈某章有其他纠纷没有了结，就将陈某章要求列入共同被告。这不符合“一事一理”的诉讼原则，也不符合“谁主张，谁举证”的原则，更违背合同的相对性原则。也就是说陈某德与陈某章之间有什么关系与林某添的诉讼没有任何法律上的关联。退一步说,即使陈某德认为自己与陈某章有没了结的事项,陈某德只能另案要求法院立案审判。

第二,无论在一审中,还是在二审的举证期间,上诉人陈某章都没有向法院进行实质性的举证,并不能证明陈某章同林某添与陈某德之间的债权债务或劳务纠纷有什么法律关系。即使在中级人民法院法庭调查中上诉人陈某德举出的所谓证据也不能证明自己与陈某章法律关系的存在或不存在,纯属个人主观判断。也就是说上诉人要求陈某章与其共同支付其个人对林某添的欠款毫无法律依据,没有确凿的证据可以证明。

第三,从一审的判决来看,事实清楚,法律关系明确。即林某添与陈某德之间存在债权债务或劳务纠纷的法律关系,陈某德个人与案外人上乌公司存在事实上的石料供应关系,陈某章与案外人上乌公司存在石料供应关系,而林某添与陈某章之间毫无法律关系,陈某德与陈某章之间是否存在合伙关系并无证据可以证明,需要等法院另案审判,而不能凭主观判断,更不能以此进行猜测。何况合伙关系并不是口头就能约定的一种特殊的法律关系,而具体的合伙内容是什么仅凭上诉人的单一口供也难以查证落实。

总之,一审判决公正合法,陈某德与林某添之间存在个人的债权债务或劳务纠纷,理应由陈某德个人负责清偿,与被代理人陈某章毫无关系。因此请求A市中级人民法院依法驳回陈某德的上诉请求,维护被代理人的合法权益。

2. 内容的相对性,即指除法律、合同另有约定以外,只有合同当事人才能享有合同约定的权利,并承担该合同约定的义务,当事人以外的任何第三人不能主张合同上的权利,更不负担合同中约定的义务。在双方合同中,还表现为一方的权利就是另一方的义务,权利义务相互对应,互为因果,呈现出"对价状态"的镜像,也就是说权利人的权利须依赖于义务人履行义务的行为才能实现,这一行为的实质是因为对价的存在,如果第三人过来主张,就要有对价作为镜像,否则连影子都找不到,如何让别人承担没有权利的义务呢。这也是对"世上没有免费的午餐"的最好诠释。

从合同内容的相对性可以引申出几个具体规则:

一是合同赋予当事人的权利,原则上并不及于第三人,合同规定由当事人承担的义务,一般也不能对第三人产生拘束力。

二是合同当事人无权为他人设定合同上的义务。

三是合同权利与义务主要对合同当事人产生约束力,法律的特殊规定即为合同的相对性原则的例外。一句话,主张权利是否向对方承担了义务,这一义务与其主张的权利相对应,且不适公平、合理原则。合同内容的相对性,包含权利、义务的相对性两个方面。一方面,享有权利并承担义务的是合同缔约方;另一方面,不能将合同义务、责任强加给第三人,第三人亦不能根据合同而取得权利或获得利益。

法务实例63:代别人收取办理养老保险费用的人不承担返还责任

案情简介:

张某等人经熟人介绍,得知天津某中介公司能够帮助代理办理劳务派遣式的养老保险事宜,就与公司经理杨某取得联系,杨某电话告之张某等人,让其将代理费用交到公司来。第二天,张某如约带钱到杨某所在公司办公楼下,并电话联系杨某。杨某说:"我在外地办事,请将钱交给办公室的崔某吧。"张某走到办公楼,张某公司的所在办公室,联系上了崔某,并将8万元如数交与了崔某。一年后,张某等人找到杨某,要求讨个说法。杨某说帮助在大连办理了临时户口,同时办理了大连的养老保险账户。并在网上查阅到了张某的保险信息户头,并留下了截频。后因张某一直没能将户口迁到大连,大连社保机构冻结其账户。后张某以不是天津养老保险户头为由,要求杨某退还8万元,杨某让张某出示收据,收据显示:今收到张某办理养老保险代理费用等8万元,代收人崔某。杨某说,你找崔某吧。钱又不是我收的。崔某说,我是代收的,找我没有道理。杨崔两人一直推拖。张某无奈,最终以崔某为被告,诉诸法律,要求崔某返还8万元,并承担银行同期贷款利息。

经一审判决,认定崔某为代办人,不是适格的被告,驳回张某的请求,张某不服一审判决,上诉至第二中级人民法院,并在上诉状辩称崔某存在与杨某串通诈骗的嫌疑。

明法晰理:

笔者接受崔某的委托,代理了该案件。代理思路如下:

一是张某认为与崔某达成口头的代理协议，有收据为证，但可反证崔某不是直接的当事人。

二是当事人没有书面约定是在天津还是在外地办理养老保险，再说养老保险是政策性很强的事项，张某也是明知的，因各种原因没办理至满意结果，这一责任的约定不清，应由授权委托人张某承担。

三是崔某是代收人，不是直接的当事人。根据合同的相对性原则，张某要举证谁收取了代理费，谁才能承担责任。

四是从收费支出情况来看，杨某收取的代理费用与缴纳的养老保险费用及办证费用相比，收费并不离谱，因此张某主张的诈骗一说也不成立。只是双方约定不清，没能让张某满意而已，而因约定不清的代理人的责任也可归究为被代理人来承担。

整个案件中值得思考的问题是，原告代理律师陷入了收据的字面意思，没有将实际的代理人杨某列为被告。如果换作笔者本人是原告的代理人，那就应该以杨某为被告，崔某列为第三人。这样名正言顺，张某胜诉的概率就会高很多。

3. 责任的相对性，即指违约责任只能在特定的合同关系当事人之间发生，合同关系以外的人不承担违约责任，合同当事人也不对其合同关系以外的人承担违约责任。

合同责任的相对性由民法中的“自己责任原则”引申而来，即主体的责任承担仅因自己的行为，而法律后果亦限于这种行为。在代理制度中，本人对其代理人的行为承担法律后果；在债务的履行方面，债务人要对其履行辅助人负责。

违反合同的责任的相对性的内容包含三个方面：

第一，违约当事人应对因自己的过错造成的违约后果承担违约责任，而不能将责任推卸给他人。

第二，在因第三人的行为造成债务不能履行的情况下，债务人仍应向债权人承担违约责任。债务人在承担违约责任后，有权向第三人追偿，债务人为第三人的行为负责，既是合同相对性原则的体现，也是保护债权人利益所必须的。

第三，债务人只能向债权人承担违约责任，而不应向国家或第三人承担违约责任。

基于合同主体及内容的相对性，相应地违约责任也必然具有相对性，即除合同缔约方之外，第三人不承担合同责任。

二、合同相对性原则在工程合同中的突破

合同的相对性是指合同仅对当事人具有法律上的拘束力，而不能够约束合同之外的第三人，其内涵为：合同责任仅产生于同意或合意，合同的权利义务不能影响到没有同意该合同的人。

合同的相对性也决定了债权与物权的法律救济方式存在区别。由于债的相对性特性，债权人的请求不能向第三人主张，在第三人侵害债权的情形下，债权人也要依侵权行为请求损害赔偿。而物权是绝对权，任何人侵害物权时，权利人均得向侵权人主张权利。

建设工程不同于一般商品交易，其合同当事人的权利义务关系复杂，建设质量、工程周期、工程价款等可变因素较多，实质正义层面上，合同相对性原则不可能解决一切问题。我国建筑市场上参与主体的地位并不平等，这个事实决定着发包方在交易中处于优势地位而总包人与分包人处于劣势地位。如果强调合同相对性原则的严格遵守，则可能出现优势地位一方利用契约形式置弱势一方处于更加不利的境地，总包人和分包人的合法利益将遭到侵害，且诉求无方。

对于实际施工人向发包人的诉权，根据最高人民法院的权威解释，该诉权基于两个理由：一是保护农民工的利益，二是基于事实上的权利义务关系。另外，建设工程质量是工程产品的第一生命要素，关乎社会整体利益。立法规定发包人可以突破合同相对性，向分包人、实际施工人主张质量责任，就是考虑到建设工程的特殊性，体现对社会整体利益的保护及实现社会本位的价值追求。

工程合同突破合同的相对性原则，可简化诉讼程序、彻底解决纠纷、加强对债权人的保护，还可以节约诉讼成本、减少讼累，达到提高司法审判效率，实现程序公正乃至实体公正之效果，十分接地气，也有利于建设工程纠纷的解决和弱势群体的利益保护。

自进入21世纪以来，现代社会经济活动日趋复杂，第三人介入合同的情形剧增。工程合同参与主体众多，往往存在总承包、转包、分包、建设方联营、项目转让等情形，当事人之间的法律关系错综复杂。

（一）合法分包人的代位权

合法的建设工程施工合同分包人，基于其与总承包人签订合法有效的分包合同，当总承包人怠于行使到期债权，可以通过代位权诉讼突破合同相对性原则。

（二）实际施工人的权利

不合法的承包主体完成建设工程的建造后，为有效保护其合法权益。根据相

关司法解释的规定,实际施工人可以将转包人、违法分包人及发包人诉为被告,而发包人仅在欠付工程价款范围内承担责任。

建设工程总分包模式下,发包人有资金优势。一定资质的总包人,拥有施工现场管理与综合技术的优势。总包人的核心工作是组织、协调、指导、控制各个分包人,使工程项目能够有序、高效实施。分包人则具有技术或劳动力优势。各参与主体通过合同形式,明确分工,相互配合,各尽所长,才能顺利完成建设工程项目。合同相对性原则的存在,使得人员调配、物质流动变得相对清晰、简单。有效提高了生产效率,在生产和管理领域,起着至关重要的作用,是不可或缺的重要原则。

(三)建设工程合同相对性的突破

首先,须明确界定主体的内涵与外延,如合法施工人、挂靠人、劳务承包人等应当与实际施工人一样,被赋予向发包人或总承包人主张利益的权利。

其次,应更加明确工程合同相对性突破的适用规则,避免留给司法机关过大的自由裁量空间从而出现司法混乱。

最后,厘清工程合同相对性突破情形下的程序权利与实体权利。如对于相关的司法解释规定的实际施工人权利的法理基础,理论界出现了合同相对性原则的突破、代位权的延伸、不当得利、事实合同关系、保护第三人作用合同等不同观点。笔者认为,代位权的基础要素是债权人与债务人存在合法债务,依《合同法》第58条规定,虽然可以说实际施工人因合同无效而享有的债权是合法债权,但该债权是针对发包人(次债务人),而非分包人(债务人);不当得利基于受害人或第三人的疏忽、误解或过错,且受益人的返还不会大于受害人的损失,这与实际施工人的营利性质违背;事实合同指合同当事人通过一定的适法的事实行为成立的债权债务关系,其效力适用合意合同之法律规定,这与实际施工人的合同的违法行为不合;至于保护第三人作用的合同,在其发源地德国,对于其法律基础、构成要件尚无定论,贸然将实际施工人归于其类似有不妥,且有承认实际施工人的合同为合法之倾向,一方面与法不符,另一方面有助长违法之虞。

最高人民法院专门出台了相关的司法解释规范工程款的支付结算等方面的问题。例如,为解决农民工工资问题,专门在《建设工程施工合同解释(二)》第26条规定了实际施工人突破合同相对性向工程发包人主张工程价款的问题。

法务实例64：一宗沙石运输合同是否应被认定为工程项目建设的分包合同的诉讼纠纷

案情简介：

A公司通过公开招标于2009年至2010年与福建某工程公司约定福建某工程公司为A公司工程项目建设的施工单位，双方签订了《A公司××工程项目施工总承包工程合同》（以下简称某工程项目承包合同）。为完成项目承包合同建设需要，2010年9月15日福建某工程公司与庄某签订了《海沙运输合同》，根据该合同约定，庄某向福建某工程公司支付了20万元的履约保证金，在合同履行中，庄某等人依合同约定为福建某工程公司实施海沙运输，到发生纠纷时止，福建某工程公司共欠庄某等人运输费用××元，其中向庄某的代理人已支付××元（庭审中福建某工程公司向法院提供了收款方出具的加油票、过路票等非运输发票），截至庭审时福建某工程公司还欠438,935元。

后A县县人民法院于2012年8月13日开庭审理，并于2012年12月5日下达一审判决，判决被告某建设工程公司应于本判决生效之日起15日内退还给原告保证金20万元，并支付运输费用××元及自2011年11月2日起至实际还款履行之日止按中国人民银行同期同类贷款利率赔偿经济损失；并判决驳回原告的其他诉讼请求。后福建某工程公司不服判决，提起上诉。2013年3月19日A市中级人民法院出具(2013)××民终字第849号民事裁定书，A市中级人民法院裁定同意福建某工程公司撤回上诉。至此原告（庄某）诉第一被告（福建某工程公司）合同纠纷及诉求第二被告（A公司）承担连带支付责任的诉讼纠纷一审判决发生效力。作为A公司的授权代理人，为便于卷宗归档，特作如下小结，以便备忘。

明法晰理：

接受A公司的授权委托后，笔者随即召集A公司相关人员就相关事项进行了讨论，并确定了以下代理意见：

1. 要求相关人员提供相关证据，根据证据提交时限，制作证据清单后及时向法院提交。

2. 要求A公司以函件的形式对福建某工程公司发函，确认福建某工程公司与庄某的合同纠纷不属于A公司与福建某工程公司签订的A公司××项目工程总承包合同的分包合同，并要求福建某工程公司回函，以此作为重要证据向法院提交，目的是驳斥庄某按照工程承包合同分包方要求A公司对分包方承担连带支付责任的理由。

3. 以邮件形式向A公司××项目工程总承包合同的合同执行代表、费控人员及财务人员提出法律意见，建议冻结福建某工程公司部分应支付工程款项（等值于该案产生的或有债务的可能支付数额），以防止法院判决A公司承担连带支付后，而A公司××项目工程总承包合同的工程款已向福建某工程公司支付完毕，形成A公司与福建某工程公司新的债权债务关系。

4. 要求相关人员注意维护公司利益，个人不得私自对原告、第一被告的代理人及法院提供相关证据或证人证言形式的材料，确有必要的需经A公司代理人在场，并核对相关拟提交的材料。

5. 一审判决后，福建某工程公司不服判决向A市中级人民法院提出上诉，经过案情分析，认为福建某工程公司上诉胜诉的可能性很小，其目的是一种诉讼拖延，为此A公司的立场是在二审中保持中立，并力促福建某工程公司尽快与庄某和解，防止福建某工程公司不能满足庄某的诉求后，庄某会将矛盾指向A公司而组织村民干扰A公司的工程施工现场。鉴于福建某工程公司上诉没将A公司列为被上诉人，因此A公司在二审中的立场是不提供书面答辩意见和庭审代理意见，在通知到庭的情况下，一切质证回答与A公司无关，拒绝回答其他相关问题，做到尽量不要激化与原告的矛盾，也不损害福建某工程公司的利益。

一审主要代理意见：

依据法律与事实，代理人围绕主审法官归纳的与A公司有关的争议焦点提出了如下代理意见：

1. 原告（庄某）与第一被告（福建某工程公司）签订《海沙运输合同》时，都是具有完全民事行为能力的市场经济主体，双方签订的《海沙运输合同》纯属双方的市场商务行为，应依照合同签订方约定的责任承担相应的权利义务，与第二被告无关。原告与第一被告双方所签订的《海沙运输合同》也不属于第一被告与第二被告之间签订的《××公司施工总承包工程合同》（合同编号：××）（以下简称总承包合同）的转包合同与分包合同，法律没有要求第二被告有权管理与过问总承包商（第一被告）与其他民事主体之间签订的物资运输合同的相关事项和承担连带责任的规定。

2. 通过庭审举证质证，显然该案涉及的《海沙运输合同》属运输合同，不是劳务合同，原告也没有证据能够证明其属于第一被告的实际劳动工人，也就是说原告不是第一被告聘用的实际施工工人，原告也不能证明自己属于第一被告总承包工程所转包或非法分包之分包商的实际劳动工人，因为原告主张的并不是劳动工人工资费用或劳务费用，而是依据《海沙运输合同》要求支付运输费用与之有关的施工费用。《建设工程施工合同解释》第26条规定："实际施工人以转包人、违法分包人为被告起诉的，人民法院应当依法受理。实际施工人以发包人为被告主张权利的，人民法院可以追加转包人或者违法分包人为本案当事人。发包人只在欠付工程价款范围内对实际施工人承担责任。"

因此，原告依据《建设工程施工合同解释》(2004年9月29日由最高人民法院审判委员会第1327次会议通过)第26条之规定要求第二被告承担连带责任显然是对法律理解的错误。

3.《建设工程施工合同解释》明确规定适用于实际施工人，而原告代理人说该司法解释可扩大到其他类型合同，显然是对《建设工程施工合同解释》的扩大解释，而原告代理人根本没有司法解释权。因此其对司法解释的扩大理解的代理意见不应被法庭采纳。法院应严格遵守最高人民法院的司法解释的本意，而不能扩大应用范围。

根据上述法律的理解，原告要求第二被告承担连带支付责任起码有两点错误。

错误一：原告并不是实际施工人，也不是转包人或违法分包人的实际施工人，原告也没有证据能够证明《海沙运输合同》属总承包合同的转包合同或分包合同。因此原告以此司法解释作为依据与法律不符。

错误二：该司法解释是在认定原告属实际施工人的前提下，要求发包人只在欠付工程价款的范围内对实际施工人承担责任，而原告依上述司法解释要求第二被告与第一被告共同承担连带责任，显然是对上述司法解释的错误理解。因为连带承担责任与欠付工程价款的范围内承担责任是两种不同的民事承担责任形式。因为依据民事责任理论前一种是严格过错责任或违约责任，后一种是协助支付责任，两种责任的前因后果及责任承担方式、后果都存在明显不同。显然原告方应用法律与理解法律都存在错误。

综上所述,原告主张第二被告应对第一被告不给予其支付运输费用的行为承担连带责任于理无据,于法不依。由于原告也不属于实际施工工人或转包或非法分包方的实际施工工人,其主张也不适用《建设工程施工合同解释》发包方在发包人只在欠付工程价款范围内对实际施工人承担责任的法律规定。

通过回顾整体代理过程,认为本案致胜的关键点主要有以下几点:

1. 协助福建某工程公司厘清谁违约在先的问题。

在接到本案应诉通知后,A公司认为虽然是处于第二被告位置,但由于福建某公司是A公司工程项目的总承包商,也有责任协助承包商应诉,并力争胜诉,减少总承包商的损失,也间接支持了A公司抗辩的主张,因为,如果法院判决第一被告没有了责任,作为承担连带责任的第二被告也自然不应承担责任了。所以A公司代理人在准备自己应诉证据的过程中,也协助福建某公司厘清谁违约在先这一实质问题。如果福建某公司能够证明自己没有违约,A公司也自然摆脱了连带责任的干系。

2. 明确根据合同的相对性原则说明A公司不应在本案中承担任何责任。

在应诉过程中,A公司反复强调的是根据合同的相对性原则,自己在本案中处于《货物运输合同》的无关第三方,因此,不存在为哪一方承担连带责任的问题。无论谁违约,都不能证明与A公司有连带关系。

3. 根据连带责任的适法性,庄某主张A公司承担连带赔偿责任没有任何法律依据。

从庄某所举证据和主张来看,庄某主张A公司承担连带责任的法律依据不足:一是庄某与福建某公司签订的《货物运输合同》并不是福建某公司与A公司所签订的《工程项目承包合同》的分包合同,也不是劳务报酬方面的纠纷,因此,作为A公司,A公司不应承担连带责任;二是庄某与福建某公司签订的《货物运输合同》A公司并不知晓,A公司也没书面为之提供担保。因此,庄某既提不出主张连带责任的法律依据,又没有举出要求A公司承担连带责任的直接或间接证据,加之连带责任在民法中属于严格责任,显然庄某主张A公司承担连带赔偿责任既没有法律依据,也没有事实根据,更没有任何因果上的关联,其主张理应被法院驳回。

4. 程序法是否能作为诉讼的主张与判案的依据。显然原告提出的任何第三方有协助执行的法定义务不能作为要求A公司承担连带责任的法律依据。

案件终结,笔者案件代理后的归档备忘如下:

1.庭审中发现问题的追踪落实。

在二审庭审过程中,原告向法庭以找到新证据为由提交了A公司与第一被告(福建某工程公司)签订的总承包合同的两份补充协议,说明A公司与第一被告签订合同的工作量减少,造成第一被告与原告签订的石料运输合同因工作量减少而难以继续履行下去。在庭审中,A公司主张石料不仅没有减少,而且增加了,后来原告又提出第一被告与A公司私自达成了协议,实际减少了工作量。在法庭上我们极力说服法官石料根据补充协议不仅没有减少,而且增加了。庭后代理人在A公司合同执行人陪同下到现场进行了查看,实际工作量确实减少了,因各种原因没有与第一被告签订补充协议,仅有双方达成共识的会议纪要。特此,代理人向A公司的费控、审计等人提出法律意见,要求在结算时注意实际工作量与原合同及其补充协议之间存在的差异,严格按照实际工作量与福建某工程公司进行结算。后经回访,结算是按照现场实际工作量确认的。

2.案后思考的深层次问题。

从接案到收到二审裁决,虽然被代理方A公司获得了胜诉,没被判决承担任何责任,但作为法律人,有三点值得深层次思考:

一是从建设工程诉讼博弈角度来分析,原告以连带支付为由将A公司列为第二被告,是否最佳的诉讼选择。从庭审来看,显然存在当事人诉讼地位错列的问题,该案中如果将A公司列为第三人显然对原告更有利,这样诉讼理由既可以因第三人工作量增减而影响石料运输合同的承担,也可以A公司作为福建某工程公司的债务人,向福建某工程公司的债权人支付债务来说服法官,便于法院支持原告债权的实现,这样就不能将A公司完全推向到真正的被告一边,而有利于法院支持原告的诉讼主张和债权的实现。

二是合同一方在收到加油票、过路费等作为合同价款支付凭证后,在尾款结算时还主张要求收款方提供正规结算发票为由拒付余款的理由是否充足。从判决结果来看,法院认为既然支付方接受了收款方不合规或不正规的票据,就不应再主张要求收款方另出据正规的票据。这一点应提醒A公司财务人员同样要吸取第一被告的教训,包括以收据形式替代正规发票问题的情况在财务内控管理中应杜绝。防止后期收款人为避税而不按照要求提供正规发票。

三是A公司与总承包商签订工程项目总承包合同后，如果由于各种原因，由A公司提出工程量的部分增减，因而造成总承包商与其他供应商或服务项目合同的终止变更造成损失，A公司是否应分担相应的责任。这样就涉及如何在总承包合同及补充协议中增加规避相关损失和风险的条款。如在以后的类似补充协议中应明确增加一条：如果本补充协议的签订，造成总承包商需要终止或变更所签订的为履行总承包合同和本补充协议而与第三方签订的分包、采购、服务等合同的，A公司不承担因此而造成的任何损失，该部分损失由总承包商自愿承担。

值得思考的一点就是原告主张沙石运输合同作为承包合同的分包合同，其目的是想突破合同的相对性，适用最高人民法院的司法解释，但这过于勉强。而实际的吹沙填海中，采沙与运输是不可分的两个环节，因此，应如何签订合同才能对采沙人更有利，这是另一个法律技巧。

在合同纠纷的诉讼阶段，一定要注意合同的相对性原则，这样就要依据合同当事人情况，列出原告、被告。根据与合同的利害关系性列出第三人。即使是基于无效合同而产生的请求权也仅存在于无效合同当事人之间。当然该合同侵害第三人利益的，第三人亦可向有关合同当事人提起赔偿等请求，但这已经不属于合同关系，而要分析侵权是否成立了。

正因为合同相对性原则所具有的上述重要地位和功能，决定了该原则在司法实践解决合同纠纷中，尤其是在商品房买卖合同纠纷与商品房担保贷款合同纠纷的一并处理中成为一项不可或缺的实体法基本原则。

Chapter 13

第13章

实际施工人：

突破合同相对性的权宜之计

“实际施工人”是在建设工程施工合同纠纷案件中出现的一个关键词，其最早出现于《建设工程施工合同解释》。该解释第1条第2项规定“没有资质的实际施工人借用有资质的建筑施工企业名义的”；第4条规定“承包人非法转包、违反分包建设工程或者没有资质的实际施工人借用有资质的建筑施工企业名义与他人签订建设工程施工合同的行为无效”；第25条规定“因建设工程质量发生争议的，发包人可以以总承包人、分包人和实际施工人为共同被告提起诉讼”；第26条规定“实际施工人以转包人、违反分包人为被告起诉的，人民法院应当依法受理。实际施工人以发包人为被告主张权利的，人民法院可以追加转包人或者违法分包人为本案当事人”。

解释中虽未明确定义“实际施工人”的概念，但从出现“实际施工人”的4个条文中能够总结出，“实际施工人”应当是指依照法律规定被认定为无效的施工合同中实际完成工程建设的主体，包括施工企业、施工企业分支机构、包工头等法人和非法人组织、公民个人等，是为区别于合法承包人、施工人而创设的概念。司法实践中，使用最多的是该解释第26条，该条第2款赋予实际施工人直接向工程发包人主张工程款的权利。该权利实则已经突破了合同相对性，对其司法指导提供了法律依据。经过14年的施行后，最高人民法院再出台《建设工程施工合同解释(二)》，该解释第24条规定，实际施工人以发包人为被告主张权利的，人民法院应当追加转包人或者违法分包人为本案第三人，在查明发包人欠付转包人或者违法分包人建设工程价款的数额后，判决发包人在欠付建设工程价款范围内对实际施工人承担责任。第25条规定，实际施工人根据合同法第73条规定，以转包人或者违法分包人怠于向发包人行使到期债权，对其造成损害为由，提起代位权诉讼的，人民法院应予支持。

一、实际施工人的法律地位

《建设工程施工合同解释》《建设工程施工合同解释(二)》都出现了一个新的法律诉讼主体"实际施工人",显然"实际施工人"在这两份司法解释中,都获得了很大的便利,可以通过诉讼途径保护自己的权益,可以越过一些没有实际支付能力的公司向有实际支付能力的公司主张自己的权利。

那么司法解释的实际施工人是否可简单理解为参与工程的农民工呢?显然不能这么理解。四川省高级人民法院《关于审理建设工程施工合同纠纷案件若干疑难问题的解答》第12点规定,"实际施工人"的范围如何确定?《建设工程施工合同解释》中的"实际施工人"是指转包、违法分包以及借用资质的无效建设工程施工合同的承包人。建设工程经数次转包或分包的,实际施工人应当是实际投入资金、材料和劳力进行工程施工的企业或个人。对于不属于前述范围的当事人依据《建设工程施工合同解释》第26条第2款规定以发包人为被告主张欠付工程款的,应当不予受理,已经受理的,应当裁定驳回起诉。建筑工人追索欠付工资或劳务报酬的,按照劳动关系或雇佣关系妥善处理。河北省高级人民法院《建设工程施工合同案件审理指南》规定:"29.实际施工人与名义上的承包人相对,一般是指非法转包合同、违法分包合同、借用资质(挂靠)签订合同的承包人。具有下列情形可认定为实际施工人:(一)存在实际施工行为,包括在施工过程中购买材料、支付工人工资、支付水电费等行为;(二)参与建设工程承包合同的签订与履行过程;(三)存在投资或收款行为。具有下列情形的,不能认定为实际施工人:(一)属于施工企业的内部职工;(二)与非法转包人、违法分包人无施工合同关系的农民工、建筑工人或者施工队、班组成员。上述人员不能直接向发包人主张权利,只能依据劳动关系或劳务关系向实际施工人(承包人)主张权利。建设工程经数次转包的,实际施工人为最终的承包人。"

从四川、河北两个高级人民法院的解答和审理指南来看,"实际施工人"最低就是包工头,而农民工只是提供了劳务,不是"实际施工人"。

在建设工程合同领域,法律规定突破合同相对性的例外情形包括:第一,分包人就工程质量向发包人承担连带责任。其立法理由在于,建设工程质量是工程产品的第一生命要素,关乎社会整体利益。分包人在建设工程的形成中居于特殊地位,是直接生产者,其对于直接生产成果的质量应当负有直接责任,固守合同相对性将导致社会整体利益受损。第二,债权人的代位权和撤销权在建设工程合同中的具体适用。有必要指出,《合同法》第73条规定的债权人代位权和第74条规定的撤销权均不以债权人与债务人以及债务人与第三人之间的合同有效为前提。因此,有效的工程分包合同和无效的工程转包、违法分包合同的债权人均应依法享有代位权和撤销权。

法务实例65:实际施工人的认定标准

案情简介:

1999年3月15日,西安市建设工程招标投标管理办公室就甲公司"西铁科技大厦"建设项目向乙公司颁发《陕西省建设工程施工招标中标通知书》和《中标证书》。同年7月1日,西安市建设委员会为该建设项目向甲公司颁发《西安市建设工程施工许可证》。其间,就"西铁科技大厦"工程签订的《建设工程施工合同》上,承包方加盖的是乙公司的印鉴。该合同签订后,陈某某即组织施工人员、机械设备等开始工程建设,甲公司亦陆续支付工程款。之后,由于甲公司将"西铁科技大厦"后续工程交予其他单位完成,甲公司与陈某某于2003年5月25日签订《协议书》,约定,经双方结算认定,前期已完工程公司欠陈某某工程款共计420万元,此款项甲公司将在5年内逐步向陈某某偿还;本协议经双方签字盖章后生效,生效后双方不得违约,否则违约方应赔偿对方的全部损失。该协议上加盖的是丙公司第六施工队的印鉴。

陈某某向原审法院起诉称:其与甲公司于2003年5月25日就其承建公司"西铁科技大厦"工程达成协议,甲公司应在5年内向其付清420万元工程款。但甲公司仅支付了部分款项。故诉至法院,请求判令甲公司向其支付欠款300万元及利息113.4万元。

原审法院审理查明:陈某某以丙公司的名义承建公司"西铁科技大厦"工程。2003年5月25日陈某某与甲公司就工程款结算等问题达成协议,甲公司应在5年内付清陈某某工程款420万元。审理中经双方对账,甲公司仍欠陈某某2,205,029.60元工程款未付。乙公司于2010年8月26日出具证明,证明"西铁科技大厦"工程是陈某某组织施工队以自负盈亏方式独自承建,相关权利义务由陈某某享有承担,与乙公司无关。乙公司未注册设立"乙公司西安分公司(或西安工程处)"。对此,甲公司予以认可。

原审法院认为:陈某某是甲公司"西铁科技大厦"工程的实际施工

人，且同公司就工程款结算达成给付协议，陈某某有权要求甲公司支付所欠工程款，甲公司抗辩不予支持。现双方经对账欠款金额清楚，甲公司应支付陈某某欠付工程款，并承担延期付款的债务利息。依照《合同法》第107条的规定，原审法院判决：(1)甲公司于判决生效后10日内给付陈某某工程款2,205,029.60元，并赔偿利息损失(该利息按中国人民银行同期贷款利率从2008年5月26日起计算至本判决生效时止)。(2)驳回陈某某其余诉讼请求。

宣判后，甲公司不服原审判决，向二审法院提起上诉称：(1)涉案工程是通过招投标方式确定乙公司为该工程的建设施工单位，招标办向中标单位颁发了中标证书，并在市规划局进行了备案。以上事实证明，要取得该工程项目的中标资格，必须具备建设高层建筑的相关资质，同时，也必须是取得营业执照的独立建筑企业，而并非陈某某个人。(2)涉案工程所签订的《建设工程施工合同》是由其甲公司与乙公司签订的。施工中，均是由乙公司进行施工建设的，并非陈某某个人。陈某某仅是乙公司委托到该工程的项目经理，陈某某的行为代表的是乙公司。(3)涉案工程结束后所进行的结算，均是由甲公司与乙公司进行的，结算材料上加盖的也是乙公司印章。即就是陈某某经手签订结算协议并领取工程款，也代表的是乙公司，并不代表陈某某个人。因该工程的施工单位为乙公司，有权向甲公司主张债权的亦应是乙公司。因此，本案适格的主体应是乙公司，陈某某无权以个人名义向甲公司主张所谓的“债权”。故请求二审法院撤销原判，改判驳回陈某某的诉讼请求。

法院经审理查明：一审审理中，陈某某向原审法院提供一份乙公司出具的证明，证明陈某某以丙公司第六施工队的名义承建的“西铁科技大厦”工程项目所涉相关权利义务由陈某某享有和承担，该第六施工队不是乙公司设立的机构。二审中，经本院向乙公司调查，乙公司对出具的证明予以认可，并称“西铁科技大厦”项目是陈某某以乙公司名义参加的投标，投标中使用的资质证书和企业法人营业执照都是其公司提供的，双方属挂靠关系，其公司向陈某某收取了一定数额的管理费。乙公司是其公司下属机构，未在工商部门登记注册，但已在西安市建委备案。就“西铁科技大厦”工程签订的《建设工程施工合同》实际上是陈某某以乙公司的名义与公司签订的，该工程的资金、施工设备都是陈某某负责的，属自负盈亏，乙公司未参与施工和工程结算，也未收过甲公司的工程款。“西铁科技大厦”工程项目涉及的所有债权债务均属陈某某所有，与乙公司和其西安工程处无关。其余事实，原审法院查明属实。上述事实，有《建设工程施工合同》、《协议书》、《陕西省建设工程施工招标中标通知书》、《中标证书》、《西安市建设工程施工许可证》、证明、谈话笔录、调查笔录及庭审笔录在卷佐证。

法院经审理后认为：甲公司“西铁科技大厦”工程项目的中标单位虽是乙公司，但乙公司或其工程处并未对该工程进行施工。陈某某因“西铁科技大厦”的工程建设投入资金、组织施工人员和施工设备并实际进行施工，乙公司或其工程处未参与施工及工程结算的事实，经乙公司确认属实，陈某某与乙公司之间属挂靠关系的事实清楚。乙公司对“西铁科技大厦”建设工程中涉及的权利和义务由陈某某享有和承担不持异议。根据《建设工程施工合同解释》第26条的规定，应认定陈某某是“西铁科技大厦”工程建设的实际施工人。公司上诉认为“西铁科技大厦”工程是由乙公司进行施工建设，工程结算亦是其与乙公司结算，陈某某不是本案适格主体的理由，因依据不足，法院不予采纳，其请求法院依法不予支持。原审判决认定本案事实基本清楚，适用法律正确，判处适当，应当予以维持。

二、实际施工人的行为认定

实际施工人的法律地位虽然十分明确，但在案件审理的过程中，仍会出现行为人签订合同的行为认定问题。也就是实际施工人对外从事的合同行为能否认定为公司的表见代理，依据常规的判断规则，需要考察代理权存在的外观表象和相对人的主观状态，对此，可综合考虑以下因素。

首先，授权性文件和身份性证明文件等书面文件。所谓授权性文件是指由被挂靠企业授权给实际施工人权限的证明文件，如项目经理任命书、授权委托书等。所谓身份性文件，是指能够表明被挂靠企业身份的文件，在缺乏授权性文件时，如果实际施工人持有能够表明被挂靠企业身份的文件，则相当于实际施工人以行为表现了其与企业之间所具有的亲密关系和权限外观，同样具有使人相信其有代理权的表象，此类文件主要表现为：被挂靠企业的营业执照、盖有公章的建设工程施工合同、接受工程款的被挂靠企业的转账账户。

其次，对外呈现的相关宣传材料。建设工程领域中，被挂靠企业时常在施工过程中存在大量的对外宣传材料。如建设工地的标语、公示牌，其中往往表明工程承包方和项目经理的名字。如果实际施工人与第三人在上述工地签订材料供应类的合同,且送货地亦是建设工地时,某种程度上就可作为判断具有授权表象存在的依据。

最后,履行方式。就表见代理的认定而言,其法律要件判断集中在签订合同之时,而非后续的履行过程中。然由于建设工程领域情况复杂,且不乏口头协议存在的情形,故此,履行方式从某种程度上成为一个用来帮助解决争议的辅助考察因素,也即一种受益人标准,具体可包括供货的签收人、货物的目的地、使用地。还有,通过被挂靠单位领导的默认行为,甚至行为发生在被挂靠单位,也就是说被挂靠单位为其提供了办公场所,并一直默认其工作行为代表被挂靠公司。

此外,对于相对人而言,其尚需善意且无过失地相信行为人有代理权。关于如何认定善意且无过失,最高人民法院《关于当前形势下审理民商事合同纠纷案件若干问题的指导意见》在第 14 条做出了指引,即"人民法院在判断合同相对人主观上是否属于善意且无过失时,应当结合合同缔结与履行过程中的各种因素综合判断合同相对人是否尽到合理注意义务,此外还要考虑合同的缔结时间、以谁的名义签字、是否盖有相关印章及印章真伪、标的物的交付方式与地点、购买的材料、租赁的器材、所借款项的用途、建筑单位是否知道项目经理的行为、是否参与合同履行等各种因素,作出综合分析判断"。

综上,一般情形下,无权代理行为对被代理人不发生效力,仅在成立表见代理这一特殊情形时被代理人才应承担合同责任。不当扩张表见代理认定标准,不符合与建筑市场相关的各方主体对现阶段建筑行业项目经理、实际施工人身份实际状况的认知,有违代理制度立法目的。应当严格依据合同法相关规范的构成要件把握表见代理认定标准,维护合同相对性,防范虚假诉讼。

三、实际施工人表见代理的身份认证

对于实际施工人的表见代理涉及一个自然人的身份认证问题,也就是他在涉案纠纷事项中所担当的职务、职责。建设工程承包人任命的项目经理,或者在建设工程施工合同明确的项目经理,以单位名义实施的行为当然属于履行职务的行为。

还有一种情况是,有资质的建筑单位中标获得建设项目后又转包或者分包给实际施工人,并与之签订了承包协议。实际施工人在工程施工过程中往往向债权人提供被挂靠单位的印章,大多数法官即会依照合同简单地裁判由盖有印章的单位承担债务责任。也就是说,只要相关合同上盖有某公司的印章,或者是因项目成立的项目部的印章，即认定实际施工人的行为构成职务行为，甚至可依照相关司法解释判令建设单位在欠款范围内向债权人承担支付责任。

实际施工人问题。当前很多建设工程施工合同中约定的项目经理，往往是向被挂靠单位缴纳管理费的实际施工人。该项目经理与盖章单位并没形成真正的劳动合同关系，在纠纷发生后，其往往以实际施工人的地位成为独立的诉讼当事人。

较多的在建工程都是由欠缺特定要求资质的实际施工人垫资承包，在财力不足时，往往以建筑单位的名义外欠材料款或借款，或者在合同履行中以建筑单位名义向发包人主张权利，如在发包领取甲供材料，要求发包人指定的签有保护伞协议的供货商采购货物，如混凝土、电缆等。

另外，在实际施工过程中，项目经理并非实际干活的人，也是大包大揽后，再拉一帮农民工，简单培训一下就进现场干活。由于他们具有既工又农的双重身份，流动性较大，多为被雇用的临时人员，加上用工手续不规范，这部分人往往欠缺书面身份证明。此外，建设工程工期一般较长，在施工期间及供货合同的履行过程中，在工地上受领货物并在交货凭证上签字的人往往各不相同，发生诉讼时签收人可能早已不知所终。在口头合同中，对于这类人员签署的收据等如何认定，直接关系到债权人利益的保护。

有书面材料的代理行为认定。在实际诉讼纠纷中，实际施工人会向法庭提交一些书面证据，以证明行为人的身份已经载明于建筑单位出具的正式书面文件或公示性书面文书中，即使代理权限不明确或不完全，仍可据此认定代理权成立。能够证明行为人身份的证据包括：经建设主管部门备案登记的施工合同，建筑单位发给项目部经理本人的任命书，项目会议的会议纪要或记录，企业内部任命文件，加盖企业公章的对外证明材料、施工图纸等，有监理、设计单位认同的同时签字的现场鉴证文件等。

从正式书面合同上认定。合同具有相对性，也就是说特定人双方签订的合同只对在合同上签字的两方有效，对合同外的第三人不产生法律效力，没有法律上的约束力，即使合同签字的双方都认定为第三人设定的相应的权利义务，如果没有经第三人的签字确认，也应视为无效条款。这就涉及签订合同的人是不是法定代表人，是不是法定代表人授权的人。还有一些以项目部的名义签订的合同，以临时机构签定的合同，这就要审查合同是谁签的问题，谁签的就要找谁来承担责任。如果实际施工人明确告知债权人，合同以个人身份签订或出具债权凭证，则权利义务应由其本人承受。这种情况就与单位无关，一旦签字人没有实际支付能力，诉讼就很难进行到底。

从履行方式上认定。实际施工人以建筑单位、工地、项目部名义订立口头合同的,可以通过履约方式进行判断。表见代理的最重要的判断时点就是订立合同时,主要是判断合同何时生效,履约方式是结果,本来和表见代理没有关系,不应作为判断依据。但由于建筑行业普遍存在挂靠、转包、分包等现象,因此即使实际施工人具有工地负责人的身份,仍应要求相对人尽到额外的注意义务。债权人不能说我就听到他告诉我要货,所以我就给他供货。这是远远不能达到"有理由相信"的证明要求的。此时,相对人要证明货物确实运至工地且货物为工程所用。以买卖合同为例,供应商需要证明交货的时间、地点、运输的方式等内容,相关事实证据包括:对方签字的送货单、入库单、验收单等交货凭证;货交承运人的运输凭证或送货人的运输证明;与交货凭证相对应的过桥过路费单据;材料供应商在相关时期进货的凭证等。如果有这些证据,那完全可以证明你材料确实运到了工地并实际使用在了工地,即完成了所谓的实际履行行为。如建筑单位否认买卖合同关系的存在或否认受领行为,就应当提供反证证据。这些反证证据应该包括:建筑单位从其他供应商处购买工程材料的凭证;相对人所主张的材料数量与施工所需的材料数量差距悬殊或该材料非工程所需等。如果双方证据相当,就需要法官进行自由裁量。

不构成表见代理的行为。如出卖人虽提交了由实际施工人签字的购销合同并申请法院调取了案涉工程的目标管理责任书及外来流动人口计划生育协议书以证明实际施工人系代表施工单位向其购买砖块,但实际施工人与出卖人进行洽商时并未出具上述材料,故其行为既非职务行为、有权代理,亦不构成表见代理。

仅有实际施工人出具的欠条而无其他证据,不能认定其行为构成表见代理。

出卖方主张行为人向其购买材料并予以对账的行为系代表施工单位的职务行为或有权代理时,应当承担相应的举证责任。出卖方在庭审中方得知行为人曾代表施工单位对外签订合同,并不能证明其在订立买卖合同时便善意且无过失地相信行为人具备代理权,因此行为人之行为不构成表见代理。

在无证据证明出卖人所称人员系案涉工程材料员、仓管员,且施工单位对此亦予以否认的情况下,该二人的签收行为不构成职务行为、有权代理或表见代理。

仅有实际施工人签字的对账单,即便其加盖了施工单位的项目部技术专用章,由于缺少其他可以证明实际施工人在订约或履约过程中具备代理权表象的证据,其行为不构成表见代理。

在施工单位承认行为人系案涉工程承包人且曾对外出具说明认可其为项目负责人的情况下,行为人持项目部印章与出卖方进行订约、对账的行为构成表见代理。

实际施工人签字并加盖施工单位项目部技术专用章的对账单,其效力应综合其他证据予以认定,若施工单位就案涉工程曾使用该技术专用章进行过对账,则实际施工人的一系列行为构成表见代理。

实际施工人虽无项目经理资质,但在施工单位与发包方签订的《总包合同》中已明确其为项目经理的情况下,应当认定其行为构成职务行为。

在实际施工人案件的代理中,如果出卖方主张行为人属于施工单位构成表见代理时,应注意以下几点:

行为人实施了无代理权的行为,但其行为所展示的代理权表象与被代理人的行为直接相关且在其风险控制能力范围内。(1)行为人挂靠建筑企业进行施工且具有建筑企业分公司负责人的身份;(2)行为人属于建筑企业以总包合同明确项目经理身份、树立工地公示牌、张贴项目部成员示意图等方式公示的项目经理;(3)行为人被建筑企业以其他方式向当事人明示为项目部负责人、第一管理人等;(4)存在建筑企业直接向相对人支付款项、交付承兑汇票、接受出卖方开具的发票等行为的。

行为人与出卖方之间的合同需以被代理人名义订立。表见代理的成立,以行为人以被代理人名义为民事行为为前提,而且所为民事行为必须在订立合同阶段即以被代理人名义进行。行为人订立合同时加盖项目部印章,或者合同文件上虽无印章,但行为人在合同文件上注明以项目部名义签订的,均符合该要求。

出卖方相信行为人有代理权出于善意无过失如何判断善意这种情形,主要从以下因素加以判断:(1)合同签订时间;(2)缔约时的印章;(3)交易标的物;(4)交易标的数量;(5)标的物交付地点;(6)相对人对行为人实际身份是否知晓。对于案件中出现的各种证据,宜从上述三个角度加以判断,并且应当在出卖方信赖行为人有代理权的合理性与被代理人造成代理权表象的作用力程度之间进行权衡。

法务实例66:被挂靠公司不负挂靠公司分包的支付责任

案情简介:

2002年冬,被告杨某辉挂靠被告甲公司承包了兴国县工业园区管理委员会工业园部分工程施工项目。2002年11月1日,杨某辉以甲公司的名义与原告签订合同,将兴国工业园外商服务中心(又称管委会办公楼)工程以包工包料的形式承包给原告,价格为每平方米370元,竣工日期为2003年5月30日,2003年1月15日,杨某辉以甲公司兴国项目部的名义与原告签订合同及补充协议，将兴国工业园素艺玩具厂厂房工程以包工包料的形式承包给原告，价格为每平方米320元，竣工时间为2003年年底。2004年年初，杨某辉口头与原告约定将工业园食堂建设工程承包给原告，该工程于2004年年底竣工，总工程款为175,246.76元。原告于2004年年底将食堂工程结算单送呈杨某辉及管委会，两者均未提出异议。工业园外商服务中心大楼及素艺玩具厂厂房工程结束后，经兴国县审计局审计，外商服务中心大楼工程款为2,639,021.16元，素艺玩具厂厂房工程款为3,056,334.03元，原告所承建的以上三个工程均已交付使用。原告与杨某辉经结算，杨某辉共应支付原告工程款4,505,000元，双方口头约定欠款按2%月利率计息。杨某辉已分期支付部分工程款，至2008年5月，杨某辉尚欠工程款本金1,615,246.76元、利息1,550,636.88元，合计人民币3,165,883.64元，经原告多次催收未予支付。请求判令两被告共同支付原告工程款及利息3,165,883.64元，并互负连带清偿责任，诉讼费用及其他费用由被告承担。

另查明：2002年10月30日，被告杨某辉借用被告甲公司的名义与兴国县工业园区管理委员会（以下简称兴国管委会）签订了一份《建设工程施工合同》，约定由被告甲公司承包兴国县工业园区办公大楼的施工。同年12月5日，被告杨某辉借用被告甲公司的名义与兴国管委会签订了一份《建设工程施工合同》，约定由被告甲公司承包兴国县工业园区素艺玩具厂厂房的施工。上述两份合同均加盖了被告甲公司的公章。2003年12月3日，被告杨某辉与兴国管委会签订了一份《工程承包协议》，由其承包兴国县工业园区办公大楼水电工程的施工。后被告杨某辉以被告甲公司的名义与原告丁某发签订了《承包建设工程协议》及《承包工程协议书》两份，将上述工程转包给原告丁某发施工，这两份合同均未加盖被告甲公司的公章。素艺玩具厂厂房于2003年年底竣工交付使用，兴国县工业园区办公大楼工程于2004年4月底交付使用。2007年8月20日，原告丁某发与被告杨某辉对上述工程款进行了结算，结算单上载明："由东龙路桥公司承包于丁某发的兴国工业园办公楼及素艺玩具厂房税后总结价计人民币4,505,000元，现已付3,065,000元整，还差1,440,000元整，税已扣除。"原告丁某发与被告杨某辉分别在结算单上签名，被告杨某辉另在结算单上注明："本工程款与公司无关，由我本人负责。"2008年1月25日，被告甲公司向兴国管委会出具了一份《函》，内容为："我公司此前承做的贵单位的所有工程项目由我公司项目负责人杨某辉同志全权负责结算及结(借)工程款,并将以后结(借)的工程款直接转入杨某辉同志的个人账户。对以前发至贵单位的函件声明作废。"2008年3月25日,原告应被告甲公司的要求,向被告甲公司出具了一份书面《承诺书》,内容为:"由公司中标的兴国工业园办公楼及素艺玩具厂房,本人作为该工程的项目负责人,现特向公司作出承诺:该项目的盈亏与公司无关,由本人享有和承担;并承担该项目的一切债权债务(含农民工工资和工程应付款),同时承担该项目的质量和安全问题所造成的一切责任。"

被告杨某辉承包洪门工业园食堂工程后,将该工程转包给了原告丁某发施工,该工程于2004年10月交付使用,工程款为175,246.76元。

本案经法官归纳的争议焦点为:(1)被告杨某辉应支付给原告丁某发多少工程款;(2)工程款的利息应如何计算;(3)被告甲公司是否应承担连带清偿责任。

原告在举证期限内向本院提交了以下证据:(1)原告的身份证复印件,欲证明原告的身份。(2)原告的工民建三级资质证书,欲证明原告的建筑资质。(3)原告与杨某辉签订的素艺玩具厂厂房建设工程承包协议及外商服务中心大楼工程承包协议,欲证明原告承建两工程的事实及合同的内容。(4)兴国管委会证明,欲证明食堂工程由原告施工建设的事实及工程款为175,246.76元。(5)原告与杨某辉2007年8月20日的结算单,欲证明工业园外商服务中心大楼及素艺玩具厂厂房工程已经结算,杨某辉尚欠原告1,440,000元的事实。(6)杨某辉于2008年2月1日自书的声明,欲证明杨某辉委托工业园代付工程款,工业园同意的事实。(7)甲公司与兴国管委会签订的素艺玩具厂厂房、管委会办公楼协议及杨某辉与兴国管委会签订的管委会办公大楼水电安装工程协议,欲证明甲公司依法承建兴国管委会两工程的事实。(8)素艺玩具厂、管委会办公楼两工程的审计报告,欲证明两工程已经于2005年8月24日经兴国县审计局审计的事实。(9)甲公司营业执照及变更登记申请表、企业名称变更核准通知书,欲证明被告甲公司的主体资格及瑞金东龙变更为江西东龙的事实。

被告甲公司在举证期限内向本院提交了以下证据。(1)甲公司致兴国管委会的《函》,欲证明甲公司在兴国工业园的建设工程款由杨某辉结算。(2)《结算单》,欲证明杨某辉与丁某发已依照其双方自行的约定结算工程款,甲公司对该结算未参与,杨某辉在结算单注明工程款与甲公司无关,丁某发予以签字确认。(3)原告丁某发出具给甲公司的《承诺书》,欲证明原告已对所诉工程款由其本人承担,与甲公司无关作出承诺。(4)杨某辉关于工程结算、欠款《申报表》,欲证明杨某辉申报并承诺兴国工业园办公楼工程、素艺玩具厂工程未拖欠民工工资和其他欠款。

明法晰理:

法院认为,《建设工程施工合同解释》第4条规定:"承包人非法转包、违法分包建设工程或者没有资质的实际施工人借用有资质的建筑施工企业名义与他人签订建设工程施工合同的行为无效。"被告杨某辉将工程非法转包给原告丁某发,其与原告丁某发签订的《承包建设工程协议》及《承包工程协议书》为无效合同。《建设工程施工合同解释》第2条规定:"建设工程施工合同无效,但建设工程经竣工验收合格,承包人请求参照合同约定支付工程价款的,应予支持。"因原告丁某发承建的工程已交付给发包方使用,故原告与被告杨某辉对工程款的结算,应受法律的保护。依据原告丁某发与被告杨某辉之间的结算单,被告杨某辉仍欠原告丁某发兴国工业园办公楼及素艺玩具厂厂房的工程款1,440,000元,被告杨某辉应向原告清偿此款及支付利息。利息的起算时间依照《建设工程施工合同解释》第18条第1款第1项之规定,从建设工程的交付之日开始计算。因结算单中对两项工程未分开结算,本院无法对两项工程的利息起算时间予以分开,故按照后交付工程的时间作为利息的起算时间。原告主张利率按照月利率2%计算没有证据证明,本院不予支持,依照前述司法解释第17条之规定,应按照中国人民银行发布的同期同类贷款利率计算。

最高人民法院《关于适用〈中华人民共和国民事诉讼法〉若干问题的意见》(已失效)第43条规定:"个体工商户、个人合伙或私营企业挂靠集体企业并以集体企业的名义从事生产经营活动的,在诉讼中,该个体工商户、个人合伙或私营企业与其挂靠的集体企业为共同诉讼人。"被告杨某辉与被告甲公司是挂靠与被挂靠的法律关系,甲公司主张其不是本案的适格被告,与法律规定不符,法院不予支持。《合同法》第49条[1]规定,行为人没有代理权、超越代理权或者代理权终止后以被代理人名义订立合同,相对人有理由相信行为人有代理权的,该代理行为有效。该条是关于在订立合同中的表见代理的规定。表见代理是善意相对人通过被代理人的行为足以相信无权代理人具有代理权,基于此项信赖,善意相对人与无权代理人订立合同,由此造成的法律后果由被代理人承担的代理。该制度的设立是为了保护善意相对人的信赖利益和交易的安全。在本案中,第一,原告丁某发与被告杨某辉签订的两份建设工程施工合同,代理人即被告杨某辉实施了无权代理行为。第二,被告杨某辉有被授权的表象。被告杨某辉作为兴国工业园办公楼及素艺玩具厂厂房工程的项目经理,原告根据表象可自然推断出被告杨某辉具有代理权。第三,原告丁某发善意且无过失。从原告当时所处的客观条件来看,其主观上有条件、有理由相信被告杨某辉具有代理权,基于此种信赖,原告向被告甲公司提交了《承诺书》,被告甲公司知道原告是上述两项工程的实际施工人。因此,被告杨某辉的代理行为应构成表见代理。虽然被告杨某辉在结算单中注明工程款与被告甲公司无关,由其个人负责,因被告杨某辉至今未能履行工程余款的支付义务,故被告甲公司应对上述工程款及利息承担连带清偿责任。洪门工业园食堂工程系由被告杨某辉个人承包并非法转包给原告施工,该工程款及利息应由被告杨某辉个人承担,原告要求此款由被告甲公司承担连带清偿责任没有事实依据,法院不予支持。原告未获法院支持的诉讼请求所发生的诉讼费由原告负担。据此,依法判决如下:(1)由被告杨某辉支付原告丁某发兴国工业园办公楼及素艺玩具厂厂房工程款1,440,000元及其利息,利息从2004年5月1日起按中国人民银行发布的同期同类贷款利率计算至付清款时止,利随本清。被告江西某路桥公司对上述应付款项承担连带清偿责任。(2)由被告杨某辉支付原告丁某发洪门工业园食堂工程款175,246.76元及其利息,利息从2004年11月1日起按中国人民银行发布的同期同类贷款利率计算至付清款时止,利随本清。(3)驳回原告丁某发的其他诉讼请求。

---

[1] 参见《民法典》第171条。

四、合同的相对性权利主张的限制

根据最高人民法院的司法解释,挂靠他人名下的实际施工人无权突破合同的相对性权利主张的限制。也就是说,挂靠在他人名下的实际施工人无权依据《建设工程施工合同解释》第26条越位直接向发包人主张权利。

对于代理律师来讲,一定要明白挂靠施工情形中,存在两个不同性质、不同内容的法律关系,一为建设工程法律关系,二为挂靠法律关系,根据合同相对性原则,各方的权利义务关系应当根据相关合同分别处理。

《建设工程施工合同解释》第26条适用于建设工程非法转包和违法分包情况,不适用于挂靠情形。该解释第2条赋予主张工程款的权利主体为承包人而非实际施工人。

法务实例67:工程挂靠单位不得以实际施工人名义直接向发包方主张工程结算

案情简介:

2011年3月3日,某集团公司与某岩土公司签订《总包工程分包施工合同协议书》。该协议书约定某集团公司将某工程项目搬迁改造及配套工程分包给某岩土公司。分包工程的价款暂定为7000万元。该协议书第五部分甲、乙双方责任与义务第1条第5项约定:"协助乙方回收工程款。若建设方未能按合同规定及时拨付工程款,甲方不承担代垫资金的义务,且乙方不得以此追究甲方责任,但甲方可协助乙方追收欠款。"第2条第7项约定:"本工程禁止乙方对外分包和转包。"工程完工后双方结算确认诉争工程的结算总价款为55,219,870元,某集团公司已向某岩土公司付款51,189,870元,欠付工程款为403万元。工程保证金为某岩土公司向某集团公司缴纳。

某地基公司不服法院判决,认为自己是案涉建设工程的实际施工人,有权要求某集团公司支付工程款,因此提起再审申请。再审理由包括:(1)某地基公司与某岩土公司属于挂靠关系,某地基公司因不具备承包案涉工程的企业资质,所以借用了某岩土公司的企业资质。案涉工程均由某地基公司独立完成,某集团公司已付工程款最终也流向了某地基公司,案涉工程款403万元应当支付给某地基公司。(2)案涉工程履约保证金的缴纳和退还实际均系某地基公司完成。涉诉工程合同、施工记录、结算文件等资料的原件均为某地基公司持有,原审中的对账工作和欠款数额的确认工作也由某地基公司与某集团公司共同完成。依据日常经验法则判断,应当认定某岩土公司未参与涉诉工程的实质工作,而且,某岩土公司也未直接否认某地基公司借用其资质承包涉诉工程,未对涉诉403万元工程款提出诉求,按照逻辑推理,只能认定涉诉工程款403万元应当归某地基公司所有。(3)本案为挂靠法律关系,应当适用《建设工程施工合同解释》第1条第2款和第2条的规定,某地基公司是案涉建设工程的实际施工人,有权要求某集团公司支付工程款。二审判决适用《建设工程施工合同纠纷解释》第26条关于非法转包和违法分包的规定错误。

最高人民法院依照《民事诉讼法》第204条第1款、最高人民法院《关于适用〈中华人民共和国民事诉讼法〉的解释》第395条第2款的规定,裁定如下:驳回某地基公司的再审申请。

明法晰理:

最高人民法院经审理后归纳本案的争议焦点为挂靠情形下实际施工人可否越过被挂靠单位直接向合同相对方主张工程款?

某地基公司在再审申请中并不否认案涉分包合同当事人、工程施工、回收工程款、办理结算资料、报送施工资料等工作均是以某岩土公司名义进行,且参与相关工作的受托人田某、郑某军等人亦有某岩土公司的授权委托书,只是主张其与某岩土公司存在挂靠关系,通过借用某岩土公司施工资质承揽案涉工程,其为实际施工人。而在挂靠施工情形中,存在两个不同性质、不同内容的法律关系,一为建设工程法律关系,二为挂靠法律关系,根据合同相对性原则,各方的权利义务关系应当根据相关合同分别处理。二审判决根据上述某地基公司认可的事实,认定建设工程法律关系的合同当事人为某集团公司和某岩土公司,并无不当。某地基公司并未提供证据证明其与某集团公司形成了事实上的建设工程施工合同关系,因此,即便认定某地基公司为案涉工程的实际施工人,其亦无权突破合同相对性,直接向非合同相对方某集团公司主张建设工程合同权利。至于某地基公司与某岩土公司之间的内部权利义务关系,双方仍可另寻法律途径解决。《建设工程施工合同解释》第26条适用于建设工程非法转包和违法分包情况,不适用于挂靠情形,二审判决适用法律虽有错误,但判决结果并无不当。该解释第2条赋予主张工程款的权利主体为承包人而非实际施工人,某地基公司主张挂靠情形下实际施工人可越过被挂靠单位直接向合同相对方主张工程款,依据不足。

最高人民法院审理中,主要引用的法律依据为《建设工程施工合同解释》第26条,即实际施工人以转包人、违法分包人为被告起诉的,人民法院应当依法受理。实际施工人以发包人为被告主张权利的,人民法院可以追加转包人或者违法分包人为本案当事人。发包人只在欠付工程价款范围内对实际施工人承担责任。

其实务要点主要有以下四点:第一,针对建设工程合同效力问题要严格适用《建设工程施工合同解释》。第二,关于工程价款结算问题。要尊重合同中有关工程价款结算方法、标准的约定内容,严格执行工程造价、工程质量等鉴定程序的启动条件。虽然建设工程施工合同无效,但建设工程经竣工验收合格的,一般应参照合同约定结算工程价款,实际施工人违反合同约定另行申请造价鉴定结算的,一般不予支持。第三,《建设工程施工合同解释》第26条规定,目前实践中执行得比较混乱,实践中要根据该条第1款规定严守合同相对性原则,不能随意扩大该条第2款规定的适用范围,只有在欠付劳务分包工程款导致无法支付劳务分包关系中农民工工资时,才可以要求发包人在欠付工程价款范围内对实际施工人承担责任,不能随意扩大发包人责任范围。第四,关于建设工程价款优先受偿权问题。第一种意见:建设工程施工合同无效,但建设工程经竣工验收合格,实际施工人请求依据《合同法》第286条[1]的规定对承建的建设工程享有优先受偿权的,应予以支持。第二种意见:建设工程施工合同无效,实际施工人请求对承建的建设工程享有优先受偿权的,不予支持。从判决结果来分析,最高人民法院采纳了第二种意见。

[1] 参见《民法典》第807条。

Chapter 14

第14章

第三人的巧列与阻却制胜战术

在建设工程诉讼实践中,第三人与共同被告的列入有时很容易混淆,下面重点谈一下第三人的巧列与阻却的制胜战术,以此来加深对连带责任的承担或推卸的理解与应用。

一、第三人参与诉讼的特征分析

民事诉讼的第三人是指对人民法院已经立案的民事诉讼中有争议的诉讼标的有独立请求权,或者虽无独立的请求权,但案件的处理结果与其有法律上的利害关系,而参加到原告、被告已经开始的诉讼中进行诉讼的人。也就是说第三人之诉可以是独立于原诉的其他诉,也可是对原诉的支持或抗辩。

建设工程诉讼中的第三人具有以下特征:

第一,对原告、被告争议的诉讼标的认为有独立请求权,或者案件处理结果可能与其有法律上的利害关系。这是第三人参加诉讼的根据。第三人同原告或者被告存在某种民事法律关系,案件的审理结果可能与第三人有法律上的利害关系,这是第三人区别于共同诉讼人和诉讼代理人的根本之点。

第二,必须在诉讼开始后,案件审理终结前,参加诉讼。第三人参加诉讼,必须以原告、被告之间的诉讼正在进行为前提,如果原、被告之间的诉讼尚未开始,或者原、被告之间的诉讼已经结束,即人民法院对案件已经审理终结,任何人都不可能通过诉讼而成为第三人。

第三,第三人是与案件有利害关系的人。这种利害关系来源于两个方面:一是与来自本诉的原告和被告的侵害或争议;二是来自法院对诉讼的处理结果。

下面是一段有关巧列第三人或阻却第三人列入的感想。摘录如下:

让他人埋单的断想

在现实生活中,有一些自觉精明的人,总有理由能够很圆滑地让无关的他人请客,而自己又把话说得顺理成章。

例如,某日老张去老李与老陈的办公室找老李办事。临走时,老李说,老张别走了,一会老陈请客。话一出口,老陈丈二和尚摸不着头脑,但老陈与老张又是老同学,只好应承下来说:老张,别走了,我请客。

这样的事偶有发生。老李确实精明,从来不说自己请客,有时虽是出于寒暄,但也能反映一种为人的圆滑。不禁让人有所感慨。

这里我们先分析一下:老李是主人,老张是客人,老陈是他人。这里有主客关系,同学关系,同事关系。主人让无关的他人请客,能够起到很好的寒暄效果,有时也真能达到某种目的。

这不禁让笔者想起诉讼中如何巧列第三人或阻却第三人的列入,从中受到教益。

最近同行办了几起经济案件，分析来分析去，无不都败在错将第三人列为了共同被告。

其一，是作为甲被告的代理人，向法院提出让占有标的物的丙单位一同列入共同被告，以便让实际占有资产的丙单位加入进来，通过调解结案。谁知在庭审中原告乙单位说我不同意列丙单位为被告(因为丙的支付能力不如甲被告)，列谁为被告，向谁主张权利是我原告的诉讼权利，不是甲被告的诉讼权利。结果法院判决丙单位在本案中不承担责任，由甲被告独自承担责任。由于该案中甲被告与丙单位构不成法律上的连带关系，因此在判决中指出甲被告与丙被告的纠纷可另案解决。

其二，是在一起油料购销纠纷中，原告与丁共同向戊购油料，其中原告负责资金筹措，丁负责向戊购油和对外销售，因原告与丁双方账款不清发生纠纷，原告想当然地提出将戊单位与丁单位一同列为被告，认为法院为帮助厘清资金往来关系，结果庭审后，法院判决说丁单位与戊单位属另一法律关系，证据显示戊欠丁的钱，法院判决说丁可另行起诉戊，而不是戊直接向原告履行义务，自然原告的官司白打了。

上述两案，实质上都败在应当将实际受益人或占有人丙或戊列为第三人，这样就不会出现另案问题了。

二、巧列第三人的关键点

巧列第三人的实质是把握好“对当事人双方的诉讼标的，第三人认为有独立请求权的”，“对当事人双方的诉讼标的，第三人虽然没有独立请求权，但案件处理结果同他有法律上的利害关系的”两个条件。理解上述两项条件，主要有两点要注意：

第一，对本诉原、被告之间争议的诉讼标的有直接牵连关系的人应当作为有独立请求权的第三人，与当事人一方之间的法律关系的履行及其适当与否直接影响当事人双方的法律关系的履行及其适当与否的人，应当作为无独立请求权的第三人。

第二，共同的被告与原告之间是同一诉讼法律关系，而列入第三人往往是因为其与被告或原告之间具有其他的不同诉讼法律关系，法院从诉讼资源的节约出发而将两案一并审理。

正确理解建设工程诉讼第三人制度的设立,实质上基于两点:一是在于简化诉讼程序,彻底解决彼此有联系的纠纷;二是在于维护第三人自己的权益。第三人参加诉讼既不是为了维护原告的利益,也不是为了维护被告的利益,即便有时参加到当事人一方进行诉讼,也不是为了维护参加一方当事人的利益,而是以自己的名义,为维护自己的权益参加诉讼。

无论原告还是被告,如果把不属同一法律关系的第三方错误地列入了第三人,法院从诉讼资源收益的角度考虑会判决另案。而真正地符合列入第三人,属于两案的并案,法院无论从什么角度考虑它都必须作出判决,而不能再另案了。

三、巧列第三人的诉讼目的

巧列第三人是代理律师如何根据《民事诉讼法》有关第三人制度实施的诉讼实践技巧。一般来讲这一技巧的应用可以达到以下诉讼目的:

1. 排除当事人的诉讼管辖权;
2. 剥夺当事人的上诉权的主体资格;
3. 有利于证据链的巩固;
4. 有利于诉讼请求的支持;
5. 有利于法律判决结果的履行;
6. 有利于原告债权的实现;
7. 有利于被告与第三人间的责任划分或债务移转。

当然,从相反的思维去理解,就是如何阻却对手第三人的乱列,应对对手对第三人制度的滥用。在审判实践中,代理律师第三人的列入的确实是一个难点,往往因把握不准第三人确立的标准或因地方保护主义作怪而使诉讼结果大失所望。实践中经常存在错列、漏列或乱列第三人的现象,也因此损害案外人的合法权益。

四、第三人适格的正确识别

如何防范,确保当事人的诉权与诉益,正确列入第三人或阻却第三人的列入,主要从以下几个方面把握:

1. 分析第三人是否有独立请求权;
2. 诉讼标的物是否属同种类;
3. 是否存在多种法律关系;

4. 归责原则是否混乱;

5. 同一诉讼中是否存在请求权的混乱;

6. 分析应用民法原则是否严谨、科学;

7. 分析具体的案件是将共同被告或共同原告错列为第三人,或者将第三人错列为共同被告或共同原告;

8. 第三人的列入是基于实体法的规定,还是法院的判断。

需要说明的是第三人参加诉讼是一种合并审理,而不是诉的合并,案外人要进入本诉正在进行的诉讼的话,其所依据的法律关系必须为法院所主管,并且本诉的受理法院必须对该具体的法律关系享有管辖权。

五、巧列第三人的注意要点

在建设工程诉讼实践中,代理律师要通过对诉讼案由中第三人的诉益进行分析,以此来确定诉讼参与人的诉讼地位是否正确。主要是将相对方应列为共同被告却错列为第三人,应列为第三人却错列为共同被告,或者既不该列为共同被告也不该列为第三人。代理律师在分析时,应重点注意以下相关问题:

第一,区别实体法上的第三人与程序法上的第三人。如《民法通则》第 65 条[1]关于委托代理形式的第 3 款规定,委托书授权不明的,被代理人应当向第三人承担民事责任,代理人负连带责任,这里的第三人属于实体法上的第三人,在诉讼程序上,第三人可能成为原告,要求代理人与授权人连带承担赔偿责任;再如《民法通则》第 127 条[2]规定,饲养的动物造成他人损害的,动物饲养人或者管理人应当承担民事责任;由于第三人的过错造成损害的,第三人应当承担民事责任,这里的第三人就是实体法上的第三人,在诉讼程序上该第三人可能就会成为共同被告。

第二,区分程序法上第三人是与审理结果有法律上的利害关系的还是与审理结果无法律上的利害关系。

第三,弄清第三人的列入是原告提出,被告要求加入,法院追加的,还是第三人申请加入的。

第四,弄清当事人作出第三人加入的目的是基于便于查清事实,还是便于审理结果的执行,还是出于管辖法院的选择等。

第五,弄清第三人与共同被告的区别,还是具有共同原告的地位。

---

〔1〕 参见《民法典》第 167 条、第 169 条、第 171 条、第 172 条。

〔2〕 参见《民法典》第 1245 条、第 1246 条。

第六,弄清第三人之诉与本诉是否属同一诉,还是两个具有不同属性的诉,还是两个可以合并的具有相同属性的诉。

第七,弄清第三人在本案中是与原告具有共同利益,还是与被告具有共同利益。

第八,弄清第三人在本案中结束后是属于新债务人地位,还是属于新债权人地位,还是不具有任何债权、债务地位。

下面摘录一宗通过法理点睛,巧妙排除第三人而赢得诉讼的案例:

法务实例68:胜诉的关键点是确权之诉与侵权之诉不能合并审理

案情简介:

××年××月原告甲单位在进行工矿区道路扩建时,对周边的私搭乱建等非法占地行为进行了公示,要求私搭乱建非法占地户在规定时间内拆迁完毕。被告乙某临路边所建的二层小楼在原告甲单位所征用土地红线范围内。原告甲单位多次派工作人员通知被告乙某自行拆除违章建筑,但被告乙某一直不予理睬。无奈之下,原告于××年5月以侵权为由将被告乙某诉至××人民法院,要求法院判令被告乙某立刻拆除违章建筑。在一审过程中,乙某所在村委向法院提出以独立第三人身份参加到诉讼中来,并称乙某所建房屋的土地为其村委集体所有土地,原来该村委已收过乙某划拨建房所用土地的补偿款6000元。原告代理律师当庭提出第三人之诉应为确权之诉,而本诉属侵权之诉,两案性质不同,不能并案审理,一审法院经审理后裁定第三人之诉不能并入并案,第三人诉原告甲单位之诉为独立之诉,建议其另案处理。

经双方举证、质证后,法院确认了以下基本事实:

1.原审法院认定原告、被告所争议的土地根据××省基本建设委员会建设字(8×)第××号文件和××县建设委员会(8×)××建字第××号文件已由被告上级主管单位作了安置补偿。

2.1995年全国土地普查时,涉诉争议土地由××区人民政府向原告颁发了××区国有(199×)字第××号国有土地使用权证,并附有宗地红线标定附图,证明被告所建房屋在原告具有合法土地使用权证的土地上。

3.被告诉称向所在村委缴纳了6000元的土地使用费用。由于没有任何部门批准的建房许可证手续,也没有土地使用权证及房屋权证,不能证明被告所建房屋具有合法的权证手续,明显形成对原告土地使用权证的侵犯。

4. 经法院到实地勘查:按照宗地红线划定图所记载事项表明原告所使用的土地沿路至商业银行所在地与被告所建房交界之间的距离为78.9米,南围墙至建设用地之间的距离为 55.4 米,与宗地红线图示所显示的平面图相一致,而被告所建房正好在原告所拥有土地使用权土地四至东南角范围内,故被告诉称其建房没有侵犯原告土地使用范围的理由不能成立。

5. 在法庭上,原告代理律师出具了一组照片,照片显示,被告所建房屋(二层楼后的平房)和围墙利用了原告所建的公共厕所的旧墙,法院在现场勘查时进行了确认。

经法院开庭审理后,×××人民法院支持了原告甲单位的主张,要求被告乙某在判决书生效后 30 日内自行拆除位于原告所辖土地的东南角的房屋。如逾期不予拆除,拆除费用由被告承担。被告不服一审判决,上诉到××市中级人民法院。二审法院经审理后维持了一审判决。

随后乙某所在村委另案起诉甲单位侵权之诉经开庭审理,由于甲单位的代理律师坚持认为该案属于确权之诉,并以有土地使用证为由,不予配合,后经法院裁定同意乙某所在村委撤诉。甲单位完全获得诉讼胜利,并随后申请法院强制执行,将乙某所建房屋强行拆除。

明法晰理:

经审理,法官归纳该案的争议焦点有两点:第一,被告侵权行为是否成立。第二,第三人乙某所在村委是否能够以独立请求人的身份参加到本诉中来。

在本案的代理中,代理律师主要抓着了诉的合并的法理分析,通过排除第三人的独立请求权来确认自己的合法权益受到了侵犯。

第三人诉称原告所占有的土地超过了土地使用权所征的批复范围。代理律师认为土地使用权属于权属管理范围的争议,这一争议应当先向土地使用部门提起,由土地管理部门裁决,如果一方不服土地管理部门的裁决,可通过行政诉讼的方式来解决。而本案属于侵权之诉,不能将确权之诉合并到本案之中。

一般来讲有独立请求权的第三人参加诉讼后,就形成了两个诉讼:一个是原来当事人之间的诉讼,另一个是第三人与原来当事人之间某一方或共同方的诉讼。人民法院实际上是将这两个诉合并在一个诉讼程序中共同加以审理。这种合并虽然与诉的主体合并有相似之处,但它以不完全相同于诉的主体合并,有自己的特点,所以被单独列为一种诉的合并形式。

该案第三人之诉之所以不能合并到原诉之中审理,因为该案涉及"请求权的竞合"法理学问题,实质上是当事人在民事实体法上请求权的竞合,或者说竞合的诉的合并只发生在请求权竞合的场合。根据诉讼标的理论的旧实体法学说,不同的请求权实质上产生于不同的实体法律关系,原告对不同的法律关系或者实体法上的请求权在诉讼中主张就构成不同的诉讼标的。一般的法理观念认为任何一种请求权竞合,因其诉讼目的只有一个,因此只能有一个诉讼标的。在实体法上的请求权产生竞合的情况下,当事人只能就其中之一以诉的声明的方式提起诉讼,诉的声明是识别诉讼标的的标准,因此在实际的诉讼中,不存在竞合的诉的合并的问题。

竞合的诉的合并只可能在给付之诉、形成之诉(变更之诉)之中发生,不会在确认之诉中发生。因为确认之诉的诉讼标的通常以诉的声明来识别诉讼标的,在确认之诉中原告请求法院对某种法律关系是否成立或者是否有效予以确认,原告无法就多个实体法律关系合并提出单一的诉的声明。

通过对诉的竞合的解释说明,一审法院将第三人排除在本案之中,要求另案是完全正确的。在另案审理中,代理律师又抓住第三人的主张属行政诉讼而不能作为民事诉讼,同时拿出法院对本案的判决作为证据证明原告没有侵权,从而迫使第三人撤诉。

在侵权之诉中,也不能忘了主张自己对土地使用权证合法拥有。诉讼中,从事实、法律上论证该征地协议具有法律效力,征地补偿的方式实际是适当的补偿,协议受法律保护,应认定有效。

在司法实践中,房产确权是政府房地产主管部门的行政行为,只要颁发了《房地产证》,确权就具有法律效力。民事诉讼中,法院也依据《房地产证》认定所有权,不会直接在民事案件中判决撤销《房地产证》。故此,法院对于已颁发《房地产证》而要求房产确权的案件,法院往往建议当事人通过行政途径向主管部门申请复议。而主管部门此时却往往表示,会依据司法部门的裁决结果重新登记确权。

下面是笔者曾经接触过的一个案件，是被告当事人因为没有巧妙列入第三人造成重复支付工程款的典型案例，摘录如下：

法务实例69：合理列入诉讼当事人是制胜的开端，而不同性质的诉不能并案审理

案情简介：

某年某月，甲建筑安装工程公司（以下简称甲单位）与乙石油工程技术有限公司（以下简称乙单位）签订了承建综合楼工程的建筑施工合同，该工程项目由甲单位交由丙施工队负责具体施工。开工后，甲单位安排丙施工队按约定在乙单位处领取施工材料，其中包括价值10万元的用于配套工程的铝材及玻璃。次年9月，乙单位与丁装饰厂签订了综合楼工程铝合金门窗制作安装施工合同。在实际施工中，乙单位协调由丁装饰厂在丙施工队领出用于配套工程中的铝材及玻璃，有丁装饰厂领料员出具的领料单。该工程在最后施工结算时，乙单位没有将价值10万元的铝材及玻璃材料从丁装饰厂的结算中扣除，而直接从甲单位工程结算款中扣除。

多年后甲单位以乙单位为被告起诉到法院，要求法院判令被告立即偿付误扣原告工程款10万元并支付延期滞纳金利息。

法院在审理过程中，依职权将丁装饰厂列为共同被告。

法院经开庭审理后认为：

1. 被告丁装饰厂与本案原告甲单位和被告乙单位双方所争议的工程款并非系同一法律关系。所以，被告丁装饰厂在本案中不应承担任何法律责任。

2. 原告甲单位诉请被告乙单位立即支付误扣原告工程款10万元及其利息，事实清楚，证据充分，请求合法，法院予以支持。

明法晰理：

案件在开庭审理的过程中，作为甲单位的代理律师，向法庭提交了经过分析不早不晚的该案的法律关系分析。就法律关系而言，本案可归纳以下几个法律关系：

1. 甲单位与乙单位的建设工程合同关系;
2. 乙单位与丁装饰厂的装饰工程合同关系;
3. 甲单位与丙施工队的分承包关系;
4. 丁装饰厂与丙施工队的领料关系。

从上面的法律关系分析,本案中甲单位与丙施工队可作为同一诉讼主体看待。

从乙单位来讲,该案败诉的根本原因在于没有弄清诉讼主体当事人的身份,而将诉讼重心放在一味强调诉讼时效问题,败诉的原因可以从以下几个方面得到答案:

1. 法院追加丁装饰厂为被告是否恰当的问题。从程序法来看,我国《民事诉讼法》第115条规定,必须共同进行诉讼的当事人没有参加诉讼的,人民法院应当通知其参加诉讼。追加被告必须符合必要共同诉讼的条件。

所谓必要的共同被告是指对诉讼标的有共同的权利或义务关系、与原告有一定的利害关系的人。不具备该条件,不得追加为被告。如以个人合伙为被告的诉讼,全体合伙人为必要的共同被告;个体工商户、个人合伙或私营企业挂靠集体企业并以集体企业的名义从事产生经营活动的,该个体工商户、个人合伙或私营企业与挂靠的集体企业互为必要的共同被告。对于非必要的共同诉讼,当事人申请追加的,不得允许。在本案中,丁装饰厂与甲单位和乙单位之诉不属同一法律关系,显然不属必要的共同被告。由于丁装饰厂领料是基于乙单位的同意完成的,在材料没有用于工程时,可以认为甲单位只是帮助乙单位代管。如果不属同一法律关系,又不是必要的共同被告,那就是另一法律关系,理当另案处理。显然法院依职权追加丁装饰厂为被告欠妥。在该案中即使乙单位作为原告,也不能将甲单位与丁装饰厂列为共同被告。

2. 乙单位应当预见到追加丁装饰厂为被告时,甲单位作为原告可能出现的立场。

第一,按照私法自治的原则,原告以谁为起诉对象以及放弃对谁的起诉,这属于其意思自治的范围,诉权具有程序发动的主动性,而审判权处于被动、中立地位,审判应以当事人的诉讼请求范围为裁判的依据,只有这样,才能真正保障当事人的诉讼权利,维护审判权的公正性。

第二,按照原告“不诉不理”的原则,即使法院依职权追加了被告,如果在法庭上原告对其中之一的被告不予起诉，显然法院不可能依职权主动站在原告一方去诉请被告承担什么责任，这样就违背了公正原则。

第三，甲单位即使要求丁装饰厂返还材料，但这属于另一法律关系，同时难以有足够的证据理由获胜，显然甲单位不会要求法院判令丁装饰厂承担责任。

3. 站在乙单位的立场上，该案制胜的关键是要求法院依职权追加丁装饰厂为第三人比较适当。

民事诉讼中的第三人，是指对原、被告之间的诉讼标的享有独立请求权，或者与案件处理结果有法律上的利害关系，而参加到原、被告之间正在进行的诉讼中去的人。第三人参加诉讼的目的在于维护自己的权益。以对原、被告之间的诉讼标的是否具有独立请求权为标准，第三人分为有独立请求权的第三人和无独立请求权的第三人。在案件审理过程中，如果丁装饰厂通过乙单位的申请，列为本案的第三人后，甲单位就不能随意放弃对第三人丁装饰厂的返还要求，因为该案的标的物与丁装饰公司有直接的利害关系，这样法院就不会判决乙单位本不应当承担的额外义务，也不至于被法院判决与丁装饰厂的债务关系另案解决。

4. 从实体法的角度来分析，乙单位就不应当与丁装饰厂签订装饰合同，而应当要求丁装饰厂与甲单位签订转包合同，签订转包合同后，丁再从丙方领料就顺理成章了。显然乙单位疏忽了这一点，这也是造成其败诉的主要原因。

Chapter 15

第15章

民事责任：

通过梳理法律关系明确各方应承担的法律后果

民事责任,是指涉诉主体违反法定民事义务或合同约定义务而应承担的法律后果。任何一宗建设工程纠纷的处理,都会涉及责任承担问题,在具体的纠纷处理过程中,要对当事人所应承担的责任进行划分及明确各方应分担的比例,以此来确定主张是否合适,是否应当给予支持或部分支持。

一、民事责任的区别与理解

民事责任依据其法律主体是否涉及以相关财产来承担可分为财产责任(指让民事违法行为人承担财产上的不利后果,使受害人得到财产上补偿的民事责任)与非财产责任。

民事责任依据行为人所控制的财产责任承担限额可分为无限责任(责任人应以自己的全部财产承担的责任)与有限责任(债务人得以一定范围内或限额的财产承担民事责任)。

民事责任依据行为人责任承担主体承担方式可分为全部责任(由一个法律主体独立地承担的民事责任)、按份责任(指多数当事人按照法律的规定或者合同的约定各自承担一定份额的民事责任,各责任人之间没有连带关系)与共同责任。

民事责任依据行为人的承担方可分为单一责任、连带责任与补充责任。

民事责任的承担方式是指依法应负民事责任的行为人承担民事责任的具体形式。

连带民事责任是建设工程诉讼中较为普遍的一种形式,需要引起足够的重视。连带责任是因违反连带债务或者共同实施侵权行为而产生的责任,各个责任人之间具有连带关系。所谓连带关系是指各个责任人对外都不分份额、不分先后次序地根据权利人的请求承担责任。与连带责任相区别的是补充责任与按份责任。单一责任是指某一民事主体独自对其行为负责,不与其他人的责任相关联。补充责任,是指在责任人的财产不足以承担其应负的民事责任时,由有关的人对不足部分依法予以补充的责任。按份责任是依据其责任大小而应承担的责任份额。

二、请求权:民事责任定性的基础

在建设工程诉讼中,作为代理律师了解了基本案情之后,就要给当事人所涉案件定性,弄清诉讼标的或标的物,告诉当事人是什么,为什么?所谓定性分析就是分析请求权的属性(包括当事人的行为责任担当)。如当事人的请求权是基于确认之诉、给付之诉还是变更之诉;当事人的行为属侵权还是违约;当事人应当承担什么样的责任,是按份、连带,还是补充?等等。这就要弄清两个问题:“是什么”,就是给作案件一个定性,对案件的事实作出合乎法理的判断。对案件的性质作出独立的判断,只能靠法理、法条和经验,而这些是需要一定的专业知识的,一份合同是有效还是无效,是侵权还是违约,或者是侵权与违约责任竞合,都需要你帮当事人作出客观的判断。

建设工程诉讼涉及具体的请求权,它关系法官对案由的认定,对于代理律师来讲,应从案由选择的逆向思维出发,确定列举原告的诉讼请求可能涉及的请求权,或者作为被告代理律师确定原告的诉讼请求是否不符合具体的案件事由,或与可能的案由存在法理上的冲突。

这样,代理律师就要确定各种请求权的类型。根据请求权的基础关系不同,将请求权一般分为如下几类:

一是债权的请求权,包括合同履行的请求权、违约损害赔偿请求权、缔约过失请求权、无因管理请求权、侵权的请求权、不当得利所产生的返还请求权。其中,赔礼道歉、恢复名誉等责任形式,因本质上不是一种给付关系,不应当包括在债权的请求权中。

二是物权请求权,具体包括返还原物请求权、停止侵害请求权、排除妨碍请求权、妨碍预防请求权。

三是占有保护请求权,主要包括在占有受到侵害的情况下而享有的占有返还请求权、妨碍排除请求权、消除危险请求权。

四是人格权和身份权上的请求权,人格权上的请求权,主要是指在人格权受到侵害的情况下产生的停止侵害和赔偿损失的请求权。身份权上的请求权主要包括劳动争议与员工工伤引发的争议所产生的抚养请求权、赡养请求权,以及生育权等。

五是知识产权上的请求权,主要是指知识产权受到侵害的情况下产生的停止侵害、排除妨碍、消除危险请求权等。

对案件的定性判断有两种方式:一是基本的法理,以法律规定辅之以法理作为判断的依据;二是用相同或类似的案例辅之以丰富的办案经验做出判断。再者,要回答当事人质疑为什么的问题,也就是说要回答做出判断的理由是什么。

三、建设工程的过错归责原则

过错责任原则也叫过失责任原则,它是以行为人主观上的过错为承担民事责任的基本条件的认定责任的准则。按过错责任原则,行为人仅在有过错的情况下,才承担民事责任。没有过错,就不承担民事责任。我国《民法通则》第 106 条第 2 款规定,公民、法人由于过错侵害国家的、集体的,侵犯他人财产、人身的,应当承担民事责任。可见,在法律没有特别规定的情况下,建设工程纠纷中所涉及的民事责任追究一般都适用过错责任原则。过错责任原则包含以下含义:第一,它以行为人的过错作为责任的构成要件,行为人具有故意或者过失才可能承担侵权责任。第二,它以行为人的过错程度作为确定责任形式、责任范围的依据。

在过错责任原则中,不仅要考虑行为人的过错,往往也要考虑受害人的过错或者第三人的过错。如果受害人或者第三人对损害的发生也存在过错的话,则要根据过错程度来分担损失,因此可能减轻甚至抵销行为人承担的责任。在共同侵权的场合,共同侵权人的过错程度甚至可能成为其内部分损失的依据。

适用过错归责原则则需要有法律明确规定。我国《合同法》第 107 条[1]规定:"当事人一方不履行合同义务或者履行合同义务不符合约定的,应当承担继续履行、采取补救措施或者赔偿损失等违约责任。"由于该条文中并没有出现"但当事人能够证明自己没有过错的除外"的表述,所以可理解为严格责任原则。也就可将过错责任原则作为合同责任的基本原则。所以,建筑承包人的过错应当理解为其交付的已完工程质量与约定不符,且无合适的辩解理由。这视为一种过错推定,合同一方违反约定的,推定违约方在主观上具有过错。首先,施工单位应有相应的建筑资质等级;其次,施工单位所依据的设计文件应当符合法律规定的内容和深度以及工程质量强制性标准;最后,施工单位严格按照施工规范和设计文件的要求进行施工。施工单位对工程质量承担责任,一般界定在以下几个方面:首先,施工单位擅自超越资质等级业务范围承包工程,转包或者违法分包工程;其次,不按工程设计标准、施工技术强制性规范和合同约定,对材料、构配件和设备进行检验,因此所造成的工程质量问题;最后,保修期内屋面、外墙面有渗漏、龟裂等质量缺陷,在建筑物使用寿命期内,地基基础和主体结构的质量出现问题。项目参建方对工程质量责任分担的主张各有不同,施工中建设方所选工艺、所供材料、有关指令与工程标准规范及施工方所购材料产生冲突,从而在以后的质量纠纷中因都有过错导致哪方承担责任不明确,施工方往往承担了更多的质量责任义务。

归责原则是指基于一定的归责事由而确定责任成立的法律原则,或者说是基于一定的归责事由而确定行为人是否承担责任的法律原则。归责事由是法律制定者在一定物质生活条件下,根据立法指导思想按照一定的价值观将损害结果进行分配。归责原则随归责事由的变化而变化,归责事由处于重要地位。

第一,建筑施工方对工程质量负责,法律有明文规定。对此,《建筑法》第 58 条就规定"建筑施工企业对工程的施工质量负责。建筑施工企业必须按照工程设计

---

[1] 参见《民法典》第 577 条。

图纸和施工技术标准施工,不得偷工减料。工程设计的修改由原设计单位负责,建筑施工企业不得擅自修改工程设计”。

第二,建设施工方要对建筑材料、建筑配件和设备负安全审查义务。《建筑法》第59条规定,建筑施工企业必须按照工程设计要求、施工技术标准和合同的约定,对建筑材料、建筑构配件和设备进行检验,不合格的不得使用。根据原建设部、国家工商行政管理总局《关于禁止在工程建设中垄断市场和肢解发包工程的通知》的规定:“……三、工程建设的材料、设备,应主要由承包单位负责采购,并明确责任,择优选购,加强检查验收,切实保证材料、设备的质量。建设单位需要自己定货采购的,要在合同中明确其责任和要求。对可能影响工程质量和使用功能的劣质材料、设备,承包单位有权拒绝使用;若建设单位强行要承包单位使用的,由建设单位承担由此造成的工程质量和安全责任。任何单位和个人,均不得强行要求承包单位购买其指定厂家生产的材料、设备。”但是,由于承包人明知材料有瑕疵而怠于通知,或者应及时检验而怠于检验的,也应承担相应的过错责任。对于发包人采购的原材料及工程设备,在进入工程施工现场后投入使用之前,承包人应对已进场的材料设备进行专业检测实验。对于未达到合格质量标准的工程材料,施工人绝对不能用于工程。

第三,建设施工方在施工过程中因自己的原因造成工程质量不合格的,主要有以下情形:(1)建设工程施工方不按照工程设计图纸和施工技术规范施工造成的质量问题;(2)建设工程施工方未按照工程设计要求、施工技术标准和合同的约定,对建筑材料、建筑构配件和设备进行检验,使用不合格的建筑材料、建筑构配件和设备等造成的质量问题;(3)对建设单位提出的违反法律、行政法规和建设工程质量规定的标准,降低工程质量要求,承包人不予拒绝而进行施工的,等等。

由此可见,对于建设施工方作为或者不作为的原因造成工程质量不合格的,应当承担法律责任,而该责任的归责原则是过错责任原则。

法务实例70:解除合同的重点是弄清哪方首先违约的问题

案情简介:

2004年4月8日,某建设工程公司经原告某建设集团有限公司授权,与被告某房地产开发公司经平等协商签订了《建设工程施工合同》。该合同约定:由原告承建被告“山水人家”5~8号楼工程施工的土建、安装工程,合同总价款为1207万元。同时合同《专用条款》“工程款(进度款)

的支付”明确约定：在原告施工至主体框架封顶时，被告按单体工程支付已完工程款的80%。原告在2004年11月陆续全部完成1～3号楼的主体工程，在此期间因被告拒不按约支付工程进度款，原告被迫停工，后经双方再次协商一致，又于2004年9月14日签订《补充合同》，该补充合同对原告已完成的工程量、被告按约应付原告的工程进度款进行了确认，并约定了明确的违约责任。《补充合同》签订后，原告恢复施工，但被告仍未履行上述合同义务，终致原告再次被迫停工。经原告多次催促，被告无支付工程款的诚意，原告遂向兰州市中级人民法院提起诉讼。

原告诉称：合同签订后，被告不全面履行支付工程款的合同义务，迫使原告长期停工造成巨额损失，致使双方签订的合同已根本无法继续履行。原告遂要求解除双方之间的合同，并要求被告支付尚欠的工程款770万元、赔偿违约金353万元及造成的停工损失111万元以及确认对涉案工程享有工程价款之优先受偿权。被告辩称：原告与被告签订的原合同合法有效，应该继续履行，而不应解除。被告所欠工程款数额及原告在施工中的损失数额还有待核实；被告方未支付工程款有客观原因，被告愿意庭外和解解决纠纷。

法院经审理后判决：解除原告与被告签订的合同，被告支付原告工程款770万元，停工损失38.8万元及违约金353万元。原告对被告“山水人家”5～8号楼工程在所应受偿的数额范围内有优先受偿权。

明法晰理：

本案争议的焦点问题有：(1)建设合同的效力及是否应继续履行；(2)被告是否应承担违约责任；(3)工程款数额问题；(4)原告是否享有优先受偿权。

从原、被告签订合同的初衷及双方履行合同的现实情况分析，是被告根本性违约使合同目的无法实现，面对原告的有合同约定和法律依据的合法诉求，法院维护了原告方的合法权益。

首先，关于解除合同的合法依据问题。我国《合同法》第94条[1]规定有下列情形之一的可以解除合同：“……（三）当事人一方迟延履行主要债务，经催告后，在合理期限内仍未履行；（四）当事人一方迟延履行债

[1] 参见《民法典》第563条。

务或者有其他违约行为致使不能实现合同目的”。令后续的违约责任的承担、损失赔偿,欠付工程款的偿付等各焦点问题迎刃而解。

其次,关于所建工程享有工程价款优先受偿权的问题。《合同法》第286条及最高人民法院《关于建设工程价款优先受偿权问题的批复》对施工企业主张工程优先受偿权进行了规定。根据该批复第4条规定,自工程竣工之日起6个月内是承包人有权行使优先受偿权的期间。本案中,原告承建被告的建设工程后,由于被告违约,至今工程没有竣工,原告申请优先受偿权符合最高人民法院的批复。

四、民事责任竞合的理解

侵权责任与违约责任同为民事责任的一种,这是两者间最根本的相同点。在民事诉讼中,民事责任竞合所产生法律适用主要在如下方面:

1. 归责原则的区别。中国侵权行为法对侵权责任采用过错责任、严格责任、公平责任原则,实际上是采用了多重归责原则。违约责任适用严格责任原则,当事人可以约定违约责任的内容,并可以约定免责条款。“在侵权之诉中,只有在受害人具有重大过失时,侵权人的赔偿责任才可以减轻。而在合同之诉中,只要受害人具有轻微过失时,违约方即能减轻其赔偿责任”。

2. 责任基础不同。民事责任的责任基础源于法定或约定。违约责任的责任基础是合同当事人以其意志和利益确定的,行为人违反的是约定义务,没有约定才适用法定提示的条款。侵权责任的责任基础是法律直接规定的义务,不存在当事人意思自治问题,行为人违反的是法定义务。行为违反的是法定义务还是约定义务,承担的是法定责任还是约定责任,是违约责任与侵权责任最根本的区别。

3. 举证责任不同。根据归责原则,在合同之诉中,适用严格责任原则归责,受害人无须证明违约方是否有过错,其行为是出于故意还是过失,只要证明违约事实存在就可以了。在侵权之诉中,除《民事诉讼证据规定》第4条规定的几种特殊情况,应适用举证责任倒置,由加害人证明自己无过错以外,一般情况下,加害人通常不负举证责任,而受害人则须证明行为人有过错、存在损失与加害行为有因果关系。

4. 损害赔偿范围不同。侵权责任的赔偿范围广,一般包括财产损失、人身伤害和精神损害的赔偿。对人身伤害、精神损害、赔偿范围及被害人的伤害赔偿金、被害人有扶养或赡养义务的第三人的抚养费或赡养费、被害人减少劳动能力需增加的费用以及造成名誉、荣誉、人格等受损的精神赔偿金。违约责任的赔偿范围较窄，一般由当事人约定，当然也可以约定违约金或约定损失的计算方法；未约定的依照《合同法》相关规定处理。通常是财产损害的赔偿，一般不包括对人身、精神损害的非财产损害赔偿。对违约的损害赔偿，一般掌握在“可预见性”标准限定其范围，原则上不允许在违约之诉中请求非财产损害赔偿，但在特殊情形下(如事先约定)，且产生违约责任和侵权责任竞合时，允许债权人请求非财产损害赔偿。

5. 对第三人的责任不同。对第三人行为的负责程度，就违约责任而言，如果因第三人的过错造成违约致损害发生，依照《合同法》第 121 条[1]的规定，当事人一方应当向对方承担违约责任后，另行向第三人索赔，但合同中另有约定的除外。在侵权责任中，贯彻为自己行为负责的原则，行为人仅对因自己过错致他人损害的后果负责，除非第三人和行为人共同实施侵权行为，否则行为人对第三人的行为不负责。总之，违约责任中行为人对第三人的行为负责，而侵权责任中行为人对第三人的行为不负责。

6. 免责条件不同。在违约责任中，除法定免责条件(如不可抗力)以外，合同当事人还可以事先约定不承担责任的情形(但故意或重大过失的责任以及人身伤害的责任除外)。而在侵权责任中，免责条件只能是法定的，当事人事先不能约定免责条件，也不可能事先约定(如不可抗力)。

7. 诉讼时效不同。《民法通则》第 135 条规定，对因侵权行为所产生的损害赔偿请求权的诉讼时效规定为 2 年，但因身体受到伤害而产生的损害赔偿请求权，按《民法通则》第 136 条第 1 款规定的诉讼时效为 1 年；对因违约行为产生的损害赔偿请求权的诉讼时效同样规定为 2 年，但在出售质量不合格的商品未声明、延付或拒付租金以及寄存财物被丢失或者损毁的情况下，则适用 1 年的时效规定；另外在运输合同中，运输部门同收货人或发货人相互间请求赔偿的时效规定为 180 日，在要求铁路部门支付迟延交付违约金时，时效为 60 日；《合同法》第 129 条规定，因国际货物买卖合同和技术进出口合同争议提起诉讼或者申请仲裁的期限为 4 年，自当事人知道或者应当知道其权利受到侵害之日起计算。[2]《民法总则》第 188 条规定向人民法院请求保护民事权利的诉讼时效期间为 3 年。法律另有规定的，依照其规定。

8. 诉讼管辖不同。《民事诉讼法》规定，因合同纠纷提起的诉讼，由被告住所地或者合同履行地人民法院管辖，合同双方当事人还可以在书面合同中协议选择

---

〔1〕 参见《民法典》第 593 条。

〔2〕 该诉讼时效，《民法典》规定为 3 年。

被告住所地、合同履行地、合同签订地、原告住所地、标的物所在地人民法院管辖，其约定效力不受合同无效、被撤销或者终止的影响。而因侵权行为提起的诉讼，由侵权行为地或者被告住所地人民法院管辖，侵权行为地包括侵权行为实施地、侵权结果发生地。另外还有行为人系劳动教养或是被监禁的人，由原告经常居住地人民法院管辖。

法务实例71：建设工程工期延误责任的认定

案情简介：

A公司（发包方）与B公司（施工方）于2013年签订了一份发电站项目《机电部分安装合同》（以下简称合同），合同约定固定包干价为20,000万元，总工期为300天。期间，因A公司延迟提供工作面、施工图纸及材料设备等问题造成工期延误约200天。B公司向北京市仲裁委员会提起仲裁请求，要求A公司赔偿因工期延误造成的损失1600万元；A公司提起反请求，要求B公司因工期延误而承担违约责任1800万元。

明法晰理：

仲裁庭归纳的双方争议焦点主要为：本案工程工期延误责任如何划分？仲裁庭根据A公司提交的证据（“施工现场问题统计”、“责令B公司整改现场安装建设问题的函”以及“各类器械安装问题联络函”等）可以看出，B公司在施工期间确实存在管理问题需要现场整改，但造成误工的主要原因仍在A公司。因此，清晰划分工程工期延误责任并计算损失是使当事人赔偿最大化并损失最小化的最优途径。

仲裁庭在综合各方代理律师意见的基础上，采纳了关于工期延误责任的划定，认可提出的工期延误确切天数和比例。但是由于B公司未严格按照合同约定的索赔程序进行索赔，仲裁庭最终并未支持B公司请求的误工延期损失赔偿。

在工程工期纠纷案件中，发包人要求承包人支付工期延误违约金时，裁判者通常按照以下思路进行审理：

关于工期延误责任认定。上述案例中原告方向仲裁庭提供了施工过程中因A公司延迟提供工作面、施工图纸及材料设备等造成停工、窝工的照片、信函以及工作会议记录；并以图表形式对施工项目的工程进度进行还原,从而精准确定因A公司违约行为造成每一阶段的工期延误天数,并对工期延误的情形和原因进行了详细分析和说明。经分析,工程主体施工延误工期302天,非B公司原因延误工期278天,配合调试延误工期10天。

承包人通常会举证证明工期延误的责任在于发包方或其他非自身原因导致。该举证责任分为两个层次,一是要证明工期延误事件(非己方造成)的存在,二是要证明工期延误事件处于项目工程进度的关键线路上。

这样,对于工期延误事件的举证责任,当事人应当妥善保管好停工、窝工的照片、信函以及工作会议记录,必须是双方履约过程中直接产生的证据。

再者,对于工期延误事件处于项目工程进度的关键线路上的举证责任,可以采用"关键线路法"(CPM)证明工期延误事件与关键线路延误之间因果关系。对工期延误事件造成的影响程度需要进一步量化为具体天数,此类工作涉及工程管理知识,通常会采用工期延误评估技术、直接法等。

最终,要在计算出工期延误天数的基础上,需要根据工期延误所造成损失的种类,分别计算出各种损失的具体数额,包括人工费用、管理费用、施工器械费用等。

关于工期延误造成的损失计算。B公司工期延误造成的损失分为"直接人工费损失"、"管理人工成本损失"、"施工设备费损失"和"间接费用损失"分别核算。由于B公司在施工过程中对人员出勤记录等没有做详细记录,故结合前述对每一阶段工期延误天数的分析,综合系统平均人员配置计算出各项损失。

关于索赔程序履行的问题。本案合同第19.1条约定:"如果乙建设公司根据本合同条件的任何条款或参照合同的其他规定,认为他有权获得任何竣工时间的延长和(或)任何附加款项,他应通知甲地产公司,说明引起索赔的事件或情况。该通知应尽快发出并不应迟于乙建设公司开始注意到,或应该开始注意到,这种情况或事件之后28天。如果乙建设公司未能在28天内发出索赔通知,竣工时间将不被延长,乙建设公司将无权获得附加款项,并且甲地产公司将被解除有关索赔的一切责任。"

由于B公司并未严格依照合同第19.1条约定的"索赔程序"向A公司索赔,但事实清楚,B公司的庭审意见为:第一,A公司与B公司已经通过会议纪要的方式变更了索赔程序；第二，B公司已经多次发函明确了索赔意向的事实；第三，即便未能遵守合同索赔程序，根据《合同法》相关规定以及原则，考虑到索赔制度与违约责任的设立目的，A公司违约行为导致的B公司损失，A公司也应当予以赔偿。

本案中，由于B公司未能依照合同约定及时履行索赔程序，导致工期延误损失赔偿的仲裁请求最终没有得到支持。通过这一案例，我们可以看出公司审核合同和依照合同进行经营管理日常行为的重要性。最高人民法院在相关判例中对于当事人之间约定了“逾期索赔失权”的情形，持支持态度，认为双方当事人应该按照约定的索赔程序提出索赔意向，否则丧失索赔权利。

针对索赔程序履行的问题，应注意以下几点：第一，从合同目的实现以及风险管控的角度，合同设置索赔程序并同时约定未能遵守时的不利后果。第二，严谨索赔程序对于培育合同主体良好契约精神和履约习惯以及解决争议都具有积极意义。第三，对于工程索赔，虽然对方违约导致本方有权获得损失赔偿，但前提是本方需要严格遵守合同约定的相关索赔程序，同时就损失的具体情况保持必要的同期记录、证明报告以及相关基础资料，此乃工程索赔最基本的要求。不仅要做到实体合法，也要注意程序合法。

Chapter 16

第16章

连带责任：

建设工程合同权利得到保障的常用套路

连带责任是指依照法律规定或者当事人约定,两个或者两个以上当事人对其共同债务全部承担或部分承担,并能因此引起其内部债务关系的一种民事责任。在建设工程纠纷中往往因为责任人众多,出现连带责任是大概率事件,在连带责任中,每个人都负有清偿全部债务的责任,各责任人之间有连带关系。

一、连带责任的构成

连带责任需具备民事责任的一般构成要件,即连带责任人主观上须有过错;行为须具有违法性;须造成损害事实;违法行为与损害后果之间须存在因果关系。但是,由于民事立法上允许连带责任无因设置,即当事人自行约定,所以连带责任的构成又有例外。比如担保合同中的保证人,其主观上虽无过错,也未实施违法行为,但其仍应承担连带责任。因此,连带责任的构成还有其自身的条件和特点。

(一)连带责任人必须为两个或两个以上

连带之债是承担连带责任的前提。连带之债是指以同一给付为标的,各债权人或各债务人之间有连带关系的多数人之债,其中数个债务人连带承担以同一给付为标的的债务,称为连带债务。显而易见,连带责任的责任人须为两人或两人以上,连带责任人作为多数主体分两种情况,一种是一般连带责任的各债务人,诸如合伙内的各合伙人,共同侵权的各侵权人等;另一种是补充连带责任中的主债务人和从债务人,如保证合同中的主债务人和保证人。

(二)连带责任人与债权人之间须存在债的关系且为不可分之债

连带责任是以债的关系为前提的,没有债的关系,就无民事责任可言,更谈不上承担连带责任。在资质挂靠关系中,某实际施工人与被挂靠单位之间就要对工程质量承担共同责任,由此便与发包人之间形成了债的关系。如在代理人与第三人串通损害被代理人利益的情况下,代理人是对其进行代理活动中的过错行为造成的损失向被代理人承担责任,第三人也不是代人受过,而是对自己的过错行为造成的损害向被代理人承担责任,代理人与第三人在意思上的联系和行为上的配合,使得他们处于共同债务人的地位。另外,在保证关系中,保证人与债权人所形成的同样是债的关系,此债是以主债务的存在为前提,为从债,也即保证之债。

(三)连带责任所指向的债必须不可分

不可分有性质不可分和意思不可分,性质不可分是指给付在性质上不可分割,如分割就会损害其价值;意思不可分是指给付在性质上虽属可分,但依当事人意思而定为不可分。我们这里所述的不可分显然是指意思不可分。民法上所说的"连带"是指"共同的、一致的、不可分的"意思。但"共同的、一致的"是指几个责任人共同对某一特定主体承担义务;"不可分的"则强调了这些责任人对共负的债务必须不分份额地承担清偿义务。

(四)连带责任的客体必须是种类物

连带责任的客体是指连带民事责任人承担义务的对象。该客体与民事法律关系的客体相比,其外延显得单一。民事法律关系的客体一般是指物、行为、智力成果和其他一些权益。作为民事法律关系最普遍的客体物又分为种类物和特定物。而连带责任的客体则只能是其中的种类物,这是由连带责任的性质所决定的。其一,连带责任是一种财产责任,所以其客体必须是物。其二,由于所履行债务的责任是连带责任,因而这种客体在客观上是可分别承担的,而不应是特定的。特定物不能作为连带责任的客体,因其具有不可替代之特征,其他连带责任人无法承担连带责任。

(五)连带责任的承担须有法律的明文规定或者当事人的明确约定

法务实例72:建设工程施工合同纠纷中比照有关侵权行为法律规范判令层层转包关系中签订有"结清工程款"的违法分包人对实际施工人的全部工程款承担连带责任

案情简介:

2011年4月11日,晁某国以福建某建设公司(承包人)委托代理人的名义与北京某旅游公司签订某养老院施工合同。2011年4月29日,晁某国以福建某建设公司第六项目部名义与周某宝签订协议,将某养老院工程转包给周某宝承建,承包方式包工包料,晁某国在协议上签字未加盖公章。2011年6月29日,晁某国给付赵某福20万元转账支票一张,2011年7月26日,周某宝给付赵某福10万元转账支票两张,三张支票均未兑现。防水、保温工程完工后,晁某国于2012年3月21日召集赵某福、周某宝到其家中,赵某福与周某宝签订《某养老院保温防水工程协议》,甲方为周某宝,乙方为赵某福。工程结束后,甲、乙双方达成如下协议:(1)甲方将某养老院别墅八栋保温防水工程总包方介绍发包给乙方施工。(2)工程地点:某运河人家后院内。(3)工程造价:总计713,694.70元。再审质证时周某宝否认协议上签名系其本人所签。经北京某司法鉴定所鉴定,结论为:检材标注日期2012年3月21日《某养老院保温防水工程协议》下方甲方处"周某宝"签名字迹与样本上"周某宝"签名字迹是同一人书写;同日,周某宝为晁某国出具证明:今有本人周某宝从晁某国处大包运河人家养老院别墅A、B、C户型8栋,外墙保温、屋面保温、防水、地下外墙防水4项工程由赵某福完成,上述4项保温工程款由周某宝予以支付,与晁某国无关。此后晁某国、周某宝未给付赵某福工程款。

2011年4月11日，晁某国以福建某建设公司的名义与北京某旅游公司签订的承建某养老院施工合同，该施工合同加盖了福建某建设公司公章；在施工过程中，福建某建设公司没有派任何人到施工现场进行管理，发包方将工程款支付给晁某国个人，晁某国亦未向福建某建设公司缴纳管理费；通过调取福建某建设公司2010年、2011年、2012年与其他客户签订的施工合同及空白纸加盖的公司公章，与晁某国、周某宝提供的所谓福建某建设公司的公章进行对比，晁某国、周某宝、赵某福均认为某养老院施工合同上的公章与福建某建设公司的公章不一致；另外，福建某建设公司提供其公司2007年10月22日承包工程范围中没有"房屋建筑工程施工总承包贰级"的内容，而晁某国在承包工程时提供的福建某建设公司承包工程范围中增加了"房屋建筑工程施工总承包贰级"的内容。

另查明，某养老院别墅工程已投入使用。

明法晰理：

在建设工程施工合同纠纷案例中，《建设工程施工合同解释》是法官裁判实际施工人诉求的重要依据，其中第26条按法理来说是突破合同相对性的一个条款，赋予实际施工人在合同纠纷中诉请法院一并处理不具有直接合同关系的发包人、违法分包人的连带民事责任，从设立初衷看，是司法对实际施工人求偿权的一种保护，但该条款同时也是发包人、违法分包人的一个马甲，在层层转包关系中，发包人、违法分包人往往以与承包人签订有"款项结清、责任自负"的协议，实际施工人即使依据第26条起诉了发包人、违法分包人，法院查明工程款给付后，也会驳回实际施工人要求发包人、违法分包人承担连带责任的诉求，因为《建设工程施工合同解释》第26条第2款规定："实际施工人以发包人为被告主张权利的，人民法院可以追加转包人或者违法分包人为本案当事人。发包人只在欠付工程价款范围内对实际施工人承担责任。"

在层层转包关系中，法院追加发包人、违法分包人为被告后需要查明转包、分包关系中的工程款项是否结清，以此来判断发包人、违法分包人是否对实际施工人承担连带责任。这种连带责任只限在发包人或违法分包人对承包人欠付工程款范围内连带，并非是对实际施工人的工程款承担连带责任。上述主张是在《合同法》的范围内为适用第26条判定发包人承担"连带责任"寻求法理支撑。但是在层层转包关系链中，违法分包人、承包人多为不具有施工资质的自然人，欠付范围有限，承包人又往往没有财产可供执行，故实际施工人虽然依据《建设工程施工合同解释》第26条赢了官司，却很难拿到钱，案件多数在执行阶段陷入僵局。但法务实践中，有主审法官及原审法官的观点均没有适用《建设工程施工合同解释》第26条第2款的规定判定违法分包人、承包人连带责任，而是声明“比照有关侵权行为法律规范的规定和精神处理”，判令层层转包关系中签订有“结清工程款”的违法分包人对实际施工人的全部工程款承担连带责任，具有典型性。

北京市密云县人民法院经再审查明：赵某福、晁某国、周某宝均系没有施工资质的自然人，晁某国冒用福建某建设公司的名义与北京巨龙新地旅游开发有限公司签订的承建某养老院合同属无效合同，因此，晁某国代表福建某建设公司第六项目部与周某宝签订转包协议亦属无效。周某宝与赵某福在施工前虽然没有签订分包协议，但周某宝在2012年3月21日某养老院保温防水工程协议上签字，说明周某宝认可分包事实，故分包协议亦是无效合同。《建设工程施工合同解释》第2条规定，建设施工合同无效，但建设工程经竣工验收合格，承包人请求参照合同约定支付工程价款的，应予支持。《北京市高级人民法院关于审理建设工程施工合同纠纷案件若干疑难问题的解答》第17条规定：建设工程施工合同无效，但工程竣工验收合格，当事人任何一方依据《建设工程施工合同解释》第2条的规定要求参照合同约定支付工程折价补偿款的，应予支持；承包人要求发包人按中国人民银行同期贷款利率支付欠付工程款利息的，应予支持。本案涉案工程虽然没有竣工验收手续，但已投入使用，应视为验收合格；故赵某福要求周某宝按工程结算协议约定数额给付工程折价款的诉讼请求，应予支持。赵某福要求自2011年6月29日起支付利息无法律依据，应自签订结算文件之日起按中国人民银行同期贷款利率计算利息。赵某福要求晁某国与周某宝共同承担给付工程款及利息的诉讼请求，没有事实及法律依据，故不予支持。因晁某国冒用福建市政建设有限公司的名义与北京巨龙新地旅游开发有限公司签订某养老院合同无效，因而引发后面从合同均系无效合同，晁某国是造成合同无效的直接责任人，其存在过错，故应对周某宝所欠工程款及利息承担连带责任。原审判决由被告晁某国、周某宝共同给付原告赵某福工程款及利息不妥，应予以纠正。晁某国以周某宝出具的证明上承诺赵某福的工程款与其无关的辩解意见与法律规定相悖,故不予采信。晁某国冒用福建市政建设有限公司的公章签订施工合同,福建某建设公司知悉后对该行为亦未追认,故福建某建设公司对该建设工程施工合同产生的后果不承担责任。经北京市密云县人民法院审判委员会决定,判决如下:(1)撤销(2012)密民初字第3713号民事判决;(2)周某宝于判决生效之日起10日内给付赵某福工程折价款713,694.7元,并自2012年3月21日起至判决生效之日止,按中国人民银行同期贷款利率支付利息;(3)晁某国对上述款项承担连带给付责任。

判决后,晁某国不服,以原判认定事实不清,适用法律错误为由,提出上诉,请求二审法院撤销(2014)密民再初字第00004号判决书第3项,驳回赵某福对晁春国的起诉,诉讼费用由被上诉人承担。赵某福、周某宝、福建某建设公司辩称,同意再审的一审判决。

二审法院查明之事实与原审法院再审判决所查明事实一致。另二审法院补充查明:赵某福、晁某国、周某宝均认可涉案工程于2011年9月下旬完工。庭审中,晁某国称2011年6月29日其给付赵某福的转账支票系替周某宝转交。同时晁某国还称自己之所以能以福建市政建设有限公司的名义承包工程,系其从一个叫"张某阳"(音)的人那里获得该公司的手续进行的挂靠,后来得知所有手续都是假的,公章也是私刻的。但晁某国现不能提供"张某阳"的相关确切自然情况,亦无法提供来自"张某阳"的证据材料和信息。

上述事实,有各方当事人陈述、《某养老院施工合同》、晁某国与周某宝签订的协议、赵某福与周某宝签订《某养老院保温防水工程协议》、北京市第二中级人民法院再审听证笔录、北京某司法鉴定所作出的长城司鉴[2014]文鉴字第159号司法鉴定意见书等证据在案佐证。

二审法院认为:根据本案所查明的事实可以确定,本案实系因违法承包、分包和转包建筑施工工程所引发的追索工程款纠纷。对于此类案件的审理,应当适用《合同法》《建设工程施工合同解释》的相关规定以及立法原则和精神进行处理。

第一,关于涉案合同的效力问题。《合同法》第52条[1]第5项规定,违反法律、行政法规的强制性规定的,合同无效。《建设工程施工合同解

〔1〕 参见《民法典》第134条、第153条。

释》第1条第3项规定,没有资质的实际施工人借用有资质的建筑施工企业名义的,应当根据《合同法》第52条第5项的规定,认定无效。本案涉及的基础合同即晁某国以福建市政建设有限公司委托代理人的名义与案外人北京巨龙新地旅游开发有限公司签订的《某养老院施工合同》,由于有证据证明晁某国冒用他人名义,且晁某国的"冒用"行为的主观过错度明显大于"借用",故该合同根据《合同法》及相关司法解释规定的原则和精神应属无效合同。而晁某国与周某宝之间的转包协议亦应认定为无效。

第二,对于无效合同中涉及的工程量和工程款的确认问题,本案所涉及的工程于2011年9月下旬完工,且对工程款的具体数额亦进行了确认,各方并无异议。因此在赵某福已经按约定完成了工程,该工程虽未约定和经过验收环节,但在该工程已实际投入使用的情况下,依照相关司法解释的精神,作为与赵某福订立分包协议的周某宝应当参照合同约定的款项予以支付。鉴于周某宝对原再审一审判决表示同意,本院不持异议。

第三,关于福建某建设公司的责任认定问题,原再审判决基于晁某国系冒用该公司名义与案外人北京某旅游公司签订的《某养老院施工合同》,且该公司明确表示涉案合同与己无关,故原再审判决该公司不承担责任是正确的,本院予以维持。

第四,关于晁某国是否应当承担给付工程款的责任、承担何种责任以及承担多少责任问题,二审法院认为应从以下三个方面分析和考虑:其一,赵某福之所以承包涉案工程,其基础是对于福建市政建设有限公司的信赖,而不是基于对晁某国抑或周某宝个人的信赖。而这种信赖同时还是以对工程的真实性以及福建市政建设有限公司的真实性为前提的。由于客观原因,赵某福并不可能对该公司的真实性进行实质审查,其信赖的产生完全是依靠晁某国持有的包括营业执照、委托书以及与发包方签订的施工合同等材料而存在的。由于前述原因,晁某国冒用福建市政建设有限公司的名义进行承包、转包,其行为存在过错,而这种过错直接导致赵某福不能如期得到其预期的合同报酬,故此根据《合同法》对信赖利益保护的相关原则,晁某国应当对此承担责任。其二,根据已查明的事实和现有证据看,晁某国冒用福建某建设公司名义一节,晁某国并未向周某宝透露,但周某宝却是同样基于对福建某建设公司承包涉案工程真实性的信赖,而与晁某国代表的"公司"订立分包协议,并进一步与赵某福订立协议的。因此,晁某国应承担的责任显然与周某宝对赵某福所承担的责任性质是不同的,周某宝应当承担导致其与赵某福合同无效的缔约过失责任,而晁某国的责任应比照有关侵权行为法律规范的规定和精神,对涉案工程款的给付承担连带责任更为适当。其三,正如前文所述,晁某国、周某宝之间既不是共同责任亦非按份责任,且晁某国存在明显过错,故对于赵某福的全部经济损失,晁某国均应承担连带责任。

第五,关于晁某国上诉主张其与周某宝之间就给付责任进行过约定,该约定即排除了自己的给付责任问题,二审法院认为未经债权人同意的债务偿还协议不能对债权人产生约束效力,晁某国与周某宝之间虽签有《证明》一份,该证明属于周某宝单方向晁某国作出的意思表示,虽得到晁某国的同意,但不包含赵某福的意思表示,故该证明属于周某宝和晁某国内部的合意,只能在内部产生约束效力,不能对赵某福产生约束。因此晁某国的责任并未因《证明》中载有"上述 4 项保温工程款由周某宝予以支付,与晁某国无关"的内容而免除。

综上,晁某国的上诉请求缺乏事实和法律依据以及证据依托,本院不予支持。原审法院为切实维护建筑建设施工领域中合法有序以及良性的承发包、分转包关系,遏制非法无序的承发包、分转包关系,根据本案实际情况和现有证据材料所作再审判决是正确的,二审法院应予维持。据此,依照《民事诉讼法》第 170 条第 1 款第 2 项之规定,二审法院判决如下:驳回上诉、维持再审一审判决。公告费 800 元,由赵某福负担(已交纳)。鉴定费 8300 元,由周某宝负担(已交纳)。本判决为终审判决。

法务实例73:连带责任人承担义务后向其他义务人追偿,案由应确定为追偿权纠纷

案情简介:

2011 年 12 月 30 日,一建公司与向某清签订《内部承包合同》约定,一建公司(工程总承包单位)将其保靖县信访接待办理中心综合楼工程承包给向某清(项目承包人),向某清对所承担的该项目实行独立经济核算、自主经营、自负盈亏,一建公司按工程总价 3% 收取管理费。合同履行后,出现了陈某湘与一建公司、向某清买卖合同纠纷一案,该案经保靖县人民法院一审和湘西土家族苗族自治州中级人民法院二审,其二审终

审认定“向某清挂靠一建公司承建保靖县信访接待办理中心综合楼工程,在施工期间,向某清向陈某湘赊购钢筋材料用于工地,形成买卖合同关系。经审查,向某清尚欠陈某湘材料款共计76,820元,向某清应履行支付货款义务。一建公司出借资质,允许无施工资质的向某清以其名义对外从事工程建设,应对挂靠人的民事行为承担连带责任”,判决“向某清于判决书生效后10日内支付陈某湘材料款76,820元;一建公司对向某清支付陈某湘材料款76,820元承担连带责任;一审案件受理费1720元,由一建公司负担860元、向某清承担860元,二审案件受理费1720元,由一建公司负担860元、向某清承担860元”。民事判决法律文书生效后,向某清没有按照法律文书指定的期限履行义务(给陈某湘支付材料款76,820元)。经权利人申请强制执行,保靖县人民法院执行划拨了一建公司的银行存款79,592.30元,执行项目包括应支付给陈某湘的材料款76,820元,一、二审应由向某清负担的案件受理费1720元、执行案件的执行申请费1052.30元。

另查明,上述事实有当事人提供的下列证据:陈某湘的民事起诉状、(2018)湘3125民初489号民事判决书、(2018)湘31民终1218号民事判决书、(2019)湘3125执125号执行裁定书及执行结案通知书、《内部承包合同》等,足以证实,并记录在卷佐证,法院予以采信。

一建公司与被告向某清追偿权纠纷一案,请求判令:向某清向一建公司支付被执行款79,592.30元(其中材料款76,820.00元、受理费1720.00元、执行费1052.30元)。向某清答辩要点:(1)陈某湘与向某清、一建公司买卖合同纠纷案已经一、二审结案,现一建公司又提起诉讼,法院应驳回起诉;(2)一建公司应给向某清支付代交的费用308,900.00元(2011年12月29日交纳120,000.00元、2012年1月17日交纳114,500.00元、2013年11月7日交纳74,410.00元)。

法院经审理后认为,连带责任人承担义务后向其他义务人追偿,本案案由应确定为追偿权纠纷。本案争议焦点是追偿责任份额认定问题。《民法总则》第178条[1]规定,“二人以上依法承担连带责任的,权利人有权请求部分或者全部连带责任人承担责任。连带责任人的责任份额根据各自责任大小确定;难以确定责任大小的,平均承担责任。实际承担责任

〔1〕 参见《民法典》第178条。

超过自己责任份额的连带责任人,有权向其他连带责任人追偿。连带责任,由法律规定或者当事人约定”。可见,二人以上承担连带责任的义务人,对外应向权利人承担连带责任,对内可以其责任大小确定自己的责任份额。本案中,向某清挂靠一建公司对外进行工程建设,作为被挂靠单位一建公司应对因工程所欠债务承担连带责任。由于双方内部明确约定,向某清对所承担的该项目实行独立经济核算、自主经营、自负盈亏,故本案一建公司按照生效法律文书履行连带责任后,对内可以向向某清全部追偿。另本案系履行生效的买卖合同纠纷法律文书后而引发的追偿权纠纷,法院应依法审理。同时向某清提出由一建公司支付代交的费用,为双方内部结算事项,不属于本案追偿权审理范围,可以另案主张权利。故向某清的答辩主张意见,法院不予采纳。

综上所述,一建公司的诉讼请求,法院予以支持。依照《民法总则》第131条、第176条、第178条之规定,判决如下:向某清于本判决生效后15日内给保靖县第一建筑工程公司偿付被执行的款项共计79,592.30元。

法务实例74:依生效判决承担连带给付责任的一方,可依法向其他连带责任给付人行使追偿权

案情简介:

周某校因劳务合同纠纷起诉李某文、某建筑公司、某劳务公司,经黑龙江省齐齐哈尔市中级人民法院作出(2018)黑02民再17号终审判决:(1)撤销齐齐哈尔市龙沙区人民法院(2017)黑0202民再5号民事判决及(2013)龙民初字第126号民事判决。(2)由李某文给付周某校劳务费252,000.00元,并以此款为基数,自欠款之日起按中国人民银行同期贷款利率支付利息至实际给付之日止。(3)齐齐哈尔市安厦建筑劳务有限责任公司、齐齐哈尔市亨达建筑工程有限责任公司对李某文的上述债务承担连带给付责任。2018年7月26日,黑龙江省齐齐哈尔市龙沙区人民法院作出(2018)黑0202执1255号执行通知书,2018年12月4日,龙沙法院从原告账户划走69,793.00元,经法院调解,某建筑公司又给付周某校170,000.00元,于2019年6月10日,齐齐哈尔市龙沙区人民法院作出执行结案通知书。原告某建筑公司已经履行了自身的连带责任,故起诉至法院,依法向(2018)黑02民再17号判决书确定的其他责任方要求追

偿。向法院提出诉讼请求:向被告追偿本金283,793.00元,利息5143.00元。李某文辩称,对原告起诉的事实及原告向其追偿均无异议,但原告欠其工程款,现已起诉至法院,现无能力给付原告追偿的款项。

某劳务公司辩称,认为原告起诉其公司行使追偿权没有依据,不同意给付,请求法院驳回原告对其公司的诉讼请求。追偿权是由法律规定或双方约定,某劳务公司是共同连带责任人,不是债务人,且在整个工程施工中没有收到某建筑公司支付的劳务费,李某文是给某建筑公司施工,李某文和某建筑公司形成了建筑承包合同关系,工程款是由某建筑公司给付李某文,没有通过某劳务公司给付,某劳务公司只是办理了相关手续,开具发票。

明法晰理:

当事人围绕诉讼请求依法提交了证据,法院组织当事人进行了证据交换和质证。对于与原告提交的黑龙江省齐齐哈尔市中级人民法院(2018)黑02民再17号民事判决书、黑龙江省齐齐哈尔市中级人民法院(2018)黑02民再17-3号民事裁定书、黑龙江省齐齐哈尔市龙沙区人民法院(2018)黑0202执1225号执行通知书、黑龙江省齐齐哈尔市龙沙区人民法院(2019)黑0202执恢130号执行通知书、和解协议书、哈尔滨银行股份有限公司通用凭证一份、龙江银行划款票据两张,被告对上述证据真实性无异议,本院予以确认并在卷佐证。

根据当事人的陈述和审查确认的证据,法院查明事实如下:齐齐哈尔广厦综合开发建设集团开发齐齐哈尔市南山鑫苑工程,某建筑公司是该工程的总承包人,某建筑公司将该工程的部分工程转包给李某文,李某文不具备建筑施工资质,挂靠在具有施工资质的某劳务公司,并以李某文个人名义和某劳务公司名义与某建筑公司签订"建筑安装工程承包协议"和"补充协议",李某文承包工程中有部分工程是由周某校等人实际施工。因拖欠劳务费,周某校起诉至齐齐哈尔市龙沙区人民法院,齐齐哈尔市龙沙区人民法院于2013年11月21日作出(2013)龙民初字第126号民事判决。周某校不服判决,申请再审后上诉至齐齐哈尔市中级人民法院,齐齐哈尔市中级人民法院于2018年7月5日作出(2018)黑02民再17号民事判决书,于2018年7月5日作出(2018)黑02民再17-3号民事裁定书,判决内容:(1)撤销齐齐哈尔市龙沙区人民法院(2017)黑0202

民再5号民事判决及(2013)龙民初字第126号民事判决;(2)由李某文给付周某校劳务费252,000.00元,并以此款为基数,自欠款之日起按中国人民银行同期贷款利率支付利息至实际给付之日止;(3)齐齐哈尔市安厦建筑劳务有限责任公司、齐齐哈尔市亨达建筑工程有限责任公司对李某文的上述债务承担连带给付责任。上述款项于本判决发生法律效力之日起15日内给付。经周某校申请执行,某建筑公司给付周某校239,793.00元执行款,齐齐哈尔市龙沙区人民法院于2019年6月10日作出(2019)黑0202执恢130号执行结案通知书。

法院认为,齐齐哈尔市中级人民法院作出生效判决中已明确被告李某文对周某校劳务费的给付义务,原告某建筑公司、被告某劳务公司承担连带给付责任。原告某建筑公司经齐齐哈尔市龙沙区人民法院执行,已给付执行款239,793.00元。故被告李某文是劳务费的欠款人,原告某建筑公司承担连带给付责任,向被告李某文追偿,要求给付执行款及利息的诉讼请求,法院予以支持。某建筑公司将其承包的工程转包给不具备建筑施工资质的李某文,某劳务公司出借建筑工程资质给李某文,均违反了我国建筑法的禁止性规定,原告某建筑公司与被告某劳务公司存在共同过错,故原告某建筑公司与被告某劳务公司应当各自承担相应的过错责任。

综上所述,根据《民法总则》第178条的规定,判决如下:(1)被告李某文于本判决生效之日起10日内给付原告某建筑公司239,793.00元,利息4995.00元;(2)被告齐齐哈尔市某劳务有限责任公司对上述款项承担50%的连带给付责任。

法务实例75:包工头要求建设单位承担连带支付工程款的责任被法院驳回

案情简介:

2008年4月4日,被告王某(发包人)以某高中塑钢窗项目经理的身份将承建该工程中的塑钢窗加工、制作工程转包给原告李某德(制作人),双方协议约定:“一、制作方必须按照发包方与甲方(校方)所签订的合同中有关塑钢窗质量条款加工、制作,如出现质量问题由制作方负责。二、塑钢窗使用甲方要求的安徽芜湖生产的国标白色海螺牌80系列型材制作,塑钢窗每平方米(无纱窗)135元。窗户尺寸以实际尺寸计算,窗户格式由甲方或发包方制定……三、……四、发包方在制作方安装窗框结束后一周内付给制作方总工程款50%,塑钢窗工程结束验收合格后10日内结清塑钢窗工程款项(制作方不承担税收)。五、……”后原告按照协议约定制作安装了某高中综合实验三号楼工程中的塑钢窗,总计价款47,494元,被告王某已给付25,000元。2008年8月4日涉案工程经被告某高中验收合格并交付使用至今。

被告应付工程款47,494元,后经原告多次催要,被告现仍欠22,494元工程款未付。诉请判令被告王某支付原告工程款22,494元及利息,判令被告某公司及某高中承担连带责任。

被告某高中辩称:被告与原告没有任何合同关系,被告不是涉案合同的相对人,即使原告诉讼的事实存在,也应由被告王某及某公司承担责任,应驳回原告对被告某高中的诉讼请求。

经审理查明:被告某高中综合实验楼的工程约定由被告某公司承建。以上事实,有原告举证的与被告王某签订的制作合同、工程明细、某高中出具的证明及庭审笔录等在卷为证。

明法晰理:

法院认为,被告王某以某高中塑钢窗项目经理的身份将应由被告某公司承建的该工程中的塑钢窗加工、制作工程转包给原告李某德,可以确认被告某公司作为承包人存在将涉案工程非法转包或违法分包的行为,被告王某与原告所签订的塑钢窗制作合同应属无效。但涉案工程已经发包人被告某高中验收合格并已交付使用,故被告王某应给付原告余欠工程款22,494元及相应利息,被告某公司应对此承担连带责任。被告某高中是否尚欠承包人工程款目前无法确定,故法院对原告要求被告某高中承担连带责任的请求不予支持,如以后确认被告某高中尚欠工程款,可在执行程序中予以解决。依照《合同法》第269条[1],《建设工程施工合同解释》第17条、第18条、第26条,《民事诉讼法》第130条的规定,判决如下:(1)被告王某于本判决生效之日起10日内给付原告李某德工程款22,494元及自2008年8月4日起至本判决确定的给付之日止的利息(利率按照中国人民银行公布的同期同类贷款利率计算)。(2)被告邳州市

〔1〕 参见《民法典》第788条。

宏大建筑安装工程有限公司承担连带责任。(3)驳回原告李某德对被告某高级中学的诉讼请求。

二、连带责任的认定

一般来讲,应当从以下几个方面展开分析,看连带责任是否成立或连带责任的构成是否充分。

(一)通过法律关系来分析连带责任是否成立

第一,分析多个被告之间与原告的法律关系是否为同一法律关系,分析被告之间存在什么样的法律关系。

第二,分析原告与被告及第三人是否具有诉讼参与人的资格,从实体法和程序法的标准判断充当诉讼参与人的资格是否适格。

第三,分析连带责任与主责任之间的承担时间是否一致(包括时效与除斥期间两个重叠性问题)。

第四,分析连带责任是基于约定还是法律规定,如果是约定是否与约定的前置条件相符,如果是法律规定,分析是否存在法律的但书条款,或者根本就不符合法律的前置条件。

(二)通过请求权来分析连带责任是否成立

第一,分析原告对于多个被告之间的请求权是否同一,还是存在请求权竞合问题,再通过是否有法律的规定来判断连带责任是否成立。

第二,分析具体的请求权是否与原告的损失程度相当。

第三,分析原告的损失是否与主债务人的行为有因果关系,是否属于被告应承担连带责任的范围。

(三)通过被告间的责任分担分析连带责任是否成立

第一,分析责任的承担是否在原被告间及被告间彼此事先有约定。

第二,分析被告间或被告与第三人间的约定责任承担原告是否明知;该责任承担是否违反法律的规定,或者其约定的责任承担是否具有对第三人(包括原告)的抗辩力。

第三,分析构成连带责任的被告的行为是否符合彼此间约定有免责条款或符合法定的免责事项。

第四,从按份责任、补充责任入手,分析能否推卸一部分责任。

第五,从主债务的成立与否来分析连带责任的成立基础。

（四）通过被告间的行为属性来分析连带责任是否成立

第一，分析共同被告间或被告与第三人间的行为是否存在牵连性，是同一行为引起，还是相继行为引起。

第二，分析共同被告间或被告与第三人的行为引起的对原告的债务是否同一债务，还是不同的两个债务。

第三，分析共同被告间或被告与第三人对原告债务承担连带清偿后，是否还存在没了结的债务，未了结的债务是否构成新的债务。

第四，分析共同被告间或被告与第三人间的行为造成对原告的损害是否具有偶然性，还是具有事先的约定性或事前的共同谋划。

第五，分析共同被告间的单一行为是否足以使原告的损失发生，或者被告间的行为只有相互共同作用才能致原告的损失发生。如果在单一行为与共同行为难以认定的情况下是否可推定为两种可能都存在。例如，某建设工程认定为严重质量不合格，这就可能涉及应工程质量负责的设计方、监理方与施工方三方的责任归属问题。首先要弄清是设计原理、还是施工原因引起。如果是单一的设计原因，那监理方的连带责任就要看监理合同的约定，而一旦认定为施工原因，则监理方的连带责任不仅要看监理合同的约定，还要看法律规定监理方的职责与责任。

三、建设工程纠纷承担连带责任的法律依据

我国很多法律对连带责任有明确规定，因此，在建设工程纠纷中除合同明确约定的连带责任外，还可通过以下法律明确连带责任的承担问题。

（一）共同承包法条

1.《建筑法》第 27 条第 1 款规定：大型建筑工程或者结构复杂的建筑工程，可以由两个以上的承包单位联合共同承包。共同承包的各方对承包合同的履行承担连带责任。

2.《建筑法》第 55 条规定：建筑工程实行总承包的，工程质量由工程总承包单位负责，总承包单位将建筑工程分包给其他单位的，应当对分包工程的质量与分包单位承担连带责任。分包单位应当接受总承包单位的质量管理。

3.《合同法》第 267 条[1]规定：共同承揽人对定作人承担连带责任，但当事人另有约定的除外。

---

〔1〕 参见《民法典》第 786 条。

4.《招标投标法》第31条规定:两个以上法人或者其他组织可以组成一个联合体,以一个投标人的身份共同投标。联合体各方均应当具备承担招标项目的相应能力;国家有关规定或者招标文件对投标人资格条件有规定的,联合体各方均应当具备规定的相应资格条件。由同一专业的单位组成的联合体,按照资质等级较低的单位确定资质等级。联合体各方应当签订共同投标协议,明确约定各方拟承担的工作和责任,并将共同投标协议连同投标文件一并提交招标人。联合体中标的,联合体各方应当共同与招标人签订合同,就中标项目向招标人承担连带责任。招标人不得强制投标人组成联合体共同投标,不得限制投标人之间的竞争。

5. 交通运输部《经营性公路建设项目投资人招标投标管理规定》第20条规定:两个以上的国内外经济组织可以组成一个联合体,以一个投标人的身份共同投标。联合体各方均应符合招标人对投标人的资格审查标准。以联合体形式参加投标的,应提交联合体各方签订的共同投标协议。共同投标协议应当明确约定联合体各方的出资比例、相互关系、拟承担的工作和责任。联合体中标的,联合体各方应当共同与招标人签订项目投资协议,并向招标人承担连带责任。联合体的控股方为联合体主办人。

6. 水利部《水利工程建设监理规定》第7条第2款规定:两个以上具有资质的监理单位,可以组成一个联合体承接监理业务。联合体各方应当签订协议,明确各方拟承担的工作和责任,并将协议提交项目法人。联合体的资质等级,按照同一专业内资质等级较低的一方确定。联合体中标的,联合体各方应当共同与项目法人签订监理合同,就中标项目向项目法人承担连带责任。

7. 建设部《建设工程项目管理试行办法》第8条规定:[联合投标]两个及以上项目管理企业可以组成联合体以一个投标人身份共同投标。联合体中标的,联合体各方应当共同与业主方签定委托项目管理合同,对委托项目管理合同的履行承担连带责任。联合体各方应签订联合体协议,明确各方权利、义务和责任,并确定一方作为联合体的主要责任方,项目经理由主要责任方选派。

8. 建设部《建设工程项目管理试行办法》第9条规定:[合作管理]项目管理企业经业主方同意,可以与其他项目管理企业合作,并与合作方签定合作协议,明确各方权利、义务和责任。合作各方对委托项目管理合同的履行承担连带责任。

9. 交通运输部《水运工程机电设备招标投标管理办法》(已废止)第18条规定:投标人可以单独投标,也可由两个以上法人或者其他组织组成一个联合体,以一个投标人的身份共同投标。联合体中各制造商均应当具备承担招标项目的相应能力,联合体成员间须签订协议,明确牵头人以及各方的责任、权利和义务,并将协议连同投标文件一并提交招标人。联合体中标的,联合体各方应当共同与招标人签订合同,就中标项目向招标人承担连带责任。招标人不得强制投标人组成联合体共同投标,不得限制投标人之间的竞争。

10. 铁道部《铁路建设工程质量管理规定》(已废止)第 29 条规定:依法分包的专项工程,分包单位应当对分包工程的质量包总承包单位负责,总承包单位对分包工程的质量承担连带责任。联合体中标的,联合体牵头人应对中标工程质量负总责。联合体各方应当共同与招标人签订合同,就中标项目工程质量向招标人承担连带责任。

(二)合法分包法条

1.《投标投标法》第 48 条第 2、3 款规定:中标人按照合同约定或者经投标人同意,可以将中标项目的部分非主体、非关键性工作分包给他人完成。接受分包的人应当具备相应的资格条件,并不得再次分包。中标人应当就分包项目向招标人负责,接受分包的人就分包项目承担连带责任。

2.《建筑法》第 29 条规定:建筑工程总承包单位可以将承包工程中的部分工程发包给具有相应资质条件的分包单位;但是,除总承包合同中约定的分包外,必须经建设单位认可。施工总承包的,建筑工程主体结构的施工必须由总承包单位自行完成。建筑工程总承包单位按照总承包合同的约定对建设单位负责;分包单位按照分包合同的约定对总承包单位负责。总承包单位和分包单位就分包工程对建设单位承担连带责任。禁止总承包单位将工程分包给不具备相应资质条件的单位。禁止分包单位将其承包的工程再分包。

3. 交通运输部《公路水运工程安全生产监督管理办法》第 34 条第 2 款规定:建设工程实行施工总承包的,由总承包单位对施工现场的安全生产负总责。分包单位应当服从总承包单位的安全生产管理,分包单位不服从管理导致生产安全事故的,由分包单位承担主要责任。

4. 商务部《对外援助成套项目安全生产管理办法(试行)》(已废止)第 5 条规定:承担援外工程实施任务的勘察设计企业、设计监理企业、施工企业和施工监理企业(以下统称为援外工程实施企业)必须遵守本办法的各项规定及受援方当地安全生产的法律法规,保证援外工程安全,承担援外工程的安全责任,不得转包和违法分包援外工程。经商务部同意进行分包的,援外工程实施企业和分包企业对分包工程的安全生产承担连带责任。

5. 交通运输部《铁路建设工程质量管理规定》(已废止)第 29 条第 1 句规定:依法分包的专项工程,分包单位应当对分包工程的质量向总承包单位负责,总承包单位对分包工程的质量承担连带责任。

6. 交通运输部《公路建设市场管理办法》第38条第1款规定：施工单位可以将非关键性工程或者适合专业化队伍施工的工程分包给具有相应资格条件的单位，并对分包工程负连带责任。允许分包的工程范围应当在招标文件中规定。分包工程不得再次分包，严禁转包。

7. 建设部《房屋建筑和市政基础设施工程施工分包管理办法》第16条规定：分包工程承包人应当按照分包合同的约定对其承包的工程向分包工程发包人负责。分包工程发包人和分包工程承包人就分包工程对建设单位承担连带责任。

8. 国务院《建设工程安全生产管理条例》第24条规定：建设工程实行施工总承包的，由总承包单位对施工现场的安全生产负总责。总承包单位应当自行完成建设工程主体结构的施工。总承包单位依法将建设工程分包给其他单位的，分包合同中应当明确各自的安全生产方面的权利、义务。总承包单位和分包单位对分包工程的安全生产承担连带责任。分包单位应当服从总承包单位的安全生产管理，分包单位不服从管理导致生产安全事故的，由分包单位承担主要责任。

9. 国务院《建设工程质量管理条例》第27条规定：总承包单位依法将建设工程分包给其他单位的，分包单位应当按照分包合同的约定对其分包工程的质量向总承包单位负责，总承包单位与分包单位对分包工程的质量承担连带责任。

10.《合同法》第272条[1]第1、2款规定：发包人可以与总承包人订立建设工程合同，也可以分别与勘察人、设计人、施工人订立勘察、设计、施工承包合同。发包人不得将应当由一个承包人完成的建设工程肢解成若干部分发包给几个承包人。总承包人或者勘察、设计、施工承包人经发包人同意，可以将自己承包的部分工作交由第三人完成。第三人就其完成的工作成果与总承包人或者勘察、设计、施工承包人向发包人承担连带责任。承包人不得将其承包的全部建设工程转包给第三人或者将其承包的全部建设工程肢解以后以分包的名义分别转包给第三人。

（三）违法分包、转包法条

1.《建筑法》第67条规定：承包单位将承包的工程转包的，或者违反本法规定进行分包的，责令改正，没收违法所得，并处罚款，可以责令停业整顿，降低资质等级；情节严重的，吊销资质证书。承包单位有前款规定的违法行为的，对因转包工程或者违法分包的工程不符合规定的质量标准造成的损失，与接受转包或者分包的单位承担连带赔偿责任。

---

〔1〕 参见《民法典》第786条。

2. 建设部、劳动部《建设领域农民工工资支付管理暂行办法》第 12 条规定：工程总承包企业不得将工程违反规定发包、分包给不具备用工主体资格的组织或个人，否则应承担清偿拖欠工资连带责任。[1]

（四）转让、出借资质法条

1.《建筑法》第 66 条规定：建筑施工企业转让、出借资质证书或者以其他方式允许他人以本企业的名义承揽工程的，责令改正，没收违法所得，并处罚款，可以责令停业整顿，降低资质等级；情节严重的，吊销资质证书。对因该项承揽工程不符合规定的质量标准造成的损失，建筑施工企业与使用本企业名义的单位或者个人承担连带赔偿责任。

2.《建设工程施工合同解释（二）》第 4 条规定：缺乏资质的单位或者个人借用有资质的建筑施工企业名义签订建设工程施工合同，发包人请求出借方与借用方对建设工程质量不合格等因出借资质造成的损失承担连带赔偿责任的，人民法院应予支持。

---

〔1〕 可参见《保障农民工工资支付条例》第 29 ~ 31 条。

Chapter 17

第17章

按份责任：

建设工程人身伤害赔偿责任承担的常用形式

按份责任是“连带责任”的对称。又称“分割责任”，是指两个以上责任人分别仅按各自份额向债权人承担清偿的民事责任。按份债务不履行的法律后果，以原债属于按份之债、责任人间不具连带关系且标的具可分性为构成前提。各按份责任人对共同承担的同一债务仅就规定或约定的份额承担清偿责任，不负担其他责任人的债务份额；债权人只能就各责任人应负的责任份额请求清偿；某一按份债务的履行只引起该特定份额责任的消灭，不影响其他责任人各自按份责任的存在。

一、按份责任的理解

构成按份责任的前提在于：原债属于按份之债，其标的具有可分性；按份责任人之间不具有连带关系。在法律上，各按份责任人对同一债务仅就规定或约定的特定份额负责，一责任人对其他责任人的债务份额不承担责任；债权人只能就按份责任人应负的责任份额请求执行；某一按份责任的履行只引起特定责任份额的消灭，不影响其他责任份额的存在；此外，在按份责任中，对某一责任人发生效力的免责事由并不当然地对其他责任人发生效力。

按份责任与连带责任的区别主要有以下几点：

1. 定义不同：按份责任是责任人按照事先定好的比例承担各自的责任，连带责任是赔偿权利人可以要求任何一方承担全部或者超出其应承担比例的责任。

2. 责任比例不同：按份责任是按照已经定好的比例来承担，连带责任是可以要求承担全部或者超出其应承担比例的责任。

3. 承担者不同：按份责任是分别仅按各自份额向债权人承担清偿的责任，连带责任是每个人都负有清偿全部债务的责任，各责任人之间有连带关系。

法务实例76：一起人员高处坠落事故引发的按份责任赔偿

案情简介：

2013年7月12日中午，甲机械公司组织人员，在位于乙房产公司建设工地起重机安装现场进行装卸安装作业时，安装工袁某在没有采取防止坠落的安全措施情况下，擅自爬上卸载机主梁上方，欲调整司机室位置，不慎从主梁上坠落到地面摔伤，后被立即送往医院救治，经抢救无效于当日死亡。后袁某家属将房产公司、机械公司及监理公司起诉到法院，要求三单位承担连带赔偿责任。

明法晰理：

法院经审理后认为：首先，受害人死亡的直接原因系某机械公司安装工袁某，安全意识淡薄，违反《起重作业安全操作规程》中关于“吊物悬空时，不允许登上吊物”的规定，以及企业《钳工作业安全操作规程》中钳工登高作业时应“捆扎好安全带，并应系在牢固的结构架上或专设的绳索上”的规定，通过主梁冒险登上悬空的司机室，且在调整司机室位置时，在没有采取将安全带固定在结构架上的安全措施的情况下，进行调整司机室作业，因在拖拽手拉葫芦时造成封固钢丝绳松脱，司机室发生滑动，导致其从50米高处坠落，是造成事故发生的直接原因和主要原因。

其次，受害人死亡的间接原因可归于两点：第一，某房产公司作为建设单位吊装现场负责人张某，未按照工艺要求选取钢丝绳，造成两侧吊装钢丝绳相差近3米，导致主梁起吊时偏斜度达到了至人重心失衡的倾斜角度，违反了企业《起重作业安全操作规程》中关于"歪、拉、斜挂不吊"的规定，导致司机室封固钢丝绳松脱后受重力沿倾斜角度快速下滑，将没有采取安全措施的袁某晃倒而坠落，是造成事故发生的间接原因。第二，丙监理公司现场监理负责人许某，对高空作业人员的安全教育和预防措施采取的不到位，对高空作业过程中的风险认识不足，在高空作业人员没有将安全带固定在结构架上不具备安全条件的情况下作业，没有及时发现，未能负起现场监管的职责，在执行起重作业、高空作业前"三检"等相关管理制度上存在不足，是造成事故发生的又一间接原因。后经法院调解，房产公司、机械公司及监理公司应袁某的赔偿问题达成调解协议：房产公司承担30%的责任，机械公司承担60%的责任，监理公司承担10%的责任。且机械公司作为用人单位对袁某的赔偿承担连带赔偿责任。

在建设工程纠纷中，按份责任主要体现在施工过程中发生的人身伤害案，如高空掉物，多单位作业面交叉引起的伤害，对某一人身伤害都负有责任，且有主次责任之分等。

法务实例77：按份责任一方履行全部义务后不享有向另一方追偿的权利

案情简介：

2007年5月6日，被告吴某因承包某建设工程而雇请谭某帮忙转运钢筋材料。当车辆将钢筋运至被告吴某承包工程的工地后便将钢材卸在与工地相邻的公路上，谭某随即将卸下的钢筋捡顺，并堆放至公路边。在转运过程中，原告李某驾驶车辆行至被告吴某建筑工地旁，遇被告吴某堆放的钢筋致使车辆无法通过，原告李某即将车辆停下等待。被告吴某安排谭某继续捡顺钢筋以便车辆通行，当车辆能勉强通过时，被告吴某即在现场指挥车辆通行。原告李某驾驶车辆在通过的过程中，车辆右后轮碾压钢筋上面的一根"7"型钢管,钢管另一端弹起时,打至谭某头部,谭某当场倒地,被送往医院抢救无效死亡。事故发生后,当地交通警察大队作出交通事故责任认定书,认定原告李某应负此事故的全部责任,死者谭某不负此事故责任。2007年5月7日,经当地派出所原告李某之妻与死者谭某亲属就谭某因工死亡事件双方进行调解,双方于当日达成由原告李某一次性赔偿给谭某家属安葬费、死亡赔偿金、被扶养人生活费等各项经济损失共计85,000元的协议,谭某的亲属在调解协议达成后领取了上述赔偿款。2007年5月24日,原告李某向法院提起诉讼,以被告吴某具有过错为由要求被告吴某分担赔偿责任。

另查明,被告吴某在建房的过程中与当地交通城建环保服务中心签订了《安全生产管理责任书》《集镇建设工程管理责任书》,责任书中载明:建设方必须在指定的施工现场范围作业,因施工需要须临时占用街道的应向城建部门办理申请批准手续,在施工过程中,必须保证行人和车辆安全畅通,不得占道堆放材料和超范围施工,施工人员应当佩戴安全帽以及做好其他安全防护措施。2007年5月7日,被告吴某因建房堆放建筑材料占用公路未征得相关部门批准,施工作业人员在作业过程中亦未佩戴安全帽。事发现场公路路面为水泥路面,路面宽度为7米,被告吴某在事发当时堆放的两处钢筋分别占用路面14.2米×1.9米、5.6米×3.1米。

一审法院判决如下:(1)被告吴某补偿原告李某已付赔偿款85,000元的30%,即25,500元。(2)驳回原告李某的其他诉讼请求。

二审处理结果:一审判决过后,被告吴某不服一审判决,向中级人民法院提起上诉。在二审期间,经法院主持调解,双方当事人达成调解协议,即由被告吴某补偿原告李某已付赔偿款20,000元。

明法晰理:

案件经审判委员会讨论决定,形成本案争议的焦点是本案的责任划分。一是事故发生的原因。原告李某驾驶车辆应当在确保道路运行安全及确保行人安全的情况下方可通行,在本案中,原告李某在道路尚有障碍物的情况下驾驶车辆勉强通行,未尽到应有注意义务,致使谭某死亡,原告李某具有过错,是造成谭某死亡的直接原因;被告吴某在建设工程施工的过程中与交通城建环保部门签订了责任书,理应按照责任书中约定的义务进行施工作业，而被告吴某擅自占用公路堆放建筑材料未征得相关部门批准，其行为违反了《道路交通安全法》第 31 条“未经许可，任何单位和个人不得占用道路从事非交通活动”以及第 32 条第 1 款“因工程建设需要占用道路，或者跨越、穿越道路架设、增设管线设施，应当事先征得道路主管部门的同意；影响交通安全的，还应当征得公安机关交通管理部门的同意”的规定，且被告吴某在雇请工人施工作业的过程中未按施工常识为施工人员佩戴安全帽，被告吴某明显具有过错，是造成谭某死亡的间接原因。

二是关于本案的案件定性。依据最高人民法院《人身损害赔偿司法解释》第 3 条的规定，本案按照责任划分，是应定性为共同侵权，还是定性为“多因一果”的间接结合？共同侵权是指二人以上共同故意或者共同过失致人损害，或者虽无共同故意、共同过失，但其侵害行为直接结合发生同一损害后果的，构成共同侵权。在本案中，原告李某的过错行为是造成谭某死亡的直接原因，而被告吴某的过错行为是造成谭某死亡的间接原因，二人之间显然不具备共同的故意或共同的过失，且其侵害行为并未直接结合发生同一损害后果，因此，此种结合应属“多因一果”的间接结合。

三是关于本案的责任承担问题。依据最高人民法院《人身损害赔偿司法解释》第 3 条第 2 款的规定：“二人以上没有共同故意或者共同过失，但其分别实施的数个行为间接结合发生同一损害后果的，应当根据过失大小或者原因力比例各自承担相应的赔偿责任。”本案中原、被告双方的责任承担应是一种按份责任，而不应是连带责任。

四是关于本案的主次责任及责任划分比例。本案中，原告李某的过错是造成谭某死亡的直接原因，因此，应承担此次事故的主要责任，故对于本案的责任划分比例，应以原告李某对赔偿款承担 70% 的赔偿责任，被告吴某对赔偿款承担 30% 的赔偿责任为宜。

五是关于原告李某在履行赔偿义务后是否享有向被告吴某应承担份额的追偿权。庭审中，法院依法调取了公安机关的户籍证明，以此查明死者谭某的家庭成员及主要社会关系。死者谭某死亡后，其家属应得的赔偿项目包括丧葬费、被扶养人生活费、死亡补偿费。依照最高人民法院《人身损害赔偿司法解释》第 27 条“丧葬费按照受诉法院所在地上一年度职工月平均工资标准，以六个月总额计算”的规定，并依据湖北省 2007

年度道路交通事故赔偿标准,在岗职工年平均工资为 15,172 元,据此计算丧葬费应为 7586 元。依照最高人民法院《人身损害赔偿司法解释》第 28 条的规定,并参照湖北省 2007 年度道路交通事故赔偿标准,被扶养人生活费计算为 20,490 元。死亡补偿费的计算问题,依照最高人民法院《人身损害赔偿司法解释》第 29 条的规定,并参照湖北省 2007 年度道路交通事故赔偿标准,计算为 68,380 元,上述三项费用合计为 96,456 元。因此,原告李某与死者谭某家属所达成的补偿 85,000 元的赔偿协议没有超过法定的赔偿标准。对于按份责任的内部求偿权,虽然法律法规及相关司法解释未明确加以规定。但在本案中,原告李某为安抚被害人家属已先行垫付全额赔偿费用,现原告李某起诉要求被告吴某分担赔偿责任。依照《民法通则》第 4 条的规定,民事活动应当遵循公平原则,依据民法的基本原理以及《民法通则》第 87 条"负有连带义务的每个债务人,都负有清偿全部债务的义务,履行了义务的人,有权要求其他负有连带义务的人偿付他应当承担的份额",仅规定了连带责任一方履行全部义务后享有向另一方追偿的权利,而未规定按份责任一方履行全部义务后享有向另一方追偿的权利。在本案中,原告李某的主张尚无法得到法律规定的支持,原告李某的追偿请求于法无据,因此,应当驳回原告李某的诉讼请求。

其理由在于:第一,依据民法的基本原理以及《民法通则》第 87 条"负有连带义务的每个债务人,都负有清偿全部债务的义务,履行了义务的人,有权要求其他负有连带义务的人偿付他应当承担的份额"的规定,仅规定了连带责任一方履行全部义务后享有向另一方追偿的权利,而未规定按份责任一方履行全部义务后享有向另一方追偿的权利。

第二,连带责任、不真正连带责任、补充责任中一方依据法律规定承担全部责任后使主债务消灭,而在双方责任内部产生新的债务债务关系,即内部求偿权。但按份责任中的一方责任承担主体只对自己应承担的份额承担责任,对他人应承担的份额无义务代为承担,据此分析,按份责任一方承担全部责任并不当然地使主债务消灭,并在内部产生新的债权债务关系,受害人对其他责任主体应承担的份额仍可行使权利。如果按份责任的一方承担全部责任后有向另一方的追偿权,受害人亦有权向另一方主张权利,则另一方应承担的责任就有可能出现重叠的情形。这样,在立法时未对按份责任的内部求偿权进行规定,也是有它的合理之处。

第三,依据合同的相对性原则,原告李某与死者谭某家属之间达成的协议只对协议双方当事人产生约束力,不对协议之外的第三人产生约束力。双方达成的协议很显然是一份合同,当然应受合同法的基本原则进行调整。被告吴某并没有参与原告吴某与谭某家属立约,因此,调解协议对吴某不应具备约束力。

第四,依据相关法律规定,如果被告吴某依据侵权理论应承担责任,死者的亲属仍然可以主张被告吴某承担相应的赔偿责任。如果判决吴某补偿李某已付的部分赔偿款,仍不能取消死者的亲属的损害赔偿请求权,则对被告吴某显属不公。

二、建筑施工地高空坠物的责任的合理划分

在建设工程施工过程中,常有高空坠物伤人的事情发生,出现高空坠物的行为给受害人造成损失的,是负担赔偿受害人损失的责任。那建筑施工地高空坠物的责任怎么划分呢?

第一,《侵权责任法》第87条[1]规定,从建筑物中抛掷物品或者从建筑物上坠落的物品造成他人损害,难以确定具体侵权人的,除能够证明自己不是侵权人的外,由可能加害的建筑物使用人给予补偿。该规定对担责者进行了限定,令可能的建筑物使用人承担补偿责任,既不会造成有损害结果而受害人得不到救济的情况,也不会导致因义务人过多导致个人补偿数额过小而起不到警醒作用,能在一定程度上督促建筑物使用人尽善良注意义务,预防该类事件的发生,而且也不会将补偿义务人的范围无限扩大化,所以这一立法规定较为合理,体现了公平原则。

第二,在确定了承担补偿责任的责任主体后,各"可能加害的建筑物使用人"之间应承担按份责任而非连带责任。理由是按份责任可以减轻压力,使得受害人更容易得到补偿。同时,通过"可能的建筑物使用人"主动提供证据证明自己不是侵权人,可以缩小加害人范围,经济上的驱动更能刺激他们作证的义务。另外,按份责任的承担也可以起到预防类似案件发生的作用。而连带责任,一是过分加大了使用人的责任,达不到息诉的目的且不利于社会安定;二是有违公平原则,若要"可能的建筑物使用人"承担连带责任,则会让真正的加害人逍遥法外,使得正义无法实现;三是连带责任将导致内部之间求偿权的无法实现。

---

〔1〕 参见《民法典》第1254条。

法务实例78:劳务提供者受伤的应由发包人、分包人、咨询公司、监理公司及用工单位承担连带赔偿责任的索赔纠纷

案情简介:

2013年5月16日,中程公司与洪铺公司签订《建设工程专业分包合同》,约定由洪铺公司承担该项目的钢结构安装等工作。2013年5月29日,洪铺公司与荆豪公司签订《建设工程施工劳务分包合同》,约定由荆豪公司作为该项目钢结构安装的劳务分包单位,支付方式为计件单价支付。经洪铺公司授意,2013年6月26日,荆豪公司与蒋某生签订《工程劳务合同内部承包协议》,将洪铺公司与荆豪公司所签订的《建设工程施工劳务分包合同》中约定的内容交由蒋某生承包,并约定劳务人工费由蒋某生负责支付,荆豪公司向蒋某生收取一定的劳务作业人员管理费。因安装檩条需要,蒋某生联系蒋某在内的10人分别于2013年7月3日、4日到达施工现场并实施作业。2013年7月4日7时,蒋某生安排班组作业人员在物流中心仓库C-D跨区域实施作业,具体作业内容为由汽车起重机将放置在地面上的檩条吊至第10~16轴的屋面梁上,并由在屋面梁上的作业人员将檩条搬至待安装位置(未使用螺栓进行连接)。午饭后,作业人员继续作业,当天16时50分,第10~14轴的屋面梁坍塌,在屋面梁上的作业人员共7人随屋面梁坠落至地面,该起事故造成5人死亡,蒋某及案外人彭某受伤。蒋某受伤后至上海市第六人民医院东院治疗,共住院39.5天。2014年5月9日,依蒋某申请,原审法院委托华东政法大学司法鉴定中心对蒋某的伤残等级及休息、营养、护理期限进行了鉴定。2014年5月26日,该鉴定机构作出司法鉴定意见书,鉴定意见为:被鉴定人蒋某因外力作用致双侧共五根肋骨骨折,双侧血气胸伴双肺挫伤,胸骨多发骨折,右肱骨中上段粉碎性骨折,左锁骨肩峰端骨折伴移位,骶骨右侧、右侧髋臼及耻骨下支骨折等,现右肩、肘关节、左肩关节活动受限,分别评定十级、十级、十级伤残;酌情给予伤后休息240日、营养90日、护理90日;择期行多处内固定拆除术,酌情给予休息60日、营养30日、护理30日。蒋某为此支付了鉴定费人民币2300元(以下币种相同)。蒋某为维权,聘请律师诉讼,支出了律师费6000元。原审另查明,本起事故经上海市安全监管局认定,事故发生的直接原因为,在屋面梁安装过程

中,施工单位未采取有效的抗倾覆措施,导致屋面梁失稳、倾倒。间接原因为:(1)项目施工管理混乱;(2)承发包行为违法违规;(3)安全责任制未得到落实;(4)企业主要负责人未尽到安全职责。对事故单位的责任认定为:(1)中程公司违规允许案外人周某个人以企业名义承揽建设工程,对承包单位的安全生产工作进行统一协调、管理不力,合同约定的项目负责人未到现场履职。建议建设行政主管部门、市安全监管部门依法给予行政处罚。(2)洪铺公司违法分包工程,将工程分包给自然人蒋某生进行施工,未认真对从业人员进行安全教育和安全技术交底,合同约定的项目负责人未到现场履职。建议市建设行政主管部门、市安全监管部门依法给予行政处罚。(3)建科公司,未按相关法律法规和工程建设强制性标准实施工程监理,合同约定配备的项目负责人未到现场履职。建议市建设行政主管部门依法给予行政处罚。(4)荆豪公司,违规允许个人以企业名义承揽建设工程,超越本单位资质许可的业务范围承揽建设工程,建议市建设行政主管部门依法给予行政处罚。

原审还查明,事发后,洪铺公司为蒋某垫付了医疗费116,509.92元,并支付了蒋某现金2000元。2014年12月22日,蒋某至四川省巴中骨科医院进行行内固定取出术,支付了医疗费4193.29元。

原审再查明,蒋某系城镇居民家庭户口。

明法晰理:

原审法院认为,侵权责任法规定,建筑物、构筑物或者其他设施倒塌造成他人损害的,由建设单位与施工单位承担连带责任,“他人”的范围应限于与施工活动无关的第三人,而不包括正在施工的人员,对于在建筑物、构筑物上的施工人员不能作为建筑物、构筑物倒塌致害的相对方,故本案案由应调整为提供劳务者受害责任纠纷。根据法律规定,个人之间形成劳务关系,提供劳务一方因劳务自己受到损害的,根据双方各自的过错承担相应的责任。本案中,根据庭审查明的事实,蒋某系在为蒋某生提供劳务过程中受伤,蒋某生作为雇主违规以企业名义承揽钢结构安装工程,自行组织人员实施作业,未严格按照专项施工方案施工,故对蒋某的损害后果应承担相应的赔偿责任。蒋某作为雇员,在没有高空作业资质的情况下进行高空作业,应自负部分责任,根据本案的实际情况,原审法院酌定对蒋某的合理损失由蒋某生承担80%的赔偿责任,其余损失由蒋某自负。中程公司违规允许个人以企业名义承揽建设工程，洪铺公司违法分包工程，将工程分包给自然人蒋某生进行施工，荆豪公司违规允许个人以企业名义承揽建设工程，故根据《人身损害赔偿司法解释》第11条第2款的规定，中程公司、洪铺公司、荆豪公司应当与蒋某生承担连带赔偿责任。关于蒋某提出建科公司未尽监理职责，并要求其承担连带赔偿责任。虽然事故调查报告中在责任分析认定以及处理建议中均涉及了建科公司监管不力的认定，但该认定仅是行政部门作出的行政行为，况且，无证据证明建科公司在本起事故中对蒋某实施了侵权行为，故原审法院对蒋某的该诉讼请求不予支持。

关于蒋某的合理损失，原审法院作出如下确认蒋某的各项合理损失共计为315,961.53元（不含律师费、精神损害抚慰金），由蒋某生承担80%的赔偿责任即252,769.22元，加上精神损害抚慰金7000元、律师费6000元，合计265,769.22元，扣除洪铺公司为蒋某垫付的医疗费116,509.92元及支付蒋某的现金2000元，由蒋某生赔偿蒋某147,259.30元，中程公司、洪铺公司、荆豪公司对蒋某生应赔偿蒋某之款承担连带清偿责任。

原审法院依照《侵权责任法》第16条、第22条、第35条，《人身损害赔偿司法解释》第11条第2款，《民事诉讼法》第144条的规定，于2015年4月20日作出判决：(1)蒋某生于判决生效之日起10日内赔偿蒋某147,259.30元；(2)上海洪铺钢结构工程有限公司、中程建工集团有限公司上海分公司、上海荆豪建筑劳务有限公司对判决第一项确定的蒋某生应赔偿蒋某之款负连带清偿责任；(3)驳回蒋某的其他诉讼请求。负有金钱给付义务的当事人，如未按判决指定的期间履行给付义务，应当依照《民事诉讼法》第253条之规定，加倍支付迟延履行期间的债务利息。案件受理费4439元，减半收取计2219.50元，由蒋某负担597元，由蒋某生、上海洪铺钢结构工程有限公司、中程建工集团有限公司上海分公司、上海荆豪建筑劳务有限公司共同负担1622.50元。

判决后，洪铺公司不服，上诉于二审法院，诉称，首先，洪铺公司与中程公司签订《建设工程专业分包合同》，承接涉案工程的钢结构安装等工作后，与荆豪公司签订《建设工程施工劳务分包合同》，约定荆豪公司作为上述项目钢结构安装的劳务分包单位。由于荆豪公司具有签订劳务合同的主体资格，并拥有相关的资质证书，故洪铺公司的行为并未违反法律规定,不应当承担连带赔偿责任。其次,建科公司未尽监理职责,应承担赔偿责任。原审认定显然有误,故洪铺公司请求二审法院依法改判。

被上诉人中程公司辩称,原审认定事实清楚,适用法律正确。请求驳回洪铺公司的上诉请求,维持原判。

被上诉人建科公司辩称,原审认定事实清楚,适用法律正确。请求驳回洪铺公司的上诉请求,维持原判。

二审法院经审理查明,原审法院认定的事实无误,二审法院依法予以确认。

二审法院归纳本案的争议焦点为:认定洪铺公司是否需向蒋某承担赔偿责任。洪铺公司名义上虽与荆豪公司签订《建设工程施工劳务分包合同》,但从原审查明的事实分析,其实际系与蒋某生签订合同。因蒋某生并无相应资质,故其借用了荆豪公司的名义。因此,洪铺公司提出其系将钢结构安装工程的劳务分包于荆豪公司的意见,因与事实相悖,本院不予认同。正如相关行政机构指出的那样,洪铺公司违法分包。根据《人身损害赔偿司法解释》第 11 条第 2 款的规定,雇员在从事雇佣活动中因安全生产事故遭受人身损害,发包人、分包人知道或者应当知道接受发包或者分包业务的雇主没有相应资质或者安全生产条件的,应当与雇主承担连带赔偿责任。原审据此认定洪铺公司与蒋某生对蒋某的损失承担连带赔偿责任,合法有据,二审法院予以照准。就洪铺公司提出建科公司未履行监理义务故而需承担连带赔偿责任的意见,二审法院认同原审的意见,即并无证据证明建科公司在本起事故中对蒋某实施了侵权行为,故建科公司无须对蒋某承担赔偿责任。综上所述,原审所作判决并无不当,二审法院应予维持。上诉人洪铺公司的上诉请求,缺乏依据,二审法院不予支持。据此,依照《民事诉讼法》第 170 条第 1 款第 1 项之规定,判决如下:驳回上诉,维持原判。二审案件受理费人民币 3425 元,由上诉人上海洪铺钢结构工程有限公司负担。本判决为终审判决。

第三,根据《侵权责任法》规定,在难以确定具体侵权人时,除能证明自己不是侵权人外,由可能加害的建筑物使用人给予补偿。因此,法院在审理案件时可以通过以下几点来确定是否免除当事人的责任。其一,“可能加害的建筑物使用人”确定了具体的侵权责任人。相较于被害人来说,可能加害人与实际加害人同住一栋建筑物内，对于建筑物的情况较为了解，具有地理优势和人脉优势，可以通过多种途径找出实际加害人来免除自己的责任。其二，“可能加害的建筑物使用人”举证证明自己不是侵权人。可能加害人可以提出证据证明自己于侵权行为发生时根本不可能在建筑物内或伤人物品不可能归属自己从而在时间上或客观方面免责。其三，不可抗力。《侵权责任法》第29条[1]规定，因不可抗力造成他人损害的，不承担责任。因此，在发生地震、台风等自然灾害时，由于不可抗拒的力量造成物品坠落，即便查明了坠落物的所有人也不用担责。

这样，建筑施工地高空坠物致人损害的民事责任，由坠物的所有人或管理人承担；如果所有人或管理人不明确，由建筑物的所有人或管理人承担连带责任，但能够证明自己没有过错的除外。

法务实例79：向他人提供资质造成人身伤害的承担按份赔偿责任

案情简介：

夏某和朋友卢某合伙经营户外高空保洁公司，双方签订的协议规定，双方利益均分，风险共担。卢某负责对外协调、催结账等；夏某负责现场工程、人员调配、管理的协调及交工等事宜。2010年5月，卢某春借用卢某的户外高空保洁中心名义与某5星级酒店签订了一份清洁合同。同年9月22日，夏某在给酒店清洁外墙时从高空坠落受重伤，被送到附近一家医院抢救，随后死亡。经一家法医司法鉴定所鉴定，夏某从高空坠落致2～4根肋骨、骨盆、左投骨干下段骨折，致失血性休克，发生呼吸循环功能衰竭而死亡。夏某的亲属将某5星级酒店、某户外高空保洁中心老板卢某、夏某的合伙人卢某春一并告上法庭。原告提出，夏某是卢某春雇的工作人员，每天工资300元。原告认为，雇主卢某春没有提供安全生产设施，导致雇员在工作中死亡，应依法承担赔偿责任；而被告酒店明知卢某春没有高空作业资质，仍与其签订外墙清洁施工合同，依法承担连带赔偿责任。因此要求三被告连带赔偿原告经济损失及精神抚慰金共计69万余元。一审法院经审理后判决：被告酒店赔偿原告28万余元；被告卢某赔偿原告11万余元；被告卢某春对卢某的赔偿承担连带责任。

---

〔1〕 参见《民法典》第180条。

明法晰理：

一审法院认定，该案被告卢某与夏某之间是合伙关系而非雇佣关系，该案应为人身损害赔偿纠纷。被告卢某与被告酒店签订的清洁合同应为承揽合同，在签订合同时，卢某向酒店提供了卢某春个人经营的某保洁中心的营业执照，酒店将具有高度危险的高空清洗作业承揽给了不具备安全生产条件，且经营范围只是家政服务的个体工商户，存在严重过失，酒店方应对夏某的死亡承担50%的赔偿责任；夏某作为卢某的合伙人，负责现场施工，在明知没有安全条件的情况下进行高空清洗作业，未尽到安全义务，自己应承担30%的责任。卢某作为合伙人，在该起事故中虽没有过错，但夏某是为了两人的共同利益而工作，卢某作为受益人应承担20%的经济补偿；卢某春将营业执照借给卢某使用，应对卢某的补偿款承担连带责任。

法务实例80：债务加入对突破合同相对性承担责任的案例解析

案情简介：

2012年7月，A公司与B公司签订《设备采购合同》，合同的主要权利和义务为B公司向A公司采购货物，该合同第9条约定，A公司在合同签订之日起向B公司支付履约定金200万元，该履约定金B公司于2013年8月之前返还给A公司。合同签订后，A公司按照B公司的指示将履约定金200万元支付给C公司，C公司向A公司开具收据。2013年12月31日，D公司（与A公司在同一城市注册，且与B公司为同一法定代表人）与A公司签署《往来账款核对函》，确认截至2013年12月31日D公司欠A公司履约担保金200万元整。2015年6月30日，E公司给付A公司金额为200万元的某银行转账支票一张。2015年7月2日某银行退票理由书显示存款不足、密码填写错误，该转账支票未能兑现。A公司多次找B公司的法定代表人要求其返还履约定金，但均无果。在A公司给付履约定金后，B公司并未履行合同约定的义务，且A公司多次要求B公司返还履约定金，B公司均以各种理由推脱，故2016年A公司提出诉讼，要求B公司返还履约定金200万元，并主张C、D、E公司承担连带返还责任。

中级人民法院经一审后认为,D公司的对账行为和E公司支付支票的行为在无其他证据予以佐证的情况下不足以认定其债务加入的意思表示。因证据不足,B、C、D、E公司不构成人格混同。综上,中级人民法院一审判决由B公司向A公司承担返还责任,驳回A公司对C、D、E公司的诉讼请求。

A公司不服一审判决,向高级人民法院提起上诉。高级人民法院二审认为,D公司的对账行为无论是从《往来账款核对函》的对象还是从《往来账款核对函》的内容来看,均是对其尚欠A公司履约担保金事实的确认。加上A、B、D公司均确认《往来账款核对函》载明的款项即为《设备采购合同》约定的200万元履约定金的情况下,能够认定D公司作出了加入到A公司与B公司的债权债务关系中的意思表示,D公司与A公司签订《往来账款核对函》的行为构成债务加入的意思表示。因此,高级人民法院改判D公司、B公司共同承担向A公司返还履约定金200万元的责任。

明法晰理:

经法院审理后,归纳的本案争议焦点为:D公司的行为是否构成债务加入,D公司该承担什么责任?

第一,本案涉及合同相对性原则及突破的法理问题。合同相对性是指合同主要在特定的合同当事人之间发生,只有合同当事人一方能基于合同向有合同关系的另一方提出请求或提起诉讼,而不能向与其无合同关系的第三人提出合同上的请求,也不能擅自为第三人设定。

第二,合同相对性虽然是一个我们经常听到也经常在使用的法律词汇,但在法律条文的表述中,很少有直接使用该词语的情况,基本上是通过其他表述来传达这个意思。比如《合同法》第65条[1]规定,“当事人约定由第三人向债权人履行债务的,第三人不履行债务或者履行债务不符合约定,债务人应当向债权人承担违约责任”。《合同法》第64条[2]规定,“当事人约定由债务人向第三人履行债务的,债务人未向第三人履行或者履行债务不符合约定,应当向债权人承担违约责任”。也就是说,甲与乙交易,甲为债权人,乙为债务人,约定由第三方向债权人履行债务或

[1] 参见《民法典》第523条。
[2] 参见《民法典》第522条。

由债务人向第三方履行债务,第三方不履行债务或债务人未向第三方履行债务,则第三方无权要求债务人履行债务,只有债权人有权主张,同样债权人也无权要求第三方履行债务,只能要求债务人履行。

正是因为合同相对性的存在,才能够实现商事法律鼓励交易的目的,离开合同相对性原则,交易的权利和义务都处于一种非常不确定的状态,人们对交易的态度将会转向保守乃至谨慎,导致阻碍交易的发展,影响社会的整体利益。

总体来说,基于现实的交易情况,英美法系国家在立法、司法上对合同相对性都有所突破。我国也不例外,典型例子如《建设工程施工合同解释》第26条规定"实际施工人以转包人、违法分包人为被告起诉的,人民法院应当依法受理。实际施工人以发包人为被告主张权利的,人民法院可以追加转包人或者违法分包人为本案当事人。发包人只在欠付工程价款范围内对实际施工人承担责任"。上述司法解释,可以看作是一种对合同相对性突破。

但突破合同相对性,我国法院态度仍然是非常严谨的,牢牢把握"法无明文规定不可为"的原则。最高人民法院《关于当前民事审判工作中的若干具体问题》(2015年)指出:"对于《建设工程司法解释》第二十六条规定,目前实践中执行得比较混乱,我特别强调一下,要根据该条第一款规定严守合同相对性原则,不能随意扩大该条第二款规定的适用范围,只有在欠付劳务分包工程款导致无法支付劳务分包关系中农民工工资时,才可以要求发包人在欠付工程价款范围内对实际施工人承担责任,不能随意扩大发包人责任范围。"根据该文件,最高人民法院倾向于认定合同相对性不能随意被突破。

第三,该案涉及一个债务加入的构成问题。债务加入是以他人之债务有效的成立为前提,第三人以担保之目的,对于同一债权人新负担与该债务于其承担时有同一内容之债务之契约。债务加入是合同关系债务人的增加,它区别于债务转移,前者第三人的意思表示是与债务人共同承担责任,债务人并没有从合同关系中解除;后者是债务人的权利义务全部转移至第三人,即合同关系的相对方发生变化而非增加。根据合同的相对性,债务加入中原债务人并不能因第三人的加入而免责,且债权人在原债务的数额范围内,可选择由债务人或第三人进行偿还。债务加入后,债务人与第三人的责任性质认定问题存在以下三种观点:

1. 第三人与债务人承担共同责任。持此种观点的认为，连带责任形式是依法定或约定产生，而在债务加入中，一般当事人并不对债务承担方式进行约定，亦无法定事由，故第三人与债务人间承担的应是共同责任。即明确债务加入属按份共有性质，只是无法明确责任比例的承担方式。在本案中二审高级人民法院就是认定债务加入属于债务承担范畴，在类型上属于并存的债务承担，即原债务人并没有脱离债的关系，而第三人加入债的关系，并与债务人共同向同一债权人承担债务。

2. 第三人与债务人承担连带责任。在实践中，部分省份法院掌握的是债务加入第三人与债务一起承担连带责任。

3. 第三人不承担责任。此种观点认为，债务加入是第三人自己的意思表示，其加入到债务履行中完全出于道德义务，不存在确定的债务，也就不能定性为理所当然的义务人，故其是否履行这种道德义务不受法律的约束，其没有履行或未按约履行的法律责任应由债务人承担。

在法律无明文规定下，共同责任因无法确定数额而较难执行，即使可以通过平均承担方式来解决各自数额问题，也可能会对债权人权利实现产生影响。第三人不承担责任的情形适用于第三人替代履行的责任承担情形，即在第三人没有履行或未按约定履行的情形下，由债务人承担违约责任。为促使债权人债务实现，确保交易安全和经济秩序，债务加入实际上赋予了第三人更多的义务和风险，故不存在其不承担责任之说。实践中债务加入产生的原因、形式多样，加入第三人与原债务人一般关系亲近，当无特别约定时，还涉及第三人履行债务后的权利救济问题，故其责任承担应认定为连带责任为宜。如没说明认定为连带责任，就应依法判决各自应承担的份额。

Chapter 18

第18章

补充责任：

建设工程纠纷非独立请求权的正确识别

补充责任是指因同一债务，在应承担清偿责任的主责任人财产不足给付时，由补充责任人基于与主责任人的某种特定法律关系或因为存在某种与债务相关的过错而承担补充清偿的民事责任。究其实质，相当于一种保证责任，与保证中的一般保证类似。

一、补充赔偿责任的特征

在多个责任人中存在主责任人和补充责任人的区分。补充责任中的债务是由主责任人产生的，在对外责任上是先由主责任人独立承担责任，在主责任人的财产不足以承担应负的责任时，补充责任人对不足部分进行补充性清偿。补充责任人清偿后，可向主责任人追偿。

并非所有的补充责任人在承担了补充责任后都能够实际地行使追偿权。如《个人独资企业法》第 31 条规定，个人独资企业财产不足以清偿债务的，投资人应当以其个人的其他财产予以清偿。这里规定的也是一种补充责任，但个人独资企业也是投资人的个人财产，投资人以其他财产清偿个人独资企业的债务后，实际上根本就无法行使追偿权。

补充责任人与主责任人之间不存在内部责任份额的划分。补充责任人承担的只是一种补充性清偿责任，并非对债务的一种分担，所以主责任人与补充责任人之间并不存在内部责任份额的划分。

权利人对补充责任人不享有完全独立的请求权。补充责任，顾名思义就是一种补充性的责任，其并非一个完全独立存在的责任。皮之不存，毛将焉附，只有先存在主责任，才会有补充责任的存在。正是因为补充责任是对主债务的一种补充给付责任，主债务的存在和未全部清偿是补充责任成立的大前提，所以在一般情况下，权利人不能直接单独要求补充责任人承担责任，而应该先要求主责任人承担责任，在主责任人的财产不足给付时，才能要求补充责任人承担补充责任。只有在主责任不明确的情况下，为了保护权利人的利益，权利人才能直接要求补充责任人承担补充责任。

补充责任有一定的承担范围。补充责任并非一定是对全部的主责任都承担补充性清偿义务，在不同的情形下，既有可能对所有的债务承担补充性清偿责任，也有可能只在一定限额内承担补充责任。比如，《民法通则》第 133 条第 2 款规定的监护性的补充责任，监护人就只是适当进行赔偿，并非对主责任人赔偿不足部分进行全部赔偿。会计师事务所在出具虚假验资证明的情况下，也只是在其证明资金的范围内承担赔偿责任。

补充责任人与主责任人承担责任的法律关系不同。补充责任人是基于和主责任人存在某种法律上的特殊关系或存在某种过错与过失而承担补充责任。比如，《民法通则》第 133 条第 2 款规定的监护性的补充责任，监护人就是基于其监护人的身份而承担补充责任；会计师事务所基于其为企业出具虚假验资证明的过错，所以才承担相应的补充责任;安全保障义务人是基于其违反安全保障义务的过错而承担相应的补充责任。主责任人则是基于其与权利人之间直接的侵权或合同关系而承担责任。

补充责任属于多个责任主体的民事责任承担方式,责任人为多数是这类责任承担方式的共性。

1. 责任人为多数。补充赔偿责任属于多个责任主体的民事责任承担方式,责任人为多数是这类责任承担方式的共性,在承担责任时须区分主责任人和补充责任人。

2. 主责任人与补充责任人承担责任的原因不同。主责任人基于直接违约或者合同履行不完全而承担责任,补充责任人基于与主责任人的某种特定法律关系或因为存在某种与债务相关的过错而承担责任。

3. 补充赔偿责任的承担具有顺位性。即只有在主责任人对债务承担不能时,方可请求补充责任人承担责任,二者之间不存在责任连带或责任分担问题。如果债权人未向主责任人行使赔偿请求权,就不得直接向补充责任人行使权利,只有在主责任人不能履行全部或部分债务时,才能向补充责任人行使补充赔偿请求权。

4. 补充责任人在一定范围内承担责任。补充赔偿责任并非一定是对全部的债务都承担补充性清偿责任,在不同的情形下,既有可能对所有的债务承担补充性清偿责任,也有可能只在一定限额内承担补充清偿责任。

法务实例81:被挂靠公司对实施施工人的人工费承担补充责任

案情简介:

2014年4月,原告解某以架子工班班长的身份与被告某市二建公司、肖某瑞签订了脚手架工程承包合同书,施工项目是某制米厂工程的脚手架工程。2015年2月3日,被告肖某瑞施工项目的技术负责人刘某生、工长孙某波签署了脚手架工程人工费结算书,确认工程价款为1,203,214.63元,被告肖某瑞项目部已给付人工费46万元,尚欠人工费743,514.63元,原告多次催要无果,故诉请依法判令被告某市二建公司、肖某瑞共同给付尚欠人工费743,514.63元,被告某市二建公司承担连带给付责任。详见解某、某市二建公司建设工程施工合同纠纷再审民事判决书[案号:(2018)辽民再134号]。

明法晰理：

辽宁省高级人民法院认为："《最高人民法院关于适用〈中华人民共和国民事诉讼法〉的解释》第54条规定，以挂靠形式从事民事活动，当事人请求由挂靠人和被挂靠人依法承担民事责任的，该挂靠人和被挂靠人为共同诉讼人。基于建设工程挂靠施工过程中，实际施工人（挂靠人）又将工程违法转包、分包给他人发生的纠纷，因建设工程挂靠的违法性而涉及复杂的法律关系，简单地使用合同相对性原则、表见代理原则，并不能准确、公平地解决相应民事责任承担问题。就本案而言，二建公司与实际施工人肖某瑞建立违法挂靠关系，双方均存在明显过错。但肖某瑞系以自己名义与解某签订合同，应当认定解某明知肖某瑞挂靠二建公司借用资质施工，而与之签订合同。因此，就案涉人工费，判决某市二建公司承担补充责任更符合我国民事法律公平原则和权利义务对等原则。二审法院仅判决肖某瑞承担给付责任利益失衡，本院再审予以纠正。"

法院比较倾向于支持该种观点的原因在于：

第一，基于合同相对性的原则，因合同产生的债权只能向特定的债务人进行请求，而不能向任意的第三人主张。为保障交易的稳定与安全，合同相对性的突破应当严格限制在法律规定的例外之内，不能在个案的审判中率意适用。

第二，被挂靠人虽然未在转包、分包合同上签字或盖章，但由于被挂靠人对外系工程总包方，系建设工程权利义务的实际承受人，因此对于挂靠人在施工过程中以其名义对外签署合同应该有一定的预期。如果实际施工人有足够理由认为挂靠人系代理被挂靠人签订合同的，如转包、分包合同加盖项目部公章（虽未经被挂靠人认可，但在项目上普遍使用），挂靠人以工程项目人员签署合同等，则构成表见代理。根据《合同法》第49条规定："行为人没有代理权、超越代理权或者代理权终止后以被代理人名义订立合同，相对人有理由相信行为人有代理权的，该代理行为有效。"即应当由被挂靠人对代理行为产生的法律后果承担法律责任。

二、建设工程合同纠纷中补充赔偿责任的构成要件分析

建设工程合同纠纷中的补充赔偿责任主要从以下三个方面分析其构成要件：

第一，补充责任人违反法定或约定义务导致合同一方利益已经或者可能受损；

第二，损害事实与补充责任人存在一定的直接或间接的因果关系；

第三，权利人向直接责任人求偿受阻。

（一）补充责任人违反法定或约定义务导致合同一方利益已经或者可能受损

补充责任人对非合同一方承担违约补充赔偿责任，实际上是对合同相对性的一种突破，因此，必须对补充责任人的行为设定较为严格的限定。为了避免补充赔偿责任的滥用和维护相关当事人的利益平衡，笔者认为，只有在法律法规规定不明确或不完全、或当事人有约定的情形下才能适用。

（二）损害事实与行为人存在一定因果关系

从根本上讲，补充赔偿责任是一种代人受过的替代（间接）责任。既有补充赔偿责任，那么必定有直接责任人，涉及的主体一般多于两方。这意味着，合同一方违约与第三人侵权等导致同一后果，责任人之间是非真正连带的关系。而在补充赔偿责任的情形下，补充责任人并未直接造成损害，但其违法或违约的行为与直接损害之间仍具有一定程度的联系。这种联系可以以学说上的相当因果关系来解释，但不以"如果没有过错（违约），便不造成损害"为必要。

此点也是合同纠纷中补充赔偿责任与他人过错的一个重要区别。他人过错是单方导致的违约，补充赔偿责任一般为两方以上。在他人过错导致合同一方违约的情况，只能由另一方向第三人主张违约责任。

（三）权利人向直接责任人求偿受阻

这是权利人要求承担补充赔偿责任的程序要件，从司法实践来看，权利人要求补充责任人承担责任前，先要对直接责任人进行求偿，类似于"先诉抗辩权"。也就是说在能够确定直接责任人时，权利人直接起诉直接责任人。经过审判和执行程序，在直接责任人确无可供执行的财产时，由法院作出执行终结裁定书，确认直接责任人无赔偿能力。

权利人据此终结裁定书，再向补充赔偿责任人行使求偿权。若直接责任人无法确定，为了便于诉讼、节约司法资源，当事人也可以将直接责任人和补充责任人列为共同被告进行起诉。这种合并诉讼符合诉讼效益原则，在审理和判决上亦没有多大障碍。但在最终的裁判中应明确，补充责任人承担责任后，有权另案向直接责任人追偿。

至于补充赔偿责任是否违背一事不再理的原则。按照"一事不再理"原则，一宗民事争议经过一次诉讼法院作出裁判后，不得再进行新的诉讼。也就是说，对裁判已经发生法律效力的案件，不得再进行起诉和受理。它是为避免缠讼、节约诉讼资源、保持法院裁判的严肃性与稳定性,树立司法机关的权威而确立的。所谓“一事”是指同一当事人,就同一法律关系,而为同一的诉讼请求。补充赔偿责任并不违背“一事不再理”的原则。因为权利人的两次诉求虽是基于同一法律关系,但其诉讼对象并不相同。直接赔偿责任与补充赔偿责任的竞合,并不是狭义的请求权竞合(同一债权人与同一债务人之间的两种请求权只能择一起诉,否定双重受偿)。

补充赔偿责任与直接责任是补充关系,权利人总计获得的赔偿最多与直接责任人造成的全部损失等值,补充赔偿责任制度不会产生双重受偿,因此不违背“一事不再理”原则。不仅如此,补充赔偿责任人在履行了判决确定的义务后,他还可以起诉直接责任人,行使追偿的权利。因此补充赔偿责任不违背“一事不再理”的原则。

三、补充赔偿责任的现有法律规定

在我国现行法律法规中,没有关于补充赔偿责任的完整体系制度,但是考察相关法律及司法解释,可以发现,补充赔偿责任这种民事责任形态并非完全无迹可循,最直接地体现在侵权责任法的相关规定中,如《侵权责任法》《民法通则》《人身损害赔偿司法解释》等法律及司法解释中偶尔有所规定。

如《侵权责任法》第 34 条[1]规定了劳务派遣单位的补充赔偿责任,第 37 条[2]规定了安全保障义务人的补充赔偿责任,第 40 条[3]则规定了幼儿园、学校等教育机构的补充赔偿责任,这是我国法律中关于补充赔偿责任的最明确的规定。

《侵权责任法》第 34 条第 2 款规定:“劳务派遣期间,被派遣的工作人员因执行工作任务造成他人损害的,由接受劳务派遣的用工单位承担侵权责任;劳务派遣单位有过错的,承担相应的补充责任。”

《侵权责任法》第 37 条规定:“宾馆、商场、银行、车站、娱乐场所等公共场所的管理人或者群众性活动的组织者,未尽到安全保障义务,造成他人损害的,应当承担侵权责任。因第三人的行为造成他人损害的,由第三人承担侵权责任;管理人或者组织者未尽到安全保障义务的,承担相应的补充责任。”

《侵权责任法》第 40 条规定:“无民事行为能力人或者限制民事行为能力人在幼儿园、学校或者其他教育机构学习、生活期间,受到幼儿园、学校或者其他教育机构以外的人员人身损害的,由侵权人承担侵权责任;幼儿园、学校或者其他教育机

---

〔1〕 参见《民法典》第 1191 条。
〔2〕 参见《民法典》第 1198 条。
〔3〕 参见《民法典》第 1199 ~ 1201 条。

构未尽到管理职责的,承担相应的补充责任。”

在上述法律规定中,适用的都是过错归责原则。

法务实例82:改扩建工程的最终受益人应对工程款承担补充清偿责任

案情简介:

2009年5月26日、27日、6月22日甲建设公司与乙租赁公司就青岛市孟庄路5号1919创意产业园工程签订了《建设工程施工合同》,2009年12月11日签订了《1919创意园空调主机之辅助设备采购及安装补充协议书》,其中5月26日和27日所签合同约定工程为固定价款合同,分别为固定价2,130,000.00元和908,000.00元,另外两份合同或协议约定的工程为暂定价。合同约定承包形式包工包料,水电设表计量,水电费按2007年《青岛市工程结算资料汇编》规定办理,工程审计完成后7个工作日内付至结算工程总造价的95%,另余5%作为工程质量保修金;工程结算在发包人收到承包人上报的结算报告和结算资料后两个月内完成,逾期视为对承包人上报结算值的认可。2013年10月31日,甲建设公司与乙租赁公司、青岛汇德工程造价咨询有限公司(以下简称汇德公司)签订《1919创意园改造工程结算审核业务合同》。2013年12月9日,汇德公司出具了结算审核报告,涉案工程审定结算值26,841,467.91元,审减净值1,889,352.52元。未纳入本次审计范围的工程项目的报审价:二期卫生间改造工程和塑钢门窗安装工程费11,338.00元;二期空调立管、竖向管道工程费500,000.00元;二期空调7套空调工程费430,000.00元;二期空调风管支架工程费390,000.00元;二期空调02#、03#签证工程费110,000.00元;二期电气10台星三角控制箱工程费320,000.00元;二期电气签证工程费640,000.00元;二期空调机房工程费2,636,551.26元。未纳入汇德公司本次审计范围的工程项目报审价工程费总计为5,037,890.06元,双方对于该报告均无异议。乙租赁公司自2009年6月11日至2011年1月18日共付款15笔,合计支付工程款18,850,000元,垫付水电费116,749.2元。重审一审中,各方当事人对于在原审中提交的证据以及发表的质证意见均无变更并予以认可。甲建设公司提交新证据一份,即海川公司给丙房产公司出具的付款发票及银行进账单,发票记载工程为给排水、消防工程,金额为207,052.18元。甲建设公司据此主张丙房产公司付给海川公司工程款207,052.18元,该工程包含在甲建设公司与乙租赁公司施工合同约定的施工范围内,结合丙房产公司与乙租赁公司存在授权代理关系,丙房产公司作为涉案工程产权单位和建设单位参与了涉案工程开发建设,并直接向海川公司支付工程款,该付款行为应认定为债务自认,丙房产公司应当承担支付工程款的责任。丙房产公司对此不予认可,并提交其与海川公司于2009年7月29日签订的《建设施工合同》,主张工程项目名称是丙房产公司办公楼室外给排水及消防管道工程、办公楼室外蒸汽管理工程,该工程不在甲建设公司与乙租赁公司施工合同约定的施工范围内。丙房产公司向海川公司所付207,052.18元是办公楼工程款项,与本案所涉租赁物装修改造工程没有关系。甲建设公司及乙租赁公司对该证据真实性无异议。一审法院另查明,涉案工程的产权单位系青岛卷烟厂,青岛卷烟厂系丙房产公司下属机构,为非法人单位。乙租赁公司原工商登记名称为青岛港壕实业发展有限公司,2008年1月28日,其与丙房产公司签订了有关涉案工程的《房屋租赁合同》,约定:租赁期限为15年,租赁物用于商业用途。丙房产公司负责办理租赁物用途所需的审批手续,租金基础标准为每年1050万元,同意乙租赁公司对租赁物进行改造、装修,但在改造装修前须向其提交改造、装修方案,并征得丙房产公司书面同意;协助、配合乙租赁公司向政府有关部门办理有关改造、装修所需的报批手续,以取得相关的批准或验收文件;在租期届满或者因任何原因而提前终止合同时,不能拆除的改造、装修则全部无偿交由丙房产公司处理;租期届满或者根据双方约定解除本合同时,对于已经固定在租赁物上不能进行拆除的添附物,乙租赁公司同意放弃,并承诺不破坏其完整性,无偿交给丙房产公司。一审法院再查明,丙房产公司与乙租赁公司之间的房屋租赁合同纠纷正在诉讼中。

明法晰理:

该案的实质是承租人经出租人同意可以对房屋进行装修及改扩建,但是当承租人欠付工程款时,出租人即产权人是否应对工程款承担清偿责任呢?一审法院根据合同相对性及因涉案租赁合同纠纷尚未审结,认为目前难以认定产权人系最终受益人,产权人对欠付工程款不承担清偿责任。而二审法院却认为因不能推翻产权人系最终受益人,产权人应当对欠付的工程款承担补充清偿责任。

二审法院归纳的争议焦点为:丙房产公司是否应当承担付款责任。

虽然丙房产公司并非涉案《建设工程施工合同》主体,但丙房产公司确系涉案工程的产权人和最终受益人。丙房产公司与乙租赁公司之间的租赁合同纠纷案件尚未审结,只能说明丙房产公司就涉案工程的受益程度尚处于不确定状态,但不能推翻丙房产公司系涉案工程最终受益人的事实。

同时,从现有证据看,丙房产公司对涉案工程是明知的,且直接参与了涉案工程的规划审批等工作,亦在涉案工程的建设过程中对发包人乙租赁公司尽到了配合义务。

因此,本院认为,丙房产公司作为甲建设公司所施工工程的最终受益人,对于乙租赁公司应支付的涉案工程款及利息应当承担补充责任。

一审法院认定丙房产公司对涉案工程款支付不承担责任不当,二审法院依法予以纠正。

一审法院认为,本案争议的焦点是:丙房产公司、青岛卷烟厂在本案中应否承担责任。涉案工程系青岛卷烟厂旧厂房改造与扩建项目,丙房产公司在涉案工程建设过程中尽到了配合义务,其提供的《房屋租赁合同》证明,丙房产公司协助、配合乙租赁公司向政府有关部门办理有关改造、装修所必需的报批手续,以取得相关的批准或验收文件;《关于调整原青岛卷烟厂旧厂房使用功能的复函》证明,丙房产公司直接参与了涉案工程的规划申报,政府规划部门根据丙房产公司提交的涉案工程建设申请进行了书面回复,原则同意其利用原有厂房发展创意产业。

虽然丙房产公司作出了上述行为,但其均是为配合作为承租方的乙租赁公司而为。根据合同相对性原则,甲建设公司与乙租赁公司签订施工合同,甲建设公司是施工方,乙租赁公司是建设方,双方之间的基础法律关系是建设工程施工合同关系,而丙房产公司与甲建设公司并无直接关系,其与乙租赁公司之间是房屋租赁合同关系。

现甲建设公司诉请丙房产公司承担支付工程款的责任,突破了合同相对性原则,且无事实和法律依据,一审法院不予支持。

甲建设公司认为丙房产公司直接向其支付工程款构成债务自认进而要求丙房产公司承担全部付款义务的主张同样不成立。

甲建设公司据此要求丙房产公司承担付款义务的主要法律基础是债务加入理论,但丙房产公司并不具有债务加入理论适用的基础,主要理由是丙房产公司支付甲建设公司的工程款是丙房产公司与甲建设公司单独签订的其办公楼室外给排水工及消防管道工程的相关款项，与甲建设公司和乙租赁公司的施工合同无关。从甲建设公司主张涉案工程款依据的鉴定报告来看，鉴定报告并不包括办公楼室外给排水工及消防管道工程。

由此可见，丙房产公司向甲建设公司支付的工程款与甲建设公司主张的涉案工程款并无关联，甲建设公司据此向丙房产公司主张涉案工程款，依据不足，一审法院不予支持。

虽然涉案工程系具有一定规模的旧厂房改造与扩建工程，丙房产公司系产权单位，但因其与乙租赁公司之间存在房屋租赁合同关系，且双方已发生纠纷并进入诉讼程序，对于房屋租赁合同继续履行还是解除以及相关责任的承担均不能确定，故目前难以认定丙房产公司是涉案工程最终受益人，甲建设公司以丙房产公司是涉案工程最终受益人为由要求丙房产公司承担付款责任，同样依据不足，一审法院亦不予支持。即丙房产公司对涉案工程款及利息不应承担偿付责任。

二审法院经审理后认为：本案二审的争议焦点问题为丙房产公司是否应当承担付款责任。首先，关于涉案《建设工程施工合同》的效力问题。甲建设公司上诉主张涉案《建设工程施工合同》因涉案工程未进行招投标而应归为无效。二审法院认为，第一，涉案工程主要为装修改造工程，并非大型基础设施、公用事业等关系社会公共利益、公众安全的项目，亦未使用国有资金投资或者国家融资，甲建设公司关于涉案工程属于必须进行招投标的工程项目的主张不能成立。第二，涉案《建设工程施工合同》系甲建设公司与乙租赁公司的真实意思表示，双方亦已实际履行。第三，本案系发回重审案件，甲建设公司在原审一、二审及重审一审中均未对合同效力问题提出异议。故一审法院认定涉案《建设工程施工合同》合法有效，并无不当。另外，本案系建设工程施工合同纠纷案件，丙房产公司与乙租赁公司签订的《房屋租赁合同》的效力并非本案审理范围，丙房产公司与乙租赁公司之间的房屋租赁合同纠纷案件亦正在审理中，故二审法院对《房屋租赁合同》的效力不予审查。其次，关于丙房产公司的责任认定问题。虽然丙房产公司并非涉案《建设工程施工合同》主体，但丙房产公司确系涉案工程的产权人和最终受益人。丙房产公司与乙租赁公司之间的租赁合同纠纷案件尚未审结，只能说明丙房产公司就涉案工程的受益程度尚处于不确定状态，但不能推翻丙房产公司系涉案工程最终受益人的事实。同时，从现有证据来看，丙房产公司对涉案工程是明知的，且直接参与了涉案工程的规划审批等工作，亦在涉案工程的建设过程中对发包人乙租赁公司尽到了配合义务。因此，本院认为，丙房产公司作为甲建设公司所施工工程的最终受益人，对乙租赁公司应支付的涉案工程款及利息应当承担补充责任。一审法院认定丙房产公司对涉案工程款支付不承担责任不当，二审法院依法予以纠正。综上所述，甲建设公司的上诉请求部分成立。依照《民事诉讼法》第 170 条第 1 款第 2 项规定，判决如下：(1)维持山东省青岛市中级人民法院(2015)青民一重字第 5 号民事判决第一、二、三、四、五项；(2)颐中烟草(集团)有限公司对山东省青岛市中级人民法院(2015)青民一重字第 5 号民事判决第一、二项确定的乙租赁公司应支付甲建设公司的工程款及利息承担补充清偿责任。一审本诉案件受理费 80,087 元，由乙租赁公司、丙房产公司负担；一审反诉案件受理费 2302 元，由甲建设公司负担 1019 元，乙租赁公司负担 1283 元。

四、利用补充赔偿责任来解决合同纠纷中的担责问题

“补充赔偿责任”源于大陆法系的不真正连带债务这一学说，现今被众多国家司法实践所采用，建立了相应的法律制度。所谓不真正连带债务，是指多个债务人基于不同原因而偶然产生的同一内容的给付，每个债务人都负全部履行之义务，并因其中一个债务人的履行而使全体债务人的债务均归于消灭的一种责任形态。补充赔偿责任虽来源于此，责任形态却又不完全相同。一般认为，补充赔偿责任是指因同一债务，在应承担清偿责任的主债务人的财产给付不足时，由补充责任人基于与主债务人的某种特定法律关系或因为存在某种与债务相关的过错而承担补充清偿责任的民事责任形态。

在需要承担补充赔偿责任的场合，一般有多方当事人，且补充责任人具有过错。当然，在适用这种补充赔偿责任时，也应注意保护补充责任人的合法权益，既不能等同连带责任来适用，也不宜扩大担责范围。具体如何适用，可根据一起生效案例来进行分析。

法务实例 83：在建设工程合同纠纷案件中如何适用补充赔偿责任

案情简介：

在原告章某诉被告 A 公司、王某、陆某建设工程分包合同纠纷一案

中，被告A公司于2009年10月承接了芜湖市某河道排涝疏浚一期Ⅰ标工程，同日即与芜湖市某土石方公司(营业执照实际已于2009年2月25日被工商机关吊销)负责人被告王某、陆某签订《委托协议》，约定将该工程的土石方开挖、外运和弃土点的土方平整工作委托给该公司。2010年4月，A公司项目负责人王某又与乙方陆某签订补充协议，就委托事项等作了进一步约定。同年11月，陆某与案外人胡某(原告等人认可的签约代表)签订《工程机械租赁合同》，约定租赁原告等人的挖掘机从事河道疏浚排涝工程施工。2010年6月10日，原告与被告王某、陆某派驻的现场负责人余某对账，确认被告王某、陆某累计拖欠原告工程款71,200元。此后，被告王某、陆某无法联系，导致原告诉至法院要求各被告连带支付拖欠的工程款。

明法晰理：

法院审理后认为，原告依据与被告王某、陆某签订的《工程机械租赁合同》约定，为某河道排涝疏浚一期Ⅰ标工程工地施工，发生的费用由被告王某、陆某派驻的现场负责人余某对账确认。因被告王某、陆某拖欠原告的工程款，此举已经损害了原告的合法权益，故对原告要求被告王某、陆某给付全部工程款的诉求，依法予以支持；被告王某、陆某，以已被吊销了营业执照的“某土石方公司”名义，对外签订合同，且也未加盖公司公章，被告A公司作为该河道排涝疏浚项目总承包人，由于审查不严，将该工程委托(实为转包)给一个已经被吊销了营业执照的“公司”(实为自然人)施工，这些行为的本身都违反了相关法律法规规定，由此所产生的合同为无效合同，产生的法律后果，应由行为人依法承担相应过错的法律责任，即被告王某、陆某承担给付原告工程款的责任，被告A公司在被告王某、陆某对上述应付的工程款支付不能的情况下承担补充赔偿责任。最终法院判决被告王某、陆某支付原告工程款，被告A公司在被告王某、陆某对上述应付的工程款支付不能的情况下承担补充赔偿责任。

在本案中，造成原告损失的根本原因是被告王某、陆某没有按照约定履行付款义务，构成违约。但被告A公司作为总承包人，选任了一个已经被吊销了营业执照的公司来施工，行为本身具有违法性。在此种情形下，如不让上述被告就其过错承担相应的民事责任，势必对原告不公。鉴于被告王某、陆某的违约行为是造成原告损失的根本原因，其应承担给付全部工程款的责任。被告A公司在选聘合作伙伴时,审查不严,将工程转包给无资质的个人,给原告等人造成是正规企业施工的假象,对最终导致原告工程款无着落存有过错,故应对被告王某、陆某支付不能的部分或支付不能时承担补充赔偿责任。

补充赔偿责任的问题归根结底是一个实践性命题,尽管在立法中并没有规定补充赔偿责任,司法解释也没有确立具体的适用规则,但对于补充赔偿责任本身的含义,实践中是有一定认识的。由于补充责任人是在主责任人的财产不足以清偿债务的情形下才承责任的,因此在审判实践中,必须是在强制执行主责任人的全部财产后仍不足以清偿债务时,才由补充责任人承担补充赔偿责任。

Chapter 19

第19章

预期利益：

建设工程合同解除后的损失索赔难点

工程总承包是指从事工程承包的企业(承包方)受发包方的委托,按照合同约定对工程项目的可行性研究、勘察、设计、采购、施工、试运行(竣工验收)等实行全过程或若干阶段的承包。工程总承包企业(承包方)对承包工程的质量、安全、工期、造价全面负责。

一、预期可得利益的理解与特点

《合同法》第 113 条[1]第 1 款规定:"当事人一方不履行合同义务或者履行合同义务不符合约定,给对方造成损失的,损失赔偿额应当相当于因违约所造成的损失,包括合同履行后可以获得的利益,但不得超过违反合同一方订立合同时预见到或者应当预见到的因违反合同可能造成的损失。"

从上述规定可以看出,预期可得利益实际是一种间接损失,是指如合同按约定履行后受害人应当得到的经济利益,又称为"履行利益"或"期待利益",对可得利益的赔偿是为了使当事人达到合同履行后所应达到的状态。

二、承包人主张预期可得利益的条件

在建设工程施工领域,对于施工合同因一方违约而解除时另一方可主张的权利,《建设工程施工合同解释》第 10 条规定:"建设工程施工合同解除后,已经完成的建设工程质量合格的,发包人应当按照约定支付相应的工程价款;已经完成的建设工程质量不合格的,参照本解释第三条规定处理。因一方违约导致合同解除的,违约方应当赔偿因此而给对方造成的损失。"

由于施工合同司法解释并未对工程施工领域的预期可得利益进行特别规定,故在建设工程施工合同纠纷中,承包人主张预期可得利益时,均应按照《合同法》的规定进行。按照《合同法》第 113 条的规定,承包人主张预期可得利益一般需满足以下条件。

第一,施工合同解除的原因在于发包人。按照上述施工合同司法解释的规定,因一方违约导致合同解除的,违约方应当赔偿因此而给对方造成的损失。承包人主张的预期可得利益损失实际上是一种间接损失,包含在全部损失之中,按照合同解除由违约方赔偿另一方损失的原则,承包人向发包人主张预期可得利益的前提是合同解除原因在于发包人。

第二,承包人主张预期可得利益损失范围限于预期利润的损失。工程造价包括人工费、材料费、机械费、措施费、管理费、风险费、利润。但只有利润才是期待利益,故承包人可得利益损失一般仅指预期利润的损失。

第三,承包人可得利益损失应该是可预见性的。"《合同法》第 113 条确立了

---

〔1〕 参见《民法典》第 577 条、第 583 条、第 584 条。

预期利益损失赔偿的可预见性规则，该规则有以下3个要件：(1)预见的主体为违约人，而不是受约人；(2)预见的时间为订立合同之时，而不是违约之时；(3)预见的内容为违约后可能发生的损失种类和损失的大小。该规则应用于承包人预期可得利益索赔，承包人可以索赔的预期可得利益是发包人在签订合同时可以预见的承包人利润。”

第四，除上述条件外，审判实践中，多数法院认为，《合同法》第113条规定的预期可得利益损失，是针对有效合同违约赔偿而言的，如案涉的《建设工程施工合同》本身被法院认定为无效，则不存在预期可得利益损失的请求权基础，故对于合同无效时，一方主张预期可得利益损失不予支持。在法务实际中，建设工程施工领域产生的无效合同多数系因违反法律、行政法规的强制性规定而无效，此种情况下如果允许一方可主张预期可得利益损失，就变相加大了发包方的诉讼负担。

司法实践中，发包方往往通过公开招投标的方式确定承包方。基于对招投标程序的公开性及透明性的信任，承包方在中标、洽谈或发包方签署具体的工程总承包合同后，即开始着手具体承包合同的准备工作。而发包方此时基于任何原因终止合同的履行或违约向其他承包方另行发包的，都将造成承包方预期利益或者前期投入的损失。

可得利益一般是指违约行为导致受害人丧失了“合同履行后可以获得的利益”；相对于现有财产的灭失、损坏和费用支出等类型的积极损失，可得利益是一种消极损失。它具有以下特点。

1. 未来性。可得利益是未来利益，它在违约行为发生时并没有为当事人所实际享有，而必须通过合同的实际履行才能实现。

2. 期待性。可得利益是当事人订立合同时期望通过合同的履行所获得的利益，是当事人在订立合同时能够合理预见到的利益，而可得利益的损失也是当事人能够预见到的损失。

3. 可得利益具有一定的现实性，也就是说只要合同如期履行，可得利益就会被当事人所得到。

三、建设工程合同预期可得利益索赔解除合同的情形

发包方与合同对方不能就损失赔偿达成一致，势必造成双方的纠纷。那么，面对此种情况产生的纠纷，承包方、分包商及实际施工人主张的哪些权利可能会得到

支持呢?

预期利益的主张,往往意味着建设工程施工合同的解除,而不是认定合同无效,那么,建设工程施工合同的解除又有哪几种情形呢?

(一)《合同法》规定的解除合同的情形

我国《合同法》第94条[1]规定,“有下列情形之一的,当事人可以解除合同:(一)因不可抗力致使不能实现合同目的;(二)在履行期限届满之前,当事人一方明确表示或者以自己的行为表明不履行主要债务;(三)当事人一方迟延履行主要债务,经催告后在合理期限内仍未履行;(四)当事人一方迟延履行债务或者有其他违约行为致使不能实现合同目的;(五)法律规定的其他情形”。

《合同法》第97条[2]规定,“合同解除后,尚未履行的,终止履行;已经履行的,根据履行情况和合同性质,当事人可以要求恢复原状、采取其他补救措施,并有权要求赔偿损失”。

《合同法》第113条[3]第1款规定,“当事人一方不履行合同义务或者履行合同义务不符合约定,给对方造成损失的,损失赔偿额应当相当于因违约所造成的损失,包括合同履行后可以获得的利益,但不得超过违反合同一方订立合同时预见到或者应当预见到的因违反合同可能造成的损失”。

(二)《建设工程施工合同解释》规定的解除合同的情形

《建设工程施工合同解释》第8条规定,“承包人具有下列情形之一,发包人请求解除建设工程施工合同的,应予支持:(一)明确表示或者以行为表明不履行合同主要义务的;(二)合同约定的期限内没有完工,且在发包人催告的合理期限内仍未完工的;(三)已经完成的建设工程质量不合格,并拒绝修复的;(四)将承包的建设工程非法转包、违法分包的”。

《建设工程施工合同解释》第9条规定,“发包人具有下列情形之一,致使承包人无法施工,且在催告的合理期限内仍未履行相应义务,承包人请求解除建设工程施工合同的,应予支持:(一)未按约定支付工程价款的;(二)提供的主要建筑材料、建筑构配件和设备不符合强制性标准的;(三)不履行合同约定的协助义务的”。

《建设工程施工合同解释》第10条第2款规定,“因一方违约导致合同解除的,违约方应当赔偿因此而给对方造成的损失”。

---

〔1〕 参见《民法典》第563条。

〔2〕 参见《民法典》第566条。

〔3〕 参见《民法典》第577条、第583条、第584条。

(三)《民法通则》规定解除合同的情形

《民法通则》第 115 条[1]规定,“合同的变更或者解除,不影响当事人要求赔偿损失的权利”。

对于上述合同解除后的损失,一般都认为直接损失能够得到赔偿。

四、建设工程施工合同的可得利益损失的认定

可得利益损失的认定,是一项专业性很强的技术性工作,需要有法律与证据相互支撑。这里主要就承包人与发包人的可得利益损失分别讲解。

(一)承包人的可得利益损失

从承包人的角度来讲,承包人的可得利益损失最主要的就是继续履行合同直至履行完毕之后所产生的预期利润。这个预期利润能否得到赔偿,也是很多承包人在解除合同之后,最为关注的一个问题。在司法实践中,这部分可得利益损失能否得到赔偿,取决于承包人的举证。

根据最高人民法院《关于当前形势下审理民商事合同纠纷案件若干问题的指导意见》,承包人一般应承担的举证为:其遭受的可得利益损失总额。而发包人应当承担的举证责任一般为承包人有无采取合理减损措施而导致损失扩大、承包人亦有过失的举证责任。

由此可以明确,承包人能否获得可得利益赔偿,在司法实践中,首先需要承包人明确可得利益的具体数额。这个具体数额,有以下几种确定方式:

其一,可以按照发包人在招投标时确定的合理最低价参考值超出合同约定价款的差额来主张。

其二,可以参考同行业可得利润确定具体数额。

其三,可以根据定额或者原约定的结算方式计算,通过鉴定确认具体可得利益数额。

其四,还需要注意的一点是,如果存在《合同法》第 113 条第 2 款规定的欺诈经营、《合同法》第 114 条[2]第 1 款规定的当事人约定损害赔偿的计算方法以及因违约导致人身伤亡、精神损害等情形的,是不适用可得利益损失赔偿规则的。

(二)发包人的可得利益损失

发包人的可得利益损失形式较承包人多。例如,在招投标阶段因承包人违约

---

〔1〕 参见《民法典》第 566 条。

〔2〕 参见《民法典》第 584 条、第 585 条。

导致合同解除的,发包人的可得利益损失可以表现为原招投标与再次招投标之间的差价(如材料、人工差价等)。如果在合同履行过程中,因承包人违约导致合同解除的,发包人的可得利益损失可以表现为经营损失、厂房租赁损失等;当然,如果发包人发包的工程是商品房工程,这个可得利益损失还可以受房地产市场价格的影响。当然,对于发包人的可得利益损失的具体金额,因为其影响因素较多,举证责任更为艰难。

从举证角度来看,主张可得利益损失,应完成以下举证事项:

第一,证明合同合法有效,这是支持承包人主张预期利益之前提。如果合同被判无效,可得利益损失的诉求就失去了法律的支撑基础。

第二,举证责任依据"谁主张,谁举证"原则,要有充分证据能够证明预期利益损失,这样才可得到法院的支持。

第三,可得利益具有的未来性和预期性导致其具有不确定性,但这种不确定性是可预期的,是可以用证据加以证明是可计算的。

实践中,发包方在合同履行过程中违约导致合同无法继续履行的,除预期利益损失外,承包方仍可向发包方主张已经发生的实际损失,例如,已支出的工程材料款、人工工资、已支付的保证金及保证金占用期间的利息;人工窝工损失、机械窝工损失;垫付的工程款等因履行合同而实际支出的费用;以及为解除合同需要做退场、清场等工作而预期需要的支出,这些支出在实际发生后,是可以另行主张的。

合同解除后,非过错方可以提出预期可得利益的损失索赔,合同无效后,若一方当事人对合同无效存在过错,且对方当事人因此遭受损失的,过错方应基于缔约过失责任向对方当事人进行损失赔偿,所赔偿的损失限于信赖利益(包括直接损失和间接损失),不包括在合同有效情形下通过履行可以获得的利益。认定损失赔偿数额时,应根据案件具体情形判断各项损失应否全额赔偿;若受害人也存在过错的,受害人应根据自己的过错程度承担相应的责任。

法务实例84:合同无效,赔偿损失的范围不应以预期可得利益为标准

案情简介:

2007年4月1日,王某与某村村民委员会(以下简称村委)签订了《砖厂承包合同书》,约定村委将村里一窑厂承包给王某,承包期限为5年,窑厂所需土源由村委提供,用地手续由村委负责办理。每年的承包费2万元整,第一年的承包费在签合同时预交,第2年至第5年的承包费须

在本年的4月1日前一次性交齐。该合同后附有一张图纸，明确了窑厂取土的具体位置。该合同签订当日，王某向村委预交第一年的承包费2万元整。合同签订后，王某开始修建砖窑，并购买了相关设备。后村委向当地土地矿产管理局申请办理用地手续时被告知，约定取土之土地为耕地，并在基本农田保护区内，故村委的申请未被批准。双方因此发生纠纷，王某遂向法院提起诉讼，要求村委返还承包费2万元，并赔偿损失80万元，具体包括：(1)修建砖窑的费用5万元；(2)因提供不出成品砖，需要向第三方支付的违约金3万元；(3)购买制砖设备费用22万元；(4)承包期内砖厂可得的经营利润50万元。诉讼中，一审法院委托当地物价局对涉案砖厂经营收入进行资产价值认定，该局认定涉案砖厂在正常情况下，扣除所有费用每年经营利润为8万元。

一审法院认为：王某和村委约定取土之土地为耕地，且属于基本农田保护区，依据《土地管理法》第36条以及《基本农田保护条例》第17条规定，关于取土之地点的约定应为无效。因该条款为涉案合同的核心条款，该条款无效导致整个合同的目的无法实现。故整个合同亦无效。对合同无效，双方均存在过错，但村委作为集体土地的管理者。理应清楚土地性质，故其对合同无效存在主要过错，应承担70%的责任。依据《合同法》第58条规定，一审法院认定村委应将2万元承包费退还王某，同时按照70%的比例向王某赔偿损失，具体包括修建砖窑的费用5万元、购买设备的费用22万元、向第三方支付的违约金3万元、物价局认定的5年的预期经营利润40万元。据此，一审法院判决：《砖厂承包合同书》无效，村委应返还王某承包费2万元，并向王某赔偿损失49万元[(5+3+22+40)×70%=49]。

村委不服一审判决，就损失赔偿数额提起上诉。

二审法院认为：涉案合同违反法律、法规强制性规定，应为无效。村委对合同无效存在主要过错，依据《合同法》第58条规定，应赔偿由此给对方造成的损失。物价局认定的预期经营利润40万元属于合同履行后可得利益，不属于应予赔偿的范围。所购买设备不专属于涉案合同，仍可继续使用，不应全额赔偿，王某也已另行与第三方签订了承包合同，但合同无效的确导致了设备在一定期间内的闲置，故酌定折旧费5万元。一审法院关于损失赔偿数额的认定有所不当，应予纠正。王某对合同无效也存在过错，对自己所受损失应自行承担30%的责任。据此，二审法院维持了一审判决关于合同无效及返还2万元承包费的认定，改判村委应向王某赔偿损失9.1万元[(5+3+5)×70%=9.1]。

明法晰理：

本案的争议焦点是：合同被认定无效后，《合同法》第58条[1]规定的"有过错的一方应当赔偿对方因此所受到的损失"的范围如何界定？一般认为，合同无效后，有过错一方赔偿对方损失是基于缔约过失责任，赔偿的范围限于"信赖利益"，不包括在合同有效情形下对方通过履行合同可以获得的利益，并且适用过失相抵规则。

法院判决的具体理由如下：

1. 合同无效损失赔偿的性质属于缔约过失责任。合同无效后，依据《合同法》第58条[2]和第59条[3]的规定，产生三种法律后果：(1)返还财产或折价补偿；(2)赔偿损失；(3)取得的财产收益归国家所有或者返还集体、第三人。关于"返还财产或折价补偿"的性质，一般认为是基于物上请求权或不当得利请求权，本案中村委应返还王某已支付的2万元承包费即属于此；关于"收归国家所有或者返还集体、第三人"的性质，一般认为是基于行政责任或侵权责任；关于赔偿损失的性质，学理上一般认为是缔约过失责任。

缔约过失责任以先合同义务为前提，所谓先合同义务，是指当事人为缔约而接触磋商之时，基于诚实信用原则而产生的协力、告知、阐明、保护、照顾、保密等义务。违反先合同义务，给对方造成损害的，则构成"缔约上过失"，发生"缔约过失责任"。合同无效情形下产生的是缔约过失责任。而非违约责任，原因在于违约责任存在的前提是"合同债务"，而合同无效为自始无效，即于合同成立时合同约定内容即不对当事人产生约束力，不产生"合同债权"或"合同债务"，故违约责任无从谈起。本案中，涉案合同是因"违反法律、行政法规的强制性规定"而无效，无效原因本不是一方行为所致，但村委作为集体土地的管理者，理应清楚土地性质，在合同签订之前对王某尽到告知和阐明义务，从而避免无效合同的产生。但村委由于对土地性质未予以详细了解，致合同因"违反法律、行政

〔1〕参见《民法典》第157条。
〔2〕参见《民法典》第157条。
〔3〕参见《民法典》第154～157条。

法规的强制性规定”而无效，给相信合同有效并做了准备工作的王某造成了损失，虽不是故意，但存有过失，属于《合同法》第42条[1]第3项规定的“其他违背诚实信用原则的行为”，故应承担缔约过失责任。

2. 缔约过失责任损害赔偿的对象为信赖利益。缔约过失责任的最主要承担方式为损害赔偿，损害赔偿的对象为信赖利益。信赖利益的损失是指缔约人信赖合同有效成立，但因法定事由发生，致使合同不成立、无效或被撤销等而遭受的损失。履行利益以合同有效为前提，因而不适用于合同无效情形。而缔约过失责任的目的就是补偿一方当事人因合同不成立、无效或被撤销而遭受的损失，从而使得其利益恢复至合同签订之前的状态，故其损害赔偿的对象为信赖利益。

综合《合同法》的规定来看，合同无效情形下的损失赔偿对象也不包括履行利益。具体到本案，王某请求的50万元“承包期内砖厂可得的经营利润”以及物价局认定的每年8万元的经营利润均为涉案合同在有效情形下王某可以获得的履行利益，因而在合同无效情形下不应得到支持。一审法院对此认定不当，二审法院已予以纠正。

3. 关于信赖利益之范围。信赖利益的损害包括所受损害和所失利益。所受损害又称直接损失，是指既有财产的减少，如缔约费用（如为签订合同而支出的交通费、咨询费等合理费用）、准备履约费用（如为履行买卖合同而租赁仓库支付的租金等合理费用）、已付金钱产生的利息等。若合同成立一段期间后又被认定无效，且一方在合同成立后已经开始履行合同的，则这方实际履约的费用也应算作所受损害而得到赔偿；所失利益又称间接损失，是指既有财产本应增加而未增加的部分，包括因丧失了与第三人另行缔约的机会所产生的损失等。具体到本案，王某修建砖窑和购买设备均是为了履行涉案合同，由此支出的费用均属于准备履约的费用，为“所受损害”，应得到赔偿。王某因提供不了成品砖而向第三方交纳的3万元违约金，是因为王某相信涉案合同有效而与第三方签订供货合同而产生，若恢复至涉案合同签订之前则不会存在此损失，故也属于“所受损害”，应得到赔偿。

信赖利益范围内的损害赔偿未必是全额赔偿。即使是属于信赖利益，应否全额赔偿，也要结合案件的实际情形予以认定。如果缔约过程中

---

[1] 参见《民法典》第554条、第560条。

支出的某些费用属于不缔约也要支出的费用,则不应得到赔偿;如果为准备履约而支出了费用,但同时获益的,应把获益部分予以扣除后再计算费用;为准备履约而购买的设备、工具等,也要考虑在合同无效后是否仍有其他用途。具体到本案,王某为履约购买了制砖设备,花费22万元,虽然合同被认定无效,但其所购买的制砖设备仍可用于其他合同,即设备的价值没有因为涉案合同的无效而全部丧失,所以二审法院没有全部支持王某关于赔偿设备购买费用22万元的请求,而是按照设备的购买价格与实际闲置时间等因素酌定了5万元的赔偿数额。

信赖利益损害赔偿也适用过失相抵规则。如果对于合同的未成立、无效或被撤销,受害人也存在过错的,受害人应根据自己的过错程度承担相应的责任。《合同法》第58条[1]规定"双方都有过错的,应当各自承担相应的责任"即是对这一规则的体现。具体到本案,一、二审法院均分析了双方对于合同无效的过错程度,认定村委承担主要责任,王某承担次要责任,并根据过错程度认定王某对自己遭受的损失承担30%的责任。

五、承包人主张预期可得利益的确定方式

由于施工合同司法解释对承包人主张预期可得利益的方式及金额如何确定没有明确规定,而《合同法》第113条规定得又比较笼统,实践中在这个问题上产生的判决结果均不统一。主要有以下几种裁判方式和处理思路。

(一)按照合同约定费用定额中的利润率作为预期可得利益损失的计算依据

这种确定方式建立在施工合同中以及承包人的报价中可以明确看出承包人的利润率。

在合肥工程建设承包有限责任公司与安徽省业辉置业投资有限公司建设工程施工合同纠纷案中,审判法院认为"本案双方当事人共签订了20栋楼的建设工程施工合同,在施工过程中,业辉公司以合肥工程承包公司工期违约为由,解除了其中5栋楼的工程,合肥工程承包公司诉求业辉公司单方解约造成的202.95万元损失。本院认为,依据《建设工程施工合同》通用条款第44.6条规定'合同解除后……发包人应为承包人撤出提供必要条件,支付以上所发生的费用,并按合同约定支付已完工程价款。已经订货的材料、设备由订货方负责退货或解除订货合同,

---

[1] 参见《民法典》第154条。

不能退还的货款和因退货、解除订货合同发生的费用，由发包人承担，因未及时退货造成的损失由责任方承担。除此之外，有过错的一方应当赔偿因合同解除给对方造成的损失'，即解除合同造成的损失既包括实际发生的损失，还应包括预期可得利益损失，合肥工程承包公司对实际发生的损失并未举证，预期可得利益损失依据《中华人民共和国合同法》第113条之规定，'当事人一方不履行合同义务或者履行合同义务不符合约定，给对方造成损失的，损失赔偿额应当相当于因违约所造成的损失，包括合同履行后可以获得的利益，但不得超过违反合同一方订立合同时预见到或者应当预见到的因违反合同可能造成的损失'，即预期可得利益损失应是违约方在订立合同时的预见，本案合同签订价为8000万元，土建以三类取费，利润率为6%，钢结构四类取费，利润率为3.5%，以土建和钢结构比例为60%和40%，5栋楼的预期可得利益损失为100万元，该损失应由业辉公司赔偿"。

法务实例85：以合同明确约定为预期利益的计算标准

案情简介：

2004年10月，甲公司向社会公开招标某市花园二期工程，乙公司通过该次招投标，被确定为中标人。2005年6月16日，双方依据评标结果签订了《建设工程施工合同》，约定乙公司承包某市花园二期工程，开工日期为2005年7月2日，竣工时间为2006年10月4日，合同价款为1325万元，乙公司对本工程不能向外分包以及合同预期利润为7%等。合同签订后，乙公司即开始筹建临时设施、设立项目部及开展相关的基础工作。2005年6月20日，乙公司与丙公司签订了《建设工程劳务分包作业合同书》，约定如乙公司违约，须支付违约金。后因甲公司迟迟未通知原告开工，也未办理施工许可证，致使乙公司不能按期开工。2007年12月20日，乙公司向丙公司赔偿了项目违约金50,000元。

2007年6月12日，通过三方会谈，乙公司要求甲公司赔偿各项损失1,014,300元以及预期利润损失，同时要求如果甲公司3个月内仍不能履行，乙公司有权解除合同，并依法追究甲公司的违约责任。2008年2月28日乙公司以甲公司违约为由向漯河市郾城区人民法院提起诉讼，请求：(1)解除合同；(2)判令甲公司赔偿乙公司管理人员工资、窝工费、预期利润损失等共计2,521,931.6元等。

2008 年 5 月 22 日，郾城区人民法院委托相关机构对乙公司实际工程发生费用及停工停滞费用进行建设工程造价司法鉴定，鉴定结果共计为 165,779.33 元。鉴定费 10,000 元。对此双方均无异议。

漯河市郾城区人民法院经审理认为，乙公司、甲公司双方签订的《建设工程施工合同》合法有效，因甲公司原因造成工程无法按期开工，甲公司应当承担违约责任。甲公司辩称未开工是因为城市规划的改变，因未提供证据，而乙公司也不予认可，对此不予采信。从合同约定开工日期至诉讼时已达 3 年之久，工程实际已无法履行，且根据三方会谈内容，对乙公司解除合同以及 7% 的预期利润损失，共计 797,252.33 元的诉请，应予支持（其他各项费用的认定及计算在此暂不详述）。依照《合同法》第 94 条、第 107 条、第 113 条之规定，判决解除施工合同，甲公司赔偿乙公司预期利润 797,252.33 元，加之其他费用共计 1,318,806.66 元，于本判决生效后 10 日内履行等。

一审判决后甲公司不服，提起上诉，认为原审判决甲公司赔偿预期利润 797,252.33 元不能成立，法律适用错误，请求二审法院予以纠正。漯河市中级人民法院二审确定本案的争议焦点之一是对本案的处理是适用《合同法》第 113 条还是第 284 条，以及甲公司是否应该赔偿乙公司预期利润 797,252.33 元。

二审经审理认为，合同签订后，由于甲公司的原因，一直到双方发生纠纷还没有开工建设，甲公司应承担违约责任。甲公司在二审开庭时提供的有关拆迁证明，均是在双方签订的合同竣工日期之后，甲公司以"不可抗力"为由诉称不承担违约责任证据不足，理由不充分，依法不予支持。关于法律适用问题，《合同法》第 284 条的规定指的是因发包人的原因致使工程中途停建、缓建的，发包人应赔偿承包人因此造成的有关损失。本案事实是合同签订后没有施工，不存在停建、缓建的问题，故不适用《合同法》第 284 条规定。

依照《民事诉讼法》第 153 条第 1 款第 1、2 项之规定，判决甲公司赔偿乙公司预期利润 797,252.33 元，于判决生效后 10 日内履行完毕。

明法晰理：

本案的焦点主要是对乙公司主张的预期利润损失 797,252.33 元应否予以支持。

第一,关于本案《合同法》条款的适用问题。《合同法》第113条第1款规定:“当事人一方不履行合同义务或者履行合同义务不符合约定,给对方造成损失的,损失赔偿额应当相当于因违约所造成的损失,包括合同履行后可以获得的利益,但不得超过违反合同一方订立合同时预见到或者应当预见到的因违反合同可能造成的损失。”该条适用于因当事人一方违约,给对方造成损失的情形。也就是说,如果当事人一方违约,并给对方造成了损失,且违约与损失之间存在因果关系,那么,就可以适用该条的规定。《合同法》第284条规定:“因发包人的原因致使工程中途停建、缓建的,发包人应当采取措施弥补或者减少损失,赔偿承包人因此造成的停工、窝工、倒运、机械设备调迁、材料和构件积压等损失和实际费用。”该条适用于因为发包人的原因致使工程中途停建、缓建的情形。具体到本案来说,根据现已查明的事实,甲公司与乙公司签订的《建设工程施工合同》约定,工程的开工日期为2005年7月2日,竣工日期为2006年10月4日,而甲公司自2005年6月16日与乙公司签订该合同起至2008年2月28日乙公司起诉止,在近3年的时间里,既未通知乙公司开工,也未办理施工许可证,致使乙公司不能如约开工并因此给乙公司造成损失。基于乙公司未能开工这一事实,我们认为,此情形不属于《合同法》第284条所规定的工程“中途”停建、缓建的情形。既然没有开工,就不存在工程“中途”的情形,因此,本案不能适用该条的规定。另外,如前所述,甲公司与乙公司间的合同履行不能是甲公司违约所致,乙公司为履行合同所支出的相关人员工资及房屋租赁费等因该合同履行不能而无法收回,因此,甲公司的违约行为与乙公司的损失间存在因果关系,这符合《合同法》第113条的适用条件,故应适用该条来处理本案。

第二,关于《合同法》规定的担责形式问题。《合同法》规定的承担违约责任形式有继续履行、采取补救措施、赔偿损失、违约金、定金罚,其中,赔偿损失在司法实践中的适用极为广泛,主要以损害赔偿金的形式出现。根据《合同法》的规定,损害赔偿金分为约定损害赔偿金和法定损害赔偿金两种。这里所说的约定损害赔偿金是指当事人依照《合同法》第114条第1款的规定,自主约定一方如违约且因此给对方造成损失时,应向对方支付损害赔偿金,并就损害赔偿金数额的计算方法达成一致。下面,我们着重探讨一下法定损害赔偿金。

法定损害赔偿金是指只要符合法定的赔偿损失的条件,即当事人一方违约,并给对方造成了损失,且违约与损失之间存在因果关系,那么,不论当事人是否约定赔偿损失这种违约责任形式,违约方都应向对方支付的损害赔偿金。依功能的不同,法定损害赔偿金可分为补偿性法定损害赔偿金和惩罚性法定损害赔偿金。因违约责任多以补偿为其首要、基本功能,以惩罚为其例外、补充功能,故法定损害赔偿金亦以补偿性为原则,以惩罚性为例外,即若无法律明确规定,法定损害赔偿金只用于弥补因违约所造成的损失。《合同法》第 113 条是关于上述两种法定损害赔偿金的规定,其中第 1 款规定了补偿性法定损害赔偿金的一种情形。该款规定:"当事人一方不履行合同义务或者履行合同义务不符合约定,给对方造成损失的,损失赔偿额应当相当于因违约所造成的损失,包括合同履行后可以获得的利益,但不得超过违反合同一方订立合同时预见到或者应当预见到的因违反合同可能造成的损失。"根据这一规定,补偿性法定损害赔偿金的数额范围包括两部分:一是实际损失,即违约所造成的现实财产的减少;二是预期利益损失,指合同履行后可以获得的利益。本案中,乙公司在其投标文件中依甲公司招标文件规定的 7% 的利润率计算其预期利润为 797,252.33 元,甲公司对此无异议;且甲公司与乙公司签订的《建设工程施工合同》也明确约定,合同预期利润为 7%。因此,该 797,252.33 元预期利益损失是甲公司在订立合同时预见到或者应当预见到的因违反合同可能造成的损失,故应依法作为损害赔偿金的一部分向乙公司赔偿。

(二)补偿性法定损害赔偿金中预期利益以司法鉴定为计算依据

这种预期利益的计算方式常常以法院要求双方申请司法鉴定,要求有资质的造价机构对预期利益进行计算,并以此作为判案的依据。

在合肥市昂鑫房地产开发有限公司与浙江建安实业集团股份有限公司建设工程施工合同纠纷案中,一审原告建安实业公司向一审法院提交申请,要求对案涉 8#、9#楼建设工程施工合同正常履行后的可得利益进行鉴定。该院委托安徽中信工程咨询有限责任公司(以下简称中信工程咨询公司)对案涉合同履行后施工方的可得利益进行了鉴定。中信工程咨询公司 2009 年 10 月 12 日出具了《关于"上海城市公寓"8#、9#楼合同履行后预期可得利益的鉴定报告》(以下简称《鉴定报告》),载明:(1)此次鉴定涉及的相关工程资料均由一审法院提供。(2)此次鉴定得出的预期可得利益，是建立在许多假设的前提条件下的，如项目班子运作有序、高效，现场管理科学合理，施工组织管理完善，组织与采购正常，市场主要材料价格变化平稳，无安全、质量事故，工期合理，施工管理费控制得当，工程变更签证手续完备及时，工程结算科学合理，等等；同时，该预期可得利益也是建立在鉴定人认为案涉合同价 1750 万元对应的仅是部分工程这一判断基础之上的。综上，在充分满足上述假设条件的前提下，若履行合同，施工方预期可得利益为 1,466,300 元。一审法院采纳鉴定机构的鉴定意见。

在本案中，需要特别注意的是，虽然一审法院采纳了鉴定意见，但是正如鉴定报告中所述，"此次鉴定得出的预期可得利益，是建立在许多假设的前提条件下的"，说明在建设工程施工合同领域中，由于预期可得利益的难以确定，即便是通过鉴定方式也存在很多不确定因素。虽然本案二审时，二审法院又推翻了一审法院的上述判决，但二审法院的主要理由是一审鉴定机构的鉴定依据不足。说明通过鉴定方式确定预期可得利益虽然存在众多不确定因素，但在条件具备的情况下，也是可行的方案之一。

（三）以建筑行业平均产值利润率为计算预期可得利益损失的依据

与前述第 1 种方式不同，这种确定方式，主要建立在无法在施工合同中以及承包人的报价中直接看出承包人的利润率时，法院笼统地按照建筑行业平均利润率来计算预期可得利益，与第 1 种方式的原理相似，均是试图以承包人的利润率为基础。

在新余福燊实业有限公司诉江西省第五建设集团有限公司等建设工程施工合同纠纷案中：

一审法院认为"新余福燊公司与江西五建公司签订合同时，应当预见到合同履行后江西五建公司可以获得一定的建筑业产值利润，因此，江西五建公司主张新余福燊公司违约后应赔偿预期可得利益损失的诉讼请求，依法有据。江西五建公司应当获得的预期可得利益可参照《建设工程施工合同》签订前三年建筑行业平均产值利润率，并结合该合同的履行情况综合考量予以确定。2008～2010 年我国建筑行业产值利润率统计为 3.55%、3.54%、3.55%，同时，《建设工程施工合同》签订后并未开始履行，江西五建公司未为四眼井项目的建设施工进场做相关准备工作。因此，为平衡双方利益，对江西五建公司预期可得利益损失酌情认定为3,675,000元”。

在该案中，一审法院对于预期可得利益的计算即是参考了同一时段建筑业行业平均产值的利润率，并结合案件实际情况，对于承包人江西五建主张的逾期可得利益进行确认。但值得注意的是，本案进入二审阶段后，二审法院推翻的一审法院对于这个问题的判决，二审法院认为“新余福燊公司不应向江西五建公司赔偿预期可得利益损失，理由是：第一，前文已述，江西五建公司与新余福燊公司于2011年5月10日订立的《建设工程施工合同》因未经过法定招投标程序，违反了法律、行政法规的效力性强制性规定，应当认定无效，故江西五建公司请求新余福燊公司向其赔偿该份合同履行后的预期可得利益损失，于法无据。第二，在江西五建公司没有举证证明其为履行《建设工程施工合同》开展了准备、安排工作，产生了相应的费用，造成了一定的损失的情况下，原审法院仅以《中国统计年鉴》发布的2008年至2010年3年的建筑行业平均产值利润率为依据，酌情认定预期可得利益为367,500元不当。众所周知，建筑市场有许多不确定性，存在不可预估的风险。作为建筑企业必须要做好成本控制和质量管理，实施切实履行合同的行为，才有获利的可能性，否则还有可能导致亏损。江西五建公司仅凭签订的《建设工程施工合同》不能确定一定能产生利润。原审判决根据尚未确定履行时间的施工合同计算利润损失，缺乏事实和法律依据。第三，原审法院计算预期可得利益是以《建设工程施工合同》中约定的合同价款2.45亿元为基数，但因在订立该份合同时双方既未提供施工图纸也未对工程内容进行明确约定，合同价款约定为2.45亿元，仅是双方为订约而拟定的一个数据，并无事实基础，不具客观性、科学性。原审法院以本不具有客观性的合同价款为基数进行推算，酌情认定预期可得利益没有事实依据”。

预期可得利益损失的前提是合同因一方违约而解除，其中的两个关键点在于：一是合同并没有正常履行至结束；二是没有正常履行完毕的原因在于一方违约。预期可得利益损失正是针对这种非正常情况下对非违约方的救济，与市场风险及假设的合同正常履行时非违约方因自身原因导致的亏损无关。

(四)以发包人招标时的合理最低参考价与承包人中标价的差额作为承包人的预期利润即预期可得利益损失

这是参考第2点中所引用的合肥市昂鑫房地产开发有限公司与浙江建安实业集团股份有限公司建设工程施工合同纠纷案,二审法院在否决一审判决及司法鉴定意见后,并未重新委托鉴定,而是采用了另外一种计算方法,二审法院认为:“建安实业公司投标时的预算价21,217,694元表明,该公司以1750万元承建案涉‘上海城市公寓’8#、9#楼工程存在大幅让利的情况,而昂鑫房产公司就案涉工程设定的合理最低价参考值17,059,954元则表明该公司认为承包方报价中高于该最低成本价的部分即为利润,故昂鑫房产公司在与建安实业公司签订合同时对建安实业公司通过承建案涉工程可获得440,046元(17,500,000元－17,059,954元)利润是预知的,据此,判令昂鑫房产公司赔偿建安实业公司预期可得利益损失440,046元事实和法律依据更为充分。”

鉴于建筑行业的特殊性,并不是所有的施工项目都能在报价中体现出利润,甚至很多项目,在预算及报价中存在大幅让利,故如果仅从合同及报价字面上来看,不仅看不出利润,反而如果项目正常完工,承包人会面临“亏损”,因此,与前述第1和第2种确定方式不同,本文的第3和第4种利润计算方式均属于法院另辟途径来确定预期可得利益。

综上所述,当建设工程施工合同因发包人违约而导致合同解除时,承包人可以按照《合同法》第113条的规定,向发包人索赔预期可得利益损失;预期可得利益必须是签订合同时发包人能够预见到的承包人在合同正常履行时能够获得的利润;由于建筑行业的复杂性,预期可得利益的确定在司法实践中存在各种方式不一的途径,且因为计算方式的不同,金额也有较大差别,对承包人主张预期可得利益造成一定难度和无法把握的风险。因此,建议承包人在合同签订过程中即明确向发包人申报利润,如无法实现,则应尽量在工程履行过程中及时做好材料收集、签证索赔等手续,为将来可能主张预期可得利益做好充分准备。

(五)预期利润按照省建设工程工程量清单计价办法规定的利润率计算

如果以工程量清单实施报价结算的合同,发生纠纷时,司法机关会以当地施行的工程量清单计价办法规定的利润率计算。

法务实例86:施工合同中发包人违约,承包人能否主张预期利益损失

案情简介:

2010年9月29日,A旅游开发公司通过招标的方式与B建筑公司签订了一份《建筑装饰装修工程施工合同》,约定由B建筑公司承包某大酒店二期装饰工程,开工日期为2010年11月28日(具体以A旅游开发公司开出的进场通知书为准,在合同签订日起两个月之内),合同价款为16,316,898.00元。合同约定了双方的违约责任,但未约定因A旅游开发公司原因而导致工程未开工应承担的违约责任。在签订合同的同时,B建筑公司依约向A旅游开发公司交纳了60万元的履约保证金。

2012年10月,B建筑公司以A旅游开发公司违约为由,向所在地法院提出起诉,请求:(1)解除装饰工程合同;(2)判令A旅游开发公司返还B建筑公司履约保证金计人民币60万元及利息;(3)判令A旅游开发公司支付B建筑公司延期开工补偿金计人民币316,000元(从2012年3月9日起计算至起诉之日止);(4)判令A旅游开发公司支付B建筑公司预期可得利益共计人民币795,565.68元;(5)本案诉讼费用全部由被告承担。

在庭审中,B建筑公司出具了《建筑装饰装修工程施工合同》及A旅游开发公司先后于2010年12月至2011年8月多次下达的《暂缓进场通知书》,2011年12月22日向B建筑公司出具《进场施工通知函》及《承诺书》,用于证明:(1)A旅游开发公司屡次拖延开工日期的违约行为;(2)A旅游开发公司自行承诺每延期开工一天,向B建筑公司支付2000元。另外,针对第4项诉讼请求,B建筑公司向法庭出具了《湖南省建设工程工程量清单计价办法》,该办法是由湖南省住房和城乡建设厅面向整个湖南省各级建设部门颁发的规范性文件,目的是规范该省工程造价计价行为,合理确定和有效控制工程造价的文件,其中规定了湖南省施工企业装饰装修工程利润为人工费的29%。因该工程项目在湖南,故B建筑公司预期可得利益按标书中确定的人工费的29%计算。

明法晰理:

A旅游开发公司应当返还B建筑公司履约保证金计人民币60万元没有异议。但对因A旅游开发公司自身承诺而支付给B建筑公司延期

开工补偿金的时间计算问题,笔者认为应当从2010年3月9日起计算至2010年5月8日而不应计算至起诉之日止。因为《承诺书》很清楚地载明:如两个月内仍不能开工,B建筑公司有权终止合同。B建筑公司未积极行使自己的合同终止权,导致A旅游开发公司的损失扩大,对于扩大部分,法庭不应予以支持。

针对A旅游开发公司是否应当支付B建筑公司79万余元的预期可得利益成为法庭争议的焦点。A旅游开发公司认为,该装饰工程项目并未实际履行,且B建筑公司主张要求延期开工补偿金,显属重复诉请,应当不予支付。B建筑公司则认为,延期开工补偿金系A旅游开发公司自身承诺应当予以支付,且A旅游开发公司亦承诺赔偿一切经济损失。

根据《合同法》第113条第1款规定:"当事人一方不履行合同义务或者履行合同义务不符合约定,给对方造成损失的,损失赔偿额应当相当于因违约所造成的损失,包括合同履行后可以获得的利益,但不得超过违反合同一方订立合同时预见到或者应当预见到的因违反合同可能造成的损失。"依据以上规定,如果合同能如期履行,B建筑公司应该能获得工程利润,故B建筑公司的经济损失应当包括合同履行后可以获得的利益损失,请求延期开工补偿金与预期可得利益损失两者并不矛盾,更不存在重复诉求。

(六)主张以当地发布的年度统计年鉴显示的利润率计算预期利润额

还有的法院以当地发布的年度统计年鉴显示的利润率计算预期利润。

法务实例87:预期利润超过合理范围的诉讼请求被驳回

案情简介:

2006年4月30日,广东某室内工程设计施工有限公司(以下简称施工公司)与华南某某大学(以下简称发包方)签订《施工合同》,承包该发包方科技交流中心二次装修工程,合同总造价18,563,252元。2007年7月17日施工公司进入施工现成,开始搭建临时设施及施工前的准备工作,但由于发包方的原因,一直未取得施工许可证。

2007年12月17日和2008年3月13日,施工公司先后收到发包方要求解除合同的通知书。2009 年 9 月 9 日，施工公司向仲裁委员会申请仲裁，要求发包方赔偿费用损失并要求发包方按广东省统计局《2007 年广东统计年鉴》显示的建筑企业的利润率 3.48%，以合同总造价为基数，赔偿预期利润损失 646,001 元。

经开庭审理，工程造价鉴定机构认为施工公司提出的工程预期利润按广东省统计局《2007 年广东统计年鉴》显示的建筑企业的利润率计算属合理范围，但对案件能否计算工程预期利润交由仲裁庭裁决，最终，仲裁委员会对施工公司费用损失赔偿予以支持，但驳回了施工公司对预期利润的索赔申请。

仲裁委员会认为，涉案工程仅进行了施工的前期准备工作，尚未正式开工，在仲裁委员会对施工公司所发生的其他实际费用损失予以支持的情况下，施工公司主张赔偿工期预期利润损失 646,001 元超出合理的范围。

明法晰理：

关于预期利润的计算标准问题，在仲裁案例中，施工公司主张以广东省统计局《2007 年广东统计年鉴》显示的利润率计算预期利润额，虽然获得造价评估单位的认可，但也存在很大的争议。

有人认为应按建设工程招标时，投标文件所显示的投标人的利润率来计算预期利润。有人认为应按建设部、财政部 2003 年 10 月 15 日发布的《建设部、财政部关于印发〈建筑安装工程费用项目组成〉的通知》（已失效）的附件《建筑安装工程计价程序》中所列定的方法来计算利润，即以工程项目中的人工费和机械费为基数乘以相应的利润率来计算工程的利润。也有人认为，某一具体建筑企业的利润率受到该企业自身经营状况、经营能力和经营风险的影响，统计年鉴显示的利润率是某一地区建筑企业的平均利润水平，不应适用于个案审判当中，而应结合具体建筑企业在某一时期内的经营状况来考虑该企业的预期利润。

由于投标文件是合同的组成部分，该利润水平也就是合同约定的利润水平，合同一方主张预期利润时，只能以该约定的利润水平为限。合同约定了利润率让合同一方对在履行该合同过程所能获得的利润已经有一个明确的预期，对合同另一方而言，这种约定也让其预见到如果解除后，对方将会受到的利润损失，也就是说，这个约定的利润率就是合同双方在签订合同时能预见到的范围。根据《合同法》第113条规定的“不得超过违反合同一方订立合同时预见到或者应当预见到的因违反合同可能造成的损失”，合同一方主张预期利润损失也就不能超过这个范围。只有在合同没有约定利润水平的情况下，才有需要根据具体情况来考察建筑企业的利润水平，才需要建筑企业举证证明其利润水平。《合同法》第113条规定的预期利润是“合同履行后可以获得的利益”，预期利润的计算在考虑建筑企业的平均利润水平的同时，还要结合个案中该企业的具体经营状况和经营能力来计算预期利润。建筑企业的利润是一个整体经营行为的结果，而不应仅仅是人工费和机械费方面的利润，《建筑安装工程计价程序》属于建设部门为指导各部门、各地区开展费用测算标准而发布的计价参考办法，并没有强制性，不应一律适用。

(七)按照施工企业前三年的平均税前利润率与本市同行业利润水平加权计算预期利润损失

如下述法务实例，仲裁机关就选择了以施工企业前三年的平均税前利润率与本市同行业利润水平加权计算预期利润损失。

法务实例88：按照施工企业前三年的平均税前利润率与本市同行业利润水平加权计算预期利润损失

案情简介：

宁波某公司车间、办公楼、宿舍楼等工程建设，总建筑面积约15,292平方米，包括车间，门卫，办公楼、宿舍楼及油墨库，室外给排水及室外照明，污水处理、厂内道路。该工程经招标由宁海县某建设工程有限公司以1050万元中标，但因各种原因中标方未能参与施工建设，并诉至宁波市江北区人民法院，法院委托宁波市价格认证中心要求鉴定宁海县某建设工程有限公司若参与该工程的施工建设的可得利润。宁波市价格鉴定中心首先对工程价格进行了鉴定，鉴定结果为预算造价12,676,111万元，并需要根据宁波市和宁海县建筑市场市场行情的平均值下浮18%。

然而重要的是测算可得利润率，价格鉴定中心采用现行市价法测算委托标的可得利润率，首先对宁海县某建设工程有限公司的财务情况进行了审核，重点抽查了该企业前三年经过审计的财务会计报表，根据该企业的资产负债表和损益表中数字的反映，该企业的税前利润率分别为2000年2.36%、2001年2.4%、2002年1.88%，前三年的平均税前利润率为2.22%；其次对全市历年建筑企业的财务状况进行了调查对比和分析（参照宁波市统计局编制的《2001宁波统计年鉴》《2002宁波统计年鉴》《2003宁波统计年鉴》），得到近三年全市建筑企业的平均利润率分别为2000年2.98%、2001年3.43%、2002年3.76%；最后对被测算对象赋予不同的权重，即宁海县某建设工程有限公司为60%，全市三个年度中2000年为10%、2001年为10%、2002年为20%，因此得出可得利润率的测算值为：2.22%×60%+2.98%×10%+3.43%×10%+3.76%×20%=2.72%。最终，鉴定宁海县某建设工程有限公司的可得利润为：工程项目可得利润=预算总造价×（1－下浮率）×可得利润=12,676,111×（1－18%）×2.72%=282,700元。

上述案例中，宁波市价格鉴定中心综合考虑了全市建筑行业的平均利润水平和企业自身的在某一较长时期内营业状况显示的利润水平，这样更能真实反映该企业应有的利润。

Chapter 20

第20章

治癞有方：

建设工程诉讼拖延与诉讼拖延阻却

在战略谋划中，代理律师通过对案情的深入了解，对双方当事人所处优势、劣势进行分析，并从战略上考虑双方可能采取的诉讼拖延与反拖延技巧进行预测，制定行动指南和制胜措施，并贯穿于整个代理过程。

诉讼拖延与反诉讼拖延根据制定和应用时间不同主要分为战略诉讼拖延与战术诉讼拖延两种。反诉讼拖延一般是对诉讼拖延战术的阻却，因此只能归于单一的战术反诉讼拖延。战略诉讼拖延一般在开庭前就有初步的思考，战术拖延与反战术拖延主要在具体的诉讼程序中及时作出应对措施并具体实施。

代理律师在实施诉讼拖延与反诉讼拖延技巧时要弄清实施诉讼拖延与反拖延战术的目的以及如何实施诉讼拖延技巧与诉讼拖延阻却技巧。

一、诉讼拖延的目的

诉讼拖延的目的就是代理律师为什么要实施诉讼拖延与反诉讼拖延技巧,必须将自己的意图提前与当事人进行沟通,同时要将采取诉讼拖延与反诉讼拖延技巧可能加大当事人的诉讼成本和诉讼法律风险及时向当事人提示,以利于代理律师的诉讼拖延与反诉讼拖延代理行为能够得到当事人的理解和认同。

实施诉讼拖延的利益所在,主要体现在以下几点:

第一,让事实真相更加清晰,争议是非更加清楚。

第二,能平息对手的愤怒,在一方实施诉讼拖延技巧时,可以使双方都能冷静地思考解决问题的方式,认识自己过去的得失,特别是通过诉讼时间的增加,会让利益方从诉讼成本角度去思考问题,也会从诉讼博弈的基本假设中领会到结束诉讼的得大于失,而坚持诉讼则失大于得。

第三,争取理想的调解方式。通过拖延,让双方处于休战状态,让各种激烈的诉讼行为暂时停止,让各自的代理律师有足够机会进行多方面的了解沟通,通过法官的说和,最终双方能够达成一致的和解方案。

第四,能够争取时间收集有利的证据,腾挪足够的空间,寻找胜机。

一般来讲,实施诉讼拖延主要基于以下四点目的:争取时间、腾挪空间、消磨意志与寻找战机。

(一)争取时间

代理律师接受案件后,通过综合分析,可能认为影响胜诉的因素是没有足够的时间吃透案情或收集证据,就会在现有诉讼程序规则的前提下通过诉讼拖延争取时间,以达到代理律师有足够时间赢得诉讼的目的。

代理律师可通过诉讼拖延技巧达到以下争取时间的目的:

1. 给自己熟悉案情的足够时间;
2. 为收集证据留够准备足够的时间;
3. 通过拖延更多地了解对方的诉讼实力和人际关系;
4. 通过拖延更好地掌握对方的诉讼准备情况。

(二)腾挪空间

代理律师接受案件后,可能在诉讼程序规定的时间内难以厘清案件关系,或者在证据方面明显感到不如对方的证明力强,或处于证据劣势,就要考虑采取诉讼拖延技巧,以达到腾挪空间的目的。

所谓腾挪空间,实质上就是一种诉讼的节奏,也是当事人及其代理律师施展诉讼的各种因素能够达到最佳的配合。诉讼拖延中的节奏掌握,就像围棋的抢占位置的改变,通过时间换空间,通过一处实地之失得他地之发展,或者说是为争先手,有意避免与对手正面冲突,通过缓着转战到其他盘面寻得先手。诉讼中的腾挪空间拖延,一般应从战术上考虑,打破对手在某一方面的优势而破坏对方的整体思路,如在质证阶段,当一方发现对手的某一证据明显处于优势时,可通过申请新的证人,申请调查新的证据,通过延期开庭达到破坏对手的诉讼思路。无论如何,作为代理律师要明白腾挪空间的目的是能够主动掌握案件的诉讼节奏。当然,还有更主动和更有力的,那就是根据案情发展情况提出反诉或改变诉讼当事人的构成。这是律师作为专业人员应有的诉讼技巧。

代理律师通过诉讼拖延达到以下腾挪空间的目的:

1. 为争取时间,增强达成调解协议的能力(如筹措资金);

2. 为达到配合当事人的整体经营计划调整的目的;

3. 为了获得更大的罚则利益,主要是在合同纠纷中,双方约定了很高的违约罚则,债权人对有足够支付能力的债务人会通过诉讼拖延达到利益最大化的目的。

(三)消磨意志

代理律师接受案件后,如果对手存在明显的蛮横无理,或原告过高地提出诉讼要求或被告提出了反诉要求等,就要考虑诉讼拖延,以达到消磨对手横蛮意志的目的,从而选择最佳时机与对手达成和解协议,或者通过诉讼拖延,让对手不再缠诉。

在诉讼中,被告代理律师一般都会主张采用拖延技巧,达到改变原告对案件的评价,动摇原告对案件胜诉的信心,直到原告接受被告方开出的和解条件,或者由原告主动提出撤诉。由于拖延技巧的实施,双方诉讼成本都会随之增加,必然给双方产生心理压力,影响其横蛮意志的维持。

(四)寻找战机

代理律师通过分析,发现被代理人处于明显诉讼劣势,且对手采用了不正当诉讼行为,当事人一方明显属于"累"诉,代理律师就要考虑通过诉讼拖延技巧来寻找战机,如篮球比赛的技术暂停,当对手势如破竹时,停顿一下,给对手心理上的迷惑,打乱其部署,自己得以喘息,重新调整部署,以此扭转战机。当然,这一措施的运用要及时与当事人沟通,在充分利用社会资源的基础上因人、因时、因地而异,如果当事人想尽快了结案件,那就不要横生枝节了,特别是对于劳动争议纠纷、婚姻家庭纠纷,等等。

寻找战机主要从寻找和解战机(包括寻找是否有合适的第三人出来调解,影响对方)和扭转局势战机两方面去考虑。

（五）诉讼拖延并非只有被告会采取

无论是被告还是原告，都会利用诉讼拖延技巧达到诉讼拖延的目的。一般来讲，原告方的诉讼拖延是基于诉讼的时间成本远小于诉讼得益而融入了经营意识后的谨慎行为；被告方的诉讼拖延是基于寻找战机，降低和解值而融入了消磨对方意志后的主动行为。诉讼拖延并非总是被告代理律师的杰作，原告代理律师在没有完全掌握被告资产或明知被告有足够支付实力，而拖延对于原告来讲会明显增加收益时（一般认为罚则条款约定的滞纳金或违约金支付远大于社会平均收益率）代理律师也会主张立案后，实施诉讼拖延来增加被告的额外负担。

二、诉讼拖延的技巧

诉讼拖延技巧就是代理律师在建设工程诉讼代理过程中，为达到诉讼拖延目的所采取的具体方式、方法或手段。

根据我国现行《民事诉讼法》的规定，给予代理律师很多合理的诉讼拖延技巧施展机会，主要可以从以下几个方面施展才能。

（一）提出管辖权异议

一宗建设工程诉讼纠纷，按照法定程序，如果你提出管辖权异议，人民法院可能在 1 个月内驳回你的申请，你可以在 10 日内上诉，上诉法院最快也要 1 个月才能收到你案子的案卷，程序走下来，最少都能够为你争取 3 个月的时间，还不算案卷的在途时间。实施提出管辖权异议的诉讼拖延技巧，足以让你达到争取时间、腾挪空间的诉讼拖延目的。

（二）当事人资格疑义

在诉讼立案过程中，原告方由于急于立案，或出于不想与其他第三方产生诉讼纠纷，很有可能出现当事人诉讼资格的错误，错列当事人或者漏列当事人，当事人可以申请当事人疑义或申请追加当事人。这样，至少可以拖延 1 个月。对于当事人的错列或漏列既可能是原告（存在共同原告的情形），也可能是被告，还可能涉及第三人。如《民事诉讼法》第 56 条第 1 款、第 2 款规定，“对当事人双方的诉讼标的，第三人认为有独立请求权的，有权提起诉讼。对当事人双方的诉讼标的，第三人虽然没有独立请求权，但案件处理结果同他有法律上的利害关系的，可以申请参加诉讼，或者由人民法院通知他参加诉讼，人民法院判决承担民事责任的第三人，有当事人的诉讼权利义务”。该规定虽然规定了由人民法院通知他参加，但司法实践中一般先得由原告或被告书面提出申请，法院裁定后通知第三人参加。

(三)申请法院参加庭审人员回避

一般来讲,代理律师在开庭前,要慎重考虑申请法院参加庭审人员的回避,并严格按照《民事诉讼法》第45条至第48条及第123条规定提出回避申请。通过申请回避来达到诉讼拖延的目的。在司法实践,当事人还可通过正当渠道反映法官不公正司法的问题来达到诉讼拖延的目的。曾经有一个案子涉及一位法官开庭前私下与当事人一道向对方做询问笔录,在当庭宣读询问笔录时,被对方代理律师抓到这一点后,当庭提出该法官的行为有失公正,要求审判庭另行换人,最后达到诉讼拖延的目的。

(四)提出证据延期提交、案件延期审理申请

在诉讼过程中,代理律师根据案情发展或对于证据的收集情况及时评估证据体系及总体战略情况,为争取时间,一般在举证阶段书面向法庭提出证据延期提交申请,从而达到诉讼拖延的目的。向人民法院申请延期开庭也是拖延的战略,运用得当,很可能改变案件进程,甚至翻盘。理由无外乎当事人因病、因事不能出庭,还有的提出特别授权代理人因公在外难以赶回等,一般主审法官都会答应当事人的请求,或者经常与主审法官沟通,要求开庭时间后延,这些都可以起到诉讼拖延的目的。

(五)申请法院重新鉴定、调取证据和现场勘验等

很多案子需要进行鉴定,原告总是喜欢独自申请鉴定,以为这样对自己有利,这就给了被告拖延的借口。代理律师要不失时机地提出申请法院重新鉴定,甚至有的要求多次鉴定。有时候还可依据《民事诉讼法》的规定申请法院调取对方所执有或与对方有关联的第三方所执有的证据,有些案件还可申请法院到现场勘验,以利于法官了解案情,同时可起到诉讼拖延的目的。

(六)通过程序性规定穷尽司法资源

代理律师在接案后,就要懂得《民事诉讼法》给予当事人哪些合理的诉讼拖延的程序性规定。如被告代理律师应当知晓"先刑事后民事"的规定,通过分析是否有当事人的行为违反刑法的规定,是否有些证据需要刑事案件的了结来确认,可以主张"先刑事后民事"来达到诉讼拖延的目的;还有的如劳动争议纠纷需要仲裁前置;土地、房产权属争议涉及行政诉讼等都可以达到诉讼拖延的目的。

要穷尽司法资源还体现在一审后有二审,二审后还可申诉,通过审判监督程序启动再审程序,还有的可通过检察院抗诉启动重审程序等,这些都是对司法资源的穷尽。

当然,无论采取何种诉讼拖延技巧,一般都要在诉讼法所规定的期间之内合理

行使,严格按照法院系统的解释或规定,提出充分的理由,及时提交申请,并能够得到主审法官的准许,否则,代理律师的诉讼拖延技巧是很难奏效的。即使一方当事人想通过程序性规定穷尽司法资源手段达到诉讼拖延的目的,如果被业务熟练的主审法官识破,那些有个性的主审法官会快刀斩乱麻,及时驳回申请,让妄想诉讼拖延的代理律师有口难辩,诉讼拖延可能反弄成诉讼速决。

三、反诉讼拖延的技巧

反诉讼拖延技巧也称作诉讼拖延的阻却技巧。代理律师在意识到对手实施诉讼拖延对己方不利后,启动制衡对手,达到阻却诉讼拖延目的的一种战术行为,或是反制对手实施诉讼拖延的具体方式、方法或手段。

根据我国现行《民事诉讼法》的规定,合理的诉讼拖延阻却技巧主要可以通过“影响”“威胁”“妥协”三个方面展开。

(一)影响

影响就是代理律师在发现对手应用诉讼拖延技巧后,采取诸如媒体、社会监督机构、与对手有利益关系的第三方来影响案件的进程,如说服法官公正执法,加快审理速度,或说服当事人尽快结束诉讼,恢复正常的生产、生活秩序等手段,达到左右诉讼进程的目的。

以下几种手段可以达到影响对手诉讼拖延战术的改变:

1. 通过媒体形成舆论;
2. 通过司法监督机构影响法院的办事效率;
3. 通过有影响力的社会团体或无关第三人来说服对手;
4. 直接向主审法官的主管领导反映案情。

(二)威胁

在影响不奏效的情况下,代理律师要采取进一步的措施,通过更强有力的手段对对手产生威胁,逼其走到正常的诉讼程序上来,从而尽快结束诉讼。

一般来讲,以下几种手段可达到诉讼威胁的作用:

1. 申请冻结账户;
2. 申请破产还债;
3. 申请财产保全;
4. 申请公证提存;
5. 及时发布相关事宜公告;

6. 将对手的诚信通过合法途径公之于众；

7. 通过律师函告之对手下步可能采取的严厉形式。

（三）妥协

对于对手的诉讼拖延，最终都要反映到诉讼成本的增加，双方的诉讼风险加大，对于明显处于诉讼劣势的一方而言，选择妥协也未免不是明智的选择。因此，代理律师要把握好和解的有利时机，及时、适当地提出和解条件，使对手能够坐下来考虑其妥协的诚意，尽快结束诉讼纠纷。对于明显优势的一方也要考虑诉讼成本的增加，会给案件产生增加变故的概率，如果明知对手没有支付能力，还不如妥协作出部分诉讼请求免除的承诺，让对手接受相对优惠的条件，从而达到平息诉讼的目的。

当然，在反诉讼拖延技巧中，妥协并非投降，而是一种识大局的求真务实，同时也是一种深思熟虑的决断，需要代理律师及时捕捉有利信息，并及时提出解决方案，防止日久生变，出现反复。

下面摘录一宗双方实施诉讼拖延与反诉讼拖延战术的精采博弈案例。

法务实例 89：通过威胁阻却诉讼拖延的成功案例点评

案情简介：

××年6月河南A公司驻郑办事处（以下简称甲办事处）与郑州某装饰公司（以下简称乙公司）签订了《丙大酒店建筑装饰装修合同》。合同约定由乙公司为其在建的丙大酒店部分客房及会议室进行装饰装修，暂定价为364.10万元。同时约定发生争议时，提交郑州仲裁机构裁决。工程竣工后经甲办事处委托某中介机构审定价款为580.15万元。甲办事处向乙公司支付549.8万元后，因甲办事处部分职能归丙大酒店接管，丙大酒店办理了独立法人营业执照，随后乙公司与丙大酒店在工程款尾款结算中产生争议。不久，乙公司向A公司所在地××人民法院提起诉讼，请求支付281.97万元及滞纳金。甲公司所依据的是自己提供的结算报告，总额为844.17万元，双方实际差距为264.02万元。

经公开开庭审理后，一审法院判决如下：

1. 被告河南A公司（甲办事处的上级机构）于本判决后10日内支付给原告乙公司下余工程款303,513.7元。

2. 被告河南A公司自2006年1月6日起按本金23,693.21元的日息0.1%向原告乙公司支付滞纳金至款付清之日止,自2006年11月3日起按本金72,820.49元的日息0.1%向原告乙公司支付滞纳金至款付清之日止。

3.驳回原告其他诉讼请求,案件受理费34,367元由原告负担26,000元,被告负担8267元。

明法晰理:

作为A公司的代理律师,对双方采取诉讼拖延与反诉讼拖延的博弈分析:

乙公司在法院以A公司及甲办事处为共同被告立案后,A公司代理律师由于没有足够时间向法院提交证据,主要是一些证据材料都由相关的监理单位保管,且建设工作筹建小组的相关人员另行分配到其他单位上班,难以在法定的举证期限提供相关证据材料。因此,A公司以合同约定由仲裁机构为由提起管辖权(严格来讲属法院主管权)疑义,理由是甲办事处不在立案法院管辖范围。通过一审驳回,二审裁定驳回,这样,A公司代理律师为此获得了超过90天的举证时间。

开庭后,乙公司以A公司没能在法定期间举证为由,拒绝对A公司提交的证据进行质证,认为自己获得了绝对胜诉权。A公司认为没能在法定期间举证是因为提起管辖权异议,在裁定管辖法院确定后提交证据也不违反法律规定,如果说有疑问,是由于法院没有重新指定举证期间所致,这一责任应当由法院承担。无奈,法庭宣布休庭。

休庭后,A公司通过分析,意识到了乙公司是在故意实施诉讼拖延战术,显然诉讼拖延对乙公司有利。而且乙公司也明知A公司属于国有大型企业,具有很强的支付能力。通过分析,A公司马上启动反诉讼拖延预案,加强法院方面的工作联系,指出对手诉讼拖延的目的,法院很快按照诉讼程序法的规定恢复庭审,并在法定时间内下达一审判决。

法院判决后,A公司代理律师分析:A公司向乙公司还应支付余款303,513.7元,同时从11月6日开始支付日息0.1%的滞纳金,也就是年36%的资金成本,这样乙公司肯定会通过上诉来延长审理期限,甚至二审判决后,不会立刻要求A公司履行,待到一定时间后乙公司会向法院提起强制执行,这样就可从中获得高额资金回报,这也是目前小公司与有支付能力的大公司采取诉讼拖延战略的主要动机所在。

基于此,代理律师建议A公司先向乙公司发律师函限其一周内向丙大酒店提供账号,尽快结清工程余款,否则,工程余款与对应的滞纳金将依照法律规定提存到××人民法院或××市公证处,这样,从提存之日起A公司就不用再支付滞纳金。从而也使乙公司失去诉讼拖延的利益驱动。

乙公司接到A公司的律师函(实质上是一种合法的威胁手段),见拖延下去对双方都无利可图,没有上诉,并很快派代表人提供结算票据,且到丙大酒店结清余款及相应滞纳违约金,诉讼纠纷得以圆满解决。

Chapter 21

第21章

证据审查：

为建设工程诉讼博弈奠定制胜基础

对于代理律师而言，研究任何一个案件时，都要采用一种特定的分析方法来弄清案情。笔者喜欢通过当事人的法律行为来梳理民事诉讼法律关系，以此来吃透案情。通过梳理民事诉讼法律关系，确定案件性质，从而分析诉讼当事人的选定是否正确，诉讼案由是否明确，当事人的具体诉讼请求是否恰当，如何认定或划分当事人之间的责任等。这样才能吃透整个案件，厘清自己的代理思路，才能通过诉讼战略制定达到制胜的目的。而每一宗诉讼案件的开端，无不是从立案开始，这样就要关注立案证据材料的必要性审查，以免走上弯路。

一、立案证据材料的必要性审查

立案前，代理律师要做好证据的收集整理，并分析是否构成立案条件，是否能够支持自己的基本诉求，并就时效、诉讼管辖权问题进行证据的分析。

在向法院立案前，代理律师应当知道当事人的证据是否具备立案的基本要素，也就是说要对诉前证据材料进行必要性审查：

第一，看是否有能够证明当事人身份与双方法律关系存在的证据材料。

第二，看是否有应当由立案法院管辖的证明材料。

第三，看是否有在诉讼时效内的证据材料。

第四，看是否有与当事人请求所主张的标的额大致相当的证据材料。

如果具备了上述四种基本的证据材料，代理律师就可为当事人写出诉状，到法院立案。立案后，代理律师就着手为出庭做准备工作，要对证据材料进行逐一整理、分析并完善，通过系统分析理出自己的代理提纲，形成构思图。同样作为被告的代理律师也要审查原告的基本证据是否具有上述内容，从而尽早拿出自己的抗辩理由或组织对抗证据链。

法务实例90：已去世人员不得成为民事诉讼主体

笔者曾经代理一宗工程款结算纠纷案，这是当事人在就相关法律问题向法院立案时提交的起诉状：

原告：陈金某，男，汉族，1951 年 11 月 6 日出生，住所地：××××××，身份证号：×××。

指定代理人：陈某海，男，汉族，1978 年 7 月 22 日出生，住所地：××××××，身份证号：×××。

指定代理人：陈某森，男，汉族，1979 年 12 月 7 日出生，住所地：××××××，身份证号：×××。

被告：某开发有限公司，住所地：江西省赣州市寻乌县文峰乡上都村。

法定代表人：喻某森，职务：董事长。

诉讼请求：

1. 请求法院判令被告给付所欠原告工程款 1,455,721.92 元及自起诉之日起至实际还款之日止按中国人民银行同期同类贷款利率计算的利息；

2. 本案诉讼费用由被告承担。

事实和理由：

原告与被告于2007年5月30日签订《矿山工程建设合同书》，约定由原告向被告按照工程进度施工，同时合同明确约定施工地点、工程计量方式及单价，工程款按进度每月结算完工工程量80%，质保金为工程款的20%。合同签订后，原告依据合同约定实际履行了施工义务，但被告并未按照合同约定支付工程款。被告通过2012年8月17日《询证函》的对账单，确认了拖欠货款金额，该函明确载明被告欠原告工程款项为2,455,721.92元。经原告多次催告，被告于2017年2月4日和3月1日分两次共支付工程款400,000元，之前已支付工程款600,000元，至今尚欠原告工程款1,455,721.92元。

原告多次与被告索要工程款不能，故起诉至贵院，请求法院依法查明事实，公证裁决，维护原告的合法权益。

法院寄来了开庭通知，当事人找到笔者，让笔者去代理。经了解情况后，笔者告诉当事人原告已去世，不具备诉讼主体资格，估计无法开庭，但法院又有开庭的传票，只好让律师事务所办理律师事务所函件及授权委托书。笔者同当事人一同驱车400多公里到赣州的一个法院开庭。法官说原告已死亡，案件应终止审理，驳回起诉。笔者认为法院立案审查不严，还发了开庭的传票，应承担主要责任。笔者认为原告遗嘱继承人自己立的案，法官应通过释明权变更原告。经反复讨论，最终法官表态让继承人申请全额退还诉讼费。

于是笔者只能修改起诉状，重新以遗嘱继承人的名义作为原告新立一宗案件。修改后的民事起诉状如下：

原告：陈某海，男，汉族，1978年7月22日出生，住所地：××××××，身份证号：×××。

原告：陈某森，男，汉族，1979年12月7日出生，住所地：××××××，身份证号：×××。

被告：寻乌县上都矿业开发有限公司，住所地：江西省赣州市寻乌县文峰乡上都村。

法定代表人：喻某琼，职务：董事长。

诉讼请求:

1.请求法院判令被告给付所欠原告货款1,455,721.92元及自起诉之日起至实际还款之日止按中国人民银行同期同类贷款利率计算的利息;

2.本案诉讼费用由被告承担。

事实和理由:

原告之父陈金某与被告于2007年5月30日签订《矿山施工合同书》,约定由原告之父向被告按照工程进度施工,同时合同明确约定施工地点、工程量计量方式及单价,工程款按进度每月结算工程款80%,质保金为工程款的20%。合同签订后,依据合同约定实际履行了工程施工义务,但被告并未按照合同约定支付工程款。现陈金某已于2018年1月3日去世,陈金某去世前通过遗嘱形式指定由两原告负责处理与被告产生的债权纠纷。原告多次催要未果,并于2019年8月14日前向被告电话催讨,被告于2019年8月30日由被告出具《询证函》的对账单,确认了拖欠的工程款余额,该函明确载明被告欠款项为:855,721.92元。经多次催要,至今尚欠工程款855,721.92元。

原告多次与被告索要工程款不能,现原告之父已去世,依据其临终遗嘱,授权两原告讨要剩余工程款,故起诉至贵院,请求法院依法查明事实,公正裁判,维护原告的合法权益。

二、确保案件胜诉的充要性审查

作为代理律师,除需要对立案证据材料实施必要性分析审查外,还需要实施确保案件胜诉的充分性审查,借此梳理好相关的法律关系。即立案后,再通过补证,使证据材料为胜诉提供充足的条件。

(一)梳理法律关系

经过当事人陈述,收集到基本证据材料后,代理律师就应该着手梳理当事人行为与业已存在的事实中所包含的民事法律关系。对于民事法律关系的分析,不仅要求律师具有扎实的法律基础知识、法理分析能力,还要求律师有丰富的办案经验,敏锐的眼光和特殊的思维线索。

一般来讲,民事诉讼法律关系的梳理主要从下面几点展开:第一,从当事人对案件事实的陈述中,寻找其中所涉及的民事法律关系;第二,确定引起该民事法律关系、变更或消灭的民事法律事实(也可以先从此环节入手,找出由其产生、变更或消灭的民事法律关系);第三,确定构成该民事法律关系的主体、客体和内容;第四,运用有关的民法理论和法律规定,判定相应的民事法律事实和民事法律关系(三要素)是否合法;第五,对于判定合法的民事法律事实和民事法律关系,依法确定民事责任(侵权的民事责任或者违反合同的民事责任)的承担;而对于判定为不合法的,则应当按照民事法律的有关规定予以处理。

需要说明的是,民事法律关系与民事诉讼法律关系不是等值的概念,它们之间是有严格区别的。一般来讲,民事诉讼法律关系的确立不能离开民事法律关系,它们之间有某种内在联系,这需要代理律师通过法理知识和代理实践去分析、把握。

(二)梳理诉讼参与人

代理律师接触案情后,首先应当从当事人的法律行为着手,梳理诉讼参与人,即弄清民事法律关系的主体,是指参加民事法律关系,享受民事权利并承担民事义务的人。在我国,民事主体包括自然人、法人、其他组织和国家等。任何个人和组织要成为民事主体,必须由法律赋予其主体资格。

民事主体人格的确定,应依据以下条件:第一,具备独立法律人格者应有自身的独立性;第二,赋予主体独立法律人格,必须对第三人有益无害;第三,赋予主体独立的法律人格,对其内部成员应利多弊少。

民事法律关系作为人与人之间的社会关系,总是要有多方主体参加。在参加民事法律关系的当事人中,享有权利的一方是权利主体,承担义务的一方是义务主体。在某些民事法律关系中(如赠与等),一方只享有权利,另一方只承担义务。而在大多数民事法律关系中,双方当事人都既享有权利,又承担义务。当事人的这种双重主体身份,是由这些法律关系的双务性决定的。民事法律关系的每一方可以是单一的,也可以是非单一的原告或被告,可以是几位共同原告,也可以是几位共同的被告,还可以追加多位第三人。实质上,正确理解实体法上的民事法律关系主体的目的就是界定诉讼当事人。因为参加诉讼的第一要务就是明确诉讼主体,也就是确定诉讼参与人,无论是对于原告、被告和第三人,还是人民法院正确审理案件都具有较强的实践意义。

代理律师接受委托后,必须首先弄清楚纠纷是在谁与谁之间发生的。要弄清纠纷是在谁与谁之间发生涉及以下几个问题:

1. 该当事人是否具有法定的当事人能力;

2. 该当事人是否具有法定诉讼能力;

3. 该当事人是否是合格的当事人。

(三)梳理案由

代理律师梳理好法律关系中的当事人后,就要着手梳理案由,看自己所承接案件的案由应当如何确定。

最高人民法院于2000年10月30日发布的《民事案件案由规定(试行)》将案由划分为四大部分:合同纠纷案由,权属、侵权及不当得利、无因管理纠纷案由,婚姻家庭纠纷案由及适用特殊程序案件案由。总共有300种案由。2007年10月29日最高人民法院发布《民事案件案由规定》,2018年12月又先后发布《关于增加民事案件案由的通知》《关于补充增加民事案件案由的通知》,增加了许多诉讼案由,民事案件的案由分为10大部分,43类,共计424种案由。代理律师在选择案由时,一般要对照遵行。代理律师工作就是根据案件事实分析确定其属于哪一种案由。

从案由的定义上可以看出,确定案由的依据应当是包含在案件之中的、决定案件本质的民事法律关系。代理律师应当知晓现行的民事案由是以《民法通则》《婚姻法》《继承法》等民事法律为实体依据建立的,经济案由则是以《合同法》《商标法》《专利法》《企业破产法》等经济法律为实体依据建立的。但由于我国实行统一的《民事诉讼法》,经济案件同民事案件一样都适用该法。而且在实体法上,民事、经济的界限也仅是相对的,如《合同法》规定的许多是经济合同,但也有不少的是民事合同。因此,可以把民事、经济案由作为一个整体来研究,统称建设工程诉讼案由。

下面摘录一宗关于如何梳理案由的案例:

法务实例91:不同案由的当事人列为共同被告的法律后果

案情简介:

甲建设公司诉乙防腐公司防腐工程质量纠纷一案,原告甲建设公司诉称:1995年9月4日,我公司下属筑炉公司将丙公司冷轧废水处理站的防腐工程交乙防腐公司施工,该防腐工程交工使用后,于1998年出现严重质量问题,我公司遂通知乙防腐公司依照合同到攀处理,但乙防腐公司却置之不理,我公司不得已组织人员进行了返修。丁研究院的设计是合理的,我公司承建废水处理池的基础构筑物的施工与交工是严格按规定设计和施工规范进行的,并且我公司与乙防腐公司的交接是对基础构筑物验收合格后进行的。工程质量是由于乙防腐公司施工的防腐层龟裂、脱落造成基础构筑物部分疏松开裂。我公司返修后，乙防腐公司应承担全部返修费 212，186 元。

被告乙防腐公司答辩称，丁研究院的设计是合理的，我公司所施工的防腐工程本身质量没有问题，1998 年出现的质量问题系防腐工程的基础构筑物的开裂引起防腐层的开裂脱落所致。甲建设公司不按时支付工程款，造成我公司无力处理质量问题。甲建设公司无防腐工程施工资质且自行返修产生的返修费也未经我公司审核，据此，我公司不应承担返修费。

被告丙公司答辩称，我公司与甲建设公司及丁研究院是总发包和总承包关系，我公司履行合同中无违约，不应成为本案责任主体。甲建设公司与乙防腐公司属分包关系，我公司与其不构成必要共同诉讼，不宜合并审理。

被告丁研究院称，我院在该案废水池设计中，各水池的强度、构造、裂缝宽度的控制等各方面均符合国家有关技术规范规定的承载能力和正常使用要求，防腐面层的龟裂、脱落、翘曲、起层与水池的本体设计无关。四川省质监总站鉴定无我方技术资料，作出鉴定不具科学性，请求法院对鉴定报告“原因分析第 2 条”鉴定意见不予采信。

明法晰理：

从原、被告的陈述可初步判定存在以下法律关系：一是总承包方甲建设公司与乙防腐公司的分包合同关系；二是丙公司与甲建设公司及乙防腐公司是总发包与总承包关系；三是丙公司与丁研究院之间存在设计服务合同关系。针对防腐质量问题有三个案由：一是工程施工质量纠纷；二是设计服务质量纠纷；三是总承包服务合同纠纷。这是三个不同的案由，三个案由引起的纠纷是不能在同一个案件中并案审理的，其中一个案由为主案由时，那么，其他案由中相关的当事人只能为主案由案件审理提供方便，加入他们主要是为了案件的审查，可以作为第三人，一般不能作为共同的被告，也不能要求他们共同承担连带责任，或者要求承担比例责任。也就是说不同的案由不能一个案件中一并解决。

从该案分析可得出这样的结论，千万不要将存在不同案由的当事人列为共同被告，否则法官要么发回重审，要么支持其中一种案由的诉求，驳回另外的案由，或者以案由不同判决为另案。

（四）梳理具体的诉讼请求

代理律师在梳理当事人的具体诉讼请求时，一般要对当事人的诉讼请求进行定性与定量分析，看其诉讼请求是否合适。

所谓定性分析就是分析请求权的属性（包括当事人的行为责任担当）。如当事人的请求权是基于确认之诉、给付之诉还是变更之诉；当事人的行为属侵权还是违约；当事人应当承担什么样的责任，是按份，或是连带，还是补充？等等。

确认之诉是指民事权利主体请求人民法院确认其与被告之间存在或不存在某种民事法律关系的诉讼。确认之诉的意义在于为给付之诉、变更之诉的裁判奠定基础，并对给付之诉、变更之诉起预防作用。

给付之诉是指权利主体请求人民法院判决由被告履行特定民事义务的诉讼。如权利主体请求对方当事人支付款项、交付货物、赔偿损失、停止侵害、排除妨碍、消除危险、恢复原状、消除影响、赔礼道歉等。

变更之诉是指权利主体请求人民法院改变或消灭其与被告之间现有的民事法律关系的诉讼。变更之诉是双方当事人对现存民事权利义务关系并无异议，而是对这一民事权利义务关系是否应当变更或消灭形成争议。这种诉讼请求一般适用于身份、合同关系，如抚养权关系变更，房屋产权关系变更。

代理律师在梳理建设工程诉讼请求权时应注意以下几点：

1. 诉讼请求必须具体，具体请求哪些项，对于具体的数额，不能可能是多少，大概是多少。

2. 当事人提出的诉讼请求既可以是实体权利方面的权益请求，也可以是程序上的权益请求。如请求法院判令诉讼费用由被告承担的诉讼请求就具有程序上的权益请求属性，与实体权利的争议没有直接的关系，却与案件的胜败相关联，因为我国《民事诉讼法》规定败诉方承担相应的诉讼费用。所以在诉求中对于诉讼费用的承担问题主张不主张都无关紧要，有些法院还直接要求原告方在诉求中不能提诉讼费用的主张，认为这是多此一举。

3. 诉讼请求可以随着案件的进程发展，由当事人在诉讼过程中进行随意处分、变更。当民事争议发生以后，当事人以某一诉讼标的向法院起诉，可以依法主张若干实体权益请求。对于这些权益请求，当事人可以基于处分权全部主张，也可以只主张一部分，在诉讼过程中可以随意变更、放弃或者增加这种权益请求。而诉讼标的已经提出不能随意变更、放弃和追加。

例如,甲建筑承包单位以乙某旷工为由解除与其劳动合同关系,经乙某申请仲裁,判令甲建筑承包单位恢复与乙某的劳动合同关系,甲建筑承包单位不服劳动仲裁,向当地人民法院提起诉讼要求解除与乙某的劳动关系,原告因提出与被告解除与其存在的劳动合同关系,被告抗辩要求维持其与原告的劳动合同关系。在诉讼过程中,原告提出要求被告归还其所欠原告借款2000元(挂在财务备用金账户),由于在劳动合同关系的解除过程中,一般都涉及双方未了结的工资、借款及补偿数额问题,因此,原告所提出要求被告归还欠款问题不涉及案件基本标的的性质改变,因此是可以的。但是,如果在诉讼过程中,原告另行提出被告私自将商业秘密泄露给第三人构成侵犯其商业秘密权要求其赔偿经济损失20万元,且承担全部诉讼费用,则法院不会准许,会告之当事人另案处理。

4. 在确定请求权时,还要分析是否存在责任竞合问题。按照要求,代理律师从得益最大化考虑,帮助当事人进行选择。

法务实例92:股东对其注册资本不足的部分承担弥补责任

案情简介:

2002年12月9日,甲大酒店与乙建筑公司经协商,签订了一份《建设工程施工合同》。合同签订后,由于甲大酒店的图纸及监理未进场等原因,施工进展缓慢,并造成乙建筑公司的窝工等,对此,乙建筑公司多次向甲大酒店提出赔偿。2003年9月29日,甲大酒店与乙建筑公司吉安分公司签订了一份《补充协议书》,约定:如甲大酒店未能按本协议和施工合同支付工程款,甲大酒店同意将甲大酒店整个项目产权(含土地使用权)交乙建筑公司处置,其处置所得款项优先偿还乙建筑公司工程款,其余部分归甲大酒店。乙建筑公司在甲大酒店提供施工条件和按本协议和施工合同支付工程款的情况,必须确保在合同工期内完成。如乙建筑公司无故停工和不能按期完成工程,则甲大酒店有权终止合同,并按乙建筑公司所完成工程量的50%结算工程款。乙建筑公司所得的工程款在甲大酒店主体建设工程竣工验收后付还等。

乙建筑公司已完成的工程造价,经江西省高级人民法院2005年5月25日委托司法鉴定,司法鉴定结论为:工程造价10,334,382.31元。

另经法院查明:2002年10月30日,江西省人民政府以外经贸赣吉外资字(2002)054号《中华人民共和国台港澳侨投资企业批准证书》,批准设立甲大酒店，企业类型为外资企业，投资者为某投资公司，出资额为2500万元。2002年10月31日，甲大酒店在工商登记机关注册登记，办理了企独赣总字第003478号《企业法人营业执照》（该执照注明：注册资本2500万元，3个月内资金应到位375万元）。2003年5月15日，甲大酒店委托井冈山事务所对其到位注册资本进行验资。井冈山事务所经验资，于2003年5月16日作出井发会验字（2003）21号《验资报告》，结论为：截至2003年5月14日，甲大酒店已收到首期缴纳的注册资本419万元，缴款人为某投资公司董事长郑某生个人。嗣后，甲大酒店又委托金庐陵事务所对其收到第二期缴纳的注册资本进行验资。2003年9月24日，金庐陵事务所作出赣金验字（2003）第189号《验资报告》，结论为：截至2003年9月20日，甲大酒店已收到第二期缴纳的注册资本合计2081万元，其中2003年9月20日缴存井冈山工行人民币账户某账号2081万元，缴款人为某投资公司董事长郑某生个人。截至2003年9月20日，甲大酒店共实收资本2500万元。2003年12月16日，甲大酒店才正式与金庐陵事务所办理了《验资业务约定书》，约定委托目的为申请变更登记委托金庐陵事务所对甲大酒店截至2003年9月20日注册资本增加情况进行审验，并由金庐陵事务所出具验资报告。本院根据清算组的申请，于2005年9月22日到井冈山工行调取了甲大酒店某账号2003年9月存款对账单等，证实甲大酒店在2003年9月20日及其前后均未存入过2081万元，当日的实际余额为“零”。甲大酒店提供给金庐陵事务所2003年9月20日盖有“中国工商银行井冈山市支行现金现讫（2）”方形章二张金额均为900万元、一张金额为281万元的中国工商银行现金存款凭条客户核对联、2003年9月30日盖有“中国工商银行井冈山市支行业务公章（1）”圆形章的中国工商银行存款对账单、2003年12月15日盖有“中国工商银行井冈山市支行业务公章（1）”的银行询证函均系甲大酒店和郑某生伪造，甲大酒店收到第二期缴纳的注册资本2081万元系虚假注册资本，金庐陵事务所所作的甲大酒店截至2003年9月20日，甲大酒店已收到第二期缴纳的注册资本2081万元，系虚假验资。甲大酒店二次验资，均未将某市政府以土地使用权作价入股的288万元作为注册资本。

某市政府以4万元/亩的土地使用权作价入股，作为其在甲大酒店的永久股权，总计为288万元（72亩×4万元），甲大酒店负责大酒店的投资建设及经营管理；土地使用权证的办理：某市政府在本合同签订后7日内办妥该地块的土地使用权证,并交由甲大酒店管理等。2002 年 12 月 4 日,井冈山市土地管理局对上述土地为甲大酒店办理了井国用(2002)字第 004 号《国有土地使用证》。

明法晰理:

法院经查明事实后的判决理由如下:关于甲大酒店 2500 万元注册资本是否存在虚假的问题。2004 年 1 月 6 日,工商行政管理机构发给甲大酒店的企独赣总字第 003478 号《企业法人营业执照》,载明甲大酒店的注册资本为 2500 万元人民币(资金已全部到位)。其依据是金庐陵事务所 2003 年 9 月 24 日作出的赣金验字(2003)第 189 号《验资报告》。该报告称:本次出资为第二期,经审验,截至 2003 年 9 月 20 日,甲大酒店已收到第二期缴纳的注册资本为 2081 万元,其收到实收资本合计 2500 万元。而经本院调查取证,甲大酒店 2003 年 9 月 20 日没有存入资金,其提供给金庐陵事务所验资的三张总金额为 2081 万元中国工商银行现金存款凭条客户核对联和存款对账单、银行询证函均系甲大酒店和郑某生伪造,甲大酒店 2500 万元注册资本中显然存在不实。但甲大酒店注册验资时,并未将某市政府以土地使用权作价入股的 288 万元作为注册资本,故应从注册资本不实部分扣除该 288 万元。因此,甲大酒店 2500 万元注册资本中有 1793 万元没有到位,属虚假注册资本。

关于某投资公司是不是甲大酒店的投资人,应否在注册资本不足及其利息范围内承担赔偿责任的问题。本案的事实表明,甲大酒店的投资者名义上为某投资公司,而某投资公司实际上没有投资,亦未参与甲大酒店的筹建等。井冈山事务所和金庐陵事务所在其所作的井发会验字(2003)21 号《验资报告》和赣金验字(2003)第 189 号《验资报告》的验资事项说明里均载明缴款人为某投资公司董事长郑某生个人。因此,某投资公司不是甲大酒店的投资者。故清算组请求确认某投资公司在其对甲大酒店注册资本出资不足的部分承担弥补责任并对因其出资不实而对清算组造成的损害承担赔偿责任的主张不能成立,本院不予支持。

关于某市政府是不是甲大酒店的股东,应否与郑某生在甲大酒店注册资本不足及其利息范围内共同承担赔偿责任的问题。本案的事实表明,井冈山市土地管理局和井冈山市新城区建设管理委员会的行为均代表某市政府。井冈山市土地管理局与某企业集团签订的《国有土地使用权出让合同》和井冈山市新城区建设管理委员会与甲大酒店签订的《井冈山市国有土地使用合同》均约定：井冈山市新城区C—1—2号宗地，面积47,292平方米，按每亩4万元，总额288万元，作价入股，作为某市政府在甲大酒店的永久股权。井冈山市土地管理局因此为甲大酒店办理了井国用(2002)字第004号《国有土地使用证》。据此，甲大酒店办理了新城规字(2002)05号《建设用地规划许可证》、(2002)井建施字20号—14《建设工程施工许可证》。某市政府事实上是甲大酒店的股东，并将井冈山市新城区C—1—2号宗地使用权作价入股甲大酒店。甲大酒店虽经批准注册登记为外商独资企业，但实际上系郑某生个人与某市政府共同投资设立的企业。尽管政府直接入股不符合法律规定，井冈山市新城区建设管理委员会亦于2005年7月27日与某企业集团签订了一份《补充协议书》，该协议约定：某企业集团同意某市政府退出投入股。某市政府既已以土地使用权作价入股，该土地使用权证亦已通过土地管理部门依法办理到甲大酒店，而且甲大酒店注册资本不到位、负债又过重，在此情形下，某市政府退股显然不符合我国法律规定，其退股不合法，某市政府入股甲大酒店的土地使用权仍应为甲大酒店的财产用于清偿债务。同时，由于甲大酒店的注册资本不到位，某市政府亦理应对甲大酒店的债务与郑某生共同在注册资本不足及其利息的范围内承担赔偿责任。因此，清算组请求确认某市政府为甲大酒店的股东，并要求其承担赔偿责任的主张成立，本院应予支持。某市政府认为其与乙建筑公司没有任何法律关系，没有与甲大酒店共同或连带向破产企业欠债的情况，不应追加其为第三人参加诉讼的理由不能成立，法院不予支持。

(五)梳理证据材料

建设工程诉讼案件，根据争议的纠纷类型及诉讼请求的事项，原告需要提供证据证明自己的请求事项是符合事实和法律规定。证据形式包括当事人陈述、书证、物证、视听资料等。

《民事诉讼法》第63条规定，证据包括：(1)当事人的陈述；(2)书证；(3)物证；(4)视听资料；(5)电子数据；(6)证人证言；(7)鉴定意见；(8)勘验笔录。证据必须查证属实，才能作为认定事实的根据。

一般建设工程诉讼案件的证据材料主要有以下几种：

1. 建筑施工合同、结算单、审计报告、竣工验收资料、工程量单据等证据来证明自己的诉讼请求符合事实和法律规定。

2. 工程各种往来函件、通知、答复及澄清文件等。

3. 与工程建设有关的各方协调参与的会谈纪要与备忘录。

4. 经过发包人或者工程师批准的承包人的施工进度计划、施工方案、施工组织设计和现场实施情况记录。

5. 与工程技术相关的各项会议纪要,包括图纸变更等。

6. 气象报告和资料,如有关温度、风力、雨雪的资料。

7. 施工现场记录,包括有关设计交底、设计变更、施工变更指令,工程材料和机械设备的采购、验收与使用等方面的凭证及材料供应清单、合格证书,工程现场水、电、道路等开通、封闭的记录,停水、停电等各种干扰事件的时间和影响记录等。

8. 工程有关照片和录像等。

9. 施工日记、备忘录等。

10. 发包人或者工程师签认的签证。

11. 发包人或者工程师发布的各种书面指令和确认书,以及承包人的要求、请求、通知书等。

12. 工程中的各种检查验收报告和各种技术鉴定报告。

13. 工地的交接记录(应注明交接日期,场地平整情况,水、电、路情况等),图纸和各种资料交接记录。

14. 建筑材料和设备的采购、订货、运输、进场,使用方面的记录、凭证和报表等。

15. 市场行情资料,包括市场价格、官方的物价指数、工资指数、中央银行的外汇比率等公布材料。

16. 投标前发包人提供的参考资料和现场资料。

17. 工程结算资料、财务报告、财务凭证等。

18. 各种会计核算资料。

19. 与发包人有关的现场准许审批资料,包括为实际施工人办理的现场门禁卡。

20. 与施工有关的收支银行流水单等。

(六)梳理责任承担

民事责任,是指民事主体违反合同义务或法定民事义务而应承担的法律后果。任何一宗建设工程诉讼纠纷案件,法院在审理的过程中,都要对当事人所应承担的责任进行划分,以此来确定诉讼请求是否合适,是否应当给予支持或部分支持。

（七）梳理司法途径与司法管辖机关

代理律师之所以对管辖地很重视，是因为管辖地法院对当事人的诉讼利益有直接的关系。一方面对于代理律师来说是否在该法院办案能够有利于当事人，是否能够在该法院有认识的人。当然这种认识也是在法律范围内能够更多的提醒对自己应当如何办理的问题。要知道“法官是最好的老师”。代理律师选择了与自己熟悉的法官，就可能有更多的机会与主审法官进行有效沟通，法官也会就诉讼技巧问题给代理律师以点拨。

如何确定对自己有利的法院，也就是在什么地方起诉的问题，笔者认为代理律师应从博弈的角度思考以下几个方面的问题：

1. 作为原告最好能够依据法律选择自己觉得合适的管辖法院。

一般来讲，按照“原告就被告”的原则，原告得到被告所在地法院立案，但也有例外情况。如《民事诉讼法》适用意见对以下四类案件，实行“原告就被告”的例外，即案件由原告的住所地或经常居住地法院管辖：

（1）对不在中华人民共和国领域内居住的人提起有关身份关系的诉讼；

（2）对下落不明或者宣告失踪的人提起的有关身份关系的诉讼；

（3）对被劳动教养的人提起的诉讼；

（4）对被监禁的人提起的诉讼。

同时规定：

（1）当事人的户籍迁出后尚未落户，有经常居住地的，由该地人民法院管辖。没有经常居住地，户籍迁出不足 1 年的，由其原户籍所在地人民法院管辖；超过 1 年的，由其居住地人民法院管辖。

（2）追索赡养费案件的几个被告住所地不在同一辖区的，可以由原告住所地人民法院管辖。

（3）非军人对军人提出的离婚诉讼，如果军人一方为非文职军人，由原告住所地人民法院管辖。

（4）夫妻一方离开住所地超过 1 年，另一方起诉离婚的案件，由原告住所地人民法院管辖。夫妻双方离开住所地超过 1 年，一方起诉离婚的案件，由被告经常居住地人民法院管辖；没有经常居住地的，由原告起诉时居住地的人民法院管辖。

（5）在国内结婚并定居国外的华侨，如定居国法院以离婚诉讼须由婚姻缔结地法院管辖为由不予受理，当事人向人民法院提出离婚诉讼的，由婚姻缔结地或一方在国内的最后居住地人民法院管辖。

2. 作为原告还可以通过行为地、标的物所在地选择管辖法院。适用意见共有

9 款：

（1）购销合同的双方当事人在合同中对交货地点有约定的，以约定的交货地点为合同履行地；没有约定的，依交货方式确定合同履行地：采用送货方式的，以货物送达地为合同履行地；采用自提方式的，以提货地为合同履行地；代办托运或按木材、煤炭送货办法送货的，以货物发运地为合同履行地。

购销合同的实际履行地点与合同中约定的交货地点不一致的，以实际履行地点为合同履行地。

（2）加工承揽合同，以加工行为地为合同履行地，但合同中对履行地有约定的除外。

（3）财产租赁合同、融资租赁合同以租赁物使用地为合同履行地，但合同中对履行地有约定的除外。

（4）补偿贸易合同，以接受投资一方主要义务履行地为合同履行地。

（5）因保险合同纠纷提起的诉讼，如果保险标的物是运输工具或者运输中的货物，由被告住所地或者运输工具登记注册地、运输目的地、保险事故发生地的人民法院管辖。

（6）《民事诉讼法》第 25 条规定的票据支付地，是指票据上载明的付款地。票据未载明付款地的，票据付款人（包括代理付款人）的住所地或主营业所在地为票据付款地。

（7）债权人申请支付令，适用《民事诉讼法》第 21 条规定，由债务人住所地的基层人民法院管辖。

（8）《民事诉讼法》第 28 条规定的侵权行为地，包括侵权行为实施地、侵权结果发生地。

（9）因产品质量不合格造成他人财产、人身损害提起的诉讼，产品制造地、产品销售地、侵权行为地和被告住所地的人民法院都有管辖权。

对于工程建筑合同，如果双方没有特殊约定的，一般由工程项目建设所在地法院管辖。

3. 原告还可能通过追加适当的被告选择对于自己有利的法院管辖。这主要是：

（1）通过连带责任找出一个连带被告，在连带被告所在地法院立案；

（2）通过链接一个共同被告选择对自己有利的法院管辖。

4. 原告还可以看该案是否有第三人，通过第三人，将其列入被告，也是很实用的方法之一，无论案件处理结果与其是否有利益关系，这也是寻找管辖法院的连接点。还可以通过寻找不实际的被告,将真正的被告列为第三人,从而使真正的被告失去法院管辖异议权。

5. 还可能通过担保、专利专属、商标侵权等找到对原告有利的管辖法院。

当然,既然是博弈,对双方当事人来说是公平的,被告也可以因此而提出管辖权异议,从而达到自己选定管辖法院的目的。

当然,在管辖法院选择的过程中,要分析案件的司法主管机关,是否有仲裁协议,或者依照法律规定需要提起仲裁,如果仲裁对己方不利,是否可以通过法律的链接手段使之选择法院管辖合情合理又合法。

法务实例93:实际施工人因选择有利于己的法院管辖权,导致诉讼请求错误而败诉

案情简介:

200×年×月×日D单位与A设计单位签订了一份《某库区油罐施工总承包工程》,其中合同标的××万元人民币。同年×月×日A设计单位与B建设工程单位签订《建设工程专业施工合同》,其中合同标的××万元人民币。同年×月×日B建设工程单位与C建设工程服务单位签订一项《建设工程劳务分包合同》,同年×月×日C建设工程服务单位又将涉案工程以内部责任承包形式交由乙某内部承包。后乙某又与甲某签订一份合作协议,协议约定涉案工程由甲某与乙某作为合伙人共同完成涉案工程的建设施工。后由甲某负责施工机械及人员组织,并以B建设工程单位项目经理的身份参与施工建设,并负责现场管理。主体工程完工后,总包方以质量、施工进度等为由,将甲某及其领导的施工人强行清场,并将机械设备扣留。随后,甲某以B建设工程单位预算员的名义完成预算编制,预算书上并加盖B建设工程单位现场项目专用章,将编制好的预算书向总包商提交结算,因各方意见产生较大分歧,没能完成实际结算。因结算不能,甲某以与乙某存在合作协议纠纷为由向吉林某中级人民法院起诉讼,要求乙某支付所欠工程款,并要求发包方及总包方、专业分包商及劳务分包商共同承担连带支付责任。

甲某代表B建设工程单位完成了1#、6#储罐的部分施工任务。涉案工程的材料(除发包方供料外)、人工工资及实施机械等都由甲某负责办理。甲某向法院提供了相关资金往来的账户及代表吉林某建设工程公司

的纳税情况,而吉林某建设工程公司及吉林某建设工程劳务公司并没提供实际资金往来账户与纳税票据,D单位向法院提交了与北京某建设工程设计公司的合同全额支付凭证。法院立案时,涉案工程已验收投产。

明法晰理:

依照国家相关法律规定,建设工程纠纷应以项目所在地法院为管辖地法院,该案件涉案标的物在福建某地,被告有北京、福建及吉林三地的公司或个人,甲某以合作协议纠纷为由,自主选择吉林作为主管法院立案地,意在节省交通费用,同时认为当地法院人熟,便于沟通关系,但实际把自己置于败诉的境地。从诉讼结果来分析,甲某败诉有两点:一是错误地将发包方列为被告,而不是第三人,这样不利于原告的诉讼主张。法律对于工程项目建设合同纠纷明确规定发包方在所欠工程款范围内对实际施工人承担还款责任,甲某将发包方列为被告,显然不利于己方的举证及诉求主张的实现。二是案由选择错误,不应以合作协议纠纷为由提起诉讼,应以实际施工人的身份向发包方提起工程款结算之诉,并主张已验收完工建设项目工程款的权利。

笔者作为发包方D单位的授权委托代理人,参与了诉讼,并提出了如下代理意见:

第一,甲某不具备诉讼主体资格。

从庭审举证质证情况来看,原告甲某虽有明确的诉讼主张,但对于主债权人的最后陈述与起诉状存在自相矛盾之处。甲某在起诉状中称因与乙某的合作协议而产生纠纷,而要求其他被告承担连带责任,而在庭审中法庭质证陈述时说主债务人是A设计单位,而甲某又与A设计单位不存在任何合同关系,因此,甲某不具有本案的诉讼主体资格。

再者,从法律关系来看,甲某与乙某存在合作关系,C建设工程服务单位、B建设工程单位与A设计单位存在劳务分包、转包关系,而A设计单位与D单位存在建设工程合同关系。合作关系、劳务分包、劳务转包与建设工程合同关系属不同性质的法律关系,诉讼标的指向不一致,不能并案审理,更不能连带指向。更何况甲某、乙某都是B建设工程单位的授权委托人,职务是项目经理,不具有独立向A设计单位主张、提起诉讼的诉权。如果说存在结算纠纷,也应是B建设工程单位与A设计单位之间的建设工程项目建设专业分包合同纠纷,B建设工程单位可以以A设计单位为被告提起诉讼,与项目经理甲某、乙某无关。甲某恶意提起诉讼的动机十分明显。

第二,原告甲某与D单位没有法律关系。

D单位只与A设计单位有建设工程合同关系。没有证据证明,原告甲某与D单位有工程合同关系及其他法律关系。D单位认为,甲某诉请D单位在本案中承担连带责任是无理要求,这是本案诉讼主体资格不清或法律关系不清导致的。

对于承担连带责任,属于严格责任,只有符合法律明确规定的情形,法院才会根据事实与法律规定支持。D单位与甲某没有任何法律关系,也没有合同约定,要求承担连带责任纯属无理取闹。

再者,依据《建设工程施工合同解释》第26条之明确规定,作为发包人只在欠付工程款范围内对实际施工人承担责任,而不是对违规、违法分包、转包的施工单位或个人承担连带责任。甲某并非实际的施工人,D单位作为发包人(发包方)没有义务或法定责任向其与其他人的合作协议纠纷承担连带责任。

第三,甲某与D单位没有债权债务关系。

没有证据证明,四被告都与原告甲某存在欠付的法律关系,或都与甲某存在债权债务关系。D单位认为本案的债权债务关系或合作纠纷与D单位无关。

同时,甲某也没有一份证据能够说明其诉讼主张或所要求支付的工程费用和具体金额与D单位有关。

第四,D单位作为发包方,已实际依与A设计单位之间签订的建设工程总承包合同实际履行完成、结算完毕。

D单位已按照与A设计单位签订的建设工程总承包合同全额支付了相关的工程费用,包括质保金也已全额释放。也就是说D单位与A设计单位公司目前不存在结算纠纷,不存在合同纠纷,也不存在其他法律纠纷。

第五,甲某要求释放的设备与D单位无关。

D单位与甲某不存在法律关系,D单位与A设计单位有工程合同关系,D单位认为项目现场所有施工设备均是A设计单位拥有的自有设备。D单位依法行使所管辖范围的门卫管理制度,对于总承包商的施工设备进出厂门凭总承包商的现场经理签字确认方可放行并无不当之处。

D单位依据与A设计单位的工程合同关系，已经同意A设计单位在现场施工结束时，将所有施工设备撤离项目现场，所有施工设备早已不在D单位控制范围内。

第六，D单位没有约定或法律上的责任与义务支持或反对施工承包商与其供应商、分包商之间的结算纠纷、合同纠纷、法律纠纷。

第七，D单位在本建设工程承包合同中，原则上不反对劳务分包，但没有批准施工总承包商可以进行工程分包或转包。对于擅自违约违法转包、分包的行为D单位保留追究相关责任方的权利。

综上所述，D单位请求人民法院依法驳回原告甲某要求D单位承担连带责任的诉讼主张，以维护第三被告D单位的合法权益不受非法侵犯。被答辩人要求答辩人支付相关费用和承担连带责任的诉讼理由于法无依，于理无据，理应被人民法院依法驳回。因此请求人民法院依法驳回被答辩人对答辩人的诉讼主张，以维护答辩人的合法权益。

三、权衡与取舍：建设工程诉讼证据制胜因素分析

在建设工程诉讼博弈中，当事人为了获得诉讼的胜利，在证据整理的过程中，必然要权衡与取舍制胜的诸多因素，包括分析权衡与取舍的动因、权衡与取舍的条件等。

（一）保证诉益最大化是证据权衡与取舍的动因实质

在建设工程诉讼中，无论原告、被告和第三人及其代理律师，在每一诉讼程序中都要作出各种抉择，都要选择办案的最佳方案。也就是说当事人及其代理律师要对全局性进行权衡与取舍，而诉益最大化是其权衡与取舍的动因所在。

我们知道，在法庭上当一方围绕诉益作出某种抉择时，对方也会采取相应的对策，于是便形成了战略互动，一般情形下属于非完全信息博弈，存在冲突各方作出的选择是利己主义的，这时就成了非合作博弈，在博弈中最好的选择是双方都选择合作，并在合作中作出既有利于自己又符合集体的抉择，诉讼中，一般来讲，双方当事人选择达成调解协议，就是一种合作的抉择。

经济学中有两个均衡概念，一个是市场供求平衡所达到的市场相对稳定状态的市场均衡，另一个是经济个体不再改变自己行为的博弈均衡。它们在建设工程诉讼中可以说是无处不在，双方当事人都均衡各方的利益，包括对社会资源的占有

与利用。建设工程诉讼参与人在法官主持的诉讼环境中,按照诉益最大化的设想来最优化自己的目标,并采取相应的诉讼对策。其实际结果反过来又会成为对方当事人及其代理律师的诉讼环境。这实际就是诉讼参与人在和他所处的诉讼环境进行博弈。比如说建设工程诉讼中原告的均衡和被告的均衡以及第三人的均衡问题,都不是孤立的,都要依存于其他人的行为来作出选择。由于人们的决策目标各不一样,约束条件也各不相同,所以他们会作出各种不同的选择。这些选择相互影响,相互作用,最终将汇成一个动态化的诉讼路径。这个路径的实现就是每个建设工程诉讼参与人与环境相博弈的结果。如果在一个建设工程诉讼状态下,每个人都不愿改变自己的均衡状态,那么这种状态就是博弈论中所谓的"纳什均衡"。建设工程诉讼中如果原告与被告能够达成调解,实质上就是双方通过博弈得到的结果之一。

博弈均衡是微观个体依据最大化原则作出选择,并且相互博弈而最终得到的结果。演化就是经济从一个博弈均衡到非均衡,再到另一个博弈均衡这样一个不断反复的过程。因此演化的方向,就是由现在的诉讼民事状态,指向由所有各方当事人及其建设工程诉讼博弈者的优化选择行为所确定的一个博弈均衡。如果诉讼状态已经处于均衡状态,就可以维持下去;如果处于非均衡状态,就一定要改变这种状态。那么诉讼和解条件从一个非均衡态可以走向另一个均衡态,可一旦到了均衡态,是不是就永远不再改变了呢?显然不是这样。诉讼当事人及其代理人的优化选择不会使均衡态失衡,那么是什么改变了均衡态呢?不同的诉因肯定有着不同的博弈均衡,他们的博弈均衡偏离双方预期均衡的差距肯定也不一样,从而其办事效率与操作技能也就表现出很大的差别。正如谁都知道无限次"剪刀、石头与布"的游戏胜出率几乎是相等的,但对于有限次来讲,总会决出胜负一样。任何诉讼,法院总要给一判决或裁定,判决与裁定也不可能是各家都欢喜的事,总会有一方表示不满意或委屈。

(二)了解自己是权衡与取舍的条件

在建设工程诉讼代理过程中要得到一个满意的结果,必然涉及各方面因素的权衡问题。

第一,诉讼过程中权衡的重要性。就是我们的每一诉讼活动所产生的社会效果,及当事人在衡量利弊得失后是否满意的问题。

第二,权衡哪些因素。也就是诉讼当事人在提起建设工程诉讼时应当考虑的基本事项。包括对未来市场的影响及客户的流失与自身声誉的影响程度。

第三,权衡后如何取舍的问题。就是当事人按照诉益最大化目的,选择有利于己方的因素，舍弃不利于己方的因素。如结算金额的让步，质量与保证的承诺，利息的放弃等。

“作为一个有诉讼知识的人，起码要对博弈论有大致的了解。”相信我们学习以后在决策的选择上会显得更成熟、更合理。均衡、权衡与取舍都是建立在自我的认识上，也就是说无论是诉讼原告方还是诉讼被告方，要想使诉讼结果满意，必然先认识自己。

所谓“自己”，即诉讼过程中，当事人自己的主张、自己的证据、自己对于法律的理解、自己对于对方基本情况的掌握，自己在诉讼开始后的心理状态，等等。我们生存于复杂的人际关系中，虽然不能清楚地了解自己，但可以肯定的是，诉讼当事人未必都能权衡自己。

处于诉讼中的当事人，总有时候不能正确地评价自己，有时会对客观事实产生偏差，即使自己所做的事也可能会产生遗忘。有时会积极评价自己，有时又会消极的评价自己。所以，由于每个人的思想圈的大小不同，权衡自己的能力也就不同，从而导致每个人的思想意识素质的高低不均。

（三）围绕诉讼权益进行权衡与取舍

在建设工程诉讼博弈中，需要权衡因素很多。诉讼当事人及其代理律师如何权衡好自己呢？笔者想重点需要考虑的是以下几点：

第一，分清敌与友是取胜的首要问题。世上没有谁与谁是天生的敌人或朋友。不交谈构不成敌友，接近与对立皆在交谈了解中产生，当初的敌人可成为后来的朋友，当初的朋友可成为后来的敌人，一切皆因观念的不同。

诉讼中原告、被告双方的利益并非总是对立的，皆因价值取向不同。在价值领域里，得此一方必要失去另一方。同价值取向的人能够相互理解，随时沟通，并互相配合，而不同价值取向的人则采取排斥态度，会发生较为激烈的冲突，难以在诉讼程序中相互配合。

建设工程诉讼当事人及其代理人要想使争议的解决获得满意的结果，达到自己的诉益目的，首要的问题应当是分清敌友，结成诉讼联盟。应当指出的是诉讼中的敌友只能作为根本的对立面理解，而不是战场上的你死我活的敌友。

我们知道，在诉讼中，并不是只有唯一的原告和被告，具有诉讼主体资格的人在同一案件中可能涉及共同原告、第三人、共同被告、各方的代理人、相关证人等，我们不能有为对方出庭的证人就是敌方的心理定势，要学会站在对方的角度去思考问题，有时明明理解却不能放弃己见，这是权衡利弊的结果。即便无利益冲突，也可有见不得他人得益或得势之心，此乃人性弱点的体现，只是做起来身不由己罢了。因此，在诉讼开始的过程中，我们就要根据具体的案情，分清敌友，特别是共同诉讼人，不管是必要的共同诉讼人还是普通的共同诉讼人，他们都有相同的诉讼标的或同类的诉讼标的，即对同一诉讼标的或同类诉讼标的具有相同的权利和义务。共同原告不一定没有利益上的冲突，就要做到团结，诉前的沟通；对于共同被告，要分清利益冲突的强弱，对于处于弱势冲突方要尽量低调处理，集中证据对待强冲突方的被告；对于第三人，要分清有独立请求权的第三人和没有独立请求权的第三人，由于诉讼第三人既非与原告有共同的权利义务客体，也非与被告就同一诉讼标的共享权利和义务，但第三人与案件的处理结果有法律上的利害关系，所以，无论是原告方，还是被告方，要争取第三人成为友，而非敌，对于有利益冲突的，要根据具体情况确定敌友，这有利于证据的组织和诉讼思路的展开。

一时一事虽见对立，但仅凭一时一事却难下断言为敌或为友，在诉讼的过程中，随着谜团的解开，双方当事人争议焦点的缩小，一些当事人在思索斗争后公心战胜私心，从而转变自己的诉讼态度。也就是所谓的“此一时敌，彼一时友”，因此，应当学会把握当事人的态度的转变，从而使自己的对立面减少，诉益最大化。

第二，弄清得失是制胜的关键因素。人生的烦恼常常来自得与失的思虑，患得患失常是痛苦的渊源。在每一个具体的诉讼案件中，总会有得失的权衡，得与失是辩证的统一，有所得必有所失，有所失必有所得。得与失的“天平”失衡，从而形成了诉讼纷争的多样性，也体现了诉讼当事人的人生观与价值观，对于代理人来说，就要学会应用得与失的权衡，这主要包括心理平衡。得自己该得的诉益自然就是一种权衡。作为诉讼当事人，应树立正确的得失观。适当的放弃能赢得心安、赢得良心、赢得人格与尊严，放弃、奉献自己该得的诉益，必然得到对方当事人的理解和主审法官的首肯。

有得必有失，特别是对于诸如施工人员人身伤害、质量保修纠纷、实际施工人索赔纠纷，双方当事人之间一定要心平气和，只要一方当事人作出适当的让步，矛盾和纠纷往往就能很友好地得以解决。争取诉益最大化是每个当事人的共同心愿，但诉益最大化，不能说明最后的得益最大化，从整个诉讼过程来看，对一方当事人来说，得到的越多，可能失去的就越多；放弃个人得失的忧虑，同时会得到很多；适当的让步，尽快与对方当事人化解矛盾，有更多的时间去做自己该做的事，不必轻论得与失，这就是所谓得即失，失即得的道理！

对于当事人来讲，适当的放弃是一种难以评估的价值取向，是因为放弃者在鱼和熊掌不能兼得的情况下，作出了明智的选择，体现了他的聪明和智慧。对于一名让当事人切实满意的代理律师来讲，坚持用证据说话，以法律为镜，努力维护当事人的合法权益,但又不能义气用事,损害对方当事人的权益和感情。这就要求办案律师切实为当事人着想,想进入诉讼程序后,当事人真正能得到什么,因得到会失去什么,争取让当事人满意的诉讼过程中,时刻把握得与失的机会,失要让当事人在心情较好时说服,得要替当事人考虑是否会产生其他不利后果。

对于每一个具体的诉讼,当事人及其代理律师在权衡得失时,主要是区分得主要的,失次要;得时间,失金钱;得精神的慰藉,失物质利益;得未来市场,失可接受让步。在权衡的过程中,还要考虑得与失的取舍是否影响整个案情的诉讼结果,也就是说失的目的是为了得,得的目的不是为了失,最终的目的是让当事人得到心理平衡。这就要求代理律师有进退思想,有利弊思想,同时还要在情与法中进行权衡,从而完善自己的代理方略,掌握办案的主动权。

第三,采取和与诉是把握胜利的开端。人们总是在生活、工作与社会的交往过程与其他人产生互爱、互助、互动的相互作用,同时由于个体间主观意识的差异和客观环境的不同,不可避免地会发生各种各样的冲突。冲突的发生使社会处于一种非正常的状态,也会对自己产生不利影响,因此,人们互相之间在不断产生冲突的同时,也在不断寻求解决冲突的途径和方法。由此也产生三大民商纠纷解决方式:仲裁、诉讼与和解。因此,无论是当事人还是其代理人,在立案前要考虑是通过仲裁、诉讼还是调解解决争议纠纷。在案件即将进入诉讼程序时,还要思考的一个问题就是该案是否存在和解的可能,在什么时机达成和解对当事人的权益更大。

《民事诉讼法》第50条规定:“双方当事人可以自行和解。”但是对于和解的操作规范、法律效力等未作进一步的界定。近年来的审判实践中,当事人在诉讼中为了节约诉讼成本,规避诉讼风险,在互谅互让的前提下,自行达成和解的情形较多。和解协议达成后,如果原告申请撤诉,法院一般裁定准许,诉讼即告终结。同时通过裁定撤诉结案的,原告还可退回一半的诉讼费用。但是,由于这种和解协议不具备法律上的强制执行力,当事人一方反悔的,另一方又得另行起诉。因此,当事人在自行达成和解协议后,总是希望法院能确认其和解协议的法律效力,有些甚至是在事先达成了和解协议后,为了获得一份具有法律强制力的法律文书而起诉的。因此选择和解要能使纠纷得到完全的解决,不能留下法律上的漏洞。促成当事人和解的目的是“化干戈为玉帛”,使双方冰释前嫌,握手言和。

在很多建设工程纠纷争议中,我们常见一些人因芝麻小事而闹成大事,最后不得不走向法庭,希望法官给予一个公正的说法,实质上,很多建设工程诉讼纠纷是难判断谁是谁非的,法官也只能本着“以和为贵”原则促成当事人达成调解协议,有时甚至近乎“和稀泥”,充当“和事佬”。需要说明的是,对于代理律师来讲,“以和为贵”并不是意味着不分是非曲直,遇事视若无睹,麻木不仁,不讲原则。我们把握“以和为贵”,应以维护当事人的合法权益为限度,把握好“和”与“诉”的时机。

促成双方当事人和解的方法很多,调解成功与否,调解率的高低,调解后和解协议是否能够真正得到履行的问题,这些都能反映一位代理律师把握“和”与“诉”的时机的综合素质。因为,促成双方当事人达成调解还可能涉及代理律师的既得利益受到的损失的问题,一般来讲,当事人达成和解协议后,总认为没有进入诉讼程序,代理律师的报酬是否应当减少的问题,他们往往不以解决纠纷为案件的终结。这就要取决于代理律师的责任心和责任感,同时通过选择和解还可折射出一个人的业务素质和调解技能。有责任心的代理律师千万别以一己之私心,动不动就“一审不行,就上诉;上诉不行,启动审判监督程序”“这案件一定能赢”地挑诉。

在每一个具体的诉讼案件中,就权利义务本身而言,和解中的让步基本上只能是一种单方面的让步,而且是合法有理的一方向对方作出的让步。和解中的让步一般由原告单方面作出的却是不争的事实。而原告作出让步后的调解协议并不能等同于权利的实现。调解协议中确定的义务虽说是义务人同意履行的,但义务的实际履行在时间上往往迟于调解协议的达成。从诉讼实践看,近年来向法院申请执行调解协议的数量增多,不少权利人在调解中作出的让步并未换得义务人的自动履行,到头来仍不得不申请执行,而执行中为了换得义务人履行而进一步让步的情况也不在少数。况且目前客观上还存在“执行难”问题。这种情况下,代理律师也应当向当事人讲清达成和解后,和解协议的最后履行也存在一个执行不能的风险问题。就要注意加大违约处罚的力度。

第四,弄清敌我的强弱是制胜的必要权衡点。在建设工程诉讼的代理过程中,代理律师的思维是基于利己主义的,也就从“性恶论”演绎而来的。对于每一个具体的案件,民法调整的是平等主体之间的财产关系、人身关系,在法制时代,尽管倡导人人平等,但平等之中有强弱。作为代理律师不得不思考与权衡这一问题,从而制定好自己的诉讼战略。

“强”与“弱”不是绝对的,“强”与“弱”对于诉讼如何有利也不是绝对的,这要看代理人的把握。在每一个具体的案件中,一般来说,代理律师应当从以下三个方面的权衡诉讼双方当事人的强与弱的问题:

1. 经济实力的强与弱

诉讼是要凭实力的,这一实力在很大程序上体现双方当事人的经济实力,尽管目前有法律援助,让打不起官司的人都能享受到司法的正义,但这只是一种理念,即使在法律援助中,也不可能完全没有经济支出。作为代理律师,要充分权衡双方当事人的经济实力的强与弱,从而选择最佳的诉讼方案,如原告一方的经济实力较强,你不仅不为诉讼费用发愁,还可以选择诉前财产保全,证据公证,司法鉴定等必要的手段,如果对方当事人属被告,且经济实力较强,你可优先考虑申请法律冻结其银行账号,查封其经营资产,使其生产经营受到影响,让对方产生心理压力,这使己方在以后的调解中处于优势。

2. 证据掌握的强与弱

在当事人与代理律师的交谈中,一般来讲代理律师会要求当事人提供自己所掌握到的证据材料,同时要分析对方当事人可能持有的证据材料,这就要求对双方掌握证据材料的强弱进行分析。诉讼是要讲证据的,有证据才能在法庭上说话,法律不相信眼泪,只相信证据。既然要上法庭,就要懂点法律,如果任凭意气用事,只能花钱买教训,只会想不通,钻牛角尖。法律有法律的规矩,不是说你觉得有道理就偏向你。《民事诉讼证据规定》(2008 年)第 70 条规定,一方当事人提出的有完全证明力的证据(四种情形),对方当事人提出异议但没有足以反驳的相反证据的,人民法院应当确认其证明力。有完全证明力的证据属于强势证据,对于弱势证据就要考虑补强的问题。从证据的开示角度来讲,无论是哪方当事人都要在合理的时间内向法庭提交证据,以此来支持自己的主张,如果当事人在庭审阶段提出新的证据,即使是当事人认为的强势证据,有可能被对方不予质证,而成为弱势证据。因此只有在庭审前交换证据让双方对对方证据都有充分了解,则双方当事人都有相同的、公平的机会去准备质证意见,以便在庭审时对对方证据的客观性、关联性和合法性进行质证,这样双方的诉讼地位才可能是真正平等的,基本上不会出现一方处于劣势而另一方处于强势的情况,只会出现一方理由充足而另一方理由不充足或双方理由相当的情形,这样也有助于法院认证,法院依此作出的裁判也才可能是公正的。也就是说证据的"强"与"弱"不仅是证据的内容,而且在程序上也存在"强"与"弱"的问题,这是代理律师一定要把握好的一个十分重要的方面。

3. 双方社会资源的强与弱

在每个具体的诉讼案件中,代理律师还要考虑双方当事人所拥有的社会资源的强与弱的问题。例如一宗劳动争议案件中,劳动者的权益受到了损害,律师在为其代理的过程中,就可能考虑到他的社会资源相对于实力较强的企业或公司来讲显然处于弱势,还有双方的社会关系、各方的社会地位都将使劳动者个体处于不利地位。这些是否会影响到法官的公正判决,代理律师要作出正确的判断,并可在代理意见中提请法官要对弱势群体利益予以保护。因此,双方社会资源的强与弱也是律师在代理过程中必须要权衡的因素。

因与果是建设工程诉讼博弈中权衡的重中之重。在建设工程诉讼中,权衡的另一个问题是从事法律专业人员所思考最多的,就是“因”与“果”的问题。任何一件建设工程诉讼案件,之所以产生纠纷,双方的意见达不成一致,总有其因果关系。从法理上来分析存在必然因果关系、偶然因果关系、相当因果关系及其他的逻辑关系,但相当因果关系理论由于更贴近人们的社会理念,更能够解决建设工程诉讼实践的问题,也被大多数法律工作者接受。

分析因果关系主要从几个方面展开:

1. 因果关系的客观性

因果关系作为客观现象之间引起与被引起的关系,它是客观存在的,并不以人们主观为转移,任何一宗建设工程案件的争议焦点都有其因果关系,如笔者曾代理过一宗施工单位名称与发包人注册商标相同的案件,发包方为此终止已开展施工的施工承包合同,而侵权行为与合同终止是两种不同的请求权,合同终止的预期利润损失与合同终止有因果关系,属于违约行为,而与商标侵权无关,不构成侵权,也就不构成赔偿与反索赔问题。而商标侵权只能另案提起诉讼。

2. 因果关系的特定性

事物是普遍联系的,为了了解单个的现象,我们就必须把它们从普遍的联系中抽出来,孤立地考察它们,一个为原因,另一个为结果。民商事诉讼中的因果关系的特定性表现在它只能是人的侵权或违约行为与损害结果之间的因果联系。

3. 因果关系的时间序列性

原因必定在先,结果只能在后,二者的时间顺序不能颠倒。在建设工程诉讼案件中,只能从损害结果发生以前的侵权或违约行为中去查找原因。而不能从损害结果发生后推出可能存在的侵害事实或行为。

4. 因果关系的条件性和具体性

建设工程诉讼的因果关系是具体的、有条件的。因此,查明因果关系时,一定要从实施侵权行为或违约的时间、地点、条件等具体情况出发作具体分析。如时间的先后性、地点的相对性、条件的继承性等。

5. 因果关系的复杂性

辩证唯物主义认为,客观事物之间联系的多样性决定了因果联系复杂性。我们要思考“一因一果”、“一因多果”、“多因一果”与“多因多果”等较为复杂的问题,把握纷争的主要因果。

因果关系标准具有效益价值。效益是产出减去投入后的结果。因果关系标准的效益价值,集中反映在对自然资源和社会资源的有效利用与分配上。加强对土地、矿藏、森林、水和大气等自然资源的保护和对政策、信息、权利、义务等社会资源的合理配置,提高资源利用效益,应成为因果关系标准的另一价值追求。也就是说,无论选择或创建因果关系标准理论学说,还是制定或适用因果关系标准进行具体的因果关系判断,我们都应顾及效益价值的取向,在保障公平正义前提下,注意以较少的成本投入实现最大的公平和正义。

在建设工程诉讼中探求因果关系时,也要考虑追求高效益的价值取向。首先要注重程序效益,尽可能降低诉讼成本。如果因果关系标准过于烦琐或难以把握,专业技术条件要求太高,必将增大当事人和代理律师的精力投入。追求因果关系标准的效益价值,就是要调整诉讼结构,优化配置诉讼资源,确立的因果关系标准以及对该标准的证明,应当简明扼要,方便实用。其次,要重视实体效益,最大限度地接近客观事实真相,以利于对加害人、受害人等各方当事人实体权利的最佳保护,减少不必要的成本投入和浪费。体现了效益价值的因果关系标准,过严或过宽的因果关系标准都是对该点的不当偏离,都将导致公正和效益价值的丧失。因为标准过于严密,因果关系难以成就或不易证明,不利于对受害人的保护,就会加大受害人的损失。最后,要注重科学的相对性。对于因果关系的探求,每个人都想追求完善、科学,但由于受客观条件与时代发展的限制,因果关系的探求也存在认知问题,因此,代理律师进行因果分析时,要有科学的态度,时代的认同感。更主要的是代理律师所主张的因果关系能够被主审法官所认同。

四、证据链:
围绕“争议焦点”展现代理律师的专业水平

一般来讲,证据链能否形成是代理律师把握案件的工作中心,围绕这一中心的展开得看所代理案件争议焦点是什么,也就是说代理律师的工作就是如何围绕争议焦点形成证据链的问题。从证据链组织的侧面能够透视代理律师出手是否专业。下面从证据链的形成,如何拧断对方的证据链两个方面谈点体会。

(一)如何围绕争议焦点组织证据链

在建设工程诉讼过程中,如果任何一方都举不出具有完全证明力证明材料,那么,双方当事人就要组织证据链,以此来符合“高度盖然性标准”或“最佳证据规则”。例如,被告提出新的证据,该证据不利于原告,而有利于被告,且被告提出的是一个具有证据链特征的证据集合。这是具有很大说服力的证据集合。那么,就要看原告的代理律师如何形成自己的证据链,否则,原告就要努力寻求如何拧断被

告的证据链。

所谓证据链,是几个证据同时能证明一件事情,并且相互能够印证,在这个链条中即使缺少了某个证据,依然可以证明一件事情或能够帮助解决一个争议焦点问题,并且解释起来十分得充分。

一般来讲,证据链具有“相互印证性、不矛盾性、证据链的闭合性与证明结论的唯一性”四个特征。在建设工程诉讼案件中代理律师只要能形成证据链,那么,证明力就是很强的。证据的相互印证性是要求不同的证据之间所要证明的事项及方向是基本一致或大致相同的,能够符合基本的勾稽关系或相互佐证,或相互补充说明某一事项的合理性。不矛盾性是要求不同的证据之间不能相互矛盾、相互冲抵或相互反对。证据链的闭合性是要求各证据之间能够有效配合说明某一实质问题,而无须其他待证的事实来佐证,也就是不需有待其他证据材料来确认。证据的证明结论的唯一性是要求各证据之间所需证明的事项得出的结论具有唯一性,不能模糊不清,或者有两种以上的结论。

所谓证据的证明力很强,应该是有与之相关联或逻辑性的另一证据相支撑。所以说“证据链”应该是证据与证据之间环环相扣,就证明某一件事实而言,不存在被对方用证据证明是虚构的可能,从证据的盖然性讲,制胜的把握应当是百分之百了。

原告、被告在开庭之前要交换证据。也就是说在立案之后,开庭之前,法官会给双方当事人一个提示,就是要说清楚必须在什么时间之前(法官指定的日期)把证据提交给法庭,若不能及时提交,则在开庭后会处于巨大被动地位,因为法庭只就已提交的证据进行质证,对于没有提交的证据是否当庭进行质证就只能听对方的意见了。对方显然是要根据利弊来取舍。也就是说如果对方同意质证说明其还有没掌握的证据,希望从中得到什么,否则对方会一口回绝的。

一般来讲,证据具有关联性、客观真实性、合法性,代理律师一定要在证据的真实性上下功夫。

证据的客观真实性其实就是为反映案件的本来面目,对反映的事实内容应该为真实可靠的、确凿无疑的,而不是猜测,假设和自己想象的或者强迫情况下表达出的不真实的东西。也就是说只有客观存在的事实所反映和包含的内容,不能以司法审判人员的意志或当事人的口头说明去确定案件的事实,而是要以真实存在的事实证据去确定案件的事实。

如果使用一些不真实的证据那就极容易造成错案,还会损害另一方当事人的合法权益。

笔者曾经到深圳某区人民法院代理一宗特种经营许可侵权案，笔者以证据链的形式向法院提交了六组证据，开庭时，法官一看，觉得其中有几份证据是重复的，就让书记员去办公室拿来剪刀让笔者把重复的证据都剪掉，只能保留一份证据，还说得按单一证据进行编号，不能按照证据分组编号，当时搞得笔者哭笑不得，因为那位法官可能根本不懂什么是证据链。证据虽然有重复，但在不同的证据组中它所需要证明的事实或方向是不同的，一组证据可以说形成一个证据链，证据链是环环相扣，缺一不可的。所以，举证不在于证据形式是否重复，而关键在于代理人对于证据的解释方向是否有所差异，对证据链的解释是否环环相扣，是否能够相互印证。这才是单一证据与证据链的差异所在，很多初入诉讼实务的人就弄不懂，有时还作出错误的判断。

证据的内容在法律上是真实的，才有可能具有证明力。证据内容的真实主要看是否是双方当时的真实意识的表示，有没有存在欺诈、胁迫等问题，有没有存在显失公平的问题？

证据链形成之后，就是法条引用问题，原告依据什么法律的哪条哪款，被告又根据什么法律的哪条哪款：是合同纠纷，寻求合同法；是侵权纠纷，去找民法通则；是不服行政处罚，就找行政性规定；是刑事犯罪，就找刑法，是刑法附带建设工程诉讼，就综合几方面的因素去找自己认为适用的刑法和民商法。

任何证据的来源要符合法律的规定，否则就可能失去证明力，如果是无关紧要的证据还不会出大问题，假设是原始的孤证，就很难胜诉。这种情况下寻求和解是可行之策。

所有证据能够形成证据链，根据这个证据链得出的结论具有唯一性和排他性，如果以上条件均符合，则可以定案；反之，则不能定案。

事实上，证据之间形成锁链，都是相对而言的。间接证据永远也无法完美地前后衔接，不能相互印证，也难以证明案件事实。即使是形成所谓的锁链，这一锁链也是建立在经验、教条上的推理。同时，对于当事人行为主观上的认定，也应有与之相适应的推定规则。我们应建立和完善这方面的规则，这样，才可减少不必要的证明，更可避免难以完成的证明。

（二）如何有效拧断对方的证据链

在民事诉讼法庭上，代理律师质证对方证据主要从以下几个方面展开：

首先，通过找寻关键词，以适当的法言法语发问进行质疑。疑就是问题，问题是思维的火花。代理律师在诉讼过程中能从对方提供的证据中发现问题和以合理的关键词向对方当事人提出问题，是实证的最好质证方式，尤其对于建设工程诉讼案件来讲,由于某一方持有或收集证据的局限性,只能借力发挥,通过否定证据来达到抗辩反驳的目的。

其次,通过对诉求方证据的再组织,形成反证的证据链,以此达到质证的目的。作为代理律师要组织自己的证据链必须借助诉求方的证据,通过自己对证据的解读,达到拧断对方证据链的目的。笔者认为,尽管文无定法,但有规律可循,主要体现在以下几个方面:

1. 通过分类思考对方的证据链是否合理;

2. 通过了解各分类中的证据是否能够形成完整的证据链;

3. 通过对证据与证明对象及证据的特定形式分析是否吻合,来达到质证目的;

4. 分析对方出示的证据中是否有能够形成自己证据链中的一环,以此来作为反证,这样就避免质疑的盲目性、随意性;

5. 分析对方证据是否符合证据的"三性",以此达到质证的目的。

最后,通过从不同证据比较中质疑。将有可比意义的不同证据一起进行同中求异、异中求同的分析、比较,从中挖掘出更为深刻的疑点质证,这不仅有助于代理律师对庭审进程的具体把握,还大大提高代理律师对法官思维的适应,可从下列几方面进行:

1. 比较不同分类证据,如书证与证人证言进行比较,当事人陈述与物证比较;

2. 比较同一类证据原件与复印件;

3. 比较不同证人间的言辞,比较同一证人不同时间的证言;

4. 比较不同当事人、证人证言的陈述与诉求方提供的证据,从中发现他们的异同,由此达到质证目的。

当然质证的目的是实证,自己所阐明的证据方向能够得到法官的采信或者能够在质证程序中得到固定,这样法官在庭审后对证据的取舍就会有利于己方。所以代理律师在建设工程诉讼过程中要具有质证之实证性思维,特别是在庭审过程中,如果应用熟练就会对案件的发展及与法官产生相同的价值取向起到十分重要的作用。

由于证据链一般都是在缺少直接证据的情况下所采取的一种证据组合,也称为证据间的技术组合,因此,再完好的证据链也有其被攻击的薄弱环节。一般来讲,应从以下几个方面加以关注,学会拧断对方的证据链:

1. 说明对方的某一单一证据是否违背众所周知的事实和自然规律及定理来说明其证据不能被引用。

2. 说明己方持有的有效公证文书所证明的事实、人民法院或仲裁机构发生法律效力的裁判(裁定)所确认的事实等足以驳倒对方的某一单一证据。

3. 查实对方某一单一证据是否因摘录有关单位制作的与案件事实相关的文件、材料,没有注明出处,或没有加盖制作单位或者保管单位的印章,或没有摘录人和其他调查人员应当在摘录件上签名或者盖章的情形。同时分析其摘录文件、材料是否保持了内容相应的完整性,是否有断章取义的情形。

4. 分析对方当事人是否逾期提交证据材料,要求人民法院对逾期提交的证据材料不予组织质证。分析当事人提出的证据是否构成增加、变更诉讼请求或者形成了反诉,否则不予质证。

5. 查看某一单一证据是否原件、原物,分析复印件、复制品与原件、原物是否相符,如果不符或提供不了原件,不予质证。

6. 分析某一单一证据是否与本案事实相关,证据的形式、来源是否符合法律规定;证据所反映的内容是否真实以及证人或者提供证据的人是否与当事人有利害关系,否则不予质证。

7. 分析案件的全部证据,从各证据与案件事实的关联程度、各证据之间的联系等方面进行综合审查判断,并提取法官注意事项。

8. 分析对方提出的某一单一证据是否当事人为达成调解协议或者和解的目的作出妥协所涉及的对案件事实的认可,如是及时提醒法官不得在其后的诉讼中作为对其不利的证据。

9. 分析对方是否有以侵害他人合法权益或者违反法律禁止性规定的方法取得的证据,如有提醒法官不能作为认定案件事实的依据。

10. 分析是否存在未成年人所作的与其年龄和智力状况不相当的证言,与一方当事人或者其代理人有利害关系的证人出具的证言。

11. 分析对方提供的证据是否存在存有疑点的视听资料;是否有无法与原件、原物核对的复印件、复制品;是否存在无正当理由未出庭作证的证人证言。如果出现这三种情况要及时提醒法官,不能单独作为认定案件事实的依据。

12. 根据《民事诉讼证据规定》(2008年)第77条的规定,提出自己所提交证据的证明力大于对方的某一单一证据需要符合以下条件。第77条规定:"人民法院就数个证据对同一事实的证明力,可以依照下列原则认定:(一)国家机关、社会团体依职权制作的公文书证的证明力一般大于其他书证;(二)物证、档案、鉴定结论、勘验笔录或者经过公证、登记的书证,其证明力一般大于其他书证、视听资料和证人证言;(三)原始证据的证明力一般大于传来证据;(四)直接证据的证明力一般大于间接证据;(五)证人提供的对与其有亲属或者其他密切关系的当事人有利的证言,其证明力一般小于其他证人证言。”

在注意上述事项时,还要从逻辑上对对方证据进行分析,看有否自相矛盾、难以自圆其说的本质性内容。

五、祸福所倚:建设工程诉讼证据的双刃性分析

无论是原告及其代理律师,还是被告及其代理律师,为了达到诉讼目的,除了虚构法律关系或法律事实而故意提供虚假的证据被对方或法官识破外,有的会由于一时疏忽,将原本真实的证据出示给法庭,却事实上被法官认定为不利于己方的证据,从而与制胜的诉讼目的相悖;有的被对方当事人及其代理律师当场提出存在相互矛盾或冲突,因存在漏洞而难以说服法官,从而不利于己方的裁判。这就涉及证据的双刃性问题。

(一)寻找漏洞:从证据内涵理解上的差距着手

当事人提供的证据为什么会出现漏洞而被对方利用,甚至成了反证呢?这就是建设工程诉讼证据的双刃性问题,值得代理律师深入研究。建设工程诉讼证据这种双刃性是什么原因产生的呢?下面主要从五个方面来分析研究。

第一,法律事实与客观事实之间的差距。当事人提供的证据一般讲都是希望能够对客观存在事实进行证明,但这并不能被法官所认同,因为当事人所提供的所谓客观事实要成为写进判决的法律事实还有一定差距,这种差距导致了诉讼证据的双刃性。

第二,文语释义与法理释义的差距。有时候,当事人对于证据的理解与代理律师会产生偏差,代理律师与法官也会产生偏差,这种差距往往是由于对于证据所表现的文语释义与法理释义的理解不同而产生的。这种差距也会导致诉讼证据的双刃性。

第三,证据材料的形式与反映内容间的差距。证据材料总是以一定的形式存在,并能够反映一定的客观事实内容,但证据材料的形式与所反映内容间往往也会产生一定的差距,这种差距同样会体现证据的双刃性。而产生的冲突可以从以下三个方面去捕捉:

1. 单一证据材料形式与反映内容间的冲突;
2. 同种类证据材料间形式与反映内容及内容间的冲突;
3. 不同种类证据材料反映内容间的相互冲突。

第四，证据材料形成内容与记载内容间的差距。证据材料在形成过程中，总是以一定的载体在特定时间融入了特定的信息，但当事人所提供证据材料往往会与要证明的事实产生差距。以工程建设合同履行中的物资采购为例，原告向法庭出示了一张“物资领料单”，为了证明施工方向总承包商库房领了20,000元的物料，时间是2001年10月26日。但在质证时，领料单上反映的是手写的“收条”而非正规印刷的“领取单”，20,000元写成了200.00，没有货币单位，纸质是从一本笔记本上撕的，“领料人”向法院出示了那本笔记本，撕页完全相合，但笔记本出厂日期显示是2002年的。显然原告出具该证据材料的内容与记载内容间有很大差距。事后原告承认确实是他本人是领料人，只领了200元。时间是他自己后来根据记忆补上去了，只有签名是被告的。

第五，个人对证据的理解与本质内容间的差距。在质证过程中，当事人所要证明的问题并不像当事人当初预料的那样，有时恰恰相反。主要是当事人对证据材料的理解与证据材料本质上所反映的内容有差距。有时候一方当事人认为对自己有利，但证据材料证明的内容并非他所想象的那样。

（二）攻防着力点：从分析证据的双刃性中寻找

代理律师要想在举证质证阶段占有优势，就得善于从证据的双刃性分析中寻求有利己方的地方，并以此作为攻防的着力点。

1. 程序性与实体性问题

代理律师要弄清对方提供的证据证明方向是想说明程序性问题，还是想说明实体性问题，并从中找到对己方有利的攻击点。如果对方提供的证据材料是想说明某一程序性问题，反方就要看能否拿过来证明对己方有利的实体性问题；如果对方是想以此证明实体性问题，反方就要重点看能否拿过来证明程序性问题。

2. 合理性与合法性问题

在举证质证过程中，对方可能会出示某一证据材料来说明其行为的合理性，但可能违背了合法性原则，同样也可能会出示某一证据材料来说明其行为的合法性，但可能不尽情理，甚至缺乏合理性或有悖科学性。反方就可以此来指出对方证据材料的不足，或拿过来为己方所用。

3. 人为性与客观性问题

在对方出示的证据中，可能一眼就看出存在人为性问题，代理律师就要从客观性角度来分析对方证据材料是否存在人为性造假的重大缺陷，从中找到其中的破绽。代理律师要能够从法律专业的角度查找到证据材料的人为性的痕迹，并能够作出科学的判断，以此来反驳对方的证明观点，从而有效利用证据的双刃性。例如在一次庭审中,有一方当事人出具了一张欠条其落款日期为1997年10月×日,而该欠条的稿纸印刷标记日期为1998开头,对方代理律师抓住此点后一下子使案件性质发生了逆转。

4. 案情定性与标的额定量问题

从证据的功能上来讲,有些属于案情定性的证据,即用来证明行为的合法与否的,有些属于案情定量的证据,即用来证明行为损害程度或双方经济往来的具体数额的。代理律师就要利用对方证明此点而忽略了彼点的可能,将对方拿来证明案情性质的证明看能否含有可以说明对方的诉讼请求标的额不符合证据所含内容,或者要分析对方拿来证明诉讼请求额合理的证明材料是否有能够说明案情性质的证明着力点,以此有可能寻找到推翻对于己方不利的事实。例如在一次庭审中,有一方当事人向法庭出示了很多货物收条,以此来说明请求数额的真实性,但对方代理律师突然从证据日期上推出该行为不在原告所主张的范围内,因为有双方在某一时点的对账单为零的其他证据显示,在该期间发生在双方之间的经济往来已完全结清,一下就改变了案件的性质。

5. 证据的真伪与取得途径的问题

在甄别证据的真伪性时,代理律师一定要注意对方证据的取得途径是否符合常规,从中也可利用证据的双刃性来致对手于死地。因为有些证据的取得途径本身就能够说明证据的真伪。

甄别证据是诉讼代理律师的一项基本技能,运用证据、质证询问来揭露对方证据间的冲突之处,很容易能够达到制胜的目的。如解除合同通知,送达证据,能够从时间上推出一些事实问题,以此进行认定。如有一出租房屋合同解除案,承租方向法庭出示装修房屋的支出票据,希望能够得到出租人的补偿,但又能从侧面证明承租人改变了房屋的用途,被对方代理律师抓住此点后,就能够证明承租人有重大违约行为,马上就使案情性质发生了重大改变。

证人出庭对于当事人来讲,具有很大的双刃性,下面这段庭审实战记录很能说明其重要性。

法务实例94:对出庭证人两面性询问的实战记录

案情简介:

甲单位与乙单位某年某月某日签订一份《乙单位幼儿园施工总承包合同》,次年的某月某日签订另一份《乙单位工会俱乐部改造总承包合同》。甲单位以第一份合同乙单位欠付工程为由起诉到法院,要求乙单位支付拖欠工程款。

明法晰理:

笔者作为乙单位的代理律师参加了甲单位诉乙单位拖欠工程款案庭审。开庭不久,甲单位申请方某作为证人出庭作证,方某为甲单位聘用的农民工。证明的目的是想说乙单位付给甲单位的某一数额的工程款与本案争议额无关,是另一工程乙单位工会俱乐部改造的结算款,而实际用于乙单位幼儿园施工工程的款项是甲单位自己垫付的,要求乙单位支付甲单位不予承认的工程款。根据双方的举证质证情况,笔者作为乙单位的代理律师,向出庭证人问了两个问题:

第一个问题是要求证人回答是否代表甲单位经手签收了某一数额的工程款。

问:请问证人,你是否收到某一数额的工程款,回答是与不是?

答:收到,但属于另一工程的,已用于那一工程购买相关材料了。

接问:你说用于另一工程了,你如何知道?

答:我听说的,确实用于另一工程了。

接问:另一工程有合同吗?

答:没有。

接问:没有,你是这一工程的代表吗?为什么拿钱去管其他工程?

证人无言。

第二个问题是要求证人回答支付施工单位人员的工资是从哪来的。因为为解决民工工资拖欠问题,建设单位预付款给甲单位用于民工工资。但甲单位予以否认,认为工人的工资是由自己支付的,甲单位预付的工程款用于另一工程了。

问:请问证人,你说你负责施工单位的人员的工资发放,请问发了多少?

答:10 万多元。

接问:钱从哪来?

答:甲单位给的。

接问:以什么方式给的,是现金,还是通过银行转账?

答:反正是甲单位给的,具体说不清楚?

接问:给你多少?

答:6万多元。

接问:甲单位给你6万多元,你付出去了10万多元,差额从哪来的?

答:我自己垫的。

接问:该工程是你家承揽的,还是甲单位承揽的。

证人无言。

接问:你家平时放这么多钱吗,你家开银行吗,显然没有,充分证明你在说谎。好,询问完毕,从中可以分析出,证人作为一位农民说自己拿出4万多元为甲单位农民工支付工资,他只是一名普通的农民,分明是在说谎。

从对该证人的询问可以体会到,询问证人得弄清证人的真实身份,善于询问对方申请出庭的证人,能够获得意外的收获。这就是证人证言的两面性,在采取询问方式上,要一环扣一环,让证人难以自圆其说。以达到让法官一听就明的目的。

(三)补证与固证:一切为了做牢证据链

当事人向代理律师提交的证据一般都不具有充分性,因此,代理律师就要为当事人提供补证的线索,从中收集到足够支持诉讼主张或反驳对方诉讼请求的证据。对于难以保存的证据材料还要及时固证或直接向法院提交协助取证申请。

那么,如何完成补证工作呢?主要有以下几种途径。

1. 由当事人提供

对于当事人提供的证据材料,代理律师不能一一留存,要分析重要与次要,对当事人提供的书面证据原件要进行复印,一般复印两份,自己留存一份,提交法院一份,对于原件,最好让当事人自己保存,代理律师如果保存,存在很大风险,由于事多,将原件放到一个不知道的地方,或者丢失,那就麻烦了。

2. 从当事人所控制的范围内取得

有很多证据,不是以书证的形式存在,代理律师就要在征得当事人许可的情况下,到当事人所控制的范围获取有信息的证据材料。如绘制相邻关系的边界草图,有必要时,再委托专业部门进行测绘,也可通过摄像、照相等技术获取证据材料,还可以邀请主审法官到现场察看,让法官有直接的感观印象,这对于法官形成审判意见十分有利。

3. 从当事人经手事项的留存

当事人所做的每一项工作都会留有痕迹，代理律师可以要求当事人对往事进行回忆，帮助他们发现、整理工作中留存的材料，这些往往会成为案件的优势证据。例如，去办事的车票、住宿票（在证明时效时往往要用的证据材料）；看病的医疗单，报销凭证等；再如合同、购物发票、交接清单、遗嘱等。甚至一些微不足道的小纸片，也可能在庭审中起到十分关键的证明作用，如电话记录，银行的回执，保险单、股票交割单、缴费凭证、电子通讯记录等。

4. 从当事人所在单位收集

有些证据材料，由于各种原因可能由单位保存，或者只有单位才能提供的材料，如职工的出勤情况、收入状况等。有的材料保存单位设有专门的查询部门，如工商查询，政府部门的统计数据查询等，对于由单位提供的证据材料，代理律师前往调取时，要带上相关的调查函和立案通知，有的还要求代理律师的执业执照。对于需要做摘录的，要编号，记录上页码，对重要书面材料进行复印，注上复印时间，并要求保存单位加盖公章，如果有条件的话，还可由保存单位用电脑打印查询结果，千万别忘了让复印人员签上"与原件核对无误"字样并盖上公章，否则，你的辛苦可能被对方的一句没有与原件核对为由而付之东流。

5. 从当事人提供的证人中提取

证人证言有时在法庭上能够对案件的审理起到十分关键的作用。代理律师要当事人尽可能提供对案情或现场十分熟悉的证人出具证言材料，尽管现在的庭审要求有条件的证人必须到庭参加庭审，但在开庭前，代理律师想办法与证人当面接触，弄清案情的真相，也可从中弄清当事人提供证据材料的真实性，代理律师最好找一位同行，做好对证人的询问笔录，在征得证人同意的情况下还可形成录音，对于不便出庭的证人最好请主审法官前往作询问笔录。这样在法庭上会处于十分有利的地位，可减少很多证据不足带来的麻烦。

6. 从相关的场所与环境中获得

由于相关场所与环境不在当事人的控制范围内，所以证据就可能灭失与变化，因此，代理律师要对可能因环境与时间变化而引起事实变化的证据材料要及时固定。如环境污染对庄稼的损害、人身伤害的伤情等。

第一，最好用录音、照相及摄像等方式固定；第二，邀请公证人员进行公证，以公证书的形式固定证据，或以律师见证的形式进行固定；第三，对证人进行询问，制作询问笔录，最好找一位同行；第四，要求专业部门到现场进行取证，如邀请环保部门对污染源进行采样分析，对污染点进行采样分析，如申请水产部门对损失进行评估;第五,申请专业机构进行评估。

7. 申请人民法院对证据进行保全

《民事诉讼法》第81条第1款规定:“在证据可能灭失或者以后难以取得的情况下,当事人可以在诉讼过程中向人民法院申请保全证据,人民法院也可以主动采取保全措施。”人民法院对不同的证据应采取不同的保全措施。对证人证言、当事人的陈述,可采用笔录或者录音的方法加以保全。对物证,可通过勘验笔录、拍照、录像、绘图、复制模型或者保持原物的方法保全。对书证要尽可能提取原件;提取原件确有困难时,可提取复制品、照片、副本、节录本等加以保全。对视听资料,可通过录像、录音磁带反映出现的形象或音响,或利用电子计算在实验的过程中能够利用合理的实验搜集证据。

8. 申请鉴定也是取得证据的有效方法

在举证期限内代理律师应当对一些涉及行政管理与专业性很强知识才能弄清的问题要及时提出申请鉴定。鉴定机构和鉴定人员由双方当事人协商确定;协商不成的,由法院指定。对对方的鉴定结论有疑问的,还可以申请重新鉴定。一般存在以下几个疑问时应当提出申请重新鉴定:第一,鉴定机构或者鉴定人员不具有相关鉴定资格的;第二,鉴定程序严重违法的;第三,鉴定结论明显证据不足的;第四,经过质证认定不能作为证据使用的其他情形。如果鉴定结论仅仅是有缺陷,可以通过补充鉴定、重新质证或者补充质证等方法解决的,则没有必要申请重新鉴定。

9. 申请人民法院调查收集证据

诉讼代理人及当事人受到某些客观因素难以收集证据时,可以申请人民法院调查收集证据。人民法院依照当事人申请调查收集的证据,应当作为提出申请的一方当事人提供的证据。主要是:证据属于国家有关部门保存并须人民法院依职权调取的档案材料;涉及国家秘密、商业秘密、个人隐私的材料;当事人及其诉讼代理人确因客观原因不能自行收集的其他材料。

应当指出的是当事人请求人民法院调查收集证据,应当提出申请,而且不得迟于举证期限届满前7日。

需要说明的是在建设工程诉讼中,举证责任由当事人承担并不意味着人民法院绝对不主动调查收集证据。根据最高人民法院的《民事诉讼证据规定》,有两种情况可由人民法院依职权调查收集证据:第一,涉及可能有损害国家利益、社会公共利益或者他人合法权益的事实;第二,涉及依职权追加当事人、中止诉讼、终结诉讼、回避等与实体争议无关的程序事项。

代理律师要培养收集证据的执着的精神,为了一份证据要做到费心尽力,要有

"不到黄河心不死"的决心。

笔者曾经办理一件某市甲公安分局诉某油田乙单位要求返还其退还的追缴赃款案,对于证据整理的理解十分有益,摘录于此:

乙单位的一位财务人员王某因贪污公款××万元被甲公安分局追缴并退还给乙单位,乙单位向甲公安分局出具了收到退还赃款的收据。由于在刑事判决中王某的几笔退还"赃款"没有被法院认定,王某就要求甲公安分局退还未予以认定的"赃款"。由于乙单位破产清算多年,乙单位的股东丙单位成了连带被告。

甲公安分局的诉讼案由是要求丙单位连带承担乙单位不当得利返还案。笔者作为乙单位代理律师接手案件后,总感到甲公安分局诉请过于勉强,又感到丙单位的抗辩证据不足。原因是丙单位已被工商部门吊销营业执照多年了,是否合法清算,清算是否在相关的报纸发布债权人公告成了丙单位抗辩的重要的证据。查遍当事人提交的所有的材料,就是没有有关清算公告的证据,询问相关证人但都说不清楚。

如何才能收集到决定案件性质的关键证据呢?自然收集证据的线索落在了当时丙单位破产清算时的公告上来。凭职业嗅觉,就联想到要到所在省城报业中心档案管借阅相关报纸。案件已5年了,只有从丙单位因一起经济纠纷案案发时算起,好在档案管的报纸按月装订,查阅十分方便。先从2001年1月查起,没有,一直查到次年6月,没有结果,对所有借来报纸又重翻了好几遍,也没有结果。总是说服自己再来一遍,终于在当年3月的报缝中查找到了一则清算公告。公告提示债权人登记日为4月15日,想到另一份公告一定在4月15日以前,但没有结果。换个思维吧,去广告部找业务联系,业务员说一般公告登三期,但没有规定的间隔期。又从1月查起,在2月的报纸中找到,而这次不在中缝,清算公告登在第三版的右下角。

通过这次证据收集使笔者感到:执着能够成就事业,换个思维,总会有所收获。

Chapter 22

第22章

代理提纲：

拟订好建设工程诉讼代理的构思图

收集、整理与分析证据材料的目的是来支持自己的诉讼主张。代理律师在开庭前就要分析哪些是用来支持诉讼主张的，哪些是用来驳斥对方的，哪些是用来对案情进行定性的，哪些是用来对具体的诉讼主张进行定量的，哪些是用来支持具体的诉讼请求的。在出庭前代理律师要形成自己的代理提纲。这个代理提纲要有异于起诉状或答辩状，与起诉状或答辩状有各自不同的目的。提纲就相当于一张代理律师的构思图，是代理律师对整个案情的把握与庭审中论辩的预测。

建设工程纠纷案件的代理提纲主要包括基本的代理框架或代理线索、证据清单与法律的适当引用。

一、充分准备：磨刀不误砍柴工

代理律师在构思代理框架前，应做好充分的准备工作，切忌"临时抱佛脚"，仓促上阵。一般安排在开庭前两三天做好这些工作：

做好时间安排

代理律师应当提前对开庭时间做好安排，防止出现冲突，并根据安排做好备忘提示。

（一）倾听当事人陈述

代理律师要不厌其烦地倾听当事人或委托人对案情的叙述，并要善于提问，就其陈述中不清楚或不十分清楚的情节或案件细节反复询问，让其解答，有些证据线索就是从当事人认为无关紧要甚至完全无关的细节中挖掘出来的。当事人道听途说、街谈巷议的内容有时也不能放过。

（二）阅读和研究证据

代理律师应当反复阅读、抄写、摘抄证人证言、鉴定结论、报案材料、被害人陈述，仔细研读对方当事人陈述笔录，查阅书证，认真研究物证照片，查看原物，辨别真伪。争取把每个证据的基本内容与要点熟记于心，不仅要研究关键性的证据，对不引人注意甚至被认为是枝节的问题，也应反复推敲，加深记忆，破绽往往就在这些地方。

（三）编写证据目录与说明

编写证据目录与说明是一项非常重要的工作，目录与说明应对每个证据的形式、证明对象、举证目的、证据来源、编号及各证据的内容摘要进行详细列举，逐一说明，末尾为"××代理律师编制，年　月　日"，这使人看后一目了然。事实上法官、仲裁官们对编写证据目录及说明都很乐意接受，并给予肯定。

（四）吃透基本案情

代理律师在占有大量证据的基础上，应当反复熟悉案件事实，吃透案情。弄清案件事实后方能给案件定性，确定一个案子是何种法律关系，对诉讼的胜败至关重要，法律关系决定于法律事实和与之相适应的法律规定，所以，代理律师必须培养其对事物的洞察力和高深的法学理论功底，并对之灵活运用，才能判断准确，恰当定性，正确适用法律、法规和司法解释。

（五）形成自己的诉讼观点和意见

诉讼观点是代理律师经过认真研究、准确记忆和反复思考检索这样一个复杂的脑力劳动后所形成的对案件的基本看法，它将对委托人有利的证据和事实上升到法律的高度，得出己方当事人行为合法性或者对方当事人行为违法性的主观意见，借以引导法官的裁判思路。

二、厘清思路：通过案件线索草拟代理构思

代理律师在出庭前，要提前组织好庭审的代理提纲，或称为代理框架，一般来说可通过以下线索草拟代理构思：

1. 按事情发生线索；
2. 按时间发生线索；
3. 按当事人提供的材料组成的线索；
4. 对案件的信息和细节进行仔细考证，分析、推理形成思维链；
5. 依据法理关键词来形成代理构架，特别是对己方有绝对优势的法理关键词要及时抽取。
6. 按照已厘清的法律关系来草拟代理构思。一旦厘清基本的法律关系，就可以从法律关系中找到不同寻常的地方，这样就能够发现问题的症结所在，也就有了基本的代理思路。

组织代理框架前一定要分析本案应当具备哪些证据，而目前还缺少哪些证据；厘清本案适用哪些法律、法规、司法解释，哪些又是如何不适用，还要寻找哪些相关法律来支持自己的观点。而这些都是形成代理框架的基础或支撑所在。

三、证据了然：制作好证据清单

代理律师面对繁杂的证据材料，要想在有限的时间内说服法官，就得抽出时间，静下心来制作好证据清单，让案件一目了然。制作证据清单，一般在分析完已收集的证据材料之后，在法院提交证据的时限内进行，需要对证据材料进行编号、分组，分类，简要说明证明方向。对于制作的证据清单，在法院不硬性要求提交的情况下，最好在开庭时交于法庭，在质证的过程中拿出来效果最好，这样法官就会静心对照你提交的证据清单，认真听你对于证据的解释，会对你的代理思路产生认同感。

证据清单一般要有以下清晰的内容：

1. 分组、编号、简要证明方向；

2. 证据的法理分析；

3. 优势证据分析说明。

优势证据规则是基于盖然性证明标准而形成的规则。在传统民事审判实践中，要求负有举证责任一方提出“清楚和有说服力”的证据，以此成为法官认定事实的唯一标准显得过于苛刻。不少建设工程案件往往诉、辩双方会就同一事实提出不同的证据，这时就自然产生判断证据证明力大小的问题。法官在认定证据时，对证明力较大的证据加以确认，也就是说以优势证据作为认定事实的依据，这一原则经最高人民法院证据规则规定后，运用于司法实践便成为必然。笔者认为，以“高度盖然性”证明标准为理论依据形成的“优势证据规则”，是判断证据证明力的规则，其证明程度尽管要达到高度的盖然性，但与其他证据规则所确认的证据证明力相比，其盖然性较低，故在认定证据时，法官应当优先适用证明力高的证据规则，在当事人无法提供高度证明力的证据时，才可以适用“优势证据规则”。简言之，依“优势证据规则”所确认的证据证明力较依其他证据规则所确认的证据证明力低，故不可优先适用之。

代理律师在向法庭提交时一定要对证据的优势程度十分明了。

四、代理提纲：
用简洁明了的语言表述代理意见

笔者一向倡导代理律师要预先做好庭审提纲，用简洁明了的语言表述代理观点。

代理提纲的内容无非包括下面几个方面：

法律、法规。代理律师接受案件后，首要的事是把案件所涉及的法律规定都检索出来，穷尽法律之规定。

把可能需要用到的法律条文和规定都按照一定的先后顺序收集整理好，把相关的条文单独列出来，放在一个文件里。

笔者查找法律法规的顺序一般是：

人大制定的法律，国务院及部委颁布的行政法规，省、市级人大或政府机关部门制定的地方性法规，最高人民法院的司法解释，高级人民法院、中级人民法院的纪要等，如果上述法律法规还没有具体的规定，就要再搜集相关判例以及专家的意见。

这些基础工作做好了，以后再遇到同类案件，只要搜索一下有没有最新规定就可以了，但是一案必须有一个单独的记载具体法律、法规条文的文件。这样保证在法庭上不出现适用法律错误、说漏法条或者不知该适用哪一法条的情况。

将案件所需要适用的法律、法规及司法解释的条款摘录下来单列一页，作为开庭的备忘材料，注意注明出处、颁布时间、生效时间、颁布部门和法规性质、效力等级等内容，以备当庭引用，最好提前给主审法官也准备一份。

法务实例95：国务院各部委的规范性文件，不能作为人民法院审判案件的依据

案情简介：

1996年12月16日，甲公司与乙公司签订了《工程协议书》，约定由甲公司承建滇池路开发区金碧路拆迁安置房工程，建筑面积约为58，724.45平方米，每平方米造价739元，合同总价款为43，397，368.55元。其中协议第4条第2款约定了工程款的支付：“本工程甲方（乙公司）要求乙方（甲公司）全过程垫资施工，施工过程中发生的所有贷款利息由甲方承担。”同年12月17日，双方又签订了《建设工程施工合同》，该合同工程造价为500元/平方米，除未约定垫资条款外，其余主要条款均与12月16日签订的协议基本一致。

合同履行过程中，因双方对于工程承包范围、工程款支付等问题产生争议，甲公司于1998年向昆明市中级人民法院提起诉讼，请求判令由乙公司偿还拖欠工程款及违约金。本案经昆明市中级人民法院一审，认为“原被告于1996年12月16日订立的《工程协议书》中约定甲公司垫资的条款，违反了建设部、国家计委、财政部1996年6月4日下发的建〔1996〕347号文件《关于严格禁止在工程建设中带资承包的通知》，因此双方签订的《工程协议书》无效”。本案一审判决后，甲公司向云南省高级人民法院提出上诉，经云南省高级人民法院二审，认为“原审法院依据两部一委文件确认《工程协议书》无效并无不当”。

此后，甲公司对于原审法院确认《工程协议书》无效不服，向最高人民法院提出申诉，同时向最高人民法院提交了云南省高级人民法院对另一施工合同案件的判决，在该判决中法院却认为“合同中部分垫资条款虽然违反‘三部’的通知精神，但其不影响整个合同的效力，故合同有效”。

最高人民法院发函要求云南省高级人民法院对此案进行复查。

明法晰理：

最高人民法院经研究，于2000年10月10日以(2000)经它字第5号函对云南省高级人民法院请示作出如下答复：人民法院在审理民事、经济纠纷案件时，应以法律和行政法规为依据。建设部、国家计委、财政部《关于严格禁止在工程建设中带资承包的通知》，不属于行政法规，也不是部门规章。从该通知的内容上看，主要以行政管理手段对建设工程合同当事人带资承包进行限制，并给予行政处罚，对于当事人之间的债权债务关系，仍应按照合同承担责任。因此，不应以当事人约定了带资承包条款，违反法律和行政法规的规定为由，而认定合同无效。2004年10月25日，最高人民法院颁布《建设工程施工合同解释》，并自2005年1月1日起施行。《建设工程施工合同解释》第6条规定："当事人对垫资和垫资利息有约定，承包人请求按照约定返还垫资及其利息的，应予支持，但是约定的利息计算标准高于中国人民银行发布的同期同类贷款利率的部分除外。当事人对垫资没有约定的，按照工程欠款处理。当事人对垫资利息没有约定，承包人请求支付利息的，不予支持。"

《建设工程施工合同解释》对建设工程施工合同中的带资垫资条款的效力认定及带资垫资利息的明确规定，便于人民法院在司法实践中对于带资垫资施工案件的审理和判决，形成统一的裁判。

1. 事实和证据摘录或摘要。对案件中所有的事实与证据都必须按递交法院的或法院交付的证据顺序编号，并逐一作简要说明，对存在的问题和质疑重点予以说明，并用荧光笔做记号。

这是代理律师在开庭前最重要的一项准备，往往因此直接决定庭审的效果，这是一项很细致也是很烦琐的工作，但又不能不做，尤其是对案情复杂，证据种类冗杂，数量繁多的，不做此准备在法庭上根本无以应对。

代理律师在法庭上，说话主要就是以此为本，照本宣读，所谓质证与审查原件等几乎是做样子给人看，或者是为自己争取思考判断的时间。条件允许的直接带着电脑出庭，既简单又方便。而且当你对一个证据一个证据的整理中，对案件的整体判断和方案就会形成一个清晰的思路，在法庭上就能轻松应对，对接下来的论辩会有极大的帮助。

2. 分析好法律关系。分析好法律关系，是代理律师弄清案情的基础，如果连法律关系都没有厘清，其代理思路不可能正确。

前面章节用很多案例讲解了如何梳理法律关系，下面再列举“甲单位诉乙单位房屋租赁案”来加深厘清法律关系的印象。

法务实例96：通过法律关系说明此案非彼案的道理

案情简介：

甲单位建有一临街的门面房，依双方签订的房屋租赁协议出租给了陈某，双方约定了租期、租金及其他事项。陈某承租后用作饭店，取名××大酒店。

在租赁期接近期满时，甲单位书面通知陈某租期已到，期满时不再对外出租，将要对原房拆迁后重建。并随之下达了拆迁通知。陈某得知后，随即到法院立案，以甲单位下属的某单位（独立法人单位）为被告，要求清偿所欠用餐费用×万元及环境整改费，所欠餐费有某领导的签字，陈某同时提起诉讼财产保全，法院对××大酒店进行了保全查封。

为了尽快完成拆迁工作，甲单位派人与陈某协议，达成了有关协议，约定陈某向法院提出撤销保全申请，甲单位向陈某支付×万元（约为查封的诉讼标的额一半）后，甲单位具有处置该房屋的全部权利。

在甲单位完成拆迁后，陈某又以甲单位为被告，以装修物未获补偿为由向法院提起诉讼，其理由是甲单位未能对××大酒店的装修物进行补偿，拆除了房屋，构成侵权。

明法晰理：

在诉讼中，陈某出具了某公证处的现场拍照公证书，某装修公司出具的装饰收据等。甲单位出具了双方的租赁协议及三方达成的拆迁协议。陈某认为甲单位向其支付×万元是为了尽快完成拆迁任务替其下属单位支付的餐费，而非装修补偿。后经一、二审两级人民法院审理后判定甲单位向陈某支付××万元的装修补偿款。

抛开该案审理结果的公正性不谈，此案涉及四个法律关系：

1. 甲单位的下属单位与陈某存在房屋租赁的合同关系；

2. 甲单位的下属单位与陈某存在餐费的债权债务关系；

3. 甲单位与陈某存在因房屋拆迁而形成的装饰物损坏的侵权关系;

4. 甲单位与其下属存在代为清偿的债务履行关系。

不难分析,第一次协议的达成涉及第二个及第四个法律关系。而第二次起诉涉及第一个及第三个法律关系。

分析法律关系能够让你知道权益如何保护,否则,就难以厘清解决纠纷的思路。

(一)界定双方争议的焦点

代理律师应对起诉状和答辩状进行比较研究,将有争议的事实和理由罗列出来,以确定双方争议的焦点,并围绕该焦点筛选有关的证据,将原告起诉证据与被告答辩证据进行比较和鉴别,寻找事实上和法律上的突破口。在争议焦点界定的过程中,最好能够根据所涉及的法理问题抽取几组关键词,便于辩论时临场发挥。

(二)代理提纲和代理意见

代理律师可根据案件基本事实,编写一个代理提纲。代理提纲主要是针对证人、鉴定人、对方当事人发问内容、举证顺序及与对方证据的质证要点和反击要点所形成的基本思路或代理行动顺序。

代理意见主要根据手头掌握的正反两方面证据所证明的案件事实,以及已经界定的法律关系,针对双方争议的焦点,依据法律、法规及司法解释及法学理论形成。代理意见不宜过细,因为代理律师还必须根据庭审中出现的新情况、新问题及时充实内容、进行修改完善,过于具体详细反而会束缚手脚。

代理词或辩护词的主要内容和依据的法律、法规,以及事实的陈述,代理律师庭前应该有个大概的准备,文书主要内容应该具备,只是枝叶细节要根据庭审情况予调整。这样辩论或辩护时,条理就会非常清晰,起码不会颠三倒四的,给人以语无伦次之感。

还有一点就是与诉讼主张相关的一些数字性的请求,需要事先的计算,一般要在庭前按多种方案计算,包括标的额、违约金及利息,等等。

(三)特殊的标记符号

在代理提纲中,要有自己 ·眼就能明辨的习惯性标记符号,如诉讼参与人之间的业务关系流程等,这些符号能够说明哪些是重点,哪些能够代表先后发言的顺序,哪些能够代表关键的有利因素等。有的还能表明哪些是要当庭让步的,哪些是绝对不能退让的。做标记根据个人习惯可以是问号,可以是三角形,也可以是联络号等。

(四)根据提纲临场发挥

代理律师出庭80%以上的学问都在一张提纲中。这是保证代理律师在法庭上应付自如的最好的工具。代理律师最不好的习惯的就是临场去翻证据、找条规、整理发言的内容或提纲。这样肯定会无暇顾及对方的意见和法官的意见,而且一旦找不到,找不准,自己就会心里发慌,而乱了方寸。代理律师更不能按照已写好的代理词一字不差的在法庭上通篇一念。因为通过举证、质证后,你的代理意见可能要发生变化,甚至有些观点要被推翻。

在法庭上无论如何都要保证自己已经准备好的东西能够说出来、提出来、交出去。对对方的意见只记录与案件有关的,对案件定性和主张成立有影响的内容。对于无关紧要的话只能"东耳朵进西耳朵出"了,同时一定要给自己争取思考的时间,以发问或者让对方查找相关证据的方式,来为自己争取时间,所以代理律师出庭前也要为自己准备一些发问的问题,哪怕根本用不着,也要多准备几个。这往往是由被动到主动,为自己争取法庭主动权的有效手段。

并不是说临场发挥不重要,当然很重要,但是这其中一定有个熟能生巧的过程,刚做代理律师不要太迷信权威,遇到重大问题一下子解决不了,最简单的方法就是申请延期开庭、或者庭后补充,或者干脆找法定理由让主审法官决定休庭。

代理律师在法庭上一定要有说"不"的勇气和能力,这也很重要,很多新手在法庭上不懂得如何应对法官的提问或安排,结果在法庭上死拼硬打,而导致不了好的效果。

(五)切忌当庭将代理词提交法庭

代理律师最不负责的是将早以打印好的代理词没经与开庭情况联系作一些修改完善,就当庭交给法官。这一做法一是显得不够严肃;二是显得不够专业。因为代理律师失去了一次通过提交代理词与法官沟通的机会。通过开庭,提前所写的代理词总有不尽如人意的地方,回去再总结、修改,最后以代理词或辩护词的方式进行补充。补充后的代理词,提前与主审法官预约提交时间,在提交时将自己的观点再次向法官阐述,以打探出法官的判案倾向。

五、诉讼之理如同治病之道

对于喜欢打官司的人来讲,经常说的一句话就是"有理走遍天下"。从代理律师手中出来的起诉状、答辩状与代理词,一定要有理有据。而一些当事人他并不知道诉讼的理,代理律师与当事人所理解的理并非完全一致,因此,"有理"也会输官司，败诉也就必然。

作为一名执业律师，接触了很多喊冤的人，初听起来倒觉有理，但细细一数，倒认为输得也实在，因为法院的判决无可辩驳，那是什么原因呢？

（一）“理”的理解差异

有些当事人，对法律的喜欢不亚于专业的律师，他们也有较高的文化，甚至上过大学、研究生，在遇到具体法律问题，会集中时间进行法律知识的灌输。几乎是填鸭式的灌输，又如何与经过十多年法律字、词、句，立法背景，立法精神，以及法理意义的研究的专业律师对法律的理解在一个水平或一个层面呢？有些当事人，遇到纠纷之后，就在报纸、电视、网络上收集一些法律信息，有的当事人还会买很多法律书籍、收搜很多相同类似的案件通宵达旦地进行比较。当事人只要一研究，就把握十足地认为自己把法律搞懂了，就能写出“一流的”起诉状或答辩状，洋洋洒洒几千字，有的甚至成了万言书。结果其提交的法律文书自然漏洞百出，矛盾重重。有一次，一位当事人，令人啼笑皆非，他所引用的案例是20多年前的，他并不知道案例对中国的法官毫无约束力，同时案例中所引用的法律早已被修改、更新，完全是另一回事。如果还按照早先的案例思维，那只能是错上加错。自然输得一塌糊涂。可悲的是，这些当事人到最后都不知道自己是怎样输的官司。而且这样的当事人输了官司后总是迁怒于法官不按照他所提供的判例去判案，自然他也就叫嚷法官判案不公正。

中国是成文法国家，判例对中国法官没有约束力。而成文法的最大特点是随着时代变迁，法条会被修订，甚至有些不合适的法律会被增删，所以判例所引用的法律或法官的判词可能在新形势下早以成为废纸或废话。而不可否认的是判例中法官的判案思路只可以借鉴，不可以程式化。一味追求判例的程式，而不注意其中法条的变化，那将误人子弟，可以说，成文法背景下，刻意研究并遵循判例，无形中会误入难以自拔的陷阱。

（二）总有理

当事人一旦陷入纠纷之中，往往会忽略自己不当的地方，总是想说自己有理。而他所思考的理，并不是法律中的说理。他也不是想去说服法官，而是不顾事实尽讲对自己有利的所谓理，有时为了掩盖事实，编造一些所谓的理，从而自己所陈述的语言前后矛盾，让法官难以采信。

法律上的理，对于当事人的陈述只是很小的一个侧面，更多的是用证据来证明自己所说的为真。所谓有理走遍天下，一定是有证据才能打赢官司。

不能罔顾事实与证据，只说自己想说的和爱说的话，而是要说法官想听到的，对方听到后自感理亏的,且无法反驳的话。俗语说,言多必失,说多了,可能会被对方抓住把柄,反倒帮了对方,这就是打官司中的理不在言重,而在言真。

(三)经不起推敲的理

当事人所谓的理与打官司中的理完全是两码事。生活常识有些遵循乡规民约,有些恪守道德底线,甚至服从朋友间的义气,你忍我让,随时都可能有某一方突破底线,但只要一方稍加忍让,就仍然是一团和气。但牵涉具体的官司,那有众多适用的法律法条,实体法,程序法,可以说环环相扣,循序渐进,规则下容不得半点差错,这种遵守环节与遵照程序并不给你出错后纠偏的机会,可以说在时间、时期与时效上稍纵即逝。只要你错过了,你就可能输了一场官司,而只能是教训与反思。

笔者曾经遇到过一宗建设工程索赔案件,一位当事人不给对方支付工程款,还说项目是分段结算,某一施工段过了2年的诉讼时效,因此就可以认为对方放弃了权利,就认为自己有理。而工程建筑项目作为一个总体的合同,在同一合同中,标的物只有一个,标的也只有一个,不可能分段计算诉讼时效,而工程纠纷的时效往往从工程款的结算之日起算,不存在分段计算的问题,但他总认为自己有理,非要将官司打到一审,二审,发回重审,最后还通过熟人找检方启动再审,但最终为此支付了高额的工程款利息不说,还支付了大量的诉讼费用、鉴定费、律师费、文印费等,而他的理也一直得到代理律师的支持与应和,而代理律师也因此没少收律师费用。最终还是输了官司,找到笔者时,笔者对他进行近2小时的耐心说服,他才感到自己对于法律理解的浅薄。

(四)有病乱投医

有些当事人,一旦与人发生了纠纷,就会找身边所谓的能人商量,也总会有人为他出主意,而一些所谓的主意,往往是根据他的喜爱去应和,并没有人完全站在公正的立场去惹他生气。他也会充分利用社会资源,包括去事务所找律师咨询。一当听某位律师答复后,他就有了定力,就形成了必赢的信念。而一般受咨询的律师也不随便说当事人的官司会输的,往往会说你在理,你会赢。因为律师的咨询是有分寸的,他在没有掌握当事人的所有证据之前,或者说没有花大量时间去吃透案件时,往往是以不伤害当事人的自尊心为目的,而绝不是从中找到打赢官司的突破口。真正优秀的律师,他所掌握的技巧,只会在开庭的时候提出,技巧永远固守在内心,那是岁月洗礼出来的悟性,而绝不是短短几分钟的法律咨询。

免费的午餐又能有多么好的精品呢?这样的道理再简单不过了。

(五)有病托关系

有病之人总相信神医能起死回生。因此总是想办法托关系,找名医。而一个案件出来之后,对于当事人来讲,那是刻骨铭心的,而对于法官与律师来讲,那只是工作的一部分,不足以影响他的正常生活规律,也不可能影响到他的为人与为官之道,这叫见怪不怪。你再找关系也没用,更可怕的是一些当事人找律师不是看中律师的办案经验与技巧,而首先要问的是受案法院是否有铁的关系可以利用。现今社会,有多少法官与律师会为了区区一个案件而丧失职业的底线呢?更不可能为一宗案件去违法违规。

(六)有病不遵医嘱

花了钱去看病,医生开了一大堆药,很多病人会自作主张,要么不按照医生的要求的时间吃药,要么随意增减药量,甚至自己到药店买些药来调整用药构成。似乎他找医生的目的不是为了治病,而是为了检验他对于医学的理解,他的水平因久病成医,而成了治自己病的妙手。一些当事人找律师只是为了找位理解自己的知己,因此律师必须按照自己的意见去理解事实与引用法律,否则他就会认为自己聘请的律师没有帮自己。有一次,笔者见了一位当事人,咨询了几句,自己就写了起诉状到法院立案,谁知立案庭的人也不负责任,也立了案,等到开庭,主审法官拿到起诉状说,你这案件没法审,笔者早料到:原告已去世了。笔者受托的当事人还曾委托笔者制作过一份遗嘱见证书。笔者也只能说:是的,不能审。

(七)有病还吝啬

有些当事人之所以形成诉讼,往往是因为吝啬引起。对于请律师也自然是吝啬,不愿意花钱请律师,还想要得到律师的真传,有时还比较来比较去,就找位出价低的年轻律师赤膊上阵,自然三五下就败下阵来。律师与医生一样是一种经验性很强的技能,因为执业年限,执业的行业背景很重要,同时与律师所接触的知识面有关。

(八)有病忌吃药

有些病人,一旦确诊某种疾病后,就会自己到网上找些资料,就会找病友讨教用药经验,有的甚至受保健品市场的影响,什么药都吃,而花钱所请医生开的医嘱他总是抱着怀疑的态度。一些当事人也是这样,找了知名的律师,给他找到了打赢官司的法律适用技巧,但他总怀疑律师的水平,自己既不相信律师,也不相信法官,更不相信法律。他想如何说就如何说,法律对于他来讲似乎就是一堆废纸,代理律师对他的反复交代如同一堆废话。

(九)有病只信药

有些病人一旦确诊,就特别相信药的力量,只要医生开了药就能看好他的病。实质上一个人的病,不光靠药就可医好他的病。还与他的心情、营养、运动、保健各方面因素有关。人体如同机器,是各系统配合的结果。案件也一样,不能说你找到了适合你案件的法律你的官司就可打赢。即使你向法官递交了相同的案例,而法官对于法律或判例的理解,他总是要结合证据,结合双方的过错,甚至结合现实的政策与法律的适用所产生的社会影响。所以对于法律的遵从不仅需要对法条的理解,更主要的是结合案情本身的应用技巧。法律是程序法与实体法的双向结合,法官追求的社会效益一定是公平正义,而确保公平正义也一定是程序合法,也一定在于法律应用的技巧,而绝对不是单纯的、枯燥的法条。

技巧需要优秀律师法理的理解,经验的积累与对于案例的总结。所以当事人的理与律师的理似乎存在天然的差异,只有通过律师的说理来缩小,而不是当事人的经验范围内的理解。

(十)有病不足惜

感觉到自己的权益受到损害或者接到了法院的传票,这些都不足以大惊小怪,要保持正常的心态的去应对,去找一位专业的律师来胜任。即使官司输了,也不要气馁,要找到输的原因,输的教训。正如生病不可怕,可怕的是有病乱投医,或者有病就忌医。我们要相信律师是懂法的,法官是高明的也是公正的。你的案件会得到公平公正的处理。绝不能没有半点的法律意识。

法律人心中的理与当事人口中的理存在天壤之别。

诉讼之理与治病之道倒有些相似之处,值得当事人与律师领悟。

Chapter 23

第23章

争议焦点:

把握建设工程案情审理方向的关键因素

在庭审过程中,主审法官归纳争议焦点花费的时间虽少,但它在整个庭审中的作用却不容忽视。因为争议焦点的归纳对于诉讼双方论辩的集中,举证责任的分担,甚至对于胜诉与否都起到了举足轻重的作用。所以,在庭审中作为代理人的律师在向法庭阐述意见时,应尽量争取法庭归纳出利于己方质证的争议焦点。并能围绕主审法官归纳的争议焦点进行举证、质证和法庭论辩。

一、“争议焦点”的特征分析

所谓争议焦点，是指当事人对之意见相反、影响案件处理结果的事实问题和法律适用问题。一般来讲，在庭审过程中，经过双方当事人陈述后，主审法官都要将所审案件进行争议焦点归纳，以此引导诉讼程序向后展开。

由于争议焦点十分重要，代理律师一定要听清主审法官归纳的争议焦点是否符合焦点的特征。

一般来讲，经主审法官归纳的争议焦点有以下六个基本特征：

一是必须与诉讼请求或反诉请求相关联，指辩题必须是取材于具体诉讼的事实和法律，对案件的合法、正确、公正处理具有诉讼意义，而不能与所诉讼的案件无关。

二是争议焦点能够得出明确的结论，而不论是学术问题或需要假设的证据才能成立的辩题。

三是争议的焦点必须是双方有分歧的辩题，当事人对其存在与否、应当适用与否持相左意见，争执不下。如果是双方达成共识或庭前就已达成共识的，那么就不能成为争议的焦点，那样就会有利于提出辩题一方的举证、质证和辩论。因此，那些当事人没有争议的问题不应列为争议焦点。

四是属于事实问题或者法律适用问题。争议焦点一般都属于事实或者法律的适用问题，而诉讼程序上的一些适用问题在审理中不能成为争议焦点，因为一般诉讼程序上的适用问题，当庭审理的法官都具有裁决的权力，无须争辩。

五是对案件的处理结果有法律上的意义。因此当事人在案件细枝末节上的争议和与案件处理结果无关的争议也不应列为争议焦点。

六是一般的争议焦点都会涉及相关的法理问题，代理律师要能够快速从争议焦点中找到相关的法理关键词。如侵权与违约的竞合，买卖不破租赁，优先续租权是相对权不是绝对权等就是一些法理上的关键词。

由此可以看出，争议焦点就像一条红线，发端于原告的起诉，终结于一份民事判决书中，贯穿民事审判的整个过程。在建设工程诉讼中把握争议焦点，就是要明确诉讼的内容和目标。争议焦点不明，当事人和法官的诉讼就是无的放矢。当事人明确了争议焦点，才会有针对性地举证和辩论，才不会出现该提交的证据没有提交、不需要提交的证据提交不少的情形。法官明确了争议焦点，才可能有针对性地进行审理，引导辩论，才能写出心证公开、说理透彻深刻的民事判决书。

下面这个施工单位材料采购纠纷，充分说明代理律师分析主审法官归纳的争议焦点对举证、质证和法庭论辩的重要性。

法务实例97:法官如何围绕争议焦点审理案件的思路

案情简介:

被告甲公司在中标承建梅盛·阳光苑工程后与被告乙某签订《内部承包合同》,将该工程以内部承包的方式交付给被告乙某负责施工,被告乙某系该工程的项目承包人也即实际施工人。后乙某因工程建设需要向丙公司购买钢材,并与原告协商签订《钢材购销合同》,合同上加盖了丙公司和被告甲公司的印章。被告甲公司认为合同上加盖的甲公司印章虚假且原告对此明知并要求原告提供合同原件,原告表示合同原件由丙公司持有故无法提供。

法院经审理后认为,原告与丙公司关系密切,且案涉债权又受让于丙公司,原告取得该份合同证据较为容易,在被告甲公司主张合同上印章虚假并要求原告提供原件的情况下原告未向本院提供,根据《民事诉讼证据规定》(2008年)第75条"有证据证明一方当事人持有证据无正当理由拒不提供,如果对方当事人主张该证据的内容不利于证据持有人,可以推定该主张成立"的规定(可参见2019年发布的《关于民事诉讼证据的若干规定》第31条),同时结合被告乙某在公安机关所作的讯问笔录其承认该印章系其私刻加盖的陈述,本院认定购销合同上加盖的被告甲公司的印章虚假。但即使该印章虚假,并不能当然推定原告在签订合同当时对被告乙某私刻印章并加盖的事实明知,被告甲公司未举证证明,被告乙某在讯问笔录中亦表示原告开始并不知情,是在原告准备提起诉讼之前才告知原告印章虚假的事实。综合以上事实,本院认定原告签订合同时对被告乙某私刻甲公司印章并加盖的事实不知情。

本案经法官归纳的争议焦点为:(1)被告乙某以被告甲公司名义与丙公司之间发生交易行为的性质;(2)该行为对被告甲公司是否具有约束力。

明法晰理:

关于焦点一。第一,被告乙某并非被告甲公司的员工,根据《民法通则》第43条"企业法人对它的法定代表人和其他工作人员的经营活动,承担民事责任”的规定可知，被告乙某因不具有特定的岗位职工身份，故其以被告甲公司名义与丙公司发生交易并非职务行为。第二，本案不构成有权代理。有权代理是基于代理权限所发生的代理，包括法定、指定和委托代理，本案中不存在法定和指定代理的情形，而委托代理则应有委托人本人的书面或者口头授权，但本案中没有证据证明被告甲公司对被告乙某购买钢材有书面或者口头的授权，故被告乙某购买钢材的行为不属于有权代理行为。第三，本案亦不构成表见代理。根据最高人民法院《关于当前形势下审理民商事合同纠纷案件若干问题的指导意见》第4条规定可知，表见代理的成立必须基于两点：一是相对人相信行为人有代理权须具有足够的客观表象；二是相对人须为善意无过失。合同相对人主张构成表见代理的，应当承担举证责任。本案中，原告在被告乙某未提交任何证明材料的情况下，仅凭送货的工地系被告甲公司承建和被告乙某自称为项目负责人，即认为被告乙某可代被告甲公司对外发生交易、签收货物，且原告在庭审中承认其与被告乙某发生交易之前曾看到过两被告签订的《内部承包合同》，该事实已经庭审录音录像记录，本院予以认定。原告称其看到过内部承包合同，按常理应指看了合同的全部内容，且从善意无过失的角度来讲，原告也应当仔细查看合同的全部内容，故原告应当知道合同中约定的被告乙某作为承包人在承包期间对工程对外所负债务由被告乙某自身承担的事实，故本案也不构成表见代理。

关于焦点二。被告乙某的行为虽不属于上述情形，但原告持有加盖了“浙江华纳建设有限公司梅盛大厦工程项目部专用章”的三份对账单主张权利，虽被告甲公司对对账单上项目部印章的真实性提出异议，但其并未提供相应证据予以反驳对账单上加盖的被告甲公司项目部专用章的真实性，同时根据原告提供的两份施工联系单，可以证明被告甲公司确实使用该项目部印章对外从事相关事务的处理。因该印章系可以对外使用的印章，且结合原告提供的送货单和被告乙某关于原告提供的钢材确已全部用于梅盛·阳光苑工程的陈述，本院认定丙公司向梅盛·阳光苑工程供应钢材且剩余未付钢材款为3,237,000元属实。加之被告甲公司陈述其与被告乙某之间尚未结算，故被告甲公司具有付款义务。现丙公司已将债权转让与原告，原告可向被告甲公司提出主张，故本院对原告要求被告甲公司支付剩余钢材款3,237,000元的诉请依法予以支持。原告主张违约金按银行同期同类贷款基准利率150%计算无证据证明，本院调整为按银行同期同类贷款基准利率计付。

综观本案，虽然实际施工人对外采购钢材的行为不构成职务行为、有权代理和表见代理，但由于原告出具的对账单上加盖了施工单位的项目部专用章，且施工单位曾在与案涉工程相关的施工联系单上使用过同一枚印章，因此施工单位应当承担付款义务。

二、如何有效把握与发现诉讼争议焦点

代理律师如何把握诉讼的争议焦点，首先要明确什么是诉讼的争议焦点。诉讼的争议焦点就是诉讼双方当事人的争议焦点。也就是发生纠纷的“症结”所在，解开了这个“结”，其他问题也就迎刃而解了。如涉及当事人遗嘱的继承案例中常常将“遗嘱是否有效”作为争议的焦点，而不把“遗产的具体分配以及如何分配”作为争议的焦点。原因很简单，解决了遗嘱的效力问题，遗产的归属的问题也就解决了，而要解决遗产的分配问题，还要首先解决遗嘱的效力问题。遗嘱的效力在继承案中是个非解决不可的问题，解决不了它，其他问题都解决不了，这就是纠纷的“症结”，也就是双方争议的焦点。

那么，代理律师应当如何把握与发现诉讼中的争议焦点呢？

（一）从关键词中提“点”

一位有实际代理经验的代理律师，在庭审前都能够凭经验，抽取几个关键词，这些关键词往往涉及双方当事人所争议的事实认定、法律适用和一些简单明了的法理问题，因此代理律师还要学会从关键词中提取争议焦点，并能够引导代理律师思维线索的展开。例如，甲村委诉乙企业非法占侵其集体所有土地案，作为乙企业的代理律师就从案件中通过请求权基础抽取了侵权与确权两个关键词，指出该案乙企业所执有土地使用证是否合法？该案甲村委的诉权是否正确，也就是说该案属民事的侵权之诉，还是应当属行政确权之诉。通过关键词的提点，并使之被主审法官固定成庭审的争议焦点，很容易就转变成了乙企业的制胜点。

（二）从纠纷的症结中找“点”

代理律师要学会从双方当事人发生纠纷的症结中找出争议的焦点，争议焦点往往隐藏在争议的问题之后，是导致纠纷发生的“症结”，不是浮在表面上的争议问题，也不是如何缩小争议差距的问题。具有一定实际代理经验的代理律师，一般在听取了当事人的陈述，查阅相关案卷或在法庭听完原告的起诉和被告的答辩后，

就能很快找出双方纠纷发生的“症结”,并能够在听取法官归纳争议焦点之后,对法官归纳的争议焦点进行补充或纠正。实质是从纠纷的症结中找点,还有一个十分重要的问题就是代理律师要善于总结,不断总结代理经验。经验多了,解决问题的能力自然提高,“争议焦点”自然找得准。

(三)从法官的释明中寻“点”

在诉讼过程中,法官在当事人的诉讼请求、陈述的意见或提供的证据不正确、不清楚、不充分、不适当的情形下,依职权会对当事人进行询问、启示、提醒或要求当事人对其作出解释、澄清或予以修正、补充。这就是法官的释明权。这既是法院(法官)的权力,因为只能由法官行使这种权力,也是法官履行审判职责所必需的,其他任何人无权行使,更重要的其也是法院(法官)应尽的义务,不可随意舍弃。代理律师就应当从法官的释明中发现双方争议的焦点。因为法官对当事人的释明,往往体现了法官对案件的初步认识,代理律师就要及时捕捉这一信息,从而更准确地寻找到双方争议的焦点。

(四)从证据链中切“点”

代理律师在接受当事人的委托后,就要积极做好证据链的准备工作,而形成证据链的目的就是要围绕当事人的主张、请求等,通过已掌握的证据和证据线索理出其证明开示的先后与重点。同时说明每一证据的来源,证据方向。做到环环向扣,无懈可击。而证据的来源,证明方向及证明重点等往往会形成双方争议的焦点。这就要求代理律师能够从证据中切“点”,从而完善自己的代理思路。

(五)从预期结论所应具备的条件中定“点”

一般的逻辑思维推理是根据已知的条件推出结论,但代理律师更多的是对案件的审理有预期的结论,这就要代理律师能够根据预期结论推出应具备的条件。以此来确定双方争议的焦点。仍以遗嘱继承案为例:如原告以被继承人留有遗嘱为由,提出应当继承被继承人所留下的一栋房屋人为诉讼请求,代理律师就应当以此作为诉讼的预期结论,进行条件导出,而结论“被告应该搬出所占房屋”成立,必须具备条件是遗嘱有效,而原告、被告对房屋继承问题发生纠纷就是缘于“遗嘱”。可见,“遗嘱是否有效”就是该案双方争议的焦点。

对弈的人都懂得对弈最重要的手段是如何找点。起点、阻点、合点、终点,各有作用,不要轻易落子,一招不慎,则满盘皆输。对弈过程中的交战点不能轻视,它往往是我们赢对方的攻击点,更值得注意的是防御点往往就是自己的攻击点,那就是必胜棋中的要塞之子了。它已决定了你的棋局,也说明了执棋者的水平。代理律师就是要学会通过预期来定“点”。

三、抓住时机：适时提出新的“争议焦点”

通过争议焦点的特征分析，代理律师要能够对法官归纳的争议焦点进行分析，能够适时地对其归纳的争议焦点提出自己的意见，并尽量将对己有利的辩题提出来，作为新的争议焦点。

这就必须遵循几条规则：

一是提出的争议焦点清楚、明确，能够让主审法官听得明，弄得懂，你提出争议焦点的实质意义在哪儿，不能含混不清或故弄玄虚让法官反感而不被接受为争议焦点。

二是提出的争议焦点既不能与已经认定的事实和法律相矛盾，又不能违反同一律而偷换辩题概念以避免尴尬的辩论局面。

三是提出的争议焦点必须有足够的新证据或对原质证过的证据提出新问题来支持论辩，因为二审不同于一审，如果你能够根据争议焦点论辩的展开及时举证、质证将能达到预期的效果，否则，如果无的放矢，就会自陷其阱，影响诉讼的效果。

争议焦点归纳后，应明确焦点群的中心点，因为法官归纳的争议焦点往往不是一个，而是多个与诉讼相关的辩题构成了一争议焦点群，如李某诉某单位的劳动争议案主审法官归纳的争议焦点是 5 个，但争议焦点群中对本案的定性，决定输赢的则是第一个即某厂与他某解除劳动合同关系是否合法，它可说是一个总的命题，与其他 4 个命题有机联系，他在整个诉讼中起主要的支柱作用。

在建设工程诉讼中，争议焦点的把握对制胜来说十分重要，把握好了争议焦点就能有的放矢地进行举证、质证，就能很好地把握辩论方向。

（一）赢点：从“争议焦点”中固定

主审法官归纳争议焦点后，还要听取双方代理律师的意见，问其是否归纳得准确，是否还有尚未归纳进来的焦点问题。这时就看各自的代理律师能否对焦点问题有新的看法，也是法官试探代理律师是否已吃透案情的检验方法。

在诉讼过程中，代理律师要通过双方陈述意见，证据交换后，能够很快地发现双方的争议焦点所在，同时能够引导法官固定对自己有利的争议焦点，处理好相关的争议焦点，并尽快将争议焦点转换成胜点。可见，发现争议焦点、固定争议焦点和处理争议焦点不仅是代理律师的基本技能，而且是反映代理律师专业水准的尺度。

当事人之所以聘请代理律师，是因为代理律师具有法律的专业知识，能够为当事人指点述津。代理律师就应当善于通过当事人的陈述、查阅案卷，提前预测归纳出双方争议的焦点，在法庭开庭后，补充、纠正法官归纳的争议焦点，如果代理律师能够将自己事先确定的争议焦点，补充为法官归纳的争议焦点，那么，就能够在法庭调查阶段围绕双方争议的焦点进行举证、质证及提出自己的代理意见，因此，争议焦点归纳的是否准确非常重要。争议焦点归纳得准确，下步法庭调查就能把握住重点，通过层层展开，有条不紊地进行，从中找到胜点。归纳争议焦点的能力从一个侧面体现了一个代理律师的业务素质和代理技巧应用的能力。就归纳争议焦点而言，代理律师就必须懂得从案件的事实、法律适用与法理应用中抽取关键词，一定要通过前面关于关键词抽取章节的领会，加深对争议焦点的理解。

（二）胜券：从“争议焦点”中转换

代理律师发现争议焦点的目的就是要把握胜券，将争议焦点转换成胜点。那么，代理律师应当如何从双方的争议焦点中转换胜券呢？

第一，寻找对方要害的攻击点。在庭审过程中，代理律师要能够及时地捕捉到对方攻击的要害之点，如陈述上的自相矛盾，证据间的相互不能印证，或者证据有瑕疵等。

第二，寻找己方致命的防御点。代理律师在整理证据的过程中，就可能知道己方的弱点所在，也就是致命的防御点。在庭审中，代理律师对于弱点所在要注意回避，注意转移辩论重心，学会将辩题集中到有利于己方攻击的点上来，从而能够在庭审中攻能进，退能守。

第三，寻找己方争辩中的优势点。在争辩的过程中，代理律师要及时发现哪些争辩己方占有优势，并努力去扩大这一优势。这样诉讼才能获得满意的结果。

第四，寻找对方争辩中的回避点。在争辩过程中，代理律师要及时发现哪些辩题是对方明显占有劣势，如果暂时难以发现优劣，也要看是否对手极力回避的争辩问题，代理律师要努力去利用对方的回避点，使之转换成对己有利的胜点。

第五，寻找双方的疏忽点。“百密必有一疏”，代理律师在举证、质证后，应当对双方包括主审法官所关注的问题进行梳理，寻找是否有被双方包括主审法官都疏忽的点，而这一疏忽点很可能就属于己方的胜点所在，要及时提出，重点利用。这样往往会起到出奇制胜的效果。

第六，寻找法官极力主张的点。在庭审中，由于双方代理律师各抒己见，主审法官就会居中要求双方代理律师的辩论不能脱离某一主题或辩论焦点，而这一主题或焦点显然对己方有利时，要充分加以利用，使之成为胜点。如果对己方不利时，要提出自己的相反意见，淡化法官的先入为主的偏见意识，从而取得胜利。

总之,整个民事审判的过程,其实就是发现“争议焦点”、固定“争议焦点”、处理“争议焦点”的过程。归纳争议焦点要本着一个原则,从确定的争议焦点上就能看出下步的审理思路,便于下步的法庭调查,而发现争议焦点的目的就是要寻找胜点。如果确定的争议焦点,叫人看了不知下步法庭调查从何处下手,那么这个争议焦点就可能存在问题。所以,准确地归纳争议焦点,代理律师能够将自己总结的争议焦点被庭审法官所接受,那么转换成胜点就十分有利了。

法务实例98:法官如何围绕争议焦点的审理得出结论

某一买卖合同纠纷案,法院归纳的争议的焦点为:被告甲公司与原告之间是否存在买卖关系,被告甲公司是否需要承担支付相应货款的问题。法官并针对焦点进行了分析:第一,原告主张与被告甲公司存在买卖关系,但其仅提供一份由“李某”签名的购货合同书,原告认为李某向其购买工程所需砖块的行为系表见代理,故其又向本院提供由上述工程所在地的管理部门即某市建设工程安全质量监督所备案的目标管理责任书及外来流动人口计划生育协议书,以证明李某系代表被告甲公司向原告购买砖块,故被告甲公司应承担相应的付款责任。而原告在庭审中陈述签订上述购货合同书时,李某只是称该工程全部由其管理,并未向原告出示过相应能够代表其身份的材料,结合被告提供的内部承包合同中的相关约定,李某与原告之间签订的购货合同书之行为,既非职务行为、有权代理,亦不构成表见代理。第二,原告认为已送货至被告工地以及甲公司工作人员钱某、王某芳已经支付过25万元的货款,故被告甲公司应承担余款的付款责任。本院认为,送货单上均未有被告公章或法人签名,亦未有被告员工签名,原告提供的一份由被告甲公司及浙江某科技有限公司背书的承兑汇票,鉴于承兑汇票本身具有流转性,且原告在庭审中陈述该承兑汇票系李华交付给其,而原告在规定期限内亦未能提供钱某、王某芳系被告甲公司员工之证据,再者原告自认钱某、王某芳的款项均系汇入原告负责人王某昌之个人账户,故钱某、王某芳汇入王某昌个人账户的款项是否系本案所涉货款难以认定,上述证据均不能证明原告之主张。

所以,不难得出结论,出卖人虽提交了由实际施工人签字的购销合同并申请法院调取了案涉工程的目标管理责任书及外来流动人口计划生育协议书以证明实际施工人系代表施工单位向其购买砖块,但实际施工人与出卖人进行洽商时并未出具上述材料,故其行为既非职务行为、有权代理,亦不构成表见代理。

四、围绕"争议焦点"进行举证、质证

依照"谁主张,谁举证"的建设工程诉讼原则,当事人在提出诉讼后要在法院规定的时间向法庭提交证据。作为代理律师首先接触到的是当事人提交的证据材料,还称不上严格的证据,代理律师就要应用自己的专业知识对即将向法庭提交的证据进行收集整理,并通过合法的手段对证据进行固定,同时写出自己的代理提纲,对案情进行分析,以便代理工作按照拟定的方向进行。

在建设工程诉讼博弈中,证据因素是致关重要的。证据因素不是看证据的多少,而是要看证据的强弱,证据的优劣。当事人举证、质证必须围绕双方的争议焦点进行,否则就是无的放矢了,还有一点就是看案情的发生是否符合概率上规律,也就是证据的高度盖然性证明标准。

(一)质证:弄清证据材料的"三性"

《民事诉讼证据规定》(2008 年)第 69 条、第 92 ~ 94 条对证据的真实性、关联性及合法性进行了专门的规定。这说明质证是指在庭审过程中的诉讼当事人就法庭上出示的所有证据材料提出质疑和询问,以对其真实性、关联性及合法性作出判断的诉讼行为。

首先,代理律师应当围绕主审法官归纳的争议焦点来确定质证客体的真实性,看对方当事人及其代理律师所举的证据材料本身是否真实、非伪造的,而不论其是否客观如实地反映了案件事实。

其次,证据的关联性是民事诉讼中的证据应与证明的案件事实之间有内在的必然联系。这就要求代理律师紧密围绕主审法官归纳的争议焦点在质证过程中紧紧把握住关联性这一特点,排除与案件事实无关的证据材料。及时地提出此证据材料与本案无关,而不能简单地回答是与不是,因为证据材料的真实性成立后,对于是的理解就是与本案有关,而不有可能被理解为对真实性的否定,而恰恰它是真实可靠的。这样就可能被法官引用。

最后,证据的合法性是指证据符合法定证据形式并且依法取证。因此,代理律师在质证时应同时注重证据材料是否符合法定证据形式,以及是否以合法方式取得,只有既符合法定形式又为合法方式取得才可能成为定案依据的证据,如二者中只具其一或二者兼不具备则必不能成为判决的依据。

庭审中质证代理律师应紧密围绕这三方面进行，并不时地引用庭审中已经认定的对己方有利的证据，这样来支持自己的观点或驳斥对方的观点，达到使对方提出的证据不能被采用或者反倒能够证明自己的主张。但无论如何，代理律师要将法官归纳的争议焦点作为质证的靶心，通过证据来证明产生争议的原因是对方引起的，或者说通过质证能够说明解决争议焦点的办法就是对手需要作出让步或拿出诚意。

（二）关键点：证据材料的证明力

《民事诉讼证据规定》（2008年）第61条规定，对书证、物证、视听资料进行质证时，当事人有权要求出示证据的原件或者原物。在对书证、物证、视听资料的质证时，代理律师要在对方出示的非原件或原物时，要及时要求与原件或原物相核对，防止移花接木，还要通过对其制作者、提取者、收集者的询问来考察其形成的真实性及过程的合法性。此外，就这些证据材料与案件事实之间是否有关联性，可以由双方当事人对制作者进行询问来明确。

证人证言则可直接由双方当事人询问证人来实现质证的目的，从而揭示证人证言的可信度和证明力。在对证人进行质证时要及时提问，特别是对于证人与对方当事人及己方当事人的关系，以及证人知情时的时间、气候环境、或对事物的认知要及时发问，发现疑点，找出突破口，从而把争议的焦点转化成对己方有利的辩论结论。

举证和质证不能简单地、人为地被阶段性地分割开，质证不仅仅是回答是或不是，认可或不认可，其实质内涵是要求双方当事人在就证据材料的正面交锋中来判断该材料的证据效力及证明力问题。如果不经过双方当事人的质疑和询问，证据材料是否真实、与案件有无关联、是否具有合法性都是不能得到认定的；而通过正当程序使证据材料成为诉讼证据，才能成为法官内心确信的依据。因此，代理律师要学会将举证、质证过程与法庭辩论交叉进行，不要人为地割裂开，否则，就有可能失去申辩的机会。

上述分析说明，证据材料的关键点是证明力，而不是证据材料的多少。有时候，一个直接证据即便是孤证同样具有极强的说明力和证明力，如借款中的借据原件就具有极强的证明力。直接证据的证明力甚至强于完整的证据链。

（三）胜败点：证据材料的自认

《民事诉讼证据规定》（2008年）第9条是关于诉讼上的自认的规定。自认是指一方当事人就对方当事人所主张的不利于己的事实作出明确的承认或表示，从而产生相应法律后果的诉讼行为。自认包括当事人的明示自认和默示自认（或称拟制自认）以及代理人的代为自认。自认的法律后果是明确的和严重的，即一方承认对方的诉讼陈述或主张，就意味着承认方无条件地免除了对方的举证责任，而且自认一般是不得撤回的。《民事诉讼证据规定》第5条是关于委托代理人的承认(代理人的代为自认)。根据该条规定,在当事人不在场的情况下,代理人的承认将被视为当事人的承认,产生诉讼上自认的效力,这对代理律师来说是一种考验。正如前述,代理律师在选择代理权限时往往选择一般代理,而且代理律师往往单独出庭。但如果单独出庭的代理律师在质证时语焉不详,或闪烁其词,或左顾右盼,法官就有可能援用该条的规定,将代理人这种含糊其词的表示视为对该项事实的承认,从而产生诉讼上自认的效力。《民事诉讼证据规定》第5条还规定,当事人在场而对代理人的承认不作否认表示的,视为当事人的承认,同样产生自认效力。这一条规定对代理律师的庭审习惯是一个挑战,过去代理律师的庭审重心在法庭辩论阶段,代理词洋洋洒洒数千言,滔滔不绝,但对庭审调查时的举证质证,总是不那么重视;而现在,代理律师必须将庭审重心前移至举证、质证阶段,要相对淡化法庭辩论,要认识到法庭辩论无非是对举证质证的总结。否则,在举证质证时的心不在焉将可能导致自认,而这个后果是再多的代理词也无法抵消的。笔者又认为,尽管有代理人代为自认的规定,一般代理仍将是代理律师的主要代理方式,当事人不出庭的情况也会经常发生,关键还是在于代理律师自身。较可行的办法是在接受委托,与委托人订立委托合同时,让委托人签署一份委托须知,将上述要义务体现在该须知上。另外,在选择代理权限时,要根据委托人的情况酌情确定。一般授权代理也是一种选择,因为该条第3款对非特别授权代理人的承认有例外规定,“但未经特别授权的代理人对事实的承认直接导致承认对方诉讼请求的除外”。因此,笔者认为,对双方争议较大,案情复杂的案件,选择一般代理或可相应减少代理律师的风险。

在组织证据链的过程中,更要留心直接证据,直接证据的作用远大于间接证据。下而这段“半截残墙为证”诉讼工作小结是笔者的亲身诉讼实践:

法务实例99:通过红线及土地原状锁定侵权事实

案情简介:

林某是某村的一位会计,甲国有型企业(以下简称甲企业)就建在其村旁不远处。有一年,甲企业要进行门前公路扩宽工程,在施工中遇到了麻烦,因为林某正在后院施工两个门面宽、三层高的框架结构房屋,而临道房屋是一层高的简易房,影响了甲企业的施工进度,在与林某的协商中,林某要出了很高的补偿款,协商不成,甲企业无奈,将林某起诉到法院，要求林某拆除房屋，恢复土地使用原状。

明法晰理：

一般来讲国有大中型企业，通过政府实施拆迁，会存在被拆迁户乱要补偿费用的问题。甲企业聘用笔者为代理律师，选择通过诉讼解决，达到了预期的效果。

在诉讼中，甲企业拿出了土地部门颁发的土地使用证附页红线图，上标有四周界桩点坐标。但林某出具了所在镇政府土地部门的现场测绘图，该测绘图将林某的房屋正好排除在甲某使用土地红线之外。

作为甲企业的代理律师，在坚持土地使用证具有排他权的过程中，总想找到更具说服力的证据，就与甲方委托代表到现场进行了调查，在对林某的临道房屋进行察看时，发现与甲企业相向的一面墙与其他墙面不同，是青色的老砖。上面还留有"文化大革命"时的标语内容。发现这一问题后，笔者忙走访了当时的一些老工人，说原来那里有个公共厕所。显然那面墙是公共厕所的一面外墙。也就是说林某借用了原来公共厕所的墙面，而室内占着整个厕所，因为标语只能写在厕所外侧，不可能写在厕所内侧。作出判断后，笔者就到甲企业的资料室查到了设计图及征地的相关资料。

第二次开庭时，对方哑口无言。法院判决林某侵权，限其在10日内拆除。最后，甲企业通过终审判决，申请法院强制执行。

五、庭审妙招：让对方陷入两难境地

在庭审的过程中，代理律师要足智多谋，当发现处于不利地位时，要改变战略，及时扭转被动局面。笔者曾经代理过一宗工程款纠纷案，很有启发，摘录于此：

法务实例100：法庭中，根据当事人情况，提出有条件的质证问题

案情简介：

某甲诉某乙拖欠工程款一案的二审即将开庭，主审法官因忘记通知另一共同被告及第三人，决定延期开庭审理。曾经是某甲派住乙方工地代表的张某是乙方申请出庭的关键证人，因为张某是甲方的授权代理人，

所有的手续都经张某之手，该案能否审理清楚，张某的出庭至关重要。由于张某在几千公里之外承揽另一工程，如果此次不能按时出庭，下次可能就难以出庭作证了，这对乙方来说不仅花费了好几千元专程接张某到庭的差旅费，更可能因失去张某出庭作证的机会而败诉，代理律师如何给乙单位领导交代呢？

明法晰理：

作为乙方的代理律师，面对这样的突然情况，你会如何应对呢？乙方代理律师急中生智，忙说“由于另一被告及第三人都与本案的事实审理无关紧要，为便于查清事实，今天能否就一些事实请张某向法官陈述一下？”法官听后，觉得乙方代理律师说得有理就顺着其思维询问张某一些事实，接着乙方代理律师忙向主审法官提出能否先对一些涉及张某之手的证据材料，其他程序等下次另行开庭进行，实质上就是要求甲方先行质证。甲方当事人正要答应时，其代理律师者感到是为难乙方代理律师的好时机，提出要按诉讼程序进行，今天当事人没有到齐，不能质证，法官应另行确定开庭时间。

见到如此协商无果的状况，乙方代理律师提出了一个让对方两难的问题：请审判长说服对方代理律师，先进行询问证人，只对张某的证人证言作笔录。如果真是为了解决问题，今天，就应当让张某出庭以查清事实，如果不想查清证据，就请合议庭作一个裁决准予甲方不对乙方申请进行质证。这真是一个绝好的两难推理！

此言一出，主审法官感觉到了本案审理的关键所在，忙说合议一下。合议的结果可想而知。

宣布开庭后，主审法官对双方当事人进行道歉，说自己因工作疏忽，使今天的诉讼程序不能够正常进行，本着查清事实的目的，现在开始传证人张某出庭。

乙方代理律师针对案件的事实部分，提出9个相关问题，在双方提问完毕，乙方代表代理律师说，张某出庭实在不易，应当对其经手的证据材料的签名进行确认。主审法官当庭采纳，对所有证据三方进行了质证。

庭毕，乙方当事人及代理律师长长地舒了口气……

因此，在庭审过程中，代理律师要反应敏捷，善于应用妙招，最好能够让对方陷入两难境地，没有足够时间去思考对策。

Chapter 24

第24章

建设工程诉讼：

专业的事还是交给专业的人去做

建设工程诉讼并非那么简单,要打赢官司,诉讼的利益相关人不仅要懂得基本的诉讼程序,还要知晓法律的规定,这就要请一位专业的律师作为自己的代理人,帮助自己去做专业的事。对于职业代理律师来讲,专业的素质培养就显得尤为重要。那么,哪些因素能够体现代理律师的综合素质呢?

一、高度盖然性：
正确理解法官的内心确认

“高度盖然性”是指基于主观反映客观的限制，司法上要求法官按照一定的庭审程序，在对证据进行调查、审查、综合的基础上形成相当程度上的内心确认的一种证明规则。

证据的“高度盖然性”可以从下面几点加以理解：

其一，当事人执有某一证据材料的可能性。这一规则从方法上讲是按照统计学中的概率来实际运作的，即对于当事人来讲，若一方主张事实的盖然性高于另一方，那么主张该事实的当事人不负有举证责任，相对一方当事人则应当对其否定该事实负举证责任。

其二，当事人承担对某一执有证据材料的说明责任。对于法官而言，则在事实不能客观“再现”而难以查明时，对盖然性高的事实主张进行认定。所谓的“盖然性占优势”标准主要是使负有举证责任一方当事人为了支持自己的诉讼主张，必须向事实审理者承担说明责任，只要当事人通过庭审活动中的举证、质证和辩论活动，使得事实审理者在心证上形成对该方当事人事实主张更趋相信上的较大倾斜，那么，该方当事人的举证负担即告卸除。

其三，法官通过双方所执证据材料的优劣比较实施心证裁决。法官对事实的认定并非完全着眼于双方当事人通过证据来加以攻击与防御，从而使一方以优势的明显效果而使事实自动显露出来，而主要是由法官通过对各种证据的调查、庭审活动的开展所直接形成的一种心证，这一点上也存在认识上的差距。无论是从负举证责任的盖然性看，还是从判断法官的心证是否在认识上存在差距，这都与代理律师的实践经历有关，也与代理律师的辩论技巧有关。

证据材料的认识收集是一个主客观相统一的过程。在这一过程中，是一个人参与的过程，而证据材料的收集必然涉及人的先行认识将其在大脑固定，这是人认识世界的能动思维过程，因此，这一收集过程不可避免地涉及主观因素；再则，案件事实作为一个已消逝不会重现的事实，其客观状态怎样，这是无法与证据一一印证的，并且诉讼不是搞科学调查研究，同时也的确存在还原事实本质的困难。

法务实例101:明为房屋买卖,实为借款的诉讼请求变更之法官释明权

案情简介:

王某与张某是同学,某年某月某日王某向张某借款50万元,由于张某考虑到王某的还款能力,因此,就意欲以王某在县城所购住房作为抵押,双方就书写了一份房屋买卖合同,合同签订后,张某将50万元打入王某指定账户,后王某一直不还,因此,张某以房屋买卖合同之诉,向法院提起诉讼,主张王某交付房屋,并协助办理过户手续。

明法晰理:

在法庭上,张某主张双方存在房屋买卖法律关系,已实际交付购房款,要求履行房屋买卖合同,交付房屋及办理更名过户;而王某主张双方不存在真实的房屋买卖关系,主张成立借贷关系,认为房屋买卖合同只是一种债的担保,不存在出卖房屋的真实意思表示。

在处理此类名为房屋买卖实为民间借贷的案件时,常规的思路为探究当事人之间的真实意思表示,通过审查合同的内容等查清案件的基础法律关系以确定合同的性质。通过审查房屋买卖合同中买卖双方的权利、义务是否对等,合同内容是否在平等协商基础上拟定而成、合同记载的内容是否符合日常生活房产交易的普遍习惯、房产交易价格是否合理等因素,综合评定合同性质,在能够认定以房屋买卖合同形式进行借贷的情况下,当事人主张房屋买卖合同有效,交付房屋并办理更名过户的。一般来讲,法官会通过心证原则,对诉讼证据进行审查,并当事人行使释明权,释明当事人变更诉讼请求,按借贷纠纷主张权利。经释明,张某拒绝变更诉讼请求,坚持按房屋买卖合同主张权利的,最后法院判决驳回其诉讼请求。如果张某当时按照法官要求变更为按借贷纠纷主张权利的,法院就可能按借贷纠纷继续审理。当然,出现这一纠纷的原因在于房屋的市场价格发生了很大的变化,如果按照合同执行,显然会出现判决结果不公平,这就体现法官的内心确认,对市场价值的确认,其判决不能严重违背市场交易的等价原则。

(一)善于与法官沟通——让法官接受你的主张

律师代表诉讼当事人一方,并为各自当事人的利益进行事实和法律的辩论。

律师所提供的证据、代理意见、法庭辩论观点，以及所提出的适用法律的依据，对于法官判案具有重要参考价值。从法律的角度来看，法官必须听取律师的上述意见和建议，并在判决时阐明采纳与否及其理由。但有时，存在法官和律师意见相左、分歧很大的情况，此时法官与律师之间的互动和沟通显得十分重要。实践中法官可能较少主动与律师沟通，而是主要被动等待律师来“说服”法官。在律师游说法官的过程中，又往往存在越轨的地方。比如通过权力、关系、金钱等不正当手段来影响法官判案。这都是消极、庸俗的非法现象。为了正确决策，应当提倡法官适时主动地实现与律师之间的良性互动。这种良性互动，应当拒绝和排除上述不良现象，法官要保持与律师之间的地位和利益的独立，并应在不违反“法官不得私自会见当事人”等有违司法公正原则之下进行；这种良性互动，应当是纯粹技术层面上的，即在技术层面上实现全面、有效的“相互利用”和“取长补短”。通过律师的立场和观点，法官作为裁判者，不断地与争议双方当事人之间进行换位思考，有利于作出正确裁判，解决纠纷。

律师应当学会与法官沟通，只有通过有效的沟通，才能将自己的代理思路传递给法官，才能与法官对案件的认识产生共鸣。

如何进行有效的沟通呢？下面是笔者与法官进行有效沟通的奏效方法：

1. 通过案前对证据的提供时间简短向法官对所反映的信息进行解释性沟通；

2. 通过与法官的约见，向法官对案件进行简短阐明，影响法官对案件的定性，从而达到与法官的印象性沟通；

3. 通过提供证据链组织说明（尤其是优势与强势证据）、法律引用的合理性及代理词与法官进行技术性沟通；

4. 努力让法官读懂证据。

有些代理律师由于不知道如何让法官读懂证据吃了很多亏。也就是说代理律师不能够作证据的二传手。收集到证据后，首先要自己读懂证据，每一份证据能证明什么，需要说明什么问题，拿出去会有什么后果，这些都是代理律师需要搞清楚的。还有一点就是不要认为法官什么都懂，特别是对于一些涉及需要专业知识才能够看懂的证据材料，代理律师就更要注意了。需要提前吃透、弄懂、搞通，有时还要将难懂的专业术语用通俗语言向法官翻译解释，让法官一看就明白。

下面举个例子，既能说明让法官读懂证据的重要性，又能提供让法官读懂证据的方式方法。

法务实例102:如何让法官读懂证据对于案件的审理至关重要

案情简介:

甲单位与乙单位于某年某月某日签订一份工程施工合同,后甲单位以乙单位拖欠工程款为向法院提起诉讼。

明法晰理:

作为代理律师,接手甲单位诉乙单位拖欠工程款纠纷案后,就忙于证据链的组织之中,但被代理的当事人复印出了上千页财务凭证用来说明乙单位不仅将工程款与甲单位结算清楚了,而且由于内部管理不严,还多支付给了甲单位20多万元。上千页财务凭证让法官去理解,实在有点让法官为难。什么预付款支付单,什么在建工程划转单,什么工程款转结应付款单,什么工程款投资接转单,还有甲方在乙方的领料单等,如此多单据及财务专业术语让人如坠五里云雾。笔者想这样不作整理地向法庭提交证据,法官肯定是读不懂的。如果提交的证据让法官读不懂,那提交证据又起何作用。看来要想制胜的关键是要让法官读懂己方提供的证据。能够让法官读懂证据笔者想应当是律师的职责所在,也就是说此案的律师要将财务专业术语翻译成一般人都能够读懂的通俗语言并且能够将财务凭证分类整理好。

通过与财务人员的有效沟通,目前我国财务制度规定财务记账实行的是借贷发生制。而借贷发生制和我们大家都所熟悉的收付实现制是有本质差别的。为此,笔者要求被代理方财务人员协助将所有凭证分成三类:一类属于应付工程款的结算凭证,主要是对方出具的结算通知单及所附发票类;另一类属于支出类,也就是工程实际发生的支付项,包括给施工单位的预付款、借支、领料部分,结算支付款等;还有一类就是扣款及已付款类,如代扣设计费,代缴税款,代扣水电款,代支付分包商等。通过两天两夜的紧张工作,终于理出了头绪,分类合计后一目了然,还专门制作了一张证据清单及证据分类说明。

工程结算款 - 支出类 - 扣款及代付款 = 应付款。

这样的证据法官不可能读不懂。这样的证据提交给法庭,法官不仅能够很快读懂证据,而且还会被代理律师的敬业精神所感动。提交了这样的证据，在随后的庭审中，法官会对你另眼相看，绝不会为难你，因为你在方便法官的时候也是在方便你自己。

通过此案的证据整理使笔者深深感到代理律师不仅是要提交证据，更主要的是要让法官能够读懂证据。涉及复杂的经济事项时，一定要将借贷发生制转换成收付实现制，如果你利用借贷发生制去让法官理解，法官是很难读懂的。一般人的思维很难理解隐含专业术语的证据原意，所以代理律师必须将一些隐含专业术语的证据转换成通俗语言后才能够有效地说服法官，让法官去采纳你的代理意见。

（二）影响主审法官的思维定势

代理律师要时时敏锐地掌握法庭上发生的各种情况变化，及时根据变化调整自己的战略和部署，运用各种方法影响审判人员的思维定势，以求得法官对自己辩论立场的认同。

论辩的技巧十分重要，首先要有驾驭语言的能力，有周密的逻辑思维，不能只当法律条文的"运输机"，而要充当主动出击、把法律用准用活的"战斗机"。对对方的发言，应根据案件实际情况，或针锋相对，正面出击；或避其锋芒，旁敲侧击。无论任何种情况都应不违背事实，不违背法律，忠实地维护当事人的合法权益。既要不计较对方的不当言行，又要不失时机地围绕论辩的中心问题，阐明自己的观点，以巩固论辩的成果。

法庭上的诉讼活动，是由多方当事人参加的。到了法庭辩论阶段，情况可能会有所变化，甚至曝出冷门，抛出新的事实材料，这是难以预料的。对此，代理律师应当作出灵敏的反应，快速调整、修正和补充原来的观点、材料和方法，形成新的观点，确定新的对策，恰到好处地处理和应付新的情况和问题。

从法庭论辩的角度来看，影响法官的思维定势和内心信念应该是律师参与诉讼的最核心的内容。一个好的律师必须牢牢地把握这一活的灵魂，并因此确定自己的活动方向。在法庭论辩中代理律师要善于将理性因素和情感因素有机地结合起来，做到情理交融，合情合理，一方面要清楚、准确地表达自己的观点并进行严谨的论证，另一方面又要充满感情，以情导理，明理生情，以情感人，以理服人。

代理律师在法庭上的发言不仅面对审判人员，而且也面对原告、被告人、第三人、证人及其他听众。因此，律师在论辩中还要注意和听众作情感上的交流，求得他们的支持，以期对法官心理产生有力的影响。为了让听众的注意力集中到自己的诉讼观点上来，可以采取多种方法。如对关键问题直接提请法庭注意；适当停顿、暂时中断某一话题,而在后面续上;声音的抑扬顿挫,语速的变换,适当的手势,丰富的表情,等等。

(三)应用发问技巧诱出真情

代理律师在庭审中不仅要向对方较多地提问,对证人等也要经常"发问"。通过发问技巧的展现,巧妙地诱出真情。巧妙的发问使律师在论辩中容易掌握主动。擅长于法庭论辩者都善于发问,而且都有自己富有特色的发问技巧。实践中较多使用的几种问法有以下几种。

1. 单刀直入

单刀直入是指代理律师就某一疑点问题开门见山,单刀直入,不迂回,不绕弯地向被问对象直接点出,能起到切中要害,一针见血的功效。这种发问一般是在证据充分,无可辩驳的情况下使用。

2. 步步紧逼

就是代理律师在向被问对象发问时不先说出自己要问的内容,而是从那些看起来同所问内容关系不大的情况问起。由远及近层层推进,步步紧逼,而使被问者进入自己的设好的伏击圈。这种问法可以使被问者在开始问答时实际上已把绳索套在自己的脖子上,随着发问的深入越来越紧,待被问者发现时,已无法挣脱。这种发问,一般是在对某一问题十分敏感的情况下的发问。

3. 迂回设问

就是代理律师不直接向对方提出要询问的对象,而是拐弯抹角,迂回设问,让对方说出前后矛盾的话,使其不能自圆其说。这种问法要求律师必须巧妙设置问题,使对方在心理上解除武装,无意中吐露真情,方能达到目的。这种发问一般是在当事人早有思想准备的情况下为了打乱其思维而进行的发问。

4. 明知故问

明知故问是指对明知的问题进行发问,其目的在于充分引起他人尤其是法官对于某一重要情况的重视。这种发问是当事人已承认,对确定性质和责任影响重大的情况下,为达上述目的的一种发问。

二、代理律师在法庭辩论中应注重"关键词"的提取

能够正确从众多的专业术语中提取让自己对掌握案情有利的关键词,是代理律师的技能突破所在。因为关键词在建设工程诉讼各个环节起着十分重要的作用,尤其对争议焦点的归纳更是举足轻重。

下面重点谈“关键词”在建设工程诉讼中的作用及制胜战略中如何抽取关键词。

（一）关键词是代理律师法律适用分类的标识

在建设工程诉讼中，代理律师应当想到如何适用法律，适用什么类型的法律，还可具体到适用哪一部法律，以及与之相关的司法解释。而关键词就成了代理律师适用法律的分类标识，某一关键词往往是一看便明了，通过其可以看出代理律师所承办的案件应当适用什么样的法律，才能对当事人最有利。如在诉讼过程中涉及当事人相对于法院的权利义务时就应当适用程序法，而涉及当事人相互之间的具体权利、义务就适用实体法。如建设工程纠纷案件就优先适用最高人民法院有关审理工程建设纠纷案件的两个司法解释。同时也可能出现一个关键词适用多种法律的问题，如何选择既要看法律的层次，又要代理律师根据案情，靠业务水平的直觉或悟性感觉最能让当事人的利益最大化的选择问题。

（二）关键词是代理律师在法庭论辩中形成思维线索的联结点

进入法庭论辩后，由于在诉讼中需要弄清的问题很多，而开庭时间往往有限，一般都限定在半天时间，这就要求代理律师能够通过关键词作为联结点，形成自己的思维线索，以此简洁明了地说明案情，把握案件的性质，让法官理解、接受自己的代理观点。在法庭论辩阶段，无论是举证、质证，还是询问证人，以及发表代理意见，都要反复强调关键词，以此来加深法官对案件的印象，让法官容易认同自己的代理意见。

（三）关键词是代理律师向法官陈述案情中最简单明了的专业术语

无论是开庭前还是庭审中，代理律师要善于用最简单明了的专业术语来向法官陈述案情，尤其是法律术语，让法官一听见代理律师所陈述的术语，就能把握案件的性质，并能够进一步以此归纳出双方的争议焦点，代理律师也可以此来引导证据的开示，从而寻找案件的突破口。而代理律师所选择的专业术语就是办案的关键词。即使庭审结束，代理律师也要利用一切与法官接触的机会来说明自己的关键词，让法官完全接受自己的代理意见，加大对法官即将开始的判决文书撰写的影响。

（四）关键词提取的主要思维线索

代理律师在办理建设工程诉讼案件过程中，应当养成提取关键词的习惯，将培养提取关键词作为一项必修的基本功。因为在办理案件的过程中，能够较好地提取到恰当的关键词，就等于寻找到了代理制胜的捷径。

下面从四个方面提供寻找关键词的思维线索，供借鉴参考。

1. 从法律关系的辨识中寻找关键词

代理律师应视案件的复杂、疑难程度来归纳当事人的争议焦点。案件反映的法律关系复杂,争议涉及面广的,可以在确定争议焦点的基础上,在每一个争议焦点问题里确定需要调查的重点,主要是对当事人认识不一致的事实、当事人未予认清但又对案件处理起作用的事实、决定案件法律关系性质的事实进行有针对性的叙述,概括反映当事人的真实意思,突出各方当事人针锋相对的观点,客观、全面、真实地反映当事人之间的讼争事实,以求做到纲举目张。而诉讼代理的纲就是一个具体案件中所涉及的法律关系,通过法律关系的辨识来寻找关键词,从而弄清当是人是否具有诉讼主体资格、当事人应具有什么样的权利义务,以及客观事实是怎样的等就相当明了了。这样就可以确定举证、质证的重点和证明方向。

2. 从请求权基础上寻找关键词

当事人在提出诉讼请求时应当明确其请求权的基础即权利义务的内容和法律依据,代理律师应当以当事人请求权为核心,分析其法律关系的性质,并寻找其请求权依据的法律规定,原告是根据"诉讼请求—事实—理由—证据"的思路起诉的,而代理律师则要根据"证据—理由—事实—诉讼请求"的思维来思考案件。代理律师要弄清当事人争议的问题是事实问题还是法律问题,是实体问题还是程序问题。一般来说,当事人争议的问题属事实问题的,放在法庭调查阶段查明;当事人争议的问题属法律问题的,则放在法庭辩论阶段辨明,这样安排有助于问题的查清,条理清楚,庭审程序也不会混乱。而请求权基础就涉及法律依据,代理律师可从中寻找关键词,从而把握案情。

3. 从归责原则与责任分担上寻找关键词

归责原则是确定民事责任由谁承担的一般准则,是民事责任的统帅与灵魂。民事责任的归责原则包括侵权行为归责原则、违约行为归责原则以及其他损害赔偿之债的归责原则。责任分担涉及各方当事人责任上的分担,实质上就是要求从案件的定性与定量的要点上寻找关键词,以此来明确案件的性质,确定各方承担责任的大小与多少的问题。

4. 从事实的认定与因果关系上寻找关键词

建设工程诉讼无论是违约责任,还是侵权责任,一般讲究从当事人的行为与损失中寻找因果关系,只有符合因果关系,有过错或有责任的一方才会对对方的损失承担赔偿或补偿责任。因此,关键词的寻找就应当从事实的认定、因果关系的构成上下功夫,找到一个好的关键词,就能很好地说服对方,从而有利于查清案情,找到纠纷的症结所在。

三、庭审发挥：代理律师专业技能的绝佳展示

在法庭审理过程中，代理律师不仅要有谈判力、应变力和说服力，还要有分析、突破谈判僵局的能力。这几种能力的配合才能使自己在庭审过程中的技能发挥到极致，才能把自己的观点传达给法官，让法官愿意接受你的代理意见。

谈判意识是促使工程建筑纠纷案件和解与调解成功的灵魂。代理律师在建设工程诉讼案件代理的过程中，要促使双方当事人达成调解协议，就必须建立起正确的谈判意识。这种谈判意识是促使和解与调解成功的灵魂。正确的谈判意识主要体现在以下几点。

1. 谈判是各为其主，而不能义气为重

谈判的过程是协商的过程，谈判者要时刻提醒自己促和的过程是一个协商的过程，在协商的过程要有让步，有底线。在与对方当事人的协商过程中，要明确自己的代理立场，做到有原则，有底线，切忌义气为重。原因在于：第一，协商的目标是要满足双方当事人的利益需要，这种需要的具体内容是可以调节，而不是根本对立的。第二，协商的结果需要双方用诚信来实现，而不是一纸协议后，就万事大吉。第三，协商的结果是双赢，而不是双败。协商的过程是双方互相让步的过程，而不是一方对另一方的强加。让步在利益上，赢在互助合作的关系上。

2. 谈判是公关，不是打赌，更不是我行我素的领地

代理律师在促使双方达成调解的过程中，要注意有公关意识，尽管双方暂时有直接的利益冲突，应当把握双方存在利益冲突之处，还存在微妙的人际关系，这一人际关系的背后，还会有新的利益关系值得代理律师去思考，努力去说服对方作出适当的让步，当然也不排除说服被代理人作出适当让步。代理律师在说服的过程中不能流露出赌气的思想，因为谈判不是我行我素的领地，是要双方都有回旋的余地，去寻找双方长远利益的共同点，而不是斤斤计较、寸步不让。

3. 谈判是争取达到息诉的目的，而不是获得“第一”的争斗

代理律师要意识到谈判的目的是达到息诉止争，要心平气和地说服对方，善于抓住双方纠纷的实质，学会缩小双方的差距，不能在协商中摆学问，更不能对当事人滔滔不绝，要让当事人有思考的时间，要抓住时机，耐心地说服当事人，说服当事人从长远着想，说服当事人建立相互信任的人际关系，从而努力满足双方的利益所在。

4. 谈判是谈判者素质的综合体现,而不是为了迎合奖赏的感情用事

代理律师具有谈判者的素质是自己综合素质的体现,一般来说,目前的收费体制不适宜发挥代理律师的调解积极性,因为一般以调解结案后,当事人省了诉讼费用,通过法院制作调解书的,一般要退一半的诉讼费用,这样当事人也会认为代理律师的代理作用没有完全发挥,也会或多或少地要求代理律师减免代理律师费用,有的当事人在事情了结之后,对代理律师费的事不理不问,尤其是熟人办案的情况下,更不好再提,所以有些私心重的代理律师打心里就不愿当事人调解成功。这不是法律人的思维,代理律师能够促成双方当事人达成调解协议是综合素质的体现,而绝不是为了得到什么奖赏。

四、僵局突破:分析工程建筑纠纷形成分歧的症结所在

诉讼本身是双方当事人发生的较为激烈的利益冲突,要想通过协商的方式达成和解或调解是十分困难的事。可以说诉讼的过程本身就是僵局形成的过程,诉讼的任何阶段都可能是僵局的形成阶段,每一阶段有其自身的特点,代理律师要学会把握时机,善于对僵局进行分析,通过分析找出形成僵局的症结所在。在协商的过程中,任何接触都有可能形成分歧与对立。代理律师要学会准确的判断与适度的把握,冷静、仔细地分析形成僵局的原因所在。

(一)分析形成谈判僵局的主要因素

一般来说,双方谈判形成僵局主要有以下几个因素:

1. 理解上的偏差。在僵局的形成过程中,往往是双方当事人对于事实与法律的理解上产生了偏差,代理律师就要学会掌握纠偏的良方,努力说服双方当事人,对于事实的理解与对于法律的理解要站在一个层面上,不能各执己见,这样就难以打破僵局。

2. 强者态势。在僵局的形成过程中,双方的利益冲突可能不是主要的,而是一方当事人执有强者态势,非要论过你高我低,或者自执有钱有势,对于这种恃强凌弱的态势,代理律师要学会以理服人,以法论事,通过诉讼风险、诉讼成本与建立良好人际关系方面去打破僵持不下的局面。对于弱者来讲,不能越是受到欺凌就越作出退让,而是首先要双方心平气和,代理律师要学会缓解气氛,让双方知道彼此尊重。

3. 沟通障碍。人与人之间的矛盾往往是沟通上出现了差错,诉讼纠纷也不例

外,特别是对于像婚姻、养老、继承这样的纠纷往往是双方当事人之间缺少沟通引起的。有的是长期不相往来,或者因为小矛盾没能化解引发了更大的冲突。这主要是基于双方文化背景差异,或者双方文化程度、道德修养方面的差异,再就是一方当事人对于对方当事人发出的信息作出错误的理解,有的可能是出于猜测,或者是对对方出于漠视而引起。这就要求代理律师学会沉默,要善于听取双方当事人的陈述,从中体会双方当事人的沟通障碍在哪里。代理律师要当好解说员或翻译员,让双方切实领会对方的真实意思。

4. 要求上的差距。有时双方的利益争议往往只是要求上的差距,也就是说案件的性质已经得到了确定,双方当事人也都认可争议存在的原因和归属,而只是要求上的差距。这时,代理律师要分析差距的大小,缩小差距的可能性,找出难以满足要求的事实,从而说服对方接受己方的主张。

5. 信任危机。有时双方难以达成和解不一定是金钱上的多少,可能是双方之间存在信任危机引起。代理律师要及时与对方代理律师沟通,与被代理人沟通,找出双方缺少信任感的原因所在,从而解决争议纠纷。

笔者曾经办理过一起某国有施工企业外派非洲国家员工因工死亡的抚恤金分配案。不幸遇难员工的老家有父母及两位已成家的兄妹,自家有一位没有工作的妻子和不满10岁的儿子。父母与妻子之间因抚恤金分配达不成协议诉讼至法院。在办理过程中,笔者深深被双方的悲伤所感染,通过沟通,发现双方的争议主要是信任危机所引起的。做父母的想到媳妇拿到钱后改嫁苦了孙子,做媳妇的想到爷爷奶奶拿到钱后,两个小叔子会花钱,最后还是苦了父母,双方都没有把自己为对方着想的真实想法说出来,最终形成纠纷。通过让父母与媳妇、孙子直接见面,大家把真实想法说出,最终做父母的作出适当让步,媳妇也改变了自己原来的想法,很快双方就达成了一致意见。

(二)掌握突破僵局的技巧

分析出僵局的原因所在后,就要想办法突破僵局,下面是常用的突破僵局的技巧:

1. 陈述事实,据理力争。在协商的过程中,代理律师要有充分的时间让双方当事人陈述事实,力求在协商的过程中让形成纠纷的原因客观地反映出来,同时要拿出较为公平的让双方都能够接受的解决思路。要为被代理人据理力争,不能提出一些不切实际的要求。

2. 关注利益,缩小分歧。任何纠纷的发生都会有一定的利益关系在起支配作用,双方能够坐到一起进行协商就说明各方都有解决问题的诚意,代理律师就要关注双方的利益所在,特别是潜在的利益所在,如机会成本,时间成本等,还有今后的合作可能,这些都是双方关注的利益所在。在分析双方关注的利益时,还要分析双方要求的差距有多大,要及时地提出能够缩小分歧的建设性意见,供双方参考。

3. 利用矛盾,换位思考。在协商过程中,双方的矛盾有时十分激烈,代理律师要学会利用矛盾,让双方心平气和地为对方着想,让双方都能够站在对方的位置上想一想,换位思考,就是要提醒对方设身处地,从对方角度来观察问题,分析利弊。这样就让对方多一份理解,从而消除误会,找到解决纠纷的共同点。

4. 抓住要害,借题发挥。"打蛇找七寸",才能给蛇以致命一击。这是十分通俗的道理。在争议的协商过程中,代理律师要学会找到纠纷的症结所在,抓住要害进行突破。不要在无利益冲突的争议上作无休止的争执,避免让对方抓住更多的破绽或把柄,使自己陷入极其被动的境地。这就要求代理律师学会找点,打点,借题发挥,使对方接受调解意见,尽快结束纷争。

5. 把握实质,有效退让。在协商中,代理律师要提前与当事人进行沟通,把握协商的度,进行有效的退让,不能固执己见。把握实质,就是对于原则性的问题要把握,对于非原则性问题作适当让步。如在经济合同的纠纷中,受损失的部分不能够让步,但利息、罚息可作让步;对于离婚案件,如果在调解促和无效的情况下,对于小孩的抚养费用,住房价值的计算方式等可作适当让步;对于一般的人身伤害案件,在案件定性,责任大小确定后,对于医疗费用要及时清结的情况下,对于其他可以作分期付款,或者在付现的情况下适当让步,减少对方的给付额。协商毕竟是为了尽快了结纠纷,在协商陷入僵局时,代理律师要有清醒的认识,要使自己的当事人明白,促使和解所带来的好处要大于不作让步所带来的好处,这就是说服当事人有效退让应采取的战略。

突破协商的僵局,是代理律师经验、直觉、应变能力等因素的综合,有时也是一种悟性的体现。代理律师要通过协商积累经验,要分析僵局的前因后果,要几种战略或单独实施或组合实施,要树立"和为贵"的协商理念,以当事人满意作为代理成功的基石。

五、应变力：代理律师庭审能力的表现

在法庭辩论中，常常会遇到一些意想不到的情况，对于这些情况如何应对？这确实是对代理律师应变能力的考验。在法庭上，有些情况是不可能提前做好准备的，所以，应变能力对于代理律师来说非常重要。笔者代理的体会是，遇到突发情况时一定要冷静。应变的前提是冷静，如果缺乏冷静，就难以找出应变的对策。所以，换一个角度来讲，当你进攻的时候也不能盲动，不能没有退路。否则，反倒会引火烧身，自找麻烦。

法庭上的诉讼活动，是由多方当事人参加的。尤其是到了论辩阶段，情况可能会发生新的变化，甚至曝出冷门，对手会抛出新的事实材料，很多是代理律师难以预料的。对此，代理律师就要通过敏锐的洞察力，及时识别，快速调整、修正和补充原来的观点、材料和方法，形成新的观点，确定新的对策，恰到好处地处理和应对新的情况和问题。这是代理律师应变力的体现。

（一）分析庭审中的新问题

对于新的问题要进行分析：

第一，看是否属于法官归纳的争议焦点，是否会形成新的争议焦点；

第二，与已有的证据链相联系，看是否有利于加强自己的证据链，还是对方当事人有意想拧断自己的证据链；

第三，要及时与当事人进行沟通，不要急于反驳对方，小心是对方设的陷阱，更不要在庭审中与被代理人出现相左意见；

第四，看是否会影响案件的定性，如果无关紧要，就应当转开辩题，按照自己的拟定代理思路进行，否则就要及时转换；

第五，要善于对细节的回想，充分稳定自己的情绪，把握好辩论的意图，如果案情重大，看是否需要补充证据或重新引用法条，有必要的话行使延期审理权，要求法官休庭，等待问题进一步核实与查清。

（二）在庭审中提高应变力时应注意的问题

代理律师法庭辩论的目的是说服法官，在提高辩论与辩技同时，应当注意以下几点：

第一，学会尊重法官，善于与法官沟通。

第二，发言简洁明了，不要过多地引用法条。如果你过多引用法条，法官就会感到你在给他普法，他会心不在焉，从而影响你的发言效果。

第三,不要大谈法理问题。在法庭上无论什么样的法官,都十分讨厌代理律师大谈法理问题,这样显摆弄学问的感觉,一般来讲,在法庭上代理律师通过法理提高说服力的方法是三言两语,言简意赅,达到法理点睛的目的。

第四,及时认同法官归纳的争议焦点,同时技巧地提出自己认为新的争议焦点,能够被法官所认同。

第五,思维要连贯,辩论与举证质、证相一致。

第六,注意言辞不要过于激烈,不要与法官展开争辩,更不要与被代理人在法庭上争辩。

第七,对无关的事情不要争辩,更不要产生激励的争吵,对己方不利的辩题要一带而过。

第八,遇事要冷静,对弱者要表示出同情,但不能偏离本职和代理立场。如对方属于受害方,作为相对方的代理律师要对受害方表示同情,以"本着为了查清案件,不得不这样说"来作为开头语,往往会提高说服力。

(三)影响应变力提高的不正常心理

在法庭出现新的情况时,代理律师要冷静地思考,并且努力克服影响应变力提高的不正常心理:

第一,对对方作出的反应不加理睬,犹如面对危机的鸵鸟把头埋在沙子里一样,不面对现实,一味地回避对方提出的问题。防止这种意识潜入法官的思维而不利于己方。

第二,在不了解对方意图的情况下急于暴露自己的观点,引火烧身。

第三,不会改变自己的代理思路,在发现问题时与对方发生激励的争论,甚至人身的攻击。

第四,不是去寻找化解危机的良方,而是在没有主动对证据材料核实、质证的情况下,轻率地说出不知道,不清楚之类的话。

第五,对对方已经掌握线索的证据,不能继续隐瞒,要与法官密切配合,查实案情。

(四)代理律师应变能力的培养

那么,代理律师应当如何培养应变能力呢?

第一,要有意识地参加富有挑战性的活动,增强自己的应变能力。

第二,加强自身修养,遇事沉着冷静。

第三,事先对各种可能出现的事情进行预测,要有心理准备。

第四,对于自己的代理方案要事先针得当事人的同意,并对可能出现的问题与当事人进行沟通。

第五，充分利用证据反映出的信息，厘清自己的思维，在法律关系中把握好矛盾的焦点所在。

第六，学会把握庭审的节奏，通过发言的语速与提出问题的顺序来影响对方的思维。学会主动出击打断对方的思维，从危机中寻找赢机，有可能成为案件的转折点，化解危机，转危为安。

六、说服力：代理律师如何调动法官的情感

任何人都希望能轻松地说服他人，尤其是代理律师，既要在庭下说服当事人，又要在庭审中说服法官，还要在促成双方当事人的和解中说服双方接受其提出的和解条件。但是说服力并不取决于是否能言善辩，而决定于能否被接受说服的人认同其观点。当然有人天生就具有说服力，能够抓着话语的关键点，给人以震憾力，一般来说，说服力是靠后天的经验积累和努力练就而成。

说服力是一位代理律师成功与否的关键，诉讼博弈中没有任何一种力量会比代理律师去影响和说服他的当事人、主审法官及对手接受其意见更能够超越其职业乐趣。说服力在律师执业中的作用越来越重要，在某种程度上它决定了一个律师的命运。不同类型的人有不同的说服战略；洞悉人心，影响他人的说服方法；如何成功地说服别人接受你的观点；如何晓之以理，动之以情地说服对方，这都是律师执业的基本技能。律师只有掌握了说服他人的技能才能帮助清晰了解人性，培养敏锐观察力，增强语言表现力，走向制胜之路。

作为代理律师无论在法庭上辩论，庭下与法官沟通，还是想通过调解来达到结案目的，说服能力的培养十分重要。如何使自己的语言具有说服能力，一般应从以下几点着力：

（一）抓住要害，把握难点

代理律师如何巧妙地说服当事人及主审法官，关键是要切中要点，把握好案件的难点。例如告诉对方当事人“如果不这么做，你的利益会受到更大损失”，“这样会对双方都不利”；为了说服法官“本案的关键点是什么？”，“我方的证据形成了证据链”，“对方当事人有点蛮不讲理”；为了说服对方代理律师“这么个小案，调解还是上策，有时间办点大案吧”，“对于争议没有原则性差距，各自尽点努力一定能说和”等，这样才算符合说服的需要。

代理律师一般来讲不能单独约见对方当事人或法官,免得节外生枝。一般只有通过庭审来实现自己的说服力。在双方当事人都在场的情况下,单刀直入,想不费吹灰之力就说服法官也是不可能的。必须事先草拟好自己的意见,同时要与自己的当事人进行沟通,表明己方最低限度的要求,能够让对手及法官感觉到诚意。并且对难点问题有准备,不能回避,否则不但无法说服法官或对手,反会遭到对手的反击不得不知难而退。

(二)锁定目标,投以桃李

代理律师更多地要考虑对方及主审法官是否能够接受自己的观点,是否会产生强烈的反感,如果不考虑对方的感受,只单方面谈论自己的观点,不但无法打动对方,反会使双方的关系更加紧张。因为从心理学角度来讲,让对方反感的语言会使对方不悦,更容易让对方执相反的立场分析问题;而脱离双方都能够接受的观点会使对方在理性上无法理解。如果发现对方情绪失控,代理律师最好不要去刺激对手,而是静听。任何人都希望站在说服者的立场,不喜欢被人说服,更有甚者认为让别人说服是一种耻辱,所以努力先使对方保持平静,消除其压迫感,否则说服就无法成功。因此,与其自己先发言,不如先听对方的,从谈话内容中了解他。给予对方发表意见的机会可以缓和他的紧张,进一步使他对你产生亲切感,更重要的是,能根据对方谈话找到说服的侧重点。

有人认为抓住对方所喜欢和关心的问题,而且也是最切身的话题,并由此而找出对方关心的目标,他就会道出自己的看法,这也就是我们必须侧耳倾听的内容。

那么,如何才能让对方发表意见呢?可以先诱导对方谈论他感兴趣及关心的话题,至于对方有兴趣及关心的话题,则多半是诉讼中的证据问题及一方的可能让步尺度等。

“说服就是恳切地引导对方,按自己的意图办事。”如果不以恳切的态度说服对方,而利用暂时的战略瞒骗对方,就无法使说服者与被说服者间有长久的和谐。在说服对方前,最好与当事人沟通,在锁定目标的前提下能够在哪些方面作出让步,在说服对方时,可以在哪些方面适当满足对方,投以桃李,作出适当让步。当然让步也不能一步到位,否则对手会得寸进尺,使谈判陷入僵局。

(三)晓之以理,动之以情

有的人在说服时,特别向对方表示亲密的态度或用甜蜜的语言与之接近,不仅无法达到说服目的,还会引起对方警惕,甚至受其轻视。所以信任非常重要。古人云:言必行,行必果。有的人“用人朝前,不用人朝后”,这种观念是错误的。人永远无法一意孤行。所以如果有意与人交流,保持信任的关系是必不可少的条件。

信任的关系，在诉讼过程中，只要得到他人认同，而你也自认不辜负他人时，就能建立信任，达到圆满的说服。做到这些，相信你将能发现说服的乐趣与效果。

在与对方的谈和过程中，当对方已明确、坚决地表示"不行""不干""不同意"时，我们应当晓之以理，动之以情，要满怀信心，争取主动，先取攻势。当然，争取主动仍要运用委婉、商榷的语气，切忌盛气凌人、以势压人。如对方因此而产生逆反心理，再说服他，同样也要付出加倍的努力。

（四）审时度势，适度让步

代理律师在不断研究案情的发展趋势，仔细研究，观察分析，估计案情的变化。并通过分析，发现案件一时难以结案时，要适度让步，争取和解，任何时候不能逆势而为。特别是当主审法官给出败诉的信息时，要抓住机会，力争调解结案，防止更大的损失；如果主审法官给出胜诉的信息时，要扩大成果，不要在小问题上做文章，要力争早点结案，防止日久生变。

（五）换位思考，说服自己

在诉讼博弈过程中，要经常换位思考，假设"如果我是对方怎么办？"以此说服自己。一旦能够说服自己，也就自然可以说服他人。思考每一个诉讼案件的成功，有一个共同的地方，就是都离不开说服力，代理律师不仅最善论辩，更善说服。其说服能够成功首先就是不时地换位思考，善于说服自己。

当然在说服自己时也要注意讲究弹性，也就是留有余地。学会掌握全局，当遇到一种状态的时候，又会看到另一面。当然，要首先预测结果，再不断地找方法、不断地尝试、不断地清晰、不断地许下承诺，写下一些理由来说服自己，必须让对手知道这样做的重要性。当对手拒绝提出的问题时，弹性表示还有说服的机会。如果形成"话不投机半句多"的境地，千万不能心生胆怯，心想"我真的能顺利说服对方吗？"或"万一遭到拒绝怎么办"，甚至认为"对方说的也有道理"等，这些都是因为说服的基础不够稳固，才想不出"如何说服对方"的手段、方法。所以说服前先预测一下假若自己是对手能否接受此种说法，对于难点问题是否把握适当，再开始进行说服，才可事半功倍。

所以我们和别人沟通时，要站在对方的角度，让对方觉得我们和他是站在同一个层面，他就会接受我们的意见或观点了，而且他们不会轻易反驳我们，因为我们说的话，考虑的事情都是为他着想，他有理由去反对我们吗？如果你想要提高说服力，那就必须改变对手的思维方式，提出一些好的问题，就可以引导对手的思维。

下面是笔者曾经的庭审感受，对于提高说服力具有借鉴作用，摘录入此：

庭审中如何调动法官的情感

笔者10年前代理了一件少年入室盗窃案。陈某是随母从农村迁到父亲工作所在城市的，由于从农村到城市，好多功课都跟不上，就与社会上的几个哥们做起了入室盗窃的事。不久陈某就被公安机关抓获归案。犯案时身份证显示陈某已满18岁。

接手该案后，在与其父母的交谈中听说当时在办理户口时为其虚报了两岁，目的是多分点口粮。为了查清该案的事实，笔者就专程前往陈某的出生地——几百里外的农村查清了陈某的出生年月，包括当时的出生证明，以及接生医生的证人证言，还有当时的村干部的证人证言及询问笔录。

弄到一手证据后就与主审法官进行了沟通，要求将案件移送到少年庭进行审理，没多久，法官通知，案件转到了少年庭。

开庭时，看到三位法官及出庭的检察官都在50岁左右，想到他们与陈某的父母都有类似的经历，他们的妻儿都曾在农村，有过类似的经历。心想能够通过自己对证据收集的说明来影响法官及检察官的情感，使陈某少受几年牢狱之灾，不是很好的庭辩技巧吗？开场白之后，就将话题转到了70年代的时候，诉说那时候大家的温饱问题都没有得到根本解决，农村实行按人口分配口粮，且依据各人的年龄分配，大一岁就可能多分几斤。陈某的父母出于私心，将儿子的年龄报大了，只是为了多分点口粮，这只是一种错误，但不能由此让陈某受到重刑的处罚。当时参加庭审的法官及检察似乎受到了感染，这样的话题一下就将主庭法官及检察官的情感调动起来，有一位法官还为之流下了眼泪，起到了十分好的效果，随后检察官就没有过多的进行论辩了。

判决结果可想而知，陈某不满18岁的事实得到了法庭的采纳，对陈某适用了减轻处罚的刑法条款。

通过该案的代理，笔者感觉到庭审中如果能够恰当地调动法官的情感，使之使到感染，这样就很能增加庭辩的说服力。

七、庭审妙招：让对方陷入两难

在庭审的过程中，代理律师要足智多谋，当发现处于不利地位时，要改变战略，及时扭转被动局面。笔者曾经代理过一宗工程款纠纷案，很有启发。

某甲诉某乙拖欠工程款一案的二审即将开庭，主审法官因忘记通知另一共同被告及第三人，决定延期开庭审理。曾经是某甲派住乙方工地代表的张某是乙方申请出庭的关键证人，因为张某是甲方的授权代理人，所有的手续都经张某之手，该案能否审理清楚，张某的出庭至关重要。由于张某在几千公里之外承揽另一工程，如果此次不能按时出庭，下次可能就难以出庭作证了，这对乙方来说不仅花费了好几千元专程接张某到庭的差旅费，更可能因失去张某出庭作证的机会而败诉，代理律师如何给乙单位领导交代呢？

作为乙方的代理律师，面对这样的突然情况，你会如何应对呢？乙方代理律师急中生智，忙说"由于另一被告及第三人都与本案的事实审理无关紧要，为便于查清事实，今天能否就一些事实请张某向法官陈述一下？"法官听后，觉得乙方代理律师说得有理就顺着其思维询问张某一些事实，接着乙方代理律师忙向主审法官提出能否先对一些涉及张某之手的证据材料，其他程序等下次另行开庭进行，实质上就是要求甲方先行质证。甲方当事人正要答应时，其代理律师者感到是为难乙方代理律师的好时机，提出要按诉讼程序进行，今天当事人没有到齐，不能质证，法官应另行确定开庭时间。

见到如此协商无果的状况，乙方代理律师提出了一个让对方两难的问题：请审判长说服对方代理律师，先进行询问证人，只对张某的证人证言作笔录。如果真是为了解决问题，今天，就应当让张某出庭便于查清事实，如果不想查清证据，那就请合议庭作一个裁决同意甲方不同意乙方申请的质证。这真是一个绝好的两难推理！

此言一出，主审法官感觉到了本案审理的关键所在，忙说合议一下。合议的结果可想而知。

宣布开庭后，主审法官对双方当事人进行道歉，说自己因工作疏忽，使今天的诉讼程序不能够正常进行，本着查清事实的目的，现在开始传证人张某出庭。

乙方代理律师针对案件的事实部分，提出 9 个相关问题，在双方提问完毕，乙方代表代理律师说，张某出庭实在不易，应当对其经手的证据材料的签名进行确认。主审法官当庭采纳，对所有证据三方进行了质证。

庭毕,乙方当事人及代理律师长长地舒了口气……

因此,在庭审过程中,代理律师要反应敏捷,善于应用妙招,最好能够让对方陷入两难境地,没有足够时间去思考对策。

后　　记

继完成《风险博弈:非诉业务技巧与公司法务精要》《赢在博弈:民商诉讼技巧与代理实务精要》《质疑:刑事诉讼技巧与抗辩实务精要》三部专著后,笔者开始着手《胜在博弈:建设工程诉讼技巧与代理实务精要》一书的创作。这是笔者对实用法学的热爱的体现,也包含了领导、同事与朋友们的理解与支持。

福建联合信实(泉州)律师事务所潘新水律师对本书的完成同样付出了辛勤的劳动,他参与本书的构思、撰写,并对本书进行全面修订,本书能够吸收他切身办案的经验与广大网友的智慧之作,使得著作的深度与广度都得到了较好提升,对此深表谢意!

如果说《赢在博弈:民商诉讼技巧与代理实务精要》从提升律师执业技能角度讲述了民商诉讼的技巧与素质要求,本书则侧重于提升建设工程诉讼代理律师或建设工程诉讼案件的当事人处理案件应诉的能力。本书精选案例的数量达到100余篇,专注于对判例的研究与分析,强化了建设工程诉讼实务的指导与应用。

为了写好本书,笔者对经手的数百宗建设工程诉讼卷宗进行了整理、分类,同时从网上按照关键词搜索了建设工程的典型案例分析近千宗,并以经济博弈理论作指导,逐一进行了法理分析。笔者认为有必要系统地拿出来与同行分享,特别是对于有志于建设工程诉讼博弈的同行或具有打破砂锅问到底的涉诉当事人具有较好的法理或实战的借鉴作用。

本书内容新颖,理念独特,多是笔者的切身感受与善于思考的智慧结晶。特别是对于行为经济学理论在批判吸收的基础上,运用博弈理念分析建设工程诉讼案件,对于判例的编纂与成文法的法理比较分析具有一定的探索意义。对于年轻律师较快地掌握建设工程诉讼代理实务技巧有较高的实务性指导意义。

笔者在写作过程中,既注重对法理的把握,更注重对典型案例的剖析,打破一般的法理性教材的枯燥无味,将法理、实务、经验与感悟四者融会,以满足不同层次读者的需要。笔者是破万卷书的读者,也是“一日可无食欲,但一日不可无书”,当然懂得读者的所思,所想,所求。

本书有较高的专业学术价值,可供执业律师、涉诉当事人、法务工作人员、企业职业经理人、项目建设经理人、企业风险管控人员及谙熟行为经济与博弈理念的法律人士和经济学家参考;本书对法律术语解释浅显易懂,特别是对于一些刚刚走出校门或还坐在课堂没有任何实践经验的法学院校的大学生们无不是一本有较好启发性的课外读物,能够较好地让其对建设工程管理法务工作有所了解,通过学习并能够很快进入建设工程法务工作这一角色。

读了笔者的《风险博弈:非诉实务技巧与公司法务精要》之后,处理公司非诉事务的技能会得到有效提升,领导的满意度也会大为增强。《赢在博弈:民商诉讼技巧与代理实务精要》一书在手,让你对较为复杂的民商诉讼代理工作更加得心应手,让当事人对你的能力提升感到惊讶不已。而《胜在博弈:建设工程诉讼技巧与代理实务精要》则专注于建设工程有关诉讼技巧的介绍与实务代理技巧的引导。

需要说明的是,本书定稿后,我国又颁布了《民法典》,该法将于 2021 年 1 月 1 日生效。本书文稿案例及法律分析中适用的《民法通则》《民法总则》《合同法》《侵权责任法》等法律的相应条款将同时失效,为便于读者在今后的案件中适用新法,除法院判决内容适用当时的法律不便于修订外,其他法条均在脚注中作了相应参见说明,做到新旧法条一一对应,不影响本书的时效性。

完稿付梓之前,对我的爱人为我的创作辛苦操劳付出表示由衷的敬意,借此机会再次对合作者潘新胜律师与网络上的一些作者表示感谢,因联系上的不方便,如有部分引用,请给予理解。对我的爱徒石博女士十多年来对我诉讼法律工作的大力支持表示谢意,书中很多案件是由她与我共同代理的成果。最后,对所有支持我创作与工作同事、编辑及同人表示感谢。

与大家分享是初衷;与大家共同提高是目的;能够让读者产生共鸣是笔者的希冀!

雷彦璋

2020 年 3 月 7 日于泉州东海湾御花园

图书在版编目(CIP)数据

胜在博弈：建设工程诉讼技巧与代理实务精要／雷彦璋，潘新水著. -- 北京：法律出版社，2021
ISBN 978-7-5197-4849-4

Ⅰ. ①胜… Ⅱ. ①雷… ②潘… Ⅲ. ①建设工程-民事诉讼-案例-中国 Ⅳ. ①D922.297.5

中国版本图书馆 CIP 数据核字(2020)第146679号

胜在博弈：建设工程诉讼技巧与代理实务精要
SHENGZAI BOYI: JIANSHE GONGCHENG SUSONG JIQIAO YU DAILI SHIWU JINGYAO

雷彦璋　潘新水 著

策划编辑 蒋　橙
责任编辑 蒋　橙
装帧设计 李　瞻

出版 法律出版社
总发行 中国法律图书有限公司
经销 新华书店
印刷 三河市兴达印务有限公司
责任印制 吕亚莉

编辑统筹 法律应用出版分社
开本 710毫米×1000毫米 1/16
印张 35.25　**字数** 628千
版本 2021年1月第1版
印次 2021年1月第1次印刷

法律出版社／北京市丰台区莲花池西里7号(100073)
网址／www.lawpress.com.cn
投稿邮箱／info@lawpress.com.cn
举报维权邮箱／jbwq@lawpress.com.cn
销售热线／400-660-8393
咨询电话／010-63939796

中国法律图书有限公司／北京市丰台区莲花池西里7号(100073)
全国各地中法图分、子公司销售电话：
统一销售客服／400-660-8393/6393
第一法律书店／010-83938432/8433　西安分公司／029-85330678　重庆分公司／023-67453036
上海分公司／021-62071639/1636　深圳分公司／0755-83072995

书号：ISBN 978-7-5197-4849-4　**定价**：128.00元
(如有缺页或倒装，中国法律图书有限公司负责退换)